中国社会科学院文库
法学社会学研究系列
The Selected Works of CASS
Law and Sociology

刘仁文 湖南隆回人。中国社会科学院法学研究所研究员、创新工程首席研究员、刑法研究室主任，中国社会科学院刑法学重点学科负责人，中国社会科学院大学教授、博士生导师、刑法导师组组长。

兼任中国犯罪学学会副会长等，曾挂职最高人民检察院公诉厅副厅长。

独著、主编《刑法的结构与视野》《刑法学的新发展》等 20 余部，在《中国法学》《法学研究》等发表论文 100 余篇，另有译著、合著、各类文章和内部研究报告若干。

中国社会科学院创新工程学术出版资助项目

中国社会科学院文库 · **法学社会学研究系列**
The Selected Works of CASS · **Law and Sociology**

立体刑法学

MULTIDIMENSIONAL CRIMINAL LAW SCIENCE

刘仁文 等著

中国社会科学出版社

图书在版编目(CIP)数据

立体刑法学/刘仁文等著. —北京：中国社会科学出版社，2018.1
(2018.6 重印)
ISBN 978 – 7 – 5203 – 1577 – 7

Ⅰ.①立… Ⅱ.①刘… Ⅲ.①刑法—法的理论—中国
Ⅳ.①D924.01

中国版本图书馆 CIP 数据核字（2017）第 288699 号

出 版 人	赵剑英	
责任编辑	许 琳	
责任校对	李 莉	
责任印制	李寡寡	

出 版	中国社会科学出版社	
社 址	北京鼓楼西大街甲 158 号	
邮 编	100720	
网 址	http://www.csspw.cn	
发 行 部	010 – 84083685	
门 市 部	010 – 84029450	
经 销	新华书店及其他书店	

印刷装订	北京君升印刷有限公司
版 次	2018 年 1 月第 1 版
印 次	2018 年 6 月第 2 次印刷

开 本	710 × 1000 1/16
印 张	37.5
插 页	2
字 数	601 千字
定 价	128.00 元

凡购买中国社会科学出版社图书，如有质量问题请与本社营销中心联系调换
电话：010 – 84083683

《中国社会科学院文库》出版说明

　　《中国社会科学院文库》（全称为《中国社会科学院重点研究课题成果文库》）是中国社会科学院组织出版的系列学术丛书。组织出版《中国社会科学院文库》，是我院进一步加强课题成果管理和学术成果出版的规范化、制度化建设的重要举措。

　　建院以来，我院广大科研人员坚持以马克思主义为指导，在中国特色社会主义理论和实践的双重探索中做出了重要贡献，在推进马克思主义理论创新、为建设中国特色社会主义提供智力支持和各学科基础建设方面，推出了大量的研究成果，其中每年完成的专著类成果就有三四百种之多。从现在起，我们经过一定的鉴定、结项、评审程序，逐年从中选出一批通过各类别课题研究工作而完成的具有较高学术水平和一定代表性的著作，编入《中国社会科学院文库》集中出版。我们希望这能够从一个侧面展示我院整体科研状况和学术成就，同时为优秀学术成果的面世创造更好的条件。

　　《中国社会科学院文库》分设马克思主义研究、文学语言研究、历史考古研究、哲学宗教研究、经济研究、法学社会学研究、国际问题研究七个系列，选收范围包括专著、研究报告集、学术资料、古籍整理、译著、工具书等。

中国社会科学院科研局

2006 年 11 月

立体刑法学：回顾与展望（代序）

刘仁文

立体刑法学从提出至今，已经 15 年了，这期间承蒙各界厚爱，产生了一定的社会影响，所受到的关注甚至超出了我本人的预料。利用这个机会，对立体刑法学的来龙去脉做一梳理，应是一件有意义的事情。

一 立体刑法学的由来

2003 年年初，时任《法商研究》刑法编辑的田国宝先生联系我，说他们准备就进入 21 世纪的"中国刑法学向何处去"组织一期笔谈稿。我当时一方面对储槐植教授的"刑事一体化"思想产生强烈共鸣，对我国刑法学忽视犯罪学和行刑学的研究很不以为然，[①] 另一方面又不止于此，对当时学界已经开始讨论刑法的合宪性问题"心有戚戚焉"，深感我国刑法要真正实现现代化，必须要使宪法对刑法的制约具有可操作性，同时对当时司法实践中频繁发生的刑民交叉案件，到底是该"先刑后民"还是"先

[①] 储槐植教授的"刑事一体化"思想最早见之于《中外法学》1989 年第 1 期的《建立刑事一体化思想》，中心意思是强调刑事学科群（诸如犯罪学、刑事诉讼法学、监狱学、刑罚执行法学、刑事政策学等）的知识融合，疏通学科隔阂。虽然"刑事一体化"思想内涵丰富，但给我印象最深的或者说引发我想在此基础上有所创新的还是他提出的刑法要受犯罪情况和刑罚执行情况的制约的观点。储先生自己在《刑事一体化与关系刑法论》（北京大学出版社 1997 年版）一书的前言中也说："由犯罪学、刑法学和监狱学三部分组成作为署名的'刑事一体化与关系刑法论'比较集中地反映了本人十余年来（1983—1996）发表的数十篇论文的基本精神和主题思想，文稿大致体现了作者思维缓慢进化的历程。"因为"刑事一体化"仅限于刑事学科群，所以并不能包含刑法与宪法、刑法与民法等视角，从这个意义上来说，"立体刑法学"的提出有独立的价值。另外，储先生还追求和推崇"内涵丰富、表述简明"的学术观念表达，在这一点上，"立体刑法学"也可以说与"刑事一体化"的表述有殊途同归之处。"先

民后刑"还是要分情况而论也颇为困惑，① 于是以刑法为中心，尝试着从不同角度来看刑法，最后提交了一篇三千来字的笔谈稿，题目就叫"提倡'立体刑法学'"。该笔谈稿提出了立体刑法学的基本框架，即刑法学研究要前瞻后望（前瞻犯罪学，后望行刑学），左看右盼（左看刑事诉讼法，右盼民法、行政法等部门法），上下兼顾（上对宪法和国际公约，下对治安处罚和劳动教养），内外结合（对内加强对刑法的解释，对外给刑法的解释设立必要的边界）。② 这组笔谈稿后来被《中国人民大学报刊复印资料·刑法》全文转载。

2009 年，时任《东方法学》特邀编辑的游伟教授盛情约稿，我与他提起 6 年前的那个笔谈稿，想将其扩展成一篇论文，他当即同意。我在原来的基础上，几乎是一气呵成地写成一篇两万多字的论文，以"构建我国立体刑法学的思考"为题，发表在《东方法学》2009 年第 5 期。③该文除了对各部分以具体问题切入并展开较深入的讨论外，还对某些内容作了一些修正，如将"内外结合"中对"外"的概括"对外给刑法的解释设立必要的边界"改为"对外要重视刑法的运作（环境）"。此外，该文还提出"立体刑法学"的两个理论基础：一是系统论和普遍联系的哲学基础，二是刑法效益的经济学基础。有点意外，这篇发表于非核心期刊的论文相继被《中国社会科学文摘》和《高等学校文科学术文摘》

---

① 例如，同一个案子（如合同纠纷）在甲地被列为刑事案件（合同诈骗），在乙地被列为民事案件（合同欺诈），到底是该哪边先撤案，双方各执一词，学界观点也不一致。这个问题至今没有完全解决，甚至有的本来是民事案件，但当事人抓住这一漏洞，想方设法先让公安部门立案和抓人，只要公安部门当作刑事案件来办，欠钱一方就很可能把钱退回来。而在"于欢刺死辱母者案"这样的案件中，假如起初警察真的把向于欢母子要债的那几个人抓了，会不会又受到"非法介入经济纠纷"的指责呢？当然笔者这样说并不意味着在"于欢刺死辱母者案"中警察就只能无所作为了，相反，他们应当解除于欢母子被讨债人非法限制人身自由的状态。民法学前辈江平教授曾不止一次对我说过，民事欺诈和刑事诈骗的界限一直是长期困扰他的一个问题，最近他还跟我说：过去我们的合同法规定有欺诈内容的合同是无效的，但现在改为可撤销的，也就是说，即便签订合同时有欺诈内容，也不一定就是无效合同。

② 参见刘仁文《提倡"立体刑法学"》，《法商研究》2003 年第 3 期。

③ 现在想来，两篇稿子发表虽然时隔了 6 年之久，但立体刑法学的思维应当对我的学术研究一直在产生影响，我于 2003 年出版的《刑事政策初步》、2004 年出版的《环境资源保护与环境资源犯罪》、2007 年出版的《刑事一体化的经济分析》，都不是就刑法论刑法之作。关于这一点，陈兴良教授在 2009 年给拙著《刑法的结构与视野》所作的序中也指出："刘仁文博士在以往的研究中，曾自觉采用了刑事一体化的分析方法。"陈教授认为"立体刑法学的命题与储槐植教授提出的刑事一体化的命题具有异曲同工之妙"，不过在"立体刑法学的命题中，刑法学的主体性地位更为明确"。

转载。

　　2010 年，我将自己撰写的与立体刑法学主题相关的论文规整成书《刑法的结构与视野》，收入陈兴良教授主编的"中青年刑法学文库"。陈教授在给该书所作的序言中指出："立体刑法学的核心是不能孤立地研究刑法，而要把刑法置于整个法律体系中进行研究，从而拓展刑法学研究的视野。因此，这一命题正好切合该书书名中的'视野'一词。"① 该书出版后，立体刑法学引起学界更多的关注，中国社会科学院科研局的《学术动态》《法制日报》《北京日报》均以"我为什么要提倡立体刑法学"等为题发表了相关文字；储槐植教授也说，很高兴看到该书在突出刑法主体性的基础上拓展了"刑事一体化"。②

　　2011 年，我以"立体刑法学研究"为自选课题成功申报了国家社科基金项目，在接下来的几年中，课题组运用"立体刑法学"的思维，借助《中国社会科学院要报》这个平台，分别就《刑法修正案（九）》《反恐法》《社区矫正法》《治安管理处罚法》《证券法》等多部法律提交立法研究报告，其中多篇受到中央领导的批示，有些被立法机关采纳，荣获中国社会科学院优秀对策研究一、二、三等奖若干项。与此同时，课题组形成了 50 余万字的《立体刑法学》书稿，并顺利获得国家社会科学规划办的免检结项。

　　近年来，立体刑法学又相继获得学界和社会的一些肯定和鼓励。2016 年，"立体刑法学"论文荣获中国刑法学研究会优秀论文一等奖。2017 年，《北京工业大学学报》（社会科学版）注意到了我们的这项研究，认为有创新价值，先后分两期（第五期和第六期）、每期三篇共六篇集中推出"立体刑法学"课题组的部分成果。最高人民检察院机关刊物《人民检察》也就我们的研究成果对我作了专访。③ 尤其值得一提的是，中国社会

---

① 参见刘仁文《刑法的结构与视野》，北京大学出版社 2010 年版，陈兴良序，第 3 页。

② 参见储槐植《走在刑法脉动的前沿——读刘仁文〈刑法的结构与视野〉》，《人民法院报》2010 年 9 月 10 日。

③ 参见王渊《立体刑法学：建立刑法学新的研究范式——专访中国社会科学院法学研究所刑法研究室主任刘仁文》，《人民检察》2017 年第 15 期。在与该刊记者王渊的对话中，她告诉我，《人民检察》在《民法总则》出台后，想做一期"民法总则对刑法的影响"的笔谈，她们先后约过几位民法学者，结果对方都宛然谢绝了，说对此没有研究。同样，她们还想做一期"治安处罚法与刑法的衔接"的笔谈，也是很难找到对这两者都有研究的人。所以，当她们发现"立体刑法学"的有关报道后，就特别感兴趣。

科学院重点学科"马克思主义法学"的负责人莫纪宏研究员在给中国社会科学院法学研究所、国际法研究所所作的一次马克思主义法学的报告中，也充分肯定立体刑法学的思想，认为它体现了马克思主义的普遍联系、辩证统一等观点。①

14 年再回首，我掩卷沉思：立体刑法学为什么会受到关注？它的价值到底在哪里？

二　立体刑法学的生命力分析

立体刑法学之所以具有生命力，笔者认为，主要有以下几方面的原因。

一是马克思主义的世界观、方法论和认识论。唯物辩证法的普遍联系、相互作用的原理和系统论是立体刑法学的哲学基础，而系统论与唯物辩证法本身又有着天然的联系，二者在世界观、方法论和认识论上是一致的。② 正如现代系统论的创始人贝塔朗菲所言："虽然起源不同，但一般系统论的原理和辩证唯物主义相类似则是显而易见的。"③ 我国系统科学的先驱钱学森也指出："局部与全体的辩证统一，事物内部矛盾的发展与演变等，本来是辩证唯物主义的常理，而这就是'系统'概念的精髓。"④ 法学和法治是一个开放复杂的巨系统，刑法学和刑事法治作为其中的一个子系统，它既具有相对整体性、层次性，又有自己的要素、结构和功能，对内有其自组织系统的原理，对外有和环境的关系及其沟通，⑤ 立体刑法学正是刑法作为一个系统及其隶属于一个更大系统的思维反映，符合系统运作的规律性要求。

二是中国刑法发展的时代要求。2003 年在我提出立体刑法学命题之时，中国刑法学的发展已经进入规范化、专业化的时期，但如我当时已指

---

① 莫纪宏研究员的这一"发现"使人联想起恩格斯的一句话：自然科学家可以采取他们所愿意采取的那种态度，但他们还是得受哲学的支配。物理学家海森堡也说过类似的话，哲学，不管自觉不自觉，总是支配着基本粒子物理学的发展方向。

② 随着系统科学的发展，唯物辩证法已经由经典形式发展到了现代形式。参见杨建广、骆梅芬《法治系统工程》，中山大学出版社 1996 年版，第 2 页。

③ ［美］贝塔朗菲：《一般系统论的发展》，黄金南译，载《自然辩证法学习通讯》1981 年增刊。

④ 转引自吴世宦《法治系统工程学》，湖南人民出版社 1988 年版，第 39 页。

⑤ 当外部环境发生的事件与刑法所要维持的自组织系统发生紧张关系时，就产生了二者的沟通问题，以及刑法子系统是否因此调整自己的组织结构的问题。

出的，"随着学科分工越来越细，学科间日渐形成壁垒，学术研究'碎片化'的现象越来越严重"。诚然，1979 年新中国第一部刑法典刚颁布之时，我们面临的主要任务是刑法学"专业槽"的建立和刑法学知识的发展，但经过二十多年的积累和耕耘后，打破学科壁垒、树立系统思维成为一个新的现实问题，正所谓问题是时代的格言，文随世转是也。① 如果说 20 世纪 80 年代的系统法学因当时法学的主要任务在于法教义学的恢复和深化而难免昙花一现的命运，那么当法教义学体系建立起来后，系统法学的再次勃兴就成为不可避免的事情。② 事实上，已经有不少学者对我国刑法学研究的面向单一化、言必称德日等弊端展开反思，呼吁回应型刑法学的研究路径。③ 刑法学研究本该是多面向的，特别是今天，我们更应多关注中国丰富的立法和司法实践，注意从本土的经验中提升中国自己的刑法理论，而不要只满足和甘心于做国外理论的介绍者和引进者。

三是反映了刑法运行的实际状况。立体刑法学既是一种研究方法，也是刑法运行实际状况的反映。例如，甲乙两人在同一个城市的不同区分别实施了容留卖淫的行为，甲被所在的区法院以容留卖淫罪判处有期徒刑五年，乙则被所在的区公安局根据《治安管理处罚法》处以十五日拘留、五千元罚款的行政处罚。为什么性质完全相同的行为，结果会如此不同呢？原来，《治安管理处罚法》第 67 条与《刑法》第 359 条对引诱、容留、介绍卖淫罪的表述是完全不一样的。根据《刑法》第 359 条的规定，情节严重的引诱、容留、介绍他人卖淫的，处五年以上有期徒刑；对于只是一般情节或较轻情节的引诱、容留、介绍卖淫行为，判处五年以下有期徒刑。而根据

① 科学史也说明了这一点。在笛卡儿时代，科学家的思维是把自己所考虑到的每一个难题都尽可能地分成细小的部分，直至可以而且适于加以圆满解决为止。这种"分析程序"对人类的科学进步曾起到过很大作用，但随着人类认识的深入，却发现这种研究范式忽略了事物的整体性，特别是它的有序结构和普遍联系，以致把整个世界以及一切事物都看作被分析到极限的不变实体（微粒、质点）的机械聚焦。辩证唯物主义正是看到了这一逻辑的缺陷，指出事物存在的矛盾性质及其普遍联系和转化的辩证过程，为辩证逻辑向系统逻辑的发展创造了思维上的条件。正如恩格斯所指出：随着自然科学领域中每一个划时代的发现，唯物主义也必然要改变自己的形式。

② 当然，再次勃兴的系统法学应当是一种前进式的回归，较之 20 世纪 80 年代法学界对系统论多少有点生搬硬套和流于形式，现在则更强调运用系统论的思维和方法，深入开展"接地气"的研究，以切实解决我国法治实践和法学研究中面临的各种具体问题。

③ 例如马荣春《"专业槽"：刑法学知识转型中的一个原本、扭曲与回归》，《中国政法大学学报》2014 年第 3 期。作为认为，回应型刑法学对应的是回应型刑法，所谓回应型刑法，是指刑法的建构与运作应照应和尊重社会发展的当下状况，回应型刑法学应在"回应"中实现刑法学命题或主张的突破。

《治安管理处罚法》第 67 条的规定，情节较轻的引诱、容留、介绍他人卖淫的，处以五日以下的拘留或五百元以下的罚款；情节严重的上述行为，应该处以十日以上十五日以下的拘留，可以并处五千元以下的罚款。也就是说，引诱、容留、介绍卖淫情节严重的，《治安管理处罚法》也作了规定。①《治安管理处罚法》和《刑法》如此深度竞合的规定，即便是完全出于公心办案，也难以达到执法的协调。但这种法律运行过程中所出现的问题必须解决，否则不仅对当事人不公，也会对法秩序的统一造成损害。这就要求对《刑法》与《治安管理处罚法》的无缝对接进行研究。又如，交通事故的行政责任认定与交通肇事罪的刑事责任认定之间究竟是什么关系，涉及刑事责任与行政责任在目的、功能、归责方法等一系列问题上的复杂关系。最高人民法院 2000 年颁布的《关于审理交通肇事刑事案件具体应用法律若干问题的解释》规定，违反交通运输管理法规发生重大交通事故，在分清事故责任基础上，对于构成犯罪的，依照《刑法》第 133 条的规定定罪处罚。根据该司法解释，交通肇事罪的成立条件呈现出一个显著的特点，即行为人在交通事故中的行政责任与交通肇事罪的成立与否紧密联系起来，且成为交通肇事罪犯罪构成要件的一部分。因此，分清事故责任就成为认定交通肇事罪的重要依据，甚至可以说，事故责任的大小直接决定交通肇事罪的成立与否。但行为人对交通事故负有交通运输管理法规上的行政责任是否就直接导致其承担交通肇事罪的刑事责任，却不可一概而论，还需要考察行为人的交通违法行为与交通事故之间是否存在刑法上的因果关系，以及行为人主观上对交通事故的发生是否具有刑法上的过失等。② 再如，刑事诉讼过程中的刑事和解等事实上起到了刑法上的除罪化作用，这再好不过地说明了刑法与刑事诉讼法两者密不可分的关系。③

---

① 转引自吴学斌《同种行为不同语境下的客观解读——寻找治安管理处罚法与刑法的模糊边界》，载戴玉忠、刘明祥主编《和谐社会语境下刑法机制的协调》，中国检察出版社 2008 年版，第 307 页。

② 参见刘仁文、王栋《交通事故的行政责任认定与交通肇事罪的刑事责任认定之关系》，《刑事司法指南》2015 年第 4 期。

③ 陈瑞华教授曾经指出，中国司法实践中新出现的刑事和解运动，对犯罪与侵权概念的划分提出了挑战，传统的刑法、民法是以对犯罪和侵权的严格划分为依据的，而在刑事和解运动中，它是把轻微犯罪按照侵权方式来处理，将刑事诉讼按照民事诉讼的方式来进行运行的。参见陈瑞华《社会科学方法对法学的影响》，《北大法律评论》（2007）第 8 卷第 1 辑，北京大学出版社 2007 年版。

总之，刑法在关系中运行，刑法在动态中运行，它与相关法的界限、融合和相互协作，是必须面临和解决的问题。

　　四是打造中国特色刑法学话语体系的一个重要抓手。时下我们都在强调构建中国的法学话语体系，提高设置议题的能力。立体刑法学就是一个较好的议题，它立足中国，从中国所要解决的问题出发，既服务于中国的刑事立法和刑事司法，推动我们的刑事法治不断走向良法善治，又面向世界发出中国刑法学的声音，使中国刑法学不致成为"无声的刑法学"。还以交通肇事罪为例，最高人民法院《关于审理交通肇事刑事案件具体应用法律若干问题的解释》规定，交通肇事后，单位主管人员、机动车辆所有人、承包人或者乘车人指使肇事人逃逸，致使被害人因得不到救助而死亡的，以交通肇事罪的共犯论处。这是司法解释确立的过失犯以共犯论处的特例。另外，该司法解释还全面实行"客观归责"，弃用自然的因果行为论和心理责任论。① 不管理论上如何看待这些规定，但它却实实在在地在影响着中国刑法的运作。我相信，与那些西方已经耳熟能详的理论、学说相比，这些生动的中国实践更能引发外国学者对中国的兴趣。② 再如，中国惩罚危害行为采取行政罚和刑事罚的二元体系，与此相对应，司法机关出台大量的"立案标准"以及其他司法解释，为刑事司法提供具体而详细的标准，以便区分违法和犯罪，这使得《刑法》与《治安管理处罚法》（以及之前的劳动教养）、刑事司法与行政执法的区分与衔接成为一个重要的现实问题，对这些问题的深入研究和妥当处理，不仅对中国的法治有直接意义，而且也是在国际上发出中国刑法学声音的绝好素材。

---

① 参见阮齐林《中国刑法各罪论》，中国政法大学出版社 2016 年版，第 52—53 页。阮教授认为，实践出真知，正因为中国海量的交通肇事刑事案件，才逼出了主要依据行为之交通违章程度认定事故责任大小进而认定犯罪是否成立以及罪责轻重先进有效的司法解释，该司法解释制定于 2000 年，历时 18 年仍游刃有余，很了不起！

② 正如陈瑞华教授所指出，中国作为社会转型期的国家，每个领域都在发生剧烈的变化，已成为世界上最为丰富的问题策源地，这是中国学者进行研究的最大优势，而中国学者的最大劣势则是研究方法，"中国的法律学者究竟能作出多少自己的贡献呢？中国法学研究者可不可以进行一场'法律发现运动'？"参见陈瑞华《社会科学方法对法学的影响》，《北大法律评论》（2007）第 8 卷第 1 辑，北京大学出版社 2007 年版。

三 立体刑法学的最新课题

以刑法为主体，近年来立体刑法学领域出现了一些新课题。

就瞻前望后而言，在前瞻犯罪学方面，尽管总体来讲，我国犯罪学还不够发达，犯罪学服务于刑法学的能力还有待提升，刑法学对犯罪学成果的自觉吸纳也还不够。值得一提的是，在 2011 年的《刑法修正案（八）》和 2015 年的《刑法修正案（九）》先后两次削减死刑罪名时，都是以实证资料为基础，确信死刑削减不会造成犯罪数量上涨为前提的。前者的背景是，2007 年死刑核准权收归最高法院后，司法实践中死刑刑罚数量大幅下降，而社会治安非但没有恶化、严重暴力犯罪反而呈现出某种程度下降；后者同样如此，2014 年 10 月 27 日，时任全国人大常委会法工委主任李适时在向全国人大常委会作《刑法修正案（九）》草案的说明时指出："2011 年出台的《刑法修正案（八）》取消 13 个经济性非暴力犯罪的死刑以来，我国社会治安形势总体稳定可控，一些严重犯罪稳中有降。实践证明，取消 13 个罪名的死刑，没有对社会治安形势形成负面影响，社会各方面对减少死刑罪名反应正面。"

在后望行刑学方面，我国的刑罚不断走向开放化。比如，即将出台的《社区矫正法》应当对我国的刑罚走向开放化起到积极的作用。事实证明，行刑的效果和可操作性会直接影响一种刑罚的适用率。如我国的管制刑之所以在实践中判得不多，主要是执行起来有困难（尤其对流动人员犯罪）。如果通过《社区矫正法》能增强对被判处管制者的监管，就能够很好地激活这一刑罚的适用。与此相类似，我们现在常说罚金刑的判决在实践中难以执行，关键在于罚金的具体执行制度存在问题。我们应当借鉴国外的做法，从总额罚金制改为日额罚金制，即判处被告人的是罚金的天数，再根据不同被告人的经济能力来决定其每天应交付罚金的数额。这样，同罪同判的只是罚金的天数，乘以每个不同经济能力被告人的日额罚金，经济能力好的人要多交罚金；反之则少交。这种做法既能让每个受处罚的人感受到刑罚的效果，又能改善罚金刑的执行状况。不仅如此，法律还应有更细致的安排，如犯人判决后失业了，如何解决原来的罚金交不起。又要视情况而定：如果其失业是因为自己好吃懒做等自身原因造成的，那就要折抵刑期去监狱服刑；如果是因为经济危机等非自身原因造成，那就可以改作公益劳动，甚至当法庭认为有足够理由时，则可以直接免除。所以，我国亟须制定一部统一的《行刑法》，用以统辖《监狱法》《社区矫正法》等诸多行刑方面的法律规范。① 另外，鉴于《刑法修正案（八）》对某些严重暴力犯罪确立了限制减刑的制度，《刑法修正案（九）》又对重特大贪污受贿犯罪确立了不得减刑、假释的终身监禁制度。这些新增的刑罚措施实际效果如何，对犯人改造有什么影响，均亟须跟踪研究。

就左看右盼而言，新的课题就更丰富了。在左看刑事诉讼法方面，以2012 年修改后的《刑事诉讼法》新增的"强制医疗特别程序"为例，该程序对依法不负刑事责任的精神病人实施了危害社会行为的，就其强制医疗特别程序的适用条件以及启动、审理、复议、执行和解除等作了规定，将原来由公安机关一家决定、执行的行政化程序纳入司法化轨道，在较大程度上回应和解决了"被精神病"的问题，使刑法中原来简单的一句"在必要的时候，由政府强制医疗"更具可操作性。对于这样一种刑法中带有保安处分性质的措施，通过修改刑事诉讼法落实具体程序，改变了其空悬的命运，使得其在实践中适用率大幅提高。由此可以得到启发，刑法中其他带有保安处分性质的措施，如收容教养，如果能通过类似的特别程序加以规范，应能激活其在实践中的适用。当前，我国青少年违法犯罪呈上升趋势，学界和社会上有许多声音呼吁降低刑事责任年龄，但我认为，降低刑事责任年龄远非上策，从兼顾对青少年的保护和强化社会治理的角度看，将刑法中的收容教养制度加以司法化改造并激活其适用，才是比较理想的选择。

在右盼民法、行政法等部门法方面，不仅新出台的《民法总则》给探讨刑法与民法的关系提供了崭新的素材，② 而且诸多行政法领域也显露

---

① 在中国法学会组织的"《看守所法（征求意见稿）》立法专家咨询会"上，与会者较集中的意见之一是《看守所法》把未决犯和一部分已决犯（余刑三个月以下的有期徒刑犯和被判处拘役的犯人）规定到一部法里甚至是一个管理模式不合适，因为二者的功能定位是不同的，前者主要是保障刑事诉讼的顺利进行，后者则肩负着对服刑犯人的教育改造。随着危险驾驶罪等轻罪的入刑、废除劳教后犯罪圈的扩大，短刑犯所占的比重越来越大，这个问题就显得更加凸显出来。这也说明，制定统一的《行刑法》确有必要。事实上，党的十八届四中全会已经作出了"完善刑罚执行制度，统一刑罚执行体制"的战略部署，在司法体制改革取得阶段性胜利的基础上，下一步推进公安体制和司法行政体制的改革也是势在必行的事情，也正因此，包括笔者在内的许多与会者都建议要把看守所的隶属体制由公安转为司法行政部门。

② 参见王莉等《民法总则对刑法发展的影响》，《人民检察》2017 年第 9 期；谢永红等《民法总则对刑事责任年龄认定的影响》，《检察日报》2017 年 4 月 19 日。

出不少有价值的话题；此外，在刑法修正中，也有不少条款引发了这方面的讨论。① 例如，新出台的《民法总则》第 127 条规定："法律对数据、网络虚拟财产的保护有规定的，依照其规定。"这说明网络虚拟财产具有占有、收益、处分的财产属性，可以作为一种民事权利以物权的方式进行保护。民法对网络虚拟财产的明确规定为刑法进一步按照准财产犯罪的属性处理提供了空间。再如，《民法总则》第 111 条规定："自然人的个人信息受法律保护。任何组织和个人需要获取他人个人信息的，应当依法取得并确保信息安全，不得非法收集、使用、加工、传输他人个人信息，不得非法买卖、提供或者公开他人个人信息。"目前，我国刑法只是将侵犯公民个人信息中比较严重的行为，如非法买卖、提供、窃取、骗取公民个人信息等行为规定为犯罪；民法总则扩大公民个人信息保护的范围之后，刑法有必要及时跟进，将"非法收集、使用、加工、传输、公开"行为与"非法买卖、提供、窃取、骗取"行为作同样的禁止性规定。再如，我国《反恐法》从性质上来说，应属于一部行政法，但它在第 30 条规定了一个刑法上典型的保安处分措施——"安置教育"，即"对恐怖活动罪犯和极端主义罪犯被判处徒刑以上刑罚的，监狱、看守所应当在刑满释放前根据其犯罪性质、情节和社会危害程度，服刑期间的表现，释放后对所居住社区的影响等进行社会危险性评估，经评估具有社会危险性的，监狱、看守所应当向罪犯服刑地的中级人民法院提出安置教育建议"。这表明，安置教育作为独立于刑罚的保安处分措施在我国得到正式确立，并且是在刑法之外确立的。对此，正如有学者所指出，目前我国反恐怖主义法对安置教育的规定仍然是初步的，规范安置教育对象、行为、程序、机制等内容的

---

① 例如，《刑法修正案（九）》关于"从业禁止"的规定中有"其他法律、行政法规对其相关职业另有禁止或者限制性规定的，从其规定"，学界对此就褒贬不一。在立法时就有人提出反对意见，认为让刑法从行政法的规定，显得很不严肃。立法通过后，司法实践中也很少有人民法院依据"从其规定"援引其他法律、行政法规来处出从业禁止，而是大多适用第 37 条之一第 1 款的"三年至五年"的期限，如有学者统计指出，他所收集到的 5 份生产、销售假药罪的判决书宣告的从业禁止期限都是"三年"，而不是《药品管理法》规定的"十年"；8 份生产、销售有毒、有害食品罪的判决书宣告的从业禁止期限也都是"三年"，而不是《食品安全法》规定的"终身"；两份醉酒型危险驾驶罪判决书宣告的从业禁止期限分别是"四年"与"五年"，而不是《道路交通安全法》规定的"终身"（参见欧阳本祺《我国刑法中的"从其规定"探究——以〈刑法〉第 37 条之一第 3 款的规定为分析对象》，《法商研究》2017 年第 3 期）。这就带来一个问题：刑法上的从业禁止期限反而要轻于甚至大大轻于行政法的从业禁止期限，而当刑法上的从业禁止期限到期后，行政法的从业禁止期应当还是继续有效，那么如何厘清二者之间的逻辑关系确实就成为一个问题了。

制度体系还远未完善。① 如此重大的制度变革，竟然在刑法之外的行政法中悄然产生，应当说，刑法学界总体关注还是远远不够的。说到刑法与行政法的关系，晚近的几次刑法修正案还有一个很突出也很引起争议的现象，那就是所谓的用刑法倒逼有关行政法的出台。即在一些法定犯中，本来应当行政法先行，才符合刑法的保障法特点；现在却倒过来了，先刑法出台一个罪名，规定违反国家有关规定的某种行为为犯罪，然后再来倒逼"国家有关规定"的出台。我对此是持批评态度的，因为它违反了社会治理应当遵循的行业自治—行政规制—刑罚制裁的一般位阶和逻辑，更何况有时"倒逼"还不一定能马上到位。如 2009 年的《刑法修正案（七）》就增设了"侵犯公民个人信息罪"（2015 年的《刑法修正案（九）》又把本罪的主体由特殊主体修改为一般主体，并提高了法定最高刑），但至今作为该法前置法的《公民个人信息保护法》仍未出台。②

就上下兼顾而言，在上对宪法方面，如何加强宪法和《立法法》等宪法性文件对刑事立法和刑事司法（包括司法解释）的硬约束，仍然是一个亟须从制度上化解的难题。③ 如果不解决这个问题，我国刑法就难以真正实现现代化和法秩序的统一，也无法在刑事法治领域切实树立宪法的权威、落实"依宪治国"。在上对国际公约方面，随着我国加入的国际公约越来越多，参与国际层面的维和行动、护航行动越来越多，需要研究的问题也越来越多。如《联合国反腐败公约》有效推动了我国晚近的几次刑法修正，增设了"利用影响力受贿罪""对有影响力的人行贿罪"等罪名，但我国刑法仍然在很多问题上与公约的要求存在差距，如我国刑法仍将贿赂的标的物限于财产性利益，对照《联合国反腐败公约》中的"不正当好处"，显然后者并不限于财产性利益，而是包括请托人为受托人亲属安排工作、晋升职

① 参见陈泽宪《安置教育需要全面坚持法治原则》，《检察日报》2016 年 10 月 28 日。
② 由于《公民个人信息保护法》迟迟没有出台，只好靠司法解释来解决该罪适用中的一些疑难问题，如自 2017 年 6 月 1 日起施行的最高人民法院、最高人民检察院《关于办理侵犯公民个人信息刑事案件适用法律若干问题的解释》将侵犯公民个人信息罪的"违反国家有关规定"解释为"违反法律、行政法规、部门规章有关公民个人信息保护的规定"，但这里将部门规章纳入，超出了《刑法》第 96 条关于"违反国家规定的含义"之规定。
③ 例如，前述司法解释超越《刑法》第 96 条的规定，对其合法性的质疑还只能停留于学术探讨，在实际操作层面上却无可奈何。又如，《刑法修正案（九）》直到第三次审议时才加进对重特大贪污受贿犯增设不得减刑、假释的终身监禁等内容，有学者认为这违反了《立法法》的相关规定，但也同样不能诉诸违宪审查。

位、提供家政服务乃至性服务等非财产性利益。此外，我国刑法至今没有"海盗罪"这一罪名。这个问题在我国按照联合国安理会的有关决议派遣海军舰艇赴亚丁湾、索马里海域护航后就更加凸显出来。虽然我国刑法中有相关罪名来处理绝大多数海盗行为，但在国际刑事司法合作中，"海盗罪"作为一种公认的国际犯罪，更容易得到国际社会的理解与配合，如果套用其他罪名，则很可能因各国法律制度的差异甚至意识形态的干扰而影响合作的顺利进行。论及刑法与宪法和国际公约，还有必要回顾一下：2015 年习近平主席签署的特赦令，这一特赦令使我国沉睡了 40 年之久的特赦制度得以复活，但这次特赦决定作出后，各地在执行中所表现出来的一定程度的"乱象"也说明，目前我们这方面的规定还太原则、太粗糙，需要根据宪法制定出一部可操作的具体的赦免法来，从实体到程序对赦免的申请、启动、审查、决定等各个环节进行规范。这也是依法治国、依法行赦的应有含义。同时，我们还需要建立死刑犯的申请赦免制度，这是一项不同于我国宪法已有规定的自上而下的赦免制度，它是自下而上赋予每一个死刑犯申请赦免的权利的制度，这也是《公民权利和政治权利国际公约》所明确规定的。考虑到在可预见的未来，我国的死刑还只可能减少而不可能完全废除，因而这项制度不能长期付诸阙如，应当健全完善。①

　　在下对治安处罚和劳动教养方面，劳动教养制度已经废除，自然不再存在刑法与其衔接的问题了，但类似劳动教养的一些制度还存在，如收容教育、收容教养等，因而刑法与这些制度的关系仍然是未了的话题。从强制医疗的司法化改造和有关国际公约的要求来看，对这些剥夺和限制人身自由的措施都应进行司法化改造，纳入未来大刑法中的"保安处分"里。至于治安处罚，目前正在修订的《中华人民共和国治安管理处罚法》如何与刑法衔接好，也是一个现实问题。②

---

① 参见刘仁文《论我国赦免制度的完善》，《法律科学》2014 年第 4 期。
② 当然，作用不是单方面的，而是互相的。例如，治安管理处罚法规定，对使用伪造、变造的国家机关、人民团体、企业、事业单位或者其他组织的公文、证件、证明文件的，应当与伪造、变造或者买卖国家机关、人民团体、企业、事业单位或者其他组织的公文、证件、证明文件、印章等行为一样受到处理，但刑法却只规定了伪造、变造、买卖国家机关的公文、证件、印章罪和伪造公司、企业、事业单位、人民团体印章罪（没有将使用行为入罪），其实，绝大多数的伪造、变造行为目的就是使用，刑法不将使用行为入罪并不合理（《刑法修正案（九）》在伪造、变造、买卖身份证件罪的基础上增加了使用虚假身份证件罪也恰恰说明了这一点），不仅如此，它还导致实务中如果对伪造、变造行为无法查证或无法达到证据确实充分标准、同时又找不到实物印模且不存在其他情节的，也只好通过治安管理处罚法按使用来处理了。

　　就内外结合而言，在对内加强对刑法的解释方面，立体刑法学特别重视将刑法解释的视野扩展至刑法规范之外的影响因子。如 2010 年，针对形式解释和实质解释的激烈交锋，我指出法律并没有规定说只许形式解释或只许实质解释，从立法解释和司法解释这类有权解释以及法官在具体法律适用中的解释来看，也许解释者会在不同的刑事政策和价值观的指引下选择不同的解释立场，如在某类犯罪严重或社会治安压力大的时候，更可能选择入罪的解释；在社会治安相对较好、人权保障成为强调重点的时候，更可能选择出罪的解释。由此看来，持形式解释立场还是实质解释立场，本身也是动态的，如果能从刑事政策的角度来考察形式解释和实质解释的交替使用，并从应然上给这种交替使用的正当性设置一些规则，可以视为刑法解释的第三条道路。① 最近阮方民教授也提出要重视刑法的政策解释，并就此提出三点意见：一是刑法的政策解释是一个不应被中国刑法学者忽略的刑法解释现象，是在刑法实践中产生的概念，他以 2007 年最高人民法院和最高人民检察院出台的《关于办理受贿刑事案件适用法律若干问题意见》为例，认为这个意见几乎全文照搬了中纪委的规定，在这份司法解释中出现了大量的党纪党规；二是刑法的政策解释是有中国特色的法律解释方法与解释现象，且刑法的政策解释有它的客观必要性，相比西方法律运行的相对封闭性，中国的刑法运行更具开放性；三是刑法的政策解释常常突破法律规范框架的限制，它对社会发展的影响具有利弊双重性，这就要求我们在解释法律时不仅要有法律思维也要有政策思维。② 阮教授的这一见解其实也是与本书提出的内外结合刑法解释观相契合的。当然政策（主要是刑事政策）只是刑法解释外部影响因子之一，而不是全部，社会的发展等同样会对刑法解释产生影响。总体而言，为了应对快速发展的社会，也为了保持刑法的相对稳定，刑法解释需要从立法刚颁布时强调遵循立法者原意的主观解释逐渐向立法颁布较长时间后法条文意射程范围内所能涵盖的客观解释转换，为此，我们需要认识到，坚持罪刑法定原则和刑法的谦抑性，与适当发挥司法的能动性并不矛盾。以网络犯罪为例，传统刑法并不是网络时代的产物，但现在网络已远非虚拟社会，而是

① 刘仁文：《从刑法注释到刑法解释学》，《环球法律评论》2010 年第 5 期。
② 参见《"信息时代刑事法现代化研讨会"顺利举办》，浙江大学光华法学院网站，http：// www. ghls. zju. cn/chinese/redir. php? catalog_ id = 55&object_ id = 352055，2017 年 7 月 30 日访问。

成为另一种现实社会。因而，我们必须对有的条款作适当的扩大解释，使之包括有关网络行为在内。我近期对"破坏生产经营罪"的一项研究指出："耕畜"和"机器"固然不能实现网络时代中对于生产经营要素的概括，但"其他方法"可以被合理解释以应对网络时代，即合于破坏生产经营的本质，如通过改变网络影响力对网络空间中的生产经营进行破坏。在全国首例恶意好评案中，网络空间中商铺的成交量（销售量）和信誉评价就是网络影响力，买家正是通过参照网络影响力作出购买决定，而本案例正是通过反向刷单、恶意好评导致了竞争对手的网络影响力降低，进而致使经营损失的出现，故一二审法院的判决均认定被告人构成破坏生产经营罪。①

在对外重视刑法的运作环境方面，我曾在关于"死刑与媒体"的研究中指出：当基本的案件事实确定下来后，案件结果仍然有一定的不确定性。这其中既有因媒体影响由死复生的案例（如吴英案），也有因媒体影响由生入死案例（如刘涌案、李昌奎案等）。因此，如何建立健全媒体和司法之间的行为规则，增强司法机关抗外部干扰的能力，仍然是我国法学研究的一个重要话题。随着新媒体的发展，人人都是记者、人人都是新闻传播者的时代已经到来，媒体对司法的影响成为一个不容回避的问题，近年来天津的"大妈卖气枪案"、内蒙古的"农民收购玉米案"、山东的"于欢刺死辱母者案"，以及前些年的"许霆案"，原审给人的感觉都是依法办案、于法有据，如果没有媒体炒作出来，案件结果可能会无人挑战，甚至如果普通老百姓质疑案件结果，司法机关还会说刑法和司法解释就是这么规定的。但当今我们身处一个"众声喧哗"的网络时代，如果案件结果显失公平，违背常理常情，即便你再于法有据，也将受到社会的质疑及由此带来的压力。正如我在"于欢刺死辱母者案"的一次采访中所表达的：罪刑法定不能机械化甚至庸俗化地去理解，要把刑法教义学和人的常情常理以及社会对正义的通俗理解结合起来。更进一步说，20年前为废除类推，确立罪刑法定，当时强调形式法治有合理的历史背景，但现在则到了需要实质法治的时代了，否则就会出现专业与大众的撕裂。对于常理常情以及社会对正义的通俗理解，理论要做的是，以法学的语言把这种常理常情表述出来，提供给立法与司法者

---

① 参见刘仁文、金磊《网络时代破坏生产经营的刑法理解》，载《安全与秩序：互联网"黑灰产"打击与治理会议论文集》，浙江大学互联网法律研究中心等编，2017年7月。

参考，发挥一个社会常情与法律的中介和衔接作用。国外刑法与理论对协调法律和人情有很多行之有效的做法，期待可能性就是一例。从法教义学自身的视角来看，无论是立法还是司法，都必须严格遵循法定程序和要求，不可能完全按照人情与社会认知行事，所以这就需要解释，解释就像是一个翻译，它在充分考虑法律基本原则原理的基础上，吸收人情与社会认知，对法律的严峻性进行调和，再把这些用法律的语言和程序表现出来，填充不完善的法条，这就是解释的作用。

四　推动立体刑法学的进一步发展

虽然立体刑法学取得了一些成绩，但我们应当看到，它所面临的瓶颈性问题也还存在，进一步推动和完善立体刑法学的研究任重道远。目前，立体刑法学需要着力解决的问题、困惑和疑问主要有以下几个。

第一，突出刑法（学）的主体地位。我们要解决的问题是其他领域研究如何更好地为完善我们的刑法理论、刑事立法和刑事司法提供有价值的智识支持。[1]"刑法与宪法""刑法与刑诉法"的研究成果不能简单地倒过来也可以成为"宪法与刑法""刑诉法与刑法"的研究成果。[2] 在这方面，借助刑法学者之外的其他学科的力量固然重要，但刑法学的发展毕竟主要要靠我们刑法学人自身来完成，即使借助其他学科的力量，也需要刑法学者在课题组织、话语转换、知识整合等方面发挥主体作用。[3] 这就要求刑

---

[1] 举个例子，依照刑法和相关司法解释，违反国家烟草专卖管理制度，未经烟草专卖行政主管部门许可，非法经营烟草专卖品，情节严重的，要按非法经营罪来定罪处刑。非法经营罪的规范目的在于禁止未经许可经营法律、行政法规规定的专营、专卖物品等行为，至于烟草为什么要专卖，尽管有的经济法学者认为是基于国家税收控制和利益分配的考虑，而官方可能会从民众健康角度来强调专卖的合理性，但从现代监管理论和反垄断制度来说，烟草专卖却被认为是行政垄断，不具有合理性。如果烟草专卖的合理性越来越受到质疑，那将来就很可能取消这项专卖制度，相应地非法经营罪也就不包括它了。显然，就刑法论刑法，是解决不了这类问题的。

[2] 例如，一个刑法学博士研究生写"刑法与刑事诉讼法"的博士学位论文和一个刑事诉讼法学博士研究生写"刑事诉讼法与刑法"的博士学位论文，虽然是同一个主题，但两者的出发点、侧重点和归宿点应当是不同的，因为前者写的是一篇刑法学博士学位论文，后者写的是一篇刑事诉讼法学博士学位论文。

[3] 这正如赫尔曼·康特诺维茨所宣称：法社会学只有由法律家以兼职的身份来做才能结出硕果。康特诺维茨的话虽然有点过，但至少说明法社会学对社会学家来说要更艰难些。参见胡水君《法律的政治分析》，中国社会科学出版社 2015 年版，第 273 页。

法学者必须具备立体刑法学的视野和自觉，但我们在这方面还做得不够。例如，按照有关国际公约的要求，一切剥夺人身自由的措施都应当是刑法的后果（哪怕你给它贴上行政处罚的标签），但我们很多刑法学者对刑法典之外众多剥夺人身自由的措施鲜有关注，如已经废除的劳动教养制度，以及还在执行的收容教养制度、收容教育制度等。①

这里再举个典型例子。在《刑法修正案（九）》的讨论过程中，立法机关曾召集过几次专家座谈会，讨论要否废除嫖宿幼女罪等问题。与民意强烈要求废除该罪名的呼声相反，大部分刑法学者并不赞成废除该罪名。我认为，在反对废除嫖宿幼女罪这个问题上，有的刑法学者的理由确实牵强，站不住脚。因为嫖宿幼女罪的罪名不仅与有关国际公约的要求不符，而且也存在对幼女的污名化等许多刑法教义学之外的问题。② 2003 年，曾发生过法理学教授苏力与刑法学界的一场学术争议。当年 1 月，最高人民法院发布了《关于行为人不明知是不满十四周岁的幼女双方自愿发生性关系是否构成强奸罪问题的批复》，规定"行为人确实不知对方是不满十四周岁的幼女，双方自愿发生性关系，未造成严重后果，情节显著轻微的，不认为是犯罪"。该司法解释出来后，苏力教授撰文对其提出强烈质疑和批评，认为这将在实践中产生可怕的后果，即此举会使社会最为唾弃且无法容忍的同幼女发生性关系的潜在主体得到豁免。由于苏力教授并不是刑

---

① 甚至有的刑法学者连收容教养、收容教育的区别都说不清楚。

② 我国已于 1991 年批准加入联合国《儿童权利公约》。该公约明确规定了对儿童权益无差别保护的原则，但我国刑法规定的嫖宿幼女罪并不符合这一原则。因为卖淫是以行为人具有性自主能力为前提的，根据嫖宿幼女罪的规定，既然幼女可以成为犯罪人的嫖宿对象，就等于间接确认了幼女的性自主能力。然而，我国《刑法》又同时规定，对于与不满十四周岁的幼女发生性关系的，不论幼女是否"自愿"，均构成强奸罪。此规定的法理基础在于，幼女并不具备性自主能力，对于性行为不能作出有效承诺，这也是世界各国刑法的立法通例。如此看来，嫖宿幼女罪其实是将幼女进行了"卖淫幼女"与"普通幼女"的分类，并对二者采取了不同的保护态度。这种因幼女身份差异而对其实施不同保护的做法，显然是对无差别保护原则的违背。此外，嫖宿幼女罪还存在对幼女的污名化效果和不利于防治此类犯罪等诸多弊端。从刑法规定可知，由于嫖宿幼女罪的犯罪人以幼女为"嫖宿"对象，因而对犯罪人适用嫖宿幼女罪，与之相对的幼女就被认为是娼妓，且以这样的罪名来办理案件，很容易对受害幼女造成二次伤害甚至终身伤害。与对幼女的污名化效果相反，嫖宿幼女罪对于犯罪人而言，则有可能削弱社会的谴责度。就日常用语来看，"嫖客"和"强奸犯"所承载的社会谴责度显然是很不一样的（在某些落后地方，嫖娼甚至被视为男子有能耐的表现）。因而，以嫖宿幼女罪对犯罪人定罪处刑，其实是将"强奸犯"的标签换成了"嫖客"，由此可能削弱社会对犯罪人的谴责度，也不利于从严惩治和防范这类犯罪。参见刘仁文《〈刑法修正案（九）〉应取消嫖宿幼女罪的规定》，《中国妇女报》2015 年 7 月 21 日。

法学者，其有些论述也确实不太专业（如对我国刑法学界已经得到公认的主客观相统一原则提出挑战，认为我国刑法上对奸淫幼女罪的规定属于不问主观过错的严格责任），因而受到刑法学界异口同声地讨伐。但苏力教授的观点却得到了全国妇联、团中央等人民团体的支持。受这些压力所致，最高人民法院竟然最后以内部发文的形式通知该司法解释暂停执行。事过多年，再看这场争论及其结果，苏力教授固然在刑法上有点外行，但他抓住了公共政策需要考虑社会效果这一"牛鼻子"（立法、司法解释都是一种公共政策），并且他的担心在当时的社会风气下也不是没有道理。反之，虽然刑法学界捍卫主客观相统一原则并没有错，但简单地因为司法解释符合主客观相统一原则就无条件地为其背书，视野也是略显狭窄。事实上，我当时曾对最高人民法院前述批复的表述方式提出过质疑，认为这种表述隐藏着一种潜在的消极后果：容易让那些奸淫幼女者以"确实不知道对方是不满十四周岁的幼女"为借口，进而逃脱法律制裁。我国台湾地区在此方面的"司法解释"规定："不以行为人明知被害人未满十四岁为必要，具有奸淫未满十四岁女子之不确定故意者，亦应成立本罪。"这里的"不确定故意"相当于我们刑法中的"间接故意"。如果前述最高人民法院的"批复"也采取此种思路，即从正面去警告当事人间接故意就可以构成奸淫幼女犯罪，而不是从反面去强调"不认为是犯罪"的情形，可能其社会效果和命运就不一样了。①

　　第二，要区分实然和应然。立体刑法学在两个层面展开：一是实然层面，主要是针对法律适用而言；二是应然层面，主要针对立法完善而言。例如，我们过去有劳动教养，所以从中国的实际出发，必须研究刑法与劳动教养的界限和衔接，但并不妨碍我们从宪法（特别是带有宪法性质的《立法法》）和有关国际公约的要求出发，探讨劳动教养制度的改革问题。同理，我们现在一方面要解决实务中的刑法与治安管理处罚法的两法衔接问题，另一方面也不妨碍讨论治安拘留、收容教育、收容教养等制度的改革问题。又如，我们现在既要按照法律规定和现有的司法解释来操作刑事附带民事诉讼，但同时也有必要从刑法与民法的关系来探讨如何完善刑事附带民事诉讼这一刑民混合制度，特别是要借助民法学科的知识来反思这一制度。例如，本书课题组经过研究认为，在完善该制度时可以参考全部赔偿原则。因为在

---

① 　参见刘仁文《奸淫幼女与严格责任——兼与苏力先生商榷》，《法学》2003 年第 10 期。

现代民法中，全部赔偿原则是各国立法和司法实践中的通例。全部赔偿原则是指无论侵权行为人主观过错如何，是否已经承担了行政或者是刑事上的责任，都应该就被害人全部财产损失以及精神损害的大小来确定民事赔偿的范围。主要包括的内容为：首先是财产损失赔偿，比如在犯罪过程中造成财物的毁坏赔偿；其次，由于对人身损害而引起的财产损失赔偿，如犯罪人对他人人身造成伤害而伴随着财产损失，对这种损失也应该进行赔偿。显然，我国目前的刑事附带民事诉讼的赔偿范围并不符合全部赔偿原则。当然，在实然和应然之间，还存在一些法规范不明朗的灰色地带，需要理论研究去填补，此时学说见解本身就可成为办案的参考和依据。

　　第三，关于刑事政策在立体刑法学体系中的地位归属。有学者曾指出，在现有的立体刑法学体系中，虽然在某些具体论述时也曾提及刑事政策，但在理论基本构造的第一层级上没有明确刑事政策的地位，这使刑事政策的地位矮化，刑事政策的地位似乎隐而不彰。相应的，刑事政策学也在其中无立足之地，由此留下了一个应予弥补的缺憾。① 确实，在德国刑法学者李斯特的"整体刑法学"思想中，"犯罪态势—刑事政策—刑罚"是其基本结构，刑事政策具有贯穿前后的灵魂导引作用。李斯特在广义上界定了"刑事政策"，即"所谓刑事政策，是指国家借助于刑罚以及与之相关的机构来与犯罪作斗争的、建立在以对犯罪的原因以及刑罚效果进行科学研究基础上的原则的整体（总称）"。② 在这样的构想中，刑事政策成了联结犯罪态势、刑罚执行以应对犯罪的精神机枢。即使到了储槐植教授的"刑事一体化"，由于其强调刑事学科群的融会贯通，所以刑事政策仍然可以占据一个核心位置。但到了笔者的"立体刑法学"，刑事政策却隐身了。这对于一个以研究刑事政策为学术标签之一的学者来说，确实有点奇怪。细思起来，倒不能说刑事政策在"立体刑法学"中就完全缺席，它至少隐身在一些角落里：一是在前瞻犯罪学中。笔者强调只有把犯罪的原因弄清楚了，才能把准脉，确立科学的刑事立法政策（但对于科学的刑事司法政策即如何有效打击犯罪似乎缺乏应有的位置）。二是在后望行刑学中。笔者同样强调对罪犯改造和回归要有科学的刑事政策，否则刑罚的效

---

① 此为焦旭鹏副研究员在 2017 年 4 月 8 日中国社会科学院法学研究所主办的"立体刑法学的回顾与展望"学术研讨会上发言时所提出的观点。

② ［德］弗兰茨·冯·李斯特：《论犯罪、刑罚与刑事政策》，徐久生译，北京大学出版社 2016年版，第 212 页。

果就将不会彰显，甚至前功尽弃。三是在上对宪法和国际公约上。这其实是对一个国家刑事政策的制定和调整有重要影响的一个视角。我们的每一次宪法修改、每加入一个重要的涉及刑事方面的国际公约，都会牵动刑事政策的定位与反思。四是在对内加强对刑法的解释上。笔者特别强调过刑法解释的第三条道路——刑事政策，即在所谓的形式解释和实质解释之间，笔者主张用刑事政策来指导刑法解释。当然，即便如此，刑事政策仍然在立体刑法学中找不到一个光明正大出场的位置，而且前述解释也把刑事政策的实然和应然放到了一起。这或许是与我过于注重形式美有关，或许也与立体刑法学重在一种方法有关（虽然立体刑法学也有运作层面的意思，但似乎更偏重实然，这与用来指导刑事立法和刑事司法的刑事政策似有一定的距离），但不管怎样，焦旭鹏博士的疑问有道理，也不应回避。此外，笔者还想到"司法精神病学"等学科，它们要否在立体刑法学中占一席之地。如需要，该归属何处，这些问题也有待思量。

第四，关于立体刑法学的阶段性目标和远期目标。莫纪宏教授曾经指出，立体刑法学要达到两个目标，其一是远期目标，即要明确立体刑法学的学术使命。立体刑法学不是要把传统的刑法学知识推倒重来，而是要在方法论上对传统刑法学知识进行整合和改造，转化成良好的机制，更好地解决刑事立法和刑事司法在现实中所遇到的挑战，并以"立体刑法学"为起点、拓展出"立体宪法学""立体民法学"等其他领域，最终建立起有中国特色的"立体法学"研究范式。其二是阶段性目标。即当下应该做什么。应该以刑法为内核，与其他部门法配合，把刑法知识放在中国特色社会主义法治体系内来理解，更好地发挥刑法在社会治理中的作用。① 我认为，莫教授指出了立体刑法学理论上的目标，其实还有制度上的目标。② 例如，劳动教养制度

① 参见中国法学网《"立体刑法学的回顾与展望"学术研讨会成功举行》，http：//www.iolaw.org.cn/showNews.aspx? id＝57491，2017 年 6 月 15 日最后访问。

② 一般而言，立体刑法学既包括理论层面，也包括制度层面，例如，当我们说刑法与行政法时，其实就是从制度层面而言的（如刑法规范如何与行政法规范相衔接），但当我们说刑法学与行政法学时，则是从理论层面而言的（如刑法与行政法的规范目的与功能有何异同）。但在立体刑法学的某些维度里，可能并不是二者都具备，如犯罪学就应当只有理论层面，不好说它还有制度层面，所以这个时候基于对应的考虑，就叫"刑法学与犯罪学"；而在另外一些维度里，可能着重讨论的是制度层面的，如刑法与治安管理处罚法，就不太好叫"刑法学与治安管理处罚法学"（当然，后者称为"治安管理学"倒也未必不可）。总之，在整个《立体刑法学》的书稿章节编排和具体行文中，如何把理论层面和制度层面既加以区分又有机地糅合到一起，也是一个纠结的问题。

的废除和强制医疗程序的司法化，就可以视为"立体刑法学"在制度变革方面所取得的阶段性目标；笔者关于建立中国"大刑法典"的构想就应当属于立体刑法学的远期目标之一，即把治安拘留纳入刑法，把收容教养、收容教育等也纳入刑法，在刑法后果上建立起刑罚与保安处分的双轨制，在刑罚里面又建立与重罪和轻罪相对应的重罪罚和轻罪罚。① 此外，像刑法合宪性审查机制的建立等，也都是立体刑法学相关维度所追求的制度层面的重要远期目标。

五　结语

储槐植教授在 2003 年的《再说刑事一体化》一文中指出："刑事一体化思想提出尽管已有十多年，还只能算是粗浅的开头，尚需进一步深入和展开。"② 从 2003 年最初提出立体刑法学思想算起，迄今也有 14 年了，我的感受与储先生相同。立体刑法学最初提出的那些问题仍然存在，如我国至今没有官方发布年度犯罪白皮书的做法，使得犯罪学研究成无米之炊；虽然"依宪治国"的提法已经耳熟能详，但我国至今没有建立起包括刑法在内的合宪性审查机制。与此同时，新的问题还在不断产生，立体刑法学本身也需要不断完善和发展。作为一个内涵丰富、容量巨大的学术命题，笔者个人的力量是渺小的，远远不能面面俱到，更需要有志于此的同道共同参与。理解和阐释具有不可消解的公共性，"每一言说都是向他人和同他人的言说"，因而"言说在本质上就是共享"。③ 笔者曾在一个关于立体刑法学的学术研讨会上指出，正如我们每个人心中都有一个哈姆雷特、每个人都可以从自己的角度去理解下之琳的《断章》一样，对立体刑法学的思想大家也尽可以发挥自己的想象力，去思考和丰富它。④ 事实上，正如本书课题组最终成果所显示的，在立体刑法学的每一个维度下，各位学者均有所发挥，有的研究成果甚至超出了我最初的设计，这反过来又可以促

---

① 参见刘仁文《调整我国刑法结构的一点思考》，《法学研究》2008 年第 3 期。
② 参见储槐植《刑事一体化》，法律出版社 2004 年版，第 504 页。
③ 参见［德］海德格尔《时间概念史导论》，欧东明译，商务印书馆 2014 年版，第 410 页。
④ 参见中国法学网《"立体刑法学的回顾与展望"学术研讨会成功举行》，http：//www. iolaw. org. cn/showNews. aspx？id＝57491，2017 年 6 月 15 日最后访问。

进我们对立体刑法学的反思与补充。① 我同意莫纪宏教授的判断，既然立体刑法学有其生命力，那么"立体宪法学""立体民法学"等就同样会有生命力，因为它们也一定面临与刑法和刑法学相类似的问题，② 如此，最终打造一门有中国特色的"立体法学"，应当也是顺理成章、水到渠成的事。

---

① 例如，周维明博士提出了与立体刑法学相对应的一个概念"平面刑法学"，我觉得引入这个概念，确实有助于更形象地说明"立体刑法学"这个概念。在周维明博士看来，刑法之内看刑法即属平面刑法学，刑法之外看刑法即属立体刑法学。当然，这里可能涉及的一个疑问是，立体刑法学不也主张对内加强对刑法的解释么？没错，不过需要指出的是，它强调的是"内外结合"，即要把刑法内部的解释和刑法的外部运作环境有机地结合起来。强调互动，而不是割裂地、孤立地看问题，这应当是立体刑法学的一个精髓。以"于欢刺死辱母者案"为例，二审的结果正是因为一审结果公布后引起社会的哗然，这种外部环境的刺激引起了对刑法正当防卫等条款的再次"翻译"，而这次翻译显然是一个更高层次的翻译。

② 刑诉法学者陈瑞华教授指出，当前法学研究有一个致命的问题，那就是把本来属于一个整体的法学研究予以肢解了，使得宪法、刑法、民法、行政法和诉讼法的研究相互隔离，出现了"老死不相对话"的局面，于是，各学科的研究者守着自己的"一亩三分地"，对属于自己领域中的法律问题作出解释和评论，对于超出自己学科领域的法律问题，既没有解释的能力，也没有研究的兴趣。而司法实践的经验标明，中国法律制度的主要问题恰恰发生在不同法律学科的交叉地带（参见陈瑞华《法学研究方法的若干反思》，《中外法学》2015 年第 1 期）。他还列举了一系列刑诉法研究中需要求助于多学科理论和知识来解决的问题，如非法证据排除规则，并不要求追究违法侦查的办案人员的个人责任，而只要求宣告违法侦查所得的证据无效，这在传统的民事侵权法中是无法作出解释的；还有附带民事诉讼这个刑事诉讼中的大难题，以及刑诉法与宪法的关系……这简直让我觉得"吾道不孤"，似乎一门立体刑事诉讼法学已经呼之欲出了。此外，我注意到商法学者赵磊副研究员最近在评论新通过的《民法总则》中有关商法规范的内容时也指出，绝大多数商法学者认为《民法总则》虽然也规定了一些相关商法问题，但是有很多缺失和不足。面对这种质疑，民法教授感觉奇怪，为什么你们会有这种想法？《民法总则》已经给商法做了很好的安排了啊。这说明，在民法和商法之间，也存在很严重的学科壁垒。参见赵磊《〈民法总则〉中商法规范的得与失》，《政治与法律》微信平台 2017 年 6 月 30 日。

目　录

第三编　上下兼顾：上对宪法和国际公约
下对治安管理处罚法

第四编　内外结合:对内加强对刑法的解释
对外重视刑法的运作环境

导论 提倡"立体刑法学"*

    伽达默尔曾经说过:"一个人需学会超出近在咫尺的东西去视看——不是为了离开它去视看,而是为了在一更大的整体中按照更真实的比例更清楚地看它。"①随着学科分工越来越细,学科间日渐形成壁垒,学术研究"碎片化"的现象越来越严重。②我国法学也不例外,各种专业性的学会、教研室纷纷筑起自己的围城,对外来"入侵者"有意无意地加以排斥,而围城里的同行也逐渐习惯了自己圈内的思维方式和视野,不轻易地对外张望。③然天下大事,分久必合,目前我国刑法学研究面临的危机急切呼唤"立体刑法学"的诞生。④

---

* 本文曾以"构建我国立体刑法学的思考"为题,原载于《东方法学》2009 年第 5 期,《中国社会科学文摘》和《高等学校文科学术文摘》相继转载过该文,现稍加修改作为本书的导论收入。

① 转引自王利荣《行刑法律机能研究》,法律出版社 2001 年版,第 368 页。

② 据悉,学科制度经过一百多年的发展,现已有 6000 多门。从研究范式来看,要完全取消学科研究既不现实,也无必要,最好是把学科研究和跨学科研究结合起来,二者的关系可以用"T"字来比喻:其中的"横"代表跨学科研究,指研究的广度;"竖"代表各学科研究,指研究的深度,事物通过横竖的双向发展来达到"矩阵稳固状态"。参见张梦薇《跨学科研究:体制外的"舞蹈"》,《中国社会科学院报》2009 年 6 月 11 日。

③ 法学研究模式与法学教育模式也是有联系的。方流芳教授指出:在国外,法学第一学位的教育都是不分专业的,法学硕士研究生的教育也不分专业。分专业的法学教育是 20 世纪 80 年代之后中国特有的,起源是中国的研究生教育是按照所谓"法学二级学科"逐一恢复的,硕士点和博士点是按照所谓"二级学科"划分的,但这个特色不是来自经验和理性,而是来自高等教育的行政管理,与职业市场需求并没有很多联系,这是一个在今后注定要消失的特色。参见董彦斌《承载厚望的中欧法学院》,《中国法律》2009 年第 2 期。

④ 我国刑法学研究所面临的危机是多方面的,例如:刑法机制不畅,包括刑法外部机制不畅,如刑法与治安管理处罚的衔接、刑事处罚与行政处罚的衔接等,以及刑法内部机制不畅,如不能根据行为人的矫正需要而实现各种刑罚之间的转换(自由刑易科财产刑,财产刑易科自由刑);刑罚投入大,而效益不佳,要么过于严厉,造成刑罚浪费,如死刑太多,要么过于宽松,不能有效地保卫社会,如欠缺系统的符合法治正当程序的保安处分措施;刑种还不够丰富,甚至还受制于传统的"五刑"认知,等等。

　　所谓"立体刑法学"，简单用一句话来概括，就是：刑法学研究要前瞻后望，左看右盼，上下兼顾，内外结合。它既涉及刑法学研究的方法革命，也涉及刑法学研究的内容革新。

一　前瞻犯罪学　后望行刑学

　　"瞻前望后"，就是要前瞻犯罪学，后望行刑学。刑法的根本任务是"用刑罚同一切犯罪行为作斗争"（我国《刑法》第2条），通过有效地惩罚犯罪来达到保护个人法益、社会法益和国家法益的目的。惩罚犯罪既是实现报应公正、维护刑法规范有效性的需要，也是一般预防和特殊预防的需要。无论是惩罚的有效性还是预防的有效性，都需要搞清楚犯罪的原因，只有在此基础上才能有的放矢、对症下药，设置出科学的刑罚种类，确立适当的刑罚强度（对犯罪原因复杂性的认识，将在一定程度上破除严刑峻法、刑罚万能的思想）。① 关于犯罪学与刑法学的关系，德国马普外国与国际刑法研究所的创始人、国际刑法协会前主席耶赛克教授曾经提出过"同一个屋檐下的刑法学和犯罪学"的理念，他有一个著名的论断："没有犯罪学的刑法是盲目的，没有刑法的犯罪学是漫无边际的"，进而认为："犯罪学可以向刑法学家提供源自现实的对于刑法立法必要的经验知识，只有基于这种知识的法规范才可能符合实际而公正合理。"在他的刑法教科书中，他指出："在刑法史中，许多刑事政策的重大进步均要归功于犯罪学，少年刑法、限制自由刑的适用、对罚金刑的改革、缓刑帮助、保留刑罚的警告、矫正及保安处分和刑罚执行的改革等，在很大程度上均是建立在犯罪学研究工作的基础之上的。"② 法国刑法学者也指出："尤其应当强调的是，犯罪学的发展对丰富刑法的内容所产生的影响。面对犯罪学经过长期研究所得到的结果，法学家仅仅付之一笑的时代已经过去。……犯

---

① 诚如有的犯罪学家指出：在刑法之内研究刑法有其局限性，影响从社会整体去观察和判断问题的追求和能力，不能有力地去指导和影响刑事立法。参见王牧等《新犯罪学》，高等教育出版社2005年版，第13页。

② 参见［德］汉斯·海因里希·耶赛克等《德国刑法教科书》，徐久生译，中国法制出版社2001年版，第61页。

罪学的成果已是有目共睹，人们再也不可能拒绝承认其对法律的影响。"①

改革开放后的相当长一个时期内，我国刑事犯罪率持续攀升，重新犯罪率居高不下，但刑法却仅仅满足于为配合一而再、再而三的"严打"，近乎本能地一再扩张和加码，然而此种思路对预防和控制犯罪的效果而言并不理想。这不由得使我想起 19 世纪末西方刑事实证学派诞生的背景：当时一方面刑事古典学派在欧洲发展到了顶峰，但另一方面犯罪也以从未有过的速度在增加，累犯、惯犯、青少年犯罪等十分严重，在这种"强烈而又令人惊异的对比"中，菲利等人一方面对古典学派在反对封建罪刑擅断方面所曾经作出的贡献表示"最诚挚的敬意"，另一方面却又深感传统的研究"阻止不住犯罪浪潮的上涨"，"不能为社会提供一点有关犯罪的原因和社会用以防卫的措施"，因此有必要开动自己的脑筋，去感觉和吸收生活中的震动及其心脏的跳动——闪光的和丑恶的，发明一种新的方法来更加准确地诊断犯罪这种疾病，在这种情况下，立足于教育刑、倡导刑罚个别化、主张刑罚与保安处分一体化等新型的刑事政策思想诞生了。② 我国当前的情形与西方刑事实证学派诞生的背景有一定的相似之处，如果说20 世纪 70 年代的刑事法制重建和 90 年代的刑事法制修订奠定了中国刑事法治的基石，那么 21 世纪中国刑法学界所面临的一个重大任务就是要在捍卫和巩固法治的前提下，针对我国社会结构转型、工业化和城市化发展迅速带来的严峻的治安形势，开动我们自己的脑筋，感受我们这个时代在我们这块土地上正在发生的一切，寻求新的刑事立法、刑事司法和刑事执行对策。

刑法学研究得关注行刑的效果。只有建立科学的行刑机制，才能提高对犯罪人的改造质量，有效减少再犯，实现刑罚特殊预防的功能。从行刑效果反过来检视现行刑罚制度的利弊得失，是促进刑罚改革的一个重要视角。总的来看，目前我国刑罚还停留在自由刑占绝对优势的状态，一种犯罪居高不下，因应的对策就是提高法定刑（如 2009 年《刑法修正案

---

① 参见［法］卡·斯特法尼等《法国刑法总则精义》，罗结珍译，中国政法大学出版社 1998 年版，第 55 页。不过，应当正视的是，与许多犯罪学发达的国家或地区相比，我国目前犯罪学的研究范式和成果质量还亟待改进和提高。我曾经提出，犯罪学要有为才能有位。我国犯罪学究竟在多大程度上产生了能够指导和影响刑事立法的高水平成果呢？这是我们在批评刑法学轻视犯罪学的同时应加以反省和回答的问题。

② 参见［意］菲利《实证派犯罪学》，郭建安译，中国政法大学出版社 1987 年版，第 3 页。

（七）》将巨额财产来源不明罪的法定最高刑从五年有期徒刑提高到十年），反映了立法者骨子里对刑罚有效性的迷信。但行刑效果如何呢？樊文博士的实证研究从根本上对于监禁刑积极的行为控制效果提出了质疑。[①]曾经有过监狱工作经验的翟中东教授亲眼看到一名因偶然失足而进入监狱的优秀学生张某在经过几年的牢狱生活后，"不仅野蛮了其身体，而且野蛮了其精神"，以至不止一次地问自己："难道不能让张某少服刑或在监外服刑，使他不走那条路？"[②] 现在，世界上许多国家的刑罚制度都进入了以非监禁刑为主的时代，这些国家被判处监禁的数量远远低于被判处缓刑、假释和社区矫正的数量。[③] 实践证明，将人身危险性小、放到社会上不致再危害社会的罪犯，如老弱病残犯、过失犯，部分女犯、未成年犯、偶犯等，多适用一些非监禁刑，不仅有利于降低行刑、合理配置行刑资源，而且有利于提高改造质量，避免监禁环境下的交叉感染等诸多副作用。[④] 这也是我国近年来推广社区矫正试点工作并取得良好效果的一个重要原因。从刑罚执行环节反映出来的问题看，我国目前的刑罚制度还存在许多需要改进的地方，如现行各刑种之间的封闭、刑罚执行的僵化造成必要的时候刑罚无法易科，事实上，当今许多国家和地区都规定了短期自由刑易科罚金和罚金易科劳役等灵活的刑罚执行制度。短期自由刑易科罚金主要是为了避免短期自由刑广受指责的狱内交叉感染严重等弊端，而罚金刑易科劳役（社会劳动、公益劳动）主要是为了解决罚金刑执行难的问题。[⑤] 又如，我国1997年新《刑法》扩大了财产刑的适用范围，但由于主要不是作为自由刑的替代刑，而是作为附加刑而使用的，因此现在事实上变成加重我国刑罚总量的一种措施，使犯罪人在服刑之余甚至伏法之后，他的家人还得帮其筹集缴纳被处的罚金，有的家人因经济压力又走向传销等违法犯罪的道路，这样的立法效果不能不使我们反思。再者，我们现在缺乏一

① 详见樊文《犯罪生涯：犯罪、制裁和再犯》，德国柏林 Duncker & Humblot 出版社 2009 年版。

② 参见翟中东《刑法中的人格问题》，中国法制出版社 2003 年版，第 293 页。

③ 参见郭建安、郑霞泽主编《社区矫正通论》，法律出版社 2004 年版，第 85 页。

④ 参见刘仁文《刑事一体化下的经济分析》，中国人民公安大学出版社 2007 年版，第 444 页以下。

⑤ 易科制度的建立当然还需要进一步探讨许多问题：如短期自由刑易科罚金要有法定最高刑和宣告最高刑的限制，并且要规定如果不执行宣告自由刑将难收矫正之效果或难以维持法秩序者不得易科罚金；得确立自由刑与罚金额的换算比例，而罚金额又宜采取根据行为人财产及收入状况而定的日额罚金制。

种使犯人逐渐回归社会的过渡制度，这方面国外有一些好的经验，如犯人快出狱前的一段时间，会被安排到一个较为开放的环境中，这段时间犯人白天可以出去工作或者与家人在一起，晚上再回到监狱来，以便逐渐过渡到适应社会；另外，由于大多数犯人在监狱内习得手艺或取得文凭，加上犯人出去后有多种非政府组织帮助，所以他们一般都能在出狱后三四个月内找到一份工作，而这是防止其再次走上犯罪道路的重要一环；还有，监狱会将犯人从事劳动的报酬分成两部分，一部分付给其本人购买日常用品和打电话用，另一部分则帮其存起来，待其出狱时一并支付，以供其在找到工作前使用。我国刑法必须关注这方面的制度设计，否则即使前面的制度再好，也有可能前功尽弃。

二 左看刑事诉讼法 右盼其他部门法

"左看右盼"，就是要左看刑事诉讼法，右盼民法、行政法等部门法。首先，刑法和刑事诉讼法的关系，乃实体与程序的关系，二者不要说在历史上原本一家，就是在当代，也是彼此密切相连的。正如有的学者观察指出的："国际上很多知名的刑法学家都在刑事诉讼法学方面有着很深的造诣，而很多刑事诉讼法学方面的专家同时又是刑法大家。"①的确如此，像我们熟知的德国刑法学者托马斯·魏根特、克劳思·罗克信以及我国台湾地区刑法学者蔡墩铭、林山田等，他们同样在刑事诉讼法学方面有很大的建树。②我国刑法和刑事诉讼法彼此"井水不犯河水"的局面严重阻碍了二者的沟通和发展，1996年修订的《刑事诉讼法》和1997年修订的《刑法》在诸多问题上的不协调可视为一例（如管辖问题，刑事诉讼法修改在前，刑法修改在后，这本身就违背了二者之间的内在逻辑）。其实，刑法中的不少问题都与程序直接相关，如死刑执行、减刑、假释等，而刑事诉讼法中的一些问题也需要刑法来落实，如刑事

---

① 参见陈光中《中国刑事司法制度与改革研究》，人民法院出版社2000年版，序言。

② 托马斯·魏根特不仅有他和耶塞克教授合著的《德国刑法教科书》被译成中文出版，还有他的《德国刑事诉讼程序》也被译成中文出版。克劳思·罗克信不仅有他的《德国刑法学》被译成中文出版，还有他的《德国刑事诉讼法》也被译成中文出版。而当我在台湾大学的图书馆看到蔡墩铭和林山田不仅分别出版了大量刑法专著和教科书，还分别出版了《刑事诉讼法论》和《刑事诉讼法》，且上述著作均已再版多次，而且他们还著有《刑事证据法》等多种刑事诉讼法方面的专著。

诉讼法规定告诉才处理的案件属于自诉案件，哪些案件属于"告诉才处理"，有赖于刑法来规定。

这里还举一个例子来说明刑法和刑事诉讼法的关系：我国刑法上的伪证罪主体与刑事诉讼法上的证人是否应为同一概念？一种观点认为，伪证罪发生在刑事诉讼中，包括被害人在内，只要是了解案情并负有作证义务的人，都是该罪的主体，尽管我国刑事诉讼法明确区分了"证人证言"与"被害人陈述"两个概念，但是，被害人陈述与证人证言都属于证据范畴，且被害人完全可能做有利于自身的虚假陈述，妨害正常的司法秩序。因此，伪证罪主体中的证人范围应当包括被害人，不能用程序法中的概念限制实体法中的概念。张明楷教授所著的《刑法学》和王作富教授主编的《刑法分则实务研究》都持这种主张，认为被害人可以成为伪证罪中的证人主体。另一种观点认为，应严格坚持罪刑法定原则和刑事诉讼法中的证人与被害人的区分，被害人不能成为伪证罪中的证人主体。在我看来，刑事法中证人概念还是应作统一理解，否则，不利于司法活动的正常进行。因为，无论刑法还是刑事诉讼法，都是用来处置刑事案件的，二者之间在针对具体案件时关系十分密切，如果相同字样的概念在刑法和刑事诉讼法中作不同理解，必然给刑事诉讼的顺利进行造成困惑。从理论研究角度看，对证人概念作统一理解，也有利于刑法和刑事诉讼法的沟通与交流。①

近年来，通过对刑事诉讼法知识的涉足，我愈加意识到刑事诉讼法对刑法的重要，比如过去我们刑法学界探讨犯罪化与非犯罪化时总是从犯罪圈的大小来切入，但现在我发现即使在实体法上犯罪圈大小不变，通过程序法的暂缓起诉等分流措施，也能大幅度地实现除罪化。量刑问题也是如此，在实体法的刑罚量不变的情况下，程序法中的辩诉交易、协商性司法、犯罪人——被害人调解等都可降低刑罚的严厉性。因此，打通刑法与刑事诉讼法的隔阂是我国刑事法学者面临的一个现实任务，它对两个学科

---

① 这些问题的出现当然源于立法上的瑕疵。但面对瑕疵，我们除了批判和解构，还需要通过解释来建构。无论是对立法还是对解释，我的基本建议是刑法用语应尽可能与其他法律的用语协调一致起来，除非特别必要和有充足的理由，才采取对同一用语在刑法和其他法律上作不同理解的方案。

的发展都具有不可低估的意义。①

再者，刑法和其他部门法的关系，乃保障与被保障的关系，② 二者也必须对接好。刑法既不能越过民法、行政法等部门法，过早地介入社会生活，也不能在民法、行政法等部门法需要刑法提供保障时刑法却到不了位。应当说，目前我们在这方面存在的问题是很多的，如不少行政法、经济法之类的部门法在"法律责任"一章里规定了"依法追究刑事责任"，但刑法却无相应的规定，这样导致的后果就是要么无法落实刑事责任，要么在需要时牵强附会地动用相关条款来定罪判刑，而后一种情形显然有违罪刑法定原则所要求的刑法明确化。③ 另外，有些刑法上的法定犯，本应建立在相关的行政和经济法规的基础之上，但由于后者欠缺，因而引起对其正当性的质疑，如"巨额财产来源不明罪"，设置此罪的前提应先颁布《财产申报法》，那样一经查出你有说不清来源的财产，就说明你没有依法

① 事实上，关于我国刑法结构，我有一个比较大的改革方案：那就是一方面要将治安处罚中的治安拘留和劳动教养一并纳入刑法，从而把所有剥夺人身自由的后果纳入刑法规制，这当然会带来犯罪圈的扩大；另一方面又要改良我国现有的刑事追诉程序和审判制度，通过增加"转处""分流"和"过滤"等环节来压缩犯罪圈。这样就可以将我国目前的立法既定性又定量改为国际通行的立法定性、司法定量（所谓国际通行的立法定性、司法定量，并不是说立法就没有定量的规定，其实西方国家在经济犯罪等法定犯中也有定量的规定，但不像我国对盗窃这样的自然犯也进行立法定量）。看得出来，这一改革方案本身就是把刑法和刑事诉讼法结合起来思考的结果。参见刘仁文《刑事一体化下的经济分析》，中国人民公安大学出版社2007年版，第182页以下。

② 在刑法和民法、行政法等其他部门法的关系上，有刑法独立性说与刑法从属性说之争：前者认为，当一个法律规范因规定了刑事制裁而成为刑法规范时，它就与其他刑法规范结成一个整体，该规范的适用对象和范围都要随着刑法特有的性质和需要而发生变化；后者认为，刑法不是一个独立的法律部门，刑法只有依附于民法、行政法等其他部门法，并作为其他部门法的补充才可能存在。我认为，刑法是一个独立的法律部门，且不必然依附于民法、行政法等部门法，如刑法中的"武装叛乱、暴乱罪"等，因其所保护的法益重大，固不需要依附其他部门法就可以一步到位地规定；又如，从盗窃犯手里抢出所盗财物，虽然民法并不保护盗窃犯的非法占有，但刑法却要将此种行为规定为抢劫罪。不过，刑法的这种独立性仍然不能否定，在许多领域，它还是要建立在民法、行政法等部门法的基础之上的。当然，进一步深入下去，这里面还有许多有意思的问题：如民事不法必然要求危害结果的发生，而刑事犯罪则未必，有时会处理行为（如醉酒驾车）、危险状态以及未遂、预备，既然民法等具有第一次规范的性质、刑法具有第二次规范的性质，那为什么会出现民法的评价基点反而在刑法之后呢？我认为，这并不违反"保障与被保障的关系"这一逻辑，因为此时其实不是在同一个层面来讨论问题，交通事故中的民事赔偿是完全站在平等主体方面而言的，但对醉酒驾车等行为进行刑法规制，其实是从保护不特定人的安全这一社会公共利益出发的。

③ 解决这一困境的一个思路是直接在有关行政、经济法律里设立明确的罪名和刑罚。事实上，在当今西方国家，许多的法定犯都是规定在刑法典之外的。

申报此前的财产,已经具备了违法性,不存在"有罪推定"的问题,但现在我们在没有《财产申报法》的情况下,就直接规定此一罪名,这样在反驳那些指责本罪违背"无罪推定原则"的意见时就显得不那么理直气壮。其实,这种下位法的缺失不仅仅是影响到刑法的正义性,更影响其有效性。《刑法修正案(七)》为应对社会反腐的呼声,提高了"巨额财产来源不明罪"的刑罚,但这种药方之于反腐的有效性是很值得怀疑的,贪污、受贿有死刑都没能有效遏制住腐败,你提高几年有期徒刑又有何用?所以笔者多次提出,与其在刑罚上不断加码,不如退而求之于基础制度的完善,如尽快出台国家公职人员的《财产申报法》。①

关注刑法和其他部门法的关系,还有其他一些视角,再举例言之:

(1)刑法用语和其他部门法用语的关系。如《刑法修正案(七)》规定国家工作人员的近亲属等可以构成"利用影响力受贿罪",那么这里的"近亲属"如何确定其范围?我国《刑事诉讼法》第82条第6项规定:"近亲属"是指夫、妻、父、母、子、女、同胞兄弟姊妹。而最高人民法院1988年发布的《关于执行〈民法通则〉若干问题的意见》(试行)第12条则规定:民法通则中规定的近亲属包括配偶、父母、子女、祖父母、外祖父母、孙子女、外孙子女。两者规定的范围不一致,刑法采谁舍谁,应有合理的解释。又如,《刑法》第270条第2款将"遗忘物"规定为侵占罪的对象,刑法学界对这里的"遗忘物"能否等同于民法上的"遗失物"存在争议,通说认为"遗忘物"和"遗失物"有所不同,应当加以区分,但也有不少学者认为,二者并不存在区别,或者说刑法没有必要刻意区分"遗忘物"和"遗失物"。② 我的问题是:为什么可以将遗忘物扩大解释为遗失物?作为在刑法解释中主张"以主观解释为主、客观解释为辅"的学者,我认为除非能证明立法者本来就想在此处表达"遗失物"的意思、只是由于疏于对民法用语的观照才造成现有的局面(迄今为止,没有见到这方面的证据),否则不宜擅自把这两个用语等同起来,因为按照

---

① 高铭暄教授在谈到为何不应对经济犯罪设置死刑时,也指出:"经济犯罪的多发,根源于经济管理上的混乱、政策上的漏洞以及经济管理法规的不健全,而非由于不适用死刑所导致。因此,对经济犯罪的遏制,重在强化管理、堵塞漏洞和完善法制,从源头上予以解决,而不在于采用极刑。"参见《高铭暄自选集》,中国人民大学出版社2007年版,第546—547页。

② 例如,陈兴良:《规范刑法学》,中国政法大学出版社2003年版,第529页;曲新久:《刑法学》,中国政法大学出版社2009年版,第431页。

约定俗成的理解，遗失物的范围要大于遗忘物，遗忘物往往能想起遗忘在何处，如果不被人处置，财物的所有人或持有人还能在原地找到，而遗失物除了包括遗忘物，还包括财物的所有人或持有人不知何时何地在何种情况下遗落的财物，也无法根据记忆找回。在这种情况下，要把"遗忘物"和"遗失物"等同起来，除非通过立法解释。

（2）刑法制度与其他法律制度的协调。如我国的刑事附带民事制度至今仍不承认附带民事诉讼中的精神损害赔偿，① 而在民事诉讼中早已承认精神损害赔偿，这样不仅造成刑事附带民事诉讼中普遍的民事非正义问题，即脱离民事侵权法的一般归责原则，② 而且人为地压缩了修复被告人与被害人之间的关系的空间，难以实现被害人得到物质补偿和精神抚慰并进而使被告人得到从轻或减轻处罚的"双赢"结果。又如，我国民法（婚姻法）已经对事实婚姻不予承认和保护，但刑法上的重婚罪却仍然包括事实婚姻，这也造成了民法不保护的法律关系刑法反而保护的不协调局面。③ 与此相反的一种情形是，民法本来允许的行为，刑法却将其上升为犯罪来处理，如民法允许民间借贷，但我国刑法却规定有"非法吸收公众存款罪"（另一个相关的罪名"集资诈骗罪"当然没问题，因为民法也不允许诈骗），这种罪名的成立符合逻辑吗？④

（3）刑法的执行对其他法律规范的依赖。如《刑法》第 59 条规定：

---

① 最高人民法院 2000 年《关于刑事附带民事诉讼范围问题的规定》第 1 条第 2 款指出："对于被害人因犯罪行为遭受精神损失而提起附带民事诉讼的，人民法院不予受理。"最高人民法院 2002 年《关于人民法院是否受理刑事案件被害人提起精神损害赔偿民事诉讼问题的批复》重申：对于刑事案件被害人由于被告人的犯罪行为而遭受精神损失提起的附带民事诉讼，或者在该刑事案件审结以后，被害人另行提起精神损害赔偿民事诉讼的，人民法院不予受理。

② 参见陈瑞华《刑事附带民事诉讼的三种模式》，《法学研究》2009 年第 1 期。

③ 民法（婚姻法）概不保护事实婚姻是否妥当，是可以讨论的。事实上，有的民法学者就主张根据我国国情和传统（许多农村地区重仪式轻登记），有条件地承认事实婚姻，并通过建立婚姻主管部门确认或法院裁判等制度来判定是否存在事实婚姻。但我这里的问题是：一个国家的法律体系应当统一其内在逻辑，无论如何，民法不保护的东西刑法却表现得相当积极会造成法律间彼此目的的冲突，如民法不保护事实婚姻可能是为了促使当事人按照现代法制思维办事、履行登记手续，但刑法如果在这种情况下仍保护事实婚姻，就无益于促成前述目的的达到。更何况，一旦民法不承认事实婚姻，它也就不会对事实婚姻的判断标准作深入研究和详细规定，这样刑法在认定重婚罪时对事实婚姻的判断也就可能失之粗糙。因此，假如刑法学界有足够的理由觉得要在重婚罪中有条件地承认事实婚姻，甚至认为婚姻法概不保护事实婚姻并不妥当，那么也可以站在更高的高度来论证，并促进婚姻法在这一问题上的完善。

④ 民法学家江平也曾经多次向笔者表达过他的困惑："我特别不懂你们搞刑法的为什么要设立这样一个罪名。你说数额巨大会扰乱金融秩序？那多少是民间借贷允许的，多少是违法的？"

"在判处没收财产的时候，不得没收属于犯罪分子家属所有或者应有的财产。"第 60 条规定："没收财产以前犯罪分子所负的正当债务，需要以没收的财产偿还的，经债权人请求，应当偿还。"这些规定在刑法中看似边缘，实则事关当事人的权益保障，如何根据民事法律，确定哪些属于"犯罪分子家属所有或者应有的财产"，哪些属于其"所负的正当债务"，并切实在刑事追诉中加以保证和落实，是当前司法实践中反映突出的问题。类似的问题还有《刑法》第 64 条规定的对犯罪分子违法所得的财物进行追缴、对违禁品和供犯罪所用的本人财物进行没收，都涉及相关行政法律对"违法所得""违禁品"等概念的合理界定和解释，否则，也不利于保障犯罪人的合法财产权。

三 上对宪法和国际公约 下对治安管理处罚法

"上下兼顾"，就是要上对宪法和国际公约，下对治安管理处罚法。宪法是一国之母法，作为宪法之子，刑法应当在落实宪法精神、建立宪政国家方面作出自己的贡献。随着我国依法治国的深入，对于刑事立法和刑事执法的合宪性追问乃至必要的合宪审查机制必将提上日程，可以不夸张地说，我国刑法要真正实现现代化，非得走这一步不可。① 举例言之，我国《宪法》第 35 条明确规定中华人民共和国公民有言论、出版、集会、结社、游行、示威的自由的权利，并且不像前一条（第 34 条）关于选举权和被选举权有例外性的规定（"但是依照法律被剥夺政治权利的人除外"），也就是说，这是一项绝对权利，宪法并没有赋予其他法律可以作出例外规定，但我国刑法中的"剥夺政治权利"却包括了剥夺"言论、出版、集会、结社、游行、示威自由的权利"，这种规定的合宪性就值得讨论。又如，现在国际上有一个趋势，那就是纷纷废止刑法中的普通没收财产刑，而只保留罚金刑和对犯罪所得进行特别没收的制度，这主要是基于

---

① 近年来，刑法学界已经有少数学者开始关注这一问题，如陈兴良教授在《刑事法评论》第 11 期上发表了《刑法的宪政基础》、刘树德博士出版了专著《宪政维度的刑法思考》（法律出版社 2002 年版），这是令人欣慰的，但还远远不够，还需要更多学者更多角度的鼓与呼。同时，我也注意到一种现象，那就是有的刑法学者在进行刑法学与宪法学的对话时，更多的是从我国刑法如何与宪法一致的角度来阐述的，这固然没错，刑法肯定在相当程度上与宪法是一致的，但学者的使命不应止于此，而应去做更艰辛的工作，那就是深入发现和论证那些与宪法不一致的问题。

现代社会日益强调保护公民合法财产的理念。如德国联邦宪法法院就于 2002 年作出判决，判定其《刑法典》第 43 条（a）关于财产刑的规定不符合其基本法（德国《宪法》）第 103 条第 2 款的精神，因而宣布刑法的此项规定无效。① 这种思路是否也应当引起我们对我国刑法中的"没收财产刑"与宪法中的相关规定（如第 13 条关于国家保护公民的合法财产权的规定）之关系的反思呢？

在刑法研究中自觉树立宪法意识，也还有别的一些视角，如我国宪法规定有赦免制度（特赦），但刑法学界在相当长一个时期内忽视了这一宪法资源，没有对这一制度进行深入研究，致使有关赦免的适用对象、适用程序和方法以及法律效果等不明确，这恐怕也是我国赦免制度长期被架空的原因之一。

与此同时，国际公约也必须纳入我们的视野。许多国际公约本身就凝聚了当今国际社会的先进文化、经验和理念，对我们思考相关问题有借鉴作用。如关于没收财产刑的规定，我们看《联合国反腐败公约》，发现它的规定也是支持前述结论的，其第 31 条关于"冻结、扣押和没收"的规定确实只将没收的范围限定在犯罪所得或者犯罪所得转变或转化而成的财产，以及与从合法来源获得的财产相混合中的犯罪所得部分，也就是说，不能没收犯罪人从合法来源获得的财产。②

必须看到，对于那些我们已经签署并批准的公约，其地位应当是高于国内法的，由于我国实行的是国际公约要通过国内法转换这样一种机制，因此对于国际公约中涉及的国际犯罪和国际刑事司法问题，国内刑事立法如何衔接，就成为刑法学界不容回避的课题。还有的公约，我们已经签署但还没有批准（如《公民权利和政治权利国际公约》），这里的一个重要任务是，我们必须把其中有关的内容与国内刑法进行比较，找出国内法的差距，以便为下一步批准时做准备：要么修改国内法，要么就相关条款提出保留。这样的比较决不能停留于表面，否则就会得出似是而非的结论，从而误导决策者。也有的公约我们甚至连签署都还没有（如《国际刑事法院罗马规约》），毋庸置疑的是，我国作为国际社会的

---

① 参见徐久生、庄敬华译《德国刑法典》，中国方正出版社 2004 年版，第 15 页。

② 参见杨宇冠、吴高庆主编《〈联合国反腐败公约〉解读》，中国人民公安大学出版社 2004 年版，第 608—609 页。

重要一员，签署和批准这类公约是迟早的事，更何况像《国际刑事法院罗马规约》这种当今的"国际刑法百科全书"，本身就非常值得国内刑法学界去跟踪和研析，它对于我们改进国内刑事立法和司法也是很具启发意义的。

与"上"相对应的是"下"，即治安管理处罚法。我国刑法在结构上与西方国家有很大的不同，其中最显著的就是将国外刑法中的违警罪和部分轻罪排除于刑法之外，另归入治安管理处罚和之前的劳动教养。[①] 认识到这一点，至少有三方面的意义：一是在进行比较研究时，不能因外国刑法中有某某罪名，就简单地认为我国刑法也要增设此罪名，因为在我国，刑法之下还有治安管理处罚和之前的劳动教养；二是在考虑将某种危害社会的行为犯罪化时，应注意其与治安管理处罚等行为的协调；三是在进行刑事法治的改革和思考时，不应只局限于狭义的刑法，而应把治安管理处罚等一并纳入。[②]

美国法学家博登海默曾经指出："人们赋予自由的那种价值为这样一个事实所证实，即监禁在任何地方都是作为一种刑事制裁手段加以使用的。"[③] 我国的劳动教养、治安拘留虽名为行政处罚，但其后果的严厉性丝毫不亚于刑罚，甚至比某些开放性刑罚还要重。此外，像强制戒毒、对精神病人的强制医疗、对未达到刑事责任年龄者的收容教养、对卖淫嫖娼人员的收容教育等，虽然不是"刑事制裁手段"，但均属于剥夺自由的"监禁"，它们在国外一般归属于保安处分，得经过司法裁决。我国刑法学者对这些事关公民自由的行政措施缺乏应有的关注，致使零星散布的各种保安处分措施在正当程序上存在着严重的瑕疵。

四 对内加强对刑法的解释 对外重视刑法的运作

"内外结合"，就是要对内加强对刑法的解释，对外重视刑法的运作。

---

① 劳动教养制度虽然已经废除了，但类似劳教的一些制度还有待改革。参见刘仁文《后劳教时代的法治再出发》，《国家检察官学院学报》2015 年第 2 期。

② 对此，我曾经从理顺刑法机制、提高刑法效益等角度，提出过要将治安管理处罚和劳动教养统一纳入刑法的系统思考。参见刘仁文《关于调整我国刑法结构的思考》，《法商研究》2007 年第 5 期。

③ 参见［美］博登海默《法理学：法律哲学与法律方法》，邓正来译，中国政法大学出版社 1999 年版，第 279 页。

先来看刑法解释。由于完美的刑法典永远只能存在于理想之中，加上刑法典不可能（至少是不宜）过于频繁地修改，由此决定了刑法解释的必要性。另外，刑法的适用也无时无刻不需要司法者对法条甚至文字作出解释。学者的使命除了发现和指出法典的缺陷并提出改进意见，还要在既有情形下合理地解释法律，为法律的适用找出适当的路径。国外的经验表明，即使是不太理想的法典，在高质量的解释机制下，仍可能保持较好的稳定性。①

当前，我们一方面存在法律解释功能发挥不够、言必称修改法律的倾向，另一方面又对司法实践中一些滥用法律解释权的现象缺乏应有的制约，如非法经营罪、以危险方法危害公共安全罪、黑社会性质组织罪、聚众扰乱社会秩序罪等罪名的日益"口袋化"，已经威胁到罪刑法定原则的贯彻，破坏了法治社会的可预期性。②造成这种局面的一个重要原因是我国还没有建立起一个良性的刑法适用解释机制，没有形成一套科学的刑法解释的方法、规则和理论，以致司法实践中出现"一统就死，一放就乱"的困境。

近年来，刑法解释暴露出许多问题，如：刑法立法解释和刑法司法解释的界限何在？最高人民法院和最高人民检察院如何加强刑法司法解释之间的协调？以及他们如何加强与立法解释机关之间的协调？刑法解释的时间效力是否可以一概溯及既往？③对于事实上广泛存在的地方法院和办案法官的法律解释权，如何规范？基本方法和规则应是什么？④对那些越权的或者不当的司法解释，如何纠偏？有效地解决这些问题对于改善刑法解释的技术、增强刑法解释的质量，无疑都是有好处的。

对于学界而言，尤其要注意克服一个误区，以为只有形而上的研究才

---

① 参见张明楷《日本刑法典》，法律出版社1998年版，译者序。

② 日本刑法学者西原春夫正确地指出：不应当以国家维持治安秩序的必要性作为刑法解释的基准，而应当求诸国民的预测可能性。参见［日］西原春夫主编《日本刑事法的形成与特色》，李海东等译，法律出版社1994年版，第126页。

③ 现在的情况是，无论立法解释还是司法解释都可以溯及既往，但我对此持批评态度。参见刘仁文《关于刑法解释的时间效力问题》，《法学杂志》2003年第1期。

④ 从根本上看，我国刑法解释存在司法实际人员过多依赖最高司法机关的解释、过多依赖内部请示等弊端，未来发展的方向应该是把解释主体的重点从现在的最高司法机关及上级司法部门转向法律适用者本人，通过对法学方法论的提倡和对司法人员自律和他律的加强，实现"与其授之以鱼，不如授之以渔"的目的，因为只有亲自适用法律的人才能对活生生的案件事实有切身的感受。

是有水平的,而把刑法解释学看成是低层次的学问。"刑法解释学不是低层次的学问,对刑法的注释也是一种理论,刑法的适用依赖于解释。因此,没有刑法解释学就没有发达的刑法学,一个国家的刑法学如果落后,主要原因就在于没有解释好刑法,一个国家的刑法学如果发达,主要原因就在于对解释刑法下了功夫。"① 我们现在的问题是,尽管各种刑法释义满天飞,但大多限于文字说明,真正高水平的作品很少,更不用说生产出像布莱克斯通的《英国法释义》那种传世之作。对于中国法律解释(注释)的现状和问题,一位德国学者曾经观察指出:中国的法律注释一是不少主编均为著名学者或者高级干部,但参与者阵容庞大,许多著作均不具体标明谁注释哪个条款,结果导致格式不一甚至前后矛盾;二是就法条注释法条,鲜有深入地参考和引证有关学术著作和法庭裁判的,特别是法庭裁判;三是常常新法一颁布就很快出版这样的注释,好像要给读者一种注释者很了解立法者的意图和内幕的印象,但出版后跟踪最新判例连续再版的不多。② 这一描述完全适合我国当前的刑法解释,例如,有学者就尖锐地指出:"在分论(罪刑各论)中,对'刑'的论述几乎沦落到完全可以省略而自行查阅条文法定刑的地步。"③ 因此,刑法学的发展应当是注释刑法学与理论刑法学并行不悖、互相促进,刑事法治越深入,就越要求有高水平的注释刑法学。为此,要自觉区分立法论与解释论,在解释论中,要摆脱简单拆解法条的模式,更多地上升到方法论的高度来阐明问题,以提高刑法解释力,如运用刑法解释中的目的性解释,④ 以及刑法教义学中的司法三段论等。⑤

---

① 张明楷:《刑法学》,法律出版社 1997 年版,导言。

② 参见 Knut B. Pissler, Integrating Court Decisions in Legal Research: The Development of the Genre of Commentary Literature in Legal Academic Works in China, http://www.cesl.edu.cn/eng/upload/200901165359441.pdf, 最后访问时间: 2009 年 2 月 19 日。

③ 冯亚东:《犯罪认知体系视野下之犯罪构成》,《法学研究》2008 年第 1 期。

④ 所谓"目的性解释",就是"根据法条在适用时的目的、意义和所要保护的法益来解释",不过王世洲教授认为,没有哪一种(解释)方法是万能的,综合的方法才是最好的方法。参见王世洲《关于刑法方法理论的思考》,载梁根林主编《刑法方法论》,北京大学出版社 2006 年版。

⑤ 所谓"司法三段论",按照陈兴良教授的观点,就是通过解释方法来找法—通过确认方法和推定方法来识别事实—通过逻辑演绎方法来推导出结论,他认为这是为刑法适用提供法律规则的刑法教义学的基本推理工具。参见陈兴良《刑法教义学方法论》,载梁根林主编《刑法方法论》,北京大学出版社 2006 年版。

强调加强对刑法的解释，决不意味着刑法解释可以漫无边界，恰恰相反，刑法解释必须要受到必要的制约。在我看来，这种制约至少可以表现为以下几方面：（1）刑法解释不能侵犯立法权，侵犯立法权的解释应当被宣布无效，应当有适当的机构和工作机制来接受和处理此种投诉；（2）最高立法机关和最高司法机关对于那些明显超出日常含义的解释，不能溯及既往，也不宜发布当日立即生效；（3）法律解释的过程应当公开、透明，那种以司法机关内部发文的形式不公开解释刑法的做法应当废弃；（4）法律解释不应当破坏司法规律，如内部请示使得当事人的上诉权被变相剥夺，因此应当予以废除；（5）应鼓励亲自适用刑法的司法官员大胆作出解释，但其解释应当通过判决书说理和判决书公开等渠道接受社会的监督；（6）要发挥宪法和刑法基本原则对刑法解释的制约作用；（7）在具体的法律适用中，应有良好的沟通机制保证辩方意见的充分表达并被认真考虑，例如，司法实践中，有的法院擅自变更检察机关起诉的罪名又不给辩方辩论的机会，这种做法就成问题。

再来看刑法的运作。储槐植教授曾经指出："刑法在运作中存在和发展，刑法的本性是动态的和实践的"，[①] 这一富有洞见的观点有助于我们从实践理性的视角来考察和研究刑法。应当看到，书本上的刑法与现实中的刑法是有差距的，法条上的犯罪有时在现实中并不一定不折不扣地得到追究，而是作司法中的无罪或轻罪处理；有时长期以来在现实中没有被作为犯罪来处理或处理得很轻的现象，当某种特定形势出现时，刑法中的某些资源又可能会被充分利用起来，以便对其作犯罪化处理或处理得更重。同样一部刑法在不同的环境中可能会有不同的实施效果，如在人治色彩浓厚和法治色彩浓厚的国家里，刑法适用结果的可预见性会有差别；在权力制衡机制弱和制衡机制强的国家里，公共权力对刑事司法的干预和影响程度也会大不一样。

关注刑法运作，主要涉及以下四方面。

一是刑法适用的过程，包括从案件侦查、起诉、审判到刑罚执行乃至申诉、审判监督程序等阶段。比如，有的国家或地区，对检察官起诉标准要求较低，则可能起诉到法院的定罪率要相对较低，反之，对检察官起诉标准要求高，则定罪率也高。又比如，一个国家或地区的刑法有没有大

---

① 参见储槐植等《刑法机制》，法律出版社 2004 年版，第 5 页。

赦、特赦、减刑、假释等制度，以及在实践中适用的频率高低，可能会对相似的定罪判刑后刑罚的轻缓化局面产生实质的影响，这些制度适用频率高，则刑罚要相对变得轻缓。还比如，在法院生效判决后，刑事再审程序如何启动，是本着"一事不再理"（禁止双重危险）的指导思想，原则上只允许对原审被告人有利的再审呢，还是本着"实事求是，有错必纠"的指导思想，不论对原审被告人有利还是不利，都允许再审？如果是前者，那就是"平反冤案"型的再审，如果是后者，那就还包括"重算旧账"型的再审，两种再审模式导致的刑法适用后果是不一致的，前者将使原审被告人无罪释放或重罪变轻罪的面扩大，后者则将使原审被告人的定罪或轻罪变重罪成为可能。①

　　二是刑法运作得以进行的各司法机构之内以及机构与机构之间的关系。机构之内，以人民法院为例，合议庭的组成是全部由法官组成，还是由法官和人民陪审员一起组成，如是后者，又涉及对人民陪审员是予以高度重视还是走过场，高度重视，则势必在讨论案子时要对其法律知识和思维多加引导，这样在断案速度方面就会有所放慢，但运用得好，对防止司法腐败、增强司法的民主性和裁判的公信力却又有显而易见的好处。我国人民法院内的审判委员会也是一个可以对刑法运作产生重要影响的组织，一些重大疑难案件常常要经审判委员会讨论决定，合议庭并不对案件结果起决定性的作用。机构之间，我们可以考察一下我国现行刑事诉讼程序中的公、检、法三道工序，由于我国实行的是公、检、法"分工负责、互相配合、互相制约"的"平起平坐"作业方式，公安机关的权力很大，不仅可以自行决定实施各种调查取证活动以及强制措施，而且对犯罪嫌疑人有长时间的控制权，② 加上公安局局长在不少地方又兼任政法委书记甚至党委常委，致使其他许多国家的"审判中心主义"③ 在我们国家就变成了"侦查中心主义"。④

　　三是刑法运作的外部环境。如我国的各级政法委员会（简称政法委），

---

① 参见陈光中主编《刑事再审程序与人权保障》，北京大学出版社 2005 年版，第 6 页。
② 参见孙长永《探索正当程序——比较刑事诉讼法专论》，中国法制出版社 2005 年版，第 63 页以下。
③ "审判中心主义"并不是说侦查不重要，相反，在以证据为基础的刑事审判中，侦查工作是十分重要的，只不过从正当程序理论出发，要对侦查行为建立起司法审查制度。
④ 具体到实践中就如学界所比喻的：公安机关是做饭的，检察机关是端饭的，法院是吃饭的，哪怕是夹生饭，也只能往下咽，其结果是刑事诉讼程序出罪功能不足、入罪功能有余。

它在刑事司法机构之间有一种协调的作用，这种协调的积极作用和消极作用目前还缺乏全面的评估，但有关报道提醒我们，它有时容易突破制约机制，酿成冤假错案，如著名的佘祥林"杀妻"冤案，其处理结果就是经过市、县两级政法委组织有关办案单位、办案人员协调，并有明确处理意见后，才由两级法院作出判决的。① 因此，政法委协调案件的制度要不要保留，如保留，如何提高其协调质量，使其工作方式方法尽可能地符合诉讼规律，值得认真研究。又如，我国近年来出现了一种各级人民代表大会及其常务委员会（简称人大及其常委会）对司法的个案监督制度，其产生背景是现实中的严重司法腐败现象，"在司法腐败猖獗的情况下，大量的控告、举报和申诉被提交到人大代表和人大机构，在人大缺乏切实、有效的监督措施的情况下，直接针对司法腐败而来的个案监督自然得到了许多人的认同"。② 目前个案监督的主要形式有：听取司法机关对案件办理情况的汇报、调阅案件卷宗、向司法机关提出意见或发出监督意见书、将案件交有关司法机关办理并限期报告结果、组织专项调查等。无疑，个案监督对预防司法腐败具有一定的价值，但也带来了一些问题：如何防止对司法独立的干涉，使权力机关不至于成为办案机关？如何使人大及其常委会的监督更专业（因为司法是一项专业化的工作，而目前我们的许多人大代表及其常委会组成人员并不具有起码的法律专业知识），更符合法治的要求（遵照法律程序来依法改判）等等。再如，媒体（舆论）与司法的关系也是近年来学界所关注的一个问题。一方面，我们现在需要进一步强化媒体（舆论）对司法的监督，另一方面，也存在一个如何防止造成媒体（舆论）审判案件的问题，例如，2007 年 5 月 29 日，北京市第一中级人民法院对国家食品药品监督管理局原局长郑筱萸一审判处死刑后，《人民日报》即发表特约评论员文章，指出："消息公布后，广大人民群众反应强烈，拍手称快，有许多网民还在互联网上通过各种形式表示坚决拥护和支持；不少国外媒体也在显著位置进行报道，给予了积极评价。这表明，对郑筱萸案的判决，充分体现了人民群众的意志和愿望，充分体现了法律公平正义的精神，充分体现了我们党和政府坚定不移惩治腐败分子的坚强决

---

① 参见新华社记者唐卫彬、黎昌政《湖北佘祥林"杀妻"案：冤案是怎样造成的》，新华社武汉2005 年 4 月 7 日电。

② 参见储槐植等《刑法机制》，法律出版社 2004 年版，第 206 页。

心。"① 我认为，在生效判决作出之前，作为党报的《人民日报》发表如此特约评论员文章，似有不妥。试想，在如此情形下，二审法院乃至核准死刑的最高法院还敢改判吗？当然，这里也涉及一个司法机关和司法人员如何理性对待媒体（舆论）和民意的问题。如在 1997 年的河南郑州"8·24 血案"中，郑州市某公安分局局长张金柱酒后驾车撞人并逃离现场，案件尚未判决前，媒体（舆论）声势浩大的声讨已形成"新闻审判"，最后法院作出了"不杀不足以平民愤"的判决，张金柱自己说他是"死在传媒的手中而不是法律手中"，其律师也一直以"舆论高压"作为审判不公的理由。②

四是国家权力对刑法运作的影响。国家权力首先体现在制定政策包括刑事政策上，例如，过去三十多年来，针对一定时期的社会治安恶化，国家发动了几次大规模的"严打"斗争，在"严打"期间对犯罪实行"从重从快"的打击，其量刑相比平时一般要重。又如，当某种犯罪变得严重时，国家往往通过会议、文件等形式强调对这类犯罪的打击，然后司法机关就出台相应的司法解释，甚至立法机关还修订相关的法律来适应国家政策的需求。如 2006 年伊始，中纪委第六次全体会议提出"要认真开展治理商业贿赂专项工作，坚决纠正不正当交易行为，依法查处商业贿赂案件"。其后，时任国务院总理温家宝在国务院第四次廉政工作会议上再次强调，各地各部门要把开展治理商业贿赂专项工作作为 2006 年反腐倡廉的重点。在此背景下，全国人大常委会于 2006 年 6 月通过了《刑法修正案（六）》，对涉及商业贿赂的刑法条文进行了相应修订；最高司法机关也通过了相应的司法解释，以指导对商业贿赂的定罪量刑。③

五 结语

从李斯特的整体刑法学到储槐植的刑事一体化，再到如今的立体刑法

---

① 参见特约评论员文章《人民利益高于一切》，《人民日报》2007 年 5 月 31 日。

② 参见林爱珺《传媒报道诉讼活动的基本原则》，《新闻记者》2003 年 6 月号。当然，也有人设想，假如媒体对张金柱酒后驾车撞人并逃离现场不予报道，或是仅作简单的报道，也许张金柱凭公安分局局长的身份，很可能会在不受刑法制裁的前提下，"妥善处理"酒后驾车撞人事件。正是这前后结果的悬殊，暴露了我国当前刑事法治的不成熟和不健康。

③ 参见刘仁文、周振杰《2006 年中国刑事法治状况》，载李林等主编《中国法治发展报告（2006 年卷）》，社会科学文献出版社 2007 年版。

学,有继承,也有超越;有坚持,也有发展。比较突出的一点是,在立体刑法学的命题中,刑法学的主体性地位显得更为明确。

立体刑法学拥有两个理论基础:一是系统论和普遍联系的哲学基础。系统论强调整体性原则,整体性原则又与唯物辩证法的普遍联系、相互作用原理十分接近。立体刑法学的各对范畴之间存在相互联系和相互作用的关系,它们共同结合成一个系统,这个系统的功能要大于各部分的简单相加。二是刑法效益的经济学基础。立体刑法学有助于建立一个良好的刑法机制,其理念的贯彻必将节省刑法成本、提高刑法收益,增强立法、司法和研究中的协调性,减少因内耗产生的资源浪费。①

最后要说的是,本书提倡"立体刑法学",决不是主张刑法学研究可以泛化,恰恰相反,"立体刑法学"主张刑法学者以"立体"的视野,就刑法学中的某一领域、某一专题进行"小题大做"式的深入研究,二者不应是矛盾的,而是相辅相成的。

---

① 参见刘仁文《关于调整我国刑法结构的思考》,《法商研究》2007 年第 5 期。

第一编
前瞻后望：前瞻犯罪学　后望行刑学

第一章　刑法学与犯罪学

第一节　犯罪学对刑法学的影响

就刑法学与犯罪学的关系，德国马普外国与国际刑法研究所的创始人、国际刑法协会前主席汉斯·海因里希·耶塞克教授早在 1979 年 6 月 21 日举行的"弗莱堡大学赞助者协会"年会上的发言，即提出了"同一个屋檐下的刑法学和犯罪学"之理念，并认为"没有犯罪学的刑法是盲目的，没有刑法的犯罪学是漫无边际的"。① 抛开刑法学对犯罪学的功用不谈，从历史至当下，前瞻犯罪学，已成为刑法学发展的重要源泉。

一　学科发展的正面推进与反面刺激

现代刑法学的诞生与发展，与刑事古典学派的成型与壮大紧密相连。在西方刑法理论上，又将刑事古典学派称为前期旧派，产生于 18 世纪中后期，形成于 18 世纪末到 19 世纪初，以社会契约论、自然法理论为思想基础，是资本主义上升时期反映资产阶级刑法思想和刑事政策的刑法学派，以贝卡利亚、边沁、费尔巴哈、康德、黑格尔等人为代表，而贝氏尤被称为刑法学之父。

前期旧派是在资产阶级大革命的背景下产生的。为了反对封建专制与神权统治下封建刑法的恣意性、身份性与残酷性，资产阶级思想家在采纳自然法思想的基础上，全面系统地提出了资产阶级人权、平等、法治、民主等理论，形成了刑事古典学派，刑法学作为一门学科正式得以确立。旧派在理性哲学、社会契约论、自然法理论的基础上，崇尚个人主义观念，

---

① 参见［德］汉斯·海因里希·耶塞克《同一个屋檐下的刑法学和犯罪学》，周遵友译，《刑法论丛》2010 年第 2 卷。

提出了刑法学赖以成为一门学科的基本原则，如罪刑法定原则、罪刑相适应原则及刑罚人道主义原则。旧派还主张自由意志，认为行为人都有选择自己行为的自由意志，但最终却选择实施犯罪，因此，对于犯罪行为，就能够进行非难、追究其道义上的责任。在刑罚惩罚上，旧派主张报应刑，认为刑罚是对恶行的恶果，为追究犯罪行为的责任，对犯人必须科以造成相当痛苦之刑罚。同时，旧派也提倡一般预防的刑罚目的，认为刑罚惩罚要足以威慑到社会上潜在的犯罪人。在惩罚的程度上，旧派认为人与人之间均是平等的，惩罚的轻重应仅与犯罪行为相对称，犯罪后值得惩罚的是犯罪行为及其所带来的社会危害性。

历史的车轮推进到 19 世纪中期，彼时，资本主义工业化正如火如荼地进行，社会急剧变化，自然科学技术日新月异地迅猛发展，以往田园牧歌式的社会不复存在，刑事古典学派所建立的刑法学的基本理念、原则也受到了社会现实（犯罪日益严重，累犯、惯犯、青少年犯罪、妇女犯罪突出……）的冲击。面对这些新问题，刑事古典学派显得无能为力，此时，一个新的学科——犯罪学得以诞生，一般认为，意大利精神病学家龙勃罗梭创立了现代意义上的犯罪学。①

在龙勃罗梭的开创及其学生菲利与加罗法洛的推广下，现代犯罪学成为一门显学。按照龙勃罗梭的主张，犯罪主要是一种返祖遗传、犯罪取决于多种因素的影响、针对犯罪人的不同类型应当施以相应的刑事处置措施；菲利主张犯罪原因三元论、② 犯罪饱和论、③ 社会责任论；④ 加罗法洛将犯罪分为自然犯与法定犯两类，同时，主张应当针对犯罪人的类型给予

---

① 关于犯罪学的诞生，学界有三种观点：一是贝卡利亚创立说，该观点认为贝卡利亚的著作《论犯罪与刑罚》一书的出版年代 1764 年为犯罪学诞生的年代；二是道德统计学家创立说，这里的道德统计学家，主要是指比利时数学家、天文学家、统计学家及社会学家阿道夫·凯特勒和法国统计学家安德烈·米歇尔·格雷；三是精神病学家创立说，该观点认为犯罪学是由 19 世纪的精神病学家们创立的。参见吴宗宪《论犯罪学的诞生及其标志》，《江西警察学院学报》2011 年第 1 期。

② 菲利认为：犯罪是由人类学因素、自然因素和社会因素相互作用的结果，正是由于菲利对犯罪的社会因素的重视，他被看成是犯罪社会学学派的创始人。

③ 菲利通过犯罪统计的方法，总结出了犯罪饱和论（Law of Criminal Saturation）。他通过将犯罪与在一定条件下起反应的化学物质进行比较，认为在具有一定的个人和自然条件的一定社会环境中，会产生一定数量的犯罪，不多也不少。当然，在一些特殊的社会因素下，例如出现严重饥荒、革命等时，则正常的犯罪增长规律将被打破，犯罪数量也将随之发生变化，后者被称为犯罪过度饱和论（Law of Criminal Super-saturation）。

④ 菲利的社会责任论主张：刑事责任的本质是防卫社会，其根据是犯罪人的人身危险性。

适当的刑事处置措施。① 龙勃罗梭、菲利、加罗法洛被称为"犯罪学三圣"，由他们建立和发展的犯罪学将犯罪观从刑法学（刑事古典学派）的以犯罪行为为中心转向以犯罪行为人为中心。同时，随着德国刑法学家、犯罪学家李斯特的承继式发展，刑罚观也更加注重目的刑理论，认为刑罚必须以预防犯罪为目的，因而需要对不同的人采用不同的刑罚措施——对机会犯罪人和偶发犯罪人采用威吓刑，对可能改善的犯罪人采用改善刑，对不可能改善的犯罪人采用终身监禁刑或者死刑，以便将其无害化，从而，刑罚观也从之前的报应转向社会防卫。

现代犯罪学的确立对刑法学的影响是深远的，这主要体现在正反两个方面。

首先，从正面的角度上，犯罪学与刑法学在一定层面上呈交叉之势，从将现代犯罪学的创始人——龙勃罗梭、菲利、加罗法洛、李斯特等人视作新派（又称刑事实证学派、刑事近代学派）的杰出代表可以得到证明。新派可以具体分为两个派别，一为刑事人类学派，以"犯罪学三圣"为代表，一为刑事社会学派，以李斯特、牧野英一等为代表。新派诞生在实证主义、达尔文的进化论等自然科学研究成果被应用到社会科学领域的大背景下，以实证与操作为特征，以刑事政策为核心。在承认犯罪学为独立于刑法学的前提下，将龙勃罗梭等学者贴上刑法学者的标签，视作刑法学新派的代表人物，其内在逻辑为：龙勃罗梭等人的研究成果、研究方法已经对刑法学造成了实质的影响，尽管他本为犯罪学家，并且俨然已为现代犯罪学的创始人，仍不得不因其对刑法学进化的贡献，而将其视作刑法学之新派的代表人物，② 由此看来，犯罪学对刑法学的影响之深、范围之广，已经无须多言。

其次，刑法学不仅从正面上肯定了犯罪学的研究成果，并将后者视作自身的一次学派变革，它从反面也在受到犯罪学冲击的背景下，分化出了用于抗衡犯罪学研究的另一分支——后期古典学派。后期古典学派又被称

① 当然，加罗法洛眼中的犯罪人类型，与龙勃罗梭的分类有较大的区别。比如，在天生犯罪人问题上，他虽然也赞同有该类犯罪人类型，但其却并非龙勃罗梭和菲利所指的具有身体形态或生理上异常特征的人，而是在同情心与正直感的道德情绪有异于正常人的群体。
② 与此相似的逻辑为，在刑法学诞生的时代中，在普通人的观念里，康德、黑格尔等人，更应该成为哲学家，而非刑法学家，但现代刑法学者仍愿意将其纳入刑法学之旧派的代表人物中，个中缘由，恐怕是由于这些哲学家的思想与理论对刑法学颇有助益。

为后期旧派，形成于 19 世纪末期，以宾丁、贝林格、毕克迈耶、迈耶、麦兹格、小野清一郎等人为代表。随着犯罪学对刑事旧派诸多观点的抨击，作为正统刑法学代表的刑事古典学派走下了神坛、日渐式微，以犯罪学研究成果为内核的刑事实证学派这一新派俨然成为刑法学的主宰，刑事古典学派的理论与观点真的已日薄西山了吗？"针对新派的主张，旧派学者给予了强烈反击，展开了真正意义上的'刑法学派之争'。"① 在承认前期旧派立论之基——意志自由、行为主义、道义责任论、当罚之报应刑论等的基础上，后期旧派为了应对社会现实状况，也对理论进行了适度修正——"前期旧派严格区分法与伦理，而后期旧派则将法与伦理同等看待；前期旧派所说的自由意志，是指对利害进行合理考虑，并据此实施行为的能力，而后期旧派所说的意志自由，是一种形而上学的、没有原因的自由意志；前期旧派所讲的报应是以一般预防为目的的心理强制，而后期旧派所言的报应则带有强烈的绝对报应、赎罪报应的色彩"②，不仅如此，在理论倾向上，后期旧派也从前期旧派单一的自由主义，向自由主义、国家主义与权威主义的多元化理论演进，出现了如学者所言的"国家自由主义"③。由上可知，刑法学学科的演进，一方面是受到了犯罪学的正面推动，吸纳了犯罪学的合理成分，另一方面也受到了犯罪学的外在刺激，为了抗衡犯罪学的过度介入而进行了自我完善。总之，从学科发展的角度，刑法学受益于犯罪学，这是一个不争的事实。

二 方法论上的吸纳与整合

刑法学的研究方法是什么，可以从应然与实然两个层面上来探讨。从应然的角度，诚如高铭暄教授所指出："新世纪的中国刑法学研究应在继续坚持以辩证唯物主义和历史唯物主义的世界观和方法论为指导的基础上，着力改进研究方法。注意定性研究与定量研究的有机结合；针对不同的课题和问题，注意思辨研究与实证研究的正确选择与合理结合"④，又如储槐植教授所提倡："刑法研究的基本思路是多方位立体思维"⑤，由此看

① 张明楷：《刑法学》第四版，法律出版社 2012 年版，第 7 页。
② 同上书，第 8 页。
③ 同上。
④ 高铭暄主编：《刑法专论》（上编），高等教育出版社 2002 年版，第 15 页。
⑤ 储槐植：《刑法研究的思路》，《中外法学》1991 年第 1 期。

来，定性与定量的研究方法应成为刑法学研究不可或缺的两翼。然而，从实然的角度，长期以来我国刑法学的研究似乎并非如此，如有学者所言，我国刑法学研究突出的特征表现为："刑法学研究重内容轻方法、重逻辑推理轻实证分析、重法学理论轻其他学科知识等。刑法学应同时兼有的形式科学、实证科学及人文科学特性被忽视，刑法学与其他学科之间的关系被淡化。"①

如何完善刑法学研究方法上的偏颇？正如有学者所提出的："刑法学是应用科学而非纯理论科学，仅凭纯粹的逻辑演绎和理论认识，不足以解决实际问题。兼具形式科学与实证科学特点的刑法学，在形式、逻辑的研究方法之外，也需要经验、实证的研究。"② 比如，从逻辑演绎的视角出发，诸如"某类人比别人更容易违法、白领犯罪都是非暴力的、行政监管可以预防白领犯罪、吸毒会引起犯罪、社区矫治有助于犯罪控制、刑罚可以医治犯罪、法律可以规治人们的行为"等论题，从逻辑上是站得住脚的。然而，当采取经验的、实证的视角来观察，美国犯罪学家 Harold E. Pepinsky 和 Paul Jesilow 经过大量实证研究发现，前述"逻辑正确"的论题却存在谬误。③ 刑法学的研究，一定不能陷入"逻辑正确"的窠臼里故步自封，而实证的研究方法无疑是挣脱这一羁绊的利器。犯罪学研究者们恰恰又是"经验、实证的研究"领域的专家，加之两个学科的研究对象在绝大多数情况下互相重合，由此，犯罪学在方法论上给予刑法学的帮助即为通过向刑法学输送实证研究方法，开启了刑法学研究方法上的多样化之道，实证刑法的研究进而得以蔚然成风。

实证刑法学的出现，有赖于法律实证分析的出炉。"所谓法律实证分析，是指按照一定程序规范对一切可进行标准化处理的法律信息进行经验研究、量化分析的研究方法"④，"作为一种研究方法，实证分析由三个基本要素构成：程序、经验、量化"。⑤ 具体而言，所谓程序，意味着过程性与规范性，从发现问题，建立假设，收集整体数据资料，直至最后发现实

---

① 刘艳红：《重构我国刑法学研究的"方法群"》，《法商研究》2003 年第 3 期。

② 同上。

③ 参见［美］Harold E. Pepinsky, Paul Jesilow, *Myths That Cause Crime*, Seven Locks Press, 1984, p. 3. 转引自白建军《论法律实证分析》，《中国法学》2000 年第 4 期。

④ 白建军：《少一点"我认为"，多一点"我发现"》，《北京大学学报》（哲学社会科学版）2008 年第 1 期。

⑤ 白建军：《论法律实证分析》，《中国法学》2000 年第 4 期。

证结果及至升华理论结论，每个过程都紧密相连，缺一不可，这即是程序的过程性。同时，实证研究的过程还要遵循通用的操作流程，他人可以对此予以重复性研究，以检验前一研究在真实性，这即是程序的规范性。① 所谓经验，"其强调对研究对象的客观观察和实地感受，强调感性知识的认识论意义，反对动辄探求事物的本质"②，经验性的全部，正如迪尔凯姆所提倡的——一种社会事实只能用另一种社会事实来解释，③ 实证研究的经验性就体现在用事实来阐明事实。所谓量化，特别要关注其与经验的区别，可以这么说：所有量化的都是经验的，但反过来却并不成立。传统的法学研究中，有一种方法通过对典型个案的分析以获取结论，这样的研究是经验研究，但却并非量化研究，因此，不能被归入法律实证分析之列。法律实证分析中的量化，包括"对研究对象的范围、规模、水平的量化描述"，"对事物内部不同侧面之间以及事物与外部现象之间关系的量化分析"，"对研究对象的结构、模型的数学描述"，"对研究对象的运动趋势的数学推断"④，随着大数据时代的来临，其不仅影响到普通人的生活、工作与思维模式，⑤ 法学研究者也势必要回应无处不在的大数据及其影响，而量化分析与大数据时代具有天然的契合性。讲求程序性、强调经验性、坚持量化性，依此过程所进行的法学研究，可以称之为法律实证分析，而将这样的分析路径运用至刑法学问题上，由此进行的研究则为实证刑法学研究。

从世界范围内来看，刑法学的研究方法受到了犯罪学研究方法的启发与触动，从而从传统思辨方法向将实证研究方法包容至刑法研究方法之中而转变，而就国内学界的研究来看，这种转变并不鲜见。笔者以"实证"为主题，⑥ 在中国知网进行检索，从 2002 年至 2015 年，其中属于刑法学

① 参见白建军《论法律实证分析》，《中国法学》2000 年第 4 期。

② 白建军：《论法律实证分析》，《中国法学》2000 年第 4 期。

③ 参见［法］E. 迪尔凯姆《社会学方法的准则》，狄玉明译，商务印书馆 1995 年版，第 156 页。

④ 白建军：《论法律实证分析》，《中国法学》2000 年第 4 期。

⑤ 参见［英］维克托·迈尔·舍恩伯格、肯尼斯·库克耶《大数据时代：生活、工作与思维的大变革》，周涛译，浙江人民出版社 2013 年版。

⑥ 必须要注意两个问题：其一，题名包含"实证"二字，与文章内容确实是进行法律实证分析并不能等同，对一两个案例进行分析并冠以"实证"题名的文章也并不罕见，但尽管如此，也从侧面说明了实证刑法学研究越来越被得学界的关注，以至于研究者寄希望于"实证"的题名，以跻身于获得同行专家对文章质量认可的快车道；其二，除了题名包含"实证"二字的文章外，还存在大量的采取法律实证分析方法对刑法问题进行研究的成果，此类文章并未进入此处的统计数据中，可以推知：真实的实证刑法学文章数量要高于本文中的统计量。

领域的论文数分别为:

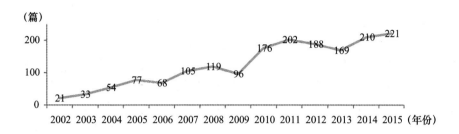

刑法学（实证）论文数逐年变化趋势

根据上图可知，从宏观的统计数据来看，实证刑法学研究呈逐年上升的趋势，形象地说明了作为犯罪学常用的实证研究方法，被越来越广泛地运用到刑法研究中；从具体的研究内容来看，通过对各年间实证刑法学的论文进行大致浏览发现，为犯罪学所广泛运用的诸如数据统计、实验研究、观察性田野调查、深度访谈等方法，被实证刑法学的研究者所采用，并且作为文章的核心部分。总之，实证刑法研究正以一种越来越频繁的姿态出现在刑法学之中，在此转变过程中，犯罪学给刑法学提供的方法论支撑功不可没。

三　犯罪观上的扩展与优化

刑法学在犯罪现象上的研究，受制于刑法学自身的局限性，只可能围绕刑法规范本身来做文章，对犯罪的研究仅以规范为起点，辐射范围过窄。正如王牧教授所指出的，在一定意义上，刑法不擅于社会犯罪现象的内容研究，所认定的犯罪仅仅限于规范的内容，即犯罪行为的法律规定性。[①] 由此，刑法学在犯罪现象的研究上尚且受到规范的约束，更遑论据此形成犯罪规律。犯罪学则不同，其研究的核心内容之一，即是从犯罪现象出发，通过研究其发展变化规律找出解决犯罪问题的方法和对策，犯罪学中的犯罪现象不仅具有规范上的法律意义，更具有事实上的社会意义，诚如学者黄富源所言：犯罪学研究的犯罪概念不能单纯地以探讨法定犯罪概念为限，同时也无法只从伦理、社会、阶级性或犯罪

---

① 参见王牧主编《新犯罪学》，高等教育出版社 2006 年版，第 73 页。

的本质上去理解犯罪概念。刑法之所以要对犯罪下定义，主要系基于罪刑法定主义及为了精确地定罪和量刑，并避免无辜者遭受国家的不当制裁；犯罪学之所以必须探讨犯罪的功能价值所在，主要是便于建立共识，进行犯罪的分析研究，并在比较犯罪问题时有共同的讨论基础，达成预防和控制犯罪的目的，[①] 由此，犯罪学所针对的犯罪包括"大部分的法律规定的犯罪行为，待刑罚化的犯罪行为，准犯罪行为，待除罪化的犯罪行为以及待犯罪化行为"[②]。刑法学与犯罪学上对犯罪的理解存在差异，从犯罪观上来看，对犯罪学视域下犯罪现象的重视，之于刑法学，可以更好地作用于刑法上的犯罪化与非犯罪化过程，更好地定位复杂社会环境下的犯罪现象。

首先，就犯罪化的过程而言，犯罪学对刑法学此方面的助益具有天然的优势。犯罪现象的产生，与其所处的社会背景息息相关，在特定社会背景下，某一行为是被允许的，但在另一社会背景下，却可能被定义为犯罪；同样，在特定的社会背景下，某一社会侵害性的现象根本不会出现，换成另一社会背景，该类现象将大量滋生，因此，无论从犯罪的定义上，抑或是犯罪的现实发生上，犯罪现象是多变的，从而导致了刑法上将出现犯罪从无到有的过程。[③] 以我国最近两次刑法修正案为例，《刑法修正案（八）》新增了危险驾驶、对外国公职人员或者国际公共组织官员行贿、组织他人买卖人体器官罪等 10 个犯罪，《刑法修正案（九）》新增了准备实施恐怖活动，虐待被监护、看护人，组织考试作弊，非法利用信息网络，虚假诉讼罪等 20 个犯罪。这些犯罪在未被界定为规范意义上的犯罪之前，早已成为犯罪学研究的"富矿"，并且，随着社会的日新月异，这些犯罪在程度的危害性、手段的隐蔽性、方法的多样性上均今非昔比，如何把握此类行为的实质，往往需要犯罪学在犯罪现象研究上深刻的洞察力，规范的研究此时是难以企及的，通过犯罪学对犯罪现象的研究，可以全面认识此类行为的犯罪性，促进刑法上对此类行为"从无到有"的转变过程。其

---

① 参见黄富源《犯罪学概论》，台湾警察大学出版社 2002 年版，第 5—6 页。

② 同上书，第 6—7 页。

③ 另一种反对观点为：只要刑法在制定之初作出了周全考虑，便可以在非常长的时间内不做修改，日本刑法典即是例证。《日本刑法典》是 1907 年颁布、1908 年施行至今，但并非说明日本刑法在一个多世纪的时间内可以以不变应万变。与其外在形象不同的是，日本一直在根据社会变化对刑法进行修改，计算机犯罪、信用卡犯罪等新型犯罪被规定为犯罪，尽管这些新增犯罪不为其刑法典所容，但却散见于众多的行政法中，成为附属刑法。

次，就非犯罪的过程而言，刑法上的非犯罪化，并非犯罪作为事实现象的消灭，而是法律规范上不再将之视作犯罪。从刑法史的发展变化过程来看，堕胎、安乐死、同性恋、卖淫、嫖娼、吸毒、自杀等一系列越轨行为，在许多法域范围内，在较长的一段时期中，都认为具有犯罪性，成为规范意义上的犯罪。然而，随着犯罪所依存的社会情势的变化，"社会的变迁时期，必然带来社会的急遽变化，也必将影响人们对诸多问题的砍伐，其中包括犯罪与刑罚，甚至某种具体的行为的认识，相应的，人们价值观念也必然呈现多元、开放与宽容"①，在这个变化过程中，正是犯罪学的研究，以其敏锐的社会触觉和超规范的广阔视野，意识到了社会的变化呼吁对这些规范上犯罪的非犯罪化呼吁，犯罪学对刑法非犯罪化功不可没。最后，现代社会的犯罪具有极端复杂性，这就亟待对犯罪现象有更高的认识。犯罪的专业化程度越来越高，专业化的犯罪早已超脱刑法规范的预测范围，以至刑法条文上不得不经常以"弹性刑法"条款②来应对，面对如此复杂的社会局面，如果还拘泥在刑法规范内部对犯罪现象进行研究，恐怕难以适应新时代下打击犯罪的要求，为此，只有深入到犯罪场域之中，采取犯罪学上广泛应用的调查、实验、观察和深度访谈、数据分析等实证方法，才能准确定位犯罪，揭露出披着合法外衣的犯罪现象，并将其升华为刑法上的犯罪。

除此之外，对于犯罪学把握犯罪规律之于刑法学的作用，早在 20 世纪 80 年代，储槐植教授即已经发出了振聋发聩的呼声："认识基本犯罪规律，有助于理解犯罪原因的复杂性和犯罪控制的艰巨性，从而防止决策上的急躁情绪"③，未就犯罪规律进行充分把握，即贸然开始一项刑事政策举措，由此带来的后果是难以预料的，中华人民共和国成立后刑事实践中的历次"严打"运动即属于此。"严打"是依法从重从快打击严重刑事犯罪活动，④ 自 1983 年以来，我国政府开展了多次全局性的针对刑事犯罪的

① 蔡道通：《刑事法治的基本立场》，北京大学出版社 2008 年版，第 225 页。
② 弹性刑法这一概念，为我国学者白建军教授所首倡，他将刑法典分则中凡是以"情节严重""情节恶劣""其他方法""其他手段""其他行为方式"等文字形式为法定识别指标的规则统称为弹性刑法。参见白建军《坚硬的理论、弹性的规则——罪刑法定研究》，《北京大学学报》2008 年第 6 期。
③ 储槐植：《认识犯罪规律，促进刑法思想现实化——对犯罪和刑罚的再思考》，《北京大学学报》（哲学社会科学版）1988 年第 3 期。
④ 参见储槐植《"严打"斗争是对青少年的重要保护》，《青少年犯罪问题》2001 年第 3 期。

"严打"整治斗争，而颇受争议的为前三次严打。第一次"严打"以中共中央于1983年8月25日发出《关于严厉打击刑事犯罪活动的决定》以及同年9月全国人大常委会通过《关于严惩严重危害社会治安的犯罪分子的决定》和《关于迅速审判严重危害社会治安的犯罪分子的程序的决定》为标志，该次严打历时三年五个月，在该次严打期间，共查获各种犯罪团伙19.7万个，查处团伙成员87.6万人，全国共逮捕177.2万人，判刑174.7万人，劳动教养32.1万人；① 第二次"严打"时间为1996年4月到1997年2月，本次严打重点为杀人、抢劫、强奸等严重暴力犯罪、流氓犯罪、涉枪犯罪、毒品犯罪、流氓恶势力犯罪以及黑社会性质的犯罪等；第三次"严打"开始于2001年4月，在当时召开的全国社会治安工作会议上，基于当时刑事案件总量上升，危害增大，杀人、抢劫、绑架、拐卖儿童等严重犯罪活动猖獗的社会治安形势，作出了针对有组织犯罪、带黑社会性质的团伙犯罪和流氓恶势力犯罪，爆炸、杀人、抢劫、绑架等严重暴力犯罪，以及盗窃等严重影响群众安全的多发性犯罪进行严打的决定。② "严打"政策制定的初衷，即是为了迅速扭转社会治安差的状况，希冀于还社会的"长治久安"。然而，正如有学者评述道："1983年和1996年我国曾两次集中开展全国性严打，社会治安都曾出现短时间的好转，但这种好转势头都很不稳定，时间不长就出现反弹，而且每次反弹后都跟着新一轮恶性犯罪的集中发生，社会治安就是在这种时高时低的起伏动荡中不断恶化的。"③ 在未就犯罪规律充分认识的前提下进行的"严打"运动，并无法给社会带来所预计的"长治久安"。而这里的犯罪规律是什么，储槐植教授早就指出，刑事政策应以恰如其分地估计"正常犯罪率"为前提。这里的"正常"，是指总体上的"不可避免性"，这并不是说具体时空条件下的任何犯罪程度都可以容忍，而是指既然总体现象是正常的，那

---

① 参见司仲鹏《"严打"模式新发展》，《河南警察学院学报》2013年第1期。

② 除该三次"严打"之外，还有开始于2010年6月13日的第四次"严打"，该次以公安部宣布在全国开展为期七个月的"2010严打整治活动"为标志，其主要"针对严重影响人民群众安全感的个人极端暴力犯罪、涉枪涉爆犯罪、黑恶势力犯罪以及人民群众反映强烈、深恶痛绝的网络诈骗犯罪、拐卖妇女儿童犯罪、'两抢一盗'犯罪和涉黄涉赌类违法犯罪，以及以中共中央政治局2014年5月26日召开的以推进新疆社会稳定和长治久安工作为核心议题的针对'三股势力'严打高压态势的严打工作为标志的第五次'严打'。"

③ 张绍谦：《反思刑法"严打"方针维护社会长治久安》，《铁道警官高等专科学校学报》2002年第4期。

么具体时空背景下的犯罪程度就应当有一个正常量，这个正常量可称为正常犯罪率，从而在刑事政策的制定上，应当以现实态度估计正常犯罪率才可能制定比较切合实际的刑事政策，做到既不掉以轻心，也不急于求成。①储槐植教授这一段对"正常犯罪率"的深刻揭露，与犯罪学家菲利的"犯罪饱和法则"如出一辙；除此之外，犯罪规律的认识，也有助于理解"犯罪趋同"现象。储槐植教授认为由于犯罪源于社会物质生活条件，这就决定了犯罪具有某种程度的跨国界共同特性，刑事政策上对于犯罪的预测，就不仅应局限于一国范围之内，还应了解外国尤其是经济发达国家或其他经济发展较快地区的犯罪动态信息，研究其控制犯罪的经验与教训，并上升为本国的刑事政策。② 总之，犯罪学上对于犯罪规律的认识，有助于形成正确的刑事政策，进而对刑法学的影响是不言而喻的。

四　刑罚观上的促进与引导

犯罪学不仅在犯罪观上深刻影响着刑法学，其对后者在刑罚观上的作用更是显著，主要体现在如下两个方面。

其一，社会防卫理论下保安处分制度的推出。刑事旧派的刑罚观以报应为核心，该派视野下的刑罚观认为，"刑罚针对犯罪行为而发动，在注重描述犯罪行为的前提下，探寻与行为相对称的刑罚的质与量。由于行为是较为客观的，因此刑罚也就相对确定、严谨。从而，犯罪与刑罚均是相对确定的，可灵活的幅度较小"③，在该种从犯罪行为出发的刑罚观下，刑罚是用来威慑与报应犯罪行为的。与刑事旧派不同的另一种刑罚观认为，犯罪的构成要素不仅指抽象出来的犯罪行为，还包括了有血有肉的犯罪行为人，应受惩罚的不是行为而是行为人，而刑罚之目的，不在报应，而在防卫社会。"有着不同犯罪原因的犯罪人的分化，决定了预防再犯防卫社会措施的多元化，刑罚不再是唯一的，甚至于也不是主要的……注重犯罪处置的行为依据，但是它更为注重的是隐藏于行为背后、独立于行为的、表述行为原因的行为人的生物特征、个性形成及特征；行为只是证明了行为人个性的危险性。犯罪人是对社会实施危害行为具有危险性格的人，社

---

① 参见储槐植《认识犯罪规律，促进刑法思想现实化——对犯罪和刑罚的再思考》，《北京大学学报》（哲学社会科学版）1988 年第 3 期。

② 同上。

③ 张小虎：《从犯罪的刑罚学到刑罚的犯罪学》，《犯罪研究》2000 年第 5 期。

会必须摆脱具有这种危险性格的人的侵害来保护自己（性格责任论）"①，这样一种刑罚观的转变，是犯罪学的功绩，更具体来说，其与作为犯罪学家的菲利、李斯特等人的社会防卫理论、保安处分制度的提倡息息相关。

保安处分制度最初由刑法学家克莱茵于 18 世纪末提出，② 但并未获得太多关注，直到菲利、李斯特等人提出社会防卫论后，才广获推崇。19 世纪末叶，犯罪学家菲利和李斯特提出了社会防卫论，从而，克莱茵的保安处分理论被再度提起。菲利从社会防卫论、保护刑论出发，指出："迄今为止一直被认为是救治犯罪疾患最好措施刑罚的实际效果比人们期望于它的要小"③，据此，菲利提出必须将实证刑罚制度建立在对罪犯实行不定期隔离原则的基础之上，这一原则认为，刑罚不应当是对犯罪的报应，而应当是社会用以防卫罪犯威胁的手段这样一种理论的必然结果，④ 进而形成了社会防卫论，在同一时期，李斯特在"马尔布赫大学提纲"中明确提出了"刑法的目的思想"，特别强调了社会防卫理论，从而开始构筑保安处分的理论体系。⑤

其二，刑罚个别化理论下"不定期刑模式"对"定期刑模式"之完善。在刑事旧派对封建刑罚之残酷性不断提出质疑与挑战的背景下，近现代的刑罚种类已经走过了从生命刑、身体刑、耻辱刑为主过渡到以自由刑、财产刑为主的历程，自由刑在近现代的绝大多数国家，俨然已经成为刑种之王。在刑事旧派的观念下，正如贝卡利亚所宣称的："只有法律才能为犯罪规定刑罚——超越法律限度的刑罚就不再是一种正义的刑罚"⑥，因此，以贝卡利亚为代表的刑事旧派基于对封建刑罚擅断的印象，均强调

---

① 张小虎：《从犯罪的刑罚学到刑罚的犯罪学》，《犯罪研究》2000 年第 5 期。

② 克莱茵认为，在刑罚之外，对行为的犯罪危险性加以评量，其危险性不属于恶害性质时，可科以保安处分。参见甘雨沛、何鹏《外国刑法学》，北京大学出版社 1985 年版，第 601 页。

③ ［意］恩里科·菲利：《犯罪社会学》，郭建安译，中国人民公安大学出版社 1990 年版，第 60 页。

④ 同上书，第 142 页。

⑤ 对于保安处分之定义，现在广为接纳的观点为：刑法上的保安处分可以分为广义与狭义两类，"广义的保安处分，指刑罚以外，用以补充刑罚或代替刑罚之各种措施而言，如改善处分、教育处分、保护处分等皆是。在这种意义下，所谓对物的保安处分（如没收），亦为刑法上的保安处分，在对人的保安处分之中，亦不问它是否剥夺自由，均认为保安处分。而狭义的保安处分，亦系刑罚以外，用以代替或补充刑罚的措施，但它只限于（1）以犯罪行为为原因，（2）以防止特定人的危险性为目的，（3）由法院宣告，（4）以剥夺特定人自由为内容的处分"。参见林纪东《刑事政策学》，（台北）正中书局 1969 年版，第 297 页。

⑥ ［意］贝卡利亚：《论犯罪与刑罚》，黄风译，中国大百科全书出版社 1993 年版，第 11 页。

限制国家刑罚权的发动，提倡罪刑法定的形式侧面，① 在此种背景下，自由刑在成文法中的规定应尽量明确、具体，最好能够建立起如贝卡利亚所言的具有几何学精度的犯罪与刑罚之阶梯，这样的阶梯在精确度上要"足以制胜迷人的诡辩、诱人的雄辩和怯懦的怀疑"②。对于刑事理论学者的观点，刑事实践者们显然认为其是机械的、僵化的，进而难以应对现实社会中形形色色的行为方式与结果模式。"立法者试图对各种特殊而细微的实情开列出各种具体的、实际的解决办法，它的最终目的，是想有效地为法官提供一个完整的办案依据，以便使法官在审理任何案件时都能得心应手地引律据典，同时又禁止法官对法律作任何解释"③，在刑法中规定绝对确定的法定刑，无疑是此种做法的最佳写照，但法官在此种环境下，却丧失了量刑上的主观能动性，实质正义在此被彻底抹杀，而形式正义恐怕也仅在"形式"上被实现，于是，刑罚个别化理论应运而生。

"刑罚个别化思想是在古典学派过分关注客观外在行为，导致社会上累犯、青少年犯罪激增等特定的历史条件下提出的，他们认为科处刑罚完全依赖外在行为，而无视行为人之个性，特别是其性格或心理状况是不科学的，而应以犯罪人的性格、主观恶性、反社会性为标准，个别地量定刑罚"④，促成此等转变的，无疑又是被视作刑事新派的犯罪学家——龙勃罗梭、菲利、李斯特诸君，⑤ 随着刑罚个别化理论深入人心，不定期刑也大有取代以往定期刑之势，所谓不定期刑，是指法官在作出刑事裁判，当判处自由刑刑种时，不规定具体的刑期，而是根据犯罪人在服刑中的改善情况，由裁判所或者行刑机关决定具体的释放日期。早在 1900 年于比利时布鲁塞尔举行的第六次国际会议上，不定期刑正式列入讨论主题，并将其作为对少年犯、酒精中毒者、精神病犯人等特定犯罪人适用的一项量刑举措，在会议上还作出决议：不定期刑是刑罚个别化的必然结论，是社会防卫犯罪最有效的方法之一，各国应依据自身的情形，尽力使这一制度有可

---

① 对于罪刑法定原则形式侧面的论述，参见张明楷《刑法学》，法律出版社 2012 年版，第 54—58 页。

② ［意］贝卡利亚：《论犯罪与刑罚》，黄风译，中国大百科全书出版社 1993 年版，第 7 页。

③ ［美］梅里曼：《大陆法系》，顾培东等译，法律出版社 2004 年版，第 39 页。

④ 张洪成：《不定期刑的历史命运》，赵秉志主编《刑法论丛》第 16 卷，法律出版社 2008 年版，第 304 页。

⑤ 对此的详细论述请参见张洪成《不定期刑的历史命运》，赵秉志主编《刑法论丛》第 16 卷，法律出版社 2008 年版，第 304—307 页。

能实行，① 在同时期的美国，多达 11 个州引进了不定期刑，十年后属于该阵营的州数达到 21 个之多，在最兴盛的时期，共有 36 个州采用不定期刑制度，② 之后在成文刑事法律上明文规定不定期刑的国家也不在少数，③ 当然，由犯罪学引发的不定期刑模式，容易导致刑事司法实践中出现同案不同判状况，进而诱发了司法领域大规模的量刑失衡现象，最终逐渐为各国所摒弃，但其在引导定期刑向不定期刑转变，最终过渡到当今较为合理的相对不定期刑的模式上，功不可没。

第二节　学科的割裂与反思

一　割裂现状及后果

刑法学与犯罪学应当存在一种良性的互动关系，犯罪学的研究应当为刑法学提供理论与实践支撑，这是良性互动关系的题中应有之义。然而，这样的互动关系在我国却呈现间断式发展，体现在部分主题上，并未贯穿全局。比如，在未成年人犯罪问题上，犯罪学的主流观点认为：在导致未成年人犯罪的诸多因素中，社会、家庭、学校等方面的非个人因素起到了更大的作用，因此，在应对未成年人犯罪的问题上，应当全面考量。在针对未成年人犯罪的惩罚问题上，犯罪学也进行了有益的探索，域外的犯罪学研究自不待言，④ 在我国，早在 20 世纪末期，即有对未成年人再犯问题的跟踪调查，通过对 1982 年至 1986 年部分省市的跟踪调查，结果显示：十八周岁以下少年刑满释放人员年平均重新违法犯罪率为 21.54%，明显高于成年刑满释放人员 6.59% 的年平均重新违法犯罪率，刑罚惩罚在少年犯的身上效果不佳，并呼吁对未成年人犯罪处

---

① 参见高格主编《比较刑法学研究》，北京大学出版社 1993 年版，第 234 页。
② 参见李贵方《自由刑比较研究》，吉林人民出版社 1992 年版，第 131—132 页。
③ 参见张洪成《不定期刑的历史命运》，赵秉志主编《刑法论丛》第 16 卷，法律出版社 2008 年版，第 308—309 页。
④ 比如，根据美国犯罪学家马文·沃尔夫冈教授的研究，在对 1945 年出生在费城的 9945 名青少年为期十年的跟踪调查发现：大量的少年违法犯罪是其成长过程中的问题，在十八周岁前与警察打过交道的三分之一的青少年中，最后成为惯犯的仅有 6%，其他大部分违法犯罪行为待其成年后会自动消失，由此，在对青少年犯罪的惩罚问题上，刑罚的触角理应慎之又慎。

罚应非刑罚化。① 在未成年人犯罪及其惩罚的问题上，从刑事政策上对犯罪未成年人"教育、感化、挽救"的方针和"教育为主、惩罚为辅"的原则，到刑事立法上对未成年人犯罪的非犯罪化、惩罚轻缓化以及免除前科报告义务等一系列的规定，再到刑事实践中少年法庭的建立，无不是刑法学对犯罪学上未成年人犯罪研究成果的采纳，是两者之间良性互动的典范。然而，这样的良性互动，仅仅只是个例，远未达到普遍化程度。从宏观上来看，刑法学无论是在犯罪观上，还是在刑罚观上，远未与犯罪学进行全面接触、形成全局互动。

从犯罪观上，刑法不遗余力地将某些越轨行为并入犯罪圈之中，② 却罔顾犯罪学上对此类行为产生原因之研究。以非法吸收公众存款罪为例，③ 从犯罪学上，对于非法吸收公众存款的原因，可以用数据从侧面加以说明，根据《2015 年中国中小企业贷款市场现状调查与未来发展前景趋势报告》显示：虽然我国 50% 的税收、60% 的国内生产总值、70% 的发明专利、80% 的就业岗位，都是由中小企业提供的，但规模以下的小企业 90%没有与金融机构发生任何借贷关系，小微企业 95% 也没有与金融机构发生任何借贷关系。在这样的现状下，非法吸收公众存款的行为大有市场，金融体制本身的问题，是该罪成因的重要方面。江平教授对此不无讳言："按照现行法律规定，非法集资、非法吸收存款是构成犯罪的。但是，如果用市场的眼光来看待这些问题，结论就有所不同。现在，一部分地方或者一些人的资金很多，但没办法贷出去，另一方面，又有一些人很需要钱，但在现行的合法渠道中又贷不到款。在这种情况下，如何能够做到钱尽其用，值得关注和探索。现在的一些法律、法规已经落后于市场经济的发展，再用这些法律、法规来治罪，已经不合时宜了。"④ 客观地评价，尽管不能用金融体制的问题来为以非法吸收公众存款为代表的非法集资行为

---

① 参见李均仁主编《中国重新犯罪研究》，法律出版社 1992 年版，第 75 页。

② 其中，以聚众淫乱罪、故意杀人罪（安乐死）、赌博罪、传播淫秽物品罪、侵犯通信自由罪、非法吸收公众存款罪等为代表。

③ 以非法吸收公众存款为主的非法集资概念，滥觞于 20 世纪 90 年代，自此以后，那些未经有关机关批准而筹集公众资金的行为，就被贴上了违法乃至于犯罪的标签。而集资这个本质上为善（均为合法，不存在非法情形）的概念，就转变成本质上为非善（存在合法与非法两种情形）的概念。

④ 杜珂：《寻找公权私权平衡点——专访江平》，《中国改革》2012 年第 8 期。

全部埋单，但其俨然是此类行为滥觞之关键。① 从犯罪学的态度来看，面对此类非法集资行为，刑法上的定罪与追责，显然只是一种治标之策，金融体制上的改革才是釜底抽薪的办法。然而，从刑法的角度来看，在很长的一段时期内，与非法集资相关的刑事规范性法律文件在处置上过分倚重于简单打压、粗暴禁止的方式，"取缔""整顿""打击""处理"为应对非法集资的高频词，对可能涉及非法集资的经济领域也采取一禁了之的做法。② 对于非法集资在刑法上的定罪与严惩，并未给金融领域带来期待的安宁，特别是借助互联网金融的东风，仅 2016 年内，非法集资就立案一万余起，涉案金额近 1400 亿元。③

从刑罚观上，两者之间的割裂性体现得更为明显。在犯罪学内，将犯罪简单地视作是犯罪人在绝对的自由意志下，在对各种情况加以理智思考后所作出理性选择的结果之观点早已被摈弃，犯罪的原因不仅在于犯罪人的自由选择，其背后还有深刻的人类学因素、自然因素以及社会因素，这在犯罪学中被广泛承认，由此，既然犯罪并非绝对意志选择的结果，那么，重刑惩罚、报复性惩罚等，不应成为刑事责任承担的主流。正如有学者指出的，在司法实践中，"由于我们太过分看重刑法的作用，发生社会矛盾，发生违法行为，动辄就是刑法"④，由于坚信犯罪即是彻底的"恶"，犯罪完全是犯罪人自由选择的结果，因此，严刑峻法也就成为社会面对犯罪时的优先选择；除此之外，在刑罚目的上，两者的割裂性，在我国司法实践中体现得尤为明显。在刑法学上，刑罚目的从单维的报应主义⑤向二维的目的刑主义转变，⑥ 在这一转变过程中，作为犯罪学家的龙勃

① 在吴英案处于风口浪尖时，新华社的一篇报道就用了这样的评述——"计划经济时代不会有'吴英案'，完善的市场经济时代'吴英案'也不会受到如此众多的关注"。参见章苒、裘立华、余靖静《为制度改良留条生路——"吴英案"的标本意义分析》，《名人传记：下半月》2012 年第 2 期。

② 参见蔡曦蕾《非法集资的法律规范及关系梳理》，《北京政法职业学院学报》2014 年第 3 期。

③ 周炎炎：《公安部：去年非法集资涉案 1400 亿，要警惕这 9 种情况》，http://news.163.com/17/0425/16/CISOK584000187VE.html，澎湃新闻网，2017 年 4 月 25 日访问。

④ 杨兴培：《论筑建以揭示原因、预防为主的刑事犯罪法学》，《中国刑事法杂志》2011 年第 7 期。

⑤ 单维的报应主义在发展过程中，又分化出斯塔尔、约尔克的神意报应论，亚里士多德的道义报应论，康德的同害报应论，黑格尔的法律报应论几个分支。参见田宏杰《刑罚目的研究——对我国刑法目的理论的反思》，《政法论坛》2000 年第 6 期。

⑥ 目的刑主义在认可刑罚报应主义的同时，也重视刑罚的预防目的，特别是在刑罚所具有的预防社会一般人犯罪的问题上，其以贝卡利亚、费尔巴哈等刑事古典学派的先哲为代表。

罗梭、菲利、李斯特、安赛尔等旗帜鲜明地提出：刑罚的目的应当更加注重特殊预防，即预防被科处刑罚的犯罪人将来再实施犯罪，"犯罪既非犯罪人自由意志的选择，也不是天生固有的，而是不良社会环境的产物；国家不应惩罚作为社会环境牺牲品的犯罪人，而应当用刑罚来教育改造他们，使其尽快回归社会，因而矫正、教育、改造犯罪人，以保卫社会，才是刑罚的目的"①，从而刑法学至少在理论上，已然或者正在接纳犯罪学所提出的特殊预防之刑罚目的思想，在应然上，刑法学上的刑罚目的理应毫不偏颇，处于同等重要的地位。然而中国刑法学在实然上，却并未如此。我国有学者曾经做过研究：在量刑偏好问题上，在刑事立法上，体现报应的量刑情节只有 9 个，但体现预防的量刑情节却有 13 个，从立法上似乎更偏重于预防。然而，当该学者对故意杀人罪、故意伤害罪、抢劫罪、盗窃罪、诈骗类犯罪、贪污罪、毒品类犯罪等常见犯罪进行大样本实证分析时，却发现前述犯罪在量刑时，在实际被运用的报应量刑情节与预防量刑情节的比重上，却分别为 78∶22、71∶29、71∶29、80∶20、100∶0、100∶0、86∶14，报应量刑情节的实际动用率远高于预防量刑情节，② 从而在刑事司法实践中，刑罚的预防目的，特别是特殊预防的目的，并未获得充分地认可，刑法学在实然上，在报应的单维向度内运行，由此酿成的恶果，就是司法实践中的高再犯率。③

二　割裂原因及展望

刑法学与犯罪学在中国的割裂发展，引发了刑事立法、司法上的种种不良后果。不可否认，刑法学忽略对犯罪学成果的采纳是原因之一，但抛开此一因素不谈，犯罪学自身的低水平发展，也应对此局面承担责任。从学科发展上，中华人民共和国成立后犯罪学发展明显滞后于具有同源关系的刑法学，早在 1950 年，中国人民大学即已经开始招收刑法学研究方向的研究生，1984 年成为全国第一个刑法专业博士学位的授予单位，直到1985 年，华东政法大学才创办了新中国第一个犯罪学系，而且，即使在犯

---

① 田宏杰：《刑罚目的研究——对我国刑法目的理论的反思》，《政法论坛》2000 年第 6 期。
② 参见白建军《公正底线——刑事司法公正性实证研究》，北京大学出版社 2008 年版，第 112—180 页。
③ 有实证研究显示：某省青少年 5 年内的重新犯罪率高达 7.2%。参见孔一《少年再犯研究——对浙江省归正青少年重新犯罪的实证分析》，《中国刑事法杂志》2006 年第 4 期。

罪学独立成系的很长一段时间里，犯罪学学术研究还不得不纠结在犯罪学到底应不应该、可不可以成为一个独立学科的问题上。除此之外，在犯罪学专门人才的培育上，在教育部高校法学学科教学指导委员会确定的法学学科核心课程中，犯罪学并不属此列，犯罪学被作为二级学科"刑法学"之下的三级学科。在许多高校法学院本科培养课程中，犯罪学实质上降级为一门选修课程。对于选课学生而言，其重要性并不凸显，在对法科学生缺乏前期接触式培训的背景下，在后期的硕士及博士研究生阶段，转入犯罪学研究的可能性不大。犯罪学专门人才研究的缺失，犯罪学研究者的视野局限等种种内外在原因，以至某些冠之以犯罪学的研究成果，在研究方法上与刑法学几无二致，通篇采取思辨的研究方法，自然难以获得刑法学研究者的认可，更遑论对刑法学的前瞻指引作用。客观地讲，当前犯罪学对刑法学的前瞻性、牵引性作用不足，其中重要的一个原因，仍在犯罪学研究本身，当然，犯罪学研究成果的水平不足，无法完全归责至犯罪学研究者身上，犯罪学的研究环境不良也是造成该一现象的重要原因，其主要表现在如下两个方面。

其一，犯罪学研究缺乏充实的数据支撑。犯罪学研究方法，最大的特色在于实证，而实证研究，除了采取人类学田野调查的研究方法外，针对大样本的数据进行分析，也是一种重要的途径。然而，中国能够从公开途径获取的、可为犯罪学者用来分析的权威数据资源非常稀缺。以犯罪数据为例，各司法机关官方主页上基本难以找到可供查询的公开数据，一定要进行数据分析，就只能求助于《中国法律年鉴》等各类年鉴。但是，一旦想通过年鉴这种途径获取数据，新的问题又出现了，由于各种类型的年鉴，仅提供总体的犯罪规模，并未予以细化，要利用这些数据进行深层次的实证分析，显然是强人所难；与此不同的是，在多数西方国家政府机关主页上均有翔实的历年年报可供公众查阅，以美国为例，美国最著名的犯罪数据来源即为——"统一犯罪报告"（*Uniform Crime Reports*）。统一犯罪报告的计划由美国联邦调查局于 1930 年正式启动，负责收集、发布和归档犯罪数据，所统计的是向执法机关报案的下列犯罪：谋杀、误杀、暴力强奸、抢劫、严重人身伤害、入室盗窃、盗窃、机动车盗窃、纵火等。逮捕统计则另增加了 21 种犯罪。该报告综合了执法部门的月统计和个人直接向联邦调查局报案或者向其他中央执法机构报案，由后者转交给联邦调查局的案件数。统一犯罪报告项目既可将全国犯罪作为一个整体来考虑，也可将各地区、州、县、城、镇、部落和高等院校的犯罪作为一个整体来考虑，可以在有着相同人口和其他共同特征的邻近司法辖区进行比较研究。联邦调查局通常在每年春季公布上年度的初步信息，在秋季发布正式的年度报告《美国犯罪报告》（*Crime in the United States*），该报告除了公布犯罪数和犯罪趋势外，还包括宣布无罪数据、被逮捕人数（年龄、性别和种族）、执法单位人数、杀人犯罪参数（受害人和罪犯的年龄、性别、种族、受害人与罪犯的关系、使用的凶器、杀人行为的周边环境等）；"统一犯罪报告"分类的基础是"本能以及必然向警方报案的犯罪与报案可能性较小的犯罪"之间的差别，依据此种差别，犯罪可以分为：同类重大犯罪（Index Crimes），或者第一类犯罪（Part I Offenses），其主要包括了四种侵犯人身的犯罪，或者暴力犯罪（杀人、暴力强奸、抢劫、加重殴击），以及三种针对财产的犯罪（入室盗窃、盗窃、盗窃汽车）；非同类重大犯罪（Non-index Crimes），或者第二类犯罪（Part II Offenses），其主要包括 21 种附加的、不太严重的犯罪（通常是非暴力犯罪）[①]；除了"统一犯罪报告"外，基于犯罪黑数的存在，早在 20 世纪 60 年代，总统执法与司法委员会即建议进行全国性的犯罪被害调查，作为对基于报案数据而得出的统一犯罪报告的补充，1973 年，美国司法部统计局开始负责"全国犯罪被害调查"（National Crime Victimization Survey），在长期研究的基础上，美国司法部统计局 1993 年对该调查进行了重新设计。重新设计后的调查将被害分为"人身犯罪"（Personal Crimes）或"住宅犯罪"（Household Crimes）的被害，前者包括强奸、性侵害、人身伤害性抢劫、严重人身伤害和简单人身伤害，以及抢包（Purse Snatching）或偷包（Pocket Picking），后者则包括入室盗窃、偷盗、机动车辆盗窃等犯罪；犯罪被害调查每年进行两次，美国人口统计局会在全国范围内抽取 43000 住户（约76000 人）进行访谈，调查对象是家庭中十二周岁以上的成员（约 15 万人），被抽中的住户在连续三年中都会作为样本，同时还会增加新的样本，该调查收集个人和住户所遭犯罪的信息，不管受害人是否曾向执法

---

① 参见［美］罗纳德·J. 博格、小马文·D. 弗瑞、帕特里克亚·瑟尔斯《犯罪学导论：犯罪、司法与社会》，刘仁文、颜九红、张晓艳译，清华大学出版社 2009 年版，第 49—50 页。

机关报告过，调查还就每一类犯罪的报案率进行评估，总结被害人报案和不报案的原因，除此之外，该调查也提供被害人（年龄、性别、种族、血统、婚姻状况、收入和受教育水平等）、罪犯（性别、种族、大概年龄、被害人与罪犯的关系等）和犯罪情形（发生时间和地点、凶器的使用、伤害的性质和经济后果）等信息，所调查的问题包括被害人对刑事司法系统的感受、被害人所用的自我保护措施和罪犯潜在的药物滥用等，同时，定期还会增加补充项目以获得像校园犯罪一类话题的详细信息。①

其二，犯罪学研究缺乏充足资金及官方的有力支持。犯罪学研究不可能是闭门造车的过程，优秀的犯罪学研究成果，也难为研究者独立完成。在中国，犯罪学属于法学的范畴，对于某一项法学研究的资金支持，坦率而言，当前的拨款力度远较自然科学要低得多，犯罪学研究也仅能停留在小幅度的范围内，无法开展大规模、深层次的研究。相较于国外，同样以美国为例，任职于芝加哥少年研究所的芝加哥学派代表人物克利夫特·肖（Clifford Shaw），1932 年曾发起了一项举世瞩目的犯罪学研究计划——"芝加哥区域计划"（Chicago Area Project）。在肖看来，在大城市的贫民区有相当多的少年犯罪人和成年犯罪人，这种高的犯罪率主要是由贫民区的物理环境和价值观念造成的，因此，要降低这里的犯罪率，必须首先改变这里的特殊环境和更新这里的价值观念，芝加哥区域计划就是基于这样的理论前提提出的。芝加哥区域计划在芝加哥犯罪率最高的 6 个区域设立了社区委员会，管理 22 个邻里中心中的共7500 多名青少年，这 6 个区域分别是海格维施（Hegewisch）、拉塞尔广场（Russell Square）、南岸（South Side），近北岸（Near North Side）、近西岸（Near West Side）以及近西北岸（Near Northwest Side）；邻里中心的主要职责为：协调教堂、学校、工会、资方、俱乐部和其他群体之类的社会资源；主办多项活动计划，例如娱乐活动、夏季露营、残疾人工厂；为回到社区的犯罪人做准备，鼓励犯人在释放后参加社区委员会的工作。芝加哥区域计划持续了 25 年，直到肖 1957 年去世为止。为了保证此项大规模、长时期的计划能顺利进行，充沛的资金支持显然是关

---

① 参见［美］罗纳德·J. 博格、小马文·D. 弗瑞、帕特里克亚·瑟尔斯《犯罪学导论：犯罪、司法与社会》，刘仁文、颜九红、张晓艳译，清华大学出版社 2009 年版，第 63—64 页。

键，为此，肖他们几个人于 1934 年正式创办了用来为该计划提供资金和其他支持的私营公司。① 总之，真正有实效的犯罪学研究成果，绝不会在书斋中产生，而是要置于社会的真实环境中去实践，这就需要有必要的资金支持研究的启动，保障研究的运行。除了充沛资金支持外，犯罪学在研究方法上的实证化特征，使得该学科的研究更注重过程，这种过程一方面会要求研究者组建合作团队将整个过程严密监控，② 另一方面，有的犯罪学研究主题，在研究过程中即需要官方的支持（不像其他法学学科研究，在形成了研究成果后，再提交至政府部门寻求官方支持），换句话说，如果在研究过程中缺乏官方支持，某些犯罪学的研究主题，将无法开展下去。官方乐于并敢于尝试新的犯罪学研究方案，将促使犯罪学研究在质上的提升。再以美国举例，长久以来，对于家庭暴力的警方处理措施，在美国是一个棘手的问题，在对家庭暴力的介入时间、介入方式等问题上，学界和实务界争论不休，传统的观点将家庭暴力视为私人事务，不倾向由政府（主要指警察机关）来介入。20 世纪 80 年代，美国学者劳伦斯·希尔曼（Lawrence Sherman）和理查德·贝克（Richard Berk）进行了一次颇有成效的犯罪学实验，将明尼阿波利斯市的警察分为三组，在接到家庭暴力的报警时，第一组会提出建议并试图调解，第二组则命令施暴者离家 8 小时，第三组会立即逮捕施暴者，通过之后对实验对象的持续跟踪调查，结果发现：第三组大大减少了暴力行为的发生，该项实验的研究结果很快在全美警察机关普及，全美警察开始采取强制逮捕政策来应对家庭暴力。③ 在我国，从现有的犯罪学研究成果来看，基于种种原因，在研究过程中各级政府部门与犯罪学研究者的合作渠道和机制还不是很畅通。

对于当前我国刑法学与犯罪学之间的隔膜化的割裂现状，从犯罪学方面来看，应当从修炼内功着手，着力提升犯罪学研究者的研究视野与研究能力，多聚焦在司法现实所关注、所需求的研究主题上；但从修炼外功着

---

① 参见吴宗宪《西方犯罪学史》，警官教育出版社 1997 年版，第 627—630 页。

② 与此不同的是，法学领域其他多数学科的研究，更偏重于"单打独斗"，优秀的研究成果带有鲜明的理论研究者的个人印记，合作性研究少之又少的，甚至现在多数法学核心期刊，在征稿启事上即明确表示不欢迎合作作品投稿。

③ 参见［美］罗纳德·J. 博格、小马文·D. 弗瑞、帕特里克亚·瑟尔斯《犯罪学导论：犯罪、司法与社会》，刘仁文、颜九红、张晓艳译，清华大学出版社 2009 年版，第 77 页。

眼，则更需要在犯罪学研究所需的数据、资金、人才等方面进一步提高，使得犯罪学自身能够真正发展成能为刑法学提供前瞻力的学科。从具体内容上来看，在犯罪观问题上，刑法学已经形成了较为固定的模式及范畴，教义刑法的意味更为浓厚，受犯罪学的影响也会相对较少，在刑罚观问题上，则应当成为犯罪学影响刑法学的着力点，譬如，在量刑、刑罚的效力、累犯的刑罚设置等问题上，① 犯罪学都有很大的空间，并为刑法学直接提供前瞻性助力。

---

① 譬如，在量刑问题上，虽然罪责刑相适应的"刚性"原则不能突破，但毕竟罪责与刑罚之间的对应关系是相对的而非绝对的，因而可以在运行过程中结合实际情况被"软化"。以美国为例，诸多犯罪学研究成果显示：由于监狱面积是基本固定的，因此，应当根据监狱的容量来考量对犯罪人的量刑，否则，对犯罪人的特殊预防将难以起到实效。为此，在制定量刑指南引导法官量刑时，应通过对监狱资源（包括现存的以及预计会建造的）的评估来设计量刑指南，得出监狱可容纳的监禁容量之上限，再在这个容量范围内，设计量刑指南的量刑幅度，如果监狱容量足够大，则量刑指南适当提高对犯罪人的量刑，反之，则降低对犯罪人的量刑，以确保监禁人口与监狱容量保持适度比重。在州一级的量刑指南中，明尼苏达、佛罗里达、田纳西、俄勒冈、特拉华等州的量刑委员会均采纳此观点，认为自己的量刑指南应当与监狱人口相关联，并且进行定期评估两者的关系。参见 Thomas B. Marvell, "Sentencing Guidelines and Prison Population Growth", *The Journal of Criminal Law and Criminology*, Vol. 85, 1995, pp. 698 - 699 以及 Richard S. Frase , "State Sentencing Guidelines: Diversity, Consensus, and Unresolved Policy Issues", *Columbia Law Review*, Vol. 105, 2005, pp. 1196, 1217 - 1218。

第二章　刑法学与行刑学

立体刑法学中的"后望"，是指刑法学研究应该关注刑罚的执行问题。从刑罚的实际运行情况来看，刑罚最终作用（效果）的实现在行刑阶段，所以刑法针对犯罪进行的对策性处理——刑罚是否实现了刑法的理想效果，需要行刑环节的反馈。

第一节　刑法学与行刑学的相关概念及其关系

犯罪和刑罚是刑法规定的最主要内容。[①] 刑罚的效果在于执行，没有执行（或者无法执行）的刑罚只能是一纸空文，没有实际意义。

一　行刑与行刑学的概念

探究行刑学的概念，首先需要明确行刑及行刑法[②]的概念。行刑，即刑罚执行，又称刑事执行[③]，是指国家行刑机构依法对生效刑事裁判所确定的刑罚的执行，是刑罚进入动态从而显示出生命力的过程，是刑罚的临床效力状态。[④] 行刑的概念有广义和狭义之分，早期使用的行刑概念实际是狭义的行刑概念，即监狱对于自由刑的执行。正如有的学者所言，长期

---

① 关于刑法的概念，不同的学者作出了不同的定义，犯罪与刑罚是必然包含的两个范畴，当然有的不称为刑罚，而主张用刑法后果等；还有的学者将刑事责任纳入其中，比如，刑法是规定犯罪、刑事责任和刑罚的刑法法规的总称（引自梁根林《合理地组织对犯罪的反应》，北京大学出版社2008年版，第1页）。

② 行刑法，即刑事执行法，笔者出于行文方便的考量，在文中使用行刑法的称谓。

③ 现在很多论者采用此概念，如张绍彦《刑事执行新探》，《现代法学》1998年第3期，刑事执行是指国家刑事执行司法机关，事实已经发生法律效力的刑事裁判，对犯人执行刑罚的活动。从此概念表述上，其与行刑是一致的。

④ 参见许章润《监狱学》，中国人民公安大学出版社1991年版，第128页。

以来，我国学界一直在劳动改造学、监狱学的框架下研讨刑罚执行的问题，[①] 其中当然涉及与自由刑执行有关的减刑、假释、犯人分类管理等制度，均为监狱学的研究范围。随着理论研究和司法实践的继续和深入，其他刑罚的执行问题逐步得到重视，行刑内涵范围不断拓展，不再仅限于监狱行刑，广义的行刑概念得到应用。广义的行刑是指对所有刑罚种类的执行，包括关于刑罚执行、改造犯罪人以及预防重新犯罪的刑事司法制度及其实践。当然，还有最广义的行刑（刑事执行），除了包括刑罚的执行，还包括各种非刑罚方法的执行，如劳动教养、收容教养、收容教育、强制医疗、强制戒毒等。[②] 本书在广义上使用行刑的概念，在个别地方也使用刑事执行、刑罚执行，均是同义使用。

　　行刑法，即刑事执行法，是指规定刑罚执行制度及其实践的法律规范的总和。值得一提的是，目前我国并没有一部完整意义上的刑事执行法，对此学者在研究的基础上提出制定完整的刑事执行法，如徐静村教授撰文提出，制定《刑事执行法》已是我国刑事立法的一项刻不容缓的迫切任务。[③] 在理清了行刑和行刑法的概念后，行刑学概念呼之欲出。行刑学，是关于刑罚执行制度及其实践，以及其发展规律的科学（学科），[④] 从其概念即可知晓，行刑学实际是围绕刑罚执行展开的一门学科。值得一提的是，中世纪及其以前的人类刑罚体系以死刑、肉刑为主，到了近现代，特别是启蒙运动以后，基于人道主义的影响，大部分国家纷纷废除肉刑，限制死刑适用，自由刑开始取代死刑与肉刑而在刑罚体系中占据首要地位。[⑤] 自由刑基本以监狱监禁为主，所以一般行刑问题研究，大多以监狱学研究展开，甚至有的论者干脆直接提监狱学而不提行刑学，实际上监狱学是行刑学的重要（主要）组成部分。伴随着行刑实践尤其是监狱制度、监狱法制建设的不断完善，中国行刑学也取得了长足的进展，完成了从劳动改造

[①] 参见杨春雷《中国行刑问题研究》，人民出版社 2011 年版，第 1 页。

[②] 参见冯卫国《行刑社会化研究》，北京大学出版社 2003 年版，第 8 页。

[③] 参见徐静村《〈刑事执行法〉立法刍议》，《昆明理工大学学报》（社会科学版）2010 年第 1 期。

[④] 在一定意义上，行刑学可以看作与刑事执行法学同等意义的概念，本书重点不在此，不过多着墨于概念辨析，本书予以同义使用。刑事执行法学是研究刑罚执行的理论、制度与实践的学科。参见吴宗宪主编《刑事执行法学》，中国人民大学出版社 2007 年版，第 6 页。

[⑤] 参见陈兴良主编《刑种通论》，中国人民大学出版社 2007 年版，第 9 页。

法学到监狱法学再到刑事执行法学的自我提升并日趋走向成熟与丰富。[①]

二　行刑之于刑罚：受制约与反作用

行刑是国家刑事司法活动有机组成部分，[②] 围绕国家刑事司法活动进行研究的学科（群属）即为刑事法学，刑法学与行刑学同属刑事法学的研究范畴，均为其重要组成部分。刑法在相当程度上就是刑罚法，没有刑罚在某种意义上就等于没有刑法，[③] 而行刑学的研究核心是刑罚执行，刑法学与行刑学由"刑罚"这一重要制度联系起来。

（一）行刑相对独立

从刑罚运行的一般意义上讲，制刑、求刑、量刑、行刑均是刑罚的重要组成。刑罚的创制与宣示，即为制刑，发生在立法阶段，确定刑罚种类，明确相应的刑罚体系，在罪刑法定、罪刑相适应等原则的指引下为相应的犯罪配备法定刑；请求审判机关对被告人判处刑罚，即为求刑，检察机关在侦查机关调查取证的基础上，按照相应程序将被告人起诉至审判机关，请求对被告人依照刑法进行定罪判刑；依据刑法对被告人进行定罪量刑的过程，可谓量刑，实际是在刑事诉讼，特别是刑事审判中对于被告人在定罪基础上，根据相应的量刑规则，进行从法定刑到宣告刑的具体裁量；刑罚执行则是在定罪量刑明确的基础上对于生效裁判确定的宣告刑的执行，是对犯罪人执行刑罚，所谓行刑。四者环环相扣，相互分工、配合，缺一不可。实际，制刑、求刑、量刑、行刑是国家刑事活动的四个不同阶段，同时具有彼此相对的独立性，[④] 均有其独特性，也均有其不同的功能侧重。制刑阶段主要发挥一般预防的心理作用，求刑、量刑阶段主要发挥特殊预防的实效、一般预防的心理作用，行刑阶段主要发挥特殊预防的实效。[⑤] 行刑虽然是在制刑、求刑和量刑之后的阶段，但其并不是从制刑、求刑和量刑就能一眼望到头的，在执行阶段还有其独特的应对内容。以有期徒刑为例，并不是法院判决之后投入监狱按所判刑期执行这么简

---

① 参见力康泰、韩玉胜、袁登明《2000 年刑事执行法学研究的回顾与展望》，《法学家》2001 年第 1 期。
② 参见邱兴隆、许章润《刑罚学》，中国政法大学出版社 1999 年版，第 311 页。
③ 参见陈兴良《本体刑法学》，商务印书馆 2001 年版，第 3 页。
④ 参见邱兴隆、许章润《刑罚学》，中国政法大学出版社 1999 年版，第 311 页。
⑤ 参见王志亮《外国刑罚执行制度研究》，广西师范大学出版社 2009 年版，第 130—132 页。

单。实际上在行刑阶段需要面对和解决的是犯罪人的改造（或矫正）问题，这是其他阶段所没有的功能和职责。

刑法学，尤其是刑罚论，也研究刑罚及其适用和执行，其中，刑罚本身的研究包括刑罚权及其运行，现有刑罚的体系和规定，刑罚的设立和改革等问题；刑罚适用主要是量刑问题，涉及刑事审判领域；对刑罚执行，实际与行刑学研究内容存在部分重合。但这并不影响行刑学的独立学科地位，一如刑事诉讼法学虽然与刑法学在涉及量刑等问题研究内容方面存在交叉，但其作为程序法是独立的学科。实际刑法学中行刑问题仅仅涉及缓刑、减刑与假释等制度问题，以法律规范为基础，但行刑学的研究范围则涉及刑罚执行的理论、制度、活动等方方面面，它有其研究对象和内容，有其专门的概念、观点和理论。刑法学以及刑事诉讼法学主要研究相应的法律规范，而行刑学除了研究法律规范以外还有大量的非规范性的内容，特别是其中的罪犯改造问题，更是一个既难研究、更难实践的问题。[1] 对于人们为什么犯罪、如何将犯罪人改造为守法的公民依然是人类的斯芬克斯之谜，虽然学界和实务进行了大量研究和探索，但于此仍然没有公认的研究方法和结论。这是行刑学研究内容的独特性，也决定了研究的艰巨性。

行刑学具有独立的学科地位，已是学界共识；本章探讨刑法学与行刑学的关系问题，即是以承认行刑学的独立学科地位为逻辑前提的，否则，关系的讨论便失去意义和价值。当然，刑法学与行刑学之间的独立是相对的，研究重点不同，两者同属于刑事法学，还有部分共同的研究内容。

（二）行刑受到刑罚的制约

法律运作的上游总是开阔与华丽的，但它的下游则不得不面临更多勉为其难的选择。[2] 从逻辑和实践运行来看，制刑是量刑的前提，行刑又以量刑为依托，所以，就与其他刑事活动的关系而言，行刑又有其处于从属地位的一面。因为作为国家刑事活动的最后一个阶段，行刑是作为制刑与量刑自然延伸的结果而存在，它须受制于制刑尤其是量刑。[3] 以上是基于刑罚权的角度进行的探讨，涉及刑罚的不同阶段。

---

① 参见吴宗宪主编《刑事执行法学》，中国人民大学出版社 2007 年版，第 1 页，前言。
② 参见陆侃怡《中国刑罚的转化机制——以新旧五刑转化为视角》，中国政法大学出版社 2015 年版，第 16 页。
③ 参见邱兴隆、许章润《刑罚学》，中国政法大学出版社 1999 年版，第 312 页。

　　所谓刑罚权是基于犯罪行为对犯罪人实行刑罚惩罚的国家权能，是国家主权的组成部分，其内容表现为国家对犯罪人实行刑罚惩罚。① 制刑（权）涉及的是一般、抽象意义上的刑罚，经过求刑、量刑的刑事诉讼环节，一般抽象意义上的刑罚与犯罪行为的实施者（犯罪人）联系到了一起，根据罪责刑相适应的原则，确定标准和比例，个别、具体意义上的刑罚得以宣告，之后的行刑便是个别、具体意义上的刑罚付诸实践的过程。从刑罚（权）运行来看，先是制刑，再是量刑，最后才是行刑。纵观人类刑罚种类的产生，也是先有其形，后有其行。刑罚的发展变化，要求和影响着行刑内容、制度、活动等刑罚实现要素的相应变化。② 从司法实践流程来看，行刑是刑事司法的最后环节，是国家对刑事犯罪制裁的具体落实。一个犯罪案件发生，国家通过对犯罪分子的侦查、起诉、审判，对犯罪人判处相应的刑罚，之后便是刑罚执行问题。从学科产生发展来看，也是先有刑法学，后有行刑学，具体将在下文中详述。

　　从刑法的目的看刑罚—行刑的一以贯之。我国《刑法》第2条③规定了我国刑法的任务，其中有"用刑罚同一切犯罪行为作斗争"的规定，所以刑法的目的是同犯罪作斗争——打击犯罪，预防犯罪，进而实现保护功能。其中所依靠的正是刑罚，故刑罚的作用可以概括为同犯罪作斗争。那么，为什么要用刑罚来与之作斗争呢？因为刑罚是最严重的惩罚措施，惩罚性是刑罚的本质属性。刑罚的目的是指国家制定、适用、执行刑罚的目的，也即国家的刑事立法采用刑罚作为对付犯罪现象的强制措施及其具体适用和执行所预期实现的效果。④ 所以，可以说刑罚的目的即是同犯罪行为作斗争，针对已然犯罪，作斗争的方式是惩罚和特殊预防，针对未然犯罪，斗争的方式是一般预防。概而言之，刑罚的目的就是打击犯罪，预防犯罪。行刑是否也有目的？其与刑罚的目的有何关系？根据我国《监狱

---

① 参见张明楷《刑法学》第五版，法律出版社2016年版，第503页。
② 参见张绍彦《刑罚实践的发展与完善》，社会科学文献出版社2013年版，第105页。
③ 《中华人民共和国刑法》第2条规定，中华人民共和国刑法的任务，是用刑罚同一切犯罪行为作斗争，以保卫国家安全，保卫人民民主专政的政权和社会主义制度，保护国有财产和劳动群众集体所有的财产，保护公民私人所有的财产，保护公民的人身权利、民主权利和其他权利，维护社会秩序、经济秩序，保障社会主义建设事业的顺利进行。
④ 参见张明楷《刑法学》第五版，法律出版社2016年版，第305页。

法》第 1 条的规定，① 行刑的目的是惩罚和改造罪犯。犯罪侵犯了法益，所以要打击，要预防，惩罚和改造罪犯正是预防其再犯，综上，刑法的目的实际在刑罚和行刑中是一以贯之的，行刑的目的受刑罚目的和刑法目的的制约和统领。行刑作为过程和状态，其作用的实现，需要制刑、量刑等环节具有一致的价值追求，是刑罚和刑罚机制具有统一性。② 刑罚各环节的失调，会造成行刑的无所适从和偏离。

行刑受刑罚的制约，决定了行刑阶段只能执行刑法规定的刑罚，不得适用私刑，不得适用法定刑以外的各种严苛和残酷的刑罚方法，自然也不能以行刑之名，实施非刑罚，或创设其他"刑罚"，并且没有法定事由，非经法定程序不得予以减刑、假释。

（三）行刑的能动反作用

刑罚的使命最终只能通过刑罚实践和刑罚实现来完成，刑事立法和刑事司法的全部过程和结果，都服从和服务于刑罚实践和刑罚实现，③ 这里的刑罚实践和刑罚实现即是行刑。前文中提到行刑是相对独立的，行刑不是制刑与量刑的纯粹派生物，而是对两者都具有积极的反作用。即是说，在制刑与量刑时，必须考虑所创制或裁量的刑罚能否并得到实际有效的执行。在这个意义上说，行刑对制刑与量刑都具有制约性。④

从刑罚目的来看，行刑对于刑罚目的的实现意义重大。换言之，刑罚目的有赖于行刑实现。根据有的论者的观点，制刑和量刑都还只是纸上谈兵式地使刑罚与犯罪人相联系，唯有通过行刑才能使这种联系成为实实在在的联系，⑤ 并最终通过刑罚执行，矫正和改造犯罪人。刑罚特殊预防作用的发挥，犯罪人的人身危险性能否消除，主要取决于刑罚的执行。因为只有对犯罪人实际地执行刑罚才能在客观上剥夺或限制其再犯能力，在主观上对其实行强制教育改造。否则，刑罚得不到真正的执行，就无法使犯罪人真正感受到违法犯罪后果的严重性，无法使他们真正从中吸取教训，也就无法使他们真正得到教育与改造，并做到防止他们重新犯罪，刑罚的

---

① 《中华人民共和国监狱法》第 1 条规定，为了正确执行刑罚，惩罚和改造罪犯，预防和减少犯罪，根据宪法，制定本法。
② 参见张绍彦《刑罚实践的发展与完善》，社会科学文献出版社 2013 年版，第 65 页。
③ 同上书，第 35 页。
④ 参见邱兴隆、许章润《刑罚学》，中国政法大学出版社 1999 年版，第 312 页。
⑤ 同上。

个别预防目的便无从实现。另外，刑罚的威慑功能和一般预防作用也是通过行刑得以实现的，刑法规范上的刑罚更多是宣示和引导功能，需要行刑实现其效果。古谚"法之不行，与无法等"，只是创制刑罚，哪怕已经审判定罪量刑，但并不执行，不能起到威慑和一般预防的作用，实际还会伤害民众的法感情，造成对法律和司法公信的毁灭，比无法危害更大。刑罚只有付诸实践，其作用才能发挥。没有行刑，社会的公平正义可能就得不到真正的伸张，对于犯罪行为的否定性评价可能就得不到具体的落实，被犯罪行为破坏了的社会安全和秩序可能就得不到恢复与维持，刑罚对于人们行为的导向作用就无法真正实现，这是从社会的角度来看，刑罚执行活动能够满足社会的这些需要。①

如果没有对行刑问题进行深入研究，缺乏在行刑方面的良好实践，刑法的规定和刑事诉讼活动的成效，都将得不到贯彻落实，在此之前进行的刑事司法活动的大部分成效都将付之东流。如果刑罚得不到准确、科学的执行，将会对社会治安的稳定与和谐社会的建设，产生严重的负面效应。②刑罚使命的达成有赖于刑罚的具体适用、实施及相应效果和效应的实现。由此，刑罚的实践状况和结果直接决定着刑罚的使命能否完成。③

通过行刑的实践，可以对刑罚创制的优劣作出分析和评价，并将这种信息及时反馈，④ 影响国家刑罚的或立或改或废，自然也可影响刑法学的相关研究。

第二节　刑法学与行刑学研究的理论沿革与进展

基于行刑学与刑法学的紧密关系，研究行刑学对于刑法学具有检视作用，关注刑法尤其是刑罚的运行状态，这对于反思和改进刑罚体系和刑法结构具有重要意义。值得注意的是，最广义的刑法学（可谓刑事法学）是研究有关犯罪及其法律后果（主要是刑罚）的一切问题的学科，其研究对象包括实体的刑法规范、犯罪原因与对策、刑事诉讼程序、刑罚的执行等

① 参见陈志海《行刑理论的多维探究》，北京大学出版社 2008 年版，第 34—35 页。
② 参见吴宗宪主编《刑事执行法学》，中国人民大学出版社 2007 年版，第 1 页，前言。
③ 参见张绍彦《刑罚实践的发展与完善》，社会科学文献出版社 2013 年版，第 41 页。
④ 参见韩玉胜主编《刑事执行制度研究》，中国人民大学出版社 2007 年版，第 15 页。

内容,① 亦即此种意义上的刑法学包括一般意义上的刑法学、犯罪学、刑事政策学、刑事诉讼法学、行刑学等多种学科,此时行刑学被包含在刑法学之中。我们在这里仅从狭义上来理解和使用刑法学的概念,即把行刑学作为与刑法学相对独立的一个概念来对待。

一　刑事古典学派时期刑法学研究及其对行刑学的影响

学界通常认为,贝卡利亚于 1764 年发表的《论犯罪与刑罚》是刑法学的开端,标志着在世界范围内刑法学作为一门学科的正式诞生。② 但实际上,贝卡利亚在该书中不仅论述了相关刑法问题,还涵盖了诸如逮捕、证人、提示性讯问、刑罚的及时性、恩赦、悬赏等问题,③ 涉及犯罪学、侦查学、刑法学、刑事诉讼法学乃至行刑学诸多领域,可以说,《论犯罪与刑罚》实际是刑事法学的开端。基于人道主义的影响,贝卡利亚倡导刑罚的宽和,"刑罚的目的既不是要摧残折磨一个感知者,也不是要消除业已犯下的罪行","刑罚的目的仅仅在于:阻止罪犯再重新侵害公民,并规诫其他人不要重蹈覆辙","刑罚和实施刑罚的方式应该经过仔细推敲",④ 人道主义的贯彻和落实,很大部分在行刑中,刑罚是人道还是残忍,评价标准不仅在刑罚本身也在于执行。

贝卡利亚虽然没有直接研究行刑问题,但他的刑罚思想产生了极大影响。同时代约翰·霍华德是英国慈善家和监狱改革家,深受贝卡利亚思想影响,基于其司法官的职业,将目光放在了英国残酷黑暗的监狱。经过 20 年间对英国和其他欧洲国家监狱的考察,霍华德写下了《英格兰与威尔士监狱状况》,被认为是英国监狱改革的指导性文本,⑤ 对于促进监狱行刑改革,产生了巨大而深远的影响。更重要的是他对于监狱行刑问题进行了深入广泛的探讨,许多重要观点促使延续至今的行刑制度和原则的确立,⑥ 比如强调监狱的教育功能,主张分类关押,提倡劳动改造,等等。⑦ 约

---

① 参见张明楷《刑法学》,法律出版社 2007 年版,第 1 页。
② 参见刘仁文主编《刑法学的新发展》,中国社会科学出版社 2014 年版,第 1 页。
③ 具体参见〔意〕贝卡利亚《论犯罪与刑罚》,黄风译,中国法制出版社 2005 年版。
④ 参见〔意〕贝卡利亚《论犯罪与刑罚》,黄风译,中国法制出版社 2005 年版,第 52 页。
⑤ 参见陈诚《约翰·霍华德与 18 世纪英国的监狱改革》,《黑龙江史志》2015 年第 9 期。
⑥ 参见吴宗宪主编《刑事执行法学》,中国人民大学出版社 2007 年版,第 30 页。
⑦ 参见陈诚《约翰·霍华德与 18 世纪英国的监狱改革》,《黑龙江史志》2015 年第 9 期;另参见许章润《监狱学》,中国人民公安大学出版社 1991 年版,第 39 页。

翰·霍华德的研究为行刑学，尤其是监狱学的发展奠定了基础。

刑事古典学派的另一位巨匠边沁，从功利主义的哲学观出发，系统论述了刑罚适用的有效性问题，他还对监狱改革问题给予高度关注。① 边沁认为，应当根据某一行为本身所引起的苦与乐的大小程度来衡量该行为的善与恶，② 根据功利主义原理，只有社会的利益要求定为犯罪的行为，才应当是犯罪。③ 他还将这一功利理论运用到对刑罚的分析和评价上。边沁认为刑罚价值是能够防止类似犯罪的发生，刑罚虽然不能改变已有的犯罪事实，但有可能消除犯罪人的再犯意图。因为尽管犯罪能获得一定快乐，但是刑罚所带来的痛苦远超于犯罪获得的快乐。国家在实施刑罚时，应尽可能选择合理、适当、有效的刑罚，以最有效地抑制犯罪行为的发生，并将刑罚实施所带来的痛苦和损失降到最小的程度。④ 针对霍华德在监狱改革中倡导实行严格的独居制，边沁持不同意见，他主张通过有计划的训练而不是独居、隔离来改善犯人；他认为只有将监狱的内外结构组织等进行必要和适当的改革，它才能成为一种合理有效的行刑手段；基于监狱对行刑的意义，他倡导建造所谓的模范监狱（即圆形监狱）以及轮辐式监狱，⑤ 通过建筑的严肃外形，传达威慑的信号。

需要说明的是，刑事古典学派时期，学者在启蒙思想的影响下，主要是否定封建刑法，概括来说这一时期的刑法可谓行为刑法。刑事古典学派认为，人都具有理性和自由意志，犯罪也是个人意志自由选择的结果，所以能够对其进行非难、追究道义上的责任；刑事责任的基础是表现在外部的犯罪人的行为及其结果，即客观主义；关于刑罚，古典学派认为刑罚的正当化根据在于报应的正义性，也就是所谓的报应刑论；科处刑罚应以行为为标准而不能以行为人为标准。⑥ 刑事古典学派对于刑罚的研究形成了

① 参见冯卫国《行刑社会化研究——开放社会中的刑罚趋向》，北京大学出版社 2003 年版，第 15 页。
② 参见［美］E. 博登海默《法理学——法哲学与法律方法》，邓正来译，中国政法大学出版社 2004 年版，第 110 页。
③ 参见［英］边沁《道德与立法原理导论》，时殷弘译，商务印书馆 2001 年版，第 250—251 页。
④ 参见陈志海《行刑理论的多维探究》，北京大学出版社 2008 年版，第 17—18 页。
⑤ 参见许章润《监狱学》，中国人民公安大学出版社 1991 年版，第 39 页。
⑥ 参见张明楷《刑法学》第五版，法律出版社 2016 年版，第 5 页。

功利主义和报应主义的刑罚理论。① 这一时期刑法学理论取得了巨大的发展，但严格来说，这一时期并没有行刑学，只有个别学者对于行刑问题给予了一定程度上的关注。可以说，行刑学正是基于对行为人的关注而产生的，刑事古典学派基于启蒙思想和人道主义的影响，对于刑法学和行刑问题进行了不同程度的关注和研究，特别是人道主义和刑罚理论，为行刑学的产生提供了思想基础和理论准备，也正是他们的研究成果为之后刑法学和行刑学的互动发展奠定了基础。

二　刑事实证学派的产生及其对行刑学的影响

19 世纪中叶以后的欧陆社会经济发生了巨大变化，工业大发展之下，工人阶级与资产阶级对立抗争，贫富分化，工人失业，犯罪率上升，累犯特别是常习犯与少年犯急剧增加。② 刑事古典学派的束手无策遭到批判，刑事实证学派应运而生，同时催生了行刑学。

犯罪人类学鼻祖龙勃罗梭正是在其从事狱医时，基于对数千名罪犯进行了人类学调查和大量的尸体解剖，提出了天生犯罪人理论。虽然学界多推崇他对于犯罪学所做出的贡献，但难以掩盖的事实是，龙勃罗梭正是着手于行刑中的犯罪人，将目光投射于犯罪原因分析，即基于刑罚执行中的犯罪人而进行的犯罪（原因）实证研究。菲利基于行刑效果对刑罚、刑法进行了反思，"只要观察我们周围的现实生活便会发现，刑法典远非医治犯罪的方法；也会发现，由于犯罪人的预谋或情感已经不为刑法的禁止性规定所约束，刑法典已对救治犯罪没有任何作用"。③ 龙勃罗梭、菲利、加罗法洛④作为刑事实证学派的杰出代表，他们把犯罪视为一种自然的和社会的现象，从而将刑法理论尤其是犯罪从法律概念解放出来，超出了规范性研究，进入了更为广阔的研究视域，催生了现代犯罪学的产生和发展；同时基于对特殊预防的关注，进而强化罪犯改造，行刑学也伴随诞生。

理论研究来源于社会现实，成果又进一步服务于社会。基于社会现

---

① 参见陈志海《行刑理论的多维探究》，北京大学出版社 2008 年版，第 16 页。

② 参见张明楷《刑法学》第五版，法律出版社 2016 年版，第 6 页。

③ 参见［意］菲利《实证派犯罪学》，郭建安译，中国人民公安大学出版社 2004 年版，第 187 页。

④ 菲利（恩里科·菲利，1856—1929）在其著作中突出了犯罪的社会的、物理的原因；加罗法洛（拉斐尔·加罗法洛，1852—1934）则在其著作中论证了犯罪人的危险性是犯罪的中心要素。

实，刑法学研究的旨趣发生转向。关注行为的古典学派面对严峻犯罪形势的无能为力，刺激了从行为到行为人研究重点的转移，刑事实证学派的刑法学研究又称为行为人刑法。刑事实证学派否认没有原因的自由意志，认为犯罪是基于一定的原因（自然的或社会的）；其刑罚价值观以防卫社会、矫正犯罪人为主要内容，[①] 强调特殊预防，基于对犯罪原因的分析，主张刑罚个别化。客观地说，刑事实证学派实际促成了行刑学、犯罪学的学科分立。刑事实证学派基于对行为人的关注，开启了关注罪犯改造问题的大门，一些犯罪学家虽然也探讨有关罪犯改造的问题，所以有论者称刑事实证理论下犯罪学与监狱学（行刑学）是一起的。遗憾的是，刑罚执行仅仅是犯罪对策研究一个很小的部分，犯罪学家门更愿意从更大的范围、更广阔的视野中，探讨对付犯罪的综合性对策，而很少花费很大精力研究其中一个方面——行刑中的罪犯改造问题。[②] 但值得肯定的是，刑事实证学派在研究行刑中的犯罪人时，实际推动了行刑学、刑法学的发展，在刑事法学的发展道路上留下了浓墨重彩的一笔。实证研究方法也成为犯罪学、刑法学、行刑学的重要研究方法，三者的实证研究成果在一定意义上也是互相通用的，毕竟三者都涉及对于犯罪（人）的研究。这也为多学科的综合研究进一步打开了通道。

三　刑事政策主导下的刑事多学科综合

刑事实证学派的研究在催生了犯罪学、行刑学的同时，也促成了刑事政策学的诞生。[③] 刑事政策学的两位代表人物，德国的弗朗斯·冯·李斯特和法国的马克·安塞尔，立足于刑法学，尝试进行多学科的接触和结合。

最好的社会政策就是最好的刑事政策，李斯特的名言在刑法学界广为传播。李斯特十分强调刑事政策，重视刑事政策在教育改造和保卫社会中的作用；[④] 突破犯罪和刑法学研究的法律框架束缚，主张将犯罪作为一种社会现象研究，他认为，应受处罚的不是行为而是行为人，即刑事责任的

---

① 参见陈志海《行刑理论的多维探究》，北京大学出版社 2008 年版，第 20 页。
② 参见吴宗宪《罪犯改造论——罪犯改造的犯因性差异理论初探》，中国人民公安大学出版社 2007 年版，第 56—57 页。
③ 参见刘仁文主编《刑法学的新发展》，中国社会科学出版社 2014 年版，第 2 页。
④ 参见马克昌主编《近代西方刑法学说史》，中国人民公安大学出版社 2016 年版，第 274 页。

基础在于行为人反社会的危险人格，于此，目的刑论是其刑法理论的核心。一如他的名言，他提出了建立包括刑事政策学、犯罪学、行刑学在内的"整体刑法学"的主张，① 综合各学科研究共同应对犯罪。整体刑法学虽然没有真正打破学科壁垒产生新的学科，但毕竟促进了各学科之间的交流与合作，这种研究思路的提出对刑法学和行刑学的研究和发展起到很大作用，特别是刑事政策的引入，为刑法学和行刑学的进一步互动发展开辟了一条新的坦途。

不同于德国刑法学醉心于犯罪理论体系的精细构建，法国刑法学研究更多地受到刑事政策的影响，逐步偏向了更加实用的刑罚制度的研究和构建，其中核心内容当属行刑制度。② 不得不提的就是马克·安塞尔及其新社会防卫论，该理论奠定了"二战"以后法国刑法学及刑事政策学的基本走向。③ 安塞尔强调联合所有的人文科学对犯罪现象进行多学科综合研究的必要性和重要意义，并将之作为新社会防卫论的理论基石。④ 新社会防卫论实际是在综合以往学说基础上指导刑法改革的刑事政策理论，基于监狱行刑的现实研究，安塞尔主张设立监禁刑的替代措施，包括罚金、半自由刑、公益劳动刑等。⑤ 新社会防卫论主导下的法国刑事立法，是关注行刑效果反过来促进了刑罚制度改革和进步的体现。

刑法学发展到现在，在经历学派之争后，刑法学理论实际发展为一种综合意义的刑法学，比如刑罚论，从报应刑主义到目的刑主义，再到并合主义。各种理论在相互攻诘中，结合社会实践并不断吸收彼此的合理主张为我所用，某种意义上实现了理论的融合，多学科综合更是实用主义之下的必然选择。刑事政策学主导下的刑事多学科综合，实践中有利于打击犯罪、矫正犯罪人，理论上更是实现不同学科之间的互相借鉴和彼此促进。刑法学与行刑学关系的研究正是在多学科综合的实践中，取得了新的进展。

① 参见刘仁文主编《刑法学的新发展》，中国社会科学出版社 2014 年版，第 3 页。
② 参见张亚平《法国刑事执行法》，法律出版社 2014 年版，第 1 页。
③ 同上。
④ 参见刘仁文主编《刑法学的新发展》，中国社会科学出版社 2014 年版，第 4 页。
⑤ 参见张亚平《法国刑事执行法》，法律出版社 2014 年版，第 3 页。

第三节　我国刑法学与行刑学关系研究

一　我国行刑学的起步与发展

古代中国诸法合一，及至清末改制才开始诸法分立，但并没有独立的行刑法或者监狱法一说，行刑问题依然置于刑法之中。需要说明的是，监狱在我国的历史实际很长，但我国现代意义的监狱及其研究起步较晚。国人对于狱制改革的觉悟也是在清末沈家本改制时开始的，即使从那时算起中国的监狱学（行刑学）研究也只有百年。① 至1949年，关于监狱学已有部分研究成果，但多涉及具体监狱事务。

中华人民共和国成立以后，废除了国民党的六法全书，当时行刑制度的一个主要知识来源就是移植苏联行刑法律制度。② 最初的劳动改造制度就是对于苏联劳改营的借鉴和学习，《劳动改造条例》更是充分借鉴了苏联的两部法典，《劳动改造法典》（1924）和《苏俄劳动改造法典》（1933）。随着时代发展，各国交流加深，学界开始对苏联法学进行反思和检讨，刑法学如此，行刑法学亦如此。客观地说在新中国成立之初，百废待兴，苏联的相关法律制度为我国法律创建提供了一个良好的学习样本，为我国法律的建设和发展起到积极作用。当然其亦存在诸多弊端、不足和局限性，这也是事实。20世纪90年代以来，欧美等西方国家先进、文明的行刑观念和理论逐步传入我国，引起重视和关注。1994年12月29日第八届全国人民代表大会常务委员会第十一次会议通过了《监狱法》，学界依托《监狱法》开启监狱理论的研究，并进一步加强国际交流和理论移植。理论移植的深入进行为立法移植和司法移植铺平了道路，我国陆续批准了《联合国囚犯最低限度标准》及《禁止酷刑和其他残忍、不人道或有辱人格的待遇或处罚公约》等联合国刑事司法准则，并于2000年加入了国际矫正与监狱协会，③ 我国行刑工作进入新的发展时期，国际合作不断

① 参见许章润《监狱学》，中国人民公安大学出版社1991年版，第8页。该书中称不足百年是于当时计算而言，清末改制到今天已足百年。
② 参见杨春雷《中国行刑问题研究》，人民出版社2011年版，第170页。
③ 同上书，第173页。

加深。经过数年试点工作，① 社区矫正制度已写入《刑法修正案（八）》，在全国实行。目前，虽然没有一部统一的《刑事执行法》，但关于行刑问题的研究同属刑事执行法学的意见已成共识。所以，就行刑学而言，实际最初是以劳动改造法学进行研究，后来以监狱（法）学正名，再后来内容不断扩充，称为刑事执行法学。②

虽然我国的行刑学实现了从劳动改造法学到监狱（法）学，再到行刑学的发展，但也还存在不少问题，如理论基础薄弱等。

二　刑事一体化视野下刑法学与行刑学的研究

在中华人民共和国第一部《刑法》（1979）运行十年之际（1989），储槐植教授提出了刑事一体化的思想。针对 20 世纪 80 年代出现的犯罪数与刑罚量同步增长的现象，尤其是 1983 年"严打"之后，犯罪率反弹，治安形势严峻，储槐植教授认为走出困境必须建立刑事一体化思想。

刑事一体化的内涵是刑法和刑法运行内外协调，即刑法内部结构合理（横向协调）和刑法运行前后制约（纵向协调）。③ 储槐植教授开始认识到"我国刑法运行只受犯罪情况的制约即单项制约：犯罪→刑罚。这是有缺陷的机制，健全的刑事机制应是双向制约：犯罪情况→刑罚←行刑效果。刑法运行不仅受犯罪情况的制约而且要受到刑罚执行情况的制约"。④ 刑事一体化实际是刑事政策学在中国的进步发展，实际开启了学界对于行刑法学的自觉关注。至 2004 年储槐植教授进一步强调了刑事一体化作为方法，强调"化"，刑法学研究应当与有关刑事学科知识相结合，疏通学科隔阂，彼此促进。⑤ 所以有论者称刑事一体化思想是一场刑事法观念上的变革，是研究方法上的突破。其中对于行刑效果的"向后"的研究，有助于我们充分考量和反思现有刑罚制度，有利于我们对于罪犯的改造和强化刑罚的

---

① 2003 年最高人民法院、最高人民检察院、公安部、司法部《关于开展社区矫正试点工作的通知》，在北京、天津、上海、江苏、浙江和山东 6 个省市进行了社区矫正的试点工作。

② 如前面提到的，笔者在同义上使用刑事执行法学和行刑学。1949 年以后第一本以监狱学为名的专著是许章润的《监狱学》（1991），而第一本《刑事执行法学》则由张绍彦编写，1990 年出版。

③ 参见储槐植《建立刑事一体化思想》，《中外法学》1989 年第 1 期。

④ 同上。

⑤ 参见储槐植《再说刑事一体化》，《法学》2004 年第 3 期。

预防功能。① 同时一体化的研究方法，使我们更全面真实地认识问题及其实质，极具可行性和理论价值。

现在学界已普遍接受了刑事一体化的思想，并将之普遍适用于不同的研究领域，如检察一体化等。张绍彦教授评价储槐植教授首倡的"刑事一体化"是真理性的认识，并认为将之称为"犯罪一体化"或犯罪的一体研究也具有同样的意义。② 张绍彦教授是我国较早关注行刑问题的学者，他基于一体化的思想对于犯罪、刑罚和行刑问题进行了较为深入的研究，③并由之提出了行刑变革等观点。另有学者基于刑事一体化的思路对于行刑社会化进行了较为系统的研究。④

三　我国当前刑法与行刑关系中存在的问题及改进建议

刑法学研究得关注行刑的效果。只有建立科学的行刑机制，才能提高对犯罪人的改造质量，有效减少再犯，实现刑罚特殊的预防功能。从行刑效果反过来检视现行刑罚制度的利弊得失，是促进刑罚改革的一个重要视角。⑤ 监禁刑弊端反思、行刑社会化研究和对西方国家行刑制度的借鉴，催生了我国社区矫正制度——我国于 2003 年开始社区矫正试点工作，2011 年《刑法修正案（八）》将社区矫正纳入刑法，2012 年《社区矫正实施办法》出台，行刑制度不断完善，体现了刑法学后望行刑学，行刑学反哺刑法学的双赢。

同时也要看到我国学界在刑法学与行刑学关系方面研究的不足，学科壁垒隔阂下刑法学自说自话，满足于法律框架内的解释论证，重实体、轻程序，重犯罪、轻刑罚，重量刑、轻行刑，后望行刑学不够。所以有论者称，人们在强调甚至夸大刑罚功能和作用的同时，往往把着力点放在刑罚的制定和裁量或适用上，而对刑罚适用后的行刑活动较少关注。⑥ 当然，这方面的具体实例有很多，具体改进或涉及理念、立法、司法、行刑等方

① 参见刘仁文主编《刑法学的新发展》，中国社会科学出版社 2014 年版，第 8—10 页。
② 参见张绍彦《刑罚实践的发展与完善》，社会科学文献出版社 2013 年版，第 35 页。
③ 张绍彦教授先后出版了《刑罚实现与行刑变革》《刑罚的使命和践行》《刑罚实践的发展与完善》三部专著，对于犯罪、刑罚和行刑问题进行研究，其著作中使用"刑罚实现"的概念，强调刑罚的运行和效果，笔者认为均可以在行刑概念中体现，在此不再展开。
④ 具体参见冯卫国《行刑社会化研究——开放的社会中的刑罚趋向》，北京大学出版社 2003 年版。
⑤ 参见刘仁文《刑法的结构与视野》，北京大学出版社 2010 年版，第 3 页。
⑥ 参见张绍彦《刑罚实践的发展与完善》，社会科学文献出版社 2013 年版，第 41 页。

面，或多措并举，需要具体问题具体分析。限于文章篇幅等，在这里笔者仅以再犯罪防治和刑罚易科两个问题加以分析说明。

（一）再犯罪的防治

1. 再犯罪问题概述

再犯罪，即重新犯罪，是指行为人实施一次犯罪之后再次实施犯罪，期间间隔时间不计，与之对应的概念是初犯。这是完整意义上的再犯罪，但是实践中存在犯罪黑数，[①] 这样的定义实际无法精确统计相关数量。所以，实践中不同论者基于不同的研究视角对于再犯罪作出了不同表述。比如，有的论者认为："重新犯罪是指被处以刑罚处罚或劳动教养的人员在服刑完毕或依法解除劳动教养之后的任何时间再实施犯罪而被处以刑罚处罚的情形。"[②] 有学者表述为："刑满释放或赦免以后，在五年以内再犯应判处刑罚的犯罪是重新犯罪，但原犯为危害国家安全罪的刑罚执行完毕或赦免以后，在任何时候再犯危害国家安全罪的或者五年以内再犯其他普通刑事犯罪而应被判处刑罚的，也是重新犯罪。"[③] 还有学者通过不同情形列举的形式来表述："重新犯罪人员不仅包括累犯，而且包括被重新监禁的人员，重新被定罪的人员，重新被逮捕的人员。"[④] 本书基于讨论行刑效果问题，采用如下界定：再犯罪是指因实施犯罪行为而受到刑罚的人在刑罚执行完毕或者假释考验期限内再一次实施犯罪行为。[⑤]

一般认为，再犯罪是检验行刑效果、检验犯罪人是否改造好的一个重要标准。尽管关于此论断有不同意见，如有人认为不能以是否重新犯罪作为衡量行刑效果的标准，因为监狱的环境和社会的环境是不一样的，衡量罪犯改造好了是基于其在监狱中的表现，至于刑满之后重新犯罪是多种原因造成的，不能因此否定行刑效果。评价犯罪人是否改造好，需要综合改造期间的表现和释放后的表现，犯罪人在行刑期间表现好也是行刑效果的体现。但是不管从什么角度，都不能说罪犯释放以后重新犯罪跟行刑效果

---

① 犯罪黑数，又称犯罪暗数、刑事隐案，是指虽已发生但由于种种原因未予记载的犯罪数量。

② 参见王志强《犯罪易感与社会弱势视角的重新犯罪实证研究》，《中国刑事法杂志》2010 年第 7 期。

③ 参见力康泰、韩玉胜、袁登明《刑满释放人员重新犯罪的原因及预防对策思考——兼论监狱的行刑改革》，《法学家》2000 年第 3 期。

④ 参见翟中东《关于重新犯罪防治政策调整的思考》，《法学家》2009 年第 2 期。

⑤ 参见北京市监狱管理局"重新犯罪"课题组《北京市在押犯重新犯罪情况的调查分析》，《中国司法》2005 年第 6 期。

没有关系。①

这其中实际存在两套评价体系，一套是监狱的评价体系，评价犯罪人在监狱内的表现，表现好就是改造好了；另一套则是社会的评价体系，主要指标是是否重新犯罪，再犯罪就是没改造好。监狱是一个封闭的环境，社会则是开放的环境，监禁刑的基本属性是将罪犯隔离于社会之外，其追求的目标是犯罪人复归社会，这就使得监狱行刑的手段和目标、过程与效果产生了尖锐的矛盾，正如储槐植和王平教授概括的监狱行刑悖论——罪犯监狱化与罪犯再社会化的矛盾。② 再犯罪问题正是监狱行刑矛盾激化的结果，特别在我国依然是自由刑为中心的刑罚体系和结构，自由刑特别是监禁刑的适用率很高，③ 这个问题就更显突出。

2. 再犯罪问题的现状与原因

关于再犯罪问题，目前并没有官方统计数据公布，大多是界定范围不同进行的问卷调查和统计，虽然数据范围不尽相同，但大体能反映我国再犯罪的现状和趋势。2003 年 12 月 31 日，北京市监狱局共有在押犯 15423 名，其中重新犯罪的罪犯为 3426 名，占总数的 20.1%，同期全国在押犯中重新犯罪的罪犯所占比重为 12.86%，该比率称为重新犯罪率；截至 2006 年年底，我国在押的重新犯罪服刑人员有 23 万人，重新犯罪率为 14.8%。④ 另据浙江省监狱管理局统计，2002 年 5 月之前的四年中，浙江省在押的重新犯罪率为 13.87%。截至 2003 年 8 月底，四川涪陵监狱在押犯中的重新犯罪率为 16.23%；河南邓州市看守所在押人员的重新犯罪率为 15%；据辽宁东港市检察院调查 2001—2003 年间该市重新犯罪率为 24%。⑤ 总体可以看出，再犯罪虽然比重不是特别高，但基数大，实际也是一个相当庞大的群体。

---

① 参见陈志海《行刑理论的多维研究》，北京大学出版社 2008 年版，第 94—95 页。
② 参见冯卫国《行刑社会化研究——开放的社会中的刑罚趋向》，北京大学出版社 2003 年版，第 2 页。
③ 最高人民法院有关负责人透露，2009 年全国非监禁刑的适用率达到了 30.89%［中国法学会刑法学研究会 2010 年年会《会议简报》第 1 期（2010 年 9 月 11 日印行）］。也就是说，该年度监禁刑的适用率大约为 69.1%。参见樊文《犯罪控制的惩罚主义及其效果》，《法学研究》2011 年第 3 期。
④ 数据来源北京市监狱管理局"重新犯罪"课题组《北京市在押犯重新犯罪情况的调查分析》，《中国司法》2005 年第 6 期，江伟人《关于监管改造工作首要标准的思考——以上海刑释人员重新犯罪为例》，《中国监狱学刊》2009 年第 3 期。
⑤ 参见杨春雷《中国行刑问题研究》，人民出版社 2011 年版，第 6—7 页。

根据不同论者对于再犯罪原因的实证分析，① 可以总结出再犯罪的原因主要有：社会歧视与不良标签效应、经济困难、回归社会存在障碍和困难、监狱的不良影响（交叉感染）等等，其中既有社会原因，也有监狱责任，还有个人原因。

我国刑法对累犯和毒品再犯规定了从重处罚，其他再犯也是司法中酌定从重量刑情节。司法实践也证明了这种法律适用情况，比如盗窃（数额较大）的再犯被判处了比盗窃初犯两倍高的刑罚，故意伤害、抢劫等犯罪的再犯被判刑期高于初犯近乎三分之一。② 这在逻辑上可以反向推导出的结论是：再次发生犯罪的事实说明前一次科处的刑罚对于实现特殊预防的目的分量是不够的。③ 实际流行的观念也总是这样，针对某种犯罪的数量增长，往往建议通过加大刑罚处罚力度进行应对。面对重新犯罪问题也是如此，比如，有论者便建议修改累犯的规定，将重新犯罪问题纳入累犯规定从重甚至加重处罚。④ 这种针对再犯罪单纯提高刑罚适用，或者监狱加强进行教育改造"严打"的思想，或许短时期会出现重新犯罪率降低的情况，但从长远来看，因并不能实际触及问题核心，其效用不能长远，不能实现防止再犯罪的目的。

3. 再犯罪问题的对策

治罪如治病，刑罚为药，应该找出病根，对症下药，或改变药方，或调整药材，不能盲目加大剂量了事。"吃得药越多，死得就越快；犯人受

① 具体参见北京市监狱管理局"重新犯罪"课题组《北京市在押重新犯罪情况的调查分析》，《中国司法》2005 年第 6 期；王志强《犯罪易感与社会弱势视角的重新犯罪实证研究》，《中国刑事法杂志》2010 年第 7 期；王志强《重新犯罪实证研究》，《中国人民公安大学学报》（社会科学版）2010 年第 5 期；樊文《犯罪控制的惩罚主义及其效果》，《法学研究》2011 年第 3 期。

② 盗窃数额较大的，非累犯人均犯罪金额为 4878.6 元，人均刑期为 11.5 个月，并处罚金额人均为 1680 元；累犯人均犯罪金额为 2795.4 元，人均刑期为 25.7 个月，并处罚金额为 2138.9 元。故意伤害造成轻伤结果的，非累犯人均刑期为 16.8 个月；累犯人均刑期为 24 个月。故意伤害造成重伤结果的，非累犯人均刑期为 61.5 个月；累犯人均刑期为 84 个月。故意伤害造成死亡结果的，非累犯人均刑期为 126.3 个月；累犯人均刑期为 160 个月。普通抢劫，非累犯人均刑期为 52 个月，并处罚金额人均为 3502.3 元；累犯人均刑期为 84.7 个月，并处罚金额为 6444.4 元。加重的抢劫，非累犯人均刑期为 115.1 个月，并处罚金额人均为 9381.8 元；累犯人均刑期为 160.5 个月，并处罚金额为 14666.7 元。参见阮齐林等《北京市朝阳区检察院 1999 年度公诉案件量刑的分析研究》，《政法论坛》（中国政法大学学报）2001 年第 1 期。

③ 参见樊文《犯罪控制的惩罚主义及其效果》，《法学研究》2011 年第 3 期。

④ 参见王志强《重新犯罪实证研究》，《中国人民公安大学学报》（社会科学版）2010 年第 5 期。

处罚越多，就越容易再犯。"① 归根结底，调理为主，治疗为辅。

（1）刑罚结构调整

根据有的实证研究成果，严厉的刑罚与不怎么严厉的刑罚相比，在预防犯罪上并没有明显的差别，而且严厉的刑罚对于行为人会产生不必要的过度痛苦；我国的刑事政策高估了刑法影响人的行为的可能性，刑法保持着在功能化方向的惯性，我国的犯罪控制存在突出的惩罚主义结构特征,② 过度夸大了刑罚的威慑力和预防犯罪效能。

刑罚结构调整是一个重大的系统问题，笔者在此只作略论。我国目前仍为监禁刑为主的刑罚结构，监禁刑除了存在监狱行刑悖论问题之外，交叉感染等问题也备受诟病。社区矫正经过试点后全面推行，刑罚改革应该趁热打铁，不断树立行刑社会化的理念，由长期监禁刑向短期刑过渡，并扩大管制、罚金、缓刑的适用，逐步建立非监禁刑为主的刑罚结构。这正是刑罚发展的现代化和国际化趋势。

（2）监禁刑行刑改进

一个国家的监狱状况反映其国家文明程度。然而监狱作为国家强制力后盾的国家机器，在所有社会制度中也是最保守的，以至于有论者称"监狱乃是研究社会历史文化的绝好样本"③。但是监狱行刑一定要紧跟时代步伐，科学文明进行矫正工作。

一是建立科学的考核评估机制。犯罪人的悔过认罪确实是难以评估量化，但不能以此为由不进行创新，一直延续老办法旧制度。涉及罪犯的减刑假释等问题，要大胆借鉴科学研究成果，勇于尝试和创新。

二是行刑开放化的应用。监狱的封闭并不是绝对的，要积极引入社会力量监督合作。实证研究表明，长期监禁对人心理造成的伤害是巨大的，家庭的温情不仅能够缓解监禁刑的弊端，而且能够促进罪犯改造，应该进行行刑开放化。同时可引用固定电子监控④进行开放化行刑的辅助工具。

三是行刑阶段的合理设置。合理安排不同阶段的行刑任务和重点工作，形成针对性行刑。比如前期注重改造，中期强化职业技能教育学习，尤其注重后期出狱前的再社会化，结合行刑开放化，实行过渡性安排，比

① 参见［德］拉德布鲁赫《法学导论》（修订译本），米健译，商务印书馆 2013 年版，第 131 页。
② 参见樊文《犯罪控制的惩罚主义及其效果》，《法学研究》2011 年第 3 期。
③ 参见邱兴隆、许章润《刑罚学》，中国政法大学出版社 1999 年版，第 322 页。
④ 具体参见刘仁文《刑事一体化下的经济分析》，中国人民公安大学出版社 2007 年版，第 420—441 页，另参见张亚平《法国刑事执行法》，法律出版社 2014 年版，第 238—260 页。

如白天让其外出工作，晚上回监狱报告。①

　　犯罪标签效应的问题和长期以来民众心理有极大关系，也和我国犯罪圈过大有关系，应当区分轻罪重罪，以保安处分的方式进行部分轻罪分流。还有诸如建立出狱人保护制度等，需要进一步探索。

　　（二）刑罚易科之倡导

　　刑罚易科，又称易刑，指判决宣告的刑罚，有时因特殊事由不能执行，或以不执行为宜，而选择其他刑罚作为执行的代替。② 刑罚易科实际在不同刑种之间建立起对等转换关系，是刑罚执行中的一种变通方法，也是符合行刑文明和科学的，但遗憾的是我国刑法中尚没有相关规定，这也反映出了刑罚依然存在的"报应主义"③。

　　根据有关学者研究，我国在革命根据地时期、抗日战争时期，曾经实行过罚金易科制度。比如，晋察冀边区行政委员会规定，游击区判处徒刑的犯人可"易科罚金，并限定其住所，予以监外执行"；在苏中区也有徒刑易科罚金，无力缴纳，再得以服役折算的情况。④ 直至中华人民共和国成立初期，依然有些地区实行该制度。基于当时的社会情况和法律传统，实行罚金易科制度起到了一定的积极作用，比如抗战时期刑罚易科适应了战争时期的动荡形势，在顺利执行刑罚维护正义的同时还有利于团结抗战力量。但是中华人民共和国成立后，最高司法机关以罚金易科是旧罚流毒，是花钱买刑的错误做法为由予以制止，⑤ 此后司法实践中遂废止了罚

---

① 参见刘仁文《刑法的结构与视野》，北京大学出版社 2010 年版，第 4 页。

② 参见陈兴良主编《刑种通论》第二版，中国人民大学出版社 2007 年版，第 276 页。

③ 刑种之间没有替代和换算的余地，刑种和强制措施之间的折抵，没有根据，这些都是"以牙还牙、以眼还眼"的报应主义标志。参见樊文《犯罪控制的惩罚主义及其效果》，《法学研究》2011 年第 3 期。

④ 参见张希坡、韩延龙主编《中国革命法制史》（上册），中国科学出版社 1987 年版，第 502页，转引自陈兴良主编《刑种通论》第二版，中国人民大学出版社 2007 年版，第 277 页。

⑤ 1950 年 11 月 10 日最高人民法院《对辽东、山西省人民法院关于处理烟毒犯应坚决废止专科与易科罚金办法的函复》指出："对烟毒犯专科罚金，或虽非专科罚金而准以罚金易换其已宣告的刑罚，所谓易科罚金，这是沾染了旧法观点，其结果，只有有利于不法分子用钱赎罪，危害社会，站在人民司法的立场，对此应予以坚决反对。我们的审判任务为惩罚犯罪和预防犯罪的目的，必须贯彻人民法治的严肃性。对于烟毒犯应依其具体情况及历史性的根源，分别轻重，处以徒刑或强制劳动，不得适用专科罚金之刑；而于必要时，为了铲除其据以犯罪的资本，得科罚金。对于任何犯罪，也应禁止援引伪六法许以罚金易科赎罚。"1951 年 1 月8 日《最高人民法院华东分院对上海市人民法院关于财产刑使用问题的指示》中，也重申停止使用以罚金抵充徒刑的办法。参见陈兴良主编《刑种通论》第二版，中国人民大学出版社2007 年版，第 276—277 页。

金易科制度，1979 年《刑法》和 1997 年《刑法》也对此予以确认，没有再规定刑罚易科相关制度，此后的历次刑法修正案也没有相关规定。

1. 短期监禁刑易科管制

不同刑种之间如何建立对等转换，是一个刑罚易科的基础问题。我国的刑罚结构为死刑、无期徒刑、有期徒刑、拘役、管制 5 项主刑，罚金、剥夺政治权利、没收财产和驱逐出境 4 种附加刑，是以自由刑为主的刑罚结构。自由刑之间的对等转换实际上是时间长短的计算问题。

我国刑法中死刑缓期二年执行制度实际起到了弥合生刑死刑的作用，其实践运作过程则类似死刑执行过程中易科无期徒刑，只不过刑法中将之规定为减刑。刑法中关于羁押期限折抵问题，实际为不同自由刑的同等转换提供了思路。管制的刑期是先行羁押的，羁押一日折抵刑期二日；[①] 拘役和有期徒刑刑期是先行羁押的，羁押一日折抵刑期一日。[②] 拘役和有期徒刑均为监禁刑，主要是时间上的区别，其之间的易科转换并没有多大意义。管制刑是限制自由刑，根据我国刑法规定，对判处管制的犯罪分子，依法实行社区矫正。

基于监禁刑的弊端和短期监禁刑的改造效果不理想的现实，[③] 可以实行短期监禁刑易科管制。拘役的法定刑期[④]为 1—6 个月，完全可以易科为管制 2—12 个月，当然具体易科情况需要充分考虑受刑人的意见，设立严格的法定程序，进行依法监督。

我国管制的期限一般为三个月以上二年以下，还可以考虑将一年以下有期徒刑的罪犯进行刑罚易科（徒刑一日转为管制二日）。这里的一年以下有期徒刑可以是判处的刑罚，也可以是长期刑经过执行之后的剩余刑期，经过受刑人申请、执行机关审核后报经法院裁定，检察机关进行监督，参考减刑假释的标准和程序。经过易科管制的受刑人依法实行社区矫正，这样也可以实现受刑人的再社会化。当然这样的建议同时需要有社区

---

① 参见我国《刑法》第 41 条。

② 参见我国《刑法》第 44、47 条。

③ 短期自由刑的存废问题一直是学界争论的议题，其中主要是针对短期自由刑的弊端。有论者研究短期自由刑的弊端主要体现在关押的时间太短、惩罚功能太弱、司法资源不足，不足以达到预防犯罪的目的；没有严格的分类管教制度，容易形成交叉感染；影响犯罪人的心理，形成心理疾病，犯罪人容易自暴自弃；给犯罪人的生活、家庭带来压力，使其难以回归社会。参见杨宏《论短期自由刑易科非监禁刑化》，《湖北警官学院学报》2014 年第 6 期。

④ 即《刑法》第 42 条规定的拘役的刑期，不包括《刑法》第 69 条规定的数罪并罚的情况。

矫正执行机关相关资源配置到位。

2. 罚金易科管制

自由刑之间的转换障碍并不大，财产刑和自由刑之间的易科转换才真正存在困难。上文中提到的花钱买刑即是公正性质疑之一，自由和金钱之间如何实现等值转换则是最大的障碍。罚金易科可以分为罚金易科监禁刑和罚金易科非监禁刑，在此仅讨论罚金易科管制。①

根据有关方面统计，我国当前罚金案件的执结率低于1%，中止执行率则达90%。② 罚金执行难问题可见一斑。相关司法解释规定，在判处罚金的时候应该考虑被告人的经济状况。③ 应当如何考虑本就是问题，形式审查还是实质审查？增加了审判成本不说，还存在失实的情况。另外，我国刑法中部分法条规定了"并处罚金"④，这种情况下实际无论考不考查被告人的经济情况，均应判处并处罚金。为了解决执行难的问题，提前收缴等措施也是无奈之举，但实际却是违法的，也不符合罚金的设定目的。罚金执行难问题，不仅导致有限的刑事司法资源的极大浪费，刑事判决的有效性和严肃性也因此打了折扣。⑤

对于罚金易科管制应当严格限定于经济条件不能或不足以支付罚金的情况，对于有经济能力拒绝支付罚金的情况，直接适用强制执行的规定即可。另外还有拒不执行判决裁定罪作为后盾和保障。⑥

《国家赔偿法》中规定对公民自由侵犯的情况是通过期限折算赔偿金的方式进行赔偿的。可见金钱和自由的折算在公法中是可以适用的，当然这只是提供了一种参考性意见。我国刑法中罚金作为附加刑的一种，可以附加适用，也可以独立适用。刑法中一些条款规定了单处罚金的情况，并实际与管制等一起规定作为选择刑种，比如《刑法》第309、312条⑦等规

---

① 刑罚易科问题本就是不同刑罚之间的易科，基于我国的刑罚设置，自由刑中的非监禁刑就是管制，所以直接称为罚金易科管制。

② 参见徐容、夏苗《浅论罚金刑易科制度》，《法制与社会》2008年第5期。

③ 参见最高人民法院《关于适用财产若干问题的规定》（2000年11月15日）第1条规定。

④ 比如《刑法》第274、280、359、360条等。

⑤ 参见樊文《犯罪控制的惩罚主义及其效果》，《法学研究》2011年第3期。

⑥ 这种情况下则是另一个犯罪问题，并不是刑罚易科的结果。

⑦ 《刑法》第309条规定，有下列扰乱法庭秩序情形之一的，处三年以下有期徒刑、拘役、管制或者罚金。第312条规定，明知是犯罪所得及其产生的收益而予以窝藏、转移、收购、代为销售或者以其他方法掩饰、隐瞒的，处三年以下有期徒刑、拘役或者管制，并处或者单处罚金；情节严重的，处三年以上七年以下有期徒刑，并处罚金。

定，实际为管制与罚金的易科转换提供了思路和适用的可能。当然，没有规定单处罚金的罪名是否能适用罚金易科，笔者持肯定意见，具体可参照有单处罚金规定罪名的量刑标准进行换算。罚金易科管制后，依法进行社区矫正。罚金易科管制应该遵循管制的期限规定，[①] 多出来的罚金应当予以执行，可以根据受刑人工作情况实行日罚金制。其余折抵管制刑期的部分不再执行，即不再继续缴纳罚金，只执行管制即可，否则涉及多执行刑罚的问题。

罚金易科管制制度实际是针对罚金执行难的一种变通方式，但其不仅可以缓解罚金执行难问题，同时也没有违背罚金刑的设立目的。实际上刑罚易科扩大了管制的适用范围，对于我国刑罚结构的调整具有导向意义。至于其他国家及我国香港等地实行的罚金易科服务刑等做法可以作为我国刑罚易科的第二步发展方向，在我国刑法尤其是刑罚改革调整设置了相应的社区服务刑之后可以予以适用，这是后话。

值得注意的是罚金易科管制并不是受刑人可以随意申请，而应当是先执行罚金，经济条件确实不允许的情况下才能进行易科，具体审查由罚金执行机关负责，并提交审判机关予以裁定。刑罚易科应当以一次为限，不得回溯，不得再次易科。

行刑是对于刑罚的执行，是对受刑人的改造与矫正（死刑除外），最终的目的是实现受刑人从犯罪人到正常人的转变。刑罚执行中，惩罚只是手段并不是目的。行刑学的研究成果实际对于更准确认识犯罪、认识人、反思刑罚具有极为重要的意义，促进刑法学研究的发展，在此基础上势必对于刑法的改进产生重要作用。行刑效果是对刑法运行的检验，所以刑法学研究必须关注行刑学的研究成果，而不能固守规范研究范围。行刑学的研究通过立法、司法、刑事政策以及学术研究对于刑法的改进和完善产生重要影响。同时，也只有实现两学科之间的良性互动才能促进刑事学科的科学发展，实现共赢。

---

① 即一般为三个月以上二年以下。

第二编
左看右盼：左看刑事诉讼法
右盼其他部门法

第三章　刑法与刑事诉讼法

第一节　刑法与刑事诉讼法的关系

一　刑法与刑事诉讼法的含义

刑法是规定什么行为是犯罪以及犯罪行为应负何种刑事责任的法律规范。刑法有广义与狭义之分。"广义的刑法是指一切犯罪、刑事责任和刑罚的法律规范总和。它不仅指刑法典，还包括单行刑法以及非刑事法律中的刑事责任条款（也称附属刑法）。狭义刑法即指系统规定犯罪、刑事责任和刑罚的刑法典。"①

刑事诉讼法是调整刑事诉讼活动的法律规范。刑事诉讼法的外延可以分为大、中、小三个范围，即三个不同的概念集合。最大范围的刑事诉讼法是指从立案开始，到执行结束的一切有关刑事诉讼活动的法律规范。大陆法系一般采用这种观点。例如，《德国刑事诉讼法》认为广义的刑事诉讼可分为三个阶段；第一阶段是狭义的刑事诉讼即审判过程，第二阶段是一般性对判决执行的监督即狭义的刑罚执行；第三阶段是自由刑的执行即以个案方式进行的执行。与这三个阶段相配合的法律即狭义的刑事诉讼法、刑罚执行法和自由刑之执行法。② 我国学界的通说也基本是采用最大范围的广义的刑事诉讼概念。中等范围的刑事诉讼法是指从侦查程序到审判程序中有关刑事诉讼活动的法律规范。最小范围的刑事诉讼法则仅指涉及刑事审判程序的法律规范，这一概念主要流行于英美法系国家。③

---

① 高铭暄、马克昌主编：《刑法学》，北京大学出版社2011年版，第7页。
② 参见［德］克劳斯·罗科信《刑事诉讼法》，吴丽琪译，法律出版社2003年版，第7页。
③ 参见龙宗智、杨建广主编《刑事诉讼法》第三版，高等教育出版社2010年版，第10页。

　　英美法系国家通常将刑法与刑事诉讼法视为一个不可分割的整体，其刑法与刑事诉讼法之间具有紧密联系并相互照应的独特关系。英国刑法理论认为，从实体上界定"罪行"的性质比较困难，因为对罪行的概念进行界定时必然面临着某一行为在法律上是否属于犯罪已经发生变化，而对罪行的抽象的定义并没有随之变化的困境。例如，"直到 1961 年 8 月 3 日之前，自杀是一项罪行，但是自从 1961 年 8 月 3 日以后，根据《1961 年自杀法》，自杀却变成了完全合法的了。年满二十一周岁的男性之间秘密发生的同性恋行为在 1967 年 7 月 21 日之前构成犯罪，而根据《1967 年性犯罪法》，这样的行为是可允许的"。[①] 也就是说，犯罪行为的本质不会在一夕之间改变，因而用于界定犯罪行为性质的定义或概念应体现犯罪的特性，保持一定的稳定性，但犯罪的范围和界限会受刑法（规定什么是犯罪行为的法律）规范的影响，导致某种行为的法律的性质在一夕之间发生改变。因此，英美国家的学者以及法官选择从实施该行为而引起诉讼程序的性质给刑法上的犯罪下定义。"如果我们试图根据诉讼程序定义罪行，那么，我们不应该根据诉讼法中的一个条目——即赦免处罚的权力——来定义罪行，而应该根据整个诉讼法来定义罪行。如果一个法院需要决定某一为国会所禁止的具体行为是否是罪行，作为一个指导，它可以视情况而定或者参考法令所规定的任何只存在于民事诉讼中的因素，或者参考法令中所规定的只存在于刑事诉讼中的因素。罪行是：一种能够继之以刑事诉讼并具有作为这些诉讼程序的必然结果中的一种结果的行为。"[②] 以刑事诉讼的视角界定刑法当中的概念，在对刑法实体概念的阐释中蕴含程序的维度，成为英美法系刑法的一个特点，这与其刑事诉讼的宪法化背景以及崇尚正当程序、注重法律的实用功能的法律传统具有直接的关系。

　　在大陆法系，刑法与刑事诉讼法从历史渊源到近现代一些重要理论发展当中，相互之间均具有密切的关联。刑法中的一些重要概念经历了一个从诉讼法意义上的概念向实体法意义上概念的转变过程。以犯罪的构成要件为例，小野清一郎指出，"构成要件的理论机能，不仅在刑法内部，而且在刑事诉讼法领域，也有着涉及理论体系问题的重要意义"。[③] 他在考察

---

① ［英］J. C. 史密斯、B. 霍根：《英国刑法》，李贵方等译，法律出版社 2000 年版，第 21 页。
② 同上书，第 26 页。
③ ［日］小野清一郎：《犯罪构成要件理论》，王泰译，中国人民公安大学出版社 1991 年版，第 2 页。

这一概念的历史沿革中指出，构成要件（Corpus delicti）的概念在传到德国时，仍是在诉讼法上的概念，它的意义主要是用于证明客观犯罪事实的存在。后来传到英美法中并保持了持久的生命力，直到现在，在有关口供、辅助证据方面仍然沿用着这一概念。在德国，直到斯求贝尔和费尔巴哈之后，才转变为带有实体法意义的概念。可见，犯罪构成要件概念的发展演变，经历了一个从诉讼法走向实体法，从形式概念向实质概念的转变过程，这也表明，不论是追根溯源还是面向当下，刑事诉讼法对于深化并推动刑法理论的发展都具有不可磨灭的意义。

同样，刑法理论的发展对于刑事诉讼的发展和刑事司法活动也产生了深刻的影响。以当代刑法的核心理论"法益"理论为例，虽然其实质性概念中并没有诉讼法上的因素，是一个具有认定犯罪本质属性功能的实体法上的概念。但是，法益理论同样对刑事诉讼具有非常重要的实践意义。正如有观点指出的："法益理论一方面向刑事司法机构提出了认定犯罪的实质界限，即没有法益侵害就没有犯罪；另一方面也向司法者划定了认定犯罪的基本步骤：对于刑事违法行为，不能到规范以外去寻找它构成犯罪的实质根据；而只能在首先确定该行为形式上刑事违法后，才能在规范内去证明它侵害了立法者所要保护的现实利益内容。这两个基本步骤是犯罪理论结构的基本点，既不能颠倒，更不能省略"。[1] 法益概念的提出在19世纪初，其理论体系的发展和成熟，对摒弃纠问式刑事诉讼制度，确立并发展辩论式的现代刑事诉讼制度具有一定的指导性意义，具有防止司法权专横和滥用，限定刑事司法定罪的范围、规范刑事司法权的运作都具有实质性的保障。

在法学体系中，以刑法为研究对象的刑法学属于基础法学、部门法学和应用法学，是研究犯罪、刑事责任及其刑罚的一般规律，并对刑事立法和刑事司法进行理论抽象的科学。[2] 在最广义的刑法学体系中，刑法与刑事诉讼共同被纳入刑事法学的范畴，因此两者之间产生了交集。有学者主张，"最广义的刑法学（可谓刑事法学）是研究有关犯罪及其法律后果（主要是刑罚）的一切问题的学科，其研究对象包括实体的刑法规范、犯罪原因与对策、刑事诉讼程序、刑罚的执行等内容。广义的刑法学，是指

---

① 李海东：《刑法原理入门（犯罪论基础）》，法律出版社1998年版，第13页。
② 参见屈学武《刑法总论》，中国社会科学出版社2015年版，第7页。

解释现行刑法（刑法解释学）、阐述刑法规范的哲学基础（刑法哲学或理论刑法学）、研究刑法历史（刑法史学）、比较不同刑法（比较刑法学）的学科。狭义的刑法学，仅指刑法解释学"。[①] 这表明，刑事诉讼法是最广义的刑法学概念中的应有之义，在刑事法体系内部，刑法学的研究与刑事诉讼法学之间需要双向互动，面对刑法当中遇到的一些困惑，结合刑法的运行环境，增加刑事诉讼的视角和维度来思考，将更有利于视野的开阔和研究方法的多元，从而促进问题的解决。

二 刑法与刑事诉讼法的异同

刑法与刑事诉讼法之间是一种区别之中有联系、联系之中有区别的相互关系。为揭开两者之间错综复杂的关系面纱，笔者从两者之间的相同点与不同点切入。

（一）刑法与刑事诉讼法的共同之处

1. 在性质上同为公法

刑法与刑事诉讼法均属于公法，以维护社会整体的利益或公共利益为本；均以国家公权力为其实施的保障；在法律规范方面均以强制性规范为主；在法律效力上是具有绝对适用效力的强行法而非允许个人任意选择的任意法。刑法所规范的是具有严重社会危害性的犯罪行为，犯罪在本质上是一种对全体社会秩序的危害，也是对社会公民整体利益的危害，而公法正是保护社会整体利益或公共利益的法。公法以调整或配置公权力，维护国家或公共利益为目的法律，公法也调整公权力与私权利之间的关系，也就是说，公法所调整的领域不限于公权力，已经延伸到了私权利的层面。调整公权力与私权利关系的公法中，一方主体是国家，另一方主体一般是与国家主体不平等的，具有隶属或服从关系的主体。刑法是国家制定并动用刑罚强制保障实施的法律规范，以强制性规范为主的特点体现了其公法的属性。"刑法以规定国家对犯罪者之刑罚权为内容，其所涉者，乃国家与人民间之法律关系，并具权力服从性质，故属于公法范畴。又因国家刑罚权系直接以社会伦理价值观念为运用之准据，故刑法在公法体系中最富伦理性格，国家赖此始可彰是非之公，匡正人们生活而维正义。"[②] 犯罪人

---

① 张明楷：《刑法学》第四版，法律出版社2011年版，第19页。
② 韩忠谟：《刑法原理》，北京大学出版社2009年版，第8页。

承担刑事责任的主要方式是接受刑罚惩罚，而刑罚则是一柄双刃剑，既具有惩罚犯罪、维护社会安定与法秩序的有效性；也具有剥夺犯罪人财产、自由甚至生命的极其严厉性，如果对无辜者错误适用刑罚，将对其造成难以弥补的巨大损害，也会动摇社会公众对国家法治的信赖。因此，国家需要在动用刑罚与限制刑罚扩张适用之间做到平衡，在能够采用刑罚之外的其他手段维护社会秩序时，尽量放弃适用刑罚，避免刑罚用之不当对无辜者造成侵害。

为了使刑法规范能够在犯罪发生时得以适用，必须设置一套法律规范对其进行活用，用以对行为是否构成犯罪加以识别和确认并对犯罪人加以处罚。自国家禁止私用刑罚以来，现代国家的刑罚权就只有代表国家的专门职权机构才能行使，国家将行使刑罚权、发现事实真相并依法作出裁判的任务均强制性地附属在刑事诉讼法当中，因此，刑事诉讼法成为以国家刑罚权的实现方式和运行程序为主要内容的法律规范，负有保障刑法实施的重要任务，因而也具有了公法的属性。"刑事诉讼法是全部诉讼法之一部分（即形式法，formelles Recht），也因而具有公法性质。"[1] 国家允许职权机构在刑事诉讼中采用拘留、逮捕等强制性手段来保障刑法的实施，由此，国家职权机构拥有强大的国家刑罚权，对个人自由与安全具有非常重要的影响作用，尤其是可能会对涉嫌犯罪但实为无辜者的个人构成潜在的危险。

2. 在内容上同属刑事法

在刑事法与民事法的分类中，刑法和刑事诉讼法同属刑事法，是刑事法的有机组成部分。随着社会的发展，刑事法在不断演变之中日益得到丰富和充实。在英美法系国家，刑事法律体系由刑法、刑事程序法与刑事证据法组成；大陆法系国家的刑事法律体系主要包括刑事实体法、刑事程序法（包括刑事证据法）和刑事执行法。在我国，"刑法、刑事诉讼法、监狱法分属实体、程序、执行三大领域，构成了我国的刑事法整体，三者之间本应既密切联系又相互区别"[2]，"举凡与犯罪有关的法律及相关学科，都可以纳入刑事法的范畴"。[3] 可见，刑事法是刑法与刑事诉讼法的上位概

---

① ［德］克劳斯·罗科信：《刑事诉讼法》，吴丽琪译，法律出版社 2003 年版，第 8 页。
② 曲新久：《刑法学》，中国政法大学出版社 2009 年版，第 4 页。
③ 陈兴良主编：《刑事法评论》第一卷，中国政法大学出版社 1997 年版，"卷首语"。

念，相互之间共同的联系在于都与犯罪有关，共同调整着与犯罪行为相关的各种法律关系，共同发挥惩治犯罪的功能。正如清朝末年的沈家本曾说："法律一道，因时制宜，大致以刑法为体，以诉讼法为用，体不完无以标立法之宗旨，用不备无以收行法之实功。二者相因，不容偏废。"① 刑法与刑事诉讼法是刑事法律规范体系内的有机组成部分，从不同的角度共同保障着刑事法治的运作与实施。其中，刑法主要是从静态角度规范什么是犯罪以及如何承担刑事责任；刑事诉讼法则是从动态的角度规范如何追究犯罪以及判处刑事责任，并为刑法的实施提供着系统化的运作机制确保公正与效率。包括为追究犯罪设置侦查、起诉、审判和执行机构；为保障定罪量刑的正确设置相应的诉讼构造、审判体系、救济机制等；为保障及时追究犯罪设置诉讼时效、诉讼期间等效率机制。

　　3. 在本质上因犯罪而连接、具有相同的目的

　　犯罪是联系刑法和刑事诉讼法的根源，刑事诉讼程序因犯罪而发动，以国家对犯罪人行使刑罚权而结束。"犯罪是人们的一种作为或不作为，这种作为或不作为的本身或其后果被认为是有害的，并且是国家所禁止的，它使行为人应受到普通法（习惯法）或成文法（制定法）的某种惩罚。这种惩罚通常是以国家的名义进行的诉讼的结果。这些诉讼旨在确定行为人应负的责任的性质、程度及其法律后果。"② 刑法与刑事诉讼法的根本目的都在于通过行使刑罚权，维护法治秩序并保障社会安定。对于惩处犯罪、维护国家和社会秩序来说，刑法和刑事诉讼法都不可或缺，均具有恢复受犯罪侵害的法秩序、维护社会稳定的功能。刑法与刑事诉讼法的直接目的也具有相似性。刑法的直接目的是确认犯罪并科处刑罚；而刑事诉讼法的直接目的是准确、及时地查明案件事实真相以确保适用刑法的实体事实的正确性。因此，"刑法与刑事诉讼法实质上是一种直接配套的关系。在刑事诉讼中，两者同等重要，密不可分，互相协同，都以惩罚犯罪、保护公民合法权益、维护社会秩序为目的"。③ 维护法治秩序、惩罚犯罪是刑事法的共同目的，两者前进的方向是一致的，共同致力于刑事法所维护的和平以及安定社会秩序的恢复。当某项行为损害和平、安定的社会秩序或

① 王新清等：《刑事诉讼法》，中国人民大学出版社 2014 年版，第 5 页。
② 欧阳涛等：《英美刑法事诉讼法概论》，中国社会科学出版社 1984 年版，第 25 页。
③ 龙宗智、杨建广主编：《刑事诉讼法》第三版，高等教育出版社 2010 年版，第 11 页。

者具有损害社会秩序的危险时，由刑法来界定其行为的危害性或危险性；刑事诉讼法则旨在得到尽可能符合"实质的"（实体的）结果，通过对行为的程序性确认来维护社会秩序。同时，刑事诉讼程序对于真相的探求必须是遵循法治和司法程序有关保护人权的要求下进行的活动，并非不择手段、不惜任何代价地探求真相；是在尊重所有诉讼参与人诉讼权利的基础上所进行的活动。因此，刑法与刑事诉讼法的共同目的在于对正义的追求、对法所维系的安定社会秩序的追求，对人类尊严维护的追求。

刑法通过设立定罪量刑的标准，即明确规定什么行为是犯罪以及犯罪应该承担何种刑事责任等实体性问题来实现这一目的。刑法所设立的标准也成为全体社会成员必须共同遵守的行为准则，对违反准则的行为，刑法将发挥其否定性评价的作用，由司法机关对违反准则者科以刑罚或科处其他制裁方法。刑法具有制约国家公权力、保障人权的使命，既保护普通守法公民，凡未触犯刑法者都不受刑法评价，国家不得使用公权力侵犯其人身自由或财产；刑法也保障罪犯不受未经刑法规定的处罚，国家不得对罪犯施加刑法范围之外的、没有明文规定的违反人道的刑罚。刑事诉讼的主要目的更侧重于保障人权。刑事诉讼中，国家一方面动用强大的国家机器，发动警察和司法机关寻找犯罪事实真相，通过对犯罪的惩罚来修复被破坏的社会秩序。刑事诉讼法致力于解决的案件纠纷，是以实体真实主义为前提，所以与民事诉讼法中的解决民事纠纷前提迥异。另一方面，由于刑事诉讼涉及国家刑罚权的实现，不仅影响全体社会公民的利益，也涉及犯罪嫌疑人、被告人等诉讼参与人合法权利的保护，因而，现代刑事诉讼法除了作为实现刑法程序的法律之外，更强调通过正当程序解决刑事案件、保障人权的重要性。为了避免国家机构在行使刑罚权的过程中滥用权力，必须规范权力运行的方式和方法，刑事诉讼法要求司法机关必须通过正当的司法程序、合乎要求地动用刑罚权，以确保刑事诉讼当事人和诉讼参与人的诉讼权利不受侵害和压缩。所以，保障人权同样是刑事诉讼法的重要目的，这与刑法具有共同性，区别只是侧重点有所不同。

（二）刑法与刑事诉讼法的不同之处

1. 调整对象与制裁手段不同

法的调整对象是区分不同部门法的主要标准，是法律规范所调整的具体的社会关系。刑法与刑事诉讼法的调整对象存在着明显的差别。刑法所调整的是因犯罪而产生的社会关系，也就是"罪与刑"，罪是指刑法界定什么行为是犯罪，刑是指犯罪行为人所应承担的刑事责任。刑法主要用于判断一种过去已经发生的事实（犯罪行为）关系是否需要在将来运用刑事审判来处理，如果需要，则为其提供应该如何评价并处理这种过去已经发生的事实关系的基准以及处断方式。由于刑法具有保障其他部门法作用，因此刑法的调整范围非常广泛，调整的大多是违反其他部门法，而该部门法又无力制裁的违法行为。刑事诉讼则是一种将过去已经发生的事实与将要进行的刑事审判连接在一起的活动，调整的是国家职权机构之间的权力分工关系以及职权机构与诉讼参与人之间的诉讼关系，以侦查、起诉、审判以及执行机构之间的权力分工和权力配置、诉讼参与人权利的行使和保障等为主要内容。

刑法与刑事诉讼法的制裁手段不相同。刑法以刑罚为主要的制裁方法。刑罚以剥夺犯罪人的自由、财产、政治权利乃至生命等基本权利为特征，具有惩罚性和主体对应性，即通过对特定行为人的具体行为进行肯定性或否定性的评价实现对其违法的惩罚。刑事诉讼法则以消极性地否定其程序的效果为主要的制裁方式。行为违反刑事诉讼法的主要后果是一种程序性的法律后果，不具有惩罚性，也可以不针对特定的主体。例如，对于违反刑事诉讼法非法收集的证据材料，其制裁的方式主要是不予采纳证据材料。否定程序的效果并不像刑罚那样具有强烈的惩罚意义，其后果也主要表现为程序的重新开启或截断。

2. 实体与程序、内容与形式之别

在法的分类中，根据法的内容不同，可以划分为实体法和程序法。在这种分类中，刑法属于实体法，刑事诉讼法则属于程序法。大体来说，凡是规定法律权利、义务的实体法律规范是实体法，规定实现法律权利、义务手段的程序法律规范的是程序法。

在英美法的概念中，实体法（substantive law）是指"创设或定义权利、义务、责任以及可以被强制执行的行为的法律"。[①] 程序法则有两种名称，其中，"adjective law"是指"法律体系中规定有关证据、起诉或司法实践的程序性规则的部分"[②]；"procedure law"指"规定通过司法途径使

---

① 《韦氏法律词典》，中国法制出版社 2014 年版，第 474 页。

② adjective law 指据以执行实体法的法律，此词由英国法学家边沁首先使用，其含义和范围与诉讼法（procedure law）相同，主要见于法学著作中。《韦氏法律词典》，中国法制出版社 2014 年版，第 12 页。

权利或义务得到实现应遵循的步骤和手续的法律，区别于规定具体的权利和义务本身的实体法"。[①] 英美法系国家的刑法往往将刑事程序和刑事证据法包含在刑法之内；在大陆法系，刑法属于实体法，与刑事程序法和刑事执行法属于各自较为独立的法律体系。刑法与刑事诉讼法虽然都具有维护社会秩序、保障社会安定的目的，但就其内容而言，刑法规定犯罪、犯罪人的刑事责任及刑罚，以确定罪与责的基准为目标，应归入实体法的类型当中；而刑事诉讼法规定追究犯罪及科处刑罚的具体方式和方法，以实施罪与责的刑法规范为主要目的，应当归入程序法的类型。

在我国，各种法理学教材有关实体法与程序法的定义大体相似，"实体法是规定法律关系主体之间的权利与义务关系、职责与职权关系的法律；程序法是规定保证实体权利与义务、职责与职权得以实现的方式和手段的法律"。[②] 基于此，人们普遍认为刑法与刑事诉讼法之间的主要区别就是"内容与形式"的差别。林东茂教授指出："有一种法律，它规定了何种行为该被干涉，叫做实体法；另一种法律，它规定如何干涉这类行为，叫做程序法。"[③] 以此观点审视刑法与刑事诉讼法，刑法就是告诉人们"什么是犯罪"；刑事诉讼法则告诉人们"怎么追究犯罪"。尽管刑事诉讼法的独立地位和程序价值已经获得了广泛的认可，但不可否认的是，刑法与刑事诉讼法之间"内容与形式"或者说"目的与手段"的关系是客观存在的。从根本上说，刑法界定犯罪与刑罚之实，刑事诉讼法是界定处理刑事案件的职能部门之间职权分工及管辖权限；追诉、核查及审判犯罪的方式与程序，因而制定刑事诉讼法的主要目的是以法律所认可的合法方式、方法、步骤来实施刑法的具体内容。

刑法是调整行为的准则，以禁止性、命令性规范为主。"刑法是禁止（杀人、抢劫、盗窃……）、命令（抚养子女和赡养父母执行法院裁决、依法作证……）、允许（正当防卫、紧急避险、正当冒险……）人们做出一定行为的法律规范的总和。"[④] 刑事诉讼法既规定追究犯罪、证据调查以及刑事审判的具体程序和运行模式，也规定诉讼参与人提起自诉、提出辩护、提出上诉、再审等救济的途径与方式，主要规定刑事诉讼中各种活动

[①]　薛波主编：《元照英美法词典》，北京大学出版社 2014 年版，第 1099 页。

[②]　付子堂：《法理学初阶》，法律出版社 2005 年版，第 160 页。

[③]　林东茂：《一个知识论上的刑法学思考》，中国人民大学出版社 2009 年版，第 183 页。

[④]　曲新久：《刑法学》，中国政法大学出版社 2009 年版，第 3 页。

应遵循的程序性规则。例如，我国刑法规定了五种主刑和三种附加刑，而《刑事诉讼法》第四编"执行"中则规定了无罪、免除刑事处罚的执行；死刑、死缓、无期徒刑、有期徒刑和拘役等主刑的执行主体、执行方法；剥夺政治权利、没收财产、罚金等附加刑的执行等内容。可见，刑法规定了各种刑罚的内容，而刑事诉讼法与之一一对应，确立实施各种刑罚的形式和方法。

需要注意的是，实体法与程序法的划分具有一定的相对性，存在着无法完全区分的模糊地带，不能认为只有实体法中才能规定权利和义务，程序法中也同样涉及权利与义务的相关内容。就现代各国的刑事诉讼法而言，其中有关诉讼主体的诉讼权利与诉讼义务、职权机关的诉讼职权与职责等方面的规定也越来越详尽，有关权力与权利的平衡及配置；诉讼主体人身、财产、自由等实体权益的保护与实现的内容均具有一定的实体性意义。因此，"刑事实体法是规定国家与个人之间，在刑事法律关系运转结束后的权利与义务、权力与职责关系的法律；刑事程序法则是规定国家与个人之间，在刑事诉讼关系运转过程中的权利与义务、权力与职责关系的法律"[1]，从法律关系运转过程与结束这种动态的角度来分析，更有助于理解实体法与程序法中的权利与义务的关系。

同样，对刑法与刑事诉讼法关系的认识也不能陷入"内容决定形式"的简单认识和判断。形式虽然依赖内容而存在并服务于内容，但这并不意味着刑事诉讼法作为"形式"或"手段"的价值仅止于此。就现代刑事诉讼法而言，其自身所具有的独立品格的价值或意义远远大于其形式价值。"在现代社会里，没有刑法就不存在犯罪及刑罚（罪刑法定主义）。刑法是衡量某一行为是否构成犯罪、应否处罚及如何处罚的标准或依据。失去刑法就不知道什么是犯罪，惩罚什么。刑事诉讼法也就会无的放矢，徒具形式，同样，没有法定的程序就不能进行刑罚（程序法定主义）。刑事诉讼法是具体揭露、证实、惩罚犯罪的司法程序和国家司法机关及诉讼参与人职责、权利和义务分配的准绳，失去这一实现手段，定罪量刑就成了无本之木、无源之水。"[2] 刑事诉讼法虽然是其实现刑法实体规范的手段和形式，但与刑法相互依存、相互配合，并不从属于刑法，是具有独立价值的

---

[1]　王将军：《刑事实体法与程序法的关系探讨》，《湖北警官学院学报》2013 年第 1 期。
[2]　龙宗智、杨建广主编：《刑事诉讼法》第三版，高等教育出版社 2010 年版，第 11 页。

部门法，刑事诉讼法的存在具有以其程序正义促进实体正义、以其程序法定巩固罪刑法定、保障人权的重要意义。①

3. 静态、抽象性法律规范与动态、具体性法律规范的区别

贝尔纳·布洛克认为，"刑法，本质上是一种'裁判法'，原则上，只有通过一场'诉讼'，并且只有在经过一场诉讼之后，刑法才能得到适用"。② 刑法在属性上是一种静态的、抽象性的法律规范，刑法的适用以刑事诉讼活动的启动和运转为必要条件，需要依赖具有动态性、具体性的刑事诉讼法的协助，才能适用于刑事案件中特定的犯罪行为与犯罪人。即使有人自愿接受刑罚处罚，仍然需要对其发动一场刑事诉讼程序。"刑法条文总是表现为一般的规范命题，其具体内容必须通过一个个具体案件的处理才能显示出来。一般规范命题在每一个具体案件里表现为什么样的内容、怎样表现，在相当大的程度上依存于刑事诉讼程序与刑事诉讼法的样式。换言之，刑法的内容往往不是事先被确定了的不变的价值，而必须通过刑事诉讼程序的进行在一般规范命题框架内逐渐形成。只有在积累了相当数量的具体案件处理经验之后，才能说刑法的某项条文具有什么样的内容。"③ 刑法在被运用于司法实践中的具体刑事案件之前，仅仅是纸面上的、文本上的行为规范，刑法规范的实际功能和作用只能体现在具体的刑事诉讼活动之中，同一条刑法规范可以在不同的刑事诉讼程序下适用于不特定的刑事案件；不同的刑法规范也可以在相同的刑事诉讼程序下适用于特定的刑事案件。刑法规范所赖以运行的刑事诉讼程序对其内容实施的效果具有很大的影响和制约。科学合理的刑事诉讼程序能够使刑法规范的效用与功能得到充分地释放，也能够弥补刑法规范的不足和漏洞，甚至创造新的刑法规范；反之，欠缺科学性、合理性或经济性的刑事诉讼程序将无法有效发挥刑法规范的实际功能，甚至妨碍刑法规范的适用。刑事诉讼法构建了一个动态运行的程序，使抽象的刑法规范由此走向实践，运用于具体的案件事实，发挥对行为进行价值评价的作用。任何刑法的实际运用都

---

① 刑事诉讼法的独立价值和意义表现在刑事诉讼中审判公开制度、辩护制度、证据裁判制度、证明标准等规定，具有制约国家机构滥用权力、保障人权的独特的限权作用，是国家民主、法治发展的重要体现。

② ［法］贝尔纳·布洛克：《法国刑事诉讼法》，罗结珍译，中国政法大学出版社 2009 年版，第 4 页。

③ 汪建成：《刑法与刑事诉讼法新解》，《诉讼法论丛》第 3 卷，法律出版社 1999 年版，第 35 页。

是特定主体遵循既定的刑事诉讼程序对具体行为进行适法性认定的活动，因而刑事诉讼法相对于刑法而言是动态的、具体的法律规范。黑格尔说："理论的东西本质上包含于实践的东西之中。人不可能没有意志而进行理论的活动或思维，因为在思维时他就在活动。被思考的东西的内容固然具有存在的东西的形式，但是这种存在的东西是通过中介的，即通过我们的活动而被设定。"① 刑法在创设时一般秉持理论的态度，每一个犯罪的界定都是一种普遍化、一般化、抽象化的思维。立法者面对形形色色的犯罪行为，必须去除感性的、特殊化的因素，比如犯罪人的性格、天赋、见识等，从中抽象出具有普遍性和共性的内容。刑事诉讼法的创设则秉承实践的态度，关注的是程序动态运作过程中具体而微的问题，刑事诉讼每一阶段均有不同的诉讼主体主导并推动程序发展，每一个环节中的诉讼活动也各不相同。抽象和模糊的刑事诉讼法无法在实践中展开运作，精细化才是刑事诉讼法不可或缺的特质。当某一特定主体从事诉讼活动的时候，就决定了彼此之间的差别，其所追求的目的是自我的，各种行为都是服务于自我的。

三　刑事诉讼法对刑法的重要作用

（一）保障刑法的实施

"徒法不能以自行"，刑法的实施离不开刑事诉讼程序的运行，刑事诉讼法最重要的任务就是确保刑法的正确实施，即所谓"刑事诉讼法是规定了最强程度的法律保障的诉讼法"。② 陈光中教授曾指出，"保障实体法的正确实施，即诉讼法工具作用价值，这是诉讼法的首要价值。如果诉讼法没有保障实体法实施的作用，在一定意义上说就失去了存在的依托，似有'皮之不存，毛将焉附'之感"。③

刑事诉讼法的保障作用表现在四个方面：

一是刑事诉讼法为行使刑罚权的国家职能部门分配了相应的职权。刑罚权作为一种公权力，不允许私人擅自使用，必须由专门的国家机构行使。刑事诉讼法为不同的国家机构分别配置了求刑权、量刑权和行刑权，

---

① ［德］黑格尔：《法哲学原理》，范扬、张企泰译，商务印书馆1995年版，第12页。

② ［德］迪特尔·梅迪库：《德国民法总论》，邵建东译，法律出版社2000年版，第6页。

③ 陈光中、王万华：《论诉讼法与实体法的关系》，《诉讼法论丛》第1卷，法律出版社1998年版，第9页。

通过明晰各国家机构的责、权、利，确定了其各自的权力内容、权力行使的方式和界限，使不同的国家机构之间分工明确、各司其职、各负其责，以确保准确有效地执行职权。

二是刑事诉讼法为刑法的适用提供了专门的程序。刑法适用的对象需要通过刑事诉讼程序揭露和证实，刑事诉讼法通过侦查制度、证据制度以及三方构造的审判制度，使不同诉讼阶段之间前后相互衔接，以其独有的方式成为现代国家追究犯罪、惩罚犯罪的唯一合法途径。

三是刑事诉讼为刑事诉讼中的当事人及诉讼参与人提供了权利保护机制。"现代民主宪政除要求政府权力以及以此权力为后盾的强制手段受到节制并承诺不非法侵犯个人权利外，还要求政府积极创造条件，采取有效措施，为个人基本人权的实现提供切实的保障。"[①] 刑事诉讼法规定了无罪推定、疑罪从无等基本原则以及各种批准、审查机制以制约国家机构的权力，确保权力行使的合法性和合理性，保障个人权利不受非法的侵犯。

四是刑事诉讼法设置了繁简不同的程序以确保刑法的实施。随着当今世界各国和地区的犯罪率不断上升，刑事案件积压、司法机构不堪重负已经成为普遍现象，形成了世界范围内的诉讼爆炸。而任何国家的司法资源都是有限的，为确保严重危害社会秩序的犯罪尽快得到惩治，稳定社会秩序，刑事诉讼设置了繁简不同的程序对刑事案件进行分流，在提高诉讼效率的基础上确保将有限的资源运用在性质严重和社会影响力较大的案件中。

（二）补充刑法的内容和机能

1. 补充刑法的内容

刑事诉讼能够补充、完善刑法规范的不足之处。刑法保护的社会关系具有广泛性的特点，社会经济、秩序、人身、财产、婚姻家庭等都是需要刑法予以保护的关系，但是，刑法的处罚范围却具有不完整性，刑法只处罚那些最严重的、必须由刑法介入才能得到保护的危害行为，并且成文法总是具有局限性，刑法一经制定并颁布后，就具有滞后性的特点，即使现代社会瞬息万变，刑法也不能随意加以更改。刑事诉讼是适用刑法规范解决具体个案的过程，在适用刑法的过程中，就刑法中具有抽象性、概括性和模糊性的规定，可以通过解释和裁判说理等方式，阐释并补充相关刑法

---

① 龙宗智、杨建广主编：《刑事诉讼法》第三版，高等教育出版社 2010 年版，第 65 页。

规范的具体含义、修正其模糊地带、完善和丰富刑法的内容，使其适应并更好地满足刑事司法的实践需求。例如：我国《刑法修正案（三）》在增设第291条规定的"编造、故意传播虚假恐怖信息罪"时，"虚假信息"的范围只限于恐怖信息，范围过窄，没有将其他一些同样具有危害性或重大影响的虚假信息涵盖在内。因而诉讼实践经常采取扩张解释的方法，将同样具有重大危害的虚假的灾情、警情等纳入了处理的范围。虽然这种扩张解释刑法的目的和初衷是为了维护社会秩序，但却有违罪刑法定原则的要求。而刑法规定的这一缺陷在诉讼实践中遭遇的问题最终推动《刑法修正案（九）》对该条的再次补充修改，将"虚假的险情、疫情、灾情、警情"信息均纳入了"编造、故意传播虚假信息罪"中"信息"的范围，解决了刑事诉讼实践中扩张解释违背罪刑法定的问题。

刑事诉讼法能够补充刑法的"出罪"机制。在刑法原理上，安乐死、推定的承诺、义务冲突等情形一般被认定为属于欠缺违法性、不构成犯罪的排除犯罪性的行为。我国刑法对排除犯罪性行为的范围规定较窄，这些情形都不是刑法明文规定的违法阻却事由，如果行为符合犯罪构成要件，不能直接作出无罪的认定。但在实践中，针对安乐死案件，有的法院采取"技术性处理"的方式否定案件的某些证据，回避了有罪判决。[①] 可见，刑事诉讼法在特定情况下具有出罪功能，能够弥补刑法在相关方面的欠缺。

2. 补充刑法的机能

刑法具有秩序维护和自由保障的机能。刑法的秩序维护机能是通过利益保护和犯罪预防机能体现出来的。[②] 刑法具有保护国家利益、社会利益和个人利益的机能；也具有防止他人犯罪即一般预防和特殊预防的机能，刑法通过预防犯罪机能的发挥，反过来也能够进一步维护社会秩序。而刑事诉讼法同样具有抑制犯罪、预防犯罪的功效。帕卡认为，实行犯罪控制模式的刑事诉讼，首要的功能就是迅速地惩罚犯罪以维护社会秩序；而注重正当程序模式的刑事诉讼，首要功能则是保障被告人的权利。[③] 所以，调整刑事诉讼活动的刑事诉讼法，通过确立不同的诉讼模式、诉讼程序和措施都能够发挥补充刑法机能的作用。

---

① 杨明：《程序法的出罪功能研究》，法律出版社2011年版，第102页。
② 参见赵秉志、鲍遂献等《刑法学》，北京师范大学出版社2010年版，第13页。
③ Herbert Packer, two models of the criminal process, 113U. *Pa. L. Rev.* 1（1964）.

刑事诉讼法的某些措施和手段可以补充刑法的机能。在刑事诉讼中，刑罚执行之前的刑事诉讼阶段中采用的搜查、逮捕、拘留、羁押等强制性措施或限制犯罪嫌疑人、被告人人身自由的手段；公开审判、公开宣告判决等具有公示性的裁决案件的方式等，均具有抑制犯罪、预防犯罪的作用，有时候甚至能起到比刑罚本身更为重要的作用。例如，《德国刑事诉讼法》自1964年就规定了对"特定的性犯罪有再犯之虞时"视为具备了羁押的理由，此后又将这种羁押理由扩展适用与许多实务上属于系列犯罪的案例上，这种羁押实际上"并非为了确保诉讼程序的进行，而只是一种预防性的措施"。① 同样，刑事诉讼法也能够补充刑法自由保障的机能。刑法通过保障犯罪嫌疑人或被告人、普通社会公众的合法权利，限制国家刑罚权的发动体现其保障公民自由的机能。"刑事司法制度也许比其他任何制度更多地涉及使用政府权力和权威来强制和控制个人的行为。一方面它谋求实现一个社会关于在一个有正当程序的制度中公正行事的最高愿望；另一方面，它反映了这个社会的最大的恐惧和憎恶。"② 现代刑法在强调惩治犯罪的同时更加注重保护法益、保护人权的一面，通过罪刑法定、罪刑相适应以及罪刑平等理念制约国家刑罚权的实施；刑事诉讼法则通过将程序法定、证据裁判、审判公开、有效辩护等理念的法定化，以其制约国家职权机构的权力范围保障社会公众免遭非法刑事追究的权利；以其制约国家职权机构滥用刑罚权保障犯罪嫌疑人、被告人及犯罪人获得享有人格尊严的、人道的和公正的待遇，从而发挥着人权保障的重要作用。

（三）调节刑法规范作用的范围和程度

由于刑法和刑事诉讼法在具体目标上存在着差异，在特定的条件下，刑事诉讼法往往能够制约刑法规范作用的范围和程度。刑法中的一些个罪，其犯罪行为的发生和进行必须完全依托刑事诉讼程序。例如我国刑法上妨害司法罪中的伪证罪，辩护人、诉讼代理人毁灭证据、伪造证据罪，妨害作证罪，打击报复证人罪等罪名，其犯罪行为的发生和实施的背景就是正在运行中的刑事诉讼程序，其具体行为方式和犯罪成立的标准也往往需要参照刑事诉讼法的相关规定。而刑事诉讼中，与诉讼结果具有利害关系的处于对立角色的诉讼参与人出于维护自己利益的目的，都会充分选择

① ［德］克劳斯·罗科信：《刑事诉讼法》，吴丽琪译，法律出版社2003年版，第285页。
② ［美］乔治·W. 皮尤：《美国与法国刑事司法制度之比较》，《法学译丛》1986年第4期。

或利用对己方最为有利的刑事诉讼法规范或程序来证明自己的主张，或者利用相关的刑事诉讼法律规范给对方利益的实现设置障碍，使自己处于更有利的情况。正因如此，现代刑事诉讼的结果往往越来越难以预测。

在刑法上的犯罪圈不变的情况下，刑事诉讼法可以通过侦查中的撤销案件、审查起诉中的不起诉、审判阶段的无罪或不负刑事责任的裁判等程序上的过滤机制，实现特定犯罪行为的除罪化。例如，"在美国犹他州，通奸仍然是刑事犯罪，但是当地警察局、检察官办公室和法院通常默契地对此种行为不予追诉"。① 在刑法上刑罚的严厉程度维持不变的情况下，刑事诉讼法可以通过监外执行、缓刑、减刑、假释等方式变更执行的方法和期限，改变刑罚适用的严厉程度。近年来，我国以刑事诉讼程序控制死刑适用的数量就是刑事诉讼法制约刑法非常典型的例子。刑事诉讼法通过完善死刑复核程序、严格死刑的证据、证明制度等方式，严格限制死刑的适用条件和适用范围，从而使死刑判决的数量和死刑立即执行的数量得到了明显的控制。例如我国贪污贿赂犯罪最高刑均为死刑，但实际上最高人民法院自 2013 年以来已经没有再核准过一例贪污受贿犯罪的死刑。这就表明，运用刑事诉讼制度和程序能够调节刑法的作用范围和程度。

第二节　刑法与刑事诉讼法相互作用的原理

一　刑法与刑事诉讼法之间的"凸透镜"效应

刑法与刑事诉讼法的关系这一论题，两法均涉及如何运用国家刑罚权惩治犯罪、维护社会法秩序这一命题，正是在实现这一命题的过程中，彼此之间发生了相互作用和交错。从静态的角度来说，刑法与刑事诉讼法的关系体现为两者之间相互作用、相互影响的状态或者是一方对另一方的影响或重要性。从动态、动词的角度来解析，刑法与刑事诉讼法的关系则是指两者之间在动态运行中所发生的相互关联与牵涉。因此，刑法与刑事诉讼法的关系就主要表现为国家机构在定罪与量刑活动中交错适用刑法（刑事实体法）与刑事诉讼法（刑事程序法）的行为以及在交错适用中两法之间相互关联与牵涉的动态运行关系。

刑法与刑事诉讼法之间存在着类似"凸透镜"的效应关系。凸透镜具有

---

① 王禄生：《刑事诉讼的案件过滤机制》，北京大学出版社 2014 年版，第 6 页。

聚光的作用，当来自各个方向的光线照射在凸透镜上之后，这些光线会穿越凸透镜并汇聚在焦点上。如果将形形色色的犯罪行为比作来自四面八方的光线，将刑事诉讼程序看作凸透镜，那么，当各种刑事案件发生后，符合条件的犯罪行为将进入刑事诉讼程序，无论在刑事诉讼程序中经历的具体路径是否有所差异，刑事程序都将从启动走向终结，最终所有犯罪行为都将汇聚于一个焦点，即由审判机构适用刑法并作出裁决。正如同光线穿过凸透镜后必将汇聚于焦点，各种刑事案件中的犯罪行为经过刑事诉讼程序的最终目的正是为了适用刑法、接受刑法的评价。各种刑事案件进入刑事诉讼程序后经由侦查、起诉、审判等各种程序，无论被告人的行为是否最终被定罪量刑，但它们必将经历最后的一个共同点就是适用刑法，由审判机关以刑法为依据去衡量、评价被追诉的行为。

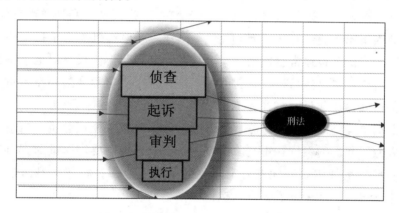

图 3.1　刑法与刑事诉讼的凸透镜效应

从图 3.1 可见，在刑事诉讼阶段，刑事案件的数量（图中的方框大小代表刑事案件数量的比例不同）在侦查、起诉、审判直至执行阶段呈现逐级递减的状况，案件数量以立案侦查阶段最多，执行阶段最少。案件数量变化的主要原因在于刑事诉讼程序具有筛选和过滤案件的功能。有相当比例的案件在侦查和审查起诉阶段会因为各种原因被筛选和过滤，只有那些符合审判条件的案件才能最终进入刑事审判阶段，通过法院作出刑事裁判的方式得到处理，而被提前过滤的案件将通过其他方式得到处断。进入审判阶段的刑事案件在经过审理之后，也有一部分案件因宣判无罪、定罪免刑、刑事和解、撤回公诉或自诉人撤诉等原因，将被过滤而不进入刑事执行阶段。

　　就我国刑事诉讼不同阶段的案件数量变化情况来说，在侦查、起诉和审判阶段均设置有相应的案件过滤机制，刑事案件的数量在过滤机制的筛选下，逐级减少，最终只有少部分案件进入审判程序，经过定罪量刑后产生刑事裁判。有学者指出，"在公安机关的案件侦查过程中，65%的刑事立案被案件过滤。同时，在侦查过程中，检察机关还会以不予逮捕的方式，将最多有7%的公安机关移送逮捕的案件予以过滤……其后，在审查起诉阶段，2.75%的案件被不予起诉，同时，还会有部分案件在检察机关作出决定之前就被公安机关撤回。最后，刑事案件将会进入审判阶段，在这个阶段，法院宣判无罪的案件比例大致只有0.03%。同样，在法院作出无罪判决之前，会有不到0.1%的案件被检察机关撤回"。① 首先，侦查阶段实现对刑事案件的第一次过滤。已经立案的刑事案件，在侦查终结后有三种处理方式，分别是行政处理（治安处罚）、撤销案件和移送审查起诉，前两类因不属于犯罪行为而被过滤。② 此外，对检察机关不予批准逮捕的案件，公安机关也通常会撤销立案。其次，审查起诉阶段是对刑事案件的第二次过滤。对已经移送审查起诉的案件，在审查之后通过不予起诉、公安机关撤回移送起诉过滤了不符合提起公诉条件的案件。③ 最后，审判阶段是对刑事案件的第三次过滤。公诉的案件检察机关撤回公诉；自诉案件自诉人撤回起诉的案件在审判阶段被过滤出去，不需要定罪量刑。④ 同时，还有一部分案件因宣判无罪、定罪免刑等其他原因，将在审判阶段被过滤，未被过滤的剩余案件则进入执行程序。

二　刑法与刑事诉讼法相互作用的原因

（一）同为刑事法律制度体系的组成部分

　　法律制度是一个独立运行的系统，其内部可以根据不同的标准划分成很多独立的子系统，刑事法律制度就是其中一个具有独立性的子系统。刑

---

① 王禄生：《刑事诉讼的案件过滤机制》，北京大学出版社2014年版，第41页。

② 这里主要指普通公诉案件的侦查，要注意的是检察机关的自侦案件也同样由一部分因不符合起诉条件而被过滤。

③ 我国1996年《刑事诉讼法》并没有规定公安机关撤回移送起诉制度，该制度原来在《人民检察院刑事诉讼规则》第262条中进行了规定。修改后的《人民检察院刑事诉讼规则》（2013年1月实施）第401条将原撤回移送起诉的情况修改为按不起诉处理。

④ 我国1996年《刑事诉讼法》并没有规定检察机关撤回公诉，修改后的《人民检察院刑事诉讼规则》（2013年1月实施）第459条规定了检察机关撤回公诉制度。

事法律制度包括刑法、刑事诉讼法、犯罪学、监狱法、刑事执行法等各部门法，它们与刑事法律制度系统之间是"部分与整体"的辩证关系，共同起源于犯罪行为，具有相同的目的和功能，以解决刑事问题为主线。因此，刑事法律制度之间具有不可割裂的密切联系，共同组成了一个具有内在结构和相似功能的有机整体，其中任何一个部门法都不可能脱离其他部门法独自存在并运行，如果体系内的各部门法之间能够体现出良好的整体性，彼此之间形成相互支持、相互协调的关系，就意味着刑事法在整体上实现了较深层次上的融贯性。

刑法和刑事诉讼法是刑事法体系内不可或缺的组成部分，在保持各自独立性的基础上，其相互作用的情况决定着刑事法律制度整体效能的发挥。刑法和刑事诉讼法虽然有各自不同的调整对象和适用范围，但从犯罪行为发生的那一刻起，刑法和刑事诉讼法就产生了交集。从立案、侦查、起诉、审判直至执行，不同的诉讼主体既需要运用刑法界定犯罪行为的性质，也需要刑事诉讼法指引程序的发展方向和诉讼活动的具体内容，两法之间具有极为重要的互补关系，正如罗科信所言："从刑事政策的重要观点来检视，此两法（即刑法与刑事诉讼法）之规定实为极重要的互补关系。有时甚至实体刑法与刑事诉讼法结构功能的重要是不分轩轾（例如：可罚性的客观条件在实体法中之重要性一如诉讼法中之诉讼要件）；唯经由分析阐释犯罪之构成要件，才能推论何种犯罪非属轻罪（例如刑法第223条之重大侵害及第240条'显然之恶意'，或者刑事诉讼法第153条所定之微罪不举）。"[1] 可见，两法不仅从刑事政策角度还是从内在规范功能的发挥方面，都需要对方的补充和配合，才能有效地发挥其法之效力。离开了刑事诉讼法的刑法，无法作用于现实生活中的具体犯罪行为和犯罪人，就只能是停留在纸面上失去生命力的法律规范；脱离了刑法的刑事诉讼法也将失去聚焦的方向和程序运转的意义。正如黑格尔所说："譬如一只手，如果从身体上割下来，按照名称虽仍然可以叫作手，但按照实质来说，已不是手了。"[2] 与之同理，处于刑事法律制度系统之内的刑法与刑事诉讼法首先要保持其自身的独立性，具有区别于对方的特殊意义和价值，

---

[1] ［德］克劳斯·罗科信：《刑事诉讼法》，吴丽琪译，法律出版社2003年版，第8页。引言中所指法律皆为德国法律。

[2] ［德］黑格尔：《小逻辑》，贺麟译，商务印书馆1980年版，第405页。

才能成为一个独立的部分存在于刑事法体系之内，但这种独立又是以其彼此之间能够有效配合与互动为基础的，只有这样才能使刑事法这个完整、有机的整体发挥出最大的效用和价值。

"现代系统论认为，系统发挥功能的大小取决于三个因素：一是系统内部各个元素的效能；二是系统内部各个元素组合的协调性；三是系统与系统之间的协调性。如果系统内部各个子系统之间形成有序排列，其发挥的效能就会超过各个元素效能的总和；无序排列则会导致系统整合的危机，其发挥的效能就低于各个元素效能相加的总和"。① 因此，良好的刑事法律制度体系内部的各个组成部分之间必然具有高度的协调性。刑法与刑事诉讼法是刑事法律制度系统内部的组成元素，其效能的发挥以及相互之间的协调，对刑事法律制度系统整体性功能的发挥起着至关重要的作用，在两者都充分发挥自身效能并相互协调、优势互补的情况下，将会使刑事法律制度整体产生"1+1＞2"的效能，反之，如果不能理顺二者之间的关系，或者相互之间存在冲突和矛盾，必将对刑事法律制度的整体性产生破坏作用，并损害整体效能的发挥。可以说，刑事法律是严密无缝的网，在刑事法网一侧的一次震颤可以在另一侧引起共振。②

（二）具有对立统一的辩证关系

对立统一规律、质量互变规律和否定之否定规律是唯物辩证法的三个基本规律，其中，对立统一规律居于核心地位，是有关事物发展的原因和动力的基本规律。对立统一是指事物之间的矛盾运动规律。"矛盾的同一性也叫统一性，是指矛盾内部的对立面之间客观存在着不可分割的联系，体现着对立面相互作用和指引着对立面相互转化的趋势。其表现形式可归结为两类情形：（1）矛盾双方相互依存，互为条件。矛盾的任何一方都不能孤立存在，都以对方的存在和发展作为自身存在和发展的前提条件……（2）矛盾双方相互渗透，相互包含，在一定条件下，还会实现矛盾双方的相互转化。矛盾的对立性又叫斗争性，是矛盾双方相互排斥、相互否定的性质、倾向和趋势。"③

如果将刑法和刑事诉讼法看作矛盾运动的一组对立面，便可以运用对

① 陈卫东：《刑事诉讼法学的系统论趋向》，《法商研究》2005 年第 1 期。
② 这里借鉴了"法律是严密无缝的网"的说法，参见［美］劳伦斯·索伦《法理词汇》，王凌皞译，中国政法大学出版社 2010 年版，第 309 页。
③ 章仁彪主编：《哲学导论新编》第二版，同济大学出版社 2005 年版，第 90 页。

立统一的矛盾运动规律分析其相互作用的原因。"根据矛盾的对立性原理，实体法和程序法是互相独立的；根据矛盾的统一性原理，实体法和程序法的联系是双向的。"① 也就是说，基于对立统一的矛盾运动规律，刑法和刑事诉讼法之间相互依存、相互渗透、互为条件的情况即是两者相互统一关系的表现；而在特定情况刑法与刑事诉讼法彼此之间相互排斥、相互否定的情况则是其相互对立关系的表现。

　　刑法与刑事诉讼法之间的统一关系源于其同属刑事法律制度，因刑事法的整体性产生了相互依存、相互渗透、互为条件并互相包含的关系。刑事司法过程中，刑法与刑事诉讼法的适用相互交织，为实现共同的任务和目的相互配合、共同努力。刑法中罪刑法定、罪刑相适应以及罪刑平等原则都需要在刑事诉讼程序运行中得以落实，离开了刑事诉讼的贯彻和实施，刑法只能是文本中的刑法，无法进入实践，应用于具体。同样，刑事诉讼法中程序法定等原则也需要借助刑法的具体内容而展开，否则程序就成了毫无内容的空洞的形式，丧失了运行的意义和价值，无法使当事人、诉讼参与人和社会公众预测程序运行的结果。刑法和刑事诉讼法还体现出相互渗透、相互包含的特点。刑法和刑事诉讼法在一些制度上互有交叉，有些制度具有实体与程序的双重功能。例如：刑法量刑制度中的自首、立功、缓刑，刑罚执行中的减刑、假释以及时效等制度，在刑事诉讼法中也不同程度地有所规定。刑法和刑事诉讼法可以相互补充对方的内容，刑法中的有些规定体现出刑事诉讼的性质，而刑事诉讼法中有些制度也可能具有刑法的特性。

　　刑法与刑事诉讼法之间的对立关系源于其属于各自独立的部门法，具有一定的独立性，从而在特定条件下产生相互排斥、相互否定的趋势或倾向。一方面，在司法资源有限或维持不变的前提下，刑法和刑事诉讼法存在相互竞争、相互排斥的情况。实践中犯罪数量增长，刑法打击犯罪、维护社会秩序的任务越重，刑事诉讼中平均到个案可用的司法资源越少，刑事诉讼整体上也无法满足刑法打击所有犯罪的需求。所以，导致刑事诉讼实践中出现案件积压、司法机构超负荷运转、诉讼效率下降等现象。另一方面，受各自法律基本原则和规范存在差异的制约，刑法和刑事诉讼法存在相互否定的情

---

① 李佑标：《试论实体法与程序法的关系》，载陈光中、江伟主编《诉讼法论丛》第 2 卷，法律出版社 1998 年版，第 87 页。

况。例如，犯罪行为已经发生，犯罪嫌疑人也已经明确，但由于刑事诉讼中侦查人员对犯罪嫌疑人采用了刑讯逼供的违法方法获取口供，或者由于检察人员的失误遗失了证明犯罪的重要证据，这些都有可能使法庭作出无罪判决，从而否定了刑法的最终适用。又例如，在已经立案开始侦查的行为人涉嫌交通肇事罪的刑事案件中，最终查明行为人是因吸食毒品后驾车造成了严重的交通事故，但由于我国刑法尚未将这种行为规定为犯罪，因而刑事诉讼程序只能终结，无法依照刑法追究行为人的刑事责任。

（三）适用过程具有同一性

刑法与刑事诉讼法的适用处于同一个过程即刑事司法过程，适用过程的同一性也是两者之间发生相互作用的主要原因。刑事司法过程既是刑法实现的过程，也是刑事诉讼法实现的过程，是一个让文本上的刑法转换为实践中的刑法的过程。从实务的观点出发，刑法与刑事诉讼法在适用上形成了统一体，两法领域的规定共同发挥作用，相互补充、强化，同时也会相互代替、相减、相消。"刑事立法是将正义理念与将来可能发生的事实相对应，从而形成刑法规范；刑事司法是将现实发生的事实与刑法规范相对应，进而形成刑事判决。"[1] 刑事诉讼过程，本质上就是一个持续性的适用刑法、解释刑法的过程。国家机关为了实现追究犯罪、惩罚犯罪的目标，运用国家赋予的刑事司法权力，开启刑事司法程序，适用刑事诉讼法认定犯罪人并证明犯罪，最终适用刑法认定罪与刑。正如法国学者所说："在已实行的犯罪与刑罚之间，实际上有一个过程，就是刑事诉讼。原则上，只有通过诉讼并且只有经过诉讼之后，刑法才能得以适用。因此，刑事诉讼对刑法的意义在于：刑事诉讼是犯罪后的必然的后续结果，是刑法的两个最基本要素——犯罪与刑罚——之间一个必不可少的连接号。"[2] 换言之，刑事诉讼程序是连接罪与刑的桥梁和中介，犯罪行为只有进入刑事诉讼，经过过滤与筛选，才能确定哪些犯罪行为需要运用刑法规范定罪并处刑；刑事立法追求的正义理念只有经过刑事司法过程后才能从文本中的正义成为实践中的正义。

犯罪行为发生后，刑事诉讼程序启动，通过查找犯罪嫌疑人、指控

---

[1]　张明楷：《注重体系解释实现刑法正义》，《法律适用》2005 年第 2 期。

[2]　［法］卡斯东·斯特法尼：《法国刑事诉讼法精义》（上），罗结珍译，中国政法大学出版社1999 年版，第 3 页。

嫌疑人并进行审判，最终认定犯罪人及其犯罪行为和应当承担的刑事责任。在刑事诉讼程序运行的这个动态过程中，国家职权部门一方面必须在刑事诉讼法所赋予的权力范围和时间期限内履行追究犯罪、惩罚犯罪的职责，不得超越权限范围和期限行使职权；另一方面则需要时刻以刑法为依据衡量行为人的行为性质与刑事责任，在罪与非罪、此罪与彼罪、一罪与数罪、完成罪与未完成罪、刑事责任与刑种、刑期、刑罚执行方式等方面作出分析判断并加以阐述。刑事诉讼中的当事人、诉讼参与人同样既需要根据刑事诉讼法所赋予的诉讼权利参与诉讼活动，维护自己的正当权益，也需要运用刑法规范判断或评价自己的行为以及他人的行为。尤其是被告人以及辩护人，刑法是判断自己的行为、反驳控诉并进行辩解和说明的唯一依据，刑事诉讼法则是行使诉讼权利，捍卫人格尊严，在程序中获得公平、公正对待的法律依据。由此可见，刑法与刑事诉讼法是国家职权机关和诉讼主体参与诉讼活动、维持程序运转共同需要的法律依据和准则，适用过程的统一性决定了两者之间必然发生相互影响、相互牵涉的关系。这种交集如同乐曲演奏，完美的演奏是正确依照乐谱曲调弹奏与准确使用弹奏方法的结合。缺少对乐谱的忠实执行，再好的演奏方法也不能阐释乐谱的原意和韵律；离开演奏者独特的诠释方法，也无法展现乐谱真正的美妙。如果将刑法比作乐谱，将刑事诉讼法比作弹奏的方法，将演奏者比作参与诉讼的主体，那刑事司法过程就是在诉讼主体参与下适用刑法与刑事诉讼法的结合。在各方诉讼主体的参与下，只有忠实于刑法规范，正确地适用刑事诉讼法，使两者在同一过程中相互契合、协调运作，才能使刑事司法过程实现实体公正和程序公正。

三　刑法与刑事诉讼法相互作用的方式

（一）互补性、配合性的相互作用方式：合作

刑法和刑事诉讼法同属于刑事法律体系，同源于犯罪行为，因惩治犯罪这一共同的目的和任务产生相互之间的联系和交叉，为维持国家统治、稳定社会秩序，确保实现共同的目标，需要由特定的诉讼主体在司法实践中交错适用刑法与刑事诉讼法，以取长补短、优势互补、相互配合的方式相互影响，通过共同协作与共同努力，争取获得各自效益的最大化和双方共赢的局面，发挥刑事法律制度的整体功能，促进刑事法治

的发展。

　　当实践中发现具体的犯罪事实后，无论是由自诉人直接向法院起诉的自诉案件，还是需要经过立案、侦查、提起公诉的公诉案件，其犯罪事实的发现、犯罪嫌疑人的查找、证据材料的收集、犯罪行为的定罪量刑以及刑罚的执行均需要刑法与刑事诉讼法的合作。刑法为认定犯罪行为、确定刑事责任提供了实体标准，刑事诉讼法为案件的推进提供了运行的空间，也为办案机关的职权分配以及证据和证明制度提供了相应的法律依据，二者的相互合作共同确保着诉讼活动的顺利进行以及定罪、量刑目标的实现。

表 3.1　　　　　　　　　　刑法与刑事诉讼法的合作

犯罪形势和刑事政策	刑　　法	刑事诉讼法	核心目标
犯罪形势严峻、刑事政策严厉	增强惩罚犯罪的机能	减低保障人权的力度	惩罚犯罪
犯罪形势平稳、刑事政策宽严相济	降低惩罚犯罪的机能	提高保障人权的力度	保障人权

　　从表 3.1 可见，刑法与刑事诉讼法的合作受到国家特定时期犯罪形势和刑事政策的影响。这种影响主要表现在：当国家面临严峻的犯罪形势时，为了惩治犯罪、维护社会秩序，刑事政策侧重于严厉打击犯罪的特点，因此刑法加大对犯罪行为的打击范围和力度、加重相应犯罪的刑事责任，为了完成刑法严厉追究犯罪的目标，必然要求刑事诉讼法配合刑法，赋予国家追诉机关、审判机构更大的公权力。此时刑法与刑事诉讼法的合作表现为刑法增强惩罚犯罪的机能、刑事诉讼法减低保障人权的力度，配合刑法实现以惩罚犯罪为主的核心需求。另外，当国家犯罪形势平稳，实施较为轻缓、宽松的刑事政策时，会减轻打击犯罪的力度，相应的刑事诉讼法也体现出宽松的倾向。此时刑法与刑事诉讼法的合作表现为刑法降低惩罚犯罪的机能、刑事诉讼法则提高保障人权的力度，以实现以保障人权为主的核心导向。

　　以我国"严打"时期为例，严打时为了应对犯罪激增、社会治安形势严峻的局面，刑事政策要求从严、从重、从快打击犯罪，在此前提下，刑法贯彻严打需求，罪与刑的配置上体现出明显的从重、从严倾向，而刑事诉讼法也实行了简化程序、缩短办案时间、压缩当事人、诉讼参与人诉讼权利等措施，以配合刑法落实严打政策。现在，我国的刑事政策转变为宽严相济，为配合刑事政策的需要，在刑法方面，刑罚设置体现着轻轻重重的特色。例如，为适应当前我国反贪污腐败犯罪的需要，增设贪污受贿罪的终身监禁以加重惩处力度；为顺应刑罚轻缓化的趋势，刑法又通过不断削减死刑罪名、增设刑事和解等变化来适应趋势发展。与之相应，刑事诉讼法为落实宽严相济的政策，设置多种诉讼程序如简易程序、特别程序、刑事速裁程序及被告人认罪认罚等制度创新和尝试，确保不同种类案件的繁简分流和诉讼效率的提高。

（二）紧张性、相斥性的相互作用方式：竞争

刑法与刑事诉讼法是两个独立的部门法，调整范围和法律关系各不相同，虽然在目的、任务等方面具有共同的追求，但在具体的法律原则、法律规范上，会侧重体现其部门法独特的制度功能及其独立的价值目标。就刑法来说，其法律规范围绕着罪、责、刑展开，重点关注的是法益保护机能的实现，尽管也强调人权保障，但人权保障需要通过罪刑法定和责任主义的贯彻来实现。"法益保护机能主要依靠刑罚的宣示与适用来实现，人权保障机能则主要依赖限制刑罚的适用而实现。换言之，刑罚的适用，与保护法益成正比，与人权保障成反比。如何既最大限度地保护法益，又最大限度地保障自由，就成为难题。"① 所以，刑法的法律规范设置多采用禁止性、命令性、强制性的规范，注重对犯罪的惩罚。刑事诉讼法虽以保障刑法实施为重要目标，但其对犯罪的追究是在保障人权的前提下展开的，因此，刑事诉讼程序和制度的设计侧重于规范国家公权力的运行并保障当事人和诉讼参与人的诉讼权利，故而刑事诉讼法规范的设置思路与刑法有所区别，较刑法而言更注重授权性规范的设置。由此，刑法与刑事诉讼法之间会呈现紧张性、相斥性的特点，概括来说就是竞争关系。产生竞争性相互作用的原因主要在于：

1. 受制于刑事司法资源的有限性

刑法与刑事诉讼法之间产生紧张性、相斥性竞争关系的一个主要原因是刑事司法资源的有限性。在国家投入刑事司法中的总资源维持不变的前提下，刑法或刑事诉讼法中的任何一方需要增加司法资源的需求量时，将引起另一方可用司法资源的下降或短缺。刑事司法资源具有稀缺性，任何一个国家所能投入的刑事司法资源都是有限的，受到国家财政预算的制

---

① 张明楷：《刑法学》第四版，法律出版社 2011 年版，第 26 页。

约，当可用的刑事司法资源无法满足刑法或刑事诉讼法的增加需求时，在维持诉讼效率或效益不变的要求下，二者之间必然呈现出竞争关系。这种竞争关系具体表现在：

（1）刑法中犯罪圈的变化制约刑事诉讼中个案可用的司法资源

表3.2　　　　　　　　犯罪圈变化与个案可用司法资源的关系

犯罪圈变化	司法资源总量	案件数量	刑事诉讼中个案可用司法资源
犯罪圈扩大	不变	增加	减少
犯罪圈缩小	不变	减少	增加

从表3.2可见，犯罪圈的变化与刑事诉讼中个案可用的司法资源之间存在密切的关系。当刑法为了加大打击犯罪的力度，扩充犯罪行为的种类时，犯罪圈扩大，刑事诉讼中案件的种类、数量和范围也会增加并扩大。在司法资源不变，案件总数增加的情况下，必然导致个案可用司法资源的减少。反之，当刑法减弱打击犯罪的力度删减犯罪行为种类时，犯罪圈缩小，在司法资源不变，案件总数减少的情况下，必然会使刑事诉讼中个案可用的司法资源增加。因此，刑法上犯罪圈的扩充与缩小必须考虑刑事司法资源的情况。如果贸然扩大犯罪圈，却没有相应的刑事诉讼资源或配套措施的跟进，就会导致刑法与刑事诉讼法之间的不合理竞争，降低刑事司法的整体效益和效率。

在我国，犯罪圈的扩大主要由三种情况造成：一是源于立法的频繁修改造成犯罪圈的持续性扩张。自1997年《刑法》颁行至今，犯罪圈通过立法形式得到了持续性的扩张。1997年《刑法》对犯罪行为的设置采用了定性＋定量的模式，使罪刑设置体现出了"重罪重刑"的特点，轻微的危害行为由于量的原因而大多不构成犯罪行为，被排除在了犯罪圈之外。然而，20年来，刑法修正案频繁出台，不断增设新的罪名或新的犯罪类型、扩充一些犯罪的罪状或降低一些犯罪的入罪门槛，使得原本被限缩的犯罪圈被持续性地扩大。二是源于种类繁多、数量巨大的各类司法解释对犯罪圈的扩张。有学者指出，"当前，我国出现了以司法解释来不断扩张犯罪圈的畸形发展趋势。受刑事立法所划定的内缩性犯罪圈的限制，为了解决司法实践中的一些难以用现行刑事立法加以解决的疑难问题，最高司法机关在对有关刑事立法规定进行解释的同时，甚至不惜打破罪刑法定原则的约束，突破刑事法理论和现有刑事立法的规定，对刑法规范作过度性的类推解释"。① 例如，2000 年 12 月 5 日最高人民法院公布的《关于对编造、倒卖变造邮票行为如何适用法律问题的解释》中将"变造"行为作为"伪造"行为处理。2001 年 4 月 9 日最高人民法院与最高人民检察院联合发布的《关于办理生产、销售伪劣商品刑事案件具体应用法律若干问题的解释》第 6 条第 4 款将"购买、使用"行为解释为"销售"行为等。所以，我国犯罪圈的不断扩张导致刑罚总量的增长，进而造成司法资源的紧张局面，案多人少、案多钱少的矛盾日益凸显。三是源于实践中法律适用不统一对犯罪圈的扩张。例如：1997 年《刑法》规定了黑社会性质组织的犯罪，但并没有明确的界定"黑社会性质组织"的含义，因此实践中在理解和认识上存在一定的分歧，也直接导致实践中打击面和犯罪圈的扩大，造成了一些错案和冤案，在一定程度上激化了社会矛盾。直至《刑法修正案（八）》明确规定了"黑社会性质组织"的概念，才统一了对这一概念的理解和适用。同理，《刑法修正案（九）》增设了六种新的恐怖主义、极端主义犯罪，但同样没有对"恐怖主义""极端主义"内涵和外延的明确界定，不得不让人担忧实践中可能会发生因司法适用不统一或适用错误导致犯罪圈扩大，进而造成众多案件因司法资源紧张被拖延或搁置的情况。

（2）刑法中犯罪的刑罚处罚力度的变化影响刑事诉讼中个案耗费的司法资源

表 3.3　　　　　　　　　刑罚力度变化与司法资源的关系

某类犯罪的刑罚力度	司法资源总量	该类犯罪所占用司法资源	其他犯罪可用司法资源
刑罚处罚力度加大	不变	增加	减少
刑罚处罚力度减弱	不变	减少	增加

从表 3.3 可见，刑罚处罚力度的变化与司法资源之间也具有密切的关系。当刑法加大对某一类犯罪行为的刑事责任追究力度时，该类犯罪行为就需要占用更多的司法资源，在司法资源不增加的前提下，其他犯罪行为

---

① 王志祥、韩雪：《论我国刑法典的轻罪化改造》，《苏州大学学报》（哲学社会科学版）2015 年第 1 期。

可用的司法资源必然会减少。反之，当刑法减弱对某一犯罪行为的刑事责任追究力度时，该类犯罪行为在刑事诉讼中占用的司法资源就会减少，其他犯罪行为可用的司法资源必然增加。例如，受我国当前加大反腐败犯罪力度的影响，《刑法修正案（九）》对贪污受贿犯罪增设了终身监禁制度，被采取终身监禁的罪犯不允许通过减刑等途径缩短服刑时间。终身监禁的增设无疑将增加贪污受贿犯罪所耗费的刑事司法资源，国家在惩治这类犯罪方面需要在刑事司法方面投入较以往更多的人力、物力和时间。反之，受我国推进死刑制度改革的需要，我国刑法近年来逐步削减适用死刑的罪名，并同时提高对死缓罪犯执行死刑的条件，由于这些被取消死刑罪名的犯罪不再需要死刑复核程序、死刑执行程序等方面的司法投入，因而其刑事诉讼办案期限会相应地缩短，耗费的司法资源也将相应地减少。

2. 受制于部门法的独立性

刑法与刑事诉讼法之间产生紧张性、相斥性竞争关系的另一原因是刑法与刑事诉讼法在本质上属于相互独立的两个部门法，实施任务、运行原则都存在较大的差异，当适用一方的法律规范违反另一方的原则或制度规范，就会产生相互排斥的关系。具体表现在：

（1）受刑法的目标以及罪刑法定原则的影响

刑事诉讼中发现的与刑法中规定的犯罪行为具有同质性，即具有同等社会危害性、侵犯同一法益的行为，不能都被认定为犯罪。例如，近年来我国屡屡发生幼儿园、养老院、医院等单位的工作人员虐待被监护、看护的儿童、老人、病人且情节恶劣的情况，但由于我国刑法欠缺相应的规定，司法机关往往无法处罚实践中发现的一些案件和行为人。实践中的这种情况推动《刑法修正案（九）》在第260条增设了虐待被监护、看护人罪，弥补了原刑法中虐待罪只能规范家庭成员之间虐待行为的缺陷。相似的还有对强制猥亵男性的行为无法定罪的问题，实践中该类案件的增多推动了《刑法修正案（九）》第237条将强制猥亵的对象由妇女修改为"他人"，由此将男性包括在内。

（2）受刑事诉讼目标以及程序法定原则的影响

刑法中犯罪成立要件的形成是立法者从大量具有同质的、重要的事件中筛选出的、可用于刑法上恰当且合乎目的的共同基准。但刑事诉讼法并不是按照一一对应的关系将刑法所确立的基准移植到现实当中的，而是附加了其他的选择标准，其中最为重要的方面就是作出有罪判决必须满足诉讼法上有关的证据和证明的要求。当刑事诉讼法中的某些法律规则或程序性规范的设置侧重于体现保障人权和程序公正时，将会使刑法的适用遇到更多的障碍。当被指控的犯罪行为未满足程序规范的要求或者违反相关程序规范的要求时，即使犯罪事实和犯罪行为现实存在，也可能无法得到刑法制裁，从而制约刑法打击犯罪的力度与效果。例如，2012 年《刑事诉讼法》修改后，为了保障程序公正，加大了对被告人诉讼权利的保护，设置了非法证据排除规则，规定法庭不得采纳侦查、起诉机关非法获取的言辞证据以及部分无法补正的实物证据，这一规定的实施必然会导致一些案件因证据被排除而无法对被告人适用刑法，追究其刑事责任。

（3）当刑法规范过于侧重打击犯罪时，往往会给刑事诉讼程序的推进造成压力，从而影响刑事诉讼程序公正的实现

例如：《刑法修正案（九）》出于严厉打击拐卖妇女、儿童犯罪行为的需要，扩大了收买被拐卖的妇女、儿童罪的处罚范围并加重了处罚力度，修改了 1997 年《刑法》第 241 条第 6 款"可以不追究刑事责任"的规定，收买被拐卖的妇女、儿童的所有情形一律都要定罪处罚，其处罚标准从可以不追究刑事责任修改为对收买被拐卖儿童者可以从轻处罚；对收买被拐卖妇女者可以从轻或减轻处罚。但是，刑法的这一修改存在"实际上并不利于对此种犯罪的侦破，整体上看也不利于保护被害人的利益"的问题。[①]因为从可以不受刑事追究到一律定罪处罚的变化，反而容易造成收买人为了逃避责任做出阻碍解救、伤害被害人或隐瞒情况等不利于刑事诉讼侦查程序推进的行为。可见，当刑法和刑事诉讼法的一些法律规范过于注重追求某个价值理念时，往往会给对方带来一定的压力。所以，刑法和刑事诉讼法规范的设置或修改需要谨慎考虑是否给对方的实施或运行造成障碍的问题，不顾及整体性、不周全的变动不但不会给被害人带来福音，反而容易给对方造成一定的阻力。

第三节 刑法个罪与刑事诉讼

在对刑法与刑事诉讼法的一般关系及相互作用的原理作初步分析的基

[①] 参见全国人大常委会法工委刑法室编《地方人大和中央有关部门、单位对〈刑法修正案〉（九）草案的意见》（2015 年 1 月 4 日）。

础上，若要深入地了解两者之间的具体关系，还必须将研究视角从一般关系的探讨转换到具体问题的探讨中来，将触角延伸到刑事司法实践中的个案当中。分析刑法个罪与刑事诉讼的不同阶段以及不同诉讼活动之间的具体关系便是一种尝试。通过这种探讨，有助于理解刑事案件当中实体与程序之间的牵连关系，发现静态的、纸面上的刑法个罪其罪与刑的变化对于动态的、实践中的刑事诉讼活动所产生的实际影响；也有利于掌握刑法个罪在司法认定中体现出的特点或规律，进而发现其互动的真实样态和亟待解决的问题。为此，本节以赵春华非法持有枪支案为例，展开对刑法个罪与刑事诉讼关系的讨论。

一　案件事实与判决要旨

被告人赵春华于 2016 年 8 月至 10 月 12 日期间，在天津市河北区李公祠大街亲水平台附近，摆打气球的射击摊位进行营利活动。2016 年 10 月 12 日 22 时许，公安机关在巡查过程中发现赵春华的上述行为，将其抓获归案，当场查获涉案枪形物 9 支及相关枪支配件、塑料弹。经天津市公安局物证鉴定中心鉴定，涉案 9 支枪形物中的 6 支为能正常发射以压缩气体为动力的枪支。①

一审法院认为被告人违反国家枪支管理制度，非法持有枪支，情节严重，以非法持有枪支罪判处被告人赵春华有期徒刑三年六个月。一审判决之后，被告人不服，以其不知道持有的是枪支，没有犯罪故意，行为不具有社会危害性且原判量刑过重为由提出上诉。辩护人对本案提出了五点质疑：其一是涉案枪形物的提取、包装和送检过程违法，不能确定是从被告人处查获的，依法不能作为定案证据。其二是判决所依据的法律即公安部制定的《枪支致伤力的法庭科学鉴定判据》本身存在不科学、不合理之处，而且只是内部文件，不能作为裁判的法律依据。其三是鉴定机构并无枪支鉴定资质，鉴定书不能作为定案证据。其四是不具备非法持有枪支犯罪的主观故意。其五是被告人的行为不具有任何社会危害性。

针对辩护意见，二审法院认为：其一，侦查机构在第一现场对涉案枪形物提取、包装的程序违法行为不影响证据关联性的认定。其二，鉴定所

---

① 相关内容参见该案判决书《天津市第一中级人民法院刑事判决书（2017）津 01 刑终 41 号》。

依据的公安部的内部文件合法有效，应当适用。其三，根据公安部相关规定，鉴定机构具备相关的鉴定资质。其四，上诉人明知涉案枪支具有一定致伤力和危险性，且不能通过正常途径购买获得，仍然擅自持有应认定具备犯罪故意。其五，非法持有枪支本身即具有刑事违法性和社会危害性。据此，二审法院认为原审定罪准确。根据犯罪行为的社会危害较小、非法持有枪支的目的是营利、主观恶性以及人身危险性相对较低，二审期间具有如实供述犯罪事实、认罪态度较好、有悔罪表现等量刑情节，决定予以从宽处罚并适用缓刑，撤销了一审判决的量刑部分，改判上诉人赵春华有期徒刑三年，缓刑三年。

本案在一审判决之后，在全社会引起了舆论热议。据报道，本案并非全国首例，各地因买卖、持有可发射 BB 弹的仿真枪或玩具枪被以非法持有枪支罪追究刑事责任的类似案件有 23 个，其中 17 个案件的被告人被判缓刑，3 个案件的被告人被判处管制，只有 3 个案件的被告人被判处实刑。[①] 然而，就在舆论热议本案的同时，有人却发现河南信阳市新县法院曾在 2016 年网上公开拍卖可以发射 BB 弹的玩具枪。[②] 司法机关公开拍卖玩具枪与将普通公民持有或买卖玩具枪或仿真枪的行为认定为犯罪之间形成了鲜明的对比，如此双重标准，怎能不引发争议和质疑？这也表明，即使是司法机关也没有将玩具枪与法律所管制的"枪支"联系起来，更何况普通的社会公众？有观点认为，"持有和拍卖玩具枪，普通公民疑惑司法机关，司法不能出现差别对待，特别是包括法院自己也在公开拍卖类似仿真枪支，这给社会带来的困惑有待及时疏解"。[③] 有的指出，"当法律令人'真想不到'，并不意味着法盲太多，而可能是法律本身出问题了。法学家富勒曾提出，法律有八个内在的德性，其中之一就是不能要求人们做不可能做到的事情"。[④] 在各种质疑当中，公安部门制定的枪支标准的科学性、公正性成为争议的焦点。"面对屡屡陷入争议的'枪支'标准，人们不禁问，即便是专业司法人员也很难第一时间作出对玩具枪可能涉及管制'枪

---

① 叶竹盛：《摆射击摊被判刑，法律不该令人"真想不到"》，《新京报》2017 年 1 月 3 日。

② 李铁柱：《河南法院网上司法拍卖模型枪引争议官方未回应》，《北京青年报》2017 年 1 月 4 日。

③ 《仿真枪争议需要司法整体应对》，《南方都市报》2017 年 1 月 4 日。

④ 叶竹盛：《摆射击摊被判刑，法律不该令人"真想不到"》，《新京报》2017 年 1 月 3 日。

支'的概念反应，更何况普通老百姓？"① 有观点指出："1.8 焦耳/平方厘米"的枪支认定标准，已经产生了不少因持有"玩具枪"被判重罪的案例。严格控制枪支，固然是一种安全手段，但也不能"无限探底"，人为制造"高压线"，致使刑罚泛化。② 当依法办案备受质疑、判决陷入情理与法理的困境时，我们需要检视法律依据的正当性，反思办案方式和裁判思维中存在的问题。因此，笔者试图结合本案的实体和程序问题，分析非法持有枪支罪在诉讼当中的法律适用与诉讼证明等问题，探讨刑法各罪与刑事诉讼运转的复杂联动关系。

二 枪支的认定对涉枪刑事案件数量及诉讼程序的影响

我国《刑法》第 128 条规定，"违反枪支管理规定，非法持有、私藏枪支、弹药的，处三年以下有期徒刑、拘役或者管制；情节严重的，处三年以上七年以下有期徒刑"。非法持有枪支罪属于刑法中的法定犯，认定犯罪的前提是行为违反了我国有关枪支管理的行政法规和规章。因此，认定犯罪的法律依据除刑法之外，还必然涉及与枪支管理相关的行政法律、法规。

（一）"枪支"的认定标准

1. 《枪支管理法》对"枪支"的定义

《枪支管理法》是我国现行的枪支管理的行政法。③ 该法规定了国家严格管制枪支的基本政策、管理机构和具体的管理制度，并首次明确了枪支的定义，即第 46 条规定，"枪支，是指以火药或者压缩气体等为动力，利用管状器具发射金属弹丸或者其他物质，足以致人伤亡或者丧失知觉的各种枪支"。这条规定从一般意义上界定了认定枪支的标准，要求枪支必须具备两个条件，一是结构条件即"利用管状器具发射"；二是威力条件即"足以致人伤亡或者丧失知觉"。

但是，司法人员在实践中依据什么来判断涉案枪形物是否足以致人伤亡或丧失知觉呢？该法并没有给出进一步较为具体化、细化的认定标准。在非法持有枪支以及其他涉枪犯罪当中，首先需要明确的就是涉案对象即

---

① 小易：《大妈摆射击摊获刑律师：有 3 个理由认为她无罪》，《华西都市报》2017 年 1 月 4 日。

② 《岂止天津大姐"想不到"》，《领导决策信息》2017 年第 2 期。

③ 该法自 1996 年 10 月 1 日施行，2015 年 4 月 24 日修正并施行。

"枪形物"的性质，因而，法律法规需要为涉案"枪形物"的识别提供具体的、可供实践操作的标准，用于鉴别其是否属于法律所管制的特定物"枪支"。《枪支管理法》将制定枪支具体管理办法的权限授予了公安部门，《枪支管理法》第47条规定，"单位和个人为开展游艺活动，可以配置口径不超过4.5毫米的气步枪。具体管理办法由国务院公安部门制定"。本案被告人赵春华所持有的是用于娱乐射击活动的气枪，其具体管理办法的制定权限属于公安部门。

2. 我国现行的枪支鉴定标准

我国现行的枪支鉴定标准是由公安部在2010年《公安机关涉案枪支弹药性能鉴定工作规定》中确立的，该规定在性质上属于部门规范性文件，用于公安机关办理涉枪刑事案件中需要鉴定涉案枪支、弹药性能的情况。该规定修改了2001年确立的枪支鉴定标准，[①] 首次采用了《枪支致伤力的法庭科学判据》中的认定标准，[②] 将非制式枪支的鉴定标准确定为：当所发射弹丸的枪口比动能大于等于1.8焦耳/平方厘米时，一律认定为枪支。[③] 该标准对于枪支的鉴定采用了量化的标准数值，对于司法实践活动具有较强的可操作性。根据相关研究，1.8焦耳比动能的弹丸会对人体裸露的眼睛造成损伤，由于眼睛是人体最薄弱的部位，以此为下限制定的枪支鉴定标准体现出了最大限度维护社会安全、保护民众的立法思维。

但是，关于该标准的争议也一直存在，因为枪击眼睛在涉枪案件中毕竟不是普遍情况，大多数情况下子弹命中的是人的皮肤，而1.8焦耳的比

---

① 公安部2001年《公安机关涉案枪支弹药性能鉴定工作规定》中规定的枪支鉴定采用"射击干燥松木板法"，即该规定第3条，"对于不能发射制式（含军用、民用）枪支子弹的非制式枪支，按下列标准鉴定：将枪口置于距厚度为25.4mm的干燥松木板1米处射击，弹头穿透该松木板时，即可认为足以致人死亡；弹头或弹片卡在松木板上的，即可认为足以致人伤害。具有以上两种情形之一的，即可认定为枪支"。该标准受到松木板本身材质影响过大，在施行后遭受了该标准过高的一些质疑，于2010年被废止。

② 2007年公安部《枪支致伤力的法庭科学判据》即《中华人民共和国公共安全行业标准 GA/T 718—2007》。该标准规定，"非制式枪支致伤力判据为枪口比动能 e0 ≥ 1.8J/cm²"。[e0 表示枪弹弹丸枪口比动能，单位为焦每平方厘米（J/cm²）]

③ 制式枪支、弹药，无论是否能够完成击发动作，一律认定为枪支、弹药。对于非制式枪支，该规定第3条"鉴定标准"第3款规定："对不能发射制式弹药的非制式枪支，按照《枪支致伤力的法庭科学鉴定判据》（GA/T 718—2007）的规定，当所发射弹丸的枪口比动能大于等于1.8焦耳/平方厘米时，一律认定为枪支。"

动能则不能击穿人体皮肤。根据研究，穿透皮肤的投射物的比动能的临界值为 10—15 焦耳/平方厘米，更接近 10 焦耳/平方厘米。[①] 我国也有学者进行实证研究结果表明，16 焦耳/平方厘米的断面比动能是弹丸穿透皮肤的最小值，此时可以致人轻伤害。[②] 世界上其他国家大多以枪口动能作为衡量枪支杀伤力的标准，研究表明，8kg·m（相当于 78 焦耳/平方厘米的比动能）是使战斗人员造成伤亡而丧失战斗力的下限。美国、德国等国家都采用该标准。[③] 我国（国际）制式枪支标准为 277.5 焦耳/平方厘米；香港《火药及弹药条例》与澳门《武器及弹药规章》的枪械标准为 7 焦耳/平方厘米。[④] 由此可见，枪支鉴定标准设定为 "1.8 焦耳/平方厘米" 是一个比较低的标准，与《枪支管理法》所规定的 "足以致人伤亡或者丧失知觉" 的认定标准之间还存在一定的差距。

（二）枪支的鉴定对涉枪刑事案件数量及诉讼程序的影响

1. 枪支的鉴定标准对涉枪刑事案件数量的影响

正如笔者在第二节中对刑法与刑事诉讼法相互作用的原理所阐述的一样，刑法上对犯罪圈的扩大会增强刑法在惩罚犯罪方面的作用，但相应地也可能降低刑法对人权保障的力度，同时，犯罪圈的扩大直接影响个案在刑事诉讼中的定罪量刑及其可用的司法资源。

2010 年枪支鉴定标准的修改，使涉枪犯罪的犯罪圈被扩大。从构建安全、稳定的社会秩序角度而言，这种犯罪圈的扩大无疑是有利于社会大众人身和财产安全的。但是，犯罪圈的扩大也使大量 "仿真枪" 和 "玩具枪" 被纳入了 "非制式枪支" 的范畴，司法实践中包括非法持有枪支罪在内的涉枪犯罪的案件数量直线上升。[⑤] 笔者在中国裁判文书网以非法持有、私藏枪支、弹药罪为案由进行搜索，获得 25499 个结果。裁判文书的具体

---

① 参见李刚、姚利《枪弹痕迹的法庭科学鉴定现状与未来》，《警察技术》2008 年第 1 期。

② 于遨洋等：《非制式枪支杀伤力标准的实验研究》，《福建警察学院学报》2008 年第 2 期。

③ 张正磊：《"两高" 及公安部酝酿新司法解释 仿真枪入刑或松动》，看看新闻网，http://www.kankanews.com/a/2017－03－08/0037907846.shtml? appid＝149366，2017 年 6 月 1 日访问。

④ 张正磊：《"两高" 及公安部酝酿新司法解释仿真枪入刑或松动》，http://www.kankanews.com/a/2017－03－08/0037907846.shtml? appid＝149366，2017 年 6 月 1 日访问。

⑤ 据 2008 年 2 月 22 日公安部发布的《仿真枪认定标准》，仿真枪是指所发射金属弹丸或其他物质的枪口比动能小于 1.8 焦耳/平方厘米（不含本数）、大于 0.16 焦耳/平方厘米。玩具枪则是指枪口比动能小于 0.16 焦耳/平方厘米。

数量如下图所示：

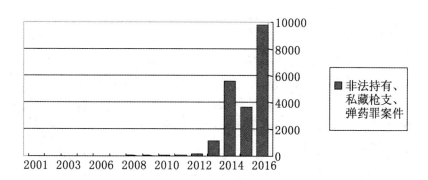

资料来源：中国裁判文书网。

图3.2 枪支鉴定标准变化前后非法持有枪支、私藏弹药罪案件数量的变化

由图3.2可见，2010年枪支鉴定标准变化之前，2001—2010年非法持有枪支案件的裁判文书数量一直在两位数以下，2001—2007年甚至一直是个位数。但从2011年开始，案件数量开始迅速上升，2016年的裁判文书竟然达到了9761个。虽然裁判文书网上的裁判文书数量并不能全面反映实践中的犯罪数量，但即使排除其中二审、再审案件的裁判文书以及裁判文书重复的情况，也能够反映出枪支鉴定标准变化之后非法持有枪支罪的案件数量有着非常明显的增长。可见，枪支鉴定标准的变化的确扩大了非法持有枪支罪的犯罪圈。有数据也指出：2011—2015年，全国公安机关共破获非法制造、贩卖气枪、仿真枪等各类枪支案件9000余起，抓获犯罪嫌疑人8万余名。① 这说明，枪支鉴定标准的高低直接影响着刑事司法实践中涉枪案件的数量，两者之间呈现反比例关系：枪支鉴定标准越高，涉枪案件数量越少；而枪支鉴定标准越低，涉枪案件的数量则越多。

2. 枪支鉴定结果对案件诉讼程序的影响

涉枪案件中，枪支鉴定的结果对于案件在刑事诉讼立案之后的未来走向，也即案件能否继续向前推进具有决定性的作用。笔者对办理过涉枪案

---

① 张正磊：《"两高"及公安部酝酿新司法解释 仿真枪入刑或松动》，看看新闻网，http：//www.kankanews.com/a/2017－03－08/0037907846.shtml？appid=149366，2017年6月1日访问。

件的一些侦查人员进行采访后了解到，侦查机关在掌握了行为人持有"疑似枪支"的事实后，特别是非法持有枪支并涉嫌进行其他犯罪活动的，一般都会根据刑事诉讼法规定的"有犯罪事实需要追究刑事责任"立案标准，先立案，再委托相关鉴定机构进行鉴定。如果对于涉案枪形物是否属于"枪支"尚无把握的，则一般会先委托枪支鉴定，再视情况决定是否立案。基层办案机关也存在为了应付上级考核，先立案后鉴定，当鉴定结果不符合立案条件时，再撤销案件的情况。实践中，也有一些案件是先以行政案件立案，发现涉案枪形物属于法律管制的"枪支"后，再移送相关部门以刑事案件立案的情况。

由于非法持有枪支罪在客观行为方面只有单一的"非法持有"行为，涉案枪形物的鉴定结果就成为判断非法持有枪支的行为人罪与非罪的界限。当涉案枪形物被鉴定为法律意义上的"枪支"时，鉴定结果将成为证明主要犯罪事实的证据，是侦查机构在侦查终结后将案件移送检察机构审查起诉的重要依据；也是公诉机关提起公诉以及法院作出有罪裁判的重要依据。当涉案枪形物经过鉴定不符合枪支标准、不属于法律意义上的"枪支"时，行为人的持有将因不符合犯罪构成要件而丧失追究刑事责任的依据，案件将被依法撤销，刑事诉讼程序就此终结。由于非法持有枪支罪在客观行为方面只有单一的"非法持有"行为，因此，涉案枪形物的鉴定结果就成为判断行为人罪与非罪、具有决定性的因素，如果鉴定结果否定涉案枪形物的"枪支"属性，将对案件产生类似"一票否决"式的效果，产生阻止案件继续向刑事诉讼其他阶段推进的效力。

三　非法持有枪支罪的犯罪构成与刑事诉讼中的证据收集

我国 1979 年《刑法》在妨害社会管理秩序罪一章规定了私藏枪支、弹药罪。1997 年《刑法》修订时增设了非法持有枪支、弹药罪。此后，我国刑法陆续增设了一些持有型犯罪，至《刑法修正案（九）》出台，已经有 9 个持有型犯罪。[①]

[①]　我国持有型犯罪主要包括：非法持有枪支、弹药罪；持有假币罪；非法持有国家绝密、机密文件、资料、物品罪；非法持有毒品罪；非法持有毒品原植物种子、幼苗罪；巨额财产来源不明罪；妨害信用卡管理罪（其罪状是持有伪造的或他人的信用卡行为）、持有伪造的发票罪；非法持有宣扬恐怖主义、极端主义物品罪。

（一）持有型犯罪的性质

"持有是指行为人对特定物品进行事实上和法律上的支配、控制。"① 持有行为的性质是刑法中具有很大的争议，目前还没有形成通说。"英美刑法理论一般认为持有是一种状态，大陆法系国家的刑法理论则没有争议地认为持有属于作为。"② 不论持有行为的属性如何，刑法设立持有型犯罪的法治价值在于："严密刑事法网、减轻公诉机关证明责任、节省司法成本、提高司法效率、增加刑法的威慑效用。"③ 因此，现代各国刑法中普遍设置了持有型犯罪，如美国联邦和各州的刑法中规定有非法持有毒品、盗窃工具、火器、刀具以及其他攻击性武器罪；④ 日本刑法中的持有鸦片烟或者吸食鸦片烟的器具罪；意大利刑法中规定的在自己的住宅或其附属地域外持有武器罪等。

赞同法益保护说的学者认为，"持有型犯罪依然是侵犯法益的犯罪，而不只是对规范的违反"。⑤ 持有型犯罪属于刑法当中的危险犯，只要行为具有侵害法益的危险时即可构成犯罪，持有型犯罪危险又属于危险犯当中的抽象危险犯。刑法为控制现代社会风险、实现一般预防的目的，采用抽象危险犯的立法设置，将刑法的规制范围扩大到了具有法益侵害危险的行为，强化并前置化刑法对法益的保护。具体危险犯所保护的主要是个人的、具体的和现实的法益，与之不同，抽象危险犯所侵害的是抽象的、概括性的或类型化的危险，其立法主要出于维护重大法益安全或者社会秩序的目的，如国家、公共秩序和安全；食品、药品的监管秩序等。"根据有些国外立法，设立持有型罪名的意义还在于以惩罚早期预备行为来防止严重犯罪的发生。这种立法的法制价值是，一方面在刑法总则里废除惩罚犯罪预备作为一般原则的规定，更好地贯彻罪刑法定，另一方面又可收到防止重罪发生的效果。"⑥ 持有型犯罪中法益保护的早期化意味着刑法将干预的触角延伸到了没有实质性侵害结果的行为当中，虽然这在维护社会秩序、保护重大法益、防止罪犯逃避法律制裁方面具有显著的作用，但却有

---

① 高铭暄、马克昌主编：《刑法学》第五版，北京大学出版社 2011 年版，第 70 页。
② 张明楷：《刑法学》第四版，法律出版社 2011 年版，第 162 页。
③ 高铭暄、马克昌主编：《刑法学》第五版，北京大学出版社 2011 年版，第 71 页。
④ 参见赵秉志主编《英美刑法学》，中国人民大学出版社 2004 年版，第 29 页。
⑤ 张明楷：《刑法学》第四版，法律出版社 2011 年版，第 161 页。
⑥ 储槐植：《刑事一体化与关系刑法论》，北京大学出版社 1997 年版，第 414 页。

违刑法作为法律规制最后手段的特性。

就我国刑法的发展变化来看，持有型犯罪的数量在不断增加，未来立法上还可能会继续增设。① "持有型犯罪构成实际上是一种区别于传统的作为型犯罪构成与不作为型犯罪的堵截犯罪。"② 虽然持有性犯罪的立法扩张具有严密刑事法网、防止放纵犯罪的优点，但不能不警惕刑法这种对于人权保障暗藏的风险。《刑法修正案（九）》增设非法持有宣扬恐怖主义、极端主义物品罪就曾备受质疑，因为持有这类物品是否具有应当科处刑罚的危险程度，很难用具体的标准去认定和衡量，这就难以避免实践中执法的走样。

非法持有枪支罪的立法同样具有补充性和堵截性的特征。刑法设立非法持有枪支罪的主要目的是出于防止在难以查清枪支来源和用途或者无法按照关联犯罪定罪处罚时放纵犯罪。实践中，非法持有枪支会引发很多关联犯罪，是很多行为人在实施其他暴力犯罪之前的预备行为。然而，不能忽视的是，也有很多案件中的被告人在案发时根本不了解"1.8 焦耳/平方厘米"的枪支认定标准，没有认识到其所持有的玩具枪或仿真枪已经到达了这一标准。这正是包括赵春华案在内的一些刑事案件的判决遭到被告人及其家属质疑，并给社会公众造成认识上困惑的根源。③ 正如有学者指出的，"将鉴定为枪支的临界值大幅度地降低到接近原有标准的十分之一左右。直接导致司法实践中出现了大量被告人坚称行为对象是'玩具枪'或者'仿真枪'但因为被鉴定达到了新的枪支认定标准而被以有关枪支犯罪追究刑事责任的案件。由于现行的枪支司法认定标准和多数民众对枪支的

---

① 有学者建议增设非法持有核材料罪、非法持有有毒有害食品罪等罪名。参见王文华《论〈制止核恐怖行为国际公约〉与我国相关立法的协调》，《河南大学学报》（社会科学版）2016 年第 3 期；蔡若夫：《论非法持有有毒有害食品行为的刑法规制》，《武汉理工大学学报》（社会科学版）2015 年第 3 期。

② 梁根林：《持有型犯罪的刑事政策分析》，《现代法学》2004 年第 2 期。堵截犯罪构成是指刑事立法制定的具有堵塞拦截犯罪人逃脱法网功能的构成要件。参见储槐植《刑事一体化与关系刑法论》，北京大学出版社 1997 年版，第 358 页。

③ 例如刘大蔚的辩词就表达了其对有罪判决的强烈质疑："用这个仿真枪处置我，如果打死我，我就承认这是枪，如果打不死我请把我无罪释放！"刘大蔚因网购 24 支仿真枪，于 2015 年 4 月被福建省泉州市中级人民法院一审以走私武器罪被判处无期徒刑，二审维持原判。2016 年10 月，福建省高院以"量刑明显不当"发布再审决定书。参见《从刘大蔚到赵春华："假枪"与"真罪"》，看看新闻网，http：//www.kankanews.com/a/2017 - 01 - 18/0037850582.shtml，2017 年 6 月 6 日访问。

认知相差悬殊，导致不少被告人不服司法裁判，也影响了相关司法裁判的公众认同"。① 因此，非法持有枪支罪在偏重对法益保护的同时，也不能忽视人权保障的重要性，司法中对于犯罪成立的认定应当慎重，仔细区别案件的具体情况，不能仅凭"持有"的客观行为定罪，对于被告人主观意识和行为危害性等犯罪构成要件也必须加以考察。

（二）非法持有枪支罪的犯罪构成与证据收集

1. 非法持有枪支罪的犯罪构成

非法持有枪支罪属于我国刑法当中危害公共安全的犯罪类型，由于枪支具有的巨大杀伤力，属于我国法律、法规规定的管制物品，非法持有枪支的行为存在着威胁社会秩序和公共安全的巨大风险，将该罪设置在危害公共安全犯罪一类中体现出立法者通过维护枪支管理秩序保护公共安全的目的。

非法持有枪支罪是指没有合法依据而对枪支实际地占有或控制的行为，非法替他人保管、非法私藏实际上都属于非法持有枪支的情况。就该罪的具体犯罪构成要件来说：（1）犯罪客体是刑法所保护的、国家的枪支管理制度和公共安全。行为人持有枪支构成犯罪的前提首先是违反了国家对枪支这一特定物品的管理制度或相关规定，从而具有了侵害公共安全的抽象危险。（2）犯罪主体是一般主体，根据我国刑法的规定，只有自然人能够成为主体。（3）犯罪的客观方面表现为行为人具有非法持有的客观行为。持有是指行为人对枪支客观上实际的支配以及控制的状态。非法持有强调持有行为的非法性，即行为违反了国家枪支管理的法律法规。此外，由于持有行为一般具有时间上的持续性，所以非法持有枪支罪又具有继续犯的特点，这一特征在涉及数罪并罚（非法持有枪支并具有关联犯罪行为）、追诉时效、溯及力等问题上均具有重要的法律意义。（4）在主观方面，非法持有枪支罪的责任形式为故意，不能是过失。犯罪故意可以直接故意，即行为人明知是国家禁止持有的枪支而故意非法取得并持有，也可以是间接故意，即无意或合法取得枪支后，在持有期间知道是违禁品仍然放任其持有行为。对于非法持有枪支罪主观方面的理解具有一定的争议：一种观点认为只需要行为人对其所持有的"枪支"具有概括的故意，即只认识到所持有的是仿真枪等类似枪支的物品，在客观上经鉴定为"枪支"的，即可认定持有的主观故意。另一种观点认为必须是行为人认识到自己

---

① 陈志军：《枪支认定标准剧变的刑法分析》，《国家检察官学院学报》2013 年第 5 期。

持有的是枪支，如果确实没有认识到持有的是枪支，不能认定具有主观故意。[①] 根据我国刑法对故意犯罪的规定，犯罪故意应包括认识因素和意志因素两个方面。认识包含着对客观犯罪事实、行为之客观侵害性以及行为之客观违法性的认识，"若行为人不知其行为系法所不许，且不可得而知之，是即无违反法律秩序之意识，尚难谓有犯罪故意"。[②] 因此，仅有行为人持有枪支的事实，还不足以认定其主观上的"明知"，行为人对持有或私藏行为的危害性及违法性的认识也是认定犯罪故意的必备要件。

2. 犯罪构成要件的证据收集

根据我国刑法，犯罪构成要件是决定犯罪是否成立的唯一标准。在刑事立案阶段，侦查机构只需要掌握行为人非法持有枪支案件中基本的、主要的事实，即部分犯罪构成要件事实，通常是行为人持有"涉案枪形物"的事实。立案之后，则需要全面收集能够证明犯罪构成要件的各种证据材料，查实其他尚未掌握的犯罪构成要件事实，例如包括行为人的年龄、智力、精神、身份等一系列事实因素在内的主体要件，为案件下一步进入起诉以及审判阶段做好准备工作。

（1）收集证据的主体：刑事侦查阶段的证据收集主体分为两类，一类是侦查机构；另一类是犯罪嫌疑人及其辩护人。侦查机构为了追究行为人的刑事责任，必须按照法律规定的程序依法收集能够证明犯罪成立的证据材料。如果采用非法手段或者违背法定程序收集证据，即使其所收集的证据材料具有真实性和相关性，也可能面临被法庭拒绝采纳的结果。为了洗脱犯罪嫌疑，犯罪嫌疑人及其辩护人也需要收集相关的证据支持自己的诉讼请求和主张。犯罪嫌疑人是最了解案件情况的当事人，享有自我辩护的诉讼权利；辩护人则是依法为其提供法律帮助的人，根据我国刑事诉讼法，辩护律师拥有一定的调查取证权，可以从实体法或程序法收集有利于犯罪嫌疑人的证据材料。

（2）收集证据材料的内容：控诉证据材料和辩护证据材料。控诉证据是用于指控犯罪成立的证据材料。根据《刑事诉讼法》第 50 条的规定，"侦查人员必须依法定程序，收集能够证明犯罪嫌疑人或被告人有罪或者无罪、犯罪情节轻重的各种证据"。侦查人员负有全面收集有关犯罪嫌疑

---

① 于沛鑫、于浩：《非法持有枪支罪主观故意的认定》，《中国检察官》2014 年第 10 期。
② 韩忠谟：《刑法原理》，北京大学出版社 2009 年版，第 190 页。

人有罪和无罪证据的职责。但事实上，侦查行为是为提起控诉做准备，受其诉讼职能和诉讼角色的影响，侦查人员往往不注重收集有利于犯罪嫌疑人的无罪或罪轻的证据，即使收集到也通常不会向检察机关移交或向法庭提交。正是这种原因，辩护方积极收集对有利于犯罪嫌疑人、证明犯罪嫌疑人无罪或罪轻的证据材料就显得尤为重要。《刑事诉讼法》第 35 条规定，"辩护人应当根据事实和法律，提出犯罪嫌疑人或被告人无罪、罪轻或者减轻、免除其刑事责任的材料和意见，维护犯罪嫌疑人、被告人的诉讼权利和其他合法权益"。因此，无罪辩护时要着重收集有关犯罪嫌疑人或被告人无罪的证据材料；罪轻辩护时则主要收集有关犯罪嫌疑人或被告人犯罪情节较轻、可以从轻、减轻或免除刑罚处罚的证据材料。

（3）收集证据材料的难点：非法持有枪支罪证据材料收集的难点主要在犯罪构成要件客观方面和主观方面证据的收集。其一，客观方面证据材料的收集。客观方面是犯罪活动的客观外在表现，由于非法持有枪支罪属于危险犯，不存在实害结果，因此客观方面主要表现为行为人非法持有枪支的行为，且持有达到了一定的程度具有侵害公共安全的抽象危险。危险犯通常无法靠单一的证据证明，往往需要一系列的证据组合才能达到证明的目的。实践中，侦查机构主要收集的证据材料包括犯罪嫌疑人持有枪支的来源；持有的时间、地点；持有枪支的数量；持有期间从事的活动；侦查机构查获、搜查或者扣押枪支的经过；枪支的保管、送检情况；枪支的鉴定意见等。对于辩方来说，要针对性地注重收集那些能够证明枪支具有合法的来源或去向的证据；持有行为不具有危险性或危险性较小的辩护证据。非法持有枪支罪属于情节犯，"情节严重"是量刑的主要依据，根据我国相关的司法解释，枪支的数量是判断情节是否严重的主要依据。因此，有关枪支数量的证据也是证据材料收集的关键。此外，辩方还可以着眼于程序法角度收集相关的辩护证据。例如收集侦查机构是否存在违法收集证据、违法鉴定的证据材料。例如，赵春华的辩护人就提交了有关侦查机构未依照法定程序和规则提取、包装和送检涉案枪形物的相关证据，并借此指出涉案枪形物存在被污染、混同的可能，因此不能作为定案证据的主张。而法院在二审判决中虽然没有采纳辩护意见，但也明确指出侦查机构对涉案枪形物的现场侦查行为确实存在违反相关规定的情况。[①] 其二，

---

① 参见《天津市第一中级人民法院刑事判决书（2017）津 01 刑终 41 号》。

主观方面证据的收集。犯罪主观方面是行为人对其持有行为危害性的认识。主观方面是人的心理态度，比客观方面证据的收集更加困难。实践中，侦查机构通常是用客观的证据来推定行为人在行为时所持有的主观心理状态。在一些案件中，行为人会对自己的心理作出供述，此时供述就是证明主观心理的证据。对于犯罪嫌疑人及其辩护人来说，收集主观证据从而否定行为人具有非法持有枪支的故意，是无罪或罪轻辩护的重点。如赵春华的辩护人在辩护意见中就指出被告人始终认为自己持有的是玩具枪而非真枪，因此不具备非法持有枪支犯罪的主观故意。

四 非法持有枪支罪的定罪量刑

刑法个罪的定罪量刑是认定案件事实与适用法律依据的最终结果。司法机关准确认定案件事实的目的是准确地适用法律，获得公正的判决结果，实现刑法惩罚犯罪保障人权的目的。法律的适用既要准确把握刑事实体法的内容，又要正确运用程序法的相关规定。

（一）非法持有枪支罪的认定与证明责任

1. 非法持有枪支罪的认定

非法持有枪支罪的定罪标准主要是犯罪构成要件。在诉讼中，控方需要就非法持有枪支的犯罪主体、客观行为以及非法持有犯罪故意进行证明。其中，定罪的关键在于客观方面与主观方面的判断。

（1）客观方面的认定

一是要注意区分非法持有与非法私藏、非法储存以及非法携带枪支危及公共安全之间的界限。司法实践中主要是根据司法解释的规定进行区分：非法持有与非法私藏主要是犯罪主体的不同；非法持有与非法储存主要是行为方式的不同；非法持有与非法携带枪支危及公共安全主要在于客观表现的不同，即是否具有携带枪支进入公共场所危害公共安全。二是要注意本罪与关联犯罪之间的吸收与竞合关系。其一，当非法持有、私藏枪支与非法储存枪支两罪竞合或者行为人的行为同时包括几种行为时，应采用吸收原则，认定为非法储存枪支、弹药罪。其二，行为人由于其他枪支犯罪如非法制造、买卖、运输、盗窃、抢夺、抢劫枪支而持有的，属于吸收犯，非法持有被吸收，按照相关犯罪认定。如果根据证据无法查明枪支的来源或去向，尚不能认定行为人还具有其他枪支犯罪的，只能以非法持有枪支罪认定。其三，当行为人持有并携带枪支进入公共场所时，则需要根据情节来区分，情节严重的，属于非法持有枪支与非法携带枪支危及公共安全罪的想象竞合，应择一重罪处罚；情节轻微、不构成非法携带枪支危及公共安全罪的，则应以非法持有枪支罪认定。

（2）主观方面的认定

主观方面的认定因其探究的是难以见之于外在的心理状态，所以更为复杂。非法持有枪支罪与其他犯罪一样，同样强调行为人主观上的"明知"，即行为人知道自己持有的是法律所禁止持有的枪支，仍然故意持有。对犯罪故意的认定，可以从枪支的来源、用途；持有后的行为；行为人的认知水平、文化、职业与经历等方面进行综合判断。枪支是通过正常渠道获得还是通过非法交易获得；持有枪支的用途是娱乐还是打猎、报仇等，均能反映出行为人的主观目的。例如在样本案例中，一些案件的行为人是农民，持有的是用于打猎的猎枪，这就体现出行为人的主观恶性较小、没有侵害公共安全的意图。再如，行为人是否从事过与枪支有关的职业则影响其对持有枪支危险性和违法性的认识，通常来说，具有军人、警察等职业经历的人比普通人对枪支具有更为全面和专业的认知。

就赵春华案来说，笔者认为，该案判决中并没有显示确实、充分的证据证明赵春华具有犯罪故意。赵春华所持有的枪支来源清楚，并不是以非法途径所获取，而是来源于合法的受让合同关系，持有枪支的目的和用途明确，只是为了摆摊经营，而不是从事非法活动。没有充分的证据证明赵春华在案发之前明确知道其所持有的涉案枪形物属于法律所管制的"枪支"。从赵春华的年龄（51 岁）、文化程度（初中）以及无职业等个人背景来看，缺乏对所持"枪支"性质的认识和判断能力属于正常情况，也没有确切的证据表明赵春华持有枪支的行为具有侵害公共安全的危险。当行为人并没有侵害某种犯罪客体的主观意图时，就从基础上动摇了其行为具有严重社会危害性的本质。"拿'刀具'加以对比我们可能更容易理解：'刀具'本身有家庭使用的功能，但其也有一定的攻击性能，但如果持刀人仅仅以'切菜'为目的，则我们认为没有社会危险性，但如果持刀人以'杀人'为目的，则具有社会危险性。"① 因此，赵春华虽然在客观方面具有持有枪支的行为，但并不能仅此认定其具有非法持有枪支的犯罪故意和

① 张恒：《"羁押必要性审查"的实例分析——鄢某某非法持有枪支案》，《法制与社会》2013 年10 月。

侵害公共安全的主观犯意。

2. 非法持有枪支罪的证明责任：主观故意能否直接推定

对非法持有枪支罪主观故意的证明问题，有观点认为，证明主观罪过的证明责任在辩方，可以根据行为人持有枪支的客观事实直接推定行为人主观上具有故意，这就意味着主观方面的证明责任转移给被告人承担。控方在证明被告人持有枪支的情况下，由于持有行为与持有犯意之间具有高度的关联性，基于罪过推定，实际上就一并证明了被告人具有持有的主观罪过。例如，有学者认为，"根据持有的事实，需要被告人承担客观证明责任的范围包括'明知'和'不法'两个问题，即被告人需要同时说明他对持有物品的存在、性质的不知，以及对持有物品的合法，如果他没有把这两个问题同时说清楚，那么可以根据被告人持有特定物品的事实，认定他知道他所持有的特定物品的存在、性质，以及他没有任何合法的理由持有特定物品"。①

笔者认为，不能基于客观上持有枪支的事实直接推定其非法持有枪支的主观故意。非法持有枪支的主观犯罪故意属于犯罪构成要件，仍然需要控方承担证明责任，控诉人应当举证证明被告人"明知"是枪支而继续持有的主观心理，被告人并不负有证明主观罪过的证明责任，但可以针对控方的证明进行抗辩。被告人可以提出自己并不具有主观上"明知"的抗辩，内容包括不知道持有枪支的事实与不知道所持有的涉案枪形物属于"枪支"的事实。基于我国证明标准的规定，控诉方的证明应该达到"事实清楚、证据确实充分"，排除一切合理怀疑的要求，因此被告人的抗辩只要引起对控方证明度的合理怀疑即可。例如，如果被告人举出证据证明其所"持有"的枪支是他人在其不知情的情况下放置的，就足以引起对控方指控的合理怀疑，控方就需要对此疑点做进一步的说明、排除怀疑。

被告人不负证明责任，不能进行举证责任倒置的原因主要在于我国法律并没有明文规定非法持有枪支罪实行举证责任倒置。根据我国刑法的规定，只有非法持有国家绝密、机密文件、资料、物品罪和巨额财产来源不明罪实行举证责任倒置原则，明确要求被告人"说明来源与用途"，即承担证明自己所持有物品具有合法来源的举证责任。② 持有型犯罪的立法本

---

① 张斌：《再论被告人承担客观证明责任——以我国刑法规定的持有型犯罪为例》，《四川大学学报》（哲学社会科学版）2009 年第 3 期。

② 参见《刑法》第 282、395 条。

身就是在无法查清持有的特定物品的来源、去向和用途，难以追究关联的先行犯罪或续接犯罪等更为严重犯罪的情况下，强化刑法法益保护机能的一种特殊设置，该设置已经降低了指控方的证明难度，由证明查处难度大的所持物品来源或去向的关联犯罪的犯罪事实，变更为了证明查处难度较小的持有特定物品的现状。因此，不能为了追究犯罪破坏刑事诉讼证明责任的分配原则，加重被告人的证明负担。有观点认为要求控诉方证明持有的犯意有可能轻纵犯罪。[①] 事实上，从实践中非法持有枪支案件的频发以及前文所述近年来我国非法持有枪支罪案件数量急剧上升来看，控方承担证明责任并没有放纵犯罪，反而有犯罪圈扩大、控制过于严厉之虞，因此这种顾虑大可不必。

（二）非法持有枪支罪的法律适用

1. 认定非法持有枪支罪的法律依据

目前，在司法实践中认定非法持有枪支罪适用的法律依据主要包括：（1）刑法。我国《刑法》第128条规定了非法持有枪支罪的罪名、罪状以及不同情节所对应的刑法档次，是认定被告人是否构成非法持有枪支罪的基本依据。（2）司法解释。最高人民法院2001年出台并于2009年进行修订的《关于审理非法制造、买卖、运输枪支、弹药、爆炸物等刑事案件具体应用法律若干问题的解释》，是有关涉枪犯罪最主要的司法解释，明确规定了非法持有枪支罪"情节严重"的认定标准，即以行为人所持有枪支的数量为标准进行判断。[②] 赵春华案、广州小贩王国其案[③]等均以该解释为判决的主要依据。（3）行政法。《枪支管理法》规定了枪支的定义、管理

[①] 参见张斌《再论被告人承担客观证明责任——以我国刑法规定的持有型犯罪为例》，《四川大学学报》（哲学社会科学版）2009年第3期。

[②] 该司法解释第五条第二款第（二）项规定：具有下列情形之一的，属于刑法第一百二十八条第一款规定的"情节严重"：……（二）非法持有、私藏以火药为动力发射枪弹的非军用枪支二支以上或者以压缩气体等为动力的其他非军用枪支五支以上的。

[③] 2010年，广州玩具市场小贩王国其因贩卖仿真枪被起诉，被收缴的20支玩具枪中，18支被鉴定为非制式枪支，两支被认定为仿真枪。一审法院以非法买卖、运输枪支罪判处王国其有期徒刑十年。二审维持原判。2013年4月，广州市中院再审改判王国其有期徒刑4年。2014年6月，案件被广东省高院发回原一审法院重审。2014年11月，法院裁定准予撤诉，王国其不服上诉。2015年9月，广州中院裁定该案发回越秀法院重审。2015年12月，该案再次重审，以法院准许越秀区检察院撤回起诉告终。2016年1月，王国其收到不起诉决定书。检察院称，王国其没有犯罪事实，其行为不构成犯罪，决定对王国其不起诉。该案历时6年，经历一审、二审、再审、复核、重审一审、准予撤诉、发回重审，最终于以广州市越秀区检察院作出不起诉决定而画上句号。2016年7月，广州中院赔偿王国其人身自由损害及精神损害抚慰金共计43万余元。

制度及管理权限，是审判机构认定非法持有枪支罪必要的法律依据。（4）部门规范性文件。部门规范性文件是法院在枪支认定标准问题上适用的主要法律依据。公安部是我国枪支管理的主管部门，有权依法制定有关枪支管理和办理涉枪案件的规定。赵春华案中涉及的《公安机关涉案枪支弹药性能鉴定工作规定》《枪支致伤力的法庭科学鉴定判据》《枪支性能的检验方法》等文件均属于公安部制定的在全国范围内有效施行的部门规范性文件，是认定犯罪中鉴定机构进行枪支鉴定并出具鉴定意见的直接依据。

2. 法律依据中存在的问题及解决思路

（1）司法解释对"持有"与"私藏"的区分容易引起误解

1997 年《刑法》第 128 条确立的罪名是"非法持有、私藏枪支、弹药罪"。从词语的本义上来说，"私藏"也是指对物品的保有、掌握，仍然属于"持有"的一种形态，只不过强调行为的秘密状态。也就是说，"持有"与"私藏"其实是包含与被包含的关系，刑法完全没有必要在该罪名中将持有与私藏并列，特别单列出"私藏"行为。究其原因，"立法机关为了保持刑法的连续性，也为了避免有人误认为 1979 年《刑法》第 163 条所规定的私藏枪支、弹药行为不再是犯罪，所以，在增加了'非法持有'一语的同时，仍然保留了'私藏'概念"。① 由于司法解释将本罪解释为选择性罪名，对非法持有与非法私藏进行了特别的解释，强调非法持有枪支与非法私藏枪支是两种分别独立的行为和罪名，两者的区别在于犯罪主体不同，也即对依法具有持枪资格主体的私藏行为以"非法私藏枪支罪"认定；不具有持枪资格主体的私藏行为则以"非法持有罪"认定。但是，这种超出其字面含义并赋予其专门含义的解释容易引起对我国刑法中其他持有型犯罪的误解。因为，如果将持有与私藏理解为相互独立的两种行为，就容易使人误认为私藏毒品、假币、国家绝密、机密文件等并不是犯罪的结论。但事实上，这些罪名中的持有本就包含了私藏的含义。② 因此，为了避免误解，刑法有必要统一相关罪名的表述，不再单列"私藏"

---

① 张明楷：《刑法分则的解释原理》（下），中国人民大学出版社 2011 年版，第 759 页。

② 例如 1994 年《关于执行〈全国人民代表大会常务委员会关于禁毒的决定〉的若干问题的解释》中对非法持有毒品罪的"持有"解释为"占有、携带、藏有或其他方式持有毒品的行为"；《国家安全法实施细则》（2013）第 20 条中对《国家安全法》中规定的"非法持有属于国家秘密的文件、资料和其他物品"中的"持有"也解释为"携带、私自携带、存放、留存"。

行为，以"持有"涵盖之即可。

（2）《枪支管理法》及部门规范性文件中枪支的鉴定标准有待修订

前文已经阐述了我国现行枪支鉴定标准较低所引发的犯罪圈扩大、案件数量上升、一些案件的裁判得不到民众认同等问题。同时很多争议还指出，法院判决以公安部制定的文件直接作为裁判依据不妥。如赵春华的辩护人就认为，"公安部制定的《枪支致伤力的法庭科学鉴定判据》所依据的试验及理由不科学、不合理，该'判据'确定的枪支认定标准不合法，且属内部文件，不能作为裁判的法律依据。鉴于目前没有法律、法规、规章对枪支作出定义或解释，只能根据《中华人民共和国枪支管理法》的规定，以'足以致人伤亡或者丧失知觉'作为认定标准"。笔者认为，由于涉枪案件中枪支的鉴定结果与行为人是否被追究刑事责任具有直接的关系，涉及权益重大，法院裁判适用法律效力更高的《枪支管理法》更为妥当。法院之所以不适用《枪支管理法》，是因为其与部门规范性文件中的枪支认定标准相比而言，缺乏明确性和可操作性。因此，《枪支管理法》在未来修订中，应当重点完善现行的枪支认定标准，制定更科学、更可行的认定标准。现行公安部制定的枪支鉴定标准也需要进一步改进，在广泛听取社会各界意见、借鉴其他国家经验的基础上，权衡保障社会安全、惩罚犯罪与保障人权之间的关系，设置出更具科学性与合理性、更能为普通民众所认同的标准。

（3）《刑法》与《治安管理处罚法》的选择适用及衔接

《治安管理处罚法》在第二节"妨害公共安全的行为和处罚"第32条中规定了非法携带枪支、弹药的行为。[①] 就该条来看，前半部分所规制的"非法携带枪支、弹药"的行为与《刑法》第128条所规制的"非法持有枪支、弹药"的行为是完全一样的。后半部分所规制的"非法携带枪支、弹药等进入公共场所或者公共交通工具"的行为与《刑法》第130条规制的"非法携带枪支、弹药、管制刀具、危险物品危及公共安全"的行为也是相同的。

事实上，"非法携带"与"非法持有"同样是种属概念，"携带"仍

---

① 《治安管理处罚法》第32条规定：非法携带枪支、弹药或者弩、匕首等国家规定的管制器具的，处五日以下拘留，可以并处五百元以下罚款；情节较轻的，处警告或者二百元以下罚款。非法携带枪支、弹药或者弩、匕首等国家规定的管制器具进入公共场所或者公共交通工具的，处五日以上十日以下拘留，可以并处五百元以下罚款。

然是持有的一种样态表现，只不过刑法上构成该罪还要求行为人同时具有持有枪支等进入公共场所的行为。而《刑法》352条"非法买卖、运输、携带、持有毒品原植物种子、幼苗罪"中，又并列规定了"携带"与"持有"。① 产生问题的主要原因是我国《刑法》在立法用语上的不统一和不严谨，其对"持有""私藏""携带"等概念的混用，容易造成司法解释和法律适用中的歧义和误解。因此，在刑法中明确"非法持有"内涵和范围，去除"私藏""携带"等重复用语，统一适用"持有"的概念实有必要，使其涵盖"非法私藏、携带"等含义，有利于避免认识上的误区。

从《治安管理处罚法》与《刑法》调整范围上的差异来看，前者属于行政法，规制的是情节较轻的行为；后者则规制情节较重或情节严重的犯罪行为。因此，两者的不同点和衔接点就在于"情节的轻重程度"。根据司法解释的规定，情节是否严重的判断标准主要是枪支、弹药的数量。《刑法》非法持有枪支罪追责的起点是：非法持有军用枪支1支；以火药为动力发射枪弹的非军用枪支1支或以压缩气体等为动力的其他非军用枪支2支。《刑法》第130条非法携带枪支、弹药、管制刀具、危险物品危及公共安全罪追责的起点则是只要具有携带枪支进入公共场所就属于"情节严重"。② 从这个角度来看，《治安管理处罚法》所调整的情况只有非法携带以压缩气体等为动力的其他非军用枪支1支的行为，而《刑法》所规制的行为起点过低、调整范围过大，在一定程度上挤压了《治安管理处罚法》的调整空间。正因如此，大量持有或携带仿真枪或玩具枪的案件无法适用《治安管理处罚法》进行处罚。实践中，也有很多的案件在移交审查起诉之后，因情节轻微或危害不大而不应追究其刑事责任，检察机关作出不起诉的情况。③ 从程序上的衔接来看，在刑事立案决定之前，枪支尚未鉴定，执法人员如何判别具体的数量，从而选择是适用行政程序还是刑事程序呢？如果已经按照刑事案件立案，事后经鉴定数量达不到刑法要求的，是否应该撤销案件转为治安处罚呢？

---

① 这种并列式规定容易让人误以为"携带"是与"持有"是两个不同的概念，进而得出非法携带枪支、假币、毒品无罪的结论。

② 参见《关于审理非法制造、买卖、运输枪支、弹药、爆炸物等刑事案件具体应用法律若干问题的解释》第5、6条。

③ 以某县检察院为例，2009年非法持有枪支案不起诉数量为0，2010年不起诉人数则上升到23人。参见李林、张一薇《司法考核制度下非法持有枪支罪司法认定实证研究》，《中国刑事法杂志》2012年第6期。

　　刑法的谦抑性以及刑事司法资源的有限性，均要求刑法的调整范围不能过大，只能以最具社会危害性的行为为打击对象。"与处在刑法保护中心的个人法益相比，社会法益和国家法益处于保护的外缘，并且也最易成为刑法扩张的借口，因此最有必要在解释过程中廓清其核心法益以克制刑罚滥用。"① 因此，两法在调整非法持有枪支行为的适用范围以及程序性问题的衔接等方面有必要深入探讨。适当地扩大《治安管理处罚法》在非法持有枪支行为上的调整范围，发挥其分流功能，将一部分社会危害性较小、行为人主观恶性较小的非法持有枪支案件适用《治安管理处罚法》进行行政处罚，能够使案件得到快速处理，节约刑事司法资源；也有利于缩小刑法的干预领域、控制犯罪圈的急剧扩张。

　　（三）非法持有枪支罪的刑罚裁量

　　为深入了解非法持有枪支罪在司法实践中的刑罚裁量情况，笔者在中国裁判文书网上随机选取了 50 份来自全国各地人民法院审理的非法持有枪支罪案件为研究样本，这 50 份案例来自 20 个不同的省份，具有较为广泛的代表性，为了增强研究的准确性，选取的裁判文书均是 2016 年人民法院的第二审裁判文书。

　　1. 样本案例刑罚裁量的特点

　　（1）大多数被告人所持有的枪支数为 1 支，量刑以低于三年的有期徒刑为主

表 3.4　　　　　样本案例中非法持有的枪支数量与案件数及刑期幅度

枪支数（个）	案件数（个）	刑期幅度
1	30	六个月至一年六个月
2	13	管制六个月至三年九个月
3	5	六个月缓刑一年至三年二个月
4	1	二年缓刑二年六个月
5	1	二年

　　由表 3.4 可见，样本案例中涉及的枪支数量最少的是 1 支，共有 30

---

① 简爱：《一个标签理论的现实化进路：刑法谦抑性的司法适用》，《法制与社会发展》2017 年第 3 期。

个案件中的被告人非法持有 1 支枪，被告人所获刑期最低的为六个月，最多的是一年六个月；有 13 个案件中的被告人非法持有 2 支枪，被告人所获刑期最低的是管制六个月，最多的是三年九个月；有 5 个案件中的被告人非法持有 3 支枪，被告人所获刑期最低的是六个月缓刑一年，最多的是三年二个月；而持有 4 支、5 支枪的各 1 个案件，被告人分别被判处二年缓刑二年六个月和二年的刑期。就样本案件中适用的刑罚种类来看，有 43 个案件适用了有期徒刑（不含有期徒刑宣告缓刑），而适用拘役和管制的各 1 例，这说明非法持有枪支罪刑罚适用最普遍的刑种就是有期徒刑。只有 5 个案件选择适用缓刑，这说明司法实践中对采用缓刑较为慎重，适用条件较为严格。在判处有期徒刑的裁判当中，则以判处三年以下的有期徒刑为绝大多数，只有 9 个案件的量刑为三年以上（其中包含 5 个判处三年有期徒刑）有期徒刑。这表明，实践中的非法持有枪支案件多是情节不严重、案件性质轻微、刑罚处罚基本适用轻刑的犯罪行为。

（2）不同地域之间同案不同判问题仍然存在

为了更直观、全面地了解涉案枪支数量相同案件中被告人刑期的差异，笔者将样本案件中涉案枪支数 1 支和 2 支的案件中被告人的刑罚展示如下：

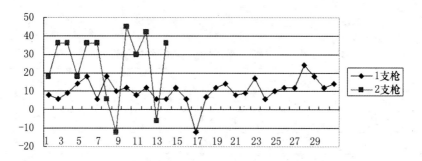

图 3.3　涉案枪支数量相同案件中被告人的刑期差异

由图 3.3①可见，涉案枪支同为 1 支的情况下，大多数案件中被告人

---

① 图 3.3 以笔者所选样本案例为依据，刑期计算单位为月。由于缓刑是不实际执行刑期，故对判处缓刑的刑期采用宣告刑——缓刑的计算方法，例如，判处六个月缓刑一年的计算为 6 - 12 = -6。对判处管制的也同样采用了负数表示。

之间的刑期差距基本上都在一个幅度较小的空间，其中与其他案件差异较大的主要是因被告人被判处缓刑。而涉案枪支同为 2 支的情况下，不同被告人之间的刑期差距则较大，最低刑期与最高刑期之间的差距过于突出。这反映出，即使是在非法持有枪支罪这种特别注重客观事实、不同案件之间差异性较小的情况下，同案不同判问题仍然客观存在。

（3）二审裁判对一审裁判的变更率较低

与其他犯罪相比，行为人非法持有枪支的客观事实对于非法持有枪支罪的定罪具有决定性的作用，也就是说，犯罪构成要件中的客观方面是决定案件性质的关键因素，由于客观方面采用的是客观性较强的鉴定结论、物证等实物证据对涉案枪支属性、数量等加以证明，因此，案件的定性受主观证据的影响较小，定罪的准确率较高。所以，二审过程中，除非有新的证据或事实证明一审裁判存在明显的错误，一审案件的裁判结果很难被动摇。

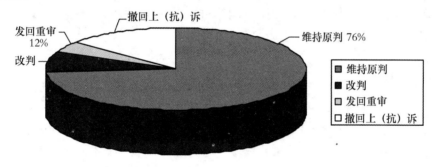

图 3.4　样本案例中二审裁判对一审裁判的处理

由图 3.4 可见，样本案例中，有 76% 的案件的二审裁判维持原判，只有 12% 的案件被二审法院改判或者发回重审。这表明司法实践中非法持有枪支罪定罪量刑的准确率较高，但准确率过高也让人担忧实践中是否有"客观定罪"之嫌。样本案例的裁判书来看，绝大多数案件的判决并没有对被告人主观上的犯罪故意进行充分的探究和阐述。法官关注的重点是非法持有枪支的事实及数量、枪支是否符合鉴定标准等客观事实，对于被告人及辩护人所提出的没有犯罪故意、不知道所持有的涉案枪形物符合枪支标准等抗辩理由，判决书缺乏充分的回应和说理。

2. 样本案例刑罚裁量的完善思考

本文在选取样本案例时发现，很多非法持有枪支案（不包括行为人涉及关联犯罪或其他犯罪的复杂案件）属于性质、情节以及处刑轻微的案件，其犯罪主体多以农民、无业人员和文化程度不高的群体为主（经统计，样本案例中有56%的被告人为无业人员和农民），其对于法律有关枪支认定标准的理解和认识能力均有限，持有枪支的用途也多为打猎或娱乐，适用刑法进行处罚促使了该罪犯罪圈扩张。而如果能适用《治安管理处罚法》分流这类事实清楚、案情简单的案件，将有利于限缩犯罪圈，提高诉讼效率。就量刑来说，大部分被告人都被判处了有期徒刑，但非法持有枪支罪仅是危险犯，行为人并没有实际的侵害社会或公共安全的危害行为，科处刑罚仅以有期徒刑为主过于单一，没有体现罪刑相适应原则。因此，有必要进一步细化刑罚适用标准，促进涉案枪支数量相同、案情差异不大案件的量刑均衡。对于犯罪轻微的案件，在量刑中加大管制、拘役、罚金等刑罚的适用比例，符合刑法轻刑化的发展趋势，也是刑罚个别化原则的要求，同时能够缓解刑事司法资源紧张的难题。此外，适当提高缓刑的适用比例、进一步明确缓刑的适用标准、健全司法机构与社区及社区矫正部门的双向沟通机制等也非常必要。

第四章 刑法与行政法

从立体刑法学的视角来研究刑法与行政法，不仅有助于打破学科间已形成的壁垒，也有利于消除由此产生的知识碎片化问题，本章从方法论的意义上重新理解二者的功能、联系和区别，由此进一步探讨刑事不法与行政不法的区分问题，以及劳教废止后刑事不法与行政不法二元制裁体系的完善问题。

第一节 刑法与行政法的关系

一 刑法与行政法的公法属性

公法与私法的区分是法律分类中的一种，肇始于罗马法，主要根据法律内容的分析进行划分。[①] 在大陆法系国家，公法与私法的二元区分奠定了实证法律秩序的基础结构，也构成了实证法释义学的预设前提。[②] 通说认为，公法与私法二元区分并非法律逻辑上的强制要求，二者有着不同的出发点和功能。私法以个人意思自治为出发点，其任务是规范私人的法律行为的实施，调整私人相互之间已经发生的或潜在的利益冲突。私人享有

[①] 虽然学界对是否承认法律有公法、私法的区分存在一定分歧，但承认公法与私法的区分并非纯粹学理上的争议，其主要的功能在于判断法律救济的种类。除非国家采行英美法没有设立行政法院，完全以一个诉讼程序（民事诉讼程序）来审理民事和行政法案件，无须区分公法与私法的问题。否则尽管法院只有一种（例如日本及中国），但具体的诉讼程序又区分为普通诉讼程序与专门的行政诉讼程序，一个诉讼案件必然产生案件审判权的归属问题，公法争议与私法争议分别由行政与普通诉讼程序管辖，因此仍不可避免必须区分一个案件的公、私法性质。参见陈新民《中国行政法学原理》，中国政法大学出版社 2002 年版，第 11 页。

[②] Eberhard Schmidt-Assmann, *Das allgemeine Verwaltungsrecht als Ordnungsidee*, S. 285, Springer, 2006. 转引自李洪雷《行政法释义学：行政法学理的更新》，中国人民大学出版社 2014 年版，第 9 页。

法律框架内的自由，无须对自己的决定承担说理义务。而公法以国家为规范对象，以确定公权力的基础和界限为主要任务。① 公权力主体不享有私人自治，而是必须遵循法律保留、平等原则、比例原则和正当程序原则等要求，并且要对自己的行为加以论证或正当化。② 据此，刑法与行政法都具有公法的属性。就刑法而言，刑法不像民法，不是建立在平等关系原则基础之上，而是建立在个人服从（通过刑法规范命令而优先的）国家强制力的从属关系原则基础之上，所以，刑法是公法的一部分。③ 换而言之，刑法规范的内涵并非在于犯罪行为人与被害人双方之间私权益的均衡，而是国家刑事司法机关对行为人行使刑罚权的法律依据。④ 刑法中规定的处罚方法属于国家强制力的适用范畴。刑法的目的，主要是通过保护社会共同生活的基本价值，来维护法和平与法安全。⑤ 需要说明的是，在德国法学理论中，出于传统的原因和刑法的特殊意义，人们习惯于在狭义的公法领域之外来理解刑法，将法律划分为公法、私法与刑法。不过，刑法在体系上属于广义的公法的这个属性，并未因此而有所改变。⑥ 就行政法而言，由于行政法是关涉政府与人民、国家与社会关系的法，因而一般被公认为典型的公法。虽然私法手段在行政法已被援用，但这并未从根本上改变其公法的属性。⑦ 譬如行政机关通过行政契约机制履行公共任务时，尽管外观上是典型的私法手段，作为行政契约一方主体的行政机关，基于维护公共利益的需要，仍然享有私法契约主体所不具备的行政优位权。⑧ 因此，在许多情况下，行政机关在行使行政职权时，其作为管理者与作为被管理者的公民、法人之间是一种命令与服从、强制与被强制的关系。这种直接

---

① Eberhard Schmidt-Assmann, *Das allgemeine Verwaltungsrecht als Ordnungsidee*, S. 285, Springer, 2006. 转引自李洪雷《行政法释义学：行政法学理的更新》，中国人民大学出版社 2014 年版，第 9 页。

② 同上。

③ ［德］罗克辛：《德国刑法学总论》第 1 卷，王世洲译，法律出版社 2005 年版，第 4 页。

④ 林山田：《刑法通论》（上册），北京大学出版社 2012 年版，第 14 页。

⑤ ［德］汉斯·海因里希·耶塞克、托马斯·魏根特：《德国刑法教科书》，徐久生译，中国民主法制出版社 2009 年版，第 19—21 页。

⑥ 参见张明楷《刑法学》第四版，法律出版社 2011 年版，第 20 页；［德］罗克辛：《德国刑法学总论》第 1 卷，王世洲译，法律出版社 2005 年版，第 5—6 页。

⑦ 章志远：《行政法学总论》，北京大学出版社 2014 年版，第 18 页。

⑧ 有关中国行政合同实践的解读，参见江必新《中国行政合同法律制度：体系、内容及其构建》，《中外法学》2012 年第 6 期。

管理关系在行政命令、行政处罚、行政强制等行政管理活动中广泛存在着。① 所以说，行政法也是公法的一部分。

二　刑法与行政法的联系

对于法律秩序的维护而言，刑法与行政法都是不可或缺的部分，又都具有公法的属性，那么，二者便具有密不可分的联系。

首先，既然刑法与行政法都属于公法的一部分，那么，在公法体系内二者应当具有一些共同的属性。像意思自治、诚实信用、平等、自愿等基本原则统领并指导整个私法体系一样，包括刑法与行政法在内的公法领域也存在共同遵循的基本原则，比如法治原则、人权保障原则、比例原则等，这些原则是任何一个民主法治国家的公法体系都应当具备的。刑法与行政法共同遵循的这些基本原则与私法领域内的基本原则的不同之处在于，私法基本原则更加注重意思自治，而公法基本原则更注重对国家权力的控制，防止国家权力对公民权利与自由的不当侵害，这也是公法的本质所在，即限制国家权力，维护公民权利。② 这些公法基本原则在刑法与行政法领域内又有与之相对应的具体原则，比如法治原则在刑法与行政法中分别具体化为罪刑法定原则和依法行政原则。由于刑法与行政法限制或剥夺公民权利或自由的广度与深度，民主法治国家不仅要求刑法与行政法干预公民权利与自由时须有明确的法律依据，还要求干预的手段和程度，与刑法和行政法的目的之间，必须具有相当的比例关系；倘若为了达到刑法与行政法的目的，存在两个以上符合目的的手段，刑法和行政法应采用对行为人的权益侵害最小的手段。从法律史的发展过程来看，罪刑法定原则、依法行政原则、比例原则原先都是刑法、行政法所探讨和主张的部门法中的基本原则，随着各国民主法治化程度的演进，为防止刑罚权与行政权的恣意扩张与滥用，罪刑法定原则、依法行政原则、比例原则等已升格为宪法层次的原则，成为民主法治国家施政上所应遵守的宪政原则。③

其次，除了具有共同的公法属性外，刑法与行政法之间是保障与被保障的关系，这种保障与被保障的关系在刑法领域被概括为刑法的最后手段

---

① 熊文钊主编：《公法原理》，北京大学出版社 2009 年版，第 15 页。
② 同上书，前言，第 2—3 页。
③ 参见林山田《刑法通论》（上册），北京大学出版社 2012 年版，第 31、46—47、50 页。

原则。① 虽然民法、行政法、刑法等各种法律都致力于法律秩序的维护，但是，刑法所规定的法律制裁后果在整个法律体系中最为严厉，是具有痛苦性、强制性与杀伤性的法律制裁手段。因此，只有当民法、行政法等刑法以外的其他法律以其法律手段或措施无能为力维持法律秩序之时，才由刑法接手，以刑法作为保障民法、行政法等法律有效实施的补充和保障。换句话讲，"刑法使用刑罚或保安处分的法律效果，作为规范并维护社会共同生活秩序的最后手段，故立法上若以刑罚以外的法律效果，也能有效防制不法行为时，则应避免使用刑罚。只有在以其他法律效果未能有效防制不法行为之时，始得以刑罚作为该行为的法律效果，而动用刑罚，这即是刑法的最后手段性"。② 对于刑法这种补充性的和保障性的规范功能，也被称为刑法的"第二位特征""补充特征""制裁特征""保障特征"。③

最后，正是基于这种保障与被保障的关系，部分刑法条义便具有了"行政附属性"。所谓"行政附属性"（Velwaltungsakzessorietaet），是指刑法条文本身不能自动满足行为可罚性的全部要求，而是需要借助于行政法的某些规定。④ 这种具有行政附属性的刑法条文见于环境犯罪、经济犯罪、行政犯罪、社会治安犯罪等法定犯的犯罪类型，例如，《刑法》第 133 条规定："违反交通运输管理法规，因而发生重大事故，致人重伤、死亡或者使公私财产遭受重大损失的，处三年以下有期徒刑或者拘役；交通运输肇事后逃逸或者有其他特别恶劣情节的，处三年以上七年以下有期徒刑；因逃逸致人死亡的，处七年以上有期徒刑。"这里的"交通运输管理法规"并不是刑法本身，而是《道路交通安全法》的相关规定。又如，《刑法》第 225 条规定："违反国家规定，有下列非法经营行为之一，扰乱市场秩序，情节严重的，处五年以下有期徒刑或者拘役，并处或者单处违法所得一倍以上五倍以下罚金；情节特别严重的，处五年以上有期徒刑，并处违法所得一倍以上五倍以下罚金或者没收财产：（一）未经许可经营法律、行政法规规定的专营、专卖物品或者其他限制买卖的物品的；（二）买卖

---

① 参见刘仁文《刑法的结构与视野》，北京大学出版社 2010 年版，第 6 页。
② 林山田：《刑法通论》（上册），北京大学出版社 2012 年版，第 11、27 页。
③ 参见［德］李斯特《德国刑法教科书（修订译本）》，徐久生译，法律出版社 2006 年版，第 10 页。
④ Baumann/Weber, Strafreht AT, 2003, § 17 Rn. 125. 转引自车浩《论行政许可的出罪功能》，戴玉忠、刘明祥主编《犯罪与行政违法行为的界限及惩罚机制的协调》，北京大学出版社 2008 年版，第 406 页。

进出口许可证、进出口原产地证明以及其他法律、行政法规规定的经营许可证或者批准文件的；（三）未经国家有关主管部门批准非法经营证券、期货、保险业务的，或者非法从事资金支付结算业务的；（四）其他严重扰乱市场秩序的非法经营行为。"要想对非法经营行为进行刑法上的规制，必须结合《行政许可法》及其他相关行政法律、法规进行解释。也就是说，针对具有"行政附属性"的犯罪类型，在判断行为是否具备所有的可罚性条件时，仅仅依靠刑法典中的具体条文尚无法作出充分的判断，需要参照和借助行政法的规定。而且，随着法定犯时代的到来，环境犯罪、经济犯罪、行政犯罪、社会治安犯罪、计算机犯罪等犯罪的数量会以几何倍数的方式增长，这种具有"行政附属性"的刑法条文将会越来越多，由此我们可以预见到刑法与行政法在预防和惩治不法行为的联系上将会越来越紧密，共同致力于作为整体的国家法律秩序的形成。

三　刑法与行政法的区别

既然刑法与行政法能够作为独立的法律领域而存在，就表明二者都具有各自的特殊性与独立性，这正是它们之间的区别所在。

在性质上，以三权分立的原理为基础，国家的法律体系可区分为立法法、司法法及行政法。因为刑法作为国家的裁判规范，应该以法的安定性为指导原理，所以，被划入司法法之中；行政法是关于行政权的法，其指导原理是合目的性，所以，与作为司法法的刑法分属不同的法律领域。[①]从司法权与行政权的实际运作来看，这种只能算是表面上的区分。

在形式上，与刑法具有完整统一的法典所不同的是，迄今为止各国尚无统一、完整的行政法典。当然，行政法不存在统一、完整的法典，并不意味着行政法没有法典，一些国家纷纷制定统一的行政程序法就是明证，我国已经颁布《行政处罚法》《行政许可法》《行政强制法》等就是单行的局部行政法典。第二，在法律规范和内容的存在形式——法的渊源方面，刑法通常情况下只能由最高权力机关制定，法律形式单一，法律文件

---

① 参见［日］大塚仁《刑法概说（总论）》，冯军译，中国人民大学出版社2003年版，第20页；钟赓言《钟赓言行政法讲义》，法律出版社2015年版，第37页。

数量有限。① 具体来说，我国刑法的渊源包括刑法典、单行刑法、附属刑法。② 而行政法是多级立法，特定的权力机关及行政机关都可以立法，层次不同，名目繁多，种类不一，其效力等级亦有区别。③ 具体来说，我国的行政法规范散见于宪法、法律、行政法规、地方性法规、自治条例和单行条例、条约和行政协定、有关的法律解释以及行政规章中。④

在内容上，虽然刑法的内容涉及社会生活的各个领域，⑤ 而且规范易于变动，⑥ 但是，相比较而言，行政法的内容更广泛、规范更易于变动。行政法不仅涉及社会生活的各个领域，而且还包括：有关行政主体的法律规范，涉及行政组织制度、公务员制度等；有关行政立法的法律规范，涉及行政法规和行政规章；有关行政行为的法律规范，涉及行政决定与行政规定等；有关行政违法和行政责任的法律规范，涉及行政违法、行政赔偿等；有关行政救济的法律规范，涉及行政复议等。⑦ 同时，由于社会经济、科技文化始终处于不断发展之中，因而行政管理的特点之一也在于与时俱进地适应社会变迁的需要，回应社会客观环境的变化，用法律手段推动社会经济及科技文化的发展和繁荣。⑧ 我们从经常有行政法律、法规颁布，便可见一斑。第二，现代的刑法与刑事诉讼法、民法与民事诉讼法都是实体法与程序法分开，可以分别制定，而且是各成体系独立发展的部门法。

---

① 章志远：《行政法学总论》，北京大学出版社 2014 年版，第 17 页。

② 由于我国行政法、经济法等法律中的一些条款，只是形式上概括性重申了刑法的相关内容，并非真正的罪刑规范，所以说，这些规定不是真正意义上的附属刑法。换言之，只有当非刑事法律中设置了真正的罪刑规范时，附属刑法才是刑法的渊源。参见张明楷《刑法学》第四版，法律出版社 2011 年版，第 21 页。

③ 章志远：《行政法学总论》，北京大学出版社 2014 年版，第 17 页。

④ 行政法的形式，世界上国与国之间差异较大。但粗略地说，主要有两大类型：成文形式与普通法形式；以德国为代表的大陆法系国家以采用成文法为主，以英美为代表的普通法国家主要采用判例法。我国虽然也吸收一些普通法的做法，但总体上属于大陆法系国家，行政法通过成文法形式表达。参见胡建淼《行政法学》第四版，法律出版社 2015 年版，第 13—17 页。

⑤ 《刑法》第 2 条规定：中华人民共和国刑法的任务，是用刑罚同一切犯罪行为作斗争，以保卫国家安全，保卫人民民主专政的政权和社会主义制度，保护国有财产和劳动群众集体所有的财产，保护公民私人所有的财产，保护公民的人身权利、民主权利和其他权利，维护社会秩序、经济秩序，保障社会主义建设事业的顺利进行。

⑥ 现行刑法颁布之后，全国人大常委会于 1998 年 12 月 29 日颁布了名称为《关于惩治骗购外汇、逃汇和非法买卖外汇犯罪的决定》的单行刑法以及九个刑法修正案，对刑法的不完善之处进行补充或者对刑法的缺陷进行修改。

⑦ 胡建淼：《行政法学》第四版，法律出版社 2015 年版，第 13 页。

⑧ 章志远：《行政法学总论》，北京大学出版社 2014 年版，第 17 页。

然而在行政法领域，实体性规范与程序性规范①往往交织在一起，共存于同一个法律文件之中。例如，我国《行政处罚法》既规定了行政处罚的种类、主体等实体问题，同时也规定了行政处罚的程序问题，是一部融实体性规范与程序性规范于一炉的法律。②

在规范目的的实现方式上，刑罚比行政法上的强制性法律手段更具痛苦性。刑法通过刑罚来实现其规范目的，刑罚不仅可以剥夺或限制受刑人的财产与人身自由，甚至可以剥夺受刑人的生命。虽然刑法至今已经不像在早期报应刑思想支配下，有意附加予受刑人的痛苦，但是刑罚的执行，对于受刑人本身或其家属而言，均是一种无可避免而深具痛苦性后果的法律手段，刑法与其他法律相形之下，显现出痛苦性的特质。③ 相比较而言，为了塑造和维护社会秩序，促进社会正义，增进公共利益，行政法上采取了多样性的手段，既包括带有命令性或强制性的手段，例如行政命令、行政处罚、行政许可等，也包括更加柔性的手段，如行政指导、信息披露、行政合同、行政奖励等。④ 其中，即使最严厉的行政强制手段也不具有刑罚所能够带来的痛苦负担，行政处罚至多限制被处罚人的人身自由20天，而且不会像刑罚那样对本人的声誉、工作以及家人带来牵连。例如，根据《劳动法》第39条规定：劳动者被依法追究刑事责任的，用人单位可以解除劳动合同。但是，没有法律规定劳动者被依法追究行政责任后，用人单位可以与其解除劳动合同。行政法实现其规范目的手段具有积极主动性，而刑罚则具有消极被动性。大量的行政决策对社会具有重要的塑造或形成作用，例如城市规划、宏观调控、生态保护政策等等。这种社会塑造性要求行政具有积极主动性，即行政不能坐待问题或危机出现后进行被动式反

① 行政法包括有关行政程序的法律规范，涉及行政程序法，但是，行政诉讼法是与行政法相对应的另一个部门法，因此，这种意义上的行政法不包括行政诉讼法。参见胡建森《行政法学》第四版，法律出版社2015年版，第13页。

② 章志远：《行政法学总论》，北京大学出版社2014年版，第17—18页。

③ 刑法的痛苦性不仅及于受刑人本身，还会及于其家属。行为人一旦因犯罪嫌疑而受调查，特别是一经媒体报道或遭羁押，家人往往受牵连而抬不起头。在审判期间为被告选任辩护律师，或至看守所探视被告，或是一经判决确定，执行死刑，或至监狱探监，等等，对于家人的身心均是一种莫大的创伤与负担。特别是若行为人的收入是家庭经济负担的主要来源，则家计立即会陷入困境甚或绝境，多少下一代人的灾乱与悲惨因此衍生。林山田：《刑法通论》（上册），北京大学出版社2012年版，第23页。

④ 参见李洪雷《行政法释义学：行政法学理的更新》，中国人民大学出版社2014年版，第27页。

应，而应未雨绸缪，预判形势，预防风险，保证决策的前瞻性和预见性。[1]
也就是说，行政法除了有事后制裁措施以外，更重要的是可以在事前、事
中进行风险防范。尤其是风险社会的语境中，行政法更加强调风险预防，
以尽量减少风险的发生，而不只是事故发生后进行行政处罚或者刑罚。比
如，为了预防火灾和减少火灾危害，保护人身、财产安全，维护公共安
全，《消防法》第58条规定：对于依法应当经公安机关消防机构进行消防
设计审核的建设工程，未经依法审核或者审核不合格，擅自施工的，公安
机关消防机构应当责令停止施工、停止使用或者停产停业，并处三万元以
上三十万元以下罚款。这便是行政法中"事前行政处罚"。然而，"没有犯
罪就没有刑罚"，刑罚的科处必须建立在已经发生的犯罪行为的基础之上，
因此，刑罚是一种具有消极被动性的事后制裁手段，而行政法除了有针对
不法行为的制裁措施外，更重要的是行政法还有可以在事前、事中进行风
险防范的制裁或强制措施。[2] 风险社会背景之下，国家在风险预防原则的
指导下，通过积极的行政手段，主动干预与促成社会以及市场秩序的形
成，这亦是风险行政法的重要特征。[3] 也就是说，刑罚以犯罪行为对法益
造成侵害或侵害的危险为基础，而行政法却可以不需要不法行为对法益造
成侵害或具有侵害的危险这个可罚性条件，直接根据行政法律规定对风险
进行提前干预，达到"非止排难于变切，亦将防患于未然"的规范目的。
最后，刑罚比行政法上的法律强制手段更具有道德与伦理非难的性质。为
了维持行政秩序，对于不履行行政法上之义务者，行政法得以施加非刑罚
的法律制裁——行政罚。受到行政罚之处者，一般而言，违法样态较不
严重，且系单纯未符合行政法规之要求，可非难性较低，并经常以大量而
琐碎的样态出现，如交通违规、环境污染或是未按规定的各种登记（许
可）行为等。[4] 相对而言，对犯罪行为人施加刑罚则意味着刑法追究其法

---

[1]　参见李洪雷《行政法释义学：行政法学理的更新》，中国人民大学出版社2014年版，第26—
　　27页。

[2]　相对于此，矫正保护法（日本的保安处分法）主要追求的是合目的性，其行政法的性质浓厚。
　　参见［日］大塚仁《刑法概说（总论）》，冯军译，中国人民大学出版社2003年版，第20页。

[3]　金自宁：《风险规制与行政法治》，《法制与社会发展》2012年第4期；戚建刚：《风险规制的
　　兴起与行政法的新发展》，《当代法学》2014年第6期。

[4]　洪家殷：《行政罚法论》（增订二版），五南图书出版股份有限公司2006年版，第1页。

秩序框架内的道德上或者伦理上的责任。[①]因为刑法较其他法律与道德或伦理规范具有较为密切的关系，因为刑法规范与伦理规范具有共同的根源，在古代社会中，两者是分不开的。至今，两者仍有部分平行存在之处。刑法规范并非立法者随心所欲而即可制定的行为规范，为数不少的刑法规范均源自道德或伦理规范，所以，对于行为人施加刑罚就表明行为人的犯罪行为明显逾越伦理道德所能容忍的最低限度，而为天理、国法与人情所不容或难容。[②]

第二节　刑事不法与行政不法的界分标准

关于刑法与行政法之间关系的研究中，还有一个值得理论和实务部门共同关注的问题——行政不法与刑事不法的界分。早在 1794 年，德国的学界和实务部门就开始讨论这个问题，至今仍然是各种学说纷争、理论争鸣不断，各国法学家就此问题尚未达成共识。[③]

一　关于刑事不法与行政不法之界分的理论考察

综合世界各国的理论，行政不法与刑事不法的界分标准主要分为质的差异说、量的差异说、质量的差异说三种。

（一）质的差异说

在历史发展初期，质的差异说成为社会主流观点，对行政不法与刑事不法的界分标准产生了深远影响。该派学者认为行政不法与刑事不法的差异在于两者本质上的不同而非程度上的轻微差异，也就是说，二者究其根本属于两种不同类型的不法行为，二者之间无法相互转化、变更。该派学者的主要代表人物为詹姆斯·郭德施密特（James Goldschmidt）、艾瑞克·沃尔夫（Eric Wolf）、迈耶（M. E. Mayer）、莱纳德·弗兰克（Reinand Frank）等。根据其对于犯罪本质的不同认识和主张，质的不同说可以分

---

① 参见［德］约翰内斯·韦塞尔斯《德国刑法总论》，李昌珂译，法律出版社 2008 年版，第 217 页。

② 参见林山田《刑法通论》（上册），北京大学出版社 2012 年版，第 22—23 页。

③ 1845 年，德国法学家科斯特林（K. Koestlin）把这个争论多端的问题，称为"令法学家绝望的问题"。参见林山田《论刑事不法与行政不法》，《刑事法论丛》（二），（台北）元照出版公司 1997 年版，第 32 页脚注。

为以下观点①：

1. 罗马法观点

自罗马法的自体恶与禁止恶、自然犯与法定犯开始，乃至其后的刑事犯与行政犯，再到德国费尔巴哈的刑事犯与警察犯，基本上是延续了自然法学派中区分自然犯与法定犯的观点。② 行政不法的本质是一种"禁止恶"，即行政不法是对社会行政利益的侵害，其行为本质上具有较低的伦理可责性，只是在维护行政秩序，提高社会道德水准的角度出发，需对行政不法行为可以行政处罚，归根结底，行政不法行为是一种"法定犯"。相对于行政不法行为，刑事不法行为的本质是一种"自体恶"，即刑事不法行为本质之中已经自然就存在有恶的因素，不需要法律的规定，究其根源来讲，刑事不法行为是一种"自然犯"。③

对于此种观点持相反态度的学者认为，公众的价值观受多方因素影响，其价值判断准则也在不断发展变化，在这种情形下，仍然借助此种观点来界分行政不法与刑事不法就显得颇为吃力，两者间的界限也会变得越来越模糊。

2. 文化规范理论

文化规范理论的代表人物为刑法学者迈耶（M. E. Mayer）。迈耶认为行政不法行为与刑事不法行为可以借助文化规范予以界分。所谓文化规范是指个人在宗教、道德与日常生活规范的禁止与诫命的总称，没有任何一个国家所禁止的行为时文化规范上所不加以禁止者。④ 此种观点认为，行政不法行为的不法性只是根基于法律的规定，仅是违反了法律规范；而刑事不法行为的不法性除了来源于法律规定外，还有一部分来源于文化规范的不法性，同时违反了法律规范与文化规范。

对于此种观点持相反态度的学者认为，法律规范与文化规范两者大多

---

① 参见林山田《论刑事不法与行政不法》，《刑事法论丛》（二），（台北）元照出版公司1997年版，第36—43页。

② 陈锦华：《论刑事不法与行政不法的界限》，硕士学位论文，（台北）中正大学犯罪防治研究所，2006年，第72页。

③ 参见林山田《论刑事不法与行政不法》，《刑事法论丛》（二），（台北）元照出版公司1997年版，第36—37页。

④ 参见林山田《论刑事不法与行政不法》，《刑事法论丛》（二），（台北）元照出版公司1997年版，第39页；许成磊《刍议刑事不法与行政不法的界限》，戴玉忠、刘明祥主编《犯罪与行政违法行为的界限及惩罚机制的协调》，北京大学出版社2008年版，第206页。

数情况下会有相互融合的现象出现，很难清晰明了地割裂开来，因此，借助此种理论来界分行政不法行为与刑事不法行为，也是欠缺妥当性的。

3. 法律所保护的客体理论

法律所保护的客体理论从法律所保护的客体的不同来入手，界分行政不法行为与刑事不法行为。赞同此观点的学者认为行政不法行为只是对国家所颁布的行政法规的不服从，只是一种形式上、表面上的不法，而刑事不法行为是对法益造成了实质上、深层次的破坏。[①]

对于此种观点持相反态度的学者认为，行政不法行为这种形式上、表面上的不服从行为，其实质也是对法益造成了实质上、深层次的破坏，借此来界分行政不法行为与刑事不法行为，难免有掩耳盗铃之嫌。

4. 法益破坏的种类与方式

此种观点认为行政不法行为与刑事不法行为均对法益造成了损害，而两者界分的标准为侵害行为的种类及方式不同。具体来说，即行政不法行为是对法益造成了一种可预测的、抽象的危害，其本质是一种抽象的危险犯；而刑事不法行为则已经对法益造成了损害或具体的危害，其本质是一种实害犯或者是一种具体的危险犯。[②]

5. 行政刑法理论

此种观点认为行政不法行为只是对国家行政机关试图通过一系列行政法规制度来建立良好的行政秩序一种形式上的危害，其并未造成实质的影响；而刑事不法行为则包含两个方面，一个是对法规形式上的破坏，另一个则是对法益所造成的实质上的破坏。[③]

6. 社会伦理的价值判断

此种观点认为行政不法与刑事不法行为的界分标准在于行为是否具有社会伦理道德的非难性。具体来说，即行政不法行为是对国家行政机关所制定的行政法规的违反，其实质不具有社会伦理的内涵；而刑事不法行为涉及一系列社会伦理道德方面的禁止性规定，这些规定大都在法律规范产生之前已明确存在，也就是说，刑事不法行为其实质含有严重的社会伦理

[①]　参见林山田《论刑事不法与行政不法》，《刑事法论丛》（二），（台北）元照出版公司1997年版，第41页。

[②]　同上书，第42页。

[③]　同上书，第3—38页。

道德的非难性。[1]

（二）量的差异说

通过前面对质的差异说各种观点的分析可以看出，每种观点都有其不尽如人意之处，难以借质的区别这一视角来对行政不法行为与刑事不法行为进行明确界定，因此，质的差异说的作用力、影响力也逐渐衰弱。同时，在福利国家理念的影响下，人民权益保障的日益重视，各种与社会秩序有关，之前属于行政不法调整范畴的行为也逐渐剥离出来，进入刑事不法的调整范围。在这种时刻，提倡量的区别的学者的呼声日益高涨，其观点的影响力也日益增大。

量的差异说认为行政不法行为与刑事不法行为并不存在质的区别，相反，他们认为两者在行为的性质方面是一致的，界分的标准在于两者量上的差异，即行为的轻重程度有所区别。同时，由于二者之间的同质性，随着客观情况的变更，二者之间也就具有了相互转化的可能。在此派学者中，论述最具代表性的学者有弗里茨·特罗普（Fritz Trop）、耶赛克（H. H. Jescheck）、威尔泽尔（Welzel）三人。

1. 弗里茨·特罗普的学说

弗里茨·特罗普的主要学说可以概括为严重事犯与轻微事犯的差别说。在他看来，所谓犯罪即是对法规这种客观存在的形式违反，不需要对其实质违法内容进行研究。因此，行政不法行为与刑事不法行为在性质上一致的，二者只是在行为的严重程度，也就是量上有所区别而已。他主张，对于犯罪而言，最重要的是对法律规范的形式违反，而这一点为行政不法行为与刑事不法行为所共通，因此说二者在性质上是相同的。如果一定要拘泥于法益的概念来划分违法的类别，纯属徒劳无益。[2]

2. 耶赛克的学说

耶赛克的主要学说为危险性与非难性程度差异说。他认为，原则上看，无论自谕违反或犯罪皆因对保护法益或行政利益发生相当程度的攻击危险性，非由国家对之科罚不足以维持公共秩序，所以在可罚性方面二者

---

[1] 参见林山田《论刑事不法与行政不法》，《刑事法论丛》（二），（台北）元照出版公司1997年版，第39—40页。

[2] 参见［日］福田平《行政刑法》，有斐阁1978年版，第19—20页，转引自黄明儒《行政犯比较研究——以行政犯的立法与性质为视点》，法律出版社2004年版，第154页。

本质上没有差异。① 秩序违反行为与刑事不法行为更重要的区别是在于其缺乏行为人节操之可非难性。此种可非难性在刑事不法行为上，欲同将重大社会伦理之非价值判断正常化。秩序违反行为并以罚款来主张其仅是一种激烈的行政命令或者特别的敦促义务，而未达无法忍受的风俗违反性。②

3. 威尔泽尔的学说

威尔泽尔的主要学术观点可以概括为违法性本质逐渐减弱说。在他看来，国家订立命令或禁止规定，并非要求国民服从，而是在于有法的价值状况或事实，或者阻止一个非价情事，因而行政犯的制定同样实质的价值状况，行政犯与实质犯之间不可能存在质的区别。③ 从违法性的本质而言，从刑法核心部分一直蔓延出一条长线，随着距离核心部分越来越远，违法性的程度会越来越减轻，但绝非消亡不见。

（三）质量差异说

随着科技进步和文明进化，西方各国逐渐步入工商业发达的社会发展阶段，人们开始认可，为了保证国家行政机能的顺畅运行，在经济、交通、环境领域出现的违反秩序行为都具有侵害法益的性质。换而言之，这些领域中的违反秩序行为与刑法上的犯罪行为一样也侵害到法益，需要立法者以刑罚的手段进行回应。

在对法律制度和社会日常生活进行观察的基础之上，主张质量的差异说者提出，在行政不法行为与刑事不法行为的界分上，单纯的质的界分或量的差异说已经难以胜任，总是存在缺陷不足之处。于是，在此情形下，此两种学说也尝试打破彼此间的藩篱，从对方处取长补短，以期得到更好的发展。因此，折中的质量差异说也就应运而生。顾名思义，所谓质量的差异说即是弥补质的差异说与量的差异说两者各自所存在的不足，试图将两者予以中和的一个折中学说。该派学说综合质的差异说与量的差异说的各自优势，得到一部分学者的认可，其中主要代表人物有莱博曼（Rebmann）、罗斯（Roth）、赫曼（Herrmann）等人。该派学说认为，刑事不

---

① 黄明儒：《行政犯比较研究——以行政犯的立法与性质为视点》，法律出版社 2004 年版，第155 页。

② 陈锦华：《论刑事不法与行政不法的界限》，硕士学位论文，（台北）中正大学犯罪防治研究所，2006 年，第 76 页。

③ 黄明儒：《行政犯比较研究——以行政犯的立法与性质为视点》，法律出版社 2004 年版，第155 页。何子伦：《刑事犯与行政犯之区别初探》，2015 年 2 月 3 日（http：//old. npf. org. tw/PUBLICATION/CL/092/CL-R-092-005. htm）。

法行为在质上显然具有较深度的伦理非价内容与社会伦理的非难性，而且在量上具有较高的损害性与社会危险性；相对的，行政不法行为在质上具有较低的伦理可责性，或者不具有社会伦理的非价内容，而且在量上也不具有重大的损害性与社会危险性。① 同时，该派学者认为："属于刑法核心领域的所有重要不法构成要件，都具有相当的社会伦理不法内涵。与此相反，秩序违反的核心领域在质上不具有社会伦理的非价内容，其侵害客体并非伦理基本价值，而是有助于行政顺利完成其任务的利益。因此，警察规范的特质及其措施，是基于纯粹行政条件的合目的性观点，或有助于市场秩序目标或有助于技术目标。……刑事不法与秩序不法之间，法益侵害的界限领域实质意义的特征，是量的区别而非质的区别。二领域间的界限领域，刑事犯与秩序违反，经由伦理非价内涵的程度而相区别。自诩违反仅及轻微不法内涵事件，其在一般社会观念上并无刑罚价值，大部分国民对禁令的存在均不知晓。"②

该派学说观点的出发点为，无论是行政不法行为还是刑事不法行为，都存在各自的"核心领域"与"外部领域"，二者在核心领域的区别是一种质上的区别，区别的界定标准为二者是否具有社会伦理上的可非难性，在核心领域以外的"外部领域"，二者的区别是一种量上的区别，区别的界定标准为社会伦理可非难程度的高低，这种高低程度并非绝对的、不可变化的。③

（四）刑事不法与行政不法之界分的理论困境

法律是社会的产物，最终也是为社会服务的。因此，在立法以及司法实践的层面上，法律都不免带有现实实用性的内涵。在行政不法行为与刑事不法行为的界分标准选择上，也应考虑当前社会司法实践现状总结的经验、教训，在立法层面上尽可能科学、合理地界分二者的范围，减少司法实践中的混乱无序，保障司法实践的清晰明了。当前存在的关于界分标准的争论，其中每一种观点都无法获得一致认同，究其根本原因在于每一种观点都无法周延所有的行政不法行为与刑事不法行为，以至于无法为立法

---

① 张小霞：《行政犯理论的犯罪学研究》，博士学位论文，中国政法大学，2011 年，第 23 页。

② Robemann/Roth/Herrmann, *Gesetz über Ordnungswidrigkeiten Kommentar.* 2 Aufl. , 1988, SS. 7 - 9. 转引自何子伦《台湾地区刑事犯与行政犯分界之研究》，博士学位论文，中国政法大学，2005 年，第 53 页。

③ 参见张小霞《行政犯理论的犯罪学研究》，博士学位论文，中国政法大学，2011 年，第 23 页。

者提供一个令所有人满意的判断依据。

早期占支配地位的是质的差异说，该学说的判断依据主要在于行为是否具有伦理非价内容与社会道德的可非难性，或者说是否对法益造成侵害或者具体的危害，刑事不法就是具有伦理非价内容与社会道德的可非难性，或者说对法益造成侵害或具体危害的不法行为。行政不法则只是违反行政法的义务，不具有伦理上的可非难性，未对法益造成侵害或只是具有抽象危险的不法行为。该学说的主要缺陷在于社会伦理价值的不确定性，往往会随着时间的变迁而发生变化，很难有客观的标准存在。同时，违反秩序而受到行政罚制裁的行为，也存在无法与社会伦理非难性截然分开的困境。

量的差异说主张，刑事不法与行政不法之间本质上并无差异，只是在不法程度上有轻与重的区别而已，所以，刑罚的制裁对象限于具有较重不法内涵的违法行为，较轻者则归于行政罚的制裁范围之内。该学说的主要漏洞在于违法行为的损害或危险程度在现实上难以量化，如在不同的法益或权利受到侵害时，如何判断哪一种权利所遭受的侵害或危险更高或更低？其标准何在？在早期量的差异说并未受到重视。然而，"二战"之后，随着工商业的发达，福利国家理念的出现，许多涉及社会福利和重大民生的领域在社会和个人生活中的重要性日益凸显，比如出现于交通、环境、金融等领域的行政不法行为逐渐被提升到刑事不法的层次。因此，介于刑事不法与行政不法交叉领域的行为类型越来越多，导致划分二者界限的质的差异说捉襟见肘，很难再继续发挥原有的界分作用，量的差异说开始受到重视，取得理论上的支配地位。

虽然立法和理论上倾向于量的差异说，但是，不论是刑法还是行政法的核心领域中，刑事不法与行政不法依然存在本质上的差别，所以质的差异说依然有其不容忽略的地位和重要性，只有在刑事不法与行政不法的中间地带才有量的区别。据此，在行政法的核心领域，违反秩序行为以纯粹的技术性行政不服从为特征，不以纯粹的伦理非价为特征。[①] 在刑法的核心领域，其目的与任务在于保护对共同体的生活具有重要意义的价值，侵犯这些核心价值的行为就是刑事不法，其中反映出社会伦理的非价判断，反映出强烈的社会伦理的谴责，这个核心区域不是立法者可以任意划定

---

① 参见洪家殷《行政罚法论》，（台北）五南图书出版有限公司 2006 年版，第 103 页。

的，而是由立法者所处的社会群体的价值所形成的。如果立法者将本应属于这个核心区域的行为规定为行政不法行为，而不是犯罪行为，就是立法上的错误。属于这个核心领域的行为即使是其实施方式仅体现出较小的不法内容，例如数额较小的财产犯罪行为，也不得被规定为行政不法行为。刑法的边缘区域，主要是一些违反经济、卫生、环保等行政制度的损害集体法益的犯罪方面，刑事不法与行政不法之间存在的只是量的区别。在此立法者可以决定，对一种行为是运用刑法的手段，还是行政法的手段加以遏制。① 将此部分完全交给立法者判断的做法，由于缺乏明确的界分标准，问题依然难以解决。因此，对于如何界分刑事不法与行政不法这个早期曾令法学者绝望的问题，在当今德国似乎仍然没有圆满的答案。②

尽管在刑事不法与行政不法之间划分出明确的界限十分困难，但是，立法者在决定何种行为应当归属于刑事不法或行政不法时，并非可以任意作出立法上的界分，仍然须要综合考量下列四个方面的判断因素：第一，就行为质的考量：刑事不法行为与行政不法行为在行为品质上的差异主要的还是有无社会伦理的非难性。第二，就行为量的考量：犯罪行为与行政不法行为在这方面的差异是行为的轻重程度，即行为后果造成的损害或危险程度与行为违反规定出现的频率或数量。第三，就行政管理政策的考量：（1）行政权与司法权各有其界限，避免出现使刑罚权与行政处罚权之间界限模糊的立法或修法；（2）就行政管理的立场而言，由行政机关裁决是否较能达到行政管理的有效性和目的性；（3）不宜过度迷信刑罚的威慑力，而偏好于将不法行为规定为犯罪行为。第四，就刑事政策的考量：（1）刑罚的最后手段性质；（2）过多地将行政不法行为规定为犯罪行为，会造成司法机关的工作任务超载，分散其处理具有较高不法内涵和罪责内涵的犯罪行为的精力；（3）注重慎刑原则，将不必要的犯罪除罪化。③ 上述赋予立法者的考量因素虽然不是完美的答案，但是，退而求其次，针对界分刑事不法与行政不法诸理论的缺失而言，该学说致力于弥补质的差异说与量的差异说天然上的不足之处，为立法裁量提供了较有可操作性的判

---

① 参见王莹《论行政不法与刑事不法的分野及对我国行政处罚法与刑事立法界限混淆的反思》，《河北法学》2008年第10期。
② 洪家殷：《行政罚法论》，（台北）五南图书出版有限公司2006年版，第106页。
③ 参见林山田《使用刑罚或秩序罚的立法考量》，《刑事法论丛》（二），（台北）元照出版公司1997年版，第73—76页。

断标准，算是目前较为妥善的解决之道。

综上所说，对于如何界分刑事不法与行政不法，不论是采取质的差异说、量的差异说或者是质量折中的界分理论，都很难为立法者提供一个周延的标准。质的差异说的主要缺陷在于"社会伦理价值"概念在外延上的不确定性，很难有一个客观的标准。量的差异说则在于违法行为的"侵害性或危险性"在现实上难以量化，立法裁量缺乏明确标准。质量的差异说虽然兼采两者之长，但不容忽视的是该理论同时也继承了两者的缺点。在理论方面我们无法求得一个圆满的答案，在立法实务上也同样莫衷一是，最后，一个不法行为究竟是列入刑事不法还是行政不法，也就只能取决于立法者的判断与考量。

二　从国际公约与欧洲人权法院的判例看刑事不法与行政不法的界分标准

根据国际人权公约的规定，每个公民都有权获得法庭的公正审判，公民的自由、财产、名誉等各种权利被剥夺的时候，都必须经过正当的法律程序。[①] 正是基于此项人权保护标准，欧洲人权法院在其判例法上发展出一套可用以界分刑事不法与行政不法的判断标准。由于《公民权利和政治权利国际公约》[②] 与《欧洲人权公约》之间有着共同的历史背景和思想渊源，以及二者在制定时都是以《世界人权宣言》为共同的蓝本和准则，所以国内外的人权学家与法学家一般都赞同，欧洲人权法院在这方面的判例法完全可以用来阐明《公民权利和政治权利国际公约》第 14 条"刑事指控"的具体含义，[③] 即据此界分刑事不法与行政不法。

如何判断不法行为人所受到的法律责任追究是否属于《欧洲人权公

---

① 郭建安、郑霞泽主编：《限制对人身自由的限制——中国行政性限制人身自由法律处分的法治建设》，法律出版社 2005 年版，第 33—35 页。

② 为与后文中《欧洲人权公约》的简称区别开来，本文在下文中将《公民权利和政治权利国际公约》简称为《两权公约》。

③ 参见熊秋红《解读公正审判权——从刑事司法角度的考察》，《法学研究》2001 年第 6 期；[奥地利] 曼弗雷德·诺瓦克：《民权公约评注——联合国〈公民权利和政治权利国际公约〉》(上册)，毕小青、孙世彦主译，生活·读书·新知三联书店 2003 年版，第 235、240、241 页；赵海峰、吴晓丹：《欧洲人权法院——强势和有效的国际人权保护司法机构》，《人民司法》2005 年第 8 期；安德鲁斯·比尔内斯：《轻微犯罪的国际人权标准及其处罚》，陈泽宪主编：《犯罪定义与刑事法治》，中国社会科学出版社 2008 年版，第 175—186 页；岳礼玲：《从规范性质看劳动教养制度的废除》，《法学》2013 年第 2 期。

约》第 6 条所指的"刑事指控"，需要考虑哪些具体因素作为判断依据？在具有开创性和奠基性意义的恩格尔等诉荷兰案（Engel and others v. The Netherlands）中，① 欧洲人权法院提出以下三条判断系争案件是否存在"刑事指控"的标准。

（1）对于调整不法行为的法律规范在国内法的分类进行审查，即系争行为在该国的法律体系中是否属于刑法调整和规范的对象（the classificationof the offence under national law），答案如果是肯定的话，则系争法律程序当然属于《公约》第 6 条规定的刑事程序，也就没有必要继续检验下面两个标准。如果在国内法中不属于刑事法的调整对象或不具有刑事惩罚的性质，而是由行政性法规、民事性法规或纪律性法规等规范调整，这不妨碍其被国际人权法归入刑事法的范畴。但需要根据以下两个准则来进一步检验国内法对系争不法行为的分类以及所适用的法律程序是否符合刑事法的实质性标准。

（2）对于存在争议的法律规范，则进一步分析违法行为的性质（the very nature of the offence）。这里要检验的是系争规范或处罚是否具有一般性的法律约束力或者只针对特定群体适用，如果规范或处罚是一般性地适用于普通公民，并且在制裁规范部分规定了具有惩罚性和威慑性的法律制裁后果，那么，该规范或处罚就具有刑事性。当然该法律制裁后果的评判还要与下一个标准相结合。在此，需要特别指出的是，即使行为的危害性或损害性十分轻微，只要针对该行为的规范或处罚具有刑事性，该国需要给行为人提供公正审判权的程序性保障。

（3）对行为人施加的法律制裁的性质与严厉程度（the nature and degree of severity of the penalty that the person concerned risked incurring）。这个标准是划分刑事不法与行政不法的最具决定意义的标准。就法律制裁或措施而言，在一个践行法治（rule of law）的社会中，除去那些根据其性质、持续时间以及执行方式明显不会损及相关人员人身自由的措施之外，作为一种承担法律责任的处罚措施，剥夺自由属于"刑事"领域的制裁手段或措施。除自由刑外，大额的行政罚款也应属于刑罚措施，尤其是在执行过

---

① 参见王栋《刑事不法与行政不法之界分》，博士学位论文，中国社会科学院研究生院，2015年，第 128 页以下。

程中，如果被处罚人不能缴纳罚款，罚款就易科自由刑。[①]

至此，对比之后我们可以发现，各国不论是从理论探讨的层面还是从法律制度建构的层面，界分刑事不法与行政不法的逻辑起点都是从实体法上如何界定犯罪的定义与范围开始的，然后在此基础之上讨论刑事不法与行政不法的管辖机关是司法机关还是行政机关，是适用行政程序还是刑事诉讼程序来处理相应的不法行为。尽管这些国家都是世界公认的民主法治国家，比如德国、日本、英国、美国等，但是由于法律传统与法律文化上的差异，在刑事不法与行政不法的界分以及相应的法律程序建构，它们之间却表现出巨大的差异。由此，我们可以得出这样的结论：单从实体法的角度而言，关于刑事不法与行政不法的界分既没有优劣之分，更谈不上有对错之别，而且很难在各国之间达成一致共识。与这种国别性的探索不同的是，虽然在对该问题进行分析和讨论的过程中也会涉及或者说围绕系争法律规定究竟是刑事法律规定还是非刑事法律规定进行实体法性质的判断，欧洲人权法院却不是直接以"实体法上该如何界分刑事不法与行政不法"作为其思考该问题的出发点和落脚点，而是将不法行为的法律制裁后果作为根本性的判断标准，由此出发来评价不法行为的"刑事性"（criminal），如果具有"刑事性"，下一步就要对不法行为人是否获得了公正审判权的法律保障进行检验，整个分析论证过程的最终落脚点在于不法行为人所享有的公正审判权是否受到保护，即针对不法行为人对刑事性处罚是否由法院作出，法院是否向不法行为人提供了《欧洲人权公约》第 6 条规定的最低限度的诉讼权利保障。也就是说欧洲人权法院观察问题的视角并不在于不法行为的社会危害性与伦理可非难性，也不在于倡导缔约国将被其评价为具有"刑事性"的程序或者不法行为纳入刑事法的调整范围，进而扩大犯罪圈。而是，从保障行为人的公正审判权的角度出发，对"刑事"的概念作出扩大性解释——比如，约孜吐尔克诉德国案中违反交通秩序的行政不法行为、贲迪诺诉法国案中违反税务法规的行政不法行为就被

[①]　由于欧洲人权法院采用依循先例（stare decisis）原则，所以在审理后来的约孜吐尔克诉德国案（ÖZTÜRK v. GERMANY）、贲迪诺诉法国案（Bendenoun v. France）等一系列案件中，欧洲人权法院援引其在恩格尔等诉荷兰案中提出的界分标准，用来判断在缔约国国内法上被规定为行政案件的交通违法行为、税务违法行为是否属于《欧洲人权公约》第 6 条意义上的刑事犯罪行为。因此，在不断应用的过程，该界分标准也被进一步具体化、明确化。参见王栋《刑事不法与行政不法之界分》，博士学位论文，中国社会科学院研究生院，2015 年，第 235 页以下。

欧洲人权法院视为刑事不法行为——把国内法上非刑事性的处罚和程序囊括到公约意义上的"刑事指控"或"刑事处罚"的范围内，确保行为人受到符合法治最低标准的程序性保障。从立法和司法实用主义的角度来讲，这种分析思路解决了"质的差异说""量的差异说""质量的差异说"等学说在理论周延、可操作性等方面的问题，为我们解决中国问题提供另一种方法论。

三 我国"立法定性＋定量"界分技术的检讨

与采取"立法定性＋司法定量"界分技术的国家相比，我国"立法定性＋定量"的界分技术直接造成我国刑法中的犯罪圈小于这些国家的犯罪圈，从刑法中分离出的不法行为由行政法管辖，因此，我们需要检讨的就是针对这部分行政不法行为的法律保障是否符合国际人权法关于公正审判权的要求。

（一）劳动教养废止之前刑事不法与行政不法的界分

在劳教废止之前，我国采取的是治安处罚—劳动教养—刑罚三元制裁结构。依照欧洲人权法院在恩格尔案中构建的判断标准来审视劳动教养与治安处罚法，可以发现：（1）从适用的对象看，劳动教养的适用对象基本与现行的《治安管理处罚法》的适用对象相同，所不同的是卖淫、嫖娼者被行政处罚后又再次实施卖淫、嫖娼行为的才适用劳动教养，对于吸食、注射毒品成瘾者经过强制戒除后又继续吸食注射毒品的才适用劳动教养。所以说，这些制裁措施的适用对象都属于普通公民而非公务员、军人等特殊群体。（2）从处罚的目的来看，无论是《治安管理处罚法》还是劳动教养规定所实施的制裁手段多数在本质上都类似或者说无异于刑罚的惩罚性和预防性。（3）从处罚的形式和严厉程度来看，劳动教养剥夺人身自由的期限一般为一年至三年，在特定情况下会延长至四年；治安拘留的期限一般为十五天以下，行政拘留处罚合并执行的，最长不超过二十天。根据国际公约的要求，任何剥夺人身自由的监禁处罚都属于刑事法领域的制裁手段或措施，具有刑罚的性质。因此，治安拘留和劳动教养属于国际人权法意义上的刑罚性质。

（二）劳动教养废止之后刑事不法与行政不法的界分

2013年初劳动教养废止之后，我国通过三项举措将劳动教养适用对象（行为）作了分流处置：第一，通过最高人民法院和最高人民检察院的司法解释，将实施刑法禁止、尚不够刑事处罚的劳动教养行为大部分分流到刑法中予以犯罪化。第二，小部分为刑法禁止、尚不够刑事处罚的行为以及卖淫嫖娼行为，被分流到治安处罚法。第三，吸毒成瘾者则由公安机关依据《禁毒法》进行强制隔离戒毒。[①] 劳动教养废止之后，除了通过司法解释被分流到刑法中的那部分不法行为之外，其余的部分所适用的法律制裁手段或强制措施与分流之前并没有任何本质上的变化。

所以，根据上述分析，与废止之前的劳动教养相关的行政拘禁措施属于具有刑事性的或者至少是"准刑事性质"的法律制裁手段。这些剥夺人身自由的法律制裁手段或强制措施均由行政机关自行决定，事先无须经过法院的司法审查，与人权法上要求任何剥夺自由的处罚或措施必须由法院作出的规定相悖。除这部分不法行为外，分流到刑法中予以犯罪化的不法行为则由法院审理，符合公约关于公正审判权的规定。

第三节　我国刑事不法与行政不法二元制裁体系的完善

从法治发展进程来看，不管违警罪（违反秩序法或轻犯罪法）是规定在刑法典之内还是刑法典之外，也不论违警罪究竟是属于刑事不法还是行政不法的范畴，法治发达国家早已普遍实现了限制或剥夺人身自由的法律制裁手段必须由法院作出的法治要求，并且从法律上排除了行政机关可以不经过司法审查便可限制或剥夺公民人身自由的可能性。我国的情况却是，行政机关事先不经过司法审查可自行决定是否限制或剥夺公民的人身自由。可以说，这是我国行政拘禁制度的根本问题所在，与既定性又定量的刑事立法技术有着密不可分的关联。我国刑法是否借鉴"立法定性 + 司法定量"的界分技术，是否需要建立轻罪或保安处分制度并不是一个实质问题，问题的实质在于，能否通过制度设计，实现限制或剥夺人身自由的行政拘禁措施的司法化。也就是说，离开了这个核心和底线，相关刑事不法与行政不法二元制裁体系的探讨将失去意义。

[①] 参见阮齐林《后劳教时代惩治违法犯罪的法律结构》，《苏州大学学报》（法学版）2014 年第 1 期。

一　"立法定性＋定量"之界分技术的优化

通过上述分析，我们可以发现，我国刑事不法与行政不法二元制裁体系的根本缺陷既不在于量的差异说，也不在于我国刑事立法上"立法定性＋定量"的界分技术，而在于行政机关可以自行作出限制或剥夺公民人身自由的行政拘禁措施的决定。

（一）坚持"立法定性＋定量"之界分技术

传统文化与现实的冲突决定了我国刑法典中犯罪概念定量因素应有一席之地：

首先，我国刑事立法中"立法定性＋定量"的犯罪化模式，是我国传统治国经验中法不责众的现代模板，发挥着刑法谦抑主义的制度保障作用。[①] 刑法传统与法文化息息相关。我国历来的法文化，都是以政治国家为重心，以保障国家权力为首要目的。因此，纵观我国历来的刑事法律，往往与维护国家的政治利益相关联，这也就导致了刑罚权的过分膨胀。[②] 我国古代刑事法律，一个鲜明突出的特点即是重刑多，刑罚大多以生命刑和肉刑为主。重刑的广泛适用，势必会引起人民群众在重压之下的巨大反弹，而这种反弹对抗又势必会冲击统治基础，这并非统治者所乐于看见的。因此，为了维护政权稳定，就必须要在严苛的刑罚制度下，寻求一条可供变通的路径，这条路径即是缩小严苛刑罚的打击范围。该条路径的最为简单便捷的实现方式是在行为的犯罪构成已然明确规定的基础之上，从行为的严重程度，即犯罪构成的量上入手进行规制，将没有达到一定标准的量的行为排除在刑罚处罚之外。由此，便形成了我国法不治众的统治策略。以上即是我国现行刑法中定量理念的发展由来，很明显可以看出，定量理念与我国传统的法不治众的刑法文化密切相关。只要这种传统法文化在广大社会公众中的影响依然存在，那么刑法中就不应轻易地彻底舍弃犯罪概念的定量因素。[③]

其次，"立法定性＋定量"的犯罪化模式可以在相当程度上降低犯罪标签效应。"就我国现状看，中国传统文化对犯罪人普遍歧视的'观念上

① 梁根林：《刑事法网：扩张与限缩》，法律出版社 2005 年版，第 29 页。
② 参见储槐植《议论刑法现代化》，《中外法学》2000 年第 5 期。
③ 参见储槐植、汪永乐《再论我国刑法中犯罪概念的定量因素》，《法学研究》2000 年第 2 期。

层建筑'也对中国刑法设置罪量要素有其深刻影响。中国刑法历来仅惩罚较为严重的法益侵害行为，故在国人的传统观念中，'犯点法'问题不大，但犯罪人却近乎'坏人'的代称。另外，建国以来，我国一直适用针对犯罪人的前科建档制度、前科报告义务等。所有这些，都导致了就业单位、学校、社会乃至一般居民等对有前科者的零容忍态度。"① 尽管主张建立轻罪制度的学者提出建立与之相应的前科消灭制度。然而，这种法律上的制度建构毕竟是纸面上的东西，在现实社会里，一旦有了前科烙印的人，往往一辈子都洗不掉这个污名，犯罪记录或犯罪标签会永生跟随。② 总而言之，只要这种"仇罪文化"在广大社会公众中的影响依然存在，那么刑法中就不应轻易地彻底舍弃犯罪概念的定量因素。对此，将刑事不法（刑事犯罪）与行政不法（治安违法）的二元界分的做法至少使相当比例的治安违法人群免受刑罚处罚，免遭犯罪前科的污名化，从而免受犯罪标签化带来的不利后果。

最后，从司法与执法层面看，当今稀缺的司法、执法资源状况也不足以支撑我国在立法上采取"立法定性和司法定量"的界分模式。与西方国家相比，我国一名法官要承办数十百倍于欧美国家法官的案件，加之司法独立性有限，法官的自由裁量权也不够，司法资源因而更成问题。在执法方面，我国的执法资源目前即使许多犯罪有"罪量"要求的情况下，都有相当一部分的案件未予或未及破案、立案，尤其是涉及财产犯罪的案件。在此情况下，无论是立法定性、司法定量；还是只定性、不定量即零门槛的犯罪化模式都没有可行性。可见，如果不顾及当前我国的法治资源包括司法人力极度稀缺的现状，非要引入西方的零门槛入罪，结果只能因本国国情的不同而导致引入"植被"的水土不服。再进一步，如果刑法做了零门槛入罪的规定，司法上不逐一审决的话，刑罚的权威性将会荡然无存。如此尽管人们可能出于良好的初衷引入此类"先进"的立法例，但如其不能正常地运作于本土，其结果不是法治的进步而是倒退，因为脱离本国物质经济基础的政治上层建筑只能是中看不中用的。有鉴于此，一国的法治只要相对于本国物质经济关系而言并不"滞后"即可。③

---

① 屈学武：《中国刑法上的罪量要素存废评析》，《政治与法律》2013 年第 1 期。
② 我国每年受理的治安违法案件数要比刑事犯罪案件数多出数百万起，治安违法的数字远远高于刑事犯罪的数字。
③ 屈学武：《中国刑法上的罪量要素存废评析》，《政治与法律》2013 年第 1 期。

（二）完善"立法定性＋定量"之界分技术

我国的司法实践表明，刑法适用与运行机制中存在的许多重大问题往往源于犯罪概念的定量因素。简单来讲，犯罪概念的定量因素，具有导致刑法理论的困惑和学理解释的尴尬、导致最高司法机关司法解释权的膨胀和地方司法机关自由裁量权的萎缩、导致刑事法网粗疏、不利于控制和预防犯罪等负面效应。①

在现代刑事政策的视野中，我国刑法对不法行为犯罪化所采取的这种"立法定性＋定量"的犯罪化模式虽然利弊兼有，但仍然是利大于弊的明智选择。我国刑事立法政策上在继续致力于严密刑事法网、严格刑事责任、实现我国刑法结构由"厉而不严"向"严而不厉"的结构性转变的同时，应当继续坚持并进一步完善这种"立法定性＋定量"的犯罪化模式。就完善立法设计的定量标准而言，刑事立法设定犯罪构成的定量标准时，应当正确处理刑法的明确性与模糊性的关系，尽量避免适用绝对确定、没有弹性与解释余地的概念或定量标准，如不应像刑法第383条贪污、受贿罪的处罚标准那样，明确地规定一般以5000元为定罪起点，而应当使用相对概括而明确的概念或标准。所谓相对概括而明确，即要求定量标准既要有弹性与解释余地，又要有基本确定或可以参照的范围。② 为实现这种相对概括又明确的立法目的，有效解决构成要件明确性与概括性之间的矛盾，在具体的立法技术采用上，今后的刑法立法或修法应恰当运用"原则例示式"的立法方法。所谓"原则例示式"立法技术，即在使用一个非常普通的概念的同时，列举范例对该一般概念加以说明，以作为法官具体进行法律推理与法律解释的指导形象与逻辑依据。比如，修改后的德国《刑法典》第243条加重盗窃罪的规定：（一）犯盗窃罪而情节重大者，处三个月以上十年以下自由刑或罚金。有下列各款情形之一者，原则上为情节重大：（1）侵入、爬越、以造假钥匙开启或以其他不正当之工具进入建筑物、住宅、办公或商业场所或其他锁闭场所，或隐藏于该场所内实行犯罪者；（2）自紧锁之容器或其他防止盗窃之保险设备中窃取者；（3）常业窃盗者；（4）自教堂或其他宗教场所内窃取礼拜用或举行宗教仪式用之物品者；（5）窃取公开展览或陈列之学术、艺术、历史或技术发展上重大价

---

① 参见储槐植《刑事一体化论要》，北京大学出版社2007年版，第119—126页。
② 梁根林：《刑事法网：扩张与限缩》，法律出版社2005年版，第31—32页。

值之物品者；（6）利用他人无助、意外事件或公共危险时窃盗者。（二）所窃取之物品价值菲薄者，虽有上列行为，亦不是为加重盗窃。① 从我国的立法实务来看，"原则例示式"立法技术已经被立法机关采用，比如《刑法修正案（八）》对盗窃罪修订增加了"入户盗窃、携带凶器盗窃、扒窃"的不法行为类型，弥补了定量立法技术的不足。另外，对于犯罪性质关涉到社会公共安全，特别是公众生命、身体健康安全的犯罪类型，在立法技术上，刑法立法应采用设置抽象危险犯的方法，在分则罪状上排除"罪量要素"的规定，② 以满足严密刑事法网、严格刑事责任、周延法益保护的刑事政策需要。

二 行政处罚—刑罚的二元制裁结构之优化

劳动教养废止后，原劳动教养对象已经被分流到《刑法》《治安管理处罚法》《禁毒法》等法律法规的调整范围之内。从形式上来看，劳动教养废止后的法律空白已经被弥补，完成了刑事制裁与行政制裁体系的衔接与调整工作。但是，根据《公民权利和政治权利国际公约》第 14 条的检验，现行法律法规中规定的治安拘留、收容教养、收容教育、强制隔离戒毒等行政拘禁制度仍然属于国际人权法意义上的"刑事性"或者"准刑事性质"的处罚或措施，面临着必须进行司法化改造的问题。

（一）劳动教养废止后治安处罚—刑罚二元制裁体系的回归

劳动教养废止之后，通过我国预防和惩治违法犯罪行为的法律制裁体系由三元制裁体系回归到原来的二元制裁体系：治安处罚和刑罚处罚。具体来讲，最高人民法院、最高人民检察院于 2013 年前后制定了《关于办理盗窃刑事案件适用法律若干问题的解释》《关于办理敲诈勒索刑事案件适用法律若干问题的解释》《关于办理抢夺刑事案件适用法律若干问题的解释》《关于办理寻衅滋事刑事案件适用法律若干问题的解释》，以有限入罪为原则，适当降低了犯罪门槛，将实施刑法所禁止的、尚不够刑事处罚的大部分原劳教行为分流到刑法中，作为刑事犯罪予以处理；小部分社会危害性较低的、为刑法所禁止的、尚不够刑事处罚的原劳动教养行为，被分流到《治安管理处罚法》，作为治安违法行为予以处理；原劳动教养对

---

① 参见梁根林《刑事政策：立场与范畴》，法律出版社 2005 年版，第 309—310 页。
② 参见屈学武《中国刑法上的罪量要素存废评析》，《政治与法律》2013 年第 1 期。

象中的吸毒成瘾者和卖淫嫖娼者可分别适用强制隔离戒毒和收容教育。由此，治安处罚—刑罚的二元制裁体系再次形成。[①]

（二）当前有关刑法结构调整之观点

劳动教养废止后，就我国法律制裁体系，尤其是刑法结构如何调整，学者之间观点纷杂，莫衷一是，以下对其中具有影响力的几种主张作简要评述。

1. 保安处分论

废除劳动教养制度代之以保安处分，或者说借劳动教养废止的契机建立保安处分制度，这是当前学界最为普遍最有影响力的主张。该说认为，保安处分应成为我国劳教制度改革的方向。[②] 就刑罚与保安处分的关系而言，国外多数国家采取的是刑罚与保安处分并行的二元制模式，这种模式具有良好的运行效果。由于劳动教养适用的对象是具有人身危险性的人，实施劳动教养的目的是预防犯罪和保护社会，这都与保安处分相类似。因此，这种观点认为，可借劳教制度脱胎换骨之机，确立起中国刑法的刑罚与保安处分之二元化格局。在相关制度的具体建构上，建立一部统一的刑法典，确立重罪、轻罪、违警罪和保安处分的体系，保安处分处理未达到刑事责任年龄的人、精神病人、吸毒和酗酒成瘾者实施危害社会行为。[③]

这一观点的长处在于，建立保安处分制度能够克服我国刑法在应对"未达到刑事责任年龄的人、精神病人、吸毒和酗酒成瘾者实施危害社会行为"方面存在的缺失，同时一并解决治安拘留的司法化问题。但是，我们也应该看到该主张的不现实和不可取之处：（1）现行的治安处罚和刑事处罚二元制裁结构不仅在法律制度上根深蒂固，在民众的法律意识和法律情感中也造就了违法与犯罪的界分，所以，制定一部统一的刑法典将会是刑事法领域的根本性变革，既会带来巨大的制度成本，也需要面对国民的法治观念变革，现实考虑上这种改革方式并不足取。（2）从问题的核心和调整对象来看，劳动教养制度的根本缺陷在于有责任能力者实施危害社会行为被剥夺自由的正当性根据与正当程序何在？而保安处分制度仅仅是解

[①] 参见阮齐林《后劳教时代惩治违法犯罪的法律结构》，《苏州大学学报》（法学版）2014 年第 1 期；熊秋红：《完善废除劳教后的法律制度》，《中国社会科学报》2014 年 3 月 5 日第 A07 版。

[②] 参见刘仁文《劳教制度的改革方向应为保安处分》，《法学》2013 年第 2 期。

[③] 同上。

决"未达到刑事责任年龄的人、精神病人、吸毒和酗酒成瘾者实施危害社会行为"的法律应对问题,不能解决原劳动教养对象有责任能力者实施的为刑法所禁止、尚不够刑事处罚的危害社会行为的法律应对问题。

2. 违法行为矫治法论

该观点主张,制定违法行为矫治法来弥补劳动教养制度废除后的法律空档,即在现行刑罚和行政处罚的制裁体系之外,建立一种独立的法律处分,以预防和矫正轻微的犯罪行为和违法行为。违法行为矫治措施所针对的是一些具有人身危险性但行为不构成犯罪或不足以受到刑事处罚的行为人,注重对人身危险性的评价,其在处罚方式方面不同于刑罚。① 在具体的制度建构上,矫治对象主要针对多次违反《治安管理处罚法》屡教不改,或者实施了犯罪行为,但又不需要追究刑事责任,放回社会又具有现实危害性的人员。矫治种类可以分为四类:(1)强制教养;(2)社区矫正;(3)强制戒毒;(4)强制治疗。决定程序是公安机关提出强制矫治意见书、法院审查出具决定书。②

该说与之前的劳动教养制度相比,唯一的改变就是增加了司法审查的程序,变了个称呼而已。这一观点的根本性缺陷仍然无异于劳动教养废止之前"现行的治安处罚和刑罚在处罚力度上基本可以衔接,而加进一个劳动教养,反而打乱了逻辑"。③

3. 轻罪论

关于"轻罪化",论者认为,应当将劳动教养进行彻底改造以纳入刑事法治的轨道,故而需在我国目前的刑法体系中引入犯罪分层的思路,增加"轻犯罪法"或"违警罪法",通过适当降低犯罪门槛,将部分治安管理处罚或者劳动教养的对象行为纳入犯罪圈,实行刑法干预,将劳动教养改革成为西方轻罪(与重罪、违警罪相对的一个概念)制度的设想。④

与保安处分说相比,该说在刑法结构的调整上缺乏一种全局视野,未顾及整个刑法结构的变化。另外,在法律体系中建立轻罪制度必然要求对

① 参见储槐植、张桂荣《关于违法行为教育矫治法立法中的几个重大问题的思考》,《中国司法》2010年第7期。
② 参见李晓燕《论劳动教养制度的废存及违法行为教育矫治法的制定》,《法学杂志》2013年第3期。
③ 参见刘仁文《劳教制度的改革方向应为保安处分》,《法学》2013年第2期。
④ 参见卢建平《法国违警罪制度对我国劳教制度改革的借鉴意义》,《清华法学》2013年第3期。

我国刑法体系进行重构，将会对我国现行的法律制裁体系造成巨大冲击；而且在劳动教养的事项中有一些并不存在具体的法益侵害性，而仅仅是行为人人身危险性的一种外化表现，将这些事由犯罪化会破坏我国刑法中的定罪量刑模式。犯罪圈的急剧扩大也会给司法机关带来巨大压力；另外，如何科学界定轻罪的概念并划定轻罪的范围还存在困难、如何实现轻罪制度与现有刑法理论体系的协调问题有待进一步的探索，等等。[1]

4. 分流论

持该观点的学者认为，可以对劳动教养所规制的行为进分界分，分别纳入刑法和行政法的调整范围。其中，原劳动教养对象中为刑法所禁止、尚不够刑事处罚的部分，通过降低犯罪门槛，扩大犯罪圈，将其分流到刑法中，剩余部分自然分流到《治安管理处罚法》中，对其他的普通治安违法行为，予以治安处罚即可，归由行政法调整。在分流时，可以借助自然犯和法定犯的犯罪分类标准，将所有的自然犯全部纳入刑法进行调整，而法定犯则纳入行政法加以调整。[2]

总体来看，该说能够有助于理顺我国预防和惩治违法犯罪行为的法律制裁体系，实现治安处罚与刑罚的结构衔接，既符合目前两高通过司法解释对劳教对象进行分流处理的司法实践，也不会对现行的法律制裁体系产生观念和制度成本上的冲击，是一种较为妥善的处理方案。但是，根据前文的分析，这种分流处理方案也存在对治安拘留、强制隔离戒毒、收容教养等行政拘禁制度的司法化改造的问题。

综上所述，在对上述各种观点的优缺点进行考察之后，我们倾向于分流论的处理方式来调整劳教废止后的刑法结构，但是这种处理方式仍有需要完善之处。

（三）治安处罚—刑罚二元制裁结构的优化

根据国际人权法上关于界分刑事不法与行政不法的判断，治安处罚、收容教育、收容教养、强制戒毒等非经司法程序即可剥夺人身自由的措施，至少应当属于"准刑事性质"的处罚或措施。因此，也面临着司法化

---

[1] 参见刘胜超、商浩文《刑法改革视野下的劳动教养制度之未来走向——以盗窃罪等相关司法解释为分析对象》，任娇娇、靳宁主编《后劳教时代的违法行为治理》，武汉大学出版社 2014 年版，第 303 页。

[2] 参见阮齐林《后劳教时代惩治违法犯罪的法律结构》，《苏州大学学报》（法学版）2014 年第 1 期。

改造的问题。

1. 二元制裁结构的优化

根据上述国际人权法中界分刑事不法与行政不法的判断标准，我国《治安管理处罚法》明显具有"刑事性"的特征，尤其是由公安机关自行作出的治安拘留之处罚，和国际人权法意义上的刑罚并无任何区别，所以，按照国际人权法上的法治最低标准，我国应该为受治安处罚者提供公正审判权的法律保障，或者说，目前至少应该实现受治安拘留者享有公正审判权的法律保障。但是，根据前文关于国际人权法如何界分刑事不法与行政不法的分析，即使某国在行政法领域中适用的行政制裁手段被评价为国际人权法意义上的"刑罚"，比如，交通肇事案件中的罚款，也并不意味着国际人权公约或国际人权法作出如此之评价旨在于敦促该国将此行政不法行为进行纳入刑法进行犯罪化处理，而是在于监督该国并督促其为行为人提供国际人权公约中的程序性法律保障。也正是在此意义上，我们对以下这种观点表示不赞同：即部分学者从国际人权公约出发，主张为了赋予治安拘留以正当法律程序，进而将《治安管理处罚法》改造为轻罪法。这种观点显然只注意到公约要求各国给行为人提供正当程序的义务，并未发现公约允许各国因文化传统、社会治安形势等方面的差异作出不同的犯罪定义，条件是必须保障本国公民的公正审判权。因此，如前文所述，我们立足于我国法制和传统文化上的现实考量，主张保持并优化治安处罚—刑罚的二元制裁结构，不主张将《治安管理处罚法》改造为轻罪法。

具体而言，建议我国设立治安法庭以保障被处以治安处罚者的公正审判权。治安法庭至少将可能被处以拘留的治安案件纳入审理范围，这些案件由公安机关提出控告，法院作出是否处以行政拘留的裁判。同时，考虑到过去由公安机关处理的一些案件将会逐渐转由法院进行处理，这无疑会大大加重法院的负担。转处的这部分案件在性质和特点上与一般的刑事案件有别，因此也需要增设专门的治安法庭，采用相对快速、简易的方式加以处理，以提高司法效率。因此，在基层法院增设治安法庭，和刑庭、民庭、行政庭一样，作为法院的一个审判业务部门。治安法庭的管辖范围主要包括废止劳教制度后转处的案件，可能被处以行政拘留的案件，包括醉驾、扒窃等在内的轻微刑事案件以及其他可能被判处三年以下有期徒刑的案件。审理治安案件的程序应着力于高效快捷，以便于解决大量的治安案件，同时遵循权力监督制约、律师介入、证据规则、救济程序等各项正当程序规则，保障治安案件得到公正处理。未来还可以考虑通过修改宪法和刑事诉讼法，将强制性侦查措施的批准或决定权交给治安法庭行使，甚至还可以让治安法庭承担对刑事案件进行预审的职能。①

在处罚措施和调整范围上，治安处罚法也可借鉴德国等国家的做法。以自然犯与法定犯为主要标准，界分刑事违法行为与治安违法行为。对于违反伦理并具有侵害人身、财产、名誉等权利的行为，如盗窃、抢劫、诈骗、敲诈、侵占、杀人、伤害、暴行、放火、爆炸等行为，都应当纳入刑法规制的范围。对于上述行为之外的仅违反社会管理秩序的行为，纳入治安处罚法范围。② 同时，其处罚不能包含有剥夺或限制人身自由的措施，只能是低额的罚款等，而且将处罚选择权交给当事人本人，即他要是不服警方的处罚，则案了不能由警方来结案，而必须由治安法院来决定。③

另外，从我国刑事法治发展的长远考虑，有必要对我国相关法律体系进行整合，在我国刑法典中集中设立保安处分制度，弥补我国刑法制裁体系的缺陷。在 1997 年刑法典修订过程中，很多学者提议保安处分以专章形式进入刑法典，④ 随后不断有论者提出在刑法典中采用刑罚和保安处分双轨制的立法体例。⑤ 但是由于理论研究的不足以及相关配套措施尚未建立，上述立法建议并未得到有效采纳。笔者认为，随着保安处分理论共识的不断增强和保安处分制度理论与实践的进一步发展，在未来立法条件成熟的情况下，应当在刑法典中设立保安处分专章，将刑事法律中已规定的保安性措施和一些行政法律中所规定的具有同样性质的保安性措施予以统一规定，增补相关的保安处分措施，形成一个较为完整的具有内在逻辑关系的保安处分体系，这样可以明确这些保安性措施的法律定位，妥善处理其与刑事诉讼法相关制度和规范的关系，使得保安处分与刑罚之间的关系

① 参见熊秋红《后劳教时代的相关法律完善》，刘仁文主编《废止劳教后的刑法结构完善》，社会科学文献出版社 2014 年版，第 89—90 页。
② 参见阮齐林《后劳教时代惩治违法犯罪的法律结构》，《苏州大学学报》（法学版）2014 年第 1 期。
③ 刘仁文：《关于调整我国刑法结构的思考》，《法商研究》2007 年第 5 期。
④ 参见赵秉志、赫兴旺《论刑法典总则的改革与进展》，《中国法学》1997 年第 2 期；赵秉志：《中国刑法修改若干问题研究》，《法学研究》1996 年第 5 期，等等。
⑤ 参见赵秉志、阴建峰等《中国刑法的修改完善论纲》，《刑法论丛》2012 年第 4 卷。

更加清晰。①

2. 其他行政拘禁制度的完善

由于整体意义上的刑法被肢解为数块，造成刑法学者只关注狭义上的刑法，而对收容教养、收容教育、强制隔离戒毒等行政拘禁制度不熟悉、不关心。② 但是，根据前文国际人权法上界分刑事不法与行政不法的标准，收容教育、收容教养、强制医疗、强制戒毒等非经司法程序即可剥夺人身自由措施，至少应当属于"准刑事性质"的处罚或措施。因此，也面临着司法化改造的问题。

（1）收容教育

收容教育，针对的对象仅有卖淫和嫖娼两类，所使用的方式是通过限制或剥夺人身自由的方式进行劳动和教育，期限是六个月到两年，决定机关是公安机关，适用的依据是1991年第七届全国人大常委会通过的《关于严禁卖淫嫖娼的决定》和国务院1993年据此制定的《卖淫嫖娼人员收容教育办法》。在劳动教养制度已经废除的今天，对这一措施也应当坚决予以废除。首先，其缺乏法律依据。收容教育的法律依据仅是全国人大常委会通过的决定和授权国务院制定的办法，而它的内容却是要限制人身自由。依据《立法法》第8条的规定，限制公民人身的强制措施只能由法律规定，且依据该法第9条的规定，对限制人身自由的强制措施尚未制定法律的，全国人民代表大会及其常务委员会不得授权国务院先制定行政法规。虽然《关于严禁卖淫嫖娼的决定》是由全国人大常委会制定的法律，《卖淫嫖娼人员收容教育办法》属于依据该决定制定的行政法规，③ 但是，《关于严禁卖淫嫖娼的决定》中对国务院的授权因违反《立法法》第9条的规定而应该自《立法法》生效之日起失去法律效力。这样，《卖淫嫖娼人员收容教育办法》中所规定的收容教育措施就是违背《立法法》第9条的规定的。其次，与法治原则的基本精神相悖。收容教育是一种限制人身自由的强制方法，根据法治原则的基本要求，收容教育必须经过司法审查程序才能予以适用。而在我国，其决定机关是行政机关，即公安机关，这

① 参见时延安《保安处分的刑事法律化——法典规定保安性措施的必要性及类型》，《中国人民大学学报》2013年第2期。

② 参见刘仁文《关于调整我国刑法结构的思考》，《法商研究》2007年第5期。

③ 制定《卖淫嫖娼人员收容教育办法》的所谓法律依据是："根据《全国人民代表大会常务委员会关于严惩卖淫嫖娼的决定》，制定本办法。"

会导致公民的人身自由权缺乏基本保障和有效救济途径，也容易产生腐败问题。再次，也是最为关键的，收容教养在适用条件上过于宽泛，不够明确。在实施程序方面缺乏基本的程序保障，当事人没有听证的权利、获得通知的权利、"暂缓执行"的权利，事后救济软弱无力，日常管理简单粗暴。在实践中，收容教育蜕变为主要针对卖淫嫖娼下层人员的一项严厉惩罚。它实际的教育改造功能不足，对遏制卖淫嫖娼的作用不明显，反而滋生出腐败，映照着社会的不公。① 最后，依据其危害性，不足以受到如此重的处罚。卖淫嫖娼在我国仅仅是违反《治安管理处罚法》的一般违法行为，却有可能受到六个月至两年的剥夺人身自由的处罚，这比一些轻微犯罪行为所受的处罚还重，显然是失当的。虽然在我国目前的经济、文化条件下，受传统观念的影响，将卖淫嫖娼合法化是不现实的，但收容教育只是一种没有受害人的一般违法行为，并不具有严重的社会危害性，所以，它并不像劳动教养制度中的一些不法行为，在劳教废除之后需要分流到刑法中。因此，收容教育可直接将其予以废除。②

（2）收容教养

收容教养，是指对不满十六周岁的未成年人虽然实施了犯罪行为，但是由于未达到法定刑事责任年龄而不予刑事处罚，由政府对其收容，进行集中管理教育的一项制度。在实践中，收容教养的主要依据是1982年公安部制定的《关于少年犯管教所收押、收容范围的通知》。该通知规定，对于不满十六周岁的犯罪人收容教育的期限是一年至三年，予以收容教养的审批权由公安机关行使，执行地点是少管所。在1997年《刑法》生效之后，相关部门也没有再颁布配套的立法解释、司法解释或部门规章。

当前，收容教养制度存在的主要问题有：具有明显的惩罚处分性质，社会救济、教育挽救的功能趋弱；根据我国宪法和立法法的规定，作为一种剥夺人身自由的处罚，收容教养缺乏必要的法律依据、缺乏必要的正当程序以及有效的替代措施；收容对象的年龄、收容的前提条件、"必要时"的内涵等收容条件模糊不清。对此，收容教养制度应当进行根本性的改变：从立法上确立收容教养的法律依据，明确收容教养的条件；完善少年司法制度，设置收容教养的司法审查程序；明确收容教养的保护性、福利

---

① 参见何海波《论收容教育》，《中外法学》2015年第2期。

② 参见刘仁文《劳教制度的改革方向应为保安处分》，《法学》2013年第2期。

性和非惩罚性；发展多样化的收容教养执行方式，防止收容教养异化为变相的羁押和监管措施。[1]

（3）强制隔离戒毒

强制隔离戒毒是对毒品成瘾的人员在一定时期内进行强制的治疗、教育，使其戒除毒瘾的行政强制措施。目前，公安机关既是强制隔离戒毒的决定机关，又是强制隔离戒毒场所的主管机关，还掌握了强制隔离戒毒减期、延期的审批权，导致权力过于集中。另外，公安机关和司法行政部门分段执行强制隔离戒毒的二元管理体制导致公安机关和司法行政部门两家职能重叠，同时带来多头管理、多头审批、场所重复建设、衔接不畅、执法标准不统一等诸多问题，制约了强制隔离戒毒管理工作的有效开展。针对这些问题，我们提出以下完善建议，以资参考。[2]

首先，实现强制隔离戒毒决定权与执行权的分离。公安机关集强制隔离戒毒的决定权与执行权于一身，不符合法律制度设计的一般规律。法治建设的经验表明，不受制约的权力易于被滥用。因此，强制隔离戒毒制度的决定权和执行权应当分离，公安机关对强制隔离戒毒的决定权应移交法院，即它只负责"抓人"，就像《刑事诉讼法》对强制医疗程序的司法化改造一样，这样才能使公安机关不致既做运动员、又做裁判员。

其次，强制隔离戒毒执行工作全面移交司法行政部门。在强制隔离戒毒的决定权与执行权相分离的基础上，强制隔离戒毒工作应整体移交给司法行政部门。这不仅具有法理上的逻辑合理性，也具有实践上的可行性和优越性。一方面，公安机关的主要职责是维护社会治安秩序、预防和打击违法犯罪活动，然而，由于基层警力有限，公安机关维护社会安全的任务非常繁重。如果将强制隔离戒毒的执行工作移交给司法行政部门，可以大大减轻公安机关的工作压力，有助于公安机关集中优势发挥其维护社会治安和打击犯罪的重要职能。另一方面，相较于司法行政部门的戒毒体系，公安机关的戒毒工作机制尚不健全，戒毒专业化队伍的建设也不到位。相比而言，司法行政部门在总结劳教戒毒工作经验的基础上，已经建立起强

---

[1] 参见陈泽宪《收容教养制度及其改革》，刘仁文主编《废止劳教后的刑法结构完善》，社会科学文献出版社 2014 年版，第 400—410 页；廖斌、何显兵：《完善收容教养制度构想》，刘仁文主编《废止劳教后的刑法结构完善》，社会科学文献出版社 2014 年版，第 411—426 页。

[2] 参见王栋、刘仁文《强制隔离戒毒：问题及改进》，刘仁文主编《废止劳教后的刑法结构完善》，社会科学文献出版社 2014 年版，第 478—485 页。

制隔离戒毒和戒毒康复体系，戒毒机构及其硬件设施、戒毒专业化队伍、戒毒工作模式、戒治环境，以及戒毒场所管理制度等方面日趋完善，符合戒毒工作规律和特点的工作模式已经基本形成。由司法行政部门接管公安机关负责的戒毒执行工作，不但不会改变强制隔离戒毒工作的运行规律，而且能够更好地整合戒毒资源，发挥司法行政部门在戒毒工作中的优势作用，避免戒毒场所的重复建设，消解公安机关和司法行政部门在该项工作上的功能重叠，从根本上解决强制隔离戒毒二元管理体制所存在的诸多问题。

最后，建立强制隔离戒毒的法律监督制度。检察机关对强制隔离戒毒的法律监督有利于保障戒毒人员的合法权益，有利于确保强制隔离戒毒工作的合法、公正和廉洁。但是，《人民检察院组织法》《禁毒法》以及其他法律法规对于强制隔离戒毒的法律监督并无明确规定。随着劳动教养制度的废止，各劳教场所的检察监督机构都已经撤离，致使目前的强制隔离戒毒处于法律监督的空白状态。有鉴于此，我们建议修改《人民检察院组织法》，明确赋予检察机关对强制隔离戒毒工作的法律监督权。在修法之前，也可以考虑由全国人大常委会授权最高人民检察院发文，以便迅速启动这一工作。

（4）强制医疗

强制医疗是对实施犯罪行为的精神病人，经鉴定不负刑事责任的，可以对其强制治疗的行政强制措施。原来，强制医疗的决定机关是公安机关；在2012年《刑事诉讼法》修改之后，强制医疗的决定机关改为人民法院，并且明确规定了强制医疗的适用对象、启动程序、审理程序、解除程序以及监督程序，由此，被强制医疗者的合法权益得以有效保障。

然而，强制医疗制度在实体和程序方面仍然存在需要解决的问题。在实体内容方面，强制医疗行为的认定与犯罪构成之间的关系，强制医疗标准与罪刑法定的关系都值得研究。但目前刑法没有跟上，刑事诉讼法又难以越俎代庖，致使强制医疗的程序法缺少实体法的根基，从而在实践中产生执法标准不统一的问题，解决问题的方式必然触及刑法的基本结构，有必要系统地加以考虑。比如，到底涉及哪些罪名的行为可以强制医疗，或者说罪名与强制医疗适用条件是一种什么关系，作为强制医疗程序的起始性问题法律却没有明确规定。在强制医疗的程序方面，强制医疗作为刑事诉讼特别程序本身与刑事诉讼法普通程序之间存在的不协调，但更重要的是，在强制医疗特别程序之外还存在其他的"强制医疗程序"，即依托于精神卫生法的"行政—医学强制医疗模式"，其程序流程简单并排除司法审查，而两种模式的认定标准又难以实质界分，因此存在执法人员选择程序、规避司法化的风险，可以说强制医疗的司法化进程并未完成，有必要启动强制医疗的再司法化程序，实现强制医疗程序的一体化。对此，除保安处分这种比较理想的解决方案外，该论者还提出将强制医疗单独立法，同时从实体和程序两个方面解决上述问题的方案。① 相比较而言，后一种方案目前看比较可行，且对刑法、刑事诉讼法的体系都不会造成大的冲击。强制医疗单独立法，刑事诉讼法只是少了一个特别诉讼程序，却可以破除程序法的体系性障碍，即对强制医疗的适用条件等实体内容进行系统化的规定。

---

① 参见刘仁文、刘哲《强制医疗特别程序的再完善》，刘仁文主编《废止劳教后的刑法结构完善》，社会科学文献出版社 2014 年版，第 466—477 页。

第五章　刑法与民法

刑法与民法的关系尤其是两者的分界是理论与实践的焦点问题，它关系到刑法与民法具体规则的妥当设置，还涉及诸多社会现实问题的正确处理。流行的观点认为，刑法规定的是犯罪与刑罚，属于公法；民法调整的是平等主体之间的人身或者财产关系，属于私法。但是，将两者截然对立似乎并不符合社会动态发展的现实。某些行为在民法规制的社会效果不理想的情况下，立法机关会将其纳入犯罪的范畴。自 1999 年的《刑法修正案（一）》到 2015 年的《刑法修正案（九）》，犯罪化的规定逐次增加，大量涉及民事关系的行为被纳入刑法的调整范围，由此产生了刑法"扩张"的现象。对于这种现象，学界有诸多看法，实践中对相关具体问题的处理也存在很大的争议。对于这些问题做零敲碎打式的回应并不能解决其症结，需要从根本上考察刑法与民法的关系，方能解决理论与实践中面临的诸多难题。

第一节　刑法与民法的关系

一　关于刑法与民法的基本认识

刑法是调整国家与犯罪人之间的关系，规定犯罪与刑罚的规范。刑法打击一切具有严重社会危害性的犯罪行为，其规范的基本模式是禁止，是国家垄断的并以强制力保证实施的冲突化解模式。它的保护对象是整个国家与社会，具有维护社会公共利益的职能。刑法建立在个人服从国家强制力的从属关系基础之上，并不是为了调整平等私人之间的利益关系。刑罚是国家强制力的体现，个人必须服从国家的刑罚权和强制力。在罪刑法定的框架下，这种服从必须要符合法律条文的规定，不能通过个人与国家的协商进行讨价还价。[①]

　　民法是调整平等主体之间人身关系与财产关系的规范。在民法中，主体的地位是平等的，没有从属关系，由此可以在民事活动过程中依据自己的意愿设立、变更、终止法律关系，并承担相应的法律后果。正因为民法是民事主体的自治法，所以它调整的是个人之间的私益，而非社会公共利益。[②]

　　从上述内涵来看，无论是规范目的、所涉主体还是调整手段，刑法和民法都存在明显的差异。由此，通说认为，刑法在规范属性上属于公法，而民法则属于典型的私法。不过，较之民法，刑法在公法归属问题上仍存诸多争议。其原因一方面是由于公法与私法的划分在理论上历来争论不清，至今未有共识；另一方面更是由于刑法调整的社会关系非常广泛，不仅有代表公共秩序与国家安全的社会关系，还有代表个人法益的人身关系和财产关系。实际上，刑法的公私法属性的模糊不清，其根本点在于规范调整的社会事实与民法在很大程度上是重合的。正如富井政章所言："刑法中遇有损伤他人之身体，盗取他人之物品，皆科以一定的刑罚。民法中遇有为不法行为，亦使其赔偿他人所受之损害。观其法律关系之性质，违者加以制裁而已，又何区别之有乎？"[③] 正因为如此，将刑法作为独立于公法和私法之外的观点并不罕见。比如耶林认为，刑法具有多样性，应该是与公法和私法并列的第三种法。[④] 帕多瓦尼也认为，由于刑法规范具有分散性、广泛性的特点，因此刑法既不是公法，也不是私法。[⑤] 我国学者也有持此观点的："在公法—私法的框架下寻求刑法的定位是片面的。在现代法律体系中，三者呈现的是三足鼎立的态势，因为三者对应不同的社会

① 参见［德］汉斯·海因里希·耶赛克、托马斯·魏根特《德国刑法教科书》，徐久生译，中国法制出版社 2001 年版，第 20 页；［德］克劳斯·罗克辛：《德国刑法学总论》，王世洲译，法律出版社 2005 年版，第 4—5 页；［日］福田平、大塚仁：《日本刑法总论讲义》，李乔等译，辽宁人民出版社 1986 年版，第 3 页；王林清、刘高：《民刑交叉中合同效力的认定及诉讼程序的构建——以最高人民法院相关司法解释为视角》，《法学家》2015 年第 2 期。

② 参见梁慧星《民法总论》，法律出版社 2007 年版，第 30 页以下；朱庆育《民法总论》，北京大学出版社 2013 年版，第 16 页以下；［德］卡尔·拉伦茨《德国民法通论》（上册），王晓晔等译，法律出版社 2003 年版，第 3 页。

③ 参见［日］富井政章《民法原论》第一卷，王兰萍点校，中国政法大学出版社 2003 年版，第 15—16 页。

④ 参见［德］鲁道夫·冯·耶林《为权利而斗争》，胡宝海译，中国法制出版社 2004 年版，第 51—53 页。

⑤ 参见［意］杜里奥·帕多瓦尼《意大利刑法学原理》，陈忠林译，法律出版社 1998 年版，第 1—2 页。

需求，刑法的社会基础不在于政治社会或市民社会，而是作为社会整体中存在的共同信念和集体情感。"① 还有的学者认为，在私法—公法的二分框架中，刑法并非完全属于公法，也并非完全属于私法，而是具有私法和公法的二重属性。②

刑法与民法的基本内涵对两者做了区分，而规范属性的争论似乎又使两者截然分离的表象模糊化。对这类问题的争论继续做"形而上"的探究似乎难以得出更具说服力的论断，而实践中频繁出现的具体问题又亟待解决，因此对刑法与民法的进一步认识更需从具体问题入手做个别评判，并连接刑法与民法在这些问题上的分界点与联系点，以此形成对两者的总体认识。

二　刑法与民法相互之间的关系

（一）刑法与民法的互补关系

由于刑法与民法在社会事实的调整上有很大程度的重合，因此两者呈现相互交织的状况。不过，刑法与民法在强制力上程度迥异，相较而言，民法在对权利保护尤其是社会公共利益的保护以及当事人的震慑力等方面不如刑法有力。因此，在民法的保障力薄弱不足以维护公共秩序的情况下，刑法会根据社会的需要适当介入。

在财产权的保障方面，抢劫、盗窃、诈骗、抢夺、敲诈勒索、侵占、故意毁坏财物、破坏生产经营、挪用资金等犯罪都是针对物权的侵犯，由此刑法专门规定了各种侵犯财产罪。除此之外，还有一些对物权的犯罪规定在破坏社会主义市场经济秩序罪以及贪污贿赂、渎职罪等各章中。刑法中某些犯罪也或多或少地涉及债权的保护问题，比如公司、企业清算时隐匿财产，虚伪记载资产负债表或者财产清单的，或在债务还未清偿前分配公司、企业财产的，可以妨害清算罪处罚。另外，隐匿、故意销毁会计凭证、会计账簿、财物会计报告，虚假破产，恶意损害上市公司利益、拒不执行判决、裁定罪等犯罪中都对债权提供了间接保护。

在人身权的保障方面，刑法专门规定了侵犯公民人身权利罪。其中，生命权是刑法的重点保护对象。刑法中不仅有故意杀人罪，还有过失致人

---

① 参见刘凤科《刑法在现代法律体系中的地位与特征》，人民法院出版社 2007 年版，第 74 页以下。

② 参见车浩《刑法公法化的背后——对罪刑法定原则的一个反思》，陈兴良主编《刑事法评论》第 11 卷，中国政法大学出版社 2002 年版，第 238 页以下。

死亡罪等典型罪名。"致人死亡"还是犯罪的定罪情节和法定刑升格的量刑情节，即使法律中没有明确的规定，"致人死亡"也属于"情节严重"的内容。健康权也是刑法重要的保护对象，故意伤害、过失致人重伤都属于严重犯罪。"致人重伤""对人体健康造成严重危害"是很多犯罪的犯罪构成要件和法定刑的升格条件，也属于"情节恶劣""情节特别严重"的重要内容。此外，刑法设置了强奸罪以保护性的不可侵犯。为保障人身自由，刑法规定了非法拘禁罪、强迫劳动罪。民法中有侮辱、诽谤等侵权行为，为了进一步保护名誉权，刑法对于严重的侮辱、诽谤行为设置了侮辱罪、诽谤罪。

在婚姻家庭方面，民法所设置的制度在严重违反的情况下刑法都会介入。比如在《婚姻法》中规定了一夫一妻、婚姻自由以及禁止家庭暴力、家庭成员间的遗弃和虐待行为等制度，当出现情节严重的情况，如暴力干涉婚姻自由、重婚、虐待、遗弃等就会构成犯罪，刑法会对行为人予以制裁。

（二）刑法与民法的互相影响关系

1. 民事法律关系对刑法判断的影响

在罪名是否成立以及此罪与彼罪的认定中，所涉民事法律关系的情况往往会产生很大的影响。比如在财产侵占类犯罪中，行为人与单位之间的民事法律关系是定性的重要考察点。如果行为人与单位之间存在劳动关系，则行为人可能构成职务侵占。反之，则是普通的侵犯财产类犯罪。新出台的《民法总则》第 127 条规定："法律对数据、网络虚拟财产的保护有规定的，依照其规定。"这一规定说明网络虚拟财产具有占有、收益、处分的财产属性，可以作为一种民事权利以物权的方式进行保护。民法对网络虚拟财产的明确规定为刑法进一步按照准财产犯罪的属性处理提供了空间。再比如《民法总则》第 111 条规定："自然人的个人信息受法律保护。任何组织和个人需要获取他人个人信息的，应当依法取得并确保信息安全，不得非法收集、使用、加工、传输他人个人信息，不得非法买卖、提供或者公开他人个人信息。"目前的刑法只是将侵犯公民个人信息中比较严重的行为，如非法买卖、提供、窃取、骗取公民个人信息等行为规定为犯罪。民法总则扩大公民个人信息保护的范围之后，刑法有必要及时跟进，将"非法收集、使用、加工、传输、公开"行为与"非法买卖、提供、窃取、骗取"行为做同样的禁止性规定。在这样的民事规定背景下，将促使刑法保护机制的进一步加强。

在婚姻家庭方面，民事法律关系的存在对于刑法的影响尤为突出。比如在遗弃罪中，如果行为人对于有扶养义务的人拒绝扶养，则可能构成犯罪。而对于扶养义务的判断就需要参考民法中的相关规定。再比如在盗窃、抢夺等问题上，由于家庭成员之间人身、财产上的亲密关系，某些发生在家庭成员之间的犯罪也会采取有别于其他发生在陌生人之间犯罪的处理方式。在《关于在办理盗窃案件中如何理解和处理盗窃"自家"或"近亲属"财物问题的批复》《关于当前办理盗窃案件中具体问题应用法律的若干问题的解释》《关于审理盗窃案件具体应用法律若干问题的解释》《关于审理抢劫、抢夺刑事案件适用法律若干问题的意见》等诸多司法解释中都规定了对于偷窃或抢劫自家、近亲属财物的，要区别于其他案件，一般不按盗窃罪或抢劫罪处理。

2. 民事责任的承担对刑事责任的影响

行为人通过承担损害赔偿等责任与被害人和解所作的努力，使得犯罪的物质或非物质的后果减轻，它或多或少地降低了刑事处罚的必要性。一方面，预防的刑罚需要被降低了。行为人通过其损害赔偿的努力表明他承认其罪责，以至于不需要用刑罚来证明规范的有效性。同时，自愿的损害赔偿还常常表明，就预防行为人继续犯罪目的而言，不需要对他施加持续的影响。另一方面，行为人通过损害赔偿的努力，向受害人提供物质的、非物质的补偿，在事实上他已经将一部分刑罚服刑完毕。也就是说，由于行为人的损害赔偿努力，刑罚的多种目的已经实现，制裁可被减轻。[①] 对此，《刑法》第37 条作了明确规定：对于犯罪情节轻微不需要判处刑罚的，可以免予刑事处罚，但是可以根据案件的不同情况，予以训诫或者责令具结悔过、赔礼道歉、赔偿损失或者由主管部门予以行政处罚或行政处分。这里的"赔礼道歉、赔偿损失"就是民法化的处理方法。另外，在司法解释方面，对具体犯罪的"民法化"处理也做了一定的探索。最高人民法院、最高人民检察院《关于办理盗窃刑事案件适用法律若干问题的解释》第 7 条规定了盗窃公私财物数额较大，行为人认罪、悔罪、退赃、退赔，情节轻微的，可以不起诉或者免予刑事处罚。《关于审理交通肇事刑事案件具体应用法律若干问题的解释》第 2 条第 3 款规定：造成公共财产或者他人财产直接损失，负事故全

---

① 参见［德］汉斯·海因里希·耶赛克、托马斯·魏根特《德国刑法教科书》，徐久生译，中国法制出版社 2001 年版，第 1068—1069 页。

部或者主要责任，无能力赔偿数额在 30 万元以上的，处三年以下有期徒刑或拘役。这些司法解释中针对轻微犯罪能够挽回损失的，给予民事责任的处理方式体现了刑法在责任领域的"民法化"。

在量刑方面，由于民事赔偿反映了犯罪分子的悔过和积极弥补的态度，因此在法院审判中也属于酌情考虑的情节。在最高人民法院诸多司法解释中，比如《刑事附带民事诉讼范围的司法解释》第 4 条、《关于适用〈中华人民共和国刑事诉讼法〉的解释》第 157 条、《关于贯彻宽严相济刑事政策的若干意见》第 23 条等就明确了法院可以将被告人赔偿物质损失作为量刑情节考虑。《关于常见犯罪的量刑指导意见》则更为具体地规定了在积极赔偿被害人损失及获得被害人谅解的情况下，可减轻刑罚的比例标准：对于积极赔偿被害人经济损失并取得谅解的，综合考虑犯罪性质、赔偿数额、赔偿能力以及认罪、悔罪程度等情况，可以减少基准刑的 40% 以下；积极赔偿但没有取得谅解的，可以减少基准刑的 30% 以下。在具体犯罪领域，司法解释也作了明确的规定。比如《关于依法惩处生产销售伪劣食品、药品等严重破坏市场经济秩序犯罪的通知》第 3 条规定："被告人和被告单位积极、主动赔偿受害人和受害单位损失的，可以酌情适当从轻处罚。"《关于审理未成年人刑事案件具体应用法律若干问题的解释》第 19 条第 2 款规定："被告人对被害人物质损失的赔偿情况，可以作为量刑情节予以考虑。"

另外，刑罚执行过程中的减刑、假释等制度与民事责任的承担也存在关联。积极的民事赔偿往往能够让犯罪人在减刑和假释中争取到更多的机会。根据《刑法》第 78 条和第 81 条的规定，刑罚执行期间减刑或者假释的条件之一是"确有悔改表现"。而民事赔偿可以看成是服刑人员悔罪、积极弥补错误的一个表现，因此可以算作减刑或者假释的根据。同时，根据最高人民法院《关于办理减刑、假释案件具体应用法律若干问题的规定》第 2 条的规定，"确有悔改表现"是指同时具备以下四个方面情形：认罪悔罪；认真遵守法律法规及监规，接受教育改造；积极参加思想、文化、职业技术教育；积极参加劳动，努力完成劳动任务。罪犯积极执行财产刑和履行附带民事赔偿义务的，可视为有认罪悔罪表现，在减刑、假释时可以从宽掌握。即使对于涉及死刑的重大案件，很多司法文件也都明确指出民事赔偿可影响死刑案件的量刑。比如最高人民法院在《关于为构建社会主义和谐社会提供司法保障的若干意见》以及《关于进一步加强审判工作的决定》中强调指出，对于因婚姻家庭、邻里纠纷等民间矛盾激化引发的案件，因被害方的过错行为引发的案件，案发后真诚悔罪并积极赔偿被害人损失的案件，应慎用死刑立即执行。这些文件都强调了适用死刑时要将民事赔偿作为酌定从宽处理的情节加以考虑，从司法政策上对民事赔偿对量刑的影响进行了肯定。另外，从司法实务来看，也存在相当数量的死刑案件因为民事赔偿而改判减轻处罚的情况。[1] 据实证调查，民事部分达成调解的被判死缓的概率是 87.5%，不承担民事责任的被判死缓的概率是 41.9%，法院判决赔偿的被判死缓的概率是 37.8%，不积极赔偿的被判死缓的概率是 14.3%。[2] 由此可以看出，民事赔偿对于判处死刑还是死缓的影响非常明显。

（三）融合民法因素的刑事制度：刑事和解

刑事和解是典型的融合民法自治因素的刑事制度，在刑事案件中被害人与犯罪人进行协商，犯罪人以赔礼道歉、赔偿金钱等方式对被害人进行弥补，取得被害人的谅解，从而使犯罪人的刑事责任得以减轻或者免除。刑事和解事实上是以具有民法特征的纠纷解决方式来处理犯罪行为的制度，其中的和解协议体现了加害人与被害人之间的意思自治，在一定程度上"柔化"了刑法的刚性。实证研究表明，刑事和解制度具有良好的社会效应。在检察机关作出和解不起诉的案件中，未出现当事人提起申诉和上访的案例，也没有出现当事人将经和解结案的案件重新提起自诉或民事诉讼的情况。[3] 刑事和解制度对相关各方来说都能受益，加害方可免于较长

---

[1] 2007—2008 年期间，由重庆市人民检察院办理的死刑二审上诉案件中，因被告人赔偿而改判的案件占死刑二审上诉改判案件的 57.89%。在因被告人赔偿而改判的死刑案件中，由死刑立即执行改为死刑缓期执行的占到 63.64%。参见于天敏等《因被告人方赔偿而改判的死刑案件情况分析》，《人民检察》2009 年第 8 期。

[2] 参见欧阳玉静《死刑缓期执行和死刑立即执行的量刑依据——以故意杀人罪为例的实证分析》，《刑事法评论》第 21 卷，北京大学出版社 2007 年版，第 179 页。

[3] 2003 年 7 月 1 日至 2005 年 12 月 31 日，在北京市七个区检察机关受理的全部轻伤害案件中，通过刑事和解结案的共有 667 件，适用率为 14.5%；通过刑事和解被不起诉的嫌疑人有 14%；检察机关经过刑事和解程序移送公安机关撤销案件的共有 534 件，占全部刑事和解案件的 80.1%；检察机关直接作相对不起诉的案件有 129 件，占全部刑事和解案件的 19.3%。通过对七个区检察机关的十五名主管检察官的访谈，调查者发现他们普遍对刑事和解的效果表示满意。上述数据出自北京市东城区人民检察院"北京市检察机关刑事和解实证研究"课题组的调查报告。参见《北京市检察机关刑事和解实证研究——以轻伤害案件的处理为切入点》，中国人民大学刑事法律科学研究中心、北京市检察官协会编印：《和谐社会语境下的刑事和解学术研讨会文集》2006 年版。

时间失去人身自由，甚至免于贴上犯罪人的标签，而被害方往往能够获得更多的金钱赔偿以及加害人诚恳的赔礼道歉或者其他被害方认可的赔偿方式，对于弥补因为犯罪而受损的社会关系具有重要的作用。对于司法机关来说，刑事和解同时也大大调高了诉讼效率，节约了司法资源。从社会效应来说，经过刑事和解的案件往往意味着冲突的彻底解决，和解案件上诉、抗诉、再审率均很低。

（四）刑民混合制度：刑事附带民事诉讼之辨

人民法院为了节约诉讼成本，提高诉讼效率，在审理刑事案件的同时一并解决民事纠纷的做法。尽管该制度有此良好的目的，但在实际操作过程中达到的效果却很不理想。其原因主要在于：刑事诉讼和民事诉讼有着不同的目的，前者为了惩罚犯罪、保障人权，后者为了解决纠纷。前者是公权诉讼，而后者是私权诉讼。正因为如此，两种诉讼制度在程序上也不尽相同。从证明标准来看，刑事诉讼具有更严格的证明标准，不能依据一方当事人的陈述定案，不遵守意思自治的原则。刑事诉讼中证据在取得程序、质证程序上都有十分严格的规定。刑事诉讼对证据的要求较高，要求证据从来源到内容及形式都必须符合规定，不符合规定的证据都不能适用。而在证明规则上，刑事诉讼讲究的是排除"合理怀疑"，即只要现有的证据不能证明事实的唯一可能性，尚存在对其他可能的合理怀疑，就不能认定被告人有罪。相比刑法来说，民事诉讼的证明标准较低，当事人可以处分自己的民事权利。尤其在证据的证明标准上，与刑事诉讼的排除合理怀疑不同，民事诉讼讲究盖然性占优原则。盖然性占优原则是指，如果现有证据从常识推理，具有盖然性的可能，那么就可以以此认定案件事实，并不要求证据证实唯一可能性。另外，在民事诉讼中，证据的采用规则较为宽松，即使是侵犯他人隐私而偷录的录音录像或其他形式的证据，视其违法程度以及重要性程度，法庭仍然可以将其采纳为定案依据。因此，在一个法庭审理构成中同时审理刑事和民事两种案件的做法并不能够很好地反映两种诉讼制度不同的内在价值，实现二者追求的不同诉讼目标。

基于上述原因，本是为追求效率价值的合并审理，在实际操作中却严重损害了民事诉讼所独立追求的价值。合并审理导致民事审判程序被压榨，使本来独立民事诉讼程序中被害人拥有的权利得不到完全的保障。具体体现为，民事诉讼中，证据以及损害的认定都由于审判程序被压缩而流于形式，而难以进行充分的调查和法庭辩论。并且刑事与民事的庭审程序、法庭调查的重点、认证的规则都不相同，如果等同刑事案件来对民事问题进行处理，那无异于变相剥夺了双方当事人的诉讼权利。不仅如此，如果仔细考量现实中的情况，不难发现最初追求的司法效率价值也并没有得到很好的实现。由于在一个制度内需要兼顾刑事与民事两种案件，因此两种案件之间会互相影响。若是审理过程中还需要技术鉴定、评估或者审计等程序，案件往往耗时更久，很难及时审理完结。

也正是由于这一制度在实践中的弊端越来越凸显，所以适用该制度的国家也越来越少。英美法系中，民事诉讼适用绝对独立，并与刑事诉讼是截然不同的程序，就算是同一案件，刑事、民事之间也没有牵连关系，更不是依附关系。德国用"补偿被害人制度"解决刑事案件中的民事赔偿问题，客观上起到相当于刑事附带民事诉讼制度的作用。但在德国适用该制度时限制诸多，因此在实践中很少被采用。法国也允许刑事诉讼程序的同时，解决民事赔偿问题，但被害人拥有较大的自主权，可以自己选择是否使用。因为法国十分重视民事诉讼程序上和适用法律上的独立性，所以可以让当事人选择单独起诉还是附带起诉。而同样是大陆法系的日本，虽然曾经一度设有刑诉附带民诉的制度，但在第二次世界大战之后，该制度即被废弃，不再适用。

除了在适用程序上刑事附带民事诉讼对被害人民事权利保护不够外，在赔偿范围上也存在范围过窄的问题。以精神损害赔偿为例，按照《侵权责任法》规定，在侵权案件中，侵权行为造成他人严重精神损害的，可以应被害人请求判决其承担精神损害赔偿，并且明确规定了侵权人对同一行为承担了行政上的或刑事上的责任，也并不影响其承担侵权责任。从法条规定可以看出，即使侵权人已经承担了刑事责任，对被害人的精神损害抚慰金也不能因此而免除。但在司法实践中，最高人民法院的司法解释不符合《侵权责任法》的规定。最高人民法院的态度是，在确定刑事附带民事案件中的赔偿范围时，只应计算直接物质损失，而对于精神损害赔偿并不支持，除非被告人经过法院的调解工作愿意支付。而对于被告人不具备赔偿能力，而被害人坚持要求的情况，法院并不支持，而只是规定在被害人生活确有困难的情况下，给予必要的国家救助①。最高人民法院之所以作

---

① 参见 2000 年 12 月 19 日起实施的最高人民法院《关于刑事附带民事诉讼赔偿范围问题》。

出上述规定也有其"苦衷"，并非是最高人民法院无视被害人希望获得精神损害赔偿的需求，而是因为在司法审判中，高额的附带民事诉讼判决结果实际上难以执行，且造成了被害人期望值过高而难以调解，最后反而引发了申诉、上访。正是对社会稳定的要求推动了我国司法系统最终限制精神损害赔偿的做法。

具体来说，最高人民法院不支持精神损害赔偿主要基于下面几个原因：

首先，精神损害赔偿案件多是针对人身的暴力案件，而这些案件的犯罪人几乎都是社会底层人员，没有固定工资和收入，因此实际上并没有财产可供执行。即使判决高额精神损害赔偿也是"空判"，反而会因为判决得不到执行，被害人持续信访而影响社会稳定。

其次，如果从法律上肯定了高额精神损害赔偿，则被害人往往会产生较高的期望值。当犯罪人不能满足期望值时，被害人会因为落差太大而无法接受，这反而加大了民事调解的困难程度，且被害人会强烈要求对犯罪人给予严厉的刑罚，客观上也影响了宽严相济和慎用死刑的刑事政策的实施。高额的期望值也刺激了犯罪人及其亲属，他们会认为自己根本没有能力支付赔偿金，索性不赔偿。实际上，如果被害人能够降低要求，反而会激发犯罪人及其亲属赔偿的积极性，更有利于保护被害人。

最高人民法院的上述不支持精神损害赔偿的原因也有一定的道理，但是毕竟这种做法不符合《侵权责任法》的规定，且令被害人难以接受。在普通的民事侵权都能获得较多赔偿的现代社会，对被害人造成了更大伤害的犯罪行为却往往不能获得充分的赔偿。

现代民法中的全部赔偿原则是各国立法和司法适用的通例。全部赔偿原则，是指无论侵权行为人主观过错如何，是否已经承担了行政或者是刑事上的责任，都应该就被害人全部财产损失以及精神损害的大小来确定民事赔偿的范围。[1] 其主要包括三个方面的内容：首先是财产损失赔偿，比如在犯罪过程中造成财物毁坏的赔偿；其次，由于对人身的损害而引起财产损失的赔偿，如犯罪人对他人人身造成伤害而伴随着财产损失，对这种损失也应该进行赔偿。显然刑事附带民事诉讼的赔偿范围不是以全面赔偿原则确定的。

---

[1]　参见王利明《侵权行为法》，中国人民大学出版社 1993 年版，第 561 页。

出于保护被害人利益以及被害人侵权的角度考虑，在刑事附带民事诉讼中应扩大现有赔偿范围，采取全部赔偿原则。不论是刑事附带民事诉讼程序还是民事诉讼程序，诉权产生的基础都是侵权行为。因犯罪而侵权行为和普通侵权行为只是程度上更深，而不存在实质上的差别。刑事附带民事诉讼仅仅是为了方便被害人，提高诉讼效率而将两种程序进行合并，这样的合并本不应造成当事人实质权利的受损。赔偿范围上的差别使被害人的民事权利得不到全面保护的现状，实际上违背了诉讼所追求的价值目标。

除了不支持精神损害赔偿外，附带民事诉讼的受理范围也偏窄。从普通人的角度理解，刑事案件中，因犯罪行为造成的损失似乎都可提起附带民事诉讼。但结合最高人民法院的规定可以看出，附带民事诉讼的受理范围非常有限，很多不会受理，即使受理也会裁定驳回。

根据最高人民法院的规定，"只有人身权利受到侵犯导致物质损失的，或者财物被犯罪分子毁坏遭受物质损失的可以提起附带民事诉讼"。除此以外的，法院都不受理。该规定意味着，因肖像权、姓名权等精神性人身权受到损害，无法提起附带民事诉讼。如果犯罪人将被害人财产处置、转移或者非法占有，也无法提起附带民事诉讼。如盗窃案件、诈骗案件中的被害人，无法提起附带民事诉讼。常见的能够提起附带民事诉讼的案件多见于故意伤害罪、交通肇事罪等，其他案件附带民事诉讼适用的可能性很小。

由此产生的问题是，在刑事附带民事诉讼中，被害人如果全部损失没得到赔偿，还能否重新提起民事诉讼？对此问题有两种主张：第一种意见认为，根据一事不再理的原则，既然已经提起了刑事附带民事诉讼，且已经得到了审理，就不能再重新提起民事诉讼。第二种意见认为，一事不再理是一个大的原则，并非在所有的情况下都适用，在刑事附带民事诉讼后再起诉是特例，应该得到允许。① 笔者认为，是否能够再起诉，要看被害人具体的诉讼请求来将问题具体分析。如果另行起诉的诉讼请求已经完全包括在刑事附带民事诉讼的诉讼请求范围之内，则属于重复起诉，应该适用一事不再理的原则。如果另行起诉的诉讼请求是新的诉讼请求，不曾在刑事诉讼或刑事附带民事诉讼中提出过，那么笔者认为并不属于一事不再

---

① 参见王利明《侵权行为法》，中国人民大学出版社1993年版，第669页。

理原则排除的范围,应该允许起诉。如果是因为除了犯罪人之外还有其他连带责任人,重新提起民事诉讼是为了追究连带责任人的责任,则更没有理由阻碍重新起诉。然而最高人民法院已经明确规定,如果刑事案件已审结,对被害人另行单独提起要求犯罪行为人做出精神损害赔偿的诉讼,不予支持。[①]

基于刑事附带民事诉讼中的上述问题,即使不完全放弃该制度,转而采取英美刑法中的刑事诉讼和民事诉讼分离的做法,也需要对该制度进行较多的改善。

第二节 刑法与民法的界分

一 刑法与民法界分的主要观点

对刑法与民法的界分是困难的,因为两者在诸多情况下并非泾渭分明,而是处于相互交错的状态。比如诈骗犯罪与民事欺诈行为并无本质区别,只不过在后果上更加严重而已。在同类致害事件中,往往在程度较轻的情况下属于民事不法,在程度较重的情况下就属于犯罪。因此有的学者认为,民事违法行为属于一般违法行为,犯罪行为不是一般违法行为,而是违反刑法的行为,即犯罪具有刑事违法性。犯罪的社会危害性是其刑事违法性的基础,它必须达到严重程度,危害不大的不能构成犯罪。[②]

但是,有的学者基于侵害利益以及规范目的的不同认为刑法与民法是泾渭分明的。对于那些发生在特定有限个体之间而不存在或者很少波及社会中不特定多数个体的矛盾和冲突,只能以保护私益的民法来调整。对于那些并不发生在特定有限个体之间的矛盾和冲突,或者虽然发生在特定有限个体之间的矛盾和冲突,却形成对不特定多数个体即全社会共同利益和主流价值的挑战,才能以保护公益的刑法来调整。此时,受到直接损害的特定有限个体可能会同时得到抚慰和适当补偿,即私益得到保护,这只是一种副产品或者客观延伸效果,并不是刑法本身存在的目的。许多违反民事合同的行为并没有危害到公益,它只能是民事违法行为,不可能是犯罪

---

① 参见最高人民法院《关于人民法院是否受理刑事案件被害人提起精神损害赔偿民事诉讼问题的批复》。

② 参见赵秉志主编《刑法新教程》,中国人民大学出版社 2001 年版,第 74—77 页。

行为。一些并不对任何私益发生损害的行为，不可能是民事违法行为，却恰恰可能是刑事犯罪行为。没有实际损害私益的行为，不可能是民事违法行为，但如果危害公民基本权利，却能成为犯罪且必须成为犯罪。因为刑法对公民基本权利的调整和保护，不仅针对造成实害的行为，而且针对有直接造成实害的危险行为。在民事侵权行为与刑事犯罪行为之间似乎存在着社会危害性程度的衔接。但是，法律不是用来单纯反映某种客观存在的事实，而是要对客观存在的事实进行主观评价以表现一种主观的态度。这种主观评价和主观态度取决于设置法律的主观目的，不同的法律门类有着不同的目的，刑法通过刑罚手段所要达到的目的是预防作为犯罪的行为，消除、减少、避免犯罪行为给社会整体带来的危害，民法通过赔偿措施弥补因侵权或者违约给作为社会个体的当事人一方带来的损失，所以对于故意殴打他人造成轻伤的行为，民法出于对个体赔偿的目的，看重的是个人所受到的轻伤的损害结果，而刑法出于保护社会整体的目的，看重的是伤害他人达到轻伤程度所体现出来的对社会秩序的严重挑战，不是损害结果本身。①

除此之外，有的学者根据侵害行为的不同认为对于杀人、抢劫、危害国家安全、危害国防利益等犯罪而言，其属于刑法专属性"管辖"，不可能属于民法侵权；对于违约、民间小债务纠纷、轻微伤害等，其属于民法专属"管辖"之范畴，与刑法无关，违约行为造成的损失再大，也是民法领域的问题，刑法不得介入；对于伤害、交通肇事、公害性违法行为等，则存在民法不法和刑法犯罪重合的可能性，既可以追究刑事责任，也可以追究民事责任。②

笔者认为，对于将刑法与民法作完全分离的绝对化解释并不妥当。如前所述，两者呈互补、互相影响的客观状态，这种状态在社会事实层面难分难解，将民法与刑法作纯理论的隔离并不符合社会现实。更何况社会处于动态发展的状态，对同一行为规范属性的认定也呈动态化趋势，对于以前属于民事不法的行为，可能在刑法修正中会犯罪化，比如单纯的债务不履行属于民事法上的侵权问题，不为刑法所处罚。随着欠薪问题逐渐凸显为严重的社会问题，《刑法修正案（八）》明确将拒不支付劳动报酬的恶

① 参见夏勇《刑法与民法——截然不同的法律类型》，《法治研究》2013 年第 10 期。
② 参见陈灿平《刑民实体法关系初探》，法律出版社 2009 年版，第 76 页。

意欠薪行为纳入了犯罪。这里就是考虑到当前我国的民事、行政法律手段都未能有效地解决恶意欠薪问题，将债务不履行行为严重侵害劳动者财产权的类型化不法行为规定为犯罪，旨在通过威慑的一般预防实现劳动者财产权的合理保护。① 由此可见，与其说刑法与民法的分野是本质上的不同，倒不如说更多的是社会政策基础上立法技术的原因。当社会发展变动需要改变原来的责任承担方式时，原有的社会政策就随之改变，基于此立法的规制技术也就相应地变化。诚如凯尔森所言，之所以认定一种行为是不法行为，依据的是法律秩序对这种行为给予了制裁的后果。如果给予该行为刑事制裁的后果，这种行为便是刑事不法行为，如果给予该行为民事制裁的后果，这种行为就是民事不法行为。②

另外，依据行为划分确定民法与刑法的适用领域并由此确定刑民的分界也是值得商榷的。以人身侵权和故意伤害罪为例，很难说侵害行为造成轻微伤的属于对私益的侵犯，只能用民法来调整，而侵害行为造成轻伤的就变成了对公益的侵犯，应该用刑法来调整。实务中对此类问题的处理也并没有达到截然分立的状态。民事侵权与刑事犯罪更多的是程度上的区别。与其刻意说人身侵权的民事不法和故意伤害罪之间具有本质上的不同，倒不如承认故意伤害罪本质上也是一种人身侵权行为，只不过程度上更加严重而已。

二　刑法与民法的界分标准

笔者认为，刑法与民法界分的标准在于其危害性的大小。正如贝卡里亚所言，一系列的社会越轨行为就像一个阶梯，阶梯的最高一级是直接毁灭社会的行为，最低一级是社会成员可能犯下的最轻微的非正义行为，在阶梯中间是所有我们称之为犯罪的侵害公共利益的行为，这些犯罪行为根据危害性的大小沿着这个无形的阶梯由高到低顺序排列。③ 一旦社会危害性严重到一定程度，该不法行为就进入刑法管辖范围，若没有达到一定程度就属于民事违法，只需要通过民法来调整。下面对行为的危害程度和罪

---

① 参见付立庆《论刑法介入财产权保护时的考量要点》，《中国法学》2011 年第 6 期。

② 参见［英］凯尔森《法与国家的一般理论》，沈宗灵译，中国大百科全书出版社 1996 年版，第 56 页。

③ 参见［意］切萨雷·贝卡里亚《论犯罪与刑罚》，黄风译，中国方正出版社 2004 年版，第 17 页。

与非罪以及侵权行为的关系作具体解释。

（一）行为的危害性不大

行为完全符合构成要件，是否可以再根据但书的规定认为行为的社会危害性不大，从而否定构成犯罪？《刑法》第13条规定"情节显著轻微危害不大的，不认为是犯罪"。该但书规定对于刑法分则具有指导意义，是《刑法》存在定量因素的一个证明。对于没有罪量要素规定的犯罪，可以分为两类：第一类是性质较为严重的，且法定刑较重，一般为在三年有期徒刑之上的犯罪，如故意杀人，由于这类犯罪本身就具有较大的社会危害性，不存在罪量上的限制，因此不会出现"情节显著轻微，危害不大"的情形。第二类犯罪法定刑较低，可能仅仅是拘役或者管制，但没有规定罪量要素。单从表面来看，这类犯罪似乎一旦符合构成要件，罪名即成立。但从司法实践来看，往往并不会不分行为的危害性大小一概处罚。这类犯罪是否能够直接适用但书中的规定出罪，需要对构成要件作实质解释，并非表面上符合了构成要件就可以认为犯罪成立。

从司法解释的角度来看，最高人民法院直接规定了如果认为社会危害性不大的，建议直接根据但书的规定不作为犯罪处理。例如，最高人民法院《对执行"关于审理非法制造、买卖、运输枪支、弹药、爆炸物等刑事案件具体应用法律若干问题的解释"有关问题的通知》中规定，"对于本《解释》施行以前，行为人为了生产、生活的需要而非法制造、买卖、运输枪支、弹药、爆炸物，但是没有造成严重的社会危害，并且经过教育之后确有悔改表现的，可以依照刑法第13条但书的规定，不作为犯罪处理"。最高人民法院、最高人民检察院《关于办理非法制造、买卖、运输、储存毒鼠强等禁用剧毒化学品刑事案件应用法律若干问题的解释》第5条中规定，"在此司法解释施行以前，确实因为生产、生活的需要而非法买卖、制造、储存、运输毒鼠强等禁用的剧毒化学品饲料来自用，且没有造成严重的社会危害的，可以根据刑法第十三条的规定，不作为犯罪处理"。最高人民法院、最高人民检察院以及海关总署《关于办理走私刑事案件适用法律若干问题的意见》第7条规定："走私珍贵动物制品的，应当根据刑法第一百五十一条第二、第四、第五款和《最高人民法院关于审理走私刑事案件具体应用法律若干问题的解释》第四条予以处罚，但是在下列几种情形下，如果情节较轻，一般可以不以犯罪论处：第一，在珍贵动物制品的购买地允许交易；第二，入境人员不具有牟利目的，为了作为礼品或者留作纪念而携带珍贵动物制品进境。"最高人民法院《关于审理非法集资刑事案件具体应用法律若干问题的解释》的第 3 条第 4 款规定："如果非法吸收或者变相吸收的公众存款，主要是用于正常的生产经营活动，并且能够及时清退所吸收资金的，就可以免除刑事处罚；如果情节显著轻微，可以不作为犯罪处理。"最高人民法院、最高人民检察院《关于办理妨害信用卡管理刑事案件具体应用法律若干问题的解释》第 6 条第 5 款规定："如果恶意透支信用卡数额较大，但是在公安机关立案之前已经全部偿还了透支款息，并且情节显著轻微的，可以依法不追究刑事责任。"最高人民法院、最高人民检察院、公安部、司法部《关于依法惩治拐卖妇女儿童犯罪的意见》第 31 条中规定："如果多名家庭成员或者亲友共同参与了出卖亲生子女，或者'买人为妻'、'买人为子'的行为，涉嫌构成收买被拐卖的妇女、儿童罪的，一般情况下应当综合考察犯意提起情况以及各个行为人在犯罪中所起的作用等情节，追究这些成员中罪责较重者的刑事责任，其他人员如果情节显著轻微危害不大，不认为是犯罪的，就应该依法不追究刑事责任，但是必要的时候可以由公安机关给予行政处罚。"

上述诸多司法解释表明，认为可以直接援引但书的规定来出罪是通说，且为司法机关采纳。如上文所述，行为的社会危害性是刑事入罪的重要考量因素，刑法将社会危害性大的不法行为从民事不法行为中单独提出，以更为严厉的刑罚来规制，在这个过程中隐含的前提是犯罪行为都是社会危害性大的行为，社会危害性不大的行为并不是刑法所规制的对象，因此在犯罪构成要件的设定中，需要对构成要件进行实质的理解，并非形式上符合构成要件就可认定为犯罪。刑事犯罪与民事不法之间并不存在一个清晰的界限。在这种情况下，坚持在解释犯罪构成要件时，实质也需要符合社会危害性较大的条件，对坚持刑法的谦抑性以及保障法地位，都具有重要意义。

（二）行为的危害性严重

在判断是否构成犯罪的过程中，由于刑法分则中存在很多"情节严重""后果严重"等模糊性要求。如果符合这些要求，无疑应该认定为刑事犯罪。如果不符合，则应该以民事不法来追究。对行为情节和后果是否严重的判断，实际上是对行为产生的社会危害性程度的判断。

在刑法分则中，通过具体的犯罪构成要件可以看出来，情节的严重程度可以从重到轻划分为几个等级：情节特别严重、情节严重、情节较轻、情节轻微、情节显著轻微。其中，根据但书规定，情节显著轻微的一般不认为是犯罪。另外，根据《刑法》第 37 条的规定，"对于犯罪情节轻微不需要判处刑罚的，可以免予刑事处罚"，可见对于情节轻微的，虽认定为犯罪，但可免予处罚。情节严重可分为两种情况：在某些犯罪中，情节严重是犯罪的构成要件，只有满足这一条件才会构成犯罪。在通常情况下，情节主要是客观要素，如行为的方式、造成的后果等等。但是，从司法解释来看，情节所包括的内容太过广泛，有些是表明行为的违法性要素，有些则是责任要素。例如"又聋又哑的人""全部退赃""被害人谅解"等等。情节范围过于广泛可能会引起在具体认定中的混乱，给罪与非罪的区分增加了困难。情节是否严重的判断应该限定在构成要件的范围之内，只考虑构成要件中有明确规定的要素，不应扩大范围。将构成要件中各要素与实质的法益侵害性的判断结合起来考虑，才能正确地认识情节是否严重。

对于由于情节轻微不作为犯罪处理，或者不具备情节严重的构成要件，不构成犯罪的，如果符合民法的规定，则可以按照民法规范来处理。例如，在侵犯人身权利的犯罪中，往往需要考虑结果或者情节，如果达不到刑法所要求的结果或者情节，则以民事侵权来处理。典型的如刑法中的侮辱罪、诽谤罪，民法中侵犯名誉权的行为。在侵犯知识产权罪规定的构成要件中，也都需要情节严重，或者违法所得数额较大，或给权利人造成重大损失等构成，否则仅构成民事侵权。

（三）犯罪未遂与民事不法行为

社会危害性的严重程度在区分民事不法与犯罪未遂时也具有重要作用。社会危害性大的不法行为可能构成犯罪未遂，而社会危害性不大的"未遂"行为可能并不构成犯罪，而是以民事侵权处理。

以数额犯为例，数额犯是指"以一定数额作为犯罪构成要件的犯罪"。[①]《刑法》第 214 条规定的"销售假冒注册商标的商品罪"的犯罪构成要件要求"销售明知是假冒注册商标的商品且销售金额数额较大的，给予三年以下有期徒刑或者拘役的处罚，并且处或者单处罚金；如果销售金额数额巨大，则需要给予三年以上七年以下有期徒刑的处罚，并处罚金"，犯此种类型罪名的罪犯即为数额犯。数额犯面临的问题是，如果销售金额

---

① 参见陈兴良《刑法哲学》，中国政法大学出版社 1997 年版，第 579 页。

没有达到"数额较大"的程度，是应该构成民事侵权，还是犯罪未遂？由于刑法总论并没有规定未遂犯有规定的才处罚，因此从理论上说，只要犯罪行为可能具备未遂的形态就可以处罚未遂。但是在司法实践中，对于大量犯罪特别是在有期徒刑在三年以下的较轻的犯罪，基本上没有处罚未遂。未遂犯在社会危害性上也必须达到值得追究刑事责任的程度才能处罚。如果该危害行为在未遂的情况下所产生的社会危害性很小，甚至根本就达不到承担刑事责任的程度，就不能追究这种未遂行为的刑事责任。反之，如果一种危害行为本身具有较大的社会危害性，即使未遂所发生的社会危害性也很大，已经达到了承担刑事责任的程度，就应当追究刑事责任。一般来说，对于犯罪性质本身就已经很严重的犯罪，无论是既遂还是未遂都应当追究责任，如抢劫、杀人、放火等的未遂。如果犯罪性质本身不是很严重的，只有在犯罪中具有较为严重的情节，达到了值得处罚的程度才处未遂。例如诈骗、盗窃等行为的未遂。如果犯罪性质本身很轻微，未遂的危害性就更加轻微，因此基本不会处罚未遂。[1] 对于未遂犯罪，应该同时在刑法总则和刑法分则中作出规定，在分则中，根据不同的犯罪未遂形态所具有的犯罪性质和危害程度的不同，明确规定哪些未遂犯罪是需要处罚的。[2] 在我国，犯罪需要具备法益侵害性的质与量的统一，犯罪除了主观要件与客观要件之外，能够表明行为的法益侵害程度的数量要件也是必要的。在很多性质轻微的犯罪中，就应该只存在罪与非罪的区别，而不应当存在犯罪未遂的形态。[3]

刑事犯罪与民事不法之间调整范围上的交叉往往存在着此消彼长的关系，如果刑事犯罪圈较大，则民事不法相应的范围就将缩小。反之，如果刑事犯罪圈较小，则民事不法的范围就将扩大。在认定是否成立未遂犯时，由于未遂犯也是刑事犯罪的一种，因此也需要具备和既遂犯大致相当的社会危害性，如果社会危害性并没有达到相应的程度，则不成立犯罪未遂，宜以民事不法来处理。

---

① 参见张明楷《诈骗罪与金融诈骗罪研究》，清华大学出版社 2006 年版，第 417—419 页。
② 参见赵秉志《犯罪未遂的理论和实践》，中国人民大学出版社 1987 年版，第 325—326 页。
③ 参见陈兴良《客观未遂论的滥觞——一个学术史的考察》，《法学家》2011 年第 4 期。

第三节 当前我国刑法与民法关系上面临的问题与对策

一 欺诈问题

诈骗类犯罪从客观方面看，有的是通过编造虚假理由，使用虚假证明文件等方法骗取贷款；有的是以非法占有为目的，使用诈骗方法非法集资。这些现象在民间借贷中较为多见，犯罪嫌疑人往往通过此类手法骗取钱财，签订合同是其中的重要环节。与刑法上的诈骗相对应的是民法上的欺诈行为。民法上的欺诈是指以使他人陷入错误并因而为意思表示为目的，故意陈述虚伪事实或隐瞒真实情况的行为。民事欺诈主要体现在合同领域。诈骗类犯罪行为涉及合同时，关于合同的效力，大致有两种对立的观点：第一种观点认为诈骗罪成立，行为人的行为即构成损害国家利益的欺诈行为且属于以合法形式掩盖非法目的，根据《合同法》第 52 条的规定，应认定合同无效。[①] 第二种观点认为诈骗罪成立，合同并不因一方当事人缔约时的诈骗行为构成犯罪而当然无效，属于可撤销合同。[②]

笔者认为，欺诈行为成为合同无效或可撤销的事由，同时若符合刑法上诈骗罪的构成要件，则要承担相应的刑事责任，此时并不妨碍民事责任或民事法律后果的承担。因为刑法以维护社会秩序为目的，而民法以保护被欺诈人利益为目的。[③] 据此目的，刑法评价的是该签订、履行合同过程中虚构事实、隐瞒真相的手段行为，这里的合同只不过是骗取财物的平台、道具。对此行为的评价是该行为是否严重，是否需要刑法施以刑罚处罚，关注的重点在于缔结合同的手段是否构成犯罪，而非合同内容本身。民法对行为的评价是该行为是否是当事人真实意思表示一致的结果，是否应赋予该行为以私法上的效力。由于评价的对象和视角不同，刑法和民法对于刑民交叉案件得出的结论必然也是不同的，因此诈骗行为构成犯罪与

---

① 参见王小莉《民刑并存情形下合同效力的认定——从两则仲裁案件说起》，《仲裁研究》第 26 辑，法律出版社 2011 年版，第 11 页。

② 参见叶名怡《涉诈骗合同的民法规制》，《中国法学》2012 年第 1 期。王林清、刘高：《民刑交叉中合同效力的认定及诉讼程序的构建——以最高人民法院相关司法解释为视角》，《法学家》2015 年第 2 期。吴加明：《合同诈骗罪与表见代理之共存及其释论———起盗卖房屋案引发的刑民冲突及释论》，《政治与法律》2011 年第 11 期。

③ 参见韩世远《合同法总论》，法律出版社 2004 年版，第 208—209 页。

合同行为有效或可撤销并不存在逻辑矛盾。诈骗行为在性质上就是更为严重的欺诈,当欺诈行为的程度与结果超过了刑法容忍的限度,就列入刑罚的规制范畴,但这并不影响民法视野下该行为仍然被认定为欺诈。

刑法上认定合同诈骗成立,不必然导致民事领域该合同无效。合同效力的认定应适用民法相关规定。为了维护合同当事人的意思自治,因欺诈而成立的合同具有违法性与正常的社会秩序格格不入,虽然也是对社会公共利益的侵害,但这种侵害比起违反强制性规范、以合法形式掩盖非法目的、直接违反社会公共利益等合同造成的侵害来,毕竟是间接的和比较轻微的,主要是对受侵害人不利,主要是当事人之间的利益分配问题。① 合同究竟是否存在欺诈,当事人不主张,国家无从知晓,这里预设的每个人都是自己效用的最好判断者。所以只可能在侵害到合同相对方的情形下,不应直接把合同归类为无效而应该是可撤销,这样才更能保护合同相对方的利益,也更符合合同法促进合同成立的趋势。诈骗罪虽然是一种更严重的欺诈行为,但如果没有对国家的经济、政治、安全利益等造成损害,那么损害的还是合同相对人的利益,因此不能以诈骗为理由认定合同无效。

二　民间借贷问题

近年来,民间高利借贷导致的群体性事件以及恶性追债案件频发,由此引发了对民间借高利贷行为是否进行刑法规制的争论。② 所谓民间借贷是指在金融体系中没有受到国家信用控制和监管当局监管的金融交易活动,包括非正规的金融中介和非正规的金融市场。③

民间金融在我国当前之所以如此兴盛,原因是多方面的:一方面,随着经济的发展,民间出现了大量的闲散资金,而银行利率不断调整,将闲散资金存入银行无多大利润,而民间借贷的利率较高,最少也超过银行的年利率。另一方面,在我国现阶段,个体、民营等不同经济形式蓬勃兴起,处在发展初期,资金需求量比较大,以银行为主体的金融机构,很难满足市场对贷款的巨大需求。向银行贷款手续比较繁杂、严密,特别是大额资金借贷必须要有合规、足值的担保,加之办理抵押登记费用较高,加

---

① 参见崔建远《合同法》,法律出版社 2003 年版,第 77 页。
② 参见南京市中级人民法院民一庭《南京市民间借贷纠纷案件调查报告》,《审判研究》(2010年第 4 辑),法律出版社 2010 年版,第 157—159 页。
③ 参见张书清《民间借贷法律价值体系的重构》,《上海金融》2009 年第 2 期。

大了筹资成本，根本不能满足需求。资金短缺是制约我国中小企业发展的瓶颈因素，正规的金融部门基于成本收益和风险的考虑，不能或不愿意为中小企业提供贷款，而民间借贷资金对解决中小企业融资难的问题发挥了重要作用。民间高利贷相对于银行贷款具有程序上的简单与时间上的快捷性，借款人在短时间内能筹集所需资金，即使利息高于银行贷款利息，仍有利可图。金融危机导致一批中小企业资金链断裂，中小企业因为自身存在的弱点和不足，往往无法顺利获得国有银行的贷款。不少经营者为了维持企业运转或生存，只好向高利贷融资。作为资金的提供方，私放高利贷行为可以为迫切需要资金的中小企业以及相关资金需求方解决资金需求。其实高利贷市场不但不会扰乱金融市场，反而是稳定金融市场的一支力量。①

我国目前对于金融领域的管理采用的是特许制度，其思维逻辑在于凡是未经监管机构批准设立，从事金融业务的活动均被视为非法。由此，中小企业面临着两难境地：守法则无法平等地享受到体制允许的资金，生存成为问题。不得已转向民间融资，解决了资金缺口，却发现头上已贴上非法集资的标签。而这样的非法集资则往往会被界定为非法吸收公众存款罪、集资诈骗罪等。② 正如学者指出的，以非法吸收或者变相吸收公众存款定性和处理当前的民间借贷，实际是以间接融资手段处理了所有直接融资问题，不符合法律解释的逻辑，不能实现保护投资者的公共目标，也无法为民间融资的合法化预留空间。③ 经济犯罪的发生和金融管理秩序的混乱与税收管理体制缺陷存在极大关系，主要应当通过加强社会经济管理、增补漏洞来防止这些犯罪的发生，而不能简单地施以重刑作为管理不善的补偿。事实上，如果金融管理和税收管理的正常秩序没有建立，犯罪就不可避免，死刑也无济于事。④ 相应的，刑法的泛滥往往会压抑市场经济主体的自由和创造性，并为个别司法机关非法插手民事纠纷提供方便。

对民间高利借贷予以定罪，必须在刑法分则中有相应的根据可循。然而，刑法分则中并无此罪名。《刑法》第 175 条所规定的是将所获得的银行贷款以高于银行贷款利率转贷给他人，从中赚取利差，这与以自有资

---

① 参见茅于轼《重新认识高利贷》，《商业文化》2009 年第 7 期。
② 参见刘伟《论民间高利贷的司法犯罪化的不合理性》，《法学》2011 年第 9 期。
③ 参见彭冰《非法集资活动规制研究》，《中国法学》2008 年第 4 期。
④ 参见陈兴良《刑事政策视野中的刑罚权结构调整》，《法学研究》1998 年第 6 期。

金、自筹资金高息出借的民间高利贷有着本质区别。因此，在我国刑法中，不存在对纯粹民间高利借贷定罪的明确规定。问题的关键在于，民间高利贷是否符合《刑法》第 225 条非法经营罪中的隐性规定，即是否属于其他严重扰乱市场秩序的非法经营行为。任何非法经营犯罪的成立均以违反国家规定为前提，这里所谓违反国家规定，根据刑法解释，是指违反全国人民代表大会及其常务委员会制定的法律和决定，国务院制定的行政法规、规定的行政措施、发布的决定和命令，而不是指违反国家的政策性规定，更不是指违反国务院各部委等的部门规章。在我国法律与行政法规中并没有对民间高利贷行为作出禁止性规定，更无任何单行法规中的附属刑法规范作出了民间高利贷行为应追究刑事责任的规定。《非法金融机构和非法金融业务活动取缔办法》属于行政法规，该办法并未就民间高利贷行为作出明文禁止，更未作出对民间高利贷行为应追究刑事责任的规定，将该办法作为对民间高利贷追究刑事责任的法律依据，显属适用法律错误。《中国人民银行关于取缔地下钱庄及打击高利贷行为的通知》虽然明文禁止民间高利贷行为，但中国人民银行不具有制定法律与行政法规的权力，所颁布的任何文件均仅仅属于部门规章，而不属于法律与行政法规，因此该通知只属部门规章，不具有国家规定的效力，不构成认定民间高利贷行为为非法的根据。对其的违反充其量只属违规，谈不上违法。相应的，民间高利贷也只属于违规行为，不属于违法行为，更谈不上属于刑法意义上的非法行为，以民间高利贷行为违反中国人民银行的禁止性规定为由，追究其非法经营罪责，显系混淆了部门规章与国家规定之间的区别，抹杀了违规行为与违法乃至非法行为之间的界限。

民间借贷中利息的高低是附属于借贷行为的，与借贷行为本身一样，都是借贷双方当事人自由意志的体现，借贷行为只要是双方当事人真实意志的表示，即属于自由缔结的契约。因此，把民间高利贷犯罪化，构成对民法上的契约自由和意志自治原则的背离。民法和刑法在调整范围上应当有界限可循，在一般情况下，由民法调整的事项，不应用刑法介入。只有个别单纯由民法调整难以达到社会控制的目的的行为，始可考虑进入刑法的调控视野。民间高利借贷行为属于契约范畴，刑法是不应该无限制地介入契约行为的。[1]

---

[1] 参见邱兴隆《民间高利贷的泛刑法分析》，《现代法学》2012 年第 1 期。

三 侮辱与诽谤问题

名誉是指个人人格在社会生活上所受到的评价，这种评价能够影响个人生活和工作上的群体关系，进而维系社会成员间的相互关系。名誉权受民法的保护毋庸置疑，但是否值得动用刑法保护，对此持有谨慎态度的观点不在少数。不过当民法对名誉权保护不力时，比如对受害人负面影响难以消除，获得赔偿极其有限，而侵害行为特别恶劣，造成受害人自杀或精神失常等严重后果，刑法有必要介入。正因为如此，《刑法》第 246 条对侮辱诽谤罪作了明确规定。

在构成要件上，民法与刑法对侮辱或诽谤行为的理解并无二致，都是"以暴力或者其他方法公然侮辱他人或者捏造事实诽谤他人"。但是刑法要求行为以及后果要达到"情节严重"方能"处三年以下有期徒刑、拘役、管制或者剥夺政治权利"。对"情节严重"的判断，需衡量言论自由与名誉权的保护，根据一般生活经验判断，只有足以损坏他人名誉才可定罪。①这种判断具有极大的抽象性，终究还是要在具体事件中具体判断。在最高人民法院、最高人民检察院《关于办理利用信息网络实施诽谤等刑事案件适用法律若干问题的解释》中就有关于情节严重的具体解释。该解释第 2 条规定了四项情节严重的情形：（一）同一诽谤信息实际被点击、浏览次数达到五千次以上，或者被转发次数达到五百次以上的；（二）造成被害人或者其近亲属精神失常、自残、自杀等严重后果的；（三）二年内曾因诽谤受过行政处罚，又诽谤他人的；（四）其他情节严重的情形。其中的第（一）项规定成为学界争议的焦点问题。

有学者对第（一）项的规定提出了如下批评意见：因其不周密的设计，也会导致一个人是否构成犯罪或是否符合诽谤罪的标准并不完全由犯罪人自己的行为来决定，而是夹杂进其他人的行为推动，如点击或转发等，甚至最终构成与否要看他们实际点击或转发的次数。尤其应当引起注意的是，假如有一个人想治罪于最初发布网络信息行为人的话，只要恶意拼命点击或转发就可以了。这是否有客观归罪或他人助罪之嫌？因此，该条解释所导致的司法操作上的漏洞不仅不符合刑法基本原理，甚至易被别

① 参见陈珊珊《诽谤罪之省思》，《华东政法大学学报》2012 年第 2 期。

有用心的他人所利用，从而引发出新的社会矛盾。① 另一种观点则认为，行为人将捏造的信息放置于网络上后，无论点击、浏览或者转发者出于什么样的动机，行为人本身对于该谣言的散布传播听之任之就符合了诽谤罪的客观行为要求，主观心理为间接故意，间接故意也属于故意，因此认定为诽谤罪不存在障碍。同一诽谤信息实际被点击、浏览次数达到五千次以上，或者被转发次数达到五百次以上的规定不存在客观归罪的问题。②

争议问题的关键在于在网络上散布捏造的事实诽谤他人，即使只有少数人点击、浏览或者转发的，是否属于情节严重，因而是否值得科处刑罚？刑法的谦抑性并不意味着处罚范围越窄越好，之所以科处刑罚，是因为对全体国民而言存在必要性，并非越是限定处罚就越增加国民的利益，而是必须具体地、实质地探求为保全国民利益所必需的最小限度的刑罚。在此意义上说，刑法就是要对刑罚的效果与刑罚的弊害进行衡量，主张合理地选择真正值得处罚的行为。对刑法的解释不能只单纯强调限制处罚范围，而应当强调处罚范围的合理性、妥当性。在司法层次当然以罪刑法定为前提，刑法的处罚范围应当是越合理越好、越妥当越好。换言之，刑法谦抑性的具体内容会随着社会的发展而变化，我国刑法应当从限定的处罚转向妥当的处罚。③

作为诽谤罪保护法益的名誉，是对人的社会评价，是个人专属法益。诽谤行为会使被害人的社会评价降低，进而会对被害人的生活、工作等方面产生诸多不利影响。与伤害后立即治愈和财产损失后立即被追回不同，名誉的挽回需要相当长时间，而且不一定能够挽回。被害人名誉毁损的结果，必须归属于散布者的行为。网络世界存在众多的网络群体，群体中只需要有个别匿名个体心中有一个明确的目标，并确切地知道怎么去实现它，该群体的其他个体只需跟随个体中心一起实现这一目标，虽然他们并未意识到自己是在跟着别人走。在网络活动中，他人的点击、浏览、转发都是一种相当自然、正常的行为，不具有异常性。所以，散布行为与被害人名誉毁损的结果之间的因果关系不可能被中断，结果必须归属于散布行为。此外，在网络诽谤的场合，即使事实上只有少数人点击、浏览、转发

① 参见李晓明《诽谤行为是否构罪不应由他人的行为来决定》，《政法论坛》2014 年第 1 期。
② 参见程红、李恒虎《供给与剥离：刑法治理网络谣言的取舍之道》，赵秉志等主编《现代刑法学的使命》（下卷），中国人民公安大学出版社 2014 年版，第 1167 页。
③ 参见张明楷《实质解释论的再提倡》，《中国法学》2010 年第 4 期。

诽谤内容，但客观上则是多数人随时可能点击、浏览、转发诽谤内容，因此被害人的名誉总是面临被毁损的危险。即使行为人删除了相关信息，但诽谤信息仍然可能继续传播。由此，网络诽谤的特点决定了其本身就是值得处罚的情节严重的行为。事实上，上述否定的观点意在说明该解释的不严谨，认为应当将情节严重表述为"同一诽谤信息实际被不同的他人点击、浏览次数达到五千次以上，或者被不同的他人转发次数达到五百次以上"。然而，这样的要求导致网络诽谤的定罪标准远远高于普通诽谤的定罪标准，不当限制了诽谤罪的成立范围，不利于保护被害人的名誉。在信息网络上发表诽谤言论的行为，实际上属于持续犯，应认定为情节严重。可以肯定的是，当行为人在信息网络上发表诽谤他人的言论时，其行为就已经既遂。但是，只要信息网络上的诽谤言论没有被删除，其捏造事实诽谤他人的实行行为就没有终了，仍然处于持续状态。网络诽谤的持续性本身就足以说明其情节严重。即使否认在信息网络上散布诽谤言论的行为属于持续犯，仅认为这种行为属于状态犯，但只要诽谤内容仍然存在于信息网络，其对被害人的名誉毁损所具有的抽象危险就会在一定时间内持续增加。诽谤罪是抽象的危险犯，抽象的危险是否增加是判断情节是否严重的重要依据。既然可以肯定抽象危险的增加，就应当认定诽谤行为的情节严重。即使否认在信息网络上散布诽谤言论的行为属于持续犯，也完全能够肯定，行为人在散布诽谤言论后，存在应当删除诽谤言论却一直没有删除的不作为。因为违法行为、犯罪行为使他人法益处于危险状态时都具有作为义务。在先前的作为使得诽谤内容具有传播的可能性，后来的不作为没有阻止诽谤内容的传播时，综合判断行为人的作为与不作为，也必须认定为情节严重。① 最高人民检察院、公安部 2010 年 5 月 7 日《关于公安机关管辖的刑事案件立案追诉标准的规定（二）》第 74 条将利用互联网或者其他媒体公开损害他人商业信誉、商品声誉规定为严重情节，而没有进一步要求点击、浏览与转发次数。既然如此，对于法益侵害更为严重的网络诽谤，也不应当有点击、浏览与转发次数的要求。

德国著名刑法学家罗克辛教授认为，刑法是"社会政策的最后手段"，

---

① 参见张明楷《网络诽谤的争议问题探究》，《中国法学》2015 年第 3 期。

只有在其他解决社会问题的手段不起作用的情况下，才能允许被使用。① 刑法并非保护法益的唯一手段，刑法以外的法律规范、法律之外的社会规范等，也都发挥着维持秩序、保护法益的任务。刑法依据刑罚的严厉性和残酷性，是其他部门法的补充法、保障法。正因为"刑法是以刑罚这种残酷的制裁作为手段的，不能轻易使用，只有在使用其他法律不足以对法益进行保护的场合，才将该侵害法益的行为作为犯罪进行处罚，由此而彻底实现对社会秩序的维护。"② 由此，在处理刑民交错的案件时应警惕凡事都以刑法为主要或者优先适用法律的思维，由于民刑交错案件在很大程度上涉及当事人的自治空间，因此以严厉管制的手段处理需审慎为之，应当遵守刑法谦抑适用的补充性、不完整性、宽容性三个层次：补充性是指，只有在习惯的、非正式的控制、道德的、民事的规制不足以规避某行为时，才能够使用刑法；宽容性、不完整性则是指，就算市民的安全受到了侵害，刑法也没有必要无一遗漏地加以处罚。③

不过，对刑法谦抑性原则的理解不能认为是如果某种行为同时符合民法和刑法上的规定，则应该适用民法而不是刑法。事实上，如果照此思路的话，大量犯罪行为都能够以侵权行为来处理，但这是不可能的。刑法既然规定为犯罪，是因为民法具有处理上的缺陷，如果行为符合刑法上的构成要件，则需要按照刑法来处理，不能再以刑法具有谦抑性，且行为既然符合民法规定为由来适用民法规定。民法调整财产关系和人身关系，侵犯财产的犯罪行为从广义的角度来看都违反了民法，侵犯人身的犯罪行为也都是侵权行为，如果对于这些犯罪行为都以民法来处理的话，刑法就将被架空。因此，在处理刑民交错的案件时，应注意的是运用刑法和民法分别对行为进行定性规则。当行为既违反民法的有关规定，又触犯刑法时，应分别运用民法规范和刑法规范对行为进行定性，以厘清民事规范和刑事规范的关系。在关系理顺后，应运用法益分析规则，对民法和刑法设置该条款的目的和所要保护的法益进行分析，以此来明晰民刑条款的含义，不能以民事判断代替刑事判断。如行为人为行使权利而实施诈骗罪、敲诈勒索罪的，不能因为行为人与相对人先前存在权利义务关系，就否定行为本身

---

① ［德］克劳斯·罗克辛：《德国刑法学总论》第 1 卷，王世洲译，法律出版社 2005 年版，第 23 页。

② ［日］大谷实：《刑法总论》，黎宏译，法律出版社 2003 年版，第 4 页。

③ ［日］平野龙一编：《现代法 11——现代法与刑罚》，岩波书店 1965 年版，第 21—22 页。

具有诈骗罪、敲诈勒索罪的实行行为性。总而言之，运用刑法和民法对刑民交错行为进行定性时，应考虑民法刑法所保护的法益、立法目的、行使权利的必要性、手段的相当性等因素。机械地一概按照"先刑后民"处理，或者"先民后刑"处理，都可能存在一定的局限和问题。

第六章　刑法与经济法

第一节　刑法与经济法的关系

一　经济行为的多元化规制

市场经济是现代国家发展国民经济的一般体制和基本模式，依靠市场实现资源的优化配置，亦即通过市场解决社会经济生活中生产什么、如何生产以及为谁生产的问题。相应的，市场参与主体所进行的前述活动，便是经济行为。经济行为是市场机制动态化的体现，支撑其运行的机制便是优胜劣汰的市场竞争。由于竞争是融相互角逐的过程和优胜劣汰的结果于一体的运行机制，因而行为主体便想方设法在经济运行中获取有利结果，使自身立于不败之地，由此原本产生经济效益的经济行为可能具有了负外部性，因而需要规制。现代法治国背景下，法治自然成为经济规制的依据和保障。但法和法学传统上重视由法的不同部门对经济行为或经济关系作"分别调整"和"分段调整"。但随着社会化和现代经济的发展，经济行为形式多样、经济关系复杂多变，相互联结、相互渗透，产生了对经济行为进行综合治理、系统调整的客观要求。经济法正是反映经济关系分化与综合这两种发展趋势要求，体现法律的统、分两种调整机制功能的法律部门：一方面，它通过具体的制度和规范，分别细致地调整着各种经济关系；另一方面，又在总体上和全过程中对经济关系进行综合、系统的挑战。经济法既是国家全面调控经济、对经济实行综合治理的法律部门，同时也是体现现代法系统工程的法律部门。①

然而，由于经济法与民商法、行政法等传统部门法有所不同，虽有独

---

① 参见刘文华主编《经济法》第四版，中国人民大学出版社 2013 年版，第 48 页。

立的经济法律责任但没有独立的法律责任承担形式。经济法或以行政、刑事等"公"的手段去调整企业、合同、价格、利润、利率等"私"的关系，如竞争法对卡特尔合同、企业合并、独家代理、涉及商业秘密的合同、传销合同等的调整，价格法对市场之灵魂——物价的调控，税法和会计法对经营利润处理之规范，中央银行依法对利率实施调控等；或者将平等对立、协商较量、等价有偿、恢复不畅等"私"的手段引入有政府和公权力加入、为公共利益考量之"公"的关系，如果有公共企业法、国有化法、私有化法、土地法、经济合同法等的调整。经济法对其关注的经济行为，采用所需的任何手段进行调整，包括民事的、行政的、刑事的、程序的、褒奖的、社会性的等。① 因此，实践中，若发生经济违法行为，通常转为民事责任、行政责任或者刑事责任的追究与承担，并没有独立的经济法律责任承担形式（尽管有学者提出，不名誉等制裁措施也是制裁形式，但仍有诸多争议），因而在经济法中对经济违法行为的责任追究需要依据其违法性和损害程度确立相应的责任机制，如侵权、违约或者犯罪等，既可能是仅追究上述三种责任类型中的一种，也可能是多种责任形式并存，从这个意义来说刑法与经济法的关系实际就是经济行为犯罪化的问题，即其犯罪化的标准和依据等是什么？若如此，随之而来的问题便是，什么是经济行为？

"经济行为"，不同的学科有不同的理解。刑法理解的范畴可能比较广泛，即与经济活动有关的行为，也可能稍微窄一点，仅指民商事行为；但经济法对经济行为的理解是特定的，即仅指国家介入市场的经济运行行为，或者有的学者强调，体现国家意志的经济行为，方为经济法上的"经济行为"而非笼统地指出"与经济有关的行为"。这样一来，刑法与经济法关系问题的研究范围也就相应地缩小了，与刑法学的一般认识可能有所差别。

不过，这一研究命题可能更为集中一些，因为经济法通常将"经济行为"依据经济学原理和其影响范围的不同而分为微观的"市场规制行为"和宏观的"市场调控行为"两大类，前者较为典型的就是竞争行为、垄断行为，后者如税收政策、金融调控等行为。相应的，就是对这两大类行为的犯罪化问题予以研究，如垄断行为是否应予以犯罪化、理由是什么，如

---

① 参见刘文华主编《经济法》第四版，中国人民大学出版社 2013 年版，第 52 页。

美国对垄断行为作出了刑罚规定，但欧盟却没有，为什么？我国《反垄断法》没有直接规定垄断行为的刑事责任，但《刑法》对串通招投标行为规定了刑事责任（串通招投标行为，通常被认为是典型的横向垄断协议，即垄断行为之一种），实践中有人提出我国当前垄断行为如此猖獗应该规定刑事责任。那么，是否应该规定，理由是什么，界定标准又如何确定等，是值得研究的。

刑法与经济法作为各自独立的部门法规范体系，尽管在经济行为这一事实范畴的理解方面存在一致性，但是二者关于经济行为的规范价值判断则存在显著差异，刑法重点评价的是，何种经济行为具有严重的法益侵害性，属于刑法所确立的违法犯罪类型，需要在规范层面予以否定性评价并给予刑罚责难，这就意味着，在刑法与经济法的关系理解上，关键点在于刑法与经济法的行为违法界限究竟何在？二者对经济行为是否应当作一致性理解，当存在冲突时二者的违法评价又应如何有效协调？因此，关于刑法与经济法的关系，本部分拟从最基本的概念研究着手，即对"经济行为"界定谈起，然后在类型化的"经济行为"中各选"垄断行为""金融行为"这一典型样本予以分别研究，进行入罪化分析。

二 作为经济法保障的经济刑法

就刑法与经济法的关系而言，二者均处于宪法统率下的统一法规范体系之中，同时对经济领域的违法行为进行规制调整，但是由于经济法本身缺乏自己的责任承担形式，因此对于那些严重侵害经济领域保护法益的行为，需要刑法予以规制和惩罚。作为刑法与经济法的衔接，正是在立法层面大量采用空白罪状规范的经济刑法领域，刑法作为经济法的补充法、后盾法的特性得以充分体现，刑法的适用应符合法规范的同一性要求，即对于相同的概念和规范内容原则上应当与经济法进行一致性理解，经济领域的刑事违法性判断一般要求符合二次违法性原则。但是，自刑法角度而言，完全无视刑法的独立性判断，主张经济领域的刑法规范只能作为经济法的后盾法、补充法加以适用，则显然是对二者的关系理解存在偏差。

经济法对违法行为的理解通常与"经济"范围的界定密切相关，只有准确理解何为"经济"，才能将与经济活动相关的违法行为纳入经济法规制的范畴，问题在于，经济概念的范围过于宽泛，任何满足人类需求的行为，尤其是与财产相关的经济活动，都可以纳入经济领域之中，比如德国宪法法院就认为，经济法就是包括全部与经济活动有关的规定。① 这样一种宽泛的理解显然不符合我国经济法的界定，与此同时，在刑事领域，经济违法行为的规制属于经济刑法范畴，刑法对于经济关系的调整要比经济法更加广泛，不仅仅局限于国家介入市场的经济运行行为或体现国家意志的经济行为，因此在刑法之中讨论经济行为，无法直接照搬经济法关于经济违法行为的界定，需要对经济违法行为根据刑法的规范保护目的进行独立分析。

对刑法之中的经济违法行为进行界定需要厘清一个前提，即在刑事立法层面，某种行为是因属于经济刑法所规制的对象，应当界定为经济犯罪行为，还是由于其本身属于经济活动之中的违法行为，所以被刑法规制时属于经济刑法范畴？笔者认为，刑法之中的经济违法行为应当是存在于我国经济活动之中、被我国刑法所调整归属于经济刑法范畴的行为，如此可以肯定，虽然属于经济活动之中的行为，但是不被刑法所调整规制的，不属于刑法之中的经济违法行为，虽然被刑法所调整规制，但不能归属于经济刑法范畴的，也不属于刑法之中的经济犯罪行为。因此，厘清刑法与经济法的关系，首先应当明确经济刑法的概念和范畴。

（一）经济刑法的概念与范畴

1. 经济刑法的概念

"经济刑法"迄今仍不是一个严格意义上的法律概念，它是学者们为便利于从刑法学的角度研究经济犯罪问题而采用的一个学理概念。在经济刑法这个大概念之下，有些学者在研究中还将其细分为财产刑法、环境刑法（公害刑法）、金融刑法、公司刑法、商事刑法、竞业刑法等较低层次的概念，也都不是严格的法律概念，而是学理概念。② 但学界一般认可，在实然层面上，经济刑法是关于经济犯罪及其刑事责任和刑罚的刑事法律规范的总称，从这一界定可以看出，经济刑法与经济犯罪的关系取决于经济犯罪这一范畴的界定。

规范刑法学领域中探讨的经济犯罪是刑法条文明确规定的经济犯罪，是经济刑法的一部分，犯罪学领域中所探讨的经济犯罪则不仅包括刑法领域的经济犯罪，而且包括其他在犯罪学上有研究意义、在刑事法律中却没

---

① 参见王世洲《德国经济犯罪与经济刑法研究》，北京大学出版社 1999 年版，第 1 页。

② 参见陈泽宪主编《经济刑法新论》，群众出版社 2001 年版，第 14—15 页。

有加以明确规定的经济犯罪行为。姑且称前一种经济犯罪的概念为狭义的经济犯罪概念，它与经济刑法所规范的犯罪行为的范围是一致的；后一种为广义的经济犯罪概念，它所研究的犯罪行为的范围大于规范刑法学的范畴，此范畴下的经济犯罪与经济刑法是交叉关系，各有彼此不能包含的内容。研究经济刑法的立法模式，是从规范刑法学角度出发对于经济犯罪的立法载体形式和具体条文的立法规定方式进行探讨，狭义经济犯罪的概念符合这一要求，而广义的经济犯罪概念与这一要求则是相背的。基于以上关系界定，笔者对于经济刑法和经济犯罪的探讨，均立足于规范刑法学的领域，即成文法领域，不对犯罪学领域的其他经济犯罪进行讨论。

在实然层面，"经济犯罪"术语在我国立法上的首次使用是 1982 年 3 月 8 日全国人大常委会公布实施的《关于严惩严重破坏经济的罪犯的决定》。诚如有学者所指出的，要为经济犯罪下一个确切的为大家所能共同接受的定义，是件十分困难的事情，但是在刑法领域，定义经济犯罪的概念和确定经济犯罪的大致范围，对于搭建经济刑法的理论框架以指导经济刑事立法与司法乃至科学地观察经济犯罪现象还是十分重要的。[1] 该学者进一步分析认为，经济犯罪的事实特征在于其是发生于经济领域的犯罪，规范特征则在于其属于滥用经济权利、背离市场信用侵害市场经济秩序的经济违法行为，范围应以"破坏社会主义市场经济秩序罪"为核心。[2]

虽然认可经济刑法是关于经济犯罪刑法规范的总称，但对经济刑法的概念，我国刑法学界仍然存在不同认知。有学者认为，所谓经济犯罪，从刑法的角度看，一般是指为了谋取不法利益，利用法律交往和经济交易所允许的经济活动方式，直接或间接地违反规范经济活动的法规，而足以危害正常的经济活动与妨碍经济秩序的应受处罚的行为；另有学者则分析指出，经济刑法是与经济性法规有关的刑法规范的总称，那些未违反特定的经济法规，而直接由刑法规定的一般财产犯罪（如抢劫罪等）和其他追求非法经济利益的犯罪（如赌博罪等）规范，则不属于经济刑法的范畴。[3]

在主要以刑法所保护法益之不同为标准来划分犯罪类型的规范刑法中，最早由德国刑法学者林德曼教授（K. Lindeman）提出的"经济刑法"

---

[1] 参见曲新久《刑法的逻辑与经验》，北京大学出版社 2008 年版，第 263 页。

[2] 同上书，第 264—273 页。

[3] 详细评析请参见陈泽宪主编《经济刑法新论》，群众出版社 2001 年版，第 16—17 页。

一词具有更加重大的研究意义。1932 年，林德曼提出，经济犯罪是一种侵犯国家整体经济及其重要部门与制度的可罚性行为。这一定义，抓住了经济犯罪的本质。1954 年，联邦德国在修改经济刑法时，进一步明确下列两种情况都是经济犯罪：（1）该行为按其所波及的范围或造成的影响具有严重破坏经济秩序，特别是现行市场秩序或价格制度性质的；（2）行为人顽固地反复进行违法行为，或在营业上追求应受谴责的利益，或实施其他不负责任的行为从而表现出对经济秩序，特别是对关于保护现行市场秩序和价格制度的公共利益持藐视态度。① 根据德国经济刑法的立法，刑法之中的经济行为应当理解为严重破坏或藐视经济秩序的行为。

对于经济刑法的概念，国外整体上存在以下三种宽窄不一的认识：

第一，狭义的经济刑法概念。早在 1932 年，前文提及的德国刑法学家林德曼就已经写过一本书，叫作《有独立的经济刑法吗》。在该书中他给经济刑法下了一个定义："经济犯罪是以整体经济及其重要部门为保护对象的法律。"② 这种经济刑法的概念强调经济刑法所保护的是与整体经济运行相关的超个人法益。多数学者认为这种经济刑法概念因其关注范围过窄而影响其适应性。③ 笔者赞同此种定义失之过窄的说法，因为过窄的范围界定不利于国家通过刑法对经济犯罪进行打击。

第二，广义的经济刑法概念。经济刑法是一切与经济活动和经济利益有关的刑法规范，包括传统形态的财产刑法和新兴形态的"公害刑法"以及一切从事经济管制的附属刑法，如分散规定于民商法、经济与贸易及财税法规以及一切经济性行政法规中具有刑法性质的法律规范。④ 这种经济刑法所保护的法益不仅包括与整体经济运行相关的超个人法益，而且包括一切与经济有关的个人法益（不仅包括关系整体经济运行的个人法益，还包括财产性的个人法益）。这种经济刑法的概念界定无疑有过宽之嫌，因为只要是涉及经济利益的法益便要对其进行保护会使经济刑法丧失其独特性，从而不利于国家制定具有专门性的法律和运用专门性的手段有力打击

① 参见［日］神山雄敏《德国经济刑法制度的变迁》，《经济犯罪研究》第 1 卷，成文堂 1991 年版，第 3 页。转引自顾肖荣等《经济刑法总论比较研究》，上海社会科学院出版社 2008 年版，第 3 页。
② 林东茂：《危险犯与经济刑法》，（台北）五南图书出版公司 1996 年 9 月版，第 63 页。
③ 林山田：《经济犯罪与经济刑法》，（台北）三民书局 1981 年版，第 88—89 页。
④ 同上书，第 87—88 页。

经济犯罪。

第三，折中的经济刑法概念。经济刑法是规定经济违反行为的处罚条件及其法律后果的刑事法规范。这里所称的经济法规乃指规定有关经济生活与经济活动的法律规范，特别是一切经济结构与经济交易所需货物的生产、制造、分配与交易等的经济活动的刑法规范。[①] 这种经济刑法所保护的法益是与整体经济运行相关的超个人法益和个人法益。从这个范畴的经济刑法所保护的法益来讲，笔者认为这个范围是合适的。例如生产、销售有毒、有害食品罪所保护的法益，不仅包括食品的生产、销售秩序和国家食品监督管理秩序，还包括个人的身体健康权和消费者的相关权利。这其中不仅包括社会法益、国家法益这种超个人的法益，还包括与整体经济运行秩序相关的个人法益。

结合以上分析笔者认为，我国经济刑法之定义应采狭义说，是指以违反特定的经济活动法规为前提，适用于关于商事活动及经济交易犯罪，保护整体经济秩序之安定性及公正性的刑法规范的总称。

2. 我国经济刑法的范畴

我国 1979 年《刑法》并没有明确规定经济犯罪的概念，只是在第三章规定了包括走私罪、投机倒把罪、偷税罪、假冒商标罪等在内的破坏社会主义经济秩序罪。其后的第五届全国人民代表大会第二十二次会议于1982 年 3 月 8 日审议通过了《关于严惩严重破坏经济的犯罪的决定》，该《决定》在国内首次使用了"经济犯罪"这一术语。但其只对经济犯罪的外延予以了罗列，[②] 并未给出一个法定的、内涵式的经济犯罪的概念。我国目前的刑法也未对经济犯罪的概念给予明确界定。上述因素直接导致了刑法学界关于经济刑法范畴的争论。

就刑事司法实践而言，我国公检法机关对经济刑法的范围认识也不一致：对公安机关而言，经济刑法就是指第三章规定的"破坏社会主义市场经济秩序罪"，检察机关所称的经济刑法除了刑法分则第三章以外，还包括刑法分则第八章规定的"贪污贿赂罪"；法院统计的经济刑法范围则包括了刑法分则第三章、刑法分则第八章，还包括刑法分则第五章"侵犯财

---

① 林山田：《经济犯罪与经济刑法》，（台北）三民书局1981 年版，第 89 页。
② 该决定以条文形式罗列了违反国家海关、工商、金融、财政、金银等经济管理法规的犯罪。

产罪"。①

从公检法机关关于经济犯罪范围的不同认识和多年来学界的争论来看，经济刑法的范畴界定主要有以下三类：

第一，大经济犯罪范畴。认为经济犯罪是指违反国家工业、农业、财政、金融、税收、价格、海关、工商、森林、水产、矿山等经济管理法规，或者盗窃、侵吞、骗取、哄抢、非法占有公共财物和公民的合法财物、破坏社会主义经济秩序和经济建设，是国家、集体和人民利益遭受严重损害，依法应当受到刑罚处罚的行为。② 由此引申，经济犯罪应当包括三个层次：一类是破坏社会主义经济秩序触犯《刑法》的行为；一类是侵犯财产所有权触犯《刑法》的行为；还有一类以获取经济利益为目的的其他触犯《刑法》的行为。这类大经济犯罪概念以广义的经济为标准来判断犯罪性质，即既包括关涉整体经济运行的犯罪，也包括财产犯罪，以及其他涉及经济利益的犯罪，如贪污贿赂犯罪。也有学者基于此种广义的经济标准判断认为，在我国，经济刑法似应包括下列刑法规范：一是《刑法》分则第三章关于"破坏社会主义市场经济秩序罪"的规定；二是《刑法》分则第一章关于"贪污贿赂"的规定；三是《刑法》分则第五章"侵犯财产罪"中关于"职务侵占罪"和"挪用资金罪"的规定；四是《刑法》分则第四章第六节关于"破坏环境资源保护罪"的规定；五是国家立法机构通过的补充规定某种经济犯罪的单行刑法，如 1998 年全国人大常委会《关于惩治骗购外汇、逃汇和非法买卖外汇犯罪的决定》和 1999 年《刑法修正案》中关于经济犯罪的规定等；六是在国家经济行政法律中规定有关经济犯罪的附属刑法规范。③

笔者认为，显然这种概念界定下经济刑法的范围将会失之过宽，如果仅以与经济利益相关为判断标准，那么恐怕大多数犯罪都会涉及经济利益，如以贪财为动机的杀人。以谋取经济利益为目的既可以为法定犯罪构成要件规定的犯罪主观方面的部分，也可以超出法定犯罪构成要件，考察非法定构成要件的犯罪动机，这样的考察类似于国外的广义的经济刑法概念，因为没有考虑到经济犯罪的独特而已经失去了在刑法上对其进行独立

---

① 孙国祥、魏昌东：《经济刑法研究》，法律出版社 2005 年版，第 32 页。
② 孙广华：《论经济犯罪》，《中国法学》1988 年第 2 期。
③ 参见陈泽宪主编《经济刑法新论》，群众出版社 2001 年版，第 17—18 页。

考察的意义。以是否与经济利益相关为标准来界定经济刑法的范围太过宽泛和笼统，导致没有确定的界限来区分经济犯罪和非经济犯罪，这样的范围界定可以将刑法中的大多数犯罪归入经济刑法的统领范围之内，但是也使经济刑法的独特性丧失了，不符合研究的目的。

第二，中经济犯罪范畴。这种主张认为经济犯罪活动或表现为违反国家经济管理法规，破坏国家经济管理活动的行为；或表现为侵害社会主义的所有制关系、攫取公私财物的行为；或表现为利用职权牟取暴利的行为。① 依照上述观点，经济犯罪主要包括两大类：一类是我国 1979 年《刑法》分则第三章规定的"破坏社会主义经济秩序罪"；另一类是 1979 年《刑法》分则第五章规定的"侵犯财产罪"和第八章的"贪污贿赂罪"。这类经济犯罪概念将财产犯罪、贪污贿赂犯罪和破坏社会主义经济秩序的犯罪都列入经济犯罪，也存在无视破坏经济秩序犯罪的独特性、忽略其与侵犯财产犯罪和贪污贿赂犯罪之不同的弊端。

经济犯罪不同于贪污贿赂犯罪，贪污贿赂犯罪所侵犯的主要客体是国家工作人员公务行为的廉洁性，只有部分贪污贿赂犯罪在特定情形下，才会造成破坏社会主义市场经济秩序的结果，即使造成了这样的结果，也只是贪污贿赂犯罪间接侵害的法益，主要侵犯的仍然是公务人员公务行为的廉洁性。这与经济刑法直接保护国家整体经济的运行秩序有所不同，且现行刑法已经将和商业活动相关的贪污、贿赂、职务侵占、挪用资金和公款等行为在我国刑法分则第三章第四节加以特别规定，因此不宜再将贪污贿赂犯罪归入经济犯罪。

如前文关于经济刑法定义界定所论及，财产犯罪与经济犯罪也存在很大的不同：首先，也是最重要的一项是，财产犯罪侵犯的是静态的财产关系，是稳定的传统犯罪，不仅为法律所惩罚，也为道德所不容。将财产犯罪规定在刑法中，是有利于惩治财产犯罪的，学界对此并无争议。但是经济犯罪侵犯的则是动态的经济关系，变动性较大。从经济犯罪的产生原因，我们可以看出经济犯罪是不同于传统财产犯罪的：经济犯罪的形成，一方面是由于经济活动形态的改变带来了社会结构的调整，在这段时期中，法律的规定没有及时赶上经济的发展，造成很多易为不法之徒所利用的法律空隙；另一方面，因配合工业社会结构所需的

---

① 张穹：《经济犯罪概念刍议》，《中国法制报》，1987 年 1 月 28 日。

新道德与社会价值观也尚未建立，而使法律制度在经济领域中的落伍现象所造成的恶果更加恶化；此外，政府机关对于国家给予人民的经济自由，往往未能作适当而有效的监督与管制。① 经济刑法在立法模式上到底应该采取单行刑法、附属刑法、刑法典还是专门的经济刑法典的形式，才能更好地达到打击经济犯罪的目的，是有充分的争议理由的。其次，由于财产犯罪是传统犯罪，人们对于财产犯罪的犯罪形态和刑事违法性早已有所认识，其刑法条文规定形式已足以让司法者和普通大众理解；但是经济犯罪则是新兴犯罪或者是变异的传统犯罪，人们对于很多经济犯罪的犯罪形态和刑事违法性是缺乏认识的，甚至司法者都常常需要及时更新知识系统才能适应经济刑法内容的变更，而且经济犯罪的认识常常需要借助经济部门法的知识才能明确相关经济犯罪的具体构成要件要素的内涵，如何完善经济犯罪的刑法条文规定方式，以便于司法者和普通大众的理解，仍然有待于探索。

因此，不能简单地将经济犯罪和财产犯罪、贪污贿赂犯罪都归入经济犯罪的统摄之下，应根据经济犯罪的特点，明确其适用范围，这样才能有利于打击经济犯罪，维护市场经济秩序的稳定和有序。

第三，小经济犯罪范畴。这种观点认为经济犯罪只能发生在社会经济活动和经济管理之中。② 这类经济犯罪仅包括侵犯社会主义经济秩序罪一章的犯罪。这种说法得到了当时学界权威的赞同。③ 结合笔者所持规范刑法学判断立场以及前文关于经济刑法的定义，笔者赞同将经济犯罪的范畴原则上限定为我国《刑法》分则第三章"破坏社会主义市场经济秩序罪"。刑法分则主要是按照各类犯罪保护的客体之不同进行分类的，刑法分则第三章"破坏社会主义市场经济秩序罪"所保护的客体就是社会主义市场经济整体秩序，与其他各章都有所不同，对这一客体的侵犯正是经济犯罪应受惩罚之原因。刑法分则以专章的形式对这类犯罪予以规定，体现了该章所覆盖犯罪的共同特点，也将其他客体不同的犯罪排除在外，尤显科学性和合理性。前文论及的大经济犯罪概念过于笼统、经济犯罪与财产

---

① 林山田：《经济犯罪与经济刑法》，（台北）三民书局 1981 年版，第 1 页。
② 廖增昀：《略论经济犯罪》，《法学学习与研究》1988 年第 1 期。
③ 高铭暄、王作富主编：《中国惩治经济犯罪全书》，中国政法大学出版社 1995 年 1 月版，第 37 页；马克昌：《经济犯罪新论》，武汉大学出版社 1998 年版，第 4 页；孙国祥、魏昌东：《经济刑法研究》，法律出版社 2005 年版，第 33 页。

犯罪和贪污贿赂犯罪的不同，都证明了"破坏社会主义市场经济秩序罪"这章所规定的犯罪具有独立的研究意义，是刑法上的经济犯罪，这是根据经济犯罪特点采用的适合其发挥作用的法律规定方式。

（二）刑法与经济法的关系

作为具有实践效力的部门法，刑法的生命力及其核心价值主要在于刑事司法适用，其在应然层面的讨论最终仍然需要回到实然层面。就实然角度而言，经济刑法作为以违反特定的经济活动法规为前提，适用于关于商事活动及经济交易犯罪，保护整体经济秩序之安定性及公正性的刑法规范的总称，其范畴原则上应当限定为我国《刑法》分则第三章"破坏社会主义市场经济秩序罪"。

按照经济法学界的认知，经济法范畴与民法、商法、知识产权法等存在较为显著的区分，因此经济法所规制的经济行为主要是国家介入市场的经济运行行为，与民事行为、商事行为、知识产权行为等界限较为显著，但是在刑法领域，尽管如前文所述，对于经济刑法的概念和范畴存在不同认知，但可以肯定的是，现行刑法典第三章规定了破坏社会主义市场经济秩序犯罪，其相关罪名所规制的经济违法行为，不仅涵盖了经济法所调整的宏观的"市场调控行为"和微观的"市场规制行为"，也包含了商法所调整的部分商事行为和知识产权法所调整的部分知识产权行为，与此同时，还要求行为的实施能够对经济秩序造成严重损害，因此，刑法所规制的经济违法行为，应当理解为行为人在经济活动过程中所实施的与市场经济秩序违反相关的行为，也即认为，刑法之中的经济行为按照现行《刑法》分则第三章的规定，是严重违反经济秩序的行为，在与经济法重合的范畴内，要求经济违法行为具有严重的法益侵害性，刑法并不调整所有的经济违法行为，与此同时，刑法所规制的对象并不限于经济法所界定的经济违法行为，还包括商法、知识产权法以及其他扰乱市场经济秩序的行为。具体而言，应当从以下三个方面进行理解：

其一，刑法之中的经济行为应当限定为严重侵害经济秩序法益的行为。依照日本学者的见解，经济犯罪为"侵害一般消费者或为经济主体之企业、公机关等之财产的、经济的利益，或使之发生危险之行为"，与之相对应的，经济刑法所欲保护的法益有三：（1）包含企业在内之个人之财产法益；（2）整体经济秩序之安定性与公正性；（3）规范财经相关事业或交易之法规之实效性。若仅保护后两种法益，则为狭义的经济刑法。①
笔者认为，经济犯罪作为一种从财产犯罪分化而来的专业性新型犯罪，和
普通财产犯罪虽然在行为方式上存在类似性，且都以财物和经济利益为犯
罪目标，但却有着以下三个主要区别：一是从犯罪领域来看，经济犯罪发
生在经济活动的过程中，而普通财产犯罪中并不存在真实的经济活动；二
是就犯罪手段而言，普通财产犯罪大多为体力犯罪，且与经济活动中的职
业行为无关，而经济犯罪则大多为智力犯罪，且与行为人所从事的职业有
关；三是普通财产犯罪的被害人受损情况通常直接具体，而经济犯罪却很
少针对某个特定个人，受害者不但有个人，而且有社会整体或集体，故其
被害人的受损情况往往间接复杂。基于前述考虑，为凸显出经济刑法相对
于传统刑法中保护个人财产法益之规范的特殊性，避免彼此不同之概念相
互混淆，应当排除第一种法益；再者，刑法本来就不应成为行政法的工
具，刑法本身具有独立性，其违法性判断并不必然受行政机关所为判断拘
束，且"规范财经相关事业或交易之法规"基本上皆为行政法规，原则上
本来就附有行政处罚的法律效果，所以即或没有经济刑法特别保护此类法
规之实效性，也不致造成规范效力上的漏洞，是以前述第三种法益也不属
于经济刑法所应保护之法益。基于此，笔者赞同前述第二种见解，认为经
济刑法的保护法益是整体经济秩序之安定性与公正性，经济法与刑法所欲
保护的法益共同构成具体的犯罪行为类型，因此，刑法所规制的经济违法
行为的范畴原则上应当以经济法为限，但是由于刑法的严厉性使然，刑法
所规制的并非所有经济法领域内的违法行为，而是那些严重破坏整体经济
秩序之行为。

其二，与经济法不同，刑法中的经济违法行为不限于违反国家经济管
理秩序的行为。国家经济的快速平稳发展，需要刑法作为强力手段予以保
障，但是在市场经济环境下，国家的干涉应当作为市场资源基础性配置作
用的补充，因此刑法在对市场经济进行介入时必须适度，只规制那些严重
扰乱市场经济秩序的经济行为，在这个意义上，经济刑法本身具有显著的
二次违法性特征。经济行为扰乱市场经济秩序，是否意味着刑法所规制的
经济违法行为只能是违反经济管理秩序的行为？是否包括平等主体之间的
经济交易违法行为？经济刑法主要是与经济类管理法规相衔接，不仅涉

① 参见吴元曜《论经济刑法概括条款之规范模式》，（台北）《军法专刊》第51卷第10期。

经济犯罪的调整范畴，还与商法、知识产权法的调整范畴部分重合，这就意味着，刑法中的经济违法行为主要是与经济管理秩序相关的行为，体现出较为明显的"公法"色彩，另外，对于基于商事合同、知识产权合同等进行的经济平等主体之间发生的经济交易性违法行为，虽然具有明显的"私法"性质，但当其因为行为方式或者侵害法益足以严重扰乱、破坏市场交易安全等时，也属于刑法中的经济犯罪行为。

其三，就刑法与经济法的关系而言，对经济刑法空白罪状的规范内容应独立判断。基于罪刑法定原则的基本要求，刑法对于罪刑相关的概念，应当尽可能加以类型化，这种类型化是根据刑法的规范保护任务决定的，也是立法原意和刑法目的解释的界限。空白罪状援引的经济法规，在与刑法的罪责条款相衔接时，往往具体规定的是构成要件要素的具体规范内容，[①] 因此，在就经济刑法进行相关刑事裁量过程中，必须注重刑法价值的独立判断，防止规范适用的从属性，进而才能有效避免经济行政部门法规实际上直接补足刑法的犯罪构成。这是因为，刑法作为唯一规制犯罪与刑罚的部门法，具有独立的规制对象和范围，具有相对于其他法律而言独立的价值观念和评价机制。[②] 此外，进行刑法的独立性判断时，还必须考虑经济刑法的规范保护任务，即使经济法有关于追究刑事责任的指引性条款，但是如不存在需要刑法所保护的明确的现实化法益，犯罪构成要件也不存在齐备的可能性，此时不应按照经济法的规定追究刑事责任。

三　"经济行为"的经济法调整

经济法是经济社会化条件下国家为了社会公共利益之需而介入经济运行调整相应经济关系之法，经济行为自成为其规制对象，但值得注意的是并非与经济有关的行为都是经济法意义上的"经济行为"。这与上文所述刑法意义上的经济行为范畴相比并不一致，甚至可以说，远远小于包括刑法在内的其他法律部门所调整的经济行为范围，但经济法意义上的"经济行为"调整与规范离不开刑法的最终保障。

---

① 刑法的构成要件和构成要件要素应当加以区分，理论上对此存在认识误区。详细请参见肖中华《犯罪构成及其关系论》，中国人民大学出版社 2000 年版，第 142 页以下。

② 具体阐释请参见肖中华《经济犯罪的规范解释》一文相关部分，《法学研究》2006 年第 5 期。

（一）经济法：一个老生常谈的话题

诚如上文所述，经济行为的界定与对"经济"一词的理解密不可分，但"经济"本身也有多种含义，其中较为典型的解释为关涉人类物质生产与再生产的过程，包括物质资料的直接生产过程以及由它决定的交换、分配和消费过程。显然，经济的概念范畴甚广，诸如此类的经济活动调整与控制并不能仅靠经济法甚或法律所能为，而需更广意义上的社会控制手段予以介入，如伦理控制、政策控制和法律控制等。① 经济活动的法律控制，是国家运用法律对经济活动和经济关系的产生、变更、消灭等所采用的调整方式，即国家以法律之名对市场运行中的经济行为和经济关系予以调整和规范，体现了法律在现代经济生活中所扮演的重要角色。法律成为现代国家调整和规范市场运行中经济行为和经济关系的基本依据，也为市场经济国家所普遍采用的经济治理工具。

但经济活动的法律控制并不等同于经济法。"经济是社会存续和发展的基础，从法产生时起，对经济关系的调整就是它的首要任务。……对经济的法律调整是史前社会结束以来任何社会或国家所不可或缺的一种控制及运行机制。不过，尽管古代有许多法律制度与现代的经济法颇为相似，我们却不能认为在古代就有经济法。"② 经济法是调整经济关系、规范经济行为的，但并非法对经济行为的任何规范、对经济关系的任何调整，都能形成经济法。经济法是现代市场经济的产物，需要具备主客观两方面的条件：一是客观方面，社会环境业已造就出具有某种特性的客观社会关系和相应的法律关系领域。具体来说，市场经济发展到社会化大生产阶段，国家被动或自觉地承担起对经济的组织协调职能；二是主观方面，法学家对某类法律规范及其与客观基础间的关系进行解释，以及法学界和社会对某种解释的普遍认同。社会经济及国家对经济的法律挑战建立在法治的基础之上，并形成了相应的经济法学说。③

经济法是在资本主义从自由竞争阶段向垄断阶段过渡中产生的，是解决现代市场经济问题的现代法。④ 市场经济是主要通过市场来配置资源的经济，即通过市场机制来决定将稀缺资源用于生产什么、生产多少以及为

① 参见徐孟洲《耦合经济法论》，中国人民大学出版社 2010 年版，第 3—6 页。
② 史际春主编：《经济法》第四版，中国人民大学出版社 2012 年版，第 15—16 页。
③ 参见史际春《经济法：法律部门划分的主客观统一》，《中外法学》1998 年第 3 期。
④ 张守文主编：《经济法学》，高等教育出版社 2016 年版，第 12 页。

谁生产。① 市场这只"无形之手"成为现代国家配置资源的决定性工具，借由价格等信号来反映市场供求关系、资源稀缺程度等市场结构和交易情形，并通过交易相对人的货币投票而决定资源配置效率和市场运行效果。从经济学一般理论来说，这是一个理想的经济运行模式，因为其假设是每一个人都是理性的经济人，所有产品或服务都按照市场价格自愿地以货币形式进行交换，这种运行机制无须政府的干预，就能够从社会上可供利用的资源中获取最大化的利益。然而，现实告诉我们，现代经济社会运行中，还不曾有一种经济能够完全依照"无形之手"的原则而顺利运行，因为市场在其自身运行中不可避免地会溢出这样或那样的外部性，从而降低了市场运行的预期效益。也正是因为此，有学者指出，世界上任何一个政府，无论多么地保守，都不会对经济袖手旁观。现代经济中，国家针对市场机制的缺陷肩负许多任务，尤其是通过政府这只"有形之手"着力采取措施提高效率、增进公平以及促进宏观经济的稳定与增长，以极力减少和杜绝市场机制运行的负外部性出现。②

事实上，今天在经济全球化和社会化趋势不断加剧的背景下，各国（地区）在市场运行中都或多或少地将政府这只"有形之手"和市场这只"无形之手"协同并用，而非单纯地使用其中一只手，因为历史和现实告诉我们那都不现实，其结果只有失败。因为片面强调或使用市场机制无视市场之固有缺陷，必然导致市场的盲目性，结果必然是市场失灵而难以自愈或自愈成本过高，造成无法挽救的损失，历次爆发的经济危机或金融危机就是力证；片面强调政府机制的作用无视市场作用，其本质就是无视市场运行的客观规律，结果必然是导致激励机制失灵，资源配置受权力干预影响而丧失效率的最优化，导致市场的畸形和低或无效率。由此看来，无论是市场机制，还是政府干预，都可能失灵，传统的泾渭分明的公法或私法，都无法为这两类失灵提供有效的解决途径，经济法就是打破公私分野的固有思维模式、学科僵化，而以公私融合的思维和路径来应对市场运行中的两个失灵问题。

在我国，经济法应该说是伴随着市场经济体制改革不断产生和演化而

---

① 参见左大培、裴小革《世界市场经济概论》，中国社会科学出版社 2009 年版，第 8—9 页。
② 参见［美］保罗·萨缪尔森、威廉·诺德豪斯著，萧琛主译《经济学》第十七版，人民邮电出版社 2004 年版，第 28 页。

成的，我国市场经济建立和发展的路径不同于西方成熟市场经济国家。我国市场经济是在计划经济宣告失败的基础上经由改革开放而逐步确立的，是由政府统制统分的计划经济模式转向以市场配置资源为决定性作用的市场经济体制，但在转型中也同样遭遇着政府失灵的阵痛和风险，因此不得不求助于政府公权力的介入，以矫正市场运行所产生的问题。在依法治国这一方略和大背景下，经济法便成为国家经济治理的体制化、规范化价值追求和工具选择。尽管从学理层面上来说，经济法在我国仍有诸多争论，但我国官方在其法律体系的白皮书中明确了经济法的地位，也对经济法予以相应的界定。即经济法是调整国家从社会整体利益出发，对经济活动实行干预、管理或者调控所产生的社会经济关系的法律规范。经济法为国家对市场经济进行适度干预和宏观调控提供法律手段和制度框架，防止市场经济的自发性和盲目性所导致的弊端。[①]

也正是基于此，有学者认为"经济法是市场机制与宏观调控机制耦合的产物"不无道理。[②] 经济法根源于国家对经济的自觉调控和主动参与，其重要意义不在于如民法般抽象地设定和保障某一特定权利，而应及时应对瞬息万变的市场情形和经济治理诉求，促使国民经济快速、健康而又稳定地发展。这实际就要求，作为国家介入经济生活的治理工具，经济法不仅要为国家公权力接入经济运行提供依据，更要遵循市场经济运行的客观规律，否则将适得其反，甚至导致政府失灵产生更甚的消极后果。因此，经济法体现了公法与私法兼具的特色：一方面，它所涉及的大多是原来属于私法的私人经济关系和行为；另一方面，它所采用的规范手段（调整方法）却是国家的直接干预。[③] 因此，经济法在实践中要么以行政、刑事等"公"的手段去调整企业、合同、价格、利润、利率等"私"的经济关系，如通过反垄断法对垄断协议、滥用市场支配地位行为等予以调整，银行法等金融法对货币、资本等运行作出调整，税法对再分配作出相应的调整；要么将平等对立、协商较量、等价有偿等"私"的手段引入由政府或公权力介入、为公共利益考量之"公"的经济领域，如国有企业、基础设施、土地及矿产资源、政府采购等经济合同的调整。由此可见，经济法，

---

① 参见国务院新闻办公室《〈中国特色社会主义法律体系〉白皮书（2011 年）》，2016 年 10 月 18 日（http://www.gov.cn/jrzg/2011 - 10/27/content_ 1979498. htm）。
② 参见徐孟洲《耦合经济法论》，中国人民大学出版社 2010 年版，第 19—23 页。
③ 参见谢怀栻《台湾经济法》，中国广播电视出版社 1993 年版，第 1 页。

是国家为了解决市场或政府双失灵情形而动用国家公权力介入经济运行中并对其中的经济行为作相应调整的制度工具，是经济社会化背景下政府与市场两只手协同并用的法制产物。

（二）经济法中的"经济行为"

不难看出，经济法是政府介入市场运行并对其中的经济行为或关系予以调整的产物，调整的是直接体现国家意志或公共、集体利益的经济关系，而这种经济关系的承载对象便是经济行为。因此，经济法中的经济行为与政府的管理和参与密切相关，但这并不意味着这种经济行为就是或等同于行政行为。因为经济法中不乏命令式、服从性质的强制性规范，依法享有经济管理权力的行政机关或依法享有公共管理职能的组织在诸如税收征管、查处垄断违法行为等活动或法律关系中居于主导地位，但诸如此类具有国家公权力性质的协调与参与经济行为，必须适应内在经济规律和经济生活复杂多变的客观需要，这也就有别于传统的行政法或民法中的经济行为。

具体来说，行政法是现代国家法治体系中不可或缺的组成部分，旨在通过对行政权力予以塑造和约束，以实现依法行政、保障相对人的合法权益。当然，行政法在其历史发展中衍生了大陆行政法系和英美传统行政法系之差别理论，[①] 即便如此，其核心也是趋同的，即强调以行政权力的设置和制约为核心，通过上下隶属的行政体系，依靠命令、服从的机制对社会中关涉行政权力的行为和关系进行规范调整。任何形态的行政法，都必然要自觉地或不自觉地遵循特定的价值取向、选择一定的运作机制、具备相应的调整功能，以适应公众、社会、政府乃至政治的需要，因此，行政法必须要满足行政管理实践的需要，为行政关系得到理性调整提供充足有效的行政法规则。[②] 不难看出，行政法强调的是行政组织及其权力的合理配置，以防侵害市场运行中相对人的合法权益、抑制市场机制的创造性和效率。因为市场运行中，行政权力若不能得到有效的管控，任其以公共或集体利益、提升效率等之名而行肆意干预之实，其结果必然是无视市场规律、扰乱市场秩序，从而扼杀了市场经济正常运行的活力和动力。行政法为行政机关和具有公共管理职能的组织介入市场活动提供权力配置和程序

---

① 参见罗豪才《行政法的核心与理论模式》，《法学》2002 年第 8 期。

② 罗豪才、宋功德：《现代行政法学与制约、激励机制》，《中国法学》2000 年第 3 期。

保障，但这并不是政府介入市场行为而只是为政府介入市场的行为提供基础和前提。

　　同样，作为经济生活中须臾不可分的民商法来说，经济行为是其实践中不可避免的触及对象，但民商法意义上的经济行为与经济法中的经济行为并不完全一致。民商法传统上是以个人权利为本位之法，并依此为基础构建其规范体系，相应的，其所调整和规范的经济行为也就是通常所说的平等主体之间财产关系，强调的是个体利益的保护与最大化。这在微观经济领域内确实具有很大的激励、动员作用，能够调动个体的积极性、主动性和创造性，保护和促进社会个体利益最大化，但这一论调在经济社会化背景下也不断显现出其局限性。个体通常因其利益追求或能力所限出现一叶障目不见泰山的现象，即因追求个体利益而损害或者可能损害公共利益、经济效率、社会福利的提升，传统私法无法消解或杜绝这一风险的出现，从而造成效率或福利减损等不利益后果。例如，单纯强调契约自由的后果很可能就是契约不自由，因为市场运行中，竞争是个相互角逐、优胜劣汰的过程，其最终结果就是弱肉强食，强者愈强、弱者愈弱，最终导致市场垄断的出现，从而使得交易相对人丧失了交易选择的自由。这一现象的出现，很难通过以意思自治为基石的私法予以矫治，而亟须超越个体利益之争的主体出面调停和解决。因此，现代国家基于经济社会化的客观要求介入市场，已成为经济治理的共识，只是其中的程度有所差别。国家立足最大多数人的最大利益而广泛、深入地介入经济生活，调控市场并直接从事市场经济活动，社会和法律要求个人权益在同依法代表社会利益的国家权力发生冲突时，社会和权力必须优于个体及其权利，而不是相反。可见，对于同一经济行为，在民商法对其调整不足以避免其所产生的风险时而转由经济法调整，从而使得这一经济行为打上国家意志的烙印。

　　与传统法律部门不同的是，经济法强调其以社会责任为本位，即政府介入市场的正当性在于维护和促进社会整体利益的最大化。无论国家还是企业，都必须对社会负责，亦即都必须对提高社会生产力、增加社会总福利负责，在对社会公共利益负责的基础上协调和处理社会个体之间、社会个体与社会整体之间的利益冲突与利害关系。举例来说，在私法之下，契约自由是私法自治的集中体现，但这种自由并非没有边界，一旦当事人之间达成的契约排除、限制了竞争，扭曲了市场竞争、降低市场运行效率，便为体现政府干预的反垄断法介入提供了正当理由。当然，在具体法律实践中，政府干预必须依法行使权力（利），不得肆意行使行政权力或长官意志，妨碍或损害市场主体的积极性和合法权益。

基于上述对经济行为的分析，不难看出，经济法中的经济行为并非泛指日常经济生活中与经济有关的所有行为和活动，而是指在日趋社会化的背景下，仅靠传统法律难以消弭或矫治市场失灵和政府失灵的政府介入市场行为。之所以如此，国家因市场失灵而主张通过政府主动介入市场来矫正市场失灵，但由于政府及其官员自身认知远见、利益偏见等因素限制而可能出现政府失灵现象，这从客观上就要求和塑造了经济法实体规范与程序机制一体化的特征。唯有通过这样的规范设计，方能保障政府介入市场的正当性、合理性和可操作性。与此相应对应的是，经济法中的经济行为也因政府介入目的和领域不同而分为两大类：

一类是为了维持市场秩序而对市场主体的微观行为予以调整和规范的市场规制行为，其中较为典型的行为有不正当竞争行为、垄断行为、经济合同等。这是因为，市场经济条件下，有关生产、交换、分配和消费的全部活动，是受市场影响的，受市场的调节、支配和制约。市场的调节主要依靠市场内的价格、供求、竞争、风险等市场制约要素构成的调节机制发挥作用，而市场体制下价格、供求、竞争、风险、利率、工资等要素之间互为因果、互相制约的联系和作用。市场经济必须以价格为信号对市场进行调节，以解决生产什么、如何生产以及为谁生产的基本经济问题。但价格信号时常因市场自身固有的盲目性、滞后性出现失灵现象，无法准确或不能反映市场供求关系，从而导致所谓的市场失灵。此时，市场就需要国家予以适度介入，国家介入可以有多种路径与方式选择，如政治、行政、经济和法律等，依法干预已成为现代成熟市场经济体的最优选择。在此情形下，国家通过制定行为规范引导、调节、控制、监督市场主体经济行为和规范，约束市场监管主体管理行为，从而维护市场秩序、保护消费者利益的类型化行为，即为市场规制行为。

由于竞争是市场经济有效运行的基础和动力源泉，而且竞争通常涉及市场主体的生产经营活动，因而成为国家干预的重中之重。也正是基于此，有学者指出，市场规制行为应以市场特别是市场竞争为规制对象，①

---

① 参见张守文主编《经济法学》，高等教育出版社 2016 年版，第 93 页。

更有学者直言市场竞争就是经济法所调整的两大类行为之一种，[①] 不过，也有学者在以竞争为核心的基础上构建市场规制行为的概念范畴并将其进一步类型化为生产经营规制行为、市场竞争行为以及市场监管行为[②]。当然，尽管学理上对市场规制有不同的认识和外延的界定，但对竞争无不予以肯定和重视，这也从一个侧面反映或者表明，市场规制行为除了对市场竞争予以关注外，对于市场其他生产经营等行为进行关切，也是经济社会化背景下国家通过公权力弥补市场机制缺陷的有力体现。因此，笔者认为，市场规制行为，作为经济法中的经济行为之一种，体现了国家为维护市场秩序、保护消费者权益的意志和倾向，也是国家通过公权力消弭和弥合市场之固有缺陷的作用对象。

另一类是为了实现社会总需求与社会供给之间的平衡，国家通过经济、法律和行政等手段对社会经济运行予以调节和控制，以维护和促进国民经济持续、稳定、协调发展。此类行为通常被称为经济法所调整的两类行为之一，即宏观调控行为，其实质是政府作用于宏观经济领域而不直接干预市场主体的经济行为。保持供求平衡、比例协调、结构优化，保障持续、稳定、适度发展，国民经济和社会发展是宏观经济行为规范的目的之所在。[③] 诚如上文所述，经济法是现代经济社会化背景下国家为了矫治市场和政府双失灵而运用和采用的法治表现和工具选择，相应的，市场机制和宏观调控成为市场经济有效运行不可或缺的机制，也只有在市场经济条件下，方有两者共存。实践证明，只有在市场经济体制下，才能提出宏观调控的客观要求，才会有真正的宏观调控；充分发展的市场经济是宏观调控的真实基础，市场经济越发达，宏观调控就越必要；市场经济内在地要求宏观调控，宏观调控立足于市场，如果没有市场，宏观调控就没有了对象和基础，也就没有了立足的根基。宏观调控是对市场失灵的调控，市场失灵的地方往往就是宏观调控的领域，如果没有市场就谈不上市场失灵，因而也就不知道宏观调控的范围，不知道在哪里进行宏观调控。因此，宏观调控与市场机制是相互依存、相得益彰，市场经济越发达，宏观调控就

---

① 参见邱本《自由竞争与秩序调控——经济法的基础建构与原理阐析》，中国政法大学出版社2001年版，第389页。
② 参见史际春主编《经济法》第四版，中国人民大学出版社2012年版，第160—161页。
③ 参见邱本《自由竞争与秩序调控——经济法的基础建构与原理阐析》，中国政法大学出版社2001年版，第390页。

越必需。①

　　之所以称为宏观调控，从上述概念分析便可看出，宏观调控有别于市场规制行为着眼于市场主体的微观行为，而强调从社会整体利益出发，着眼于社会经济的宏观结构合理性和总体运行均衡性，所实施的措施重在影响社会经济的全局，而不仅仅触及某些局部和个体。② 因此，国家往往基于社会经济的宏观和总体视角，运用国家规划、经济政策和调节手段，引导、规范和促进社会经济活动，以调节社会经济的结构和运行，维护和促进国民经济的协调、稳定和健康发展。为了实现预期目标，宏观调控必须遵循经济规律，而且国家宏观调控行为必须依法展开，也就是法治化，因而合理界定宏观调控行为的外延，就成为法治化的前提。对此，见仁见智，不同的学者有不同的观点和主张：有学者指出，宏观调控法调整的是国家对国民经济和社会发展运行进行规划、调节和控制过程中发生的经济关系，因而其所包含的范畴较广，相应的，其具体行为表现包括财税调控、金融调控、规划调控、产业调控、投资调控、储备调控、价格调控以及涉外调控等；③ 也有学者认为作为调整宏观调控行为的规范体系，宏观调控法包括计划法、财政法、金融法和产业政策法，与此相对应的宏观调控行为则表现为计划行为、财政行为、金融调控和产业政策等；④ 还有学者认为，宏观调控法制度体系包含着计划法律制度、经济政策法律制度以及特定时期和特定目标的宏观调控法律制度，而相应地行为表现则为计划行为、经济政策和特定情形下的其他宏观调控行为。⑤ 此外，还有其他诸多表达和设计，其中最根本的一条就是强调宏观调控行为是市场经济条件下国家为了应对市场失灵而消解经济发展失衡、维护总量平衡的国家意志行为体现。对此，宏观调控行为虽可类型化却充满了变化和动态性，因此，从程序角度强调国家宏观调控行为的制度化、规范化更具实践意义。

　　综上可见，经济法中的经济行为并不若传统法律部门中的经济行为那般宽泛，后者强调的是社会运行中的生产、交换、分配和消费行为的实然

---

① 参见张守文主编《经济法学》，高等教育出版社 2016 年版，第 89 页。
② 参见漆多俊主编《经济法基础理论》第三版，武汉大学出版社 2000 年版，第 351 页。
③ 参见史际春主编《经济法》第四版，中国人民大学出版社 2012 年版，第 250—252 页。
④ 参见邱本《自由竞争与秩序调控——经济法的基础建构与原理阐析》，中国政法大学出版社 2001 年版，第 395—406 页。
⑤ 参见漆多俊主编《经济法基础理论》第三版，武汉大学出版社 2000 年版，第 351 页。

描述，更是从社会个体角度强调私权利的保障或者是对私权利作用过程中公权力及与其相匹配的职责权限的设置；而经济法中的经济行为，与其说是对经济的保护，不如说是立足天下，追求的是一种"经世济国"的情怀，因而在经济法学界通常将经济法理解为"经世济国之法"，而非生产经营、交换消费层面的经济活动之法。有鉴于此，经济法中的经济行为实际充满了经济社会化条件下对社会整体利益的追求，其背后的价值理念则是建立在传统私法中形式公平之上的实质公平正义，即经济法所调整的经济行为，不仅要求同等情况等同对待，更是强调不同情况差别对待，从而刺破传统私法之下形式公平而无法从实质上对社会个体予以救济和社会整体利益的维护，故经济法学界也有一种说法，即经济法是在民法调整基础上对经济行为的二次调整。举例来说，契约自由是传统私法之圭臬意思自治在市场交易中的具体诉求和表现，但倘若契约排除限制了竞争而自身无法予以矫正的情况下，就需要以诸如反垄断法等体现国家意志的规制手段介入，从而恢复和维护市场交易秩序的自由，这就是典型的由民法中的经济行为升华为经济法中的经济行为之一例。

（三）经济行为的法律责任

经济法中的经济行为特别之处就在于其体现着国家意志，当然，这种意志正当与否则要求与市场经济规律相适应。因为经济法是市场经济之下的经济法，其制度设计和行为规制也必然要以遵循市场规律为第一要义。因此，一旦国民经济运行中的相关行为有悖国家意志或客观规律，也就可能构成了违法行为或不合理行为，在法治之下，承担相应的法律责任则是题中应有之义。然而，关于经济法的法律责任问题，则是经济法能否作为一个独立的法律部门争论中绕不开的点，但随着经济法作为部门法地位的确立，经济法是否有独立的法律责任则不再成为普遍性的问题，尽管仍有如民法或行政法等学者不认可经济法独立性而否认其拥有独立的责任制度。对于这一争论，笔者在此无意深究，而试图基于经济法学界的观点和主张来展开经济行为的法律责任这一话题探讨。

经济法责任是经济法基础理论的重要组成部分。按照既有的法理学一般知识，法律责任可分为民事责任、行政责任和刑事责任，加之近来讨论日趋热烈的违宪责任，即构成法律责任的"三责任说"或"四责任说"。从传统法律部门的角度来说，这似乎是司空见惯的类型化划分，但其中隐藏着一个令人疏忽的误区，即认为民事责任与民法相对应、行政责任对应于行政法、刑事责任相对于刑法而言的。然而，民事责任、行政责任或刑事责任，无论是从学理研究还是制度设计，都是主观见之于客观的修辞表达与制度描述，也就是说，法律责任制度的类型化实际是一个主观行为而非客观真实。之所以称之为民事责任、行政责任或刑事责任，只是因为在法律演化过程中，诸如赔礼道歉、恢复原状、赔偿损害等平等的填补方式最先为民事法律所运用，进而历史地称之为民事责任，但这并不意味着这些法治一般资源就为民事法律所独享。同样，诸如罚款、责令停止违法行为等制裁措施，只是因为为行政法律率先使用而被称为行政责任，但并不能就此认定其为行政法所独占，因而后来的新型法律无不运用此类制裁工具。刑事责任，也莫能外。因此，民事责任、行政责任和刑事责任并不一一对应于民事法律、行政法律和刑事法律，而是随着经济社会化的发展，法律部门划分的多元化与法律规制工具的有限性之间的矛盾日趋显现，因而诸如民事责任、行政责任和刑事责任等法治资源一般化的诉求也日趋必要而又紧迫。因此，上述责任形式也逐渐蜕变为法律责任的一般承担方式，也就是说，上述责任类型并不对应于名称上的法律部门，而是成为法治体系的一般制裁工具，不仅可以为传统的合同法、侵权法使用，也可以为新型的环境法、劳动法、经济法等所用。综上而知，经济法具有独立的法律责任制度，但由于法治一般资源的有限性，使得传统的诸如民事、行政和刑事等责任工具逐渐为不同的法律部门所共享。

但值得注意的是，由于经济行为的特殊性，经济法律责任也打上了独特的烙印。恰如有学者所言，经济法律责任的独特性是由竞价的特性决定的，正是"公私混合性"才导致了经济法律责任的特殊性。[1] 经济法对其关注的经济行为，采取所需的任何手段进行调整，包括民事的、行政的、刑事的、程序的、褒奖的、社会性的等，即除了传统的民事、行政和刑事责任外，还有一种新型的法律责任形式，可以称之为专业或社会性调整手段，包括专业调控以及专业约束和制裁，如资格禁止、专业不名誉、市场禁入等形式。此外，诸如褒奖、社会性调控等制裁手段虽非经济法所独有，但在现在经济法框架下对经济行为予以规制的重要责任承担形式。[2]

---

[1] 参见邓峰《论经济法上的责任——公共责任与财务责任的融合》，《中国人民大学学报》2003年第3期。

[2] 参见史际春主编《经济法》第四版，中国人民大学出版社2012年版，第52—53页。

由此可见，市场运行过程中出现经济法意义上的经济违法行为，有相应的法律责任予以规制，但其具体的责任承担形式则是多元的，依据其行为所造成的后果或潜在风险不同依法选择适用。

毫无疑问，刑事责任是经济违法行为的可能制裁方式，但并不是绝对的，即经济行为违反经济法并不当然承担刑事责任。依据罪刑法定一般原则，并不难得出这一结论，但难的是何种情形下应承担刑事责任。当然，承担刑事责任的前提是从刑法角度来说，该经济行为违反了现行刑法的规定，否则并不能轻易认定其刑事责任。这是从实证法角度得出的结论，但现实中的问题是，由于刑法规范的相对稳定性，而与此形成鲜明对比的是，经济行为则是瞬息万变，其相应的经济违法行为也会千变万化，危害大小、责任轻重也不能一概而论、一成不变。因此，这就需要从理论角度或应然法层面上探讨经济违法行为承担刑事责任的可能性和必要性，其中必然逻辑和前置条件是经济行为的入罪化。细而言之，倘若某一经济行为并没有达到入罪化的程度，也就无承担刑事责任的必要。但对于何种情况下可入罪和应入罪，经济法学界对此回应不多，相关研究更是鲜见。这对于致力于经济法独立部门的构建和市场经济秩序的维护而言不能不说是美中不足，因而对于完善经济治理法治化、责任承担合理化来说实有研究的必要和现实意义。

第二节　垄断行为出罪化分析

一　垄断行为应否入罪之争

市场经济是现代国家发展国民经济优先采用的体制与模式，通过竞争不断激发市场参与者的积极性和创造性，从而带来较其他经济体制与模式更高的绩效。竞争是市场经济的核心机制，也是市场经济的动力源泉，但竞争既非天然存在也非当然永恒，"竞争往往会埋下毁灭自身的种子"。竞争具有其脆弱的一面，时常因人为或客观因素而消失在市场之中，如：经营者为了避免"两败俱伤"而与其他经营者联合，消极抵制竞争；抑或，经营者因自身经营有方在某一行业或领域内独占鳌头，并滥用这种地位抑制竞争、侵害消费者利益。此类行为通常被称为垄断行为，市场运行中并不鲜见，对竞争机制能否正常发挥作用存在着直接威胁或潜在风险。因此，市场经济国家通常对此给予充分的法治关注，反垄断法便成为近百年来市场经济国家规制垄断行为的基础性法律和制度工具。

因此，反垄断法被赋予了诸如经济宪法、自由企业的大宪章等各种美誉，以强调其在市场经济中的地位和作用。尽管这在学理上仍有诸多争论，但反垄断法被视为垄断行为的重要规制工具是没有问题的，其力量源泉在于反垄断法所包含的责任机制具有巨大的威慑力。当然，也因各国（或地区）情况的差异，反垄断法责任设置也有所区别，其中值得关注的便是是否导入刑事责任。放眼全球，从制度构建角度来说，反垄断法对垄断行为是否给予刑事责任制裁主要有两类规范设计：一是如美国《谢尔曼法》将罚金和自由刑作为其责任机制之一；另一如欧盟竞争法主要以罚款为主的制度设计而不涉及刑事责任。这两种不同类型的责任设置，在中国反垄断立法过程中以及后来的《反垄断法》实施中都引发了这样一个争论，即反垄断法对垄断行为进行规制和制裁时是否应设置刑事责任。

对此，国内学术界形成了两种观点，即：一种观点主张我国反垄断法应导入刑事责任，其原因在于非法垄断行为直接侵害自由、公平的有效竞争秩序，破坏市场经济的自由根基，进而损害国家利益、整体经济利益和社会公共利益，具有"应刑罚性"；[1] 另一种观点则通过考察主要国家（或地区）反垄断立法中的责任设置情况后指出，慎刑原则是各国（或地区）反垄断法在刑事制裁运用上共同遵循的一项原则，这既是刑法谦抑性原则在反垄断法上的具体反映，也是反垄断法本身特性所决定的，相应地，反垄断法应实行非刑事化。[2] 在这些观点争论中，慎刑主张在学术研讨中似乎并没有占据主流，随着我国反垄断立法进程的推进，更多的学者强调威慑对于垄断规制的重要性，反垄断法制裁手段就在于构筑一个有效的威慑体系，威慑被认为是刑罚的主要目的，因而引入刑事制裁是构筑反垄断法有效威慑体系的关键要素。[3]

不过，也有学者指出在反垄断法中导入刑事制裁，应该有其适用边

---

① 参见邵建东《我国反垄断法应当设置刑事制裁制度》，《南京大学学报》（哲学、人文科学、社会科学版）2004 年第 4 期。

② 参见李国海《论反垄断法中的慎刑原则——兼论我国反垄断立法的非刑事化》，《法商研究》2006 年第 1 期。

③ 参见王健《威慑理念下的反垄断法刑事制裁制度——兼评〈中华人民共和国反垄断法（修改稿）〉的相关规定》，《法商研究》2006 年第 1 期。

界，即只能适用于那些对市场竞争具有致命性打击的垄断行为，仅对固定价格、划分市场、串通投标等卡特尔进行严厉制裁、追究刑事责任①。也就是说，即便构成垄断行为但因不同的垄断行为所产生的经济影响以及对市场竞争的损害程度也会有所不同，因而在垄断行为规制刑事化的主张中也呈现出了相应的差异化，即要求仅对最严重的损害竞争行为如核心卡特尔设置刑事责任而非所有的垄断行为皆设置刑事责任。这也折射出，尽管反垄断法强调威慑力，但慎刑仍是不可忽视的原则，只是主张中国垄断行为规制非刑事化是最彻底的"慎刑"②。值得注意的是，主张慎刑原则并不意味着对垄断行为规制不课以严厉处罚，而是要求结合特定国情并依据反垄断法自身属性采取对症下药的方法合理规制垄断行为。

我国 2007 年颁布的《反垄断法》最终采用了彻底的慎刑原则，即没有针对垄断行为设置刑事责任，却设置了严厉的罚款制度③。然而，有关垄断行为规制刑事化的主张并没有因此消失，《反垄断法》实施后，仍有学者也有实务工作者主张，针对我国日益猖獗的垄断行为，《反垄断法》应导入垄断行为的刑事责任，将垄断行为入罪化。④ 毫无疑问，在经济转型期，我国市场运行中各式垄断行为层出不穷，对市场竞争确实造成了扭曲和伤害，但是否应该导入刑事责任抑或将垄断行为入罪化，不能仅凭一时感情而用事，应更多地挖掘制度背后的应然追求。当前，《反垄断法》开始启动修改研究工作，对垄断行为规制是否应刑事化予以深入研究，探究其是否应入罪化、其限度何在，不仅恰逢其时，更是理论回应现实的客观诉求。

---

① 参见郑鹏程《美国反垄断刑事政策及其对我国反垄断立法的启示》，《甘肃政法学院学报》2006 年第 5 期。

② 参见李国海《论反垄断法中的慎刑原则——兼论我国反垄断立法的非刑事化》，《法商研究》2006 年第 1 期。

③ 《反垄断法》针对垄断协议和滥用市场支配地位两类行为设置了较为严厉的罚款制度，即经营者实施了上述两类行为，依据其行为性质、程度和持续的时间等因素，即可考虑"责令停止违法行为，没收违法所得，并处上一年度销售额百分之一以上百分之十以下的罚款"。参见《反垄断法》第 46、47 条。

④ 如有学者指出，我国"应当顺应世界潮流，将严重的垄断行为予以犯罪化"（参见胡剑波著《垄断犯罪立法研究》，中国社会科学出版社 2013 年版，第 43 页）；也有人大代表指出，"对情节严重的不正当竞争行为和垄断行为进行刑事惩戒"（参见《在甘全国人大代表建议：垄断行为情节严重应进行刑事惩戒》，《兰州晨报》2012 年 3 月 14 日，第 A05 版）。

二　垄断行为的法益侵害与责任设置

诚如上文所述，竞争在市场经济运行中具有举足轻重的作用，不仅能够激励市场参与者积极改善自身管理、加强研发、促进创新，更是在此基础上能够提高经济运行效率，增加社会总福利，赋予消费者更多的选择权。但在市场经济运行中，垄断行为时常对竞争造成不必要的干扰和扭曲，破坏市场经济正常运行所需的市场结构和秩序环境，实际上造成了不经济的后果，其行为也具备了一定的社会危害性。此时，垄断行为也就成了国家法律关注的对象，其缘由在于不恰当的行为可能造成了法益侵害。法益侵害是传统刑法上的概念，刑法的目的在于保障行为规范的效力，而行为规范的目的则在于保护法益。① 但法益侵害现象并不仅仅发生于刑法领域，市场经济运行中的垄断行为对相关法益也可能造成不可避免的损害。这就首先要理解现代法治演化的一般规律，其中蕴含着法治资源和工具的一般化，尤其是对日益复杂的经济规制更需要从法治整体角度进行把握和完善。

随着法治日趋现代化，局限于某一法律部门的概念已经逐渐展现出超越原属部门概念范畴的倾向，而溢出成长为整个法治体系中更具一般属性的哲学基础和法治资源。法益概念虽起源于刑法之中，但法所保护的利益这一法治一般现象并非为刑法所独有，整个法律体系中相关法都应有自身的保护利益，因此特定的法律应与相应的法益相对应，但这种保护的利益受不同的法所保护的程度可能所有差异。这种最大的差异主要体现在调整手段和制裁方式上，传统的囿于法律部门划分之下的调整手段和制裁方式主要分为民事、行政和刑事三类，与之相对应的责任形式则是民事责任、行政责任和刑事责任。随着法治资源一般化，诸如此类的法治工具不再与传统的法律部门成一一对应关系，在规制实践中更多地根据规制对象和规制诉求被不同程度地予以运用。这一法治演化路径在垄断行为规制中得到了最直观的体现和贯彻。

垄断行为是竞争运行中不可避免的市场现象，这是因为竞争是兼具相互角逐的过程和优胜劣汰的结果于一体的市场机制，经营者身处市场

---

① 参见 ［德］乌尔斯·金德霍伊泽尔《法益保护与规范效力的保障》，陈璇译，《中外法学》2015 年第 2 期。

竞争之中时刻面临着来自竞争对手的压力，因而千方百计地想在市场运行中获得竞争优势或避免竞争，其结果也就是有意或无意地去实施垄断行为而规避竞争。这一行为的结果便是改变了市场结构和秩序环境，抑制甚至是扼杀了竞争，从而为国家依据反垄断法发起垄断行为规制提供了正当性。反垄断法是现代市场经济建设进程中至关重要的法律规范，应保护市场经济运行中的有序竞争之所需而生，以营造和保护良性有序的竞争格局和竞争环境为核心内容，其法益主要表现为由竞争者利益、国家利益以及社会公共利益等所构筑的利益保护体系。[①] 可见，反垄断法如同传统的刑法一样也拥有自我保护的法益，而且从结构体系上来看，反垄断法所保护的法益更为立体，从"个体—国家"的二元利益保护格局演化为"个体—社会—国家"三维利益保护系统，调整手段和制裁方式也发生了相应的变化，即突破法律部门划分下的公私分立的调整思维，以民事、行政和刑事等责任和手段并用的法治一般工具来规制垄断行为，起到标本兼治的目的。

然而，值得注意的是，经济社会化背景下，规制手段的多元化、综合化、规范化并不意味着各国（或地区）在实际规制中所采用的手段就应趋同化、统一化，而是应根据各自情形采取具体问题具体分析的哲学方法来思考和解决问题。在讨论垄断行为规制，尤其是在构建我国反垄断法制度体系时，大多数学者都偏好于比较分析方法，从相对发达的市场经济体借鉴和吸收其反垄断制度和经验，这对我国反垄断法制度的建立和完善具有重要意义。若不加甄别，那么移植或借鉴的结果很可能便是"橘逾淮为枳"，不仅达不到预期目的，反而带来效率减损。

就我国反垄断法研究和制度借鉴中最常接触的美国反托拉斯法和欧盟竞争法来说，两者在责任设置方面就颇具不同：首先，在民事责任方面，美国反托拉斯法更多地强调的是三倍损害赔偿，明显严厉于欧盟的一般民事责任；其次，欧盟竞争法更多地强调罚款，而美国反托拉斯法并没有严格的概念与之相对应但存有罚金制度；最后就是欧盟竞争法中没有明确的刑事责任制度，而美国反托拉斯法则不仅规定实施托拉斯行为的任何人要承担罚金，而且对其中的相关自然人追究罚金或自由刑的刑事责任。不过，由于所处法系不同、法治文化差异等因素影响，以及美国与欧盟的组

---

① 金善明：《反垄断法法益研究：范式与路径》，中国社会科学出版社 2013 年版，第 119 页。

织机构之间的根本区别，各自的反垄断法所设置的责任机制有所区别也在所难免。值得注意的是，两大经济体的反垄断法责任设置差异，也或多或少地影响着我国反垄断立法中有关垄断行为规制的责任设置，或者在一定程度上引起了学理上的争论，我国反垄断立法究竟应采取何种模式或思路？2007 年出台的《反垄断法》已经给出答案，针对垄断行为，《反垄断法》没有设置刑事责任。

由于《反垄断法》没有设置刑事责任，有关垄断行为规制是否应刑事化的争论也没有停息。至于为什么没有设置刑事责任，从官方途径来说不得而知，事实上，学术研究也少有涉及。但从与之相关的文献中可知一二的是，我国反垄断立法以欧盟竞争法为蓝本，[①] 由于欧盟竞争法没有规定刑事责任，所以《反垄断法》中也没有刑事责任的设置。毫无疑问，这不是《反垄断法》不设置刑事责任的决定性因素，因为两个经济体的情况不同，其中最明显的差异便是欧盟不是一个现代政治意义上的国家而是国家的结合体，因而不具有主权属性的刑事责任设置和处置能力。中国则不同，从主权角度不存在设置障碍，但依然没有设置刑事责任却设置了类似于欧盟的罚款制度，即"上一年度销售额百分之一以上百分之十以下的罚款"。这一制度在后来的反垄断法实践中确实起到了威慑作用，但现实中有关刑事责任的呼声并没有远去。那么，《反垄断法》究竟该不该设置刑事责任需要研究，但首先应对《反垄断法》既有的责任机制能否提供有效的规制和威慑力进行合理评估。

三　《反垄断法》责任规范的评估

垄断行为通常会产生排除、限制竞争的效果，继而扼杀了市场竞争的动力和创新，造成效率减损、福利下降，因此备受各经济体关注并通过反垄断法予以严格规制。《反垄断法》对此设置了民事和行政责任，但无论学界还是实务界仍有导入刑事责任予以规制的主张和呼声。《反垄断法》是否应将垄断行为作入罪处理，首先应对我国既有的责任机制能否有效规制垄断行为作合理评估后，再行讨论其入罪化的必要性或正当性。

（一）反垄断民事责任的规范效果

民事责任是指有民法规定的对民事违法行为人所采取的一种以恢复

---

① 参见李剑《中国反垄断法实施中的体系冲突与化解》，《中国法学》2014 年第 6 期。

被损害的权利为目的，并与一定的民事制裁措施相联系的国家强制形式。① 民事责任是侵权损害的最初和最基本的救济手段。反垄断民事责任的范畴并不若普通民事责任那般宽泛，主要有两种类型：排除侵害及损害赔偿。《反垄断法》第 50 条虽没有直接规定"民事损害赔偿"，但指出经营者应"依法承担民事责任"。由于《反垄断法》本身并没有对民事责任形式作进一步细化，而垄断行为作为侵权行为之一种，因而并不能排除《民法通则》《侵权责任法》等法律中所涉民事责任的一般规定之适用。《反垄断法》民事责任不仅包括赔偿损失，还应包括停止侵害、消除危险等形式。② 损害赔偿被认为是《反垄断法》中最主要的民事责任形式，这不仅是因为损害赔偿责任是最为常见、最普遍适用的民事责任，而是因为垄断行为不论是对具体经营者的侵害，还是对社会公共利益的侵害，都会在一定范围内造成他人利益的损失，都应当通过承担损害赔偿责任的方式进行弥补。

《反垄断法》所规定的损害赔偿实质上是实际损害赔偿，主要是强调违法行为者实施垄断行为给受害者造成损失，对其实际造成的损失进行赔偿，该损失包括直接损失和可得利益损失两部分。实际损害赔偿制度的补偿性显得严重不足，并不具有预防和威慑垄断行为的功能。也正是因为此，有学者主张，我国反垄断民事责任应引入惩罚性赔偿制度，其目的在于遏制、阻却违法垄断行为的再次发生，营造一个自由公平竞争的市场交易环境，提供市场交易效率，促进社会财富总量的增长。③ 但也有学者分析指出，《消费者权益保护法》已经引入了双倍损害赔偿制度，在考虑到固定价格、限制产出或者分割市场等恶性卡特尔对消费者利益的动机，《反垄断法》对恶性卡特尔的成员企业不应当排除它们承担双倍损害赔偿责任的可能性。④

由此可知，尽管《反垄断法》没有导入惩罚性赔偿制度，但对恶性卡特尔行为并不排除依据《消费者权益保护法》规定的"双倍损害赔偿制度"予以处罚。当然能否作如此推定或扩张性解释，值得商榷，但无

---

① 参见余能斌、马俊驹主编《现代民法学》，武汉大学出版社 1995 年版，第 659 页。
② 参见刘迎霜《浅析我国反垄断法中的民事责任》，《南京社会科学》2009 年第 1 期。
③ 参见丁国峰《反垄断法律责任制度研究》，法律出版社 2012 年版，第 109—110 页。
④ 参见王晓晔《反垄断法》，法律出版社 2011 年版，第 376 页。

论如何这种初衷是好的，对垄断行为给予严厉打击。毫无疑问，在行政执法不彰或者偏好运动式执法的情形下，惩罚性赔偿确实能够激励受害当事人积极行使自身诉权，客观上也能够有效地遏制垄断行为、保护市场竞争。

（二）反垄断行政责任的威慑力

竞争时常因多种因素而被排除、限制或扭曲，相应的，矫正被扭曲的竞争、维护市场竞争仅靠民事责任难以有效实现这一目标。民事责任意味着，被扭曲的市场竞争仅在当事人通过维护自身利益之诉而实现竞争秩序的恢复与保护之客观效果，但私人诉讼或执行并不能彻底解决市场竞争的限制或排除问题。被扭曲的竞争通常依赖于公权力的介入得以矫治或恢复，从而在公益和私益之间寻求平衡并协调两者之间的矛盾与冲突。反垄断执法机构提供权利救济、追究违法行为责任，必须以反垄断法规定的行政责任为制度前提和执法依据；否则，便可能因有悖现代行政法所强调的"依法行政"原则而致使反垄断行政执法失去存在的意义。

垄断行为已超出了传统的民法调整范围，民事法律责任已不能完全确定垄断行为的违法性质，侵权赔偿的民事责任形式也不能有效地规制和排除垄断以及保障市场机制正常运转，需要国家运用综合的法律手段积极干预经济生活。在反垄断法中设定行政法律责任极为必要以此弥补民事法律责任规制垄断行为的不足。[1] 反垄断行政责任制度是指经营者、竞争者以及反垄断执行机构等有责主体，违反反垄断法规定，所应承担的否定性的、强制性的行政制裁后果。[2] 行政责任更多地意味着行政执法机构依法对行政相对人抑或垄断行为实施者课以诸如罚款等制裁措施，使其承担不利益。反垄断行政责任的形式多样，具体主要表现为行为责任、财产责任、人身责任和资格责任等。[3] 但行政责任在一国反垄断法实施中究竟以何种形式呈现，与其所采用的执法体制和模式以及其所处的制度环境、文化传统、经济社会发展程度等因素不无关系。但罚款被认为是各国（或地

---

[1]　参见曹海晶《论反垄断法中行政法律责任的设定》，《华中师范大学学报》（哲社版）1995 年第 3 期。

[2]　参见丁国峰《反垄断法律责任制度研究》，法律出版社 2012 年版，第 158 页。

[3]　参见史际春等《反垄断法理解与使用》，中国法制出版社 2007 年版，第 314 页。

区）反垄断法运用得最普遍、最有利于形成有效威慑的手段。世界上几乎所有国家（地区）的反垄断法都规定了行政罚款这种制裁手段。[①]《反垄断法》第46条至48条均规定罚款这一行政责任承担方式，罚款成为《反垄断法》实施后执法机构最常用的，也最为严厉的执法措施。实践中，罚款除具有适度威慑作用外，还兼有宣传《反垄断法》和提高经营者竞争意识的目的，因而行政处罚应适度为宜。[②] 由于罚款在行政责任中具有重要位置，而且《反垄断法》所设置的罚款阈值是"上一年度销售额百分之一以上百分之十以下"，是个极具威慑力的额度。反垄断法本身的不确定性，也加剧了行政罚款的威慑力。

但目前《反垄断法》关于罚款的规定不够量化，罚款数额缺乏细化的计算标准，罚款幅度的裁量因素较为抽象，没收违法所得与罚款之间的关系失调。为此，制定《反垄断行政罚款指南》具有迫切的必要性，同时可以考虑废除《反垄断法》关于"销售额百分之一"的罚款下限规定。[③] 从执法程序角度来说，通过指南或部门规章细化行政罚款抑或行政责任的实施细节，不仅必要也是法治所需，既能增强制度的透明性，也能增强当事人对自身经营行为的可预测性。制度的本身并不是仅仅为了威慑，其目的在于通过威慑能有效地预防和制止垄断行为。因此，在不断强调反垄断责任制度威慑力的同时，更应增强对行政相对人的保护，为其提供有效的救济保障措施。这是防止行政执法误伤经营者、挫伤其竞争积极性的制度保障，也是约束政府过度介入市场的有效机制。

四 对垄断行为犯罪化的警惕

反垄断法中导入刑事制裁并不是普遍现象，并非所有国家（地区）都设置了刑事责任。由于刑法的谦抑性，对垄断行为是否应设置最严厉的威慑手段即刑罚制裁，是个颇具争议的话题。尽管《反垄断法》并未就垄断

[①] 参见李国海《反垄断法实施机制研究》，中国方正出版社2006年版，第177、188页。

[②] 参见黄勇、刘燕南《垄断违法行为行政罚款计算标准研究》，《价格理论与实践》2013年第8期。

[③] 参见袁嘉、郝俊淇《国际反垄断行政罚款制度评析及其对我国的启示》，《价格理论与实践》2015年第5期。

行为设置相关刑事责任，① 但垄断行为严重破坏了正常的市场环境和竞争秩序，无法通过竞争激发市场参与者的积极性和创造性，降低了经济运行效率，因而应对垄断行为严惩不贷。相应地，有关将垄断行为入罪化的主张也就不足为奇了。

　　然而，反垄断刑事化模式或非刑事化模式的形成，有赖于特定的社会背景和时代环境。至于一国究竟是采取刑事化模式还是非刑事化模式，并不能简单地一概而论，而应根据其经济发展程度、文化传统以及法治体系等因素综合考量。我国反垄断立法过程中，不少学者主张导入刑事责任，以应对日益猖獗的垄断行为，甚至指出，在反垄断法中设置（甚至强化）刑事责任是各国反垄断的通行做法。② 其理由在于，非法垄断行为直接侵害自由、公平的有效竞争秩序，破坏市场经济的自由根基，进而损害国家利益、整体经济利益和社会公共利益，具有"应刑罚性"。也有学者在主张导入反垄断刑事责任的同时指出，不应"神化"反垄断的刑事规定，反垄断的刑事化应有其限度，其措施、手段的运用应进行科学合理的安排，以达到最佳的威慑效果。③ 这也与其他学者通过比较研究和实证考察所得结论基本趋同，即各国（地区）反垄断法对于刑事制裁的运用是比较谨慎的，在反垄断法领域存在一项慎刑原则。④

　　《反垄断法》没有设置刑事责任，但并未终止有关垄断行为刑罚化的讨论，即仍有学者认为，"应当顺应世界潮流，将严重的垄断行为予以犯罪化"。⑤《反垄断法》中尚没有真正意义上针对垄断行为本身的刑事责任条款，基于国内实践中出现的大量社会现实，以及国外纵向、横向经验的

---

① 尽管我国《刑法》第 223 条对串通招投标行为课以刑罚，并依照该法第 231 条规定对单位判处罚金，并对其直接负责的主管人员和其他直接责任人员，依照相关规定处罚。由于新《刑法》颁布于 1997 年，正值我国确立市场经济建设目标之后的转型期，各类工程建设项目招投标行为层出不穷，严重损害了经济建设的市场秩序和效率，因而成为刑法规制对象。而串通招投标行为，从行为要件分析来看，属于 2007 年《反垄断法》所规制的横向垄断协议之一种，也正是因为基于此，才有部分垄断行为具有刑事责任规制之说。但从《反垄断法》角度来说并没有为垄断行为设置刑事责任。

② 参见邵建东《我国反垄断法应当设置刑事制裁制度》，《南京大学学报》（哲学社会科学版）2004 年第 4 期。

③ 参见王健《威慑理念下的反垄断法刑事制裁制度——兼评〈中华人民共和国反垄断法（修改稿）〉的相关规定》，《法商研究》2006 年第 1 期。

④ 参见李国海《反垄断法实施机制研究》，中国方正出版社 2006 年版，第 162 页。

⑤ 胡剑波：《垄断犯罪立法研究》，中国社会科学出版社 2013 年版，第 43 页。

考察比较，在我国设定反垄断法刑事责任的必要性、可行性、紧迫性日益凸显。① 对此，也有学者认为，我国反垄断法的规制之道应当紧扣特殊的经济和社会背景，紧扣公私融合的时代属性，实现《反垄断法》与行业和产业立法、反垄断机构与行业监管机构的协调配合。在此基础上，如果能够建立健全、必要的诉讼程序和机制，那么在《反垄断法》中针对垄断行为规定刑事责任的确可以增强《反垄断法》的威慑力和规制力。② 当然，这在一定程度上体现了上述"慎刑原则"，但值得注意的是，刑事责任并非万能，慎刑原则并不能抹杀其谦抑性，更不能忽视适用刑事责任国家的制度环境和执法体制。刑事责任在反垄断法中的导入和适用，主要体现为"双罚制"，即对单位课以罚金、对主要负责人或行为人处以有期徒刑等刑罚。

任何一项制度的导入，都应以现实需求为依据。我国垄断行为规制是否导入刑事责任，或者将垄断行为入罪化，应以《反垄断法》责任规范能否满足垄断行为规制需求为底线。也就是说，倘若《反垄断法》既有的责任机制难以适应当前垄断行为规制需要，那么导入新的责任机制便显得必要。上述有关《反垄断法》既有责任规范评估已经表明，平等主体之间因垄断行为产生的损害可以通过《反垄断法》第 50 条的民事责任机制获得救济；如果业已发生的垄断行为造成的损害面大，难以通过私人执行对市场秩序和竞争机制予以矫治和保护，那么就应考虑反垄断行政执法，也就是行政责任尤其是罚款能否有效扼制违法行为、恢复竞争秩序。《反垄断法》所设置的"上一年度销售额百分之一以上百分之十以下"罚款阈值，无论是从制度层面还是执法实践来说，都已经形成了巨大威慑。至于实践中，垄断行为依旧络绎不绝、甚至日益猖獗，则并非法律责任严厉性不足的问题，相反很大程度上是执法实践本身的问题，即是否积极执法、公正执法、公开执法等，从而形成实实在在的执法威慑力而非仅是法律文本上的"威慑"。

不难理解，在司法主导模式下刑事责任存在的必要性和可操作性，在行政主导的中国反垄断执法体制下，具有较为严厉的行政责任机制，尤其

---

① 参见荣国权、郑巍纬《我国反垄断法刑事责任罪名的设定分析》，《中国刑事杂志》2011 年第 3 期。
② 参见冯辉《刑事责任、有效规制与反垄断法实施》，《华东政法大学学报》2011 年第 2 期。

是行政罚款制度存在的情况下，导入所谓刑事责任益处或其运行效果并不见得就好。因为，责任机制的设置，旨在形成相应的威慑力，以预防和制止垄断行为的发生。唯有责任处罚适度，方能有利于经营者竞争积极性的发挥；否则，并不能有效激发经营者的创新精神。就《反垄断法》责任机制的设置来看，笔者并不倾向于导入所谓刑事责任，因为在法技术不成熟、裁量空间较大的情况下，刑事责任所产生的不利影响有可能大于其有利影响，继而挫伤经营者的竞争积极性，导致市场运行的非效率或无效率。何况实践已经证明，上述所分析的民事责任和行政责任，对我国市场运行中的垄断行为已经能够给予严厉的处罚和合理的矫治，无须矫枉过正。因为过严的责任处罚，未必能够达到维护和促进市场竞争的效果，相反可能因噎废食，严重扼制或损害经营者的竞争积极性，有悖初衷——背离了通过反垄断法矫治和维护市场竞争的目的。尤其是当前我国仍处于全面深化改革的阶段，宽松的市场环境对于经营者的企业家精神激发具有不忽视的激励作用，过于严苛的刑事责任无疑将扼杀本就稀缺的企业家精神和创新精神，最后损害的还是经济效率。因此，尽管垄断行为对市场竞争有着明显或潜在的损害，刑法仍应对其保持足够的谦抑性，现有规范下最佳路径便是严格执法、公正司法，通过公权力介入或司法救济维持市场竞争秩序。

综上考虑，《反垄断法》在既有的法治框架下已经生成了自身妥洽的理论逻辑与实践机制，民事和行政责任能够为反垄断法法益提供有力的保护体系和机制，因而垄断行为不应当入罪。当前语境下，垄断行为在中国也没有必要入罪；否则，可能对当前的反垄断法实施体系造成结构性冲击。垄断行为入罪化的限度在于，如果特定的垄断行为基于反垄断法之外的法益目标需要入罪，可经由刑事立法予以专门考量。除此之外，垄断行为规制没有必要也不应当作入罪化处理。

垄断行为规制在现代经济生活中无疑是项系统工程，反垄断法本身的不确定性和经济形势的多变性也增加了规制的难度。加之，垄断行为对市场竞争的致命危害性，因而各经济体反垄断法都赋予了执法机构严厉的制裁措施，以形成有效的威慑力。但有效的威慑力并不意味着就一定要采取犯罪化方式和措施予以规制，并非愈是严厉的处罚就愈能取得预期效果，垄断行为的规制依据现代规制逻辑应有自身的边界和限度。当既有责任机制，已经形成了有效的威慑体系，那么按照立体刑法学的构建理论①来说，就没有必要再行构建或增加新的执法机制；否则，就是不经济，徒增规制成本而没有获得相对应的收益，有悖经济效率原则。何况，自 20 世纪 50 年代至 60 年代以来，西方国家普遍兴起一股非犯罪化的思潮，要求刑事立法缩小刑法的处罚范围，以保护公共安全与秩序所必须或者"不得已"为限度。② 犯罪化规制的目的在于防止违法行为的发生，提高和维护经济运行效率，更多追求的是价值理性而非基于实用主义价值观肆意地扩张规制工具和增添责任机制。垄断行为规制，旨在通过反垄断法矫治和维护市场竞争，提高经济运行效率；若是单纯地增添规制工具和责任承担方式，而没有获得相应的预期效果，显然有悖规制初衷。因此，针对我国当前市场中垄断行为规制诉求，应以《反垄断法》规制措施和责任方式用尽为最大原则，充分发挥民事责任和行政责任在垄断行为规制中的作用，从而实现预防和制止垄断行为、保护市场竞争的目的。

第三节　金融行为入罪化分析

金融交易的频繁程度是反映一个地区、区域乃至国家经济繁荣能力的重要指标，现代的金融本质就是经营活动的资本化过程，是整个市场经济活动的核心。近些年来，随着信息金融时代的到来，尤其是随着金融体制的改革、金融市场的放开、国内金融市场与国际金融体系的逐渐接轨，我国金融领域的犯罪活动大有泛滥之势，除了传统的货币犯罪，针对金融投资人的犯罪、证券犯罪以及互联网金融犯罪等都呈现出新的行为样态和发展趋势。与我国金融市场从无到有逐步建立相适应，法律对金融市场秩序的保护也从传统的偏重管理秩序逐渐转向重视金融秩序安全和注重金融投资人权益保护。就金融领域而言，经济法与刑法关系之探讨，其主要价值最终体现为在立法上如何为金融违法与金融犯罪圈划定边界，以及在司法实践中如何就金融违法与金融犯罪进行准确界分，因此笔者拟兼顾金融秩

---

① 有学者指出，"立体刑法学"有两个理论基础：一是系统论和普遍联系的哲学基础，二是刑法效益的经济学基础。参见刘仁文《构建我国立体刑法学的思考》，《东方法学》2009 年第 5 期。

② 于改之：《我国当前刑事立法中的犯罪化与非犯罪化——严重脱逸社会相当性理论之提倡》，《法学家》2007 年第 4 期。

序安全和金融投资人权益保护视角，对金融行为入罪化予以特定分析。

金融行为入罪化分析，应当区分实然层面和应然层面。在实然层面，主要是依据我国现行刑法典关于金融犯罪的规定加以展开，明确金融犯罪的概念及范畴，进而确定应当纳入刑事司法打击范围的金融违法行为类型；在应然层面，则必须首先找到应予入罪化的判断基准，即将某种金融违法行为类型在刑法中确立并给予刑事处罚，其标准究竟何在？笔者认为，无论是实然层面还是应然层面，金融行为的入罪化分析，都需要首先明确何为金融犯罪，并进而确定金融行为的入罪化基准。

一　金融犯罪的刑法规范体系

一般认为，我国真正意义上规制金融犯罪的金融刑法，是随着 20 世纪90 年代金融市场的建立逐步发展而来，其规范体系与改革开放的不断深入紧密结合。1997 年修订刑法时，对金融犯罪作了相对统一和集中的规定，修订后的刑法在破坏社会主义市场经济秩序罪一章中，对金融犯罪专门规定了两节，即"第四节破坏金融管理秩序罪"和"第五节金融诈骗罪"，共计 31个条文，不仅大量保留了此前单行刑法关于金融犯罪的规定，而且增加了有关证券犯罪的规定，使得我国刑法对金融犯罪的规定显著系统化。在理论上，"金融刑法"的概念也开始得到普遍接受。修订后的刑法尽管在实践中发挥了重要作用，但仍然存在未能完全满足现实的需要，对此，全国人大常委会又相继通过制定了一个单行刑法（即 1998 年通过《关于惩治骗购外汇、逃汇和非法买卖外汇犯罪的决定》，以下简称《决定》）和九个刑法修正案，修正案的相当一部分是有关金融犯罪的修改与完善。

1999 年的刑法修正案对期货犯罪等作了规定，并与证券犯罪相并列，另外，根据金融体制改革的要求，对《刑法》第 174 条擅自设立金融机构罪和伪造、变造、转让金融机构经营许可证批准文件罪的罪状作出相应修改；2001 年的《刑法修正案（三）》，扩大洗钱罪的外延，把恐怖活动犯罪也列为洗钱罪的上游罪；2005 年的《刑法修正案（五）》，对信用卡犯罪作出补充修改，规定了妨害信用卡管理罪，并增加了信用卡诈骗罪的行为方式；2006 年的《刑法修正案（六）》，对操纵证券、期货交易市场罪、违反国家规定发放贷款罪、欺骗取得贷款、票据承兑、信用证、保函罪、吸收客户资金不入账罪、洗钱罪等金融犯罪作出补充修订；2009 年的《刑法修正案（七）》修改了刑法 180 条，主要是就内幕交易、泄露内幕信息和利用未公开信息进行交易的行为规制进行了完善；2015 年的《刑法修正案（九）》对伪造货币罪和集资诈骗罪的相关内容进行了修改。此一时期，我国金融市场开始逐步建立并得到快速发展，各项制度和相关行政立法不断健全，刑事立法根据金融市场的发展和与部门法的协调需要，进行了较大幅度的修改，因应金融市场创新理念，刑事立法也开始逐步由单纯的刑事责任追究转向注重对金融秩序安全和金融投资人权益的保护。

　　与金融刑法规范的范畴相对确定相比，学者从不同角度出发，对金融犯罪的概念存在不同见解。最广义的"金融要素相关标准说"认为，只要发生在金融活动中的，或金融主体实施的，与金融工具等金融要素相关的一切犯罪，都是金融犯罪；"行业或主体标准说"认为，在保险、银行、证券行业中相关主体实施的破坏金融管理秩序或非法从事金融活动的行为，属于金融犯罪；"目的、手段标准说"认为，行为人是否具备"非法获利的目的"和"非法从事融资活动"的条件，是判断是否属于金融犯罪的标准；而"金融业务标准"则认为，法律规定的发生在金融业务领域的犯罪行为，都属于金融犯罪。① 笔者认为，虽然对于金融犯罪的概念，不同角度的争论均具有一定的合理性，但是按照我国现行金融犯罪的刑法规范体系及其确立的具体罪名，应当将金融犯罪理解为，金融参与主体在金融资本流通活动中实施破坏金融体系运行，违反金融市场管理法规，严重侵害国家金融管理秩序的行为。

二　金融行为的入罪化基准

　　刑事立法确立的具体犯罪行为类型，其实是具体行为方式与法益的结合，对于金融参与主体会以何种金融行为侵犯金融法益，以及会侵犯何种具体的金融法益，并进而有纳入刑法规制的必要，正是金融刑法的规范保护目的所在，因此应将金融违法行为方式和金融法益的规范保护作为金融行为入罪化的讨论基准。

　　（一）刑法中的金融行为

　　1. 传统金融行为

　　理解金融行为，必然需要理解金融体系的运作机制。金融体系包括金融市场、金融中介、金融服务企业以及其他用来执行居民户、企业和政府

---

① 参见刘宪权、卢勤忠《金融犯罪理论专题研究》，复旦大学出版社 2002 年版，第 2—4 页。

金融决策的机构，金融机构之间的互动使得金融资产得以流动，其中市场机制是驱动金融创新的重要力量。当今的金融体系是全球化的，金融资产的流动与传统相差巨大，金融市场和金融中介通过一个巨型国际通信网络相互联结，因此，支付转移和证券交易几乎可以 24 小时不间断进行。[①] 这就意味着，在广义上，金融主体参与金融市场活动进行金融资本流通的行为，均属于金融行为，既包括金融决策行为、金融中介行为，也包括金融交易行为。

金融的范畴现在非常宽泛，在刑法之中讨论金融行为时必须予以限定。简单而言，金融就是金融体系之中货币资金的融通，金融业就是买卖金融资产的行业，它主要包括银行业、证券业和保险业。就刑法与部门法的协调视角而言，金融法属于经济法与商法的交叉融合范畴，因此，刑法之中的金融行为作为经济行为的主要类型，应当被理解为金融参与主体在金融市场活动过程中所实施的与金融秩序违反相关的行为，不仅涵盖了宏观的"金融市场调控行为"和微观的"金融市场规制行为"，也包含了商法所调整的基于商事合同实施的部分金融交易行为。刑法之中的金融行为，按照现行《刑法》分则第三章的规定，是在金融市场中，发生在金融业务活动中，违反金融管理规定，严重破坏金融市场管理秩序的行为，金融秩序既包括纵向的金融市场管理秩序，也包括平等金融主体之间的金融市场交易安全秩序，由于金融市场调控行为和市场规制行为的主体一般是政府及其相关监管部门，其行为的实施主要在于确保金融市场管理秩序和交易安全秩序，这就表明，被纳入金融犯罪圈予以打击的金融违法行为通常属于金融中介行为和交易行为，当金融中介服务机构和金融交易主体的行为严重侵害金融管理秩序和交易安全秩序时，其即被认定为刑法所规制的金融犯罪行为。我国金融犯罪的刑法规范体系确立了具体的金融违法行为类型，这些金融违法行为类型在事实层面均属于传统的金融行为范畴。

2. 金融行为互联网化与互联网金融行为

随着互联网金融的蓬勃兴起与飞速发展，互联网金融创新使得金融行为不断出现异化。信息技术在金融领域的深化利用，使得我国金融市场工

---

① 关于金融市场与金融机构的详细分析，请参见［美］兹维·博迪、罗伯特·C. 莫顿、戴维·L. 克利顿《金融学》第 2 版，张杰编审，曹辉、刘澄译校，中国人民大学出版社 2009 年版，第二章相关内容。

具逐步现代化，金融犯罪在近年来之所以变幻莫测，也正是因为充分利用了信息社会极为便捷而且无形的通信手段。金融电子化，金融犯罪电子化，许多具体的金融犯罪，例如内幕交易、操纵证券价格、洗钱、集资诈骗、信用卡诈骗、信用证诈骗、金融票据诈骗、保险诈骗等行为，都可以通过网络实施。以网络洗钱为例，犯罪人或者是利用网上银行，或者是自己开设网站，进行虚拟交易，实现资金转移、掩盖其非法来源的目的，在许多国家，通过网络洗钱已成为洗钱的主要手段，它使得并不久远的"了解你的客户"原则几乎架空——在网络这一虚拟世界中很难做到这一点，这也正是洗钱犯罪人所求之不得的。如果不能有效控制网络金融犯罪的高增长，可以说是打击金融犯罪工作的失败，这就要求在就金融行为入罪化进行分析时，必须对金融行为的实施方式给予足够的重视和关注，因为就刑法的违法行为类型确立而言，即使侵害同样的金融法益，但是当具体行为方式无法为现有犯罪构成要件所涵摄时，依然无法进行刑事司法适用，必须重新考虑修订立法，将此种新型的金融行为纳入刑法的规制范畴。

　　基于此种因素考虑，刑法中的金融行为理解，有必要澄清误区，正确区分金融行为的互联网化和互联网金融行为。金融行为的互联网化，其所侵害的金融法益和构成的金融犯罪类型与传统金融行为相比，性质上并不存在本质区别，其不过是在互联网环境中加以实施，更多影响的是传统金融犯罪的司法认定。因此，金融行为的互联网化，在没有新的金融法益需要保护时，并不会创设新的金融犯罪类型，互联网化的金融行为所构成的犯罪属于金融犯罪的互联网化，而真正意义上的互联网金融行为则与纯粹的互联网金融犯罪相关联。互联网金融作为 2012 年在我国最早提出来的学术概念，其属于一个谱系概念，涵盖因为互联网技术和互联网今生的影响，从传统银行、证券、保险、交易所等金融中介和市场，到瓦尔拉斯一般均衡对应的无金融中介或市场情形之间的所有金融交易和组织形式。[①]在互联网金融领域，由于存在无金融中介和市场情形的金融交易和组织形式，新的支付方式和互联网货币、大数据等金融创新因素的存在，使得金融法规监管处于真空或不完善状态，在此种情形下，互联网金融行为的入罪化分析就需要被慎重对待，即需要考虑现有的金融犯罪类型是否将其纳入评价范畴，也还要考虑刑事处罚的必要性和刑事违法性独立评价的可

---

① 具体阐述详见谢平、邹传伟《互联网金融模式研究》，《金融研究》2012 年第 12 期。

能，处罚的必要性与金融刑法的规范保护目的相关，而刑事违法性独立评价则与经济刑法刑事违法的二次补充性相冲突，因此，原则上在刑法无明文规定的情形下，对于纯粹的互联网金融行为不应直接适用现有金融犯罪罪名，对于确有必要进行刑法规制的，应通过立法予以入罪化。

（二）金融刑法的保护法益

我国现阶段正处在市场经济体制深化完善的关键时期，国家仍然以宏观调控的方式介入经济领域的许多方面，以克服在当前转型经济环境下的市场缺陷，维护交易安全。在我国金融领域，国家既是金融的宏观调控者，也是直接的竞争参与者，所以我国金融市场属于一种不完全竞争市场。强调公权力管理的原因之一就在于，我国金融机构主要以国有资产或通过国家持股的形式而创办，国家直接参与金融竞争，对金融体系的破坏实质上就是对国家所有权的侵害，此外，对公权力的倚重也是传统的计划经济体制下强调行政管制的一种惯性使然。因此，传统意义上刑法作为金融法的后盾和保障，主要是将严重破坏金融秩序的危害行为作为犯罪予以打击和进行刑事责任追究，认为侵害金融秩序的行为不仅侵害了国家所有权，而且还是对国家金融管理权威的蔑视。国家虽然通过制定金融领域的管理规则调控并参与金融市场，但当这些管理制度受到违法行为挑战时，为保护国家所有权和维护国家管理权威，刑法凭借其严厉性必然成为经济社会快速转型时期我国金融市场管理有序化的有力武器。

从国家角度考察，不同国家、或者一国在不同时期，采取的金融、法律政策有所不同，这相应地影响着金融刑事政策和刑法的内容以及形式。例如英国在经济"自由放任"时期与"金融大爆炸"以后的金融单一监管体制开始后的金融政策，对金融刑法主要是起着强化的作用；从欧盟组织角度考察，欧盟的政治关系、经济的总体发展影响着欧洲金融统一大市场形成的进度和质量，影响着金融市场的稳定，也影响着金融犯罪的产生与变化。由于金融市场国际化的显著特点，在我国金融市场发展过程中，国际金融市场格局的发展变化也对我国产生了重要影响，尤其是1997年东南亚金融危机和2008年美国次贷危机对我国影响深远，并直接影响了我国金融市场的立法和司法。我国金融立法采用了窄口径的方式，金融品种、金融交易方式的创新受到严格限制，与此同时，加强金融监管以应对金融风险的要求在金融犯罪刑事立法中得到充分反映，对于偏离国家金融监管范围的违规活动追究相应的法律责任，甚至辅之以重刑制裁。

　　问题在于，我国的金融体系的显著特征之一为银行中心架构，中国银行业体系历史形成的主导地位使得金融体系不均衡，银行业的金融存量规模阻碍着资本流向股票和证券，中国金融市场深受资本配置和投资无效痼疾的影响，政府和产业间的关系继续助长信贷错配，且交易市场监管孱弱、投机盛行，这就使得民间融资领域非法集资现象突出，与此同时，金融创新，特别是互联网金融创新容易呈现出无序状态。① 金融业的繁荣不只是以金融机构的多寡为标志，只有在此基础上建立完备的、公平的、有序的金融市场才能健康顺利地开拓发展。完备的金融市场需要各种主体、多种政策、法律、技术措施的介入才有可能建立，我国当前更需要在全社会塑造一种金融诚信观念，建立个人金融信用机制。没有信用可言的金融大市场，不仅金融市场的安全——特别是银行和投资人的安全得不到保障，而且严重影响对金融违法犯罪各类案件的执行效果，反而引发"劣币驱除良币"的怪现象。在信息技术快速发展的今天，我国金融交易平台以及投资渠道都出现了新形态和新模式，金融领域不断创新，就本质而言，市场机制起主要作用的金融创新正是推动金融发展、经济繁荣乃至社会进步的重要动力。金融创新是指各类新种金融工具的出现、金融实务的更新、金融市场、金融法则与制度乃至金融观念上各种异于传统的改变。通常情况下，金融创新在转移和分散金融风险、盘活资产流动性、提高市场效率方面普遍有很好的效果，能满足客户多元化金融服务的需求，有效提高金融服务质量，增强金融企竞争能力。因此，就金融刑事保障角度而言，我国金融市场要想逐渐走向完善，在强化对金融管理秩序和交易安全的刑法保护过程中，一方面要求刑法不要过度介入金融活动领域，在本身由于金融制度缺陷造成金融管理秩序混乱或因缺乏金融法律法规监管尚未在金融创新领域形成特定金融管理秩序的，不轻易对该类金融行为进行入罪化，给金融渐进式改革和创新发展留下足够的自由空间；另一方面，在司法入罪过程中，刑事法律适用要从传统意义上单方面强调金融管理秩序维护，逐步转向维护金融安全与注重金融投资人合法权益保护并重，这就意味着，在涉及金融投资人权益的金融活动中，如果金融投资人的合法权益不存在刑法保护的必要性和正当性，那么该类金融交易行为虽然因涉众

---

① 关于中国金融体系的阐释，详细参见［美］海尔·斯科特、安娜·葛蓬《国际金融：法律与监管》（下），刘俊译，法律出版社 2015 年版，第 511 页以下。

性容易违反金融管理秩序，但也没有入罪化的必要。

这里需要特别加以讨论的是，金融管理秩序作为金融犯罪的侵害法益，其属于一种抽象的社会法益。当论及金融刑法整体的保护法益时，要求金融管理秩序应该还原为具体的金融利益，还是直接认定为抽象的保护法益，这个问题是有关金融行为入罪化整体的重大问题。就伪造货币罪而言，如果伪造货币的行为横行，社会公众失去了对货币的信赖，货币就会失去作为货币的意义。因此，能够认为货币伪造的保护法益是国民对于货币的信赖，而不仅仅是一种抽象的货币管理秩序，国民对货币信用的信赖是判断货币管理秩序被侵害的基础。同理，证券市场的经济系统也必须保护参加者即一般投资者的信赖，一般投资者的信赖也要尽量具体化。如在内幕交易罪的场合，公司关系者通过其优势地位利用能够影响投资判断的重要事实，能够先于不可能知道该信息的投资者交易股票，那么，就必须尽量迅速地解除这种信息不平衡，寻求适时的信息公开制度。在东京证券交易所，如果上市公司开示公司信息，原则上要在开示前向东京证券交易所说明其内容，将信息登录到适时开示阅览服务的信息传达系统，将公司的重大信息向媒体机关、一般投资者公开。为了保证市场的公平性，不容许使用优势信息。如果该作用被破坏，一般投资者会因自己不知道信息而不安，就有可能从市场退出。信息迅速地开示给一般投资者，投资者就能立于平等的地位进行投资活动，那么，对于信息平等的信赖就是内幕交易中的投资者的信赖。[1]

金融刑法作为一种经济管制的刑法，[2] 是以整体金融秩序及整体金融中具有重要功能的主体、工具或制度为保护客体的刑法规范，整体上在于保护金融管理秩序。这种抽象的超个人金融法益，根据金融行为的不同在还原性上存在差异，对于直接违反金融管理秩序的金融犯罪行为，其所侵害的法益并不要求具有还原性。但对于直接违反金融交易秩序从而影响金融交易安全的，其对于金融管理秩序的违反，应理解为可以还原为具体的金融法益，但这种还原不意味着任何一种具体的金融犯罪都存在一个直接的被害人。以货币的刑法保护为例，现代社会经济活动莫不直接或间接透

---

① 参见［日］津田博之《日本证券犯罪——以内幕交易罪为中心》，《中日刑事法研讨会会议论文集》2009 年。
② 关于经济管制和社会管制的详细内容，具体请参见张佳宏《从政府管制探讨竞争政策》，《公平交易季刊》2000 年第 3 期。

过货币以达到交易目的，货币之真实遂成为国家经济生活基础。货币是国家以公权力表彰法定价值而具有强制流通之经济工具，维持其真实方足以确保经济活动之正常进行，否则，经济生活将被破坏无遗，对于经济交易秩序影响甚巨。有价证券作为财产权的载明凭证，具有与货币相似流通性效果的法定文书，在交易上占有举足轻重之地位，对于有价证券之伪造、变造者，也势必在健全经济生活上发生不良之影响。广义而言，货币有纸质货币（如纸钞）、金属货币（如硬币）及塑料货币（如信用卡）等，均为从事经济交易活动之重要工具，其真实性与否将影响公共交易信用。因此可以认为，伪造货币罪、伪造有价证券罪所保护之法益均在于经济交易之公共信用，追求安定及公平的交易秩序。再以证券犯罪为例，无论是操纵证券市场罪还是内幕交易罪，二者均不属于侵害具体个人财产的犯罪，行为人通过内幕交易行为取得利益或者免遭损失所直接对应的被害人是不存在的，因此证券犯罪与盗窃罪、诈骗罪此类对个人的财产犯罪不同，是没有具体被害人的"无被害人犯罪"。①

三　金融行为入罪化的规范思考

金融行为的入罪化，除了应当以金融行为和金融保护法益为基准确立具体的违法行为类型之外，还应当考虑立法路径选择，防止金融机构行政权力的刑法实质化，注重刑法和金融法的有机协调。

1. 委任立法是金融行为入罪化的常规选择，金融刑法规范弹性的存在具有难以避免性和合理性

经济刑法作为主要规制金融违法犯罪的刑法规范主要立法模式，其范畴为经济行政法规与刑法的重叠领域。基于金融刑法的性质，经济刑法规范为适应金融产业发展和金融财经等秩序的变化需要，意图发挥规范的最大效力，就理应在规范上保持相当的弹性空间。因此，采取立法者仅设定概括性条款，委由行政机关以相关行政法规具体化规范内容，再由法院适用该行政法规补充完整构成要件，这样的金融刑法规范模式无疑具有合理性和难以避免性。这是因为：一方面，行政部门是获得立法部门的授权进

---

① 谢煜伟：《检视日本刑事立法新动向——现状及其课题》，《月旦法学杂志》2009 年第 2 期。根据文中对神山教授观点的介绍，其意愿是将本罪的保护法益还原为具体的经济利益，关于操纵证券市场罪的保护法益，主张是一般投资者的经济利益。

行委任立法，这种间接立法在本质上并不与罪刑法定原则形成对立，法院在适用经济刑法时依然要进行独立的刑法规范判断；另一方面，面对不断变化发展的金融活动，在事实上不可能将所有应予刑罚制裁的金融不法行为，毫无遗漏地加以规范。因为侵害金融投资人权益的犯罪实质内涵并非一成不变，而是随着金融状况及价值观，相对地呈现浮动现象。[1] 针对金融犯罪这种法定犯，采用经济刑法规范模式，能够更有效地保持刑法的稳定性和实现刑法的现实化。

比如近年来，为维护证券、期货市场秩序，保证投资者平等公平开放地参与证券、期货交易，有关部门频出重拳打击内幕交易、泄露内幕信息违法犯罪行为。但是即便在打击内幕交易已经形成一定声势的背景下，查处内幕交易仍然是困难重重。一方面，是因为内幕交易犯罪手段越来越高明，越来越隐蔽，确认内幕信息泄露和传递的调查取证非常困难；另一方面，由于《刑法》和《证券法》对有关内幕交易的规定仍然比较原则，在具体案件查处和适用法律上仍有许多争议问题悬而未决。有鉴于此，中国证监会于2007年3月印发了《证券市场内幕交易行为认定指引（试行）》（以下简称《指引》），对内幕人、内幕信息、内幕交易行为的认定、不构成内幕交易行为的情形、证明标准等作了比较详细的规定。但需要注意的是，我国《刑法》第180条第3款规定"内幕信息、知情人员的范围，依照法律、行政法规的规定确定"。而《指引》属于供中国证监会使用的证券行政执法指导文件，法律效力上属于部门规章，显然不能在判决书中直接引用《指引》的规定，《指引》只能作为参照。而且对于《刑法》第180条第1、2款规定的内幕交易、泄露内幕信息罪犯罪构成认定上的具体问题，需要权威的司法解释作出说明，因此证监会也一直强烈要求出台有关内幕交易、泄露内幕信息罪的司法解释。自2012年6月1日起，《最高人民法院、最高人民检察院关于办理内幕交易、泄露内幕信息刑事案件具体应用法律若干问题的解释》（以下简称《解释》）正式施行，对一些法律适用问题从司法解释层面上作了明确规定，一些争议得以暂时平息。比较两高的司法解释和证监会的《指引》，解释吸收了《指引》的有关内容，但又有所区别。当然在司法机关执法办案中，应按照司法解释确定的内容操作，《解释》与《指引》有冲突的应服从司法解释的规定。问题在

---

[1]　参见林山田《刑法通论》（上），台大法学院经销1998年2月增订六版，第20页。

于，对于司法解释应该如何加以准确把握？此处以内幕信息知情人为例进行简单分析。当前我国证券法正在进行最新修改，其规制内幕交易的理论基础是"公平理论"和"市场效率理论"，但关于内幕信息知情人的规范却存在不同标准，一类按身份划分，强调内幕信息知情人的特定身份；另一类按获取方式划分，强调信息获取的非法性，立法标准不统一。现行《证券法》第74条前6项列举具有特定身份的内幕信息知情人，限定了"内幕信息知情人"的范围，虽然以兜底条款作了补充性规定，但在第74条的语境下难以扩充至所有知悉内幕信息的人。第73条对"非法"获取内幕信息的表述，容易使人过多关注信息获取的"非法性"。我国证券市场中通过配偶、亲属、朋友"偶然获知"内幕信息的情况多发，若单纯强调"非法"的获取手段，就免除了"偶然获知"内幕信息的人员本应承担的保密义务，不利于对内幕交易的防范和打击。① 虽然《信息披露办法》以及《信息披露通知》对内幕信息知情人的范围进行了扩充，但部门规章的法律效力远不及《证券法》。故此，我国刑法关于内幕信息知情人的认定，未来应根据司法实践需要以及国际法制发展的趋势，在证券法公平正义的立法宗旨以及立法理论上，重新对《证券法》中关于内幕信息知情人的规范进行独立判断。结合《信息披露办法》《信息披露通知》以及2008年出台、2011年修订的《上市公司重大资产重组管理办法》中的相关规定，将《证券法》第73条以及第74条的内容进行整合，统一内幕信息知情人划分标准，淡化获取信息手段"非法性"，转为强调"知情"的事实状态，适当扩大内幕信息知情人范围。

2. 金融法规的易变性和片面性导致金融刑法规范出现未计划性，具有偏离立法的倾向，金融行为入罪化应当避免行政权力的刑法实质化

金融刑法补足构成要件所需援引的金融法规存在易变性和片面性，这直接导致金融刑法出现未计划性，行政权力的刑法实质化使得金融刑法规范具有巨大的弹性空间，一定程度上偏离刑事立法原意。金融法规的易变性表现在其立法程序没有刑法严格，其根据金融市场的活动需要经常进行变更，对涉及刑事责任的相关前置规范也予以相应调整；片面性表现在金融法规进行变更时，基于部门法的视角和利益驱动，往往无视其调整内容

① 参见中国证券监督管理委员会稽查局编《证券期货稽查典型案例分析》，科学出版社2013年版，第65页。

的普适性以及规范内容与刑法具体条文的科学协调，并且不考虑刑法整个刑法分则规定的内在体系和谐。直接出现的结果是，虽然有利于金融刑法进行必要的社会现实化，但是也存在可议之处：一是行政权力在实质上刑事化，某种意义上行使了刑事司法解释权，甚至逾越了刑法立法权；二是金融法规的变更时常偏离刑事立法原意，导致金融刑法规范呈现出未计划性，不利于刑法分则体系的协调和刑法体系内的规范同一性。

笔者此处以保护银行消费者权益为例就信用卡诈骗罪进行适当展开。信用卡使用越来越广泛，一方面便捷经济社会发展，另一方面则增加了金融风险，信用卡诈骗罪的大量增加即有力说明了这一点。关于信用卡诈骗罪，尽管针对现行《刑法》第196条全国人大常委会出台了专门性的立法解释，2009年两高也出台了具有明确针对性的《最高人民法院、最高人民检察院关于办理妨害信用卡管理刑事案件具体应用法律若干问题的解释》（以下简称《解释》），但是其在司法适用过程中仍然存在诸多疑难问题。这些司法适用中的疑难问题本质上是一种利益衡量的困境，即刑法机能的发挥究竟是要优先保护何种利益，以及在何种情形下才应当予以必要保护。作为一种经济犯罪的具体类型，信用卡诈骗罪和普通财产犯罪不同，有时候甚至是于个人金融活动中由合法向非法转化。因此刑法介入应当特别谨慎，刑法在介入信用卡诈骗犯罪时必须能够明确刑法的规范保护目的何在，并正确区分犯罪和法律所允许的金融风险，同时考虑到诈骗类犯罪的特殊性，在特定情形下也应考虑被害人过错对本罪定罪量刑可能存在的影响，并且在具体进行个罪判断时，根据社会现实不能完全排除期待可能性的考量。

信用卡业务本身作为一种高风险、高回报的商业活动，其本质上属于一种民事借贷合约，对于该种债权债务关系，原则上刑法不应积极介入，也就是认为，在该领域，刑法应该充分发挥一种保障法、补充法的作用。对于银行而言，其进行高风险的金融活动，欲完全避免风险不具有可能性，因此特定商业风险的出现应当为刑法所允许，在司法实践中必须正确区分信用卡诈骗和法律所允许的金融风险，区分的标准主要应以信用卡的交易安全是否收到严重侵害为标准。对于那些合法取得信用卡的持卡人，其所进行的交易活动，除非能有效证明其具有非法占有目的，原则上不应作为犯罪处理，尤其是合法透支行为向恶意透支转化的，应该就《解释》所规定的恶意推定情形适用可疑即排除的原则。另外对于行为人不是处于直接故意进行恶意透支的，应以民事处理方式予以解决。与此同时，鉴于我国现行金融监管并不完善，发卡银行在从事具体金融活动过程中，经常以免缴年费、赠送赠品、附加产品招揽客户，甚至许多根本无固定收入和支付偿还能力的学生也被引诱加入持卡人一族，发卡银行对于信用的审核毫无严谨可言，使得信用卡交易安全自始即处于高风险之中。在此种信用绑架的情形下，实难认可刑法对银行法益有予以特别保护之必要。因此认为，如果发卡银行违法违规发放信用卡并授权根本不具备信用资质的人使用的，那么其本质上是一种创造风险并增加风险的行为，对于这种刑事被害人自冒风险的行为，原则上不应对行为人的恶意透支行为作为信用卡诈骗罪处理。而且在该诈骗类犯罪中，被害人的过错对于损害的发生更具有特殊意义，是以此时应当特别考虑银行自身过错，由其自负其责。① 这也就意味着，要防止金融机构利用行政权力实质入罪，应限制作为民事纠纷处理。

3. 对于金融行为的入罪化，应坚持刑法的补充性特征，特别注重刑法与金融法规的协调

金融行为的入罪化，实质是刑事法律介入金融监管，因此，确定金融犯罪圈应坚持补充性原则，即如果能以现有监管手段或者以其他法律手段确保制止不法行为的，刑事法律就不应当介入；换言之，只有当其他手段不足以遏制不法行为时，刑法才有必要对不法行为评价为犯罪并予以制裁；与此同时，在刑法理论上，金融犯罪属于法定犯，这表明凡是能够最终被认定为金融犯罪的行为，首先必须是违反民商事、经济、行政法律规范的行为，只有这些法律规范中明确要求追究刑事责任，且在刑法中又予以规定的行为，才能被认定为金融犯罪，二次违法是金融犯罪的基本特征。

近年来，民间集资风险集中爆发，刑法领域的集资犯罪也大量增加，比如引起社会广泛关注的"吴英非法集资案"，② 公众对社会公平、民间资本出路、金融垄断、价值观标准等一系列问题展开激烈讨论，单纯依赖刑法手段也难以实现防止融资犯罪的预期目标，值得刑法理论深思。民间融

---

① 关于刑事被害人的自冒风险之详细阐释，请参见王海桥，马渊杰《被害人自冒风险的刑事归责——论自我负责原则》，《中国刑事法杂志》2011 年第 1 期。

② 详细案情及分析可参阅卢勤忠《非法集资犯罪刑法理论与实务》，上海人民出版社 2014 年版，第十一章"吴英案非法集资案的刑法分析"。

资中危害最严重的集资诈骗罪，实施者均是出于贪利目的，但金融犯罪所产出的巨大经济利益与市场对资本的强烈需求高度集中在一起，社会资本筹集与流通渠道的有限，社会征信体系的不健全，均促使行为人铤而走险，被害人主动投入。20 世纪 90 年代以来，我国在未作充分论证的情形下，将所有未经国家批准的集资行为一律认定为违法，并以破坏金融秩序为由纳入犯罪圈中。在现行金融体制下，信贷资源大多向国有企业、大型企业倾斜，大量民营中小企业出于正常经营需要，很难通过正规金融渠道获得资金，在未虚构事实的情形下进行的集资活动本质上于社会并无危害。因此，在融资行为入罪的过程中，因金融制度缺陷导致融资行为违反金融管理秩序的，比如因信贷错配促使民间集资行为异常突出的，只要不存在虚构事实致使投资人的重大权益损失[①]或者属于被害人自冒风险的，不应一律采取刑法手段将其纳入金融犯罪的评价范畴。

对于互联网金融行为，只要符合金融创新的特点，在并未形成相应的互联网金融管理秩序的情形下，不应将其纳入刑法的打击范畴。互联网管理秩序的形成，应该依赖于互联网金融的功能监管和机构监管。[②] 功能监管的核心是根据互联网金融的业务和风险来实施监管，主要分为审慎监管、行为监管和金融消费者保护；机构监管主要是针对互联网金融的六种主要类型设立专门机构进行监管，即设立金融互联网化、移动支付与第三方支付、互联网货币、基于大数据的征信和网络带宽、P2P 网络贷款、众筹融资的相应监管机构进行金融行为监管，这其中急需建立的是 P2P 网络贷款和众筹融资的机构监管。刑法与互联网金融监管法规相对应，已经形成金融监管秩序互联网金融行为可以纳入金融犯罪的评价范畴。反之，考虑到需要保护的刑法法益尚未明确，不应对相应的互联网金融行为进行入罪化。

但是也要注意，金融犯罪罪名的及时调整往往与金融法规的修改存在直接的关联性，因此，在金融行为入罪化的过程中，刑法与其他金融法律之间应努力实现有机协调，否则就会造成金融行为入罪的迟滞。比如 1995

---

① 有学者主张配置正当事由缓解现行集资行为刑事管制模式的紧张状态，具体请参见毛玲玲《金融犯罪的实证研究——金融领域的刑法规范与司法制度反思》，法律出版社 2014 年版，第197—198 页。

② 详见谢平、邹传伟、刘海二《互联网金融手册》，中国人民大学出版社 2014 年版，第 215 页以下。

年 5 月的《商业银行法》第 79 条规定，未经中国人民银行批准，擅自设立商业银行，或者非法吸收公众存款、变相吸收公众存款的，依法追究刑事责任；并由中国人民银行予以取缔。伪造、变造、转让商业银行经营许可证的，依法追究刑事责任。根据该条的规定，擅自设立商业银行、非法吸收公众存款、伪造、变造、转让商业银行经营许可证等行为都应当构成犯罪，但当时的刑法典和单行刑法中，对此并没有针对性的规定。只是在其后颁布的《关于惩治破坏金融秩序犯罪的决定》中，立法机关才对此作了明确规定。如果说《商业银行法》和刑法不协调尚不明显，《证券法》和刑法的立法脱节则十分明显。1998 年通过的《证券法》"法律责任"一章中，详细规定了各种证券违规犯罪行为，有十多个条文中都有"构成犯罪的，依法追究刑事责任"的规定，但这些规定中，相当一部分在当时的刑法中没有对应的条文予以定罪处罚，人为造成立法虚置的状况。比如1997《刑法典》中第 182 条规定的罪状是"操纵证券交易价格，获取不正当利益或者转嫁风险，情节严重"，而 1998 年《证券法》第 184 条对此的规定是："操纵证券交易价格，或者制造证券交易的虚假价格或者证券交易量，获取不正当利益或者转嫁风险的"，显然，"制造证券交易的虚假价格或者证券交易量"并不能包括在刑法所规定的操纵证券交易价格行为中。从而也无法对此定罪处罚。2005 年修订后的《证券法》第 202 条又将其修改为"违反本法规定，操纵证券市场"，该条文中操纵行为针对的范围（市场）明显宽于刑法的规定（价格）。于是操纵价格以外的其他操纵行为如何承担刑事责任又成了悬而未决的难题，为此 2006 年《刑法修正案（六）》再次将《刑法》第 182 条予以修改，才总算解决了这一问题。再比如《证券法》第 183 条规定："证券交易内幕信息的知情人员或者非法获取证券交易内幕信息的人员，在涉及证券的发行、交易或者其他对证券的价格有重大影响的信息尚未公开前，买入或者卖出该证券，或者泄露该内幕信息或者建议他人买卖该证券……构成犯罪的，依法追究刑事责任。"根据该规定"建议他人买卖该证券"的，构成犯罪的，要依法追究刑事责任，但刑法典对此没有规定。直到《刑法修正案（七）》才将刑法条文作了相应修改，将此种行为明确规定为犯罪。

4. 对利用不同金融工具实施的金融行为，入罪化过程中不应单独设立金融犯罪罪名

我国对利用金融票据、金融凭证、信用卡、信用证、有价证券以及金

融机构经营许可证等实施的伪造和诈骗行为划分出不同的金融犯罪，例如《刑法》第三章第四节"破坏金融管理秩序罪"就将伪造金融工具犯罪划分为伪造、变造、转让金融机构经营许可证、批准文件罪，伪造、变造金融票证罪，伪造、变造国家有价证券罪，伪造、变造股票、公司、企业债券罪等数个罪名，第三章第五节"金融诈骗罪"所列罪名——票据诈骗罪、金融凭证诈骗罪、信用证诈骗罪、信用卡诈骗罪、有价证券诈骗罪，其划分标准，从犯罪客体角度讲，当然可以说是犯罪侵犯的不同金融秩序，但我们也可以说是不同的金融工具。英国没有采取这种立法方式，而是不去细分不同的金融工具构成的不同犯罪，对伪造金融工具的，都可以适用伪造文件类的刑法条款，对利用金融工具进行诈骗的，都可以适用盗窃罪法中的欺诈性取得财物的一些规定，因为在他们的刑法中，"文件"的内涵广泛，包括了票据、信用卡、有价证券等多种文件。这种立法方式，是直接按照金融犯罪的手段定罪名，不是按照犯罪工具确定刑法保护的法益。

　　两种截然不同的立法方式，不可断言谁优谁劣，而是各有短长。我国的立法方式，细致缜密，对金融犯罪历史短、危害大的国情，突出地细数不同的金融犯罪会对公众起到更好的警示作用。罪名就因此多出许多，罪犯本来可能在一个罪名下的法定刑幅度内量刑的，现在面临的是数罪并罚，有可能但不必然导致刑罚加重。英国的这种立法方式，在实质上几乎没有忽略任何类似于我国刑法中的金融犯罪，在形式上却找不到所谓的专章专节有关金融犯罪的规定。这种分散性更由于其附属刑法的存在而加剧，例如内幕交易罪、操纵证券价格罪等，需要去伪造、诈骗以外的金融法律中去寻找。适用起来显然没有集中规定在刑法中的某章某节方便，但却维护了另一种体系——例如伪造型犯罪的完整性、证券犯罪的民事、行政、刑事责任的衔接等，不能说这就一定不利于适用，而应当说是考虑了法律适用中的另一种合理性。

　　但如果行为人的金融诈骗犯罪，在同时符合（但不限于）伪造型犯罪与诈欺使用该伪造的证明（在贷款诈骗罪、保险诈骗罪中）、金融票据（在金融诈骗罪中）、有价证券（在有价证券诈骗罪中）、信用卡（在信用卡诈骗罪中）、信用证（在信用证诈骗罪中）时，就产生了罪名如何设置、犯罪条文如何具体规定的问题。英国刑法主要有两种方法规定它，一是采用"伪造货币、使用伪造的货币"的方式，二是对伪造行为，适用《1981

年伪造与假冒犯罪法》的规定，对利用伪造的金融工具进行诈骗的，适用盗窃罪法中诈欺取财的一些规定。

我国刑法的立法方式人为地使罪名多了许多，或者说，本来可以采用排列式罪名方式加以规定的，现在的立法使之成为互不相干的独立罪名。但这些行为的发生有高度的关联性，导致司法运用时必须联系这些罪名，分析其中的关系，由此进一步引出牵连犯、吸收犯，抑或是数罪并罚的认定问题。笔者认为，对这些具有密切关联性的金融犯罪行为，而且侵犯的客体都有高度的相同性——例如伪造金融票证与使用伪造的金融票证进行诈骗，都侵犯了金融管理秩序，尽管后者还侵犯了公私财产权，在立法上是可以采用排列式罪名规定的，这样，不仅可以节省立法，而且便于司法运用，而且还可以减少罪数问题。金融行为的入罪化需要更多条文作规定，但不是条文越多、越细密越好。

第七章　刑法与商法

第一节　刑法与商法关系的宏观思考

一　刑法和商法关系：有待深化的研究命题

在中国特色社会主义法律体系下，刑法和商法属于两个重要的法律部门。刑法的调整对象是各类犯罪行为，主要规定了各类犯罪行为的犯罪构成和法律后果，司法机关可以依据刑法对于实施犯罪行为的主体追究刑事责任。商法的调整对象是各种营业行为，主要确立了商主体和商行为的制度规范。商法就其本质而言是私法，处理平等主体之间的法律关系，强调私人权利和利益的保护。刑法就其本质而言是公法，是国家机关据以打击犯罪行为、维护社会安全的重要机制，侧重公共利益和公共安全的保障。商法以实现自由、效率、公正等法律价值为目标，刑法更强调公正性、谦抑性、人道性等法律价值的贯彻。①

对于商事交易领域不法行为的规制，需要商法和刑法的"通力合作"。商法规范体系往往会对具体行为是否合法作出基本判定，当商主体从事的行为不符合商法的强制性规定或禁止性规定时，必然要对不法行为施加否定性效力评价并追究不法行为的法律责任。当不法行为具有严重的社会危害性并构成犯罪时，必须引入刑事责任机制才能有效维护交易秩序、保障交易安全，此时刑法的适度"介入"就变得极为重要。

在当下的法学学术研究中，刑法学者和商法学者对于刑法和商法之间的关系没有给予充分关注，对既定法秩序体系下刑法与商法的内在理论逻

---

① 陈兴良：《本体刑法论》，商务印书馆 2001 年版，第 55－86 页。

辑和关联制度构造尚缺乏整体视角的研讨和反思。① 这也导致实践中两者在"协作"规制商事领域不法行为的过程中存在较多问题。举例而言，在一些领域，由于商法本身没有提供完善的制度规范，刑法本身因而也相应存在体系漏洞的情况，对于一些已经产生严重社会危害的行为却因为刑法本身没有相关规定不能追究刑事责任；有些情形下，刑事责任机制也在一定程度上被"滥用"，导致实践中一些本来合法的商事行为却被当作犯罪行为加以处理。可以说，在当代中国法治实践中，刑法和商法的关系呈现出非常复杂的形态，既有法律规范体系在规制商事不法行为时依然存在较多的体系冲突、体系漏洞等弊端，需要对之加以根本性反思和体系性调整。②

基于上述问题，本章拟对刑法和商法的关系做一个简单的学术梳理，试图在分析既有现实问题的基础上理解刑法和商法各自的功能机制以及相互之间的体系关联，并在此基础上基于立体刑法学的视角重新建构刑法和商法的关系机制。

二　刑法和商法的关系：实践悖论的存在

目前我国法治实践中刑法和商法的关系处理并未达到理论界和实务界期望的"理想状态"。就目前我国商法和刑法关系的处理而言，在实践中依然存在较多的问题：

（一）刑法与商法未能同步修订

商事交易总是依据实践需要不断进行创新，在此背景下，商法制度体系也会作出适应性调整。商法相对于其他法律而言往往频繁修订，这是商法自身的重要特征。但是，刑法的修订往往需要履行严格的程序、满足严格的条件，不能因为频繁修订而破坏刑法的稳定性。但在一些情形下，商法对于相关制度已经加以调整，放松或减弱了对于相关行为的管制，刑法却未能及时加以修订，对于相应行为依然加以严格的管控，从而造成法体系冲突。这在我国公司资本制度调整的过程中体现得尤其明显。

公司资本管制是各国公司法中一个重要的制度构成。1993 年我国公司

---

① 叶建勋：《在商法和刑法之间——社会秩序和个人自由的刑商辨》，《商事法论集》第 16 卷，第 93—108 页。

② 钱小平：《中国经济犯罪刑事立法政策之审视与重构——以风险社会为背景的考察》，《政治与法律》2011 年第 1 期。

法制定时也采取了严格的法定资本制，不仅规定了较高的注册资本最低限额，而且对于出资形式、出资期限、增减资本等均作出了严格限定。与之相适应的是，1997 年《刑法》在第 158、159 条分别规定了虚报注册资本罪、虚假出资罪、抽逃出资罪，对于相应严重不法行为严格追究刑事责任。随着市场经济的深化发展，立法机构也逐渐认识到严格的资本管制并不利于企业设立，因而通过修订公司法逐步放松资本管制。特别是在 2013 年公司法修订之后，对于公司资本制度进行了根本性调整，放弃了最低注册资本限额的要求，对于出资期限、出资比例等方面也不再加以限定。换言之，对于公司资本不再持严格的管制态度。但是，我国刑法并未同步加以修订，虚报注册资本罪、虚假出资罪、抽逃出资罪的内容并未得到同步修订，与放松资本管制的改革精神不相符合。实际上，从适应商法制度调整的目的来说，刑法中关于资本犯罪的规范构成也应相应加以调整。①

（二）商法体系的缺陷致使刑法规制偏差

由于商事交易的创新性和技术性，商事立法对于实践中一些创新交易模式不能及时提供完善的调整规范。如果立法机构能够及时进行回应性立法，这些领域的商事交易可能会得到有效引导，不法行为也会得到有效规制。商事立法的体系缺陷实际上也会影响到刑法体系的构造，在一些情形下甚至会导致刑法规制体系的"混乱"。我国证券法对于证券定义范围的"狭隘"导致非法集资犯罪体系的混乱即是显例。

目前我国证券法中"证券"的范围较为狭隘，对于股票、债券等之外的投资合同、集合计划、存托凭证等合法证券形式欠缺有效的规定。在过往的刑事司法实践中，由于受制于证券法"证券定义"的缺陷，一些本来是合法利用投资合同、集合计划等证券形式融资的行为却被当作非法集资行为加以处理，行为人最终多被判处非法吸收公众存款罪或集资诈骗罪。一些符合实践需求的民间创新融资形式就被抑制，从事这些行为且具有创新精神的主体却不得不接受刑事处罚。② 实际上，理论界和实务界也意识到了证券法的这一缺陷，强调在证券法修订时应将证券的范围加以扩展，并应以非法发行证券罪去规制这一领域的严重不法行为。③

---

① 常锋：《刑法和资本关系的反思与调整——"中国资本刑法：定位与反思"研讨会观点摘要》，《人民检察》2014 年第 1 期。

② 彭冰：《非法集资活动规制研究》，《中国法学》2008 年第 4 期。

③ 陈洁：《金融投资商品统一立法趋势下"证券"的界定》，《证券法苑》2011 年第 5 期。

（三）商法规制的不足需引入刑事责任机制

在商法制度体系下，虽然有些不法行为受到了商法的规范调整，但对不法行为仅引入了行政责任机制或民事责任机制，在缺乏刑事责任机制的情况下不能有效惩罚不法行为主体。在此情况下，原则上应当由刑法"介入"，通过追究不法行为主体的刑事责任确保规制目的得以实现。举例而言，根据我国《证券法》第 86 条的规定，投资者持有或者通过协议、其他安排与他人共同持有某上市公司已发行股份达到百分之五时以及此后每增加或者减少百分之五，应当在该事实发生之日起三日内作出书面报告。在上述期限内，不得再行买卖该上市公司的股票。投资者不履行上述信息披露义务的，实践中多是依据《证券法》第 193 条责令改正、给予警告并处以三十万元以上六十万元以下的罚款。近年来随着资本市场并购重组热潮的兴起，违反第 86 条权益披露规则和慢走规则的收购行为也经常发生，如果仅依据第 193 条作出行政处罚往往难以达到有效遏制此类不法行为的目的。① 在此情况下，有学者就建议我国应仿效韩国、日本等国证券法制引入刑罚机制，对于违反权益披露规则和慢走规则的不法行为主体严格追究其刑事责任。②

（四）商法和刑法的体系漏洞，缺乏回应性调整能力

随着市场经济的深化发展，商事交易领域的创新交易日益增多。对于这些新型的商事交易模式，商法和刑法多欠缺有效的回应性调整能力，这就导致了商法和刑法在一定程度上呈现出体系漏洞的情况。这在近年来出现的互联网金融领域体现得尤为明显。

互联网金融的出现是金融创新的重要形式，对于传统金融体系而言构成重要的补充和突破。但恰恰因为其属于创新事物，对其制度构造和规制模式尚需进一步的实践检验和理论研究，商法和刑法针对互联网金融的立法相对而言较为滞后。③ 在过去几年中一些机构和个人利用互联网金融的制度形式从事了大量的违法行为，严重损害了投资者利益和金融安全。但是，对于这些违法行为能否追究刑事责任并如何定罪处罚，在当下我国既定法律体系之下尚缺乏明确的规范处理上述问题。④

---

① 徐聪：《违反慢走规则买卖股票若干争议法律问题研究》，《法律适用》2015 年第 12 期。

② 陈洁：《违规大规模增减持股票行为的定性及惩处机制的完善》，《法学》2016 年第 9 期。

③ 杨东：《互联网金融风险规制路径》，《中国法学》2015 年第 3 期。

④ 刘宪权：《论互联网金融刑法规制的"两面性"》，《法学家》2014 年第 5 期。

此外，2015 年股灾过程中出现的跨市场操纵、不当高频交易等不法行为也给资本市场正常发展带来了严重损害。如果希望有效规范这些不法行为，就必须完善证券法和刑法的相关法律规范，对于这些新型证券市场违法行为类型加以确认并追究严重不法行为主体的刑事法律责任。[①]

三 刑法与商法的关系：悖论成因的探析

在中国法语境下，刑法和商法之间的关系呈现出如此复杂的面貌，既与刑法和商法自身的特征存在关联，又和中国刑事法制和商事法制的特殊结构有密切关联。具体来说，以下因素对于刑法和商法关系的"错位"具有关键性的影响：

（一）刑法和商法存在规范特征差异

由于刑法主要涉及对犯罪行为进行定罪量刑的问题，特别是刑罚的适用会严重影响到被告人的人身财产利益，因而刑法规范的适用往往要满足严格的条件。罪刑法定作为刑法体系中最为重要的原则，强调犯罪构成和法律后果均应事先由法律加以规定，对于刑法没有明文规定为犯罪的行为，不得定罪处罚。同时，刑法的适用还应受到谦抑性原则的约束，凡是适用其他法律足以抑制违法行为、保护合法权益时，就不能将一般的违法行为视为犯罪；凡是适用较轻的制裁方法足以实现惩罚目的时，就不要采用较重的制裁方法。[②] 罪刑法定原则和刑法谦抑性原则应当有效贯彻到商事交易领域。对于商事领域的不法行为，刑法的适用不能超越罪刑法定原则，也必须满足谦抑性原则的要求。这是学者们主张在商事犯罪领域"限缩适用"或"防范扩张"刑事责任机制的根本原因。[③]

但是，商法自身独特的特征却在一定程度上要求刑法的"深度介入"。特别是在商事交易已经金融化、资本化的当下，商事领域的不法行为可能存在资金规模大、受害人数多、社会影响大等特征，如果不能追究不法行为主体的严格法律责任，就难以达到制裁不法行为、保护公共利益的目的。在此情形下，有学者主张在商事领域扩大刑事责任的介入范围，最大限度上惩罚商事领域的违法犯罪行为，甚至归纳出了处罚早期化、处罚严

① 谢杰：《后"股灾"背景下资本市场犯罪的刑法规制》，《法学》2015 年第 12 期。
② 张明楷：《论刑法的谦抑性》，《法商研究》1995 年第 4 期。
③ 顾肖荣：《必须防范金融刑事立法的过度扩张》，《法学》2011 年第 6 期。

厉化、处罚扩大化的刑法扩大化途径。① 需要承认，这种看法也有一定的道理。商法多是规范调整营利行为，本身具有动态性、技术性、自治性等特征，对于商事交易领域的不法行为，商法体系本身确立的评价体系较为复杂。特别是就商法强制性规范的适用而言，这些强制性规范多以实现各种管制为目的，对于这些规范的违反并不必然会导致交易行为的无效，也不必然引发刑事处罚。在此背景下，如果需要有效维护商事交易秩序，可能需要针对特定不法行为引入明确的刑事责任机制以便有效加以规制。当然，这可能需要根据商事不法行为的实际情况作出判断，而不能在抽象的意义上谈论应当"强化"还是"限制"刑事责任机制。

（二）刑法法制和商法法制存在发展状况差异

改革开放以来我国的经济社会发展经历了从计划经济体制向市场经济体制的转型。在此过程中，商业自由的广度和深度得到了极大程度的扩展，参与商业经营活动的主体越来越多，商事行为的形式也日益变得多样化，与之相伴的是各式各样的不法行为也不断出现。在此背景下，我国的商事法制体系和刑事法制体系也得以形成发展并且具备了自身的独特特征。

就我国的商事法制而言，尽管已经形成了相对较为完善的规范体系，但是依然存有较多弊端。首先是商事的科学性和体系性依然有待提升。目前我国的商法规范体系在很多具体问题上尚存在规范漏洞，导致商事实践中的一些行为不能得到有效调整。这实际上也给刑法的适用带来了"隐性难题"，在商法没有对相关问题充分规范的情况下，刑法实际上也难以处理相关行为的刑事责任问题；其次是商法的调整较为频繁。由于市场经济的快速发展，对于相关商事制度的理解也随着实践需要不断深化，这就导致我国商法的修订较为频繁，具体商事制度的商法规范构造不断加以调整。但是刑法的修正往往不能适应商法修订的频次，因而就可能导致刑法滞后于商法的情形出现；最后是商法相对于商事交易实践的适应性仍然存在不足。对于商事实践中出现的一些新交易、新结构，立法机构往往不能及时制定新的商事法律对之加以规范。商事法制在适应性层面的不足也会影响到刑事法制的针对性调整。②

---

① 姜涛：《风险社会之下经济刑法的基本转型》，《现代法学》2010 年第 4 期。
② 王建文：《中国现行商法体系的缺陷及其补救思路》，《南京社会科学》2009 年第 3 期。

就我国刑事法制体系而言，从上文列举的现象可以看出主要存在两个方面的问题：一是受到刑法工具主义思维的影响，将刑罚视为一种社会管制工具。商事领域的不法行为本身呈现出多样态、多形式，特别是一些不法行为本身游走在"合法"和"非法"的边缘，对于这些不法行为原则上应当依照其社会危害性程度确定相应的处罚措施，而不是必然施加刑事处罚。但受到刑法工具主义思维的影响，刑事责任机制可能被不当地扩大使用，对于那些虽然违法但没有严重社会危害性的不法行为也视为犯罪行为并施加刑事处罚；[1] 二是没有注意商事领域犯罪行为的特殊性，没有实现和既有商法体系的有效对接。按理来说，对于商事领域特定行为是否合法的界定应当交由商法承担，刑法主要解决特定违法行为是否具有严重社会危害性进而是否要追究刑事责任的问题，因此刑法原则上要和商法保持"步调一致"，从各自功能机制角度出发承担相应职责。[2] 但是，由于我国商法体系本身就在发展完善过程之中，我国现行刑法在制定时尚无完善的商法体系可以"对接"，因而刑法立法本身就"承担"了部分本应由商法立法承担的职责。这种机制便会导致如下问题的产生：对于同一不法行为，商法中的行为要件描述和刑法中的行为要件描述可能不尽一致，刑法和商法的协调性和一致性也受到影响。

四　刑法与商法的关系：破除悖论的路径

（一）视角转换：法秩序一体化视角的采纳

笔者认为，在处理刑法和商法的关系问题时，刑法学者和商法学者都是站在各自学科的视角讨论问题的，而没有从更为宽广的视野来审视商事交易领域不法行为的刑事责任问题。若想从根本上解决好上述问题，就必须跳出部门法观念的束缚，在统一法秩序视角下反思商事交易领域不法行为的规制问题，以"一体化"的眼光审视刑法和商法的关系。如果立基于整体法秩序的视角，就会发现商法和刑法之间并不存在天然的鸿沟，在既定法体系下它们存在不同的职责分工，但是必须共同作用、相互协调，如此才能有效达到规范调整不法行为的目的。[3]

---

① 魏昌东：《新刑法工具主义批判与矫正》，《法学》2016 年第 2 期。
② 王彦明：《论公司资本制度刑法保护原则》，《法制与社会发展》2003 年第 4 期。
③ 刘仁文：《构建我国立体刑法学的思考》，《东方法学》2009 年第 5 期。

　　要落实上述目标，就不能只是从商法或刑法的部门法视角加以考虑。事实上，仅仅依靠一个部门法的努力是无法完成对不法行为的有效规制。立法者在建构相关制度时必须基于整体的视角、体系的维度合理安排各个部门法的规范体系，使得相应的法律体系构造能够最大限度回应社会需求、实现规制目标。对于商事领域不法行为的规制同样必须贯彻这一根本逻辑，无论商事立法，还是刑法立法，都必须从整体法秩序视角选择建构最有效率、最为全面的规制体系，特别是法律责任体系。

　　从法秩序整体视角一体化评价商事领域不法行为的法律责任问题，本身是法律秩序融贯性和体系化的基本要求，[①] 也是实现法律体系相对于社会变迁进行回应性调整的根本途径。在此框架下，对于商事领域的不法行为才能合理配置好民事责任、行政责任、刑事责任的法律责任体系，确保不法行为受到既定法律秩序合理的否定性评价，不至于造成法律体系规制漏洞的出现。通过一体化考虑商事领域不法行为的规制问题，可以避免此前部门法研究"各说各话"的弊端，使得不同部门法之间具有更强的协同性，也能提升既定法制体系对于商事不法行为的规制效率。

　　（二）制度改造：商法与刑法领域相关责任机制之完善

　　就商法领域而言，刑事责任机制的建构需要充分考虑商事交易行为本身以及商法规制的特点。如同上文反复强调的，商事交易具有一定的专业性、技术性、动态性，和其他领域的法律关系存在较大差异，商事交易领域的行为效力评价具有一定难度，既需要充分尊重私人自治的实现，又需要考虑创新变革的促进。与之相适应的是，商法规范体系也通常具有动态性、开放性等特征，在具体交易行为的合法性确认标准方面往往保持较为宽松的标准。对于商事领域不法行为的规制，商法规范体系也并非坚持严格的形式主义标准，而是更多地采用实质主义解释标准，也即依据实践需要发展出动态化、开放化的判断标准。

　　因此，商事交易领域的刑法规制必须适应商事交易以及商法体系的基本特征，并且能够根据商事实践需要作出回应性调整。这就要求能够以更为历史化、动态化的视角理解刑法中与商事交易相关的规范体系构成。商事领域的刑事责任机制应当更具发展性和动态性，在相关规范的解释适用时应当更加坚持客观主义和实质主义的解释原则。当然，这种要求和罪刑

---

① 雷磊：《融贯性与法律体系的建构》，《法学家》2012 年第 2 期。

法定原则以及刑法谦抑性的品格并不冲突矛盾。具体而言，商事领域的刑法规制应当具有更灵活的制度机制，使得商事领域的严重不法行为均能受到刑事处罚，但是又不至于危害到营业自由的实现。例如，为了有效控制商事领域的体系性风险，可以通过引入行为犯机制或危险犯机制，提前刑法的介入时间，在一定程度上前移犯罪评价节点，更早地将商事不法行为纳入到刑法规制体系；在严密刑事法网的同时，调整商事领域刑事犯罪的刑罚构成，适度削减自由刑和扩大财产刑，在一定程度上使得刑罚强度轻缓；引入更多的资格刑，提高商事领域刑罚机制的犯罪预防效果。①

此外，我国的商事法制在理念精神和制度构造上已经经历了深刻的变革，尽管相应的规范调整还在持续发生过程之中，刑事法制体系必须正视商事法制所发生的根本变化，并且依据这些变化要求做一次全面的、体系的制度调整，祛除现行刑法体系下关于商事犯罪的不合理制度构成，按照商事领域规制犯罪行为的客观需要确立合理的刑法规范体系。举例而言，目前适应市场经济体制的破产法制已经基本确立，在此基础上有必要根据实践需要继续完善破产欺诈犯罪，对于破产过程中的严重欺诈行为追究刑事责任；②目前证券法虽然尚未全面修订，但是对于证券概念的内涵和外延加以调整已成共识，在此基础上可以有效区分合法募资行为和非法集资行为，因此有必要对现有刑法体系下的非法吸收公众存款罪，擅自发行股票、公司、企业债券罪，集资诈骗罪等罪名加以整合，将其统一为非法发行证券罪或非法集资罪。③

对于商事领域的刑法规制问题，笔者认为主要需要重视两个层面：其一，注重刑事法网规制范围的严密性。商事领域中应强化刑事法网的严密性。换言之，只要商事领域的不法行为存在严重社会危害性的情形，刑法就应当适时介入，将相应严重不法行为及时予以"犯罪化"，界定为犯罪行为并追究犯罪主体的刑事责任。刑法规制不能存在明显的规制漏洞，以至于应当受到刑事处罚的不法行为仅仅受到较为轻微的行政处罚或者仅仅承担一定的民事责任。其二，重视刑事犯罪规制方式的特殊性。考虑到商

---

① 钱小平：《中国经济犯罪刑事立法政策之审视与重构——以风险社会为背景的考察》，《政治与法律》2011 年第 1 期。

② 潘家永：《虚假破产罪探析——兼论破产犯罪的相关问题》，《政法论坛》2008 年第 2 期。

③ 彭冰：《非法集资行为的界定——评最高人民法院关于非法集资的司法解释》，《法学家》2011年第 6 期。

事领域犯罪行为的特殊性，刑事法网的严密也需要通过一些特殊的路径加以实现：一是采取弹性构成要件，以概述性的词语描述犯罪罪状，如"数额较多""情节严重"等，使得最终能够依据这些规范有效追诉犯罪行为；二是适度堵截构成要件，避免刑事立法对于罪状类型列举的不足，通过"最后兜底条款"的引入防止犯罪主体逃避刑事法网的规制；三是降低入罪门槛，对于部分犯罪在主观要件或客观要件上降低要求，使得更多严重不法行为能被纳入到刑事法网之内。此外，还可以通过推定犯罪构成、犯罪前置化等方法严密商事领域刑事法网。①

（三）关系衔接：商法与刑法一体化关系之建构

刑法和商法的一体化关系要求建立刑法与商法调整相适应的更新机制。立法机构在调整商法的制度构成时必须充分同步考虑刑法的修订调整，不能使刑法完全滞后于或者完全无视商法的修订调整。刑法的频繁修订必然会在一定程度上破坏刑法的稳定性，也会影响到人们对于刑事法治的稳定预期。但是，商事领域不法行为形式千变万化、样态推陈出新，如果不能及时修订刑法规范，就不能对之加以有效规范。在此背景下，建立适应商事交易创新和商法制度调整的刑法更新机制就极有必要。②

对公司资本制度调整而言，在 2013 年公司法已经对公司资本制度进行根本性调整的情况下，刑法也应当及时作出相应的修订，对抽逃资本罪、虚假出资罪、抽逃出资罪的体系构成进行相应调整。③ 在互联网金融监管规则逐步完善的情况下，一旦证券金融立法完善了相应的规范体系，我国刑法也应当作出适应性调整，确立调整互联网金融犯罪行为的刑事责任规范体系。④

当然，强调刑法建立相对于商法的更新调整体制，并不会必然损害刑法的稳定性和严肃性，也不意味着泛刑主义思潮的蔓延。刑法的适应性调整更新必须遵循严格的立法修订程序，立法机构对于商事刑法规范的修订也必须进行严格的学理论证和制度研讨，确保其科学性和体系性。

刑法和商法的一体化关系还要求刑法原则上尊重商法的专业性和技术

① 熊永明：《严密金融犯罪刑事法网的学理分析》，《江苏警官学院学报》2008 年第 1 期。

② 李翔：《论刑法修订的体系化》，《学术月刊》2016 年第 2 期。

③ 王志祥、韩雪：《论与公司资本制度有关的犯罪圈的重构——以公司资本制度的重大调整为视角》，《法治研究》2014 年第 1 期。

④ 刘宪权：《互联网金融时代证券犯罪的刑法规制》，《法学》2015 年第 6 期。

性，在遇到应由商法解决的专业性问题尽量将其交给商法加以处理，而不能在刑法体系上也作出重复性规范，从而造成与商法规范体系的冲突或矛盾。

以证券法领域内幕交易和操纵市场的立法为例，内幕交易和操纵市场本身属于证券法领域的疑难问题，证券立法在处理这一问题时也面临较多难题。在对内幕交易和操纵市场的具体判断问题上，原则上应当由证券立法提供解决方案，刑法只对那些已经构成内幕交易或操纵市场且具有严重社会危害性的行为加以调整。因此，刑法不应介入到内幕交易和操纵市场的本身认定中来，而应集中处理何为"严重社会危害性"的界定和相应的刑事处罚问题。在我国现行刑法体系下，第 180 条规定的内幕交易、泄露内幕消息罪、利用未公开信息交易罪，第 181 条规定的编造并传播证券、期货交易虚假信息罪，诱骗投资者买卖证券、期货合约罪，第 182 条规定的操纵证券、期货市场罪，在具体行为的描述上，实际上和证券法的相关规定并不完全一致。笔者认为在证券法修订之后，应按照证券法的具体规定认定是否为内幕交易或市场操纵，刑法只解决严重社会危害性的认定问题。值得注意的是，我国证券法修订草案对于市场操纵行为的界定进行了优化，特别是对跨市场操纵行为加以明确禁止，以后刑法的修订也应按照这一界定来认定是否构成市场操纵行为。

当然，强调刑法和商法的一体化关系以及商事领域刑事法网的严密，并非要绝对夸大刑事责任机制的功能，实际上在考虑商事领域不法行为规制的问题时必须充分考虑刑事责任的功能限度，不可让刑事处罚逾越其功能界限，去承担本应由行政处罚或民事赔偿承担的功能。更为重要的问题是，刑事责任机制的滥用会侵犯市场主体的营业自由权。在遵循刑法谦抑性的基本立场下，刑法的适用在必要情形下要做一定程度上的收缩，特别是建立有效的出罪机制，将社会危害性程度较低的违法行为排除出犯罪圈，适当程度缩小刑法的打击范围。[①]

第二节　刑法与商法关系的微观审视

对于商事交易领域不法行为的治理，需要商法和刑法通力合作。以证

---

① 庄绪龙：《论经济犯罪的"条件性出罪机制"——以犯罪的重新分类为视角》，《政治与法律》2011 年第 1 期。

券期货领域为例，证券期货法律法规对相关行为的界定制约着相关证券期货犯罪的认定，刑事归责必须考虑到证券期货市场的特殊性；反过来说，刑法对于证券期货犯罪的规制范围、规制方式与规制力度也会对证券期货市场的长期发展产生重要影响。下面以证券期货具体刑事犯罪为例，解读刑法与商法的互动关系。

一　操纵证券期货市场罪

我国《刑法》第 182 条规定了操纵证券期货市场罪：有下列情形之一，操纵证券、期货市场，情节严重的，处五年以下有期徒刑或者拘役，并处或者单处罚金；情节特别严重的，处五年以上十年以下有期徒刑，并处罚金：（一）单独或者合谋，集中资金优势、持股或者持仓优势或者利用信息优势联合或者连续买卖，操纵证券、期货交易价格或者证券、期货交易量的；（二）与他人串通，以事先约定的时间、价格和方式相互进行证券、期货交易，影响证券、期货交易价格或者证券、期货交易量的；（三）在自己实际控制的账户之间进行证券交易，或者以自己为交易对象，自买自卖期货合约，影响证券、期货交易价格或者证券、期货交易量的；（四）以其他方法操纵证券、期货市场的。单位犯前款罪的，对单位判处罚金，并对其直接负责的主管人员和其他直接责任人员，依照前款的规定处罚。

（一）"操纵市场"的认定之惑

从罪名本身出发，操纵证券期货市场罪的成立要求操纵行为与引起市场股票价格和交易量的显著变动之间存在因果关系。中国证监会 2006 年发布的《证券市场操纵行为认定指引》第 14 条规定："本指引所称影响证券交易价格或者证券交易量，是指行为人的行为致使证券交易价格异常或形成虚拟的价格水平，或者行为人的行为致使证券交易量异常或形成虚拟的交易量水平。""前款所称致使，是指行为人的行为是证券交易价格异常或形成虚拟的价格水平、或者证券交易量异常或形成虚拟的交易量水平的重要原因。"

证券市场中股票价格和交易量显著变动的原因多种多样、非常复杂。根据有关的实证研究，影响股票价格的变量很多，股票价格的变动与每股收益、每股净资产、公司规模、盈利能力、资本结构等因素都存在着密切关系。① 影响股票交易量的因素也很复杂，投资者预期的多样化影响交易量的变动，在信息不对称的股票市场中，相关信息的知情者与不知情者产生动态博弈，形成交易量的变动。② 因此，何为影响交易价格或交易量的"重要原因"成为一个疑难问题。按照刑法的条件说理论，只有能认定缺乏相关操纵行为，就不会引起交易量或交易价格显著变动的条件下，才能认定具备犯罪成立所要求的因果关系。但在一些特殊情况下，行为人的操纵行为与股票交易价量显著变动之间的因果关系难以证明。不能排除市场参与者并非是受到操纵行为的影响从事股票交易③，进而无法认定操纵行为对于价量影响构成了"重要原因"。

对此，有学者另辟蹊径，认为我国的操纵证券市场罪属于具体危险犯而非实害犯，只要行为在客观上具有操纵证券市场的可能性即可，并不要求证券操纵行为必然造成股票价量的显著变动。④ 这一路径相当于省却了因果关系的证明问题，或者说，将较为困难的因果关系的证明问题转化为相对容易探明的行为危险性问题。

这一思路能够较容易地解决操纵证券期货市场因果关系认定上的困境，但又带来了新的理论问题。对法益的实际损害属于实害犯，可能对法益造成实际损害的犯罪是危险犯。⑤ 从刑事立法论的角度，刑法对于禁止行为的规定首先表现为实害犯，基于法益保护原则，在实害犯规定的基础上，才会进一步规定可能造成实害结果的危险犯，从而对法益进行前置性保护。首先纳入刑法范围的，应当是最严重的危害社会的行为，即直接与公共福利相对抗的那部分行为。⑥ 因此，危险犯的设置，必须以刑法上已存在相应的实害犯为前提，否则在没有实害犯的情况下设置危险犯违反刑事立法的一般原则和法条逻辑。目前我国刑法中的既有规定也印证了这一

① 参见党建忠、陈军、褚俊红《基于 Feltham-Ohison 模型的中国上市公司股票价格影响因素检验》，《统计研究》2004 年第 3 期。

② 参见刘兴华、汤睿、汤兵勇《股票交易量形成机制及预测价值》，《东华大学学报》（社会科学版）2006 年第 2 期。

③ 参见刘宪权《操纵证券、期货市场罪"兜底条款"解释规则的建构与应用——抢帽子交易刑法属性辨正》，《中外法学》2013 年第 6 期。

④ 参见田宏杰《操纵证券市场罪：行为本质及其司法认定》，《中国人民大学学报》2014 年第 4 期。

⑤ 参见刘之雄《刑罚根据完整化上的犯罪分类——侵害犯、危险犯、结果犯、行为犯的关系论纲》，《中国法学》2005 年第 5 期。

⑥ 参见［意］贝卡里亚《论犯罪与刑罚》，黄风译，中国法制出版社 2002 年版，第 10—12 页。

点，刑法中所规定的危险犯，如放火罪、危险驾驶罪等无不是以存在相应的实害犯为前提的。因此，将此罪解释为具体危险犯，尽管能够巧妙绕开因果关系的证明问题，但与既有的刑事立法和刑法理论相冲突。退一步而言，即使能够将此罪解释为危险犯，作为犯罪成立的构成要件要素之一的"操纵行为"仍然必须得到证明，而"操纵"难以被置换为"操纵的危险"，"操纵"的证明就意味着因果关系的证明。

因此，操纵证券期货市场罪中，因果关系的认定仍然是必须予以解答的问题，也是控方在刑事诉讼中必须予以证明的问题。对此，一方面，需要结合统计学的相关知识，积极应对证券期货市场特殊属性所造成的因果关系认定困境问题；另一方面，刑法理论中"疫学的因果关系"可以有助于此类问题的解决。疫学的因果关系是指某种因子与疾病之间的关系，即使在医学上得不到科学证明，但根据大量统计能说明该因子对疾病的产生具有高度盖然性时，就能肯定存在因果关系。一般认为疫学的因果关系可以运用于公害犯罪因果关系的认定中。[①] 有学者研究指出，除刑法主流理论认可的造成型因果、引起型因果与义务型因果的类型外，疫学因果属于概率提升型因果，是新的归责类型。即需要证明的是行为与结果发生的概率的提升之间是否存在条件关系，而非证明行为与结果发生本身是否存在条件关系。但概率提升型因果关系造成归责范围的扩张，有违背罪疑唯轻原则的嫌疑。[②] 因此，对于"操纵"的认定还有待于刑法学理上进行更为深入的探讨。

（二）"兜底条款"的破解难题

一般认为，《刑法》第 182 条所禁止的操纵证券期货市场的行为可以归纳为连续交易操纵、约定交易操纵、洗售操纵、其他方法操纵四类行为。[③] 前三种行为类型是根据证券期货市场中通常的操纵行为所确定的。但随着近年来资本市场的飞速发展，实践中出现了一些新型操纵证券期货市场的违法行为，但这些行为无法被《刑法》第 182 条规定的前三种行为所覆盖，资本市场中的金融创新衍生出了操纵市场违法行为种类的"创

---

① 参见张明楷《刑法学》（上），法律出版社 2016 年版，第 188 页。
② 参见劳东燕《事实因果与刑法中的结果归责》，《中国法学》2015 年第 2 期。
③ 参见田宏杰《操纵证券市场罪：行为本质及其司法认定》，《中国人民大学学报》2014 年第 4 期。

新", 我国刑法操纵证券期货市场犯罪类型正面临着实践挑战。① 抢帽子交易就是这种行为的代表。

抢帽子是指证券公司、证券咨询机构、专业中介机构及其工作人员, 买卖或者持有相关证券、期货交易合约, 并对该证券或其发行人、上市公司公开作出评价、预测或者投资建议, 以便通过期待的市场波动取得经济利益的行为。对于抢帽子交易是否属于《刑法》第 182 条规定的 "以其他手段操纵证券市场"("兜底条款")的行为, 近年来成为理论和实践中争议较大的问题。有学者认为, 抢帽子交易与《刑法》第 182 条规定的前三个行为类型具有同质性, 对于这种行为以操纵证券市场罪论处并不违背罪刑法定原则。② 但也有学者对抢帽子交易入罪产生了质疑。有学者认为, 抢帽子交易所涉及的 "以其他手段操纵证券市场" 的规定属于 "双重兜底" 的情况, 也就是在刑法和行政法上都采取的是兜底方式规定, 这种情况下基于刑法谦抑性的考虑不应认定为犯罪。③

对于如何解读 "兜底条款" 的适用范围, 有学者指出, 新型操纵证券市场行为能否被涵盖在兜底条款中的 "其他手段操纵证券市场" 的范围, 取决于新的行为类型是否与刑法条文所明示的行为类型具有同质性。《刑法》第 182 条的三种操纵行为都属于对证券期货产品交易价格或交易量的操纵(价量操纵), 而抢帽子行为并不属于价量操纵, 虽然这种信息型市场操纵行为本质上应属于本罪的规制范围, 但在司法解释并未对此明确规定的情况下, 基于罪刑法定原则以及刑法谦抑性的考虑, 不能包含在 "其他手段操纵证券市场" 的范围之内。④ 但也有论者认为, 价量操纵并非操纵资本市场犯罪实质内涵的全部内容, 通过直接控制证券期货的交易价格和交易量的价量操纵, 与通过发布虚假信号影响市场投资者进行资本配置的资本操纵, 都属于操纵证券期货市场罪的实质内涵之中, 因此抢帽子交易具备该罪的实质内涵, 应当被纳入兜底条款的规制范围内。⑤

---

① 参见刘宪权《操纵证券、期货市场罪 "兜底条款" 解释规则的建构与应用——抢帽子交易刑法属性辨正》,《中外法学》2013 年第 6 期。

② 参见王崇青《 "抢帽子" 交易的刑法性质探析——以汪建中操纵证券市场案为视角》,《政治与法律》2011 年第 1 期。

③ 参见何荣功《刑法 "兜底条款" 的适用与 "抢帽子交易" 的定性》,《法学》2011 年第 6 期。

④ 参见刘宪权《操纵证券、期货市场罪 "兜底条款" 解释规则的建构与应用——抢帽子交易刑法属性辨正》,《中外法学》2013 年第 6 期。

⑤ 参见谢杰《操纵资本市场犯罪刑法规制研究》, 上海人民出版社 2013 年版, 第 220—221 页。

基于操纵证券期货市场行为的多样性及变异性，刑法和证券法采用兜底条款的方式进行规制实属无奈。虽然抢帽子行为被《中国证券监督管理委员会证券市场操纵行为认定指引（试行）》的相关规定标示为操纵证券市场行为，但这一规定仅是证监会证券行政执法的指导性文件。直接引用这一文件认定抢帽子行为属于犯罪，缺乏更为充分的规范性依据。[1] 兜底条款的大量适用无疑对刑法的明确性原则产生冲击，入罪的正当性和合理性的证明都具有很大难度。有观点认为，一个可行的路径是在《刑法》和《证券法》中对操纵证券期货市场行为的规范内涵进行概括规定，进而通过行政法规范与司法解释的完善，建构对操纵证券期货市场行为的整体规范体系。[2] 对新型操纵证券期货市场行为进行合理规制，从长远来看，不能依赖兜底条款的大量适用。

二 非法集资行为的刑法管控

（一）刑法管控的现实困惑

非法集资并不是刑法中独立的罪名，但在刑法上，与非法集资相关的罪名主要有三个：非法吸收公众存款罪、擅自发行股票、公司、企业债券罪以及集资诈骗罪。"非法集资"作为刑法概念，最早出现在最高人民法院 1996 年发布的《关于审理诈骗案件具体应用法律的若干问题的解释》中，非法集资"是指法人、其他组织或者个人，未经有权机关批准，向社会公众募集资金的行为。"由于一种特殊的非法集资类型，即有资金募集需求的民间融资行为在客观上的存在，加上一些争议案件如孙大午案，非法集资行为的法律规制近些年受到很多学者的关注。

除了传统意义上完全不具经营目的，仅仅以非法占有目的进行融资的行为应当认定为集资诈骗罪之外，很多民间融资行为也被定性为非法集资。民间融资是指自然人、非金融企业和其他组织之间，通过民间借贷、定向债券融资、企业内部融资等方式进行资金融通的行为。作为一种最为传统的融资方式，具备融资主体多元化、操作简便灵活等特点，是目前我

---

[1] 参见陆昊《操纵证券市场犯罪疑难问题研究》，《中国检察官》2011 年第 5 期。

[2] 参见蔡正华、张延武《抢先交易行为的刑法评价和刑法规制路径》，《中南大学学报》（社会科学版）2011 年第 6 期。

国大部分中小微企业融资的主要渠道。① 民间为了生产经营而进行的融资活动实属无奈，一律认定这种融资活动构成犯罪实不公平。诚如有学者所言，中小企业融资难是一个世界性的问题。中小企业难于直接进入资本市场进行融资，往往只能依赖银行贷款，但又由于难以提供足够的担保，很难向银行借贷。② 也有学者指出，随着我国经济发展进入"瓶颈"，在经济危机的影响下，中小企业面临生存困难，由于难以获取银行贷款，只能通过大规模民间融资进行周转，而一旦经营失败就很可能被贴上罪犯的标签。③

　　然而，由于融资活动毕竟牵涉到广大投资者的实际利益，关系到合法有序的金融管理秩序，而且实践中也的确会发生民间融资导致企业"跑路"，投资者遭受重大损失的案件。特别是，近些年兴起的互联网金融改变了传统金融的商业运作模式，使得更多人参与到金融活动当中，但如有论者所言，互联网金融游走于灰色地带，极易触碰刑法红线。④非法融资行为，对于金融秩序具有很大威胁。我国目前蓬勃发展的商品经济刺激着成千上万的人进入金融市场，谋求货币资金的增值，而实施金融诈骗等犯罪成为一部分人实现这一目的的捷径。⑤ 金融监管的核心就是通过各种制度安排来进行风险防范，维持金融市场的良好秩序，保护所有市场主体的合法权益。⑥ 因此，如何一方面运用刑罚手段防控金融风险，另一方面避免刑罚不当干预、阻断民间合理融资行为，成为刑法管控的现实困惑。

　　（二）刑法管控的制度检讨

　　刑法对于非法集资行为的管控体系，主要由非法吸收公众存款罪、擅

---

① 参见杨飞翔《融资之道——公司融资路径与法律风险控制》，法律出版社 2016 年版，第 163 页。

② 参见刘燕《寻找金融监管的制度逻辑——对孙大午案的一个点评》，吴志攀、白建军主编《金融法路径》，北京大学出版社 2004 年版，第 66 页。

③ 参见姚万勤《民间融资刑法规制的具体面向与趋势前瞻》，《金陵法律评论》，法律出版社 2015 年版，第 146 页。

④ 参见高振翔《互联网金融语境中的非法集资风险及其刑法规制》，《交大法学》2016 年第 2 期。

⑤ 参见王新《我国金融刑法的现状和实施对策》，白建军主编《金融犯罪研究》，法律出版社 2000 年版，第 508 页。

⑥ 参见刘燕《寻找金融监管的制度逻辑——对孙大午案的一个点评》，吴志攀、白建军主编《金融法路径》，北京大学出版社 2004 年版，第 67 页。

自发行股票、公司、企业债券罪以及集资诈骗罪三个罪名构成。但目前的刑事司法实务对于三个罪之间关系的认识尚存在很多问题。合法的民间融资、非法吸收公众存款与非法集资三者之间有一个契合点，都在于向他人吸收资金并且还本付息，这就造成了三者性质认定上的混淆。① 例如2010年最高院发布的《关于审理非法集资刑事案件具体应用法律若干问题的解释》将非法吸收公众存款特征概括为：（1）未经有关部门依法批准或者借用合法经营的形式吸收资金；（2）通过媒体、推介会、传单、手机短信等途径向社会公开宣传；（3）承诺在一定期限内以货币、实物、股权等方式还本付息或者给付回报；（4）向社会公众即社会不特定对象吸收资金。民间融资往往也具备上述特征，这就造成了一个理论和实务难题：如何区分合法的民间融资行为与刑法所禁止的非法集资行为？可以说，在目前的刑法规制体系中还存在诸多不完善之处。

首先，非法吸收公众存款的适用范围不当扩张。在实践中，对于非法集资者适用最多的罪名就是此罪。有学者指出，过于宽泛适用此罪既不符合金融现实，也不符合法律解释的内在逻辑。存款作为一种特定的金融投资工具，具有流动性和安全性，法律特别要求只有一些特许金融机构才可以从事吸收公众存款的业务，并对这些机构进行特别监管，从而保护存款人的利益。过于宽泛适用此罪，将导致两方面的不利结果：其一，将民间融资行为纳入此罪规制范围，导致资金募集者要想避免行为不法，必须成立具有存款特许资格的金融机构才可能实现，从而从根本上剥夺了民间集资的合法化途径。② 其二，将民间融资行为以非法吸收公众存款罪论处，就意味着必须对"公众存款"一词作扩张解释，把集资者并不保证回报收益的情况下所吸收的公众投资款也界定为"公众存款"的一种类型。③ 然而，这并不符合非法吸收公众存款罪的立法目的。该罪所指"存款"应为存入银行或其他金融机构的资金。吸收公众存款是商业银行的主要业务，银行存款的多寡与银行业务的发展密切相关，存款是银行的生命线。④ 有

---

① 参见李怀胜《民间融资的刑法制裁体系及其完善》，《法学论坛》2011年第3期。
② 参见彭冰《非法集资活动规制研究》，《中国法学》2008年第4期。
③ 参见黄韬《刑法完不成的任务——治理非法集资刑事司法实践的现实制度困境》，《中国刑事法杂志》2011年第11期。
④ 参见王新《我国金融刑法的现状和实施对策》，白建军主编《金融犯罪研究》，法律出版社2000年版，第481页。

观点认为，"非法吸收公众存款罪的打击对象非常明确，那就是金融机构或非金融机构、自然人以从事信贷活动为目的的吸收公众存款行为"。[①] 用于非资本、货币业务的民间融资行为不应被纳入本罪的规制范围之内。扩张解释的结论将民间融资行为也纳入本罪的规制范围之内，造成了规制上的混乱。

其次，擅自发行股票、公司、企业债券罪的适用范围过于狭窄。根据一份从 1995 年 1 月至 2008 年 6 月发生在中国大陆范围内的 311 起非法集资案件为样本的实证调查研究，对非法集资行为人最终以"非法吸收公众存款罪"的罪名定罪的占 43.09%，而以擅自发行股票、公司、企业债券罪定罪的仅占 0.96%。[②] 事实上，很大一部分非法集资的情况能够为本罪所涵摄。本罪应当适用的情形属于金融领域中直接融资的情况。根据企业外部融资是否通过中介结构，可以区分为间接融资和直接融资，其中间接融资由商业银行承担向企业提供资金的风险；而直接融资中资金供给方直接向企业提供资金，资金供给方的收益和风险都相应提升。[③] 应当说，正是因为忽视了金融活动中直接融资与间接融资的区分逻辑，造成了擅自发行股票、公司、企业债券罪的适用范围被不当缩小。

最后，集资诈骗罪的认定过于宽泛。尽管《刑法修正案（九）》废除了集资诈骗罪中适用死刑的规定。但实务中对于集资诈骗行为成立的掌控过于宽松。一些用于合法经营行为的融资资金由客观因素无法返还本息的情况经常以集资诈骗论处。导致民间融资的经营失败者受到刑法的严惩。[④] 从根本上看，造成这一现象的原因在于，集资诈骗与不受刑法处罚的民间融资行为的区别被简单理解为，对所筹集的资金是否具有"非法占有目的"。非法占有目的的认定又往往与是否能够按期还本付息关联在一起，从而造成了上述法律规制过于严厉的局面。

（三）刑法管控的理性定位

如何在有效打击非法集资、维护金融管理秩序、保护投资人合法权益

① 赵兴洪：《分离与重构：非法集资犯罪初论》，吴志攀、白建军主编《金融法路径》，北京大学出版社 2004 年版，第 582 页。
② 参见王开元、施东沂、骆梅婷《非法集资实证研究》，《金融法苑》总第八十辑，中国金融出版社 2010 年版，第 120—142 页。
③ 参见彭冰《中国证券法学》，高等教育出版社 2007 年版，第 3—4 页。
④ 参见刘志伟《非法集资行为的法律规制：理念检视与路径转换》，《江西财经大学学报》2016 年第 1 期。

的同时，为民间融资行为"放一条生路"是摆在面前的急迫问题。有学者指出，在深入探讨证券市场刑事责任的正当性依据的同时，还应当最大限度地使法律体系反映真实的证券市场情况，最终实现证券市场的平稳和健康发展。① 对此，一个合理出路在于重新规划三罪的关系，兼顾刑法和证券法，形成更有层次、更为合理的法律监管体系。

首先，根据金融活动的特定属性合理划定非法吸收公众存款罪与擅自发行股票、公司、企业债券罪各自的规制范围。有学者论证指出，直接融资制度和间接融资制度隶属于不同的法律制度安排。直接融资中，只要求资金募集人履行准确、真实、完整的信息披露义务；而间接融资中，由于采取金融中介机构的特许制，从市场准入、经营方式到市场退出都有严格的监管要求。② 继而，擅自发行股票、公司、企业债券行为对应的是直接融资制度，非法吸收公众存款则对应间接融资制度。这就要求扩张擅自发行股票、公司、企业债券罪的适用范围，因为目前的民间融资行为多数属于直接融资行为，民间进行大范围公开融资活动，在不借助中间方的情况下与公司发行股票债券并无本质差别。如此进行规制的优点在于，民间融资活动因其直接融资属性而可能获得合法性的渠道，即只要融资者符合直接融资的资质和相应条件就可以从事民间融资活动，满足其资金需要。③

其次，《证券法》和《刑法》应修改相应内容。擅自发行股票、公司、企业债券罪的适用范围之所以过窄，最主要的原因在于我国的《公司法》和《证券法》对于"债券"和"股票"进行了严格定义，使得实务中只能将本属本罪规制的行为以非法吸收公众存款罪论处。④ 目前我国《证券法》所规制的范围虽已扩大至金融衍生品，但仍然无法包含具有直接融资性质的民间融资行为。而例如美国 1933 年《证券法》第二节（a）（1）对"证券"就采取了宽泛界定的模式，既包括股票、债券、各类金融衍生品，也包括"投资合同"。其中投资合同的特征是：利用金钱进行投资；投资与一个共同事业；仅仅基于发起人或第三方的努力；目的是自己获得

① 参见毛玲玲《证券市场刑事责任研究》，法律出版社 2009 年版，第 264—266 页。
② 参见彭冰《非法集资活动规制研究》，《中国法学》2008 年第 4 期。
③ 同上。
④ 参见黄韬《刑法完不成的任务——治理非法集资刑事司法实践的现实制度困境》，《中国刑事法杂志》2011 年第 11 期。

利润。① 对此，我国《证券法》可以采取相似的规定方式，以扩大规制范围。另外，有论者建议《刑法》对于证券的种类须需采取列举方式，仅需概括规定"证券的范围，根据法律、行政法规的规定确定"，进而根据证券交易品种的发展变化，由国务院出台相关法规不断完善证券的范围。② 根据广义的证券概念，民间融资能够被包容进来，从而有利于形成《证券法》与《刑法》双重规制的有效法律层次。

最后，对于集资诈骗罪进行合理限制。不能倒退回原始的结果责任的做法，只依据到期是否能够还本付息来判断是否具有非法占有目的。应侧重从行为类型性的角度进行深入探寻，尤其应侧重从"反面"找到不符合集资诈骗行为的合法融资行为的属性，以此破解主观不法目的判断难题。有学者提出，应当配置正当化抗辩事由来缓解目前刑事处罚模式的紧张状态。③ 例如2001年《关于印发〈全国法院审理金融犯罪案件工作座谈会纪要〉的通知》第3条和第5条就强调，在处理案件时，一是不能仅凭较大数额的非法集资款不能返还的结果，推定行为人具有非法占有目的；二是行为人将大部分资金用于投资或生产经营活动，而将少量资金用于个人消费或挥霍的，不应仅以此就认定具有非法占有目的。侧重研究不构成集资诈骗罪的情况并予以归类，有助于缓解该罪认定中过于严厉的局面。

---

① 转引自黄韬《刑法完不成的任务——治理非法集资刑事司法实践的现实制度困境》，《中国刑事法杂志》2011年第11期。

② 参见余磊《操纵证券市场罪研究》，中国人民公安大学出版社2013年版，第12页。

③ 参见毛玲玲《集资行为的刑事管制——金融危机背景下的考察》，《政治与法律》2009年第9期。

第八章 刑法与知识产权法

知识产权法中的"知识"源于拉丁语（intellectus），原意为理性认识、思维能力或聪明才智，指人创造性的智力成果。① 知识产权又称智慧财产权，是人类对智力劳动所产生成果的所有权，依据各国法律赋予符合条件的著作权人、发明人或成果合法拥有人一定期限内独占的权利。知识产权的占有、使用、转让、收益、处分是权利人所行使的基本权益。知识产权在推动世界经济和科技发展过程中起到重要作用，越来越多的国家认识到未来全球竞争的核心要素就是科学技术竞争，而科学技术能力的提升关键就是知识产权竞争。许多发达国家都将知识产权保护提升为国家战略，我国 2008 年颁布的《国家知识产权战略纲要》也明确提出要完善知识产权制度，促进知识产权的创造和运用，防止知识产权滥用，加强知识产权保护。在实施《国家知识产权战略纲要》和知识产权的创造、运用、保护与管理过程中，除了需要遵守和运用知识产权法所确定的规则外，还应充分重视刑法对知识产权领域相关犯罪行为的规制。由于刑法和知识产权法分属不同的法律部门，拥有各自不同的立法理念，在追究知识产权侵权行为法律责任上会有不同的考虑重点。为了更好地规制知识产权犯罪行为，既要考虑其作为知识产权领域不法行为的一般社会危害性特征，又要充分考虑其侵犯社会主义经济秩序和权利人权益构成犯罪的严重社会危害性特征，因此应更多地从刑法与知识产权法的关系角度研究知识产权犯罪行为的法律责任追究问题。本章主要从刑法和知识产权法的一般关系、刑法对具体知识产权犯罪的规制以及刑法与知识产权法衔接中存在的问题及完善建议等方面展开研究。

---

① 参见梁慧星著《民法总论》，法律出版社 1996 年版，第 39 页。

第一节　刑法与知识产权法的关系

一　新中国刑法保护知识产权的简要回顾

（一）分散式立法保护时期（1979—1997 年）

从新中国成立直至 1979 年，我国对知识产权的保护并无系统的专门法律规定，主要是一些零散的行政法规和政策文件。1979 年颁布的新中国第一部《刑法》在第 127 条只规定了假冒注册商标罪，而针对当时已经出现的侵犯著作权的行为、侵犯专利权行为并没有规定专门罪名，在司法实践中对于严重侵犯著作权的行为按照投机倒把罪追究刑事责任。随着改革开放的深入，我国知识产权有了一定的发展，急需专门立法以规制不断出现的知识产权侵权行为。在商标权保护领域，1982 年 8 月，第五届全国人大常委会通过了新中国第一部《商标法》，该法第 40 条规定：假冒他人注册商标，包括擅自制造或者销售他人注册商标标识的，除赔偿被侵权人的损失，可以并处罚款外，对直接责任人员由司法机关依法追究刑事责任。1993 年 2 月全国人大常委会颁布了我国第一部商标权保护的单行刑法，即《关于惩治假冒注册商标犯罪的补充规定》。在专利权领域，1984 年 3 月，第六届全国人大常委会通过了新中国第一部《专利法》，该法第 63 条规定：假冒他人专利，情节严重的，对直接责任人员比照《刑法》第 127 条的规定（假冒注册商标罪）追究刑事责任。"这实际上是用附属刑法的方式明确了假冒专利行为的刑事责任。"[①] 在著作权保护领域，1990 年 9 月，第七届全国人大常委会通过了新中国第一部《著作权法》，该法第 45 至 50 条规定了侵犯著作权的民事和行政责任，但对刑事责任没有作出规定。1992 年 10 月，我国加入了《世界版权公约》和《伯尔尼公约》，公约规定对严重侵犯著作权行为应通过国内立法给予刑事处罚。为了与国际接轨，1994 年 7 月，第八届全国人大常委会通过了《关于惩治侵犯著作权的犯罪的决定》，这是我国第一次以单行刑法的立法模式打击侵犯著作权的犯罪。由此可以看出，"1997 年以前，我国对于知识产权犯罪惩治的刑事

---

① 参见李希慧《我国知识产权刑法保护立法模式的选择》，《国家检察官学院学报》2010 年第 6 期。

立法主要是以单行刑法和附属刑法为主的分散式立法模式。"①

（二）法典式立法保护时期（1997 年至今）

20 世纪末，我国启动申请加入世界贸易组织的谈判，《与贸易有关的知识产权协议》（以下简称 TRIPS 协议）与货物贸易协定、服务贸易协定共同构成世界贸易组织的三大支柱，它是迄今为止内容最广泛、保护最充分的知识产权多边协定，也是对世界各国和地区的知识产权法律制度影响最大的全球性多边条约。为了加入 TRIPS 协议，我国加快了知识产权保护的相关行政法规修改和刑事法律立法的工作。1997 年修订的《刑法》在第三章破坏社会主义秩序罪第七节侵犯知识产权罪中明确规定了假冒注册商标罪、销售假冒注册商标商品罪、非法制造、销售非法制造的注册商标标识罪、假冒专利罪、侵犯著作权罪、销售侵权复制品罪、侵犯商业秘密罪共七种侵犯知识产权的犯罪及其相应的刑事责任。同时 1997 修订的《刑法》也明确废止了《关于惩治侵犯著作权犯罪的决定》和《关于惩治假冒注册商标犯罪的补充规定》两部单行刑法，确立了保护知识产权的刑法典立法模式。在这期间，最高人民法院和最高人民检察院等也陆续出台了相关的司法解释以解决司法实践中出现的著作权犯罪疑难问题。2004 年 12 月，最高人民法院和最高人民检察院颁行《关于办理侵犯知识产权刑事案件具体应用法律若干问题的解释》，降低了侵犯著作权犯罪的入罪标准。2007 年 4 月，最高人民法院和最高人民检察院出台《关于办理侵犯知识产权刑事案件具体应用法律若干问题的解释（二）》，再次减低了著作权犯罪的入罪门槛，明晰了量刑标准。2011 年 1 月，最高人民法院和最高人民检察院联合公安部共同颁布了《关于办理侵犯知识产权刑事案件适用法律若干问题的意见》，对司法实践中一些争议较大的问题作了明确规定。

二 刑法和知识产权法的一般关联

刑法与知识产权法的关联主要体现在对知识产权的保护上，尤其是对知识产权犯罪行为的惩处方面。一般来说，知识产权具有广义和狭义之分。广义的知识产权除了包括狭义的知识产权中的工业产权、版权以外，

---

① 参见李希慧《我国知识产权刑法保护立法模式的选择》，《国家检察官学院学报》2010 年第 6 期。

还包括科学发现权以及商业秘密权等权利。广义的知识产权保护涉及解决哪些智力活动成果可以纳入知识产权保护、相关权利主体具有哪些权利以及如何行使这些权利，当权利受到侵害时采取何种措施保护自己的合法权益等问题。通常所说的"要提高知识产权的保护水平"就是在这一含义上使用。提高知识产权保护水平的基础在于健全知识产权保护的民事、行政和刑事立法及司法保护体系。知识产权受到侵害时，权利人应当选择何种方式维护自己的合法权益，以及对于那些严重侵犯相关知识产权人权利的同时，还损害或严重损害社会公共利益、社会经济秩序的侵权行为，如何追究行政或刑事责任。通常来说，知识产权作为一项重要的民事权利，在发生侵权情况下，通常可以按照民事诉讼法的相关规定提起诉讼，要求损害赔偿。但在特定的情况下，世界各国也会采取必要的刑事措施打击侵犯与知识产权有关的犯罪行为。然而，并不是针对所有的知识产权侵权行为都可以诉诸刑事制裁，一般来说，只有对那些严重侵害知识产权人或其利害关系人的合法权益，同时又严重损害社会公共利益的知识产权侵权行为才能追究刑事责任。从以上可以看出，在知识产权领域，对侵权人刑事责任的追究是建立在民事侵权的基础上或者行政处罚先置，且达到更为严重的侵害程度基础之上的。

从国际上来看，目前与知识产权有关并涉及侵权法律责任的国际条约，如《与贸易有关的知识产权协议》以及大部分国家的知识产权法，对于知识产权的侵权行为，主要对著作权侵权和商标侵权中的假冒注册商标追究刑事责任，而专利侵权和品种侵权主要承担行政责任和民事责任。为什么会对各类知识产权侵权行为规定不同类型的法律责任呢？主要是考虑到这些侵权行为侵犯的利益类型有所不同。严重的著作权侵权行为不但侵害著作权人的私人利益，还容易损害文化产业的发展。商标假冒行为除了损害商标权人的利益，还严重损害消费者利益和危害市场竞争秩序。品种权侵权与专利侵权类似，主要损害权利人的合法利益，基本不影响购买专利侵权产品或侵权种子的消费者利益。

对于知识产权侵权行为严重到何种程度才可以追究刑事责任必须有明确的法律依据。现行《刑法》在"第三章破坏社会主义秩序罪"的"第七节侵犯知识产权罪"明确规定了七种侵犯知识产权犯罪行为及其相应的刑事处罚，司法机关也相继出台一系列司法解释。最高人民法院《关于审理非法出版物刑事案件具体应用法律若干问题的解释》、最高人民法院、最高人民检察院《关于办理侵犯知识产权刑事案件具体应用法律若干问题的解释》、最高人民法院、最高人民检察院《关于办理侵犯知识产权刑事案件具体应用法律若干问题的解释（二）》以及最高人民法院、最高人民检察院、公安部、司法部《关于办理侵犯知识产权刑事案件适用法律若干问题的意见》，对有关侵犯知识产权的犯罪进行规制。除了对于专利、商标、著作权保护之外，还有一部分与知识产权相关的权利对象受到保护，比如对植物新品种的保护。将此类侵权也纳入到知识产权犯罪行为的范畴，如果情节严重的，应当追究刑事责任。

三 刑法保护知识产权的基本原则

一般来讲，依据调整对象、调整方式、法的本位、价值目标等标准的不同，刑法和知识产权法分属公法和私法。从知识产权保护的角度，基于知识产权侵权的二次违法性特征决定了刑法和知识产权法调整对象相同，刑法中关于知识产权犯罪的规定也需援引作为前置法的知识产权法的规定。刑法保护知识产权的基本原则既要综合考虑知识产权固有的基本原则，比如及时性原则，也要顾及刑法本身所具有的一些基本原则，比如谦抑性原则，此外，也不可忽略两法衔接所需遵循的整体法网严密性原则。

（一）保护及时性原则

众所周知，知识产权是人类在社会实践中对创造智力劳动成果享有的专有权利，知识产权以专有性、时间性、地域性为其三大特征。其中时间性和创新性紧密关联，即创新具有一定的期限性，只在法律规定期限内进行保护才具有意义。基于时间性特征的局限，各国法律对不同权利规定了不同的保护期限。过了一定的保护有效期，知识产权即失去了创新性，而创新性则是知识产权的核心价值。进入 21 世纪，科学技术的发展日新月异，新技术、新方法层出不穷，知识产权保护对象及权利内容随之不断扩展，比如大数据、云计算以及新的生物科技技术。借助于网络和新技术发展，新的知识产权侵权行为本身所具备的易扩散性、隐蔽性、专业性不断增强使得行政制裁和刑事打击的难度增加，不仅给知识产权法提出了保护难题，也对相对稳定且比较滞后的刑事法提出了新的挑战。面对日益猖獗和花样翻新的知识产权侵权行为，行政制裁和刑事打击必须要与时俱进，这样才能保护知识产权中的创新价值。因此在打击知识产权违法犯罪行为的过程中，一定要强调及时性原则才可以应对知识经济时代日新月异的高科技犯罪的挑战。对于在实践中因为技术更新造成严重危害社会的行为应及时纳入到行政和刑事规制调整范围。目前我国刑法对知识产权犯罪的规定仅涉及著作权、商标权、专利权和商业秘密等传统的知识产权类型，欠缺对其他新型知识产权的保护，例如地理标志、网络环境下的域名权、集成电路布图设计等。这些新型知识产权在相关国际公约中早有规定，且知识产权发达国家和地区已经进行了刑事立法保护。近年来，我国知识产权部门法也开始对这些新的知识产权类型进行规制和调整，唯有刑法没有及时介入，缺乏配套的刑事制裁措施，由此造成了法律保护不全面的状况。贯彻知识产权保护及时原则的基本要求就是修改和增加有关知识产权犯罪罪名、完善现有犯罪罪状，从而有效地打击新型的侵犯知识产权的犯罪。

（二）保护严密性原则

保护严密性原则的主要含义要求对保护知识产权违法犯罪的整体法网严密。法网严密的概念来自于储槐植教授提出的"严而不厉"的刑事政策。储槐植教授认为：法网不严有两层含义，一是整体刑事法网（整个犯罪圈）不严密，二是个罪法网（罪状）不严密。二者的共同点是该入罪的没有入罪或未能入罪。[①]"严密法网的主要价值在于使罪犯难逃法网，利于控制犯罪。法网有两层，整体法网和刑事法网，前者为后者的基础。整体法网泛指国家对社会事务的管理法规，管理出秩序，秩序是刑法追求的价值目标，又是畅通刑法机制的环境保障。从总体效用观察，严管胜于严打。刑事法网，包括刑事实体法和程序法以及行政执法。严密刑事法网在这些方面的调整主要取决于犯罪态势和刑事政策的变动。"[②] 知识产权犯罪属于典型的行政犯罪，对于行政犯罪，是基于行政违法的基础上更严重的危害社会的行为，达到了需要刑法规范的程度，因此行政犯罪是理论上的二次评价，第一层次是行政责任的评价，第二层次才是刑事责任的评价。从这种意义上来说，对于行政犯罪来说，行政法规的行政责任相当于设置了一道前置性的阻碍。在违法行为还没有足以达到承担刑事责任程度时，行政法规对这类行为进行了行政处罚，这种行为就不会进入到

---

① 储槐植：《再说刑事一体化》，《法学》2004 年第 3 期。

② 同上。

刑事意义的犯罪层面进行评价。因此，对于行政犯罪来说，对该行为完备的行政法规规制可以减少刑事意义上的犯罪。近些年随着我国科技的发展、知识经济的发达，侵犯知识产权的违法犯罪行为日益猖獗。造成这种态势的原因，除了刑事立法的不严密之外，我国对知识产权规制的各项行政法规不健全也是主要因素。贯彻知识产权犯罪的整体法网的"严而不厉"的理念有两层意思，第一层意见是整体法网的严密，整体法网严密是指国家应该完善规制知识产权违法行为的相关法律法规，比如说完善《著作权法》《专利法》《商标法》等法规，拓展知识产权的保护范围。第二层意思是完善知识产权犯罪的刑法规范体系。作为打击知识产权犯罪的主要依据，相关知识产权刑事法规在惩治该类犯罪中起到至关重要的作用。我国刑法对传统知识产权类型的权益保护不够严密，以著作权为例，刑法只是对著作权中的财产权进行保护，缺失对人身权的保护。不仅如此，刑法对著作邻接权的保护范围也过窄，根据刑法的规定，刑法仅保护图书出版人的专有出版权和录音录像制作者的复制发行权这两项邻接权，而表演者权以及广播电台、电视台的广播权则不受刑法保护。此外，前述提到了因技术革新出现的新型知识产权的保护，例如网络环境下的域名权、集成电路布图设计等也是目前刑事法网保护的真空地带。因而严密知识产权犯罪的刑事法网，合理适度地对知识产权侵权行为予以犯罪化，可以有效打击此类犯罪。

（三）保护谦抑性原则

刑法对知识产权保护的严密性原则更多的是强调刑法应该严密法网，规制那些新型的、现行刑法遗漏的严重侵犯知识产权的行为，做到必要的、适度的、合理的犯罪化。强调刑法保护的谦抑性原则是对于那些借助行政处罚即可完全得到权利救济的侵权行为则无须刑法的干预。刑法谦抑性是刑法本身应有之义，也是刑法理应追求的价值目标。刑法谦抑性的渊源来自于英国哲学家边沁的主张，集功利主义于大成的边沁从刑罚功利性目的出发，主张刑法应保持谦抑性，边沁认为："刑罚的本质是痛苦，只有当刑罚达到好的结果超过犯罪造成的恶害时，刑罚才是公正合理的"。[①] 随着理论研究的深入，刑法学界逐渐认识到，刑法的作用是

---

① 参见［英］吉米·边沁《立法理论——刑法典原理》，中国人民公安大学出版社1993年版，第68页。

有限的，作为法律最后保障法的刑法应在其他法律规范不足以抑制的时候才可适时出现。学者林山田认为："刑罚之界限应该是内缩的，而不是外张的，刑罚应该是国家为达到其保护法益与维持法秩序的'最后手段'。能够不使用刑罚，而以其他手段能够达到维护社会共同生活秩序及保护社会与个人法益的目的时，则务必放弃刑罚的手段。"① 张明楷教授认为："刑法谦抑性指刑法应根据一定规则控制处罚范围与处罚程度，即凡是适用其他法律足以抑制某种违法行为，足以保护合法权益时，就不要将其规定为犯罪；凡是适用较轻的制裁方法就足以抑制某种犯罪行为，足以保护合法权益时，就不要规定较重的制裁方法。"② 这些理论都说明，作为保障社会法律的刑法应强调其最后性、补充性和紧缩性，有意识地缩减刑法的规模，减少刑法对社会生活不必要的干预。

　　知识产权及与知识产权相关的行为属于经济领域行为，刑法对经济行为的干涉更应贯彻谦抑精神。知识产权是无形的财产权，属于私权的一种，保护的是那些具有创新激励的精神利益。除了私权属性之外，知识产权又具有公共利益属性，知识产权人为实现私人利益可能与公共利益目标相违背，社会公众从知识产权中受益不应付出不合理的高昂代价，所以不能只就两种冲突的利益（权利人的利益和公共利益）之一进行保护，而是需要在知识产权法中就知识产权人利益和社会整体利益之间维持平衡和协调，以实现知识产权法的根本目的——促进国家经济、科技和文化的发展与社会的进步。因此从这一层面来讲，刑法对知识产权的保护体现谦抑性是应有之义。③ 谦抑性原则在知识产权刑事立法层面的体现就是要考虑到知识产权经济犯罪的属性，考虑到其专有权利和公共利益的属性，考虑犯罪发生的社会原因和经济原因，对知识产权的保护应穷尽民事、行政的手段仍解决不了问题的时候，刑法才应出手进行保护。下面以专利侵权为例，具体说明刑法谦抑性原则在知识产权保护中的体现，《刑法》在分则中只规定了假冒专利罪，却没有对专利权本身侵权进行刑事立法保护。有学者主张既然知识产权法对商标权、著作权都进行保护，在刑事层面也应体现同等保护，故应增设"专利侵权

① 参见林山田《刑罚学》，（台北）商务印书馆1985年版，第128页。
② 张明楷：《论刑法谦抑性》，《法商研究》1995年第4期。
③ 参见雷山漫、林亚纲《论知识产权刑法保护的基本原则》，《法学杂志》2013年第10期。

罪"。这种主张有违谦抑性原则。一般来说，专利侵权行为作为一种侵犯财产权的违法行为，如果情节严重的话，应该追究行为人的刑事责任。但世界上大部分国家的专利法并没有对此类违法行为追究刑事责任，TRIPS 协议也没有为 WTO 成员国设立要求对专利侵权行为给予刑事保护的最低义务。为什么世界各国没有对专利侵权行为追究刑事责任呢？因为专利权不同于面向公众的商标权和著作权，这与专利权本身的特征相关。首先，专利权是一种被推定有效的权利。专利权是发明者就其技术发明所享有的法律明文规定的一系列权利。专利权的获得，必须以国家专利机关对相关发明所覆盖的技术进行审查，即对申请专利保护的技术新颖性、创造性和实用性，根据出版物对相关技术的记载情况和相关技术的公知公用情况进行审查。根据检索的所有信息，专利审查员如果认为相关的技术发明符合专利授权要件的，则授予专利证书；如果认为相关的技术发明不符合专利授权要件的，则驳回专利申请。从客观方面来说，专利审查员事实上无法穷尽所有关于相关技术发明的信息，因此只能根据一定期限内，一定条件下收集的信息对相关技术发明的新颖性和创造性进行判断，具有不可避免的局限性。从主观方面来说，专利审查员对相关技术的判断，难免出现主观上的失误，同时专利申请人在申请专利的过程中，会有意无意地隐瞒一些情况。为了确保专利权授予真正的发明，世界各国的专利制度中均涉及了专利权的无效程序，即专利是否授予给真正的技术发明，必须接受第三人的挑战。也就是说，相关专利在特定情况下，有可能被第三人通过专利无效程序宣告无效。从世界各国的实践来看，无论是在美国、欧洲还是日本，均有数量不少的专利被宣告无效，或者需要修改专利保护范围。中国过去的专利保护实践同样也证明这一点。其次，专利侵权行为主要侵害的只是专利权人的经济利益。专利侵权具有严格的界定，只有行为人在被控侵权的产品或方法中，未经许可利用了专利所覆盖的技术发明，才构成专利侵权行为。也就是说，单纯的专利侵权仅涉及侵权人未经许可利用了专利技术的行为，"侵犯专利权所涉及的仅仅是专利权人个人的利益，不存在相关产品或者方法假冒伪劣的问题，不涉及对于社会公共利益的侵犯"。①如果将严重的专利侵权行为定为刑事犯罪，就必须在司法程序能够保障其

① 参见李明德《知识产权法》第二版，法律出版社 2014 年版，第 190 页。

所侵犯的权利是一项确定的权利，从目前的专利保护实践来看，除了会出现诉讼程序的无限延长外，仍然有可能无法证明相关专利权的绝对性，"为了充分保障人权，同时节约司法资源，暂不规定专利侵权的刑事责任是明智的"①。我国台湾地区2003年也将本来已经规定的侵害专利行为刑法罪名完全除罪化，这些都是贯彻谦抑性原则的最好体现。

第二节　刑法对具体知识产权犯罪的规制

尽管不是所有的知识产权侵权行为都应追究刑事责任，但刑法为知识产权所提供最为严格的保护，是对知识产权侵权行为最有效的遏制和指引。因此，适度利用刑事保护手段，能够较好地保障知识产权人的合法利益以及规范涉及知识产权的市场行为和竞争秩序。

一　刑法对著作权领域犯罪行为的规制

著作权侵权行为不但侵害著作权人的私人利益，还容易损害文化产业的发展。众所周知，几乎所有著作权保护的作品都直接暴露于公共领域，任何人都可以采取较为简单的手段获得作品并加以复制。例如只要拥有一台复印机就可以复制出大量的与原作品完全相同的作品复制件，不仅成本低廉，而且复制的速度很快，尤其在电子环境下，这种复制的数量和速度更加惊人。例如，一部投资过亿的电影，如果被非法传上互联网供下载，仅仅数小时就完全有可能导致电影投资人所有投资血本无归，甚至可能导致投资者破产。因此，这些非法复制行为对作者原创动力、著作权人的经济利益以及整个国家文化产业的发展造成损害是极其巨大的。因此，世界各国将严重的著作权侵权行为纳入刑法的调整范围，TRIPS协议也明确要求世界知识产权组织成员应当为以商业性规模故意假冒他人商标和盗版的情形，规定刑事程序和刑罚措施。②

在我国，著作权侵权犯罪主要包括侵犯著作权罪和销售侵权复制品罪两种。另外，根据《计算机软件保护条例》（2001年修订）的相关规定，侵犯计算机软件著作权触犯刑律的，依照刑法关于侵犯著作权罪、销售侵

---

① 参见王迁《知识产权法教程》第四版，中国人民大学出版社2014年版，第374页。
② TRIPS Article 61.

权复制品罪的规定，追究刑事责任。

（一）侵犯著作权的刑事责任

根据《刑法》第 217 条规定，以营利为目的，实施下列行为：（1）未经著作权人许可，复制发行其文字作品、音乐、电影、电视、录像作品、计算机软件及其他作品的；（2）出版他人享有专有出版权的图书的；（3）未经录音录像制作者许可，复制发行其制作的录音录像的；（4）制作、出售假冒他人署名的美术作品的，违法所得数额较大或者有其他严重情节的，或者违法所得数额巨大或者有其他特别严重情节的，构成侵犯著作权罪。其中，违法所得数额较大或者有其他严重情节的，处三年以下有期徒刑或者拘役，并处或者单处罚金；违法所得数额巨大或者有其他特别严重情节的，处三年以上七年以下有期徒刑，并处罚金。

根据最高人民法院《关于审理非法出版物刑事案件具体应用法律若干问题的解释》的规定，以营利为目的，实施《刑法》第 217 条所列侵犯著作权行为之一，个人违法所得数额在五万元以上，单位违法所得数额在二十万元以上的，属于"违法所得数额较大"；具有下列情形之一的，属于"有其他严重情节"：（1）因侵犯著作权曾经两次以上被追究行政责任或者民事责任，两年内又实施《刑法》第 217 条所列侵犯著作权行为之一的；（2）个人非法经营数额在二十万元以上，单位非法经营数额在一百万元以上的；（3）造成其他严重后果的。以营利为目的，实施《刑法》第217 条所列侵犯著作权行为之一，个人违法所得数额在二十万元以上，单位违法所得数额在一百万元以上的，属于"违法所得数额巨大"；具有下列情形之一的，属于"有其他特别严重情节"：（1）个人非法经营数额在一百万元以上，单位非法经营数额在五百万元以上的；（2）造成其他特别严重后果的。该解释还对《刑法》第 217 条第（1）项中规定的"复制发行"作出明确解释，是指行为人以营利为目的，未经著作权人许可而实施的复制、发行或者既复制又发行其文字作品、音乐、电影、电视、录像作品、计算机软件及其他作品的行为。

（二）销售侵权复制品的刑事责任

《刑法》第 218 条规定，以营利为目的，销售明知是通过侵犯著作权行为获得的侵权复制品，违法所得数额巨大的，构成销售侵权复制品罪，处三年以下有期徒刑或者拘役，并处或者单处罚金。最高人民法院《关于审理非法出版物刑事案件具体应用法律若干问题的解释》的规定对该罪的起刑点作出了明确解释：以营利为目的，实施《刑法》第 218 条规定的行为，个人违法所得数额在十万元以上，单位违法所得数额在五十万元以上的，依照《刑法》第 218 条规定，以销售侵权复制品罪定处罚。此外，行为人实施了侵犯著作权犯罪，又销售该侵权复制品，构成犯罪的，以侵犯著作权罪定罪处罚。行为人实施了侵犯著作权犯罪，又销售明知是他人的侵权复制品，构成犯罪的，应当实行数罪并罚。

二　刑法对商标领域犯罪行为的规制

假冒注册商标罪是商标领域核心的犯罪行为。为了更好地打击和遏制假冒注册商标的犯罪行为，现行《商标法》和《刑法》将销售假冒注册商标的商品和非法制造、销售非法制造的注册商标标识的行为，一并纳入追究刑事责任的范围。假冒注册商标是指未经商标所有人许可，在同一种商品上使用与其注册商标相同的商标。假冒注册商标，首先是一种商标侵权行为，但不是所有的商标侵权行为都属于假冒注册商标。对于假冒注册商标以外的其他商标侵权行为，由于其主要侵犯的是商标权人的经济利益，因此通常仅追究行为人的民事责任或者行政责任。如未经商标注册人的许可，在同一种商品上使用与其注册商标近似的商标，或者在类似商品上使用与其注册商标相同或者近似的商标，容易导致混淆的，通常只追究行为人的民事责任或行政责任。假冒注册商标，尤其是大规模的、情节严重的商标假冒行为，不但严重损害商标权人的合法利益，而且也损害了社会公众（消费者）的合法权益，对市场竞争秩序产生恶劣影响。因为商标是指示商品或服务来源的标识，一旦这种标识出现混乱，将严重影响消费者对相关商品或服务的认知，同时也影响相关商品或服务提供者的正当竞争的权益。基于上述考虑，世界大部分国家都规定了严重的假冒注册商标行为，应追究刑事责任。TRIPS 协议也明确要求 WTO 成员国有义务为对商业性规模的故意假冒他人注册商标的行为追究刑事责任。

（一）假冒注册商标的刑事责任

根据《刑法》第 213 条的相关规定，未经注册商标所有人许可，在同一种商品上使用与其注册商标相同的商标，情节严重的，处三年以下有期徒刑或者拘役，并处或者单处罚金；情节特别严重的，处三年以上七年以下有期徒刑，并处罚金。最高人民法院、最高人民检察院《关于办理侵犯知识产权刑事案件具体应用法律若干问题的解释》对什么是"情节严重的"和"情节特别严重的"作了具体界定。根据该司法解释，"情节严重的"是指：（1）非法经营数额在 5 万元以上或者违法所得数额在 3 万元以上的；（2）假冒两种以上注册商标，非法经营数额在 3 万元以上或者违法所得数额在 2 万元以上的；（3）其他情节严重的情形。"情节特别严重的"是指（1）非法经营数额在 25 万元以上或者违法所得数额在 15 万元以上的；（2）假冒两种以上注册商标，非法经营数额在 15 万元以上或者违法所得数额在 10 万元以上的；（3）其他情节特别严重的情形。这里的"相同的商标"，是指与被假冒的注册商标完全相同，或者与被假冒的注册商标在视觉上基本无差别、足以对公众产生误导的商标。"使用"是指将注册商标或者假冒的注册商标用于商品、商品包装或者容器以及产品说明书、商品交易文书，或者将注册商标或者假冒的注册商标用于广告宣传、展览以及其他商业活动等行为。

（二）销售假冒注册商标商品的刑事责任

销售明知是假冒注册商标的商品，销售金额数额在 5 万元以上的，属数额较大，处三年以下有期徒刑或者拘役，并处或者单处罚金；销售金额数额在 25 万元以上，属数额巨大，处三年以上七年以下有期徒刑，并处罚金。最高人民法院、最高人民检察院《关于办理侵犯知识产权刑事案件具体应用法律若干问题的解释》明确，"销售金额"是指销售假冒注册商标的商品后所得和应得的全部违法收入，同时指出，具有下列情形之一的，应当认定为"明知"：（1）知道自己销售的商品上的注册商标被涂改、调换或者覆盖的；（2）因销售假冒注册商标的商品受到过行政处罚或者承担过民事责任、又销售同一种假冒注册商标的商品的；（3）伪造、涂改商标注册人授权文件或者知道该文件被伪造、涂改的；（4）其他知道或者应当知道是假冒注册商标的商品的情形。

（三）非法制造、销售非法制造的注册商标标识的刑事责任

伪造、擅自制造他人注册商标标识或者销售伪造、擅自制造的注册商标标识，情节严重的，处三年以下有期徒刑、拘役或者管制，并处或者单处罚金；情节特别严重的，处三年以上七年以下有期徒刑，并处罚金。这里的"情节严重"是指，（1）伪造、擅自制造或者销售伪造、擅自制造的注册商标标识数量在 2 万件以上，或者非法经营数额在 5 万元以上，或者违法所得数额在 3 万元以上的；（2）伪造、擅自制造或者销售伪造、擅自制造 2 种以上注册商标标识数量在 1 万件以上，或者非法经营数额在 3

万元以上，或者违法所得数额在 2 万元以上的；（3）其他情节严重的情
形。"情节特别严重"是指：（1）伪造、擅自制造或者销售伪造、擅自制
造的注册商标标识数量在 10 万件以上，或者非法经营数额在 25 万元以
上，或者违法所得数额在 15 万元以上的；（2）伪造、擅自制造或者销售
伪造、擅自制造 2 种以上注册商标标识数量在 5 万件以上，或者非法经营
数额在 15 万元以上，或者违法所得数额在 10 万元以上的；以及（3）其
他情节特别严重的情形。

行为人实施了假冒注册商标犯罪，又销售该假冒注册商标的商品，构
成犯罪的，以假冒注册商标罪定罪处罚。行为人实施了假冒注册商标犯
罪，又销售明知是他人的假冒注册商标的商品，构成犯罪的，应当实行数
罪并罚。

三　刑法对专利领域犯罪行为的规制

我国知识产权法对严重的著作权侵权行为和商标假冒行为规定了刑事
责任，但是没有为严重的专利权侵权行为规定刑事责任。在专利保护领
域，主要是假冒专利和泄露国家秘密这两类违法行为，情节严重的，有可
能追究刑事责任。

（一）假冒专利的刑事责任

根据现行《专利法》第 63 条规定，"假冒专利的，除依法承担民事责
任外，由管理专利工作的部门责令改正并予公告，没收违法所得，可以并
处违法所得四倍以下的罚款；没有违法所得的，可以处二十万元以下的罚
款；构成犯罪的，依法追究刑事责任"。《刑法》第 216 条明确规定了"假
冒专利罪"，即假冒他人专利，情节严重的，处三年以下有期徒刑或者拘
役，并处或者单处罚金。那么什么是假冒专利的行为呢？最高人民法院、
最高人民检察院《关于办理侵犯知识产权刑事案件具体应用法律若干问题
的解释》第 10 条对"假冒他人专利"的行为作了列举，包括：（1）未经
许可，在其制造或者销售的产品、产品的包装上标注他人专利号的；（2）
未经许可，在广告或者其他宣传材料中使用他人的专利号，使人将所涉及
的技术误认为是他人专利技术的；（3）未经许可，在合同中使用他人的专
利号，使人将合同涉及的技术误认为是他人专利技术的；（4）伪造或者变
造他人的专利证书、专利文件或者专利申请文件的。从上述规定可以看
出，现行《专利法》上的"假冒专利"与《刑法》和相关司法解释所规

定的"假冒他人专利"之间，存在一定的差别。这是由于《专利法》在2008年进行修订时，将原《专利法》规定的"假冒他人专利"和"冒充专利"的行为合并为"假冒专利"。"假冒他人专利"是指未经专利权人许可而在自己制造或者销售的产品、产品包装、或者广告及宣传材料中，或者合同中标注他人的专利号的情形，也就是最高人民法院、最高人民检察院《关于办理侵犯知识产权刑事案件具体应用法律若干问题的解释》第10条所列举的情形。有学者认为，"所谓假冒他人专利，是指既侵犯他人的专利权，又侵犯他人的专利标记权而言"[①]，这种观点是值得商榷的。虽然从理论上来说，确实存在专利侵权与假冒他人专利行为竞合的情形，但从根本上来说，追究刑事责任的根本原因在于行为人的产品或方法没有获得相应的专利，而标注他人的专利号。"冒充专利"是指通常以编造的专利标记和号码，使非专利产品冒充专利产品，非专利方法冒充专利方法。对于此类行为，主要由专利管理部门责令改正和处以罚款。因此，虽然现行《专利法》规定假冒专利构成犯罪的，追究刑事责任，实际上只有"假冒他人专利"的行为，情节严重的，才可以追究刑事责任。

如何来判断何种情况下的假冒他人的专利行为构成情节严重呢？根据最高人民法院、最高人民检察院《关于办理侵犯知识产权刑事案件具体应用法律若干问题的解释》第4条的规定，假冒他人专利，具有下列情形之一的，属于《刑法》第216条规定的"情节严重"，应当以假冒专利罪判处三年以下有期徒刑或者拘役，并处或者单处罚金：（1）非法经营数额在20万元以上或者违法所得数额在10万元以上的；（2）给专利权人造成直接经济损失50万元以上的；（3）假冒两项以上他人专利，非法经营数额在10万元以上或者违法所得数额在5万元以上的；（4）其他情节严重的情形。单位犯该罪的，对单位判处罚金，并对其直接负责的主管人员和其他直接责任人员进行上述处罚。同时，该司法解释对"非法经营数额"作了解释，"是指行为人在实施侵犯知识产权行为过程中，制造、储存、运输、销售侵权产品的价值。已销售的侵权产品的价值，按照实际销售的价格计算。制造、储存、运输和未销售的侵权产品的价值，按照标价或者已经查清的侵权产品的实际销售平均价格计算。侵权产品没有标价或者无法查清其实际销售价格的，按照被侵权产品的市场中间价格计算。多次实施

---

① 参见汤宗舜《专利法教程》第三版，法律出版社2003年版，第251页。

侵犯知识产权行为，未经行政处理或者刑事处罚的，非法经营数额、违法所得数额或者销售金额累计计算"。至于单位实施《刑法》第213条至第216条规定的行为，则按照该解释规定的相应个人犯罪的定罪量刑标准的三倍定罪量刑。

由上述规定可知，假冒专利罪的犯罪主体是一般主体，可以是具有刑事责任能力的个人，也可以是单位。标注他人专利号是构成假冒专利，可以追究刑事责任的必要条件，因此犯罪主体必须具有标注他人专利号的故意。实践中，行为人制造或生产的产品或方法没有获得专利保护，但在产品及其相关包装上标注了专利号通常就可以推定该行为人存在主观故意，除非其可以证明只是标错了专利号而已。在产品及其包装上标注他人专利号的行为，一方面让社会公众对相关的产品产生混淆，另一方面在一定程度上或多或少地损害专利权人的合法权益。因此，追究假冒专利行为的刑事责任，主要是从维护社会公共利益的角度出发的，而不仅仅为了维护专利权人的利益。

（二）专利申请中泄露国家秘密的刑事责任

泄露国家秘密罪虽然不属于《刑法》第三章第七节规定的"侵犯知识产权罪"的范围，但涉及专利申请中的某些特殊问题，因此作一简要介绍。通常来说，专利权的获得，必须以相关技术发明在专利申请文献中进行充分披露为条件，也就是说专利技术是一项公开的技术。但是某些专利技术会涉及国家的安全和重大经济利益，因此世界各国都存在某些关于专利披露的特殊规定。比如，现行《专利法》第4条规定，申请专利的发明创造涉及国家安全或者重大利益需要保密的，按照国家有关规定办理。所谓国防专利，是指涉及国防利益以及对国防建设具有潜在作用需要保密的发明专利。国防专利的申请、审查和授权，以及管理、保护和利用均依据1990年制定、2004年修订的《国防专利条例》相关规定进行。按照该条例，如果有违反规定，泄露国家秘密的，依照《中华人民共和国保守国家秘密法》相关规定处理。

专利申请中涉及泄露国家秘密的，还有一个向国外申请专利的问题。通常来说，技术发明者可以在中国申请专利保护，也可以向外国申请专利保护，但在某些特殊情况下，国家需要对向外国申请专利的技术进行审查，避免涉及国家安全或重大经济利益的发明公开给外国人，因此《专利法》规定，任何单位或者个人将在中国完成的发明或者实用新型向外国申请专利的，应当事先报经国务院专利行政部门进行保密审查。保密审查的程序、期限等按照国务院的规定执行。如果违反规定向外国申请专利，泄露国家秘密，构成犯罪的，依法追究刑事责任。对于专利申请中出现的泄露国家秘密的行为，其犯罪构成和定罪量刑，应适用《刑法》第398条泄露国家秘密罪的所有规定。

四 刑法对商业秘密领域犯罪行为的规制

商业秘密作为企业发展的核心竞争力，对企业规模拓展和技术进步起到关键作用。近年来，商业秘密侵权的案件日益增多，世界各国针对商业秘密案件普遍给予了行政和刑事保护。在我国，商业秘密作为一种特殊的知识产权，在知识产权法中是与商标权、专利权、著作权受到同等保护的，由此也凸显了其作为无形资产的重要性。1993年颁布的《反不正当竞争法》第10条即提出了商业秘密侵权的概念；2017年11月4日，全国人大修订的《反不正当竞争法》又在第9条第3款对商业秘密的概念作了进一步修订：本法所称的商业秘密，是指不为公众所知悉、具有商业价值并经权利人采取相应保密措施的技术信息和经营信息。我国《刑法》则在第291条专门设立侵犯商业秘密罪据以定罪量刑，其中犯罪构成的关键是对于"商业秘密"的准确界定以及对于入罪门槛"损失数额"的具体认定。不过《刑法》中关于"商业秘密"的界定是否可以援引《反不正当竞争法》中关于"商业秘密"的界定，还缺乏明确的立法和司法解释。

（一）侵犯商业秘密保护的刑事责任

我国早在1993年就颁布了《反不正当竞争法》，该法在第10条规定了商业秘密侵权，并采用列举的方式明确了侵犯商业秘密的三种情形：（1）以盗窃、利诱、胁迫或者其他不正当手段获取权利人的商业秘密；（2）披露、使用或者允许他人使用以前项手段获取权利人的商业秘密；（3）违反约定或者违反权利人有关保守商业秘密的要求，披露、使用或者允许他人使用其所掌握的商业秘密。第三人明知或者应知前款所列违法行为，获取、使用或者披露他人的商业秘密，视为侵犯商业秘密。与此同时，该法将"商业秘密"界定为"不为公众所知悉、能为权利人带来经济利益、具有实用性并经权利人采取保密措施的技术信息和经营信息"。2017年11月4日，全国人大修订了《反不正当竞争法》，其第 9 条涉及商业秘密的规定，其中前两款关于侵权方式的表述与修订前法律基本一致，只是在第三款对于商业秘密的定义作了修订。其实，不管是 1993 年还是最新修订的《反不正当竞争法》都没有给商业秘密一个明晰的内涵和外延。考虑到法律抽象概括带来的局限性，1995 年国家工商行政管理局出台的《关于禁止侵犯商业秘密行为的若干规定》对 1993 年出台的《反不当竞争法》第 10 条第三款的商业秘密概念作出了详细解释，明确规定：本规定所称商业秘密，是指不为公众所知悉、能为权利人带来经济利益、具有实用性并经权利人采取保密措施的技术信息和经营信息。第二款则对"不为公众所知悉""为权利人带来经济利益""权利人采取保密措施""技术信息和经济信息""权利人"等关键词分别作了解释。2017 年修订《反不正当竞争法》后尚未出台新的司法解释对"商业秘密"范围作出界定。以上都是从反不正当竞争法的视角对商业秘密的界定。刑法侵犯商业秘密罪中关于"商业秘密"侵权类型的罗列基本沿袭了反不正当竞争法的规定。然而刑法中的"商业秘密"和反不正当竞争法中所确立的"商业秘密"的内涵和外延是否一致并不明确，这就需要分析商业秘密在行政法和刑法中的立法定位和司法认定。遵照刑法谦抑性原则的基本内涵，刑法和反不正当竞争法对商业秘密的保护应有所差别，因此应对刑法中商业秘密的外延作限制解释。同时，"关于民事权益的保护应树立促进、保护、救济和惩戒的递进式的实现顺序，促进、保护和救济目的应优于惩戒目的，只有在实现前目的有碍的情况下才允许后目的的实现，后目的的实现是为了给前目的的实现消除障碍，提供保障。刑罚所能带来的效果存在于惩戒目的的实现中，与同样存在于惩戒目的的实现中的惩罚性赔偿和行政处罚相比，刑罚少了救济和效率的价值，具有更纯粹的惩戒意义。而效率和救济这些更具经济意义的价值可能更适应市场经济解决纠纷的要求，因此刑罚应具有最后性和保留性"。① 由此对商业秘密侵权行为应采取民事责任、行政责任、刑事责任层层递进协调一致的规制体系。其中刑事责任只应在民事责任、行政责任不足以充分保障的情况下才会出现，而不应将刑事责任的追究放在对商业秘密侵权保护打击的第一线，毕竟刑法只对具有严重社会危害性的行为才进行矫正。这也为民事和行政法律责任规制轻微和较重的

① 徐启明、孔祥参：《侵犯商业秘密罪的立法定位与司法认定》，《政法学刊》2011 年第 4 期。

商业秘密侵权行为留有空间。因此对于商业秘密外延的界定，在刑事法领域应比行政法领域限定更为严格。这符合刑法谦抑性原则的应有之义，也符合刑法最后保障法的根本定位。

（二）侵犯商业秘密"损失数额的认定"问题

最高人民法院和最高人民检察院在 2004 年出台的《关于办理侵犯知识产权刑事案件具体应用法律若干问题的解释》第 7 条中规定：实施《刑法》第 219 条规定的行为之一，给商业秘密的权利人造成损失数额在五十万元以上的，属于"给商业秘密的权利人造成重大损失，应当以侵犯商业秘密罪判处 3 年以下有期徒刑或者拘役，并处或者单处罚金"。第二款又规定：给商业秘密的权利人造成损失数额在二百五十万元以上的，属于《刑法》第 219 条规定的"造成特别严重后果"，应当以侵犯商业秘密罪判处三年以上七年以下有期徒刑，并处罚金。

按照 2010 年最高人民检察院、公安部《关于公安机关管辖的刑事案件立案追诉标准的规定（二）》第 73 条之规定：侵犯商业秘密，涉嫌下列情节之一的，应予立案追诉：（1）给商业秘密权利人造成损失数额在五十万元以上的；（2）因侵犯商业秘密违法所得在五十万元以上的；（3）致使商业秘密权利人破产的；（4）其他给商业秘密权利人造成重大损失的情形。

由此可见，侵犯商业秘密的犯罪虽然和侵犯商标、专利以及著作权犯罪一样，都属于数额犯，需要达到一定损失数额才能构成此类犯罪，但是与知识产权其他三类犯罪对于数额要求不同，侵犯商业秘密罪要求损失数额达到五十万元以上才应予立案追诉，而商标、专利以及著作权犯罪都只要求损失数额五万元以上即可达到入罪标准。为什么刑法对商标、专利及著作权保护的入罪门槛更低呢？这主要是因为专利、著作权、商标权有专门的行政法予以保护，且获得权利需要具备一定实质要件及履行必要的程序。相较于商业秘密，专利权、著作权、商标权是更高形式和更规范的知识产权，刑法对其的保护必然更为严格。相反，侵犯商业秘密犯罪的数额计量标准是给权利人造成损失数额，必须达到重大损失以及特别重大损失时才会纳入刑法惩治的考量对象。

五　刑法对植物新品种领域犯罪行为的规制

我国《植物新品种保护条例》主要对假冒授权品种，以及县级以上人民政府农业、林业行政部门及相关部门的工作人员滥用职权、玩忽职守、徇私舞弊、索贿受贿的行为，规定要追究刑事责任。关于滥用职权、玩忽职守、徇私舞弊、索贿受贿的行为，如何追究刑事责任，根据《刑法》相关规定即可。在《种子法》（2015）修订过程中，为遏制品种权侵权严重的发展态势，不少人提出应对品种权侵权行为追究刑事责任，虽然《种子法》没有规定相关条款，最近农业部拟启动《植物新品种保护条例》的修订，又有不少声音要求对严重的品种权侵权行为追究刑事责任。实践中，通常会出现品种权侵权与生产销售假种子行为的竞合，为了更好地厘清植物新品种保护领域的犯罪问题，下文将对上述两种违法行为的刑事责任问题予以讨论。

（一）生产销售假种子的刑事责任

近年来，实践中普遍存在一种品种套牌销售的问题，这也是很多人认为需要对品种权侵权行为追究刑事责任的理由。所谓品种套牌销售，实际上是品种权侵权和假冒品种的竞合行为。举个例子来说，A品种为品种权人甲拥有的授权品种，乙未经许可以B品种名称生产销售A品种的行为，乙的行为构成品种套牌销售。在这种情况下，被控侵权人应同时承担品种权侵权和生产销售假种子的法律责任，即在承担相应行政责任或刑事责任的同时，还应向权利人承担损害赔偿责任。但必须强调的是，被控侵权人之所以要承担刑事责任，不是由于其实施了品种权侵权行为，而是由于其生产销售了假种子（用B品种名称生产销售A品种的种子）。下面专门就生产销售假种子行为的刑事责任问题展开探讨。

实践中，生产销售假种子的行为，除了会与品种权侵权行为出现竞合外，还有可能与假冒他人授权品种或者以非授权品种冒充授权品种的情形。比如，行为人甲以B授权品种的名称销售A品种的繁殖材料，如果B品种为他人拥有的真实存在的授权品种名称，则甲的行为构成假冒他人授权品种；如果B品种为无中生有的授权品种名称，则甲的行为构成冒充授权品种。当然还会出现，行为人甲以自己拥有的B授权品种的名称销售A品种的繁殖材料，此时，其行为也构成假冒授权品种。行为人甲的上述三种行为，不会构成品种权侵权，但是构成《种子法》中销售假种子的行为，同时与假冒他人授权品种或者冒充授权品种的行为竞合。当然，如果行为人甲以品种B（非授权品种）生产销售品种A（非授权品种），同样构成生产销售假种子的行为。因为，根据《种子法》规定，以非种子冒充种子或者以此种品种种子冒充他种品种种子的，以及种子种类、品种、产地与标签标注的内容不符的种子，均为假种子，销售假种子的行为，情节严重的，可追究刑事责任。

根据《刑法》第 147 条规定，销售明知是假的或者失去使用效能的种子，或者生产者、销售者以不合格的种子冒充合格的种子，使生产遭受较大损失的，处三年以下有期徒刑或者拘役，并处或者单处销售金额百分之五十以上二倍以下罚金；使生产遭受重大损失的，处三年以上七年以下有期徒刑，并处销售金额百分之五十以上二倍以下罚金；使生产遭受特别重大损失的，处七年以上有期徒刑或者无期徒刑，并处销售金额百分之五十以上二倍以下罚金或者没收财产。实践中，只有使生产遭受较大损失的，才构成本罪。如果没有使生产遭受较大损失的，就不构成本罪。但是，根据《刑法》第 149 条规定，如果销售假冒种子的行为，没有对生产造成较大损失的，但销售金额在五万元以上的，将根据《刑法》第 140 条销售伪劣产品罪追究行为人的刑事责任。刑法还同时规定，如果销售假冒种子，构成销售假冒种子罪，同时又构成销售伪劣产品罪的，依照处罚较重的规定定罪处罚。从《刑法》上述规定内容可以看出，相关违法行为需要追究刑事责任的前提是该违法行为必须严重损害社会公共利益或者国家对相关社会关系的管理。也正是基于此种考虑，刑法要求只有那些使生产遭受较大损失的销售假种子的行为，才能追究刑事责任。

（二）假冒授权品种的刑事责任

假冒授权品种的，尽管《植物新品种保护条例》没有进行更细的区分，但应包括假冒他人授权品种和冒充授权品种两种行为。假冒他人授权品种，或者冒充授权品种的，在实践中也可能与品种权侵权或者生产销售假种子的行为产生竞合，但就单纯的假冒授权品种来说，根据现行《种子法》第 73 条第六款规定，假冒授权品种的，由县级以上人民政府农业、林业主管部门责令停止假冒行为，没收违法所得和种子；货值金额不足五万元的，并处一万元以上二十五万元以下罚款；货值金额五万元以上的，并处货值金额五倍以上十倍以下罚款。尽管现行《种子法》第 91 条规定，违反本法规定，构成犯罪的，依法追究刑事责任，但目前刑法及其相关的司法解释尚未对假冒授权品种行为规定相应的刑事责任，因此可以认为，中国目前仅为假冒授权品种的行为设置了责令停止侵权、没收和罚款的行政法律责任，而没有设置刑事责任。《种子法》所规定的假冒授权品种的法律责任，与《植物新品种保护条例》第 40 条的规定，"假冒授权品种的，情节严重，构成犯罪的，依法追究刑事责任"相比，在刑事责任的问题，态度更加明确，就是没有设置刑事责任。

第三节 刑法与知识产权法衔接存在的问题及完善

一 刑法和知识产权法衔接中的主要问题

刑法中有关知识产权犯罪的刑事责任追究是以知识产权法中侵权行为的规定为基础，也即以知识产权法中的侵犯商标权、著作权、专利权的具体范畴作为基础，侵权达到一定严重程度即构成犯罪，归属刑事责任调控的范畴。然而不管是在立法层面还是在司法层面，现有的刑法和知识产权法在行政违法与刑事犯罪的范畴界定及衔接上均存在一定问题，下面主要以刑法与著作权法的衔接为例详细说明。

（一）刑法和知识产权法在调整对象方面衔接不畅

根据《著作权法》第 3 条规定，该法调整对象包括以下列形式创作的文学、艺术和自然科学、社会科学、工程技术等作品：文字、口述作品，音乐、戏剧、曲艺、舞蹈、杂技艺术作品，美术、建筑作品，摄影作品，电影作品和以类似摄制电影的方法创作的作品，工程设计图、产品设计图、地图、示意图等图形作品和模型作品，计算机软件以及法律、行政法规规定的其他作品。而《刑法》第 217 条第 1 项规定侵犯著作权犯罪的调整对象是"文字作品、音乐、电影、电视、录像作品、计算机软件及其他作品。"显然《著作权法》第 3 条"作品"大于《刑法》第 217 条第 1 项"作品"的范围。虽然《刑法》第 217 条第 1 项中有"其他作品"表述，但这个"其他作品"是否包括《著作权法》第 3 条"其他作品"并没有明确立法规定。有的学者对此解释是："《刑法》第 217 条第 1 项关于'其他作品'的规定，本身在立法技术上就为以后行为对象的扩大预留了空间，可以将其与《著作权法》第 3 条的规定对应起来，理解为《著作权法》第 3 条规定的九大类作品中，属于未被《刑法》第 217 条第 1 项列举的其他作品。"[1] 这种对法律并无明文规定而学者却想当然的将其"理解"

---

[1] 罗曦：《论著作权刑事保护范围——基于〈著作权法〉与〈刑法〉的比较分析》，《知识产权》2014 年第 10 期。

为一致对应，明显违反罪刑法定原则。从这里可以看出，《刑法》第217条第1项"作品"和《著作权法》第3条中的"作品"并不能等同，其在衔接上存在极大漏洞，由此造成司法实践中对于同等的"作品"不能得到同样的刑法保护。

（二）刑法和知识产权法在侵犯行为方式上衔接不畅

《刑法》第217条将侵犯著作权罪的行为方式规定为"复制、制作、出售、出版"，最高人民法院和最高人民检察院颁布的《关于办理侵犯知识产权刑事案件具体应用法律若干问题的解释（二）》扩大了《刑法》第217条的"复制发行"的解释范围，包括复制、发行或者既复制又发行的行为。公安部《关于办理侵犯知识产权刑事案件适用法律若干问题的意见》第12条也对此作了规定："发行"包括总发行、批发、零售、通过信息网络传播以及出租、展销等活动。最高人民法院和最高人民检察院以及公安部的解释规定将范围界定为总发行、批发、零售、通过网络信息传播以及出租、展销等活动。而《著作权法》第48条第（一）项规定的行为方式则为"复制、发行、表演、放映、广播、汇编、通过信息网络向公众传播"。两者的行为方式表述范围明显不一致，最高人民法院和最高人民检察院以及公安部的解释规定增加了"批发、零售、出租、展销"行为，却没有涵盖到《著作权法》所规定的"表演、放映、广播、汇编"行为。对于最高人民法院和最高人民检察院以及公安部的解释规定多出的行为方式暂且不论。但是对于"表演、放映、广播、汇编"等著作权侵权行为严重到一定程度且具备社会危害性的时候刑法能否介入保护却存在疑问。就现代传播方式而言，"表演、放映、广播"具有传播速度快、受众广、成本低的特点，对权利人经济利益的损害、对著作权市场传播秩序的破坏远远大于"出租、展览"等传统方式，因此，从权利的平等保护和罪刑相适应的角度出发，将《著作权法》所规定的"表演、放映、广播"等侵权方式同样规定为侵犯著作权罪的行为方式较为妥当。但我国目前的刑事立法并没有对"表演、放映、广播"等方式明文予以保护，在侵犯著作权罪行为方式方面存在衔接漏洞。

（三）刑法和知识产权法对处罚结果的衔接不畅

对于侵犯著作权的行为根据不同的危害程度分别规定了行政制裁和刑事处罚。《著作权行政处罚实施办法》第4条规定，对于侵权行为，著作权行政管理部门可以依法责令停止侵权行为，并给予下列行政处罚：（一）

警告；（二）罚款；（三）没收违法所得；（四）没收侵权制品；（五）没收安装存储侵权制品的设备；（六）没收主要用于制作侵权制品的材料、工具、设备等；（七）法律、法规、规章规定的其他行政处罚。《刑法》第217条对于侵犯著作权罪规定了罚金、拘役、有期徒刑三种刑罚措施。当著作权侵权行为达到一定严重程度后对其是否可以在追究刑事责任的同时又追究行政责任？尤其是罚款和罚金怎么适用的问题，涉及关于行政制裁和刑事处罚如何衔接，是否可以折抵的问题，这往往会成为司法实践中的困惑。

二　刑法和知识产权法衔接不畅引发的矛盾

（一）难以解决知识产权侵权行为频繁变化和刑法的稳定性之间的矛盾

刑法典以其稳定性彰显威慑力和权威性，但行政法规紧随社会形势，变动性大，修改比较频繁。"刑法典关系到国民生活的安定，不能朝令夕改，频繁增删，把行政犯和刑事犯一并规定在刑法典中，刑法典的稳定性会与打击新型行政犯的现实需要发生冲突。"[①] 数字阅读时代的到来，纸媒逐渐被互联网平台代替，人们更习惯阅读方便的电子读物。因此一些侵犯著作权的新样式不断出现，侵权主体日益多元化、权利保护范围不断扩大、权利内容不断扩充，相应对著作权法律保护也要求与时俱进，不断更新。我国1994年颁布《著作权法》后短短十几年，经历了2001年、2010年两次较大规模的修订，当然还包括若干关于知识产权法的司法解释。刑法典具有稳定性的特征，不能朝令夕改。因此，对于新出现的严重侵犯著作权行为，稳定、相对滞后的单一法典式立法并不能及时地予以规制。我国知识产权刑事保护立法采用单一刑法典模式缺陷之一是无法解决刑法的稳定性和侵犯知识产权行为日新月异之间的矛盾。

（二）难以解决在惩治知识产权犯罪方面法网不严密的矛盾

通过对我国知识产权犯罪刑事立法的历史梳理可知，惩治知识产权犯罪的立法模式由分散式立法过渡到当前的统一刑法典的单轨制立法。单轨制立法一个明显的缺陷在于不能解决行政违法与刑事犯罪的界限以及衔接问题，疏漏了对新型知识产权和新出现的侵权方式的刑事保护，造成在惩

---

① 张明楷：《行政刑法辨析》，《中国社会科学》1995年第3期。

治知识产权犯罪方面法网不严密。主要体现在以下三方面：第一，现有刑事立法在著作权保护对象范围方面存在疏漏。《著作权法》对"作品"的保护范围明显大于《刑法》的规定，致使对一部分新出现的地理标志、网络环境下的域名权、集成电路布图设计等新型知识产权刑法保护明显欠缺，法网不严密；第二，现有刑事立法在侵犯著作权罪行为方式的规定方面存在疏漏。《著作权法》第48条通过列举方式规定侵犯著作权的行为方式："复制、发行、表演、放映、广播、汇编、通过信息网络向公众传播"。不管是《刑法》与最高人民法院和最高人民检察院以及公安部的解释，还是《著作权法》，关于行为方式的表述范围明显不一致，《刑法》等规定多了"批发、零售、出租、展销"行为，却没有《著作权法》规定的"表演、放映、广播"行为，致使对一部分知识产权侵权行为刑法保护明显欠缺，法网不严密；第三，在侵犯著作权行为处罚结果以及行政执法和刑事司法衔接上存在疏漏。

对于侵犯著作权行为根据不同的危害程度分别规定了行政制裁和刑事处罚。《刑法》第217条对于侵犯著作权罪规定了罚金、拘役、有期徒刑三种刑罚措施。《著作权行政处罚实施办法》规定了七类行政处罚措施。目前的司法实践中不仅存在前文中提到的行政制裁和刑事处罚怎么选择适用、是否存在折抵的问题，在行政执法和刑事司法领域还普遍存在有案不移、以罚代刑的现象，造成了刑法在惩治知识产权犯罪方面的法网不严密。

（三）难以解决知识产权"三审合一"审判体制的程序需要

"三审合一"是我国知识产权司法审判体制的重要改革，传统的"三审分立"的模式在审理知识产权案件中，带来审批权限交叉、管辖冲突、审理标准不一等弊端。"三审合一"的做法是将涉及知识产权的民事、刑事和行政案件全部由知识产权法庭统一审判。《国家知识产权战略纲要》明确规定了推进知识产权三审合一制度。三审合一制度解决了刑事、行政、民事不同规定造成的案件管辖的交叉与冲突问题，很好地解决了专业的知识产权统一审判问题。但目前推行三审合一面临的重大问题"不仅仅是知识产权三大诉讼理念、诉讼目的、诉讼程序、诉讼权利义务的程序问题，而且还面临'三审合一'审判体制所依据的实体法适用问题。"① 法

① 张晓薇：《知识产权"三审合一"改革的审视与反思》，《知识产权》2013年第6期。

典式和散在型立法相结合的模式可以很好解决这一问题，将著作权行政违法和刑事不法的罪状和刑罚置于同一法律之中，大大便利司法操作。著作权审判要求高度专业性，司法机关可以直接根据该法律规定明确相应法律责任，这样可以避免因立法规定不具体造成适用上的混乱，从而提高司法效率。

三　刑法和知识产权法衔接的理想构建

（一）树立私权优先和法网严密的立法理念

在知识产权的刑法保护的立法价值衡量上，个人私权和社会整体公共利益的平衡与冲突、孰先孰后、孰轻孰重一直是立法者考量的问题。我国目前刑事立法坚持"公共利益优先"，淡化保护知识产权的个人私权，这与著作权本身的私权特征相违背。著作权犯罪首先侵犯的著作权人的私权，而非公共利益。立法价值取向不同，必然体现在刑事规则设计上的差异。"公共利益优先"原则必然意味着刑事责任的"高门槛"。以刑法中规定的"非法所得数额"或"复制品数量"作为定罪标准，造成定罪门槛高，使得达不到定罪标准但又有一定社会危害性行为得不到处罚。"刑事法网的严密程度与刑罚的轻重程度是相对应的，定罪门槛高则处刑重，过于倚重自由刑，忽视罚金刑。可见'公共利益优先'的价值理念与版权刑法罪刑规范设计的缺憾有着莫大关联。"[1] 著作权的私权保护应受到同等重视，这也是 TRIPS 协议的首要要求。因此，应确立著作权人私权优先立法理念，不仅符合 TRIPS 协议要求，也易降低入罪门槛，构建罪刑相适应的法网严密的刑法体系。

（二）借鉴域外发达国家知识产权的刑事立法经验

从世界范围看，关于著作权犯罪的刑事立法模式，一般分为单轨制或双轨制，单轨制是立法模式的形式为单一刑法典，或者为单独的散在立法。"单轨制法典式立法是指以单一制定的刑法典为载体，国家机关将所有的犯罪都归集到一部刑法典中，刑法典各部分排列往往依据一定的规则，总则和分则互相呼应。[2]"而双轨制是刑法典和附属立法并用。法典式和散在型相结合的双轨制立法模式是指刑法规定中既有法典也有散在型立

---

① 周国强、胡良荣：《中国版权刑法的构建》，《内蒙古社会科学》（汉文版）2011 年第 2 期。
② 参见陈兴良《刑法哲学》，中国政法大学出版社 1992 年版，第 523 页。

法规定，散在刑法规定可以是单行刑法，也可以将罪责条款规定在知识产权法中。美国、法国等知识产权相对发达的国家都是采用法典式和散在型相结合双轨制的刑事立法模式。美国是世界上对著作权刑事保护最早的国家之一，1897 年就制定了第一个惩治著作权犯罪的刑事规定，对著作权犯罪的处罚相对严密。美国属于英美法系国家，其成文法典相对较少，但是在著作权保护历史上却出台了数个刑事立法规定，分别是《盗版和伪造修正法案》《美国法典》《著作权重罪法》《反电子盗窃法》《美国著作权法》及《数字时代版权法》等。美国侵犯著作权犯罪的构成主要由《美国法典》第 17 编第 5 章规定，美国也有单行刑法《著作权重罪法》规定著作权犯罪。侵犯著作权的犯罪又分为普通侵犯著作权犯罪和特殊侵犯著作权犯罪。[1] 通过以上分析可以看出，美国属于典型的法典式和散在型相结合双轨制的刑事立法模式。法国是世界上第一个知识产权法典化国家，其立法模式也是典型的刑法典和知识产权法规相结合的法典式和散在型立法双轨制的模式。1992 年，法国将其他分散的知识产权法规汇编制定了《知识产权法典》，该法规定了相应的犯罪构成和刑事责任追究。《法国刑法典》规定一般原则性条款，《知识产权法典》则规定具体适用条款。法典和散在型结合的立法模式在维护刑法典的权威和稳定性同时，又能够考虑到一定的灵活性，对于著作权犯罪中出现的新手段、新方法以及新的保护对象及时入罪化，从而在不妨碍刑法原则性规定前提下适时地修改著作权法中的刑事条款，严密惩治著作权犯罪的刑事法网，及时有效地打击新型的侵犯著作权的犯罪。

（三）弥合刑法和知识产权法衔接上的矛盾

由于侵犯著作权犯罪属于典型的行政犯，行政犯具有行政违法性和刑事违法性的"双违性"特征。我国著作权法没有相应具体的刑事责任条款，只能援引刑法中对著作权犯罪的规定。"行政犯的'双违性'决定了其与普通的刑事犯（自然犯）不同，对行政犯罪的认定必须更多地关注与结合相关的行政法规和刑事法规，在刑事司法中谨慎地处理好刑事法律与行政法规的关系需要注意两点：第一，要保障刑法的独立性，刑法与行政法规具有不同的目的，两者即使使用了相同的用语，也可以作出不同的解

---

[1]　参见栾莉《美国著作权的刑事保护及启示》，《中国人民公安大学学报》（社会科学版）2009年第 5 期。

释，构成犯罪也不以行政法规规定要追究刑事责任为前提，行政违法性和刑事违法性都应当由司法机关根据事实和法律依法认定；第二，要保证刑法在整个法律体系中的守门员地位，刑法不能充当前锋越过行政法规定直接完成对一个行为从行政违法性到刑事违法性的双重判断。第一层次的行政违法性不满足，就不能进入刑事违法性判断的第二个层次。"① 作为行政犯的著作权犯罪，在刑事司法中首要的就是要处理好刑事法律和行政法规关系。如前文所述，我国目前在侵犯著作权调整对象、侵犯著作权行为方式以及处罚结果衔接层面存在漏洞。刑法和知识产权法衔接的理想构建首先要做到以下两点：一方面，保证所有著作权的调整对象受到平等刑事保护，解决现有立法模式中保护对象范围衔接不一致的矛盾。另一方面，对所有的侵害著作权行为按照严重程度分别施以不同处罚，也可以弥合现有立法模式中著作权和刑法在侵权行为层面的衔接漏洞，同样也可以解决侵犯著作权行为在处罚结果上衔接的不一致。

（四）确立法典式和散在型立法相结合的双规制立法模式

如前所述，知识产权的保护存在诸多问题，因此重构知识产权的犯罪刑事立法模式已势在必行。哪一种立法模式更适合当下的中国？有的学者主张采用散在型单轨制立法模式，有的学者主张采取法典式和散在型相结合的双规制立法模式。有学者指出，"我国应采用散在型立法模式，在继续完善现行刑法典基础上，将有关刑事规范分散规定在单行知识产权法或其他法律中，同时完善对罪状和犯罪行为特殊的表述，科学设定与危害行为相适应的法定刑，使刑法典和单行法规相得益彰，便于司法实践操作。单轨制的散在型立法模式虽然能够很好地适应变化比较频繁的著作权侵权行为，但是单行刑法或者分散的刑事立法会破坏刑法的统一性和威权性。在刚刚确立了刑法法典化的我国也是行不通的。"② 从该学者的主张可以看出，他虽然主张应采用散在型立法模式，但其后的表述："完善对罪状和犯罪行为特殊的表述，科学设定与危害行为相适应的法定刑，使刑法典和单行法规相得益彰。"实际上表明他支持的是法典式和散在型相结合的双轨制立法模式。至于单一法典式立法的弊端本文已有论述，不足取。本文

---

① 张绍谦：《试论行政犯中行政法规与刑事法规的关系——从著作权犯罪的"复制发行"说起》，《政治与法律》2011 年第 8 期。

② 陈东升：《TRIPS 与我国知识产权保护的刑事立法完善》，《政法论丛》2003 年第 3 期。

认为，借鉴美国和法国做法，采取法典式和散在型相结合的双轨制立法模式更为可行。我国现行《刑法》分别在第 217 条和 218 条规定了侵犯著作权罪和销售侵权复制品罪的罪状和法定刑，但较为简略，不利于具体犯罪构成的把握。而《著作权法》也只是笼统地规定"构成犯罪的，追究刑事责任"，《刑法》和《著作权法》无法有效衔接。因此在重构我国刑法典和散在型立法相结合的双轨制模式时，应充分考虑到我国现有的立法架构，鉴于刑法的稳定性，不可能直接废除刑法中第 217、218 条的条款。故应在现有的立法架构下，遵循罪刑法定原则的前提下，继续保持《刑法》中第 217、218 条侵犯著作权罪和销售侵权复制品罪罪名的同时，将其罪状部分规定在《著作权法》第五章的第 48 条后，列明具体罪状，并以《刑法》中第 217、218 条侵犯著作权罪和销售侵权复制品罪罪名进行处罚。这样既能保持现有刑法的稳定性，又可以适应著作权日新月异的发展变化，严密法网，有效地惩治侵犯知识产权的犯罪。

知识产权保护关系到民族创新能力的提高和长远发展。我们正处在一个知识爆炸的时代，知识产权保护面临着新的挑战，刑事立法必须适时回应这种挑战。我国《著作权法》在十几年之内变动了三次。与著作权法频繁变动对应的是刑法典的稳定性。解决此类矛盾的途径就是建立双轨制的法典和散在型相结合著作权犯罪的刑事立法模式，这种模式兼顾原则性和灵活性，在原则性刑法典规定之下，较为灵活散在型立法可以根据著作权的变化在具体行为和罪责上应时而变、应势而变，应对著作权保护不断出现的新问题，及时有效解决刑法典因需保持稳定性而带来滞后性的矛盾，自然弥合刑法和知识产权法的衔接不畅。

第四节　刑法与知识产权法关系的个案考察

为了有效抑制知识产权侵权行为的发生，需要刑法和知识产权法、刑事规制与民事规制的通力协作。本节将以我国《刑法》第 217 条侵犯著作权罪中"复制发行"概念的解释与适用为例，对刑法与知识产权法的互动关系做一个案考察。

一　"复制发行"概念的相关争议

现行《刑法》第 217 条中的"复制发行"概念来源于 1994 年的《全

国人大常委会关于惩治侵犯著作权的犯罪的决定》，[①] 而其中的"复制发行"则来源于 1990 年颁布的《著作权法》第 46 条。由于"复制发行"之间没有标点符号，因此有观点认为应该将其解释为"既复制且发行"。[②] 论者所述理由在于《刑法》第 218 条规定了销售侵权复制品罪，且其定罪标准为"违法所得数额巨大"，相比于第 217 条所规定的侵犯著作权罪的定罪标准"违法所得数额较大或者有其他严重情节的"来说，存在某一行为构成第 217 条的侵犯著作权罪，而不构成第 218 条的销售侵权复制品的情形，因此有必要对于二者所适用的行为进行区分。如果将第 217 条中的"复制发行"解释为单纯的发行行为就可以满足的话，则第 218 条中提高定罪标准而出罪的意义就不复存在了。[③] 第 217 条采取了较低的入罪标准的意义就在于，相比于单纯的销售侵权复制品的行为，既从事了复制又进行发行的应该给予更为严厉的规制。

但是司法解释并没有沿着上述体系化的解释论发展，而是不断扩展了"复制发行"的范围，即在《最高人民法院关于审理非法出版物刑事案件具体应用法律若干问题的解释》第 3 条、《最高人民法院、最高人民检察院关于办理侵犯知识产权刑事案件具体应用法律若干问题的解释（二）》第 2 条中均指出：《刑法》第 217 条侵犯著作权罪中的"复制发行"，包括复制、发行或者既复制又发行的行为。同时在《最高人民法院、最高人民检察院、公安部关于办理侵犯知识产权刑事案件适用法律若干问题的意见》第 12 条中对于"发行"包括总发行、批发、零售、通过信息网络传播以及出租、展销等活动。

上述宽泛的解释"复制发行"引起了司法解释是否违反罪刑法定原则的质疑。[④] 同时，复制与发行概念本身在《著作权法》中有明确的定义，两个权项与其他法定利用行为存在显著的区别。这种区别则是支撑著作权法规范体系的基石，即著作权法并不是对于作品的一切利用行为赋予排他权，而仅仅针对法定的某些利用行为设置了"专属领地"，只有未经许可实施这些法定利用行为，并在缺乏法律上的免责事由的情况下，才构成对

---

① 《全国人民代表大会常务委员会公报》1994 年第 5 期。

② 王迁：《论著作权法中"发行"行为的界定》，《华东政法学院学报》2006 年第 3 期，第 64 页。

③ 王迁：《知识产权法教程》，中国人民大学出版社 2011 年第三版，第 135 页。

④ 刘杨东、侯婉颖：《论信息网络传播权的刑事保护路径》，《法学》2013 年第 7 期，第 158 页。

于著作权侵权。如果不详细区分各个法定行为，而是囫囵吞枣地将其纳入不同类别的概念则著作权法的规范体系将不复存在，这将导致第三人的行动丧失可预见性，而限缩其活动的自由。

针对上述观点，反对论者则指出：司法解释逐渐扩充"复制发行"概念范围的实践，在立法尚未修改《刑法》的前提下，对于有效地打击犯罪，实效性的抑制侵权起到了突出作用。[①] 著作权法中本身就赋予了著作权人享有信息网络传播权，而当侵权人侵犯信息网络传播权的行为具有严重社会危害性，单纯的民事与行政规制不足以起到震慑作用时，通过刑法的解释活动将其纳入"发行"概念之内是十分妥当的。[②]

从刑法学角度看，上述争议主要涉及的是非刑事法律规范中刑事责任条款的性质与地位问题。[③] 在《著作权法》第 48 条项下所罗列的八类侵犯著作权的行为，如果构成犯罪的，依法追究刑事责任。但是在《刑法》第 217 条中仅针对其中的四种情形规定了罪状与法定刑。当行政刑法与刑法规范存在区别，特别是行政刑法中的规范扩大或修正了刑法规定的要件时，如何协调二者的关系问题也成为刑法学界争议的焦点。[④] 有观点从罪刑法定原则和我国刑事规范一元化角度出发认为非刑事法律规范对于犯罪的构成无实质意义；[⑤] 有观点认为在行政刑法中的空白罪状发生变更时应当适用从旧兼从轻的原则；[⑥] 也有观点认为在处理著作权法上与刑法上同样出现的相同用词时，不必按照著作权法上的概念来解释刑法中的概念，而应仅在刑法范围内独立地进行解释[⑦]。

针对上述争议，一种兼顾刑法与知识产权法互动关系的立体解释方法应该是：在刑法上的评价不能脱离著作权法中所规定的权利范围而单独设置禁止规范。当然刑法所规制的行为在范围上可以小于著作权法所规制的

---

① 徐松林：《视频搜索网站深度链接行为的刑法规制》，《知识产权》2014 年第 11 期，第 28 页。
② 欧阳本祺：《论网络环境下著作权侵权的刑事归责》，《法学家》2018 年第 3 期，第 154—168 页。
③ 吴允锋：《非刑事法律规范中的刑事责任条款性质研究》，《华东政法大学学报》2009 年第 2 期，第 42 页。
④ 张明楷：《行政刑法辨析》，《中国社会科学》1995 年第 3 期，第 94—117 页。
⑤ 陈甦：《析"构成犯罪的，依法追究刑事责任"》，《人民法院报》2005 年 8 月 10 日。
⑥ 相关的理论探讨请参考谭兆强《论行政刑法对前置性规范变动的依附性》，《法学》2010 年第 11 期，第 80—88 页。
⑦ 王静：《侵犯著作权罪与销售侵权复制品罪的关系——以"复制发行"与"销售"的关系为中心》，《刑事法评论》2012 年第 31 卷，第 491 页。

范围，也就是说刑法具有一定的谦抑性，仅在最能够发挥刑法预防和抑制侵权行为发生的范围内设置相应规范才最为合理。这样建构的解释论应该既不能抛开著作权法中对于排他权项的设置而增设对于非法定利用行为的规制，又需要探求在著作权法所规制的法定利用行为范围内哪些需要纳入刑法的范围，因此必须将目光不断地往返于著作权法与刑法、民事规制与刑事规制之间。下文将结合我国刑事司法实践中对于"复制发行"概念争议较大的典型案例进行探讨，在明确立体刑法学指导下的解释手法基础上，具体解决《刑法》第217条的刑事责任判断问题。

二　"复制"概念的理解

剽窃性质的复制是否构成"复制"的命题是在"王某某侵犯著作权罪案"中提出的。该案中王某某在其著作中部分的抄袭他人作品。对此一审法院判决[1]指出：王某某没有经过著作权人的许可，私自剽窃、抄袭他人的文字作品，编著成教材为之谋取私利，属侵犯著作权的违法行为，但其不是侵犯著作权中的复制、发行未经著作权人许可的文字作品的犯罪行为。[2]

"抄袭"与"剽窃"都曾作为一种明文列举的侵害著作权类型存在于我国的著作权法中。在1990年的《著作权法》第46条中对于剽窃、抄袭他人作品的，应当根据情况，承担停止侵害、消除影响、公开赔礼道歉、赔偿损失等民事责任，并可以由著作权行政管理部门给予没收非法所得、罚款等行政处罚。在2001年修改著作权法时由于"抄袭"与"剽窃"语义重复，所以将"抄袭"删除，仅保留了"剽窃"。对于我国著作权法中的"抄袭、剽窃"概念，只在国家版权局版权管理司的答复中给予了一个不具有拘束力的解答。在《国家版权局版权管理司关于如何认定抄袭行为给××市版权局的答复》中指出："著作权法所称抄袭、剽窃，是同一概念，指将他人作品或者作品的片段窃为己有。从抄袭的形式看，有原封不动或者基本原封不动地复制他人作品的行为，也有经改头换面后将他人受著作权保护的独创成份窃为己有的行为，前者在著作权执法领域被称为低级抄袭，后者被称为高级抄袭。"有观点认为著作权法上的"剽窃"包含

---

[1] 广西壮族自治区玉林市玉州区人民法院刑事判决书（1998）玉区法刑自初字第1号。

[2] 在该案二审判决（广西壮族自治区玉林市中级人民法院刑事裁定书（1999）玉中刑终字第26号）中以被告人违法所得数额未达到法定数额标准为由，维持了被告人不构成侵犯著作权罪的结论，但是却指出王某某剽窃、抄袭的行为属复制、发行的理由成立。

很强的道德评价，且容易导致量化的判断标准，这都不利于著作权侵权判断的科学化，因此应该在著作权法中删除这一概念。①

众所周知，著作权侵权的构成要件包括：接触＋实质相似＋法定利用行为。任何侵犯著作权的行为必然都实质呈现了作品的创造性表达，但并不是所有实质呈现了作品创造性表达的行为都构成著作权侵权行为。著作权侵权构成存在一种特殊构造，即著作权法并不是对作品的一切利用行为赋予排他权，而仅仅针对法定的某些法定的利用行为设置了"专属领地"，只有未经许可实施这些法定利用行为，并在缺乏法律上免责事由的情况下，才构成著作权侵权。从著作权法的宗旨来看，建立一种与作品的使用价值相对应的对价回流机制应该是最为恰当的，也就是利用者每享受一次作品中的创作性表达，就实现了人类在科学、艺术、文化等领域的愉悦，因此就应该征收一次对价。但现实中对利用行为的每次计价无异于大海捞针，即使勉强作出了按次计价的制度，也会因无力执行而使该等制度无异于具文。另一方面针对最终利用者实施的每次利用监控也干预了其私人世界，侵犯了必须划定的私人自由空间。因此著作权法从建立之初就只是针对作品使用行为的一小部分设置排他权。而从实质相似角度看，不管是侵犯了哪种法定排他权，实施了哪种法定利用行为都必然的"复制"了作品的创作性表达。只是具体的实施行为导致的法定利用行为的归类不同。

正因为如此，有学者指出我国著作权法中的"复制"概念包含了两种意义上的复制：一种复制（reproduction），是指制作作品的复制件的行为；另一种复制（copying）是指两个作品之间存在抄袭或实质相似。② 前者是侵犯复制权意义上的"复制"，而后者是侵犯所有类别法定排他权意义上的"复制"。从这个角度来看，我国著作权法上的"剽窃"应该是指后者，也就是对于他人创造性表达窃为己有的实质相似意义上的"复制"。而不是作为法定利用行为一种的"复制行为"意义上的复制。在法定利用行为意义上的复制是指：以印刷、复印、拓印、录音、录像、翻录、翻拍等方式将作品制作一份或者多份（《著作权法》第 10 条（五））；复制行

---

① 解亘：《驱逐搅乱著作权法的概念："剽窃"》，《华东政法大学学报》2012 年第 1 期，第 23 页。

② 张伟君：《也谈复制与演绎》，http：//blog. sina. cn/dpool/blog/s/blog_ 4da63f410102vc74. html? vt = 4，最后访问日期：2018 年 1 月 15 日。

为所得的复制件一般基本呈现原件所能呈现的内容。①

　　事实上，在民事侵权判断中完全区分复制行为与演绎行为几乎是很难完成的任务，而且这种区分在规范效果上也毫无意义②。由于存在实质相似意义上的"复制"，在不存在构成著作权限制与例外的情况下，不管是复制行为还是演绎行为都构成了著作权侵权。从这个角度看，在著作权法上将"剽窃"概念的外延等同于对作品创造性表达的"复制"在法律效果上是没有任何区别的。

　　但是在刑事领域则有必要审慎探讨是否将原作品由一种表现形式改变成另一种表现形式或者在剽窃他人原作品的同时创作出新的表达的演绎行为纳入规制的范围。在解释论上则涉及《刑法》第217条中的"复制"到底是指基本呈现原件所能呈现内容的制作作品复制件意义上的复制；还是包含了一切导致两个作品之间存在抄袭或实质相似的复制或演绎行为。从知识产权的刑法保护法益、刑法规制与民事规制的比较等几个方面应该认为将在剽窃他人原作品的同时创作出新的表达的演绎行为排除出刑法规制的范畴。

　　就知识产权的刑法保护法益，刑法理论存在单一法益说与双重法益说③。在以保护他人的著作权为基础的单一法益说下，刑法的保护法益就是为了便于保护他人著作权，而不是单纯保护国家的著作权管理制度。但是如果采取这一学说，凡是在著作权法中列明的侵权行为都应该纳入刑法规制的范围，但事实是尽管通过解释在不断扩充我国侵犯著作权罪的适用范围，但是仍然仅仅是将其中一部分侵权行为纳入刑法规制范围，并且在主观要件与定罪数额上设置了门槛性的要件。这样来看，知识产权的刑法保护法益就不仅仅是著作权人的民事权利，还包含了政策性的目的，因此双重法益说更具有说服性。而在双重法益说下何种侵权行为应该纳入刑法规制的范围则取决于刑事规制相比于民事规制的优势之上。对于某一侵权行为，采取刑法规制与民事规制相比，其优势就在于具有规制的实效性。具体来说，侵犯知识产权的民事救济以停止侵害与损害赔偿为中心，其中停止侵害救济方式主要是面向将来时点预防侵权行为再次发生，并不能实

① 崔国斌：《著作权法：原理与案例》，北京大学出版社2014年版，第382页。
② 同上。
③ 谢焱：《知识产权刑法法益分析》，《北方法学》2017年第4期，第115页。

现侵权状态的原状回复；而传统的以救济权利侵害为目的的侵权损害赔偿制度存在诸项教义：其一是"被害者应被填补的损失应以被害者现实遭受的损失为限"；其二是"被害者不应因侵权行为的原因而获利"；其三是"未经许可实施他人权利的主体，因自身才能与努力而获取的利得，不应纳入权利人的损失范围之内"。这样纳入民事侵权救济范畴的专利侵权损害赔偿制度主要是以"回溯性"为主要特点，事后的评价既已发生的损害事实。因此，由权利人依据实际损失原则逐项证明其所遭受的损失，并在与侵权行为具有相当因果关系的范围内承认填补这一损失。权利人没有损失的赔偿请求，或惩罚性的赔偿请求在以"填补损失"为基础的逸失利益主张方面都不能得到支持。而在民事惩罚性赔偿制度的认识上，基于侵权行为的损害赔偿制度，是将被害人产生的现实的损害进行金钱评价，通过加害人对这一损害进行赔偿，以使被害人蒙受的损失得到填平，恢复到未被施加侵权行为时的状态。通过让加害人负有损害赔偿义务，即便结果上产生了对加害人的制裁以及一般预防的效果，那也只是反射性、派生性的效果，应该说与对加害人进行制裁与一般预防为根本目的的惩罚性赔偿制度存在本质上的不同[①]。而对加害人进行制裁，抑制未来发生同样行为的，往往就是交由刑事与行政上的制裁来进行的。在侵权行为的当事人之间，被害人除从加害人处获得实际发生损害的赔偿之外，还将获得制裁与一般预防为目的的赔偿金，与民事救济基于侵权行为的损害赔偿制度的基本原则乃至基本理念相左。这也是在严格区分公私领域的背景下，通过私人民事权利的行使履行国家刑罚权所应履行的惩罚性功能的做法是不被认可的，另一方面也无法认可权利人的"因祸得福"。除了刑法的制裁功能可以在很大程度上弥补民事救济以"填平损害"为原则的弊端外，刑罚措施对侵权主体在社会评价、自由限制等诸多方面都有民事救济难以企及的威慑力。

　　但是刑事规制产生实效性的前提条件在于搜查、起诉机关和侵权人以及一般公众等对于上述行为明确知晓其构成犯罪。如果搜查机关对于侵权与否尚不明确，或者判断的成本极高，一旦起诉后经法院审理有可能宣告无罪的话，将浪费大量的成本。即使最终得到有罪判决，如果并不能使得相关公众产生实施同样行为将会受到同样处罚的明确认知的话，也起不到

---

① 张鹏：《日本专利侵权损害赔偿数额计算的理念与制度》，《知识产权》2017 年第 6 期。

刑法一般预防的效果。另一方面，刑法规制最大的弊端在于可能会对从事某种行为的主体产生寒蝉效应，这会导致不明确自己行为是否一定侵权的主体放弃从事某种行动的自由，特别是某种行动的自由不仅关涉私益，更具有促进公益的外部性时，刑法的寒蝉效应可能加倍放大。刑法规制同时也需要调动公共资源，由全民承担对于违法行为的惩治成本，从这个角度看也需要更加审慎地设定刑法规制的范围。[①]

回到部分剽窃他人作品并创作新作品的情况，由于体现他人作品创造性表达的判断体现于一切侵权著作权行为之中，如果刑法将这种意义上的"复制"纳入规制范围的话，等于将所有民事侵权行为都纳入了刑法规制的范畴，这不利于发挥刑罚的功能。另一方面并非原封不动的"复制"他人作品，而是进行是否实质相似的判断本身就是著作权法上最为复杂的问题，需要专业性的判断，不可能为一般公众所预见与知晓。且著作权法上本来就为了鼓励公众进行创作活动以促进文化的发展，对于在进行新的创作活动时不得不利用他人作品的表现的情况下，在不必征得原作品著作权人的许可下，可以通过"适当引用"规定利用原作品的表现（《著作权法》第22条（二））。考虑到这些因素，应该将《刑法》第217条中的"复制"限缩在基本呈现原件所能呈现内容的制作作品复制件意义上的复制的范围之内。不属于基本原封不动抄袭的情况，在此基础上被告人还是创造出了大量新的表达。此种情况下通过民事救济足以实现抑制侵权现象的效果，而无需再通过刑法进行规制。

三　"发行"概念的理解

（一）出租盗版图书是否构成"发行"

出租盗版图书是否构成"发行"的命题源自"张某某侵犯著作权罪案"，[②] 该案中法院认定张某某出租盗版图书的行为构成侵犯著作权罪。对此，有观点认为：由于我国《著作权法》中的出租权仅及于电影作品和以类似摄制电影的方法创作的作品、计算机软件三类作品（第10条第1款第7项），并不包括文字作品（图书）。因此不论是对正版图书还是盗版图

---

① ［日］金子敏哉：『著作権侵害と刑事罰——現状と課題』，『法とコンピュータ』2013年第31号，第99页。

② 浙江省乐清市人民法院刑事判决书（2013）温乐刑初字第143号。

书，就其有偿性质的出租行为不受著作权人排他权的控制。①

在民事规范中公众得以自由活动的领域，缘何在刑事规范中却予以规制？这是否超出了立体刑法学解释方法下的"某一行为在著作权法上评价为不侵权，也不应受到刑法的规制"？对此，则有待于目光回转到著作权法，通过著作权法的排他权项的分析予以解决。

在我国 1990 年的《著作权法》中著作财产权仅包括使用权与获得报酬权，其中"使用行为"中包含了"发行行为"（第 10 条）。对于发行行为，在 1991 年的《著作权法实施条例》中，"发行"指为满足公众的合理需求，通过出售、出租等方式向公众提供一定数量的作品复制件。因此在当时的规范下，发行行为本身就包含了出租行为。而在 2001 年修改著作权法中则将出租行为从发行行为中分离出来，成为独立的著作权人所享有的法定排他权利。其中发行行为是指以出售或者赠与方式向公众提供作品的原件或者复制件，转移其有形载体的所有权的权利；而出租行为是指即有偿许可他人临时使用电影作品和以类似摄制电影的方法创作的作品、计算机软件，转移其有形载体的占有的权利。

这一分离一方面是应对 TRIPS 协定在第 11 条中作为新排他权设置的出租权；但更重要的则是注意到了由于发行权一次用尽理论的影响，导致了出租行为与发行行为间本质性的区别。

众所周知，在著作权人自身或许可他人制作并转让作品有形复制件后，该复制件之后的流通过程发行权均用尽，著作权人不得再主张排他权。之所以产生这种制度，就是因为著作权人在第一次使他人获取复制件过程中已经获得了收益，而这种收益得以确定的前提是著作权人估计今后同一部复制件在流转过程中对作品创造性表达的享受幅度也不会过多的超过平均次数与范围。于是在初次许可复制过程中可以对这一预期设置相应的对价，实现创作激励的报偿。而适用发行权一次用尽的制度构造也不会对于之后流通中第三人的交易安全产生危害。但是当有一种行为使得对复制件在流通环节的利用超出了著作权人在第一次许可时所预计的前提时，那么著作权人可能就会选择提高第一次许可的对价，这将使得对作品利用频度较低的主体可能无力承受获得复制件的负担，进而无法享受作品创造

---

① 王静：《侵犯著作权罪与销售侵权复制品罪的关系——以"复制发行"与"销售"的关系为中心》，《刑法评论》2012 年第 31 卷，第 490 页。

性表达。因此立法才通过对高频度利用主体与行为，特别是超出了著作权人第一次许可时预计的频度的行为设置排他权。而出租行为就是这种行为的典型，出租店铺只需购买一次复制件，就可以利用这一份复制件反复商业性扩张享受作品创造性表达的受众范围，这与一份复制件流转到二手市场交易的情况相比，极大地超出了著作权人第一次许可时预计的频度。因此比较法上都将出租行为从发行行为中分离出来，针对某些作品类别广泛存在的出租商业模式，单独设置出租权，使其不受发行权一次用尽理论的限制。

但是出租行为从发行行为中分离后也没有改变的事实是：对未经著作权人许可的作品复制件发行/出租行为，则发行权在违法作品的流转过程中并不用尽。其理由就在于著作权人丧失了在第一次复制与流通环节的控制，无法获取可预期的对价。因此对于盗版作品来说，之后任何流通环节的向公众提供作品有形载体的利用行为都在著作权人的控制之下。

依据上述理论，之所以存在《著作权法》并没有对图书规定出租权，因此单纯出租盗版图书是不可能侵犯出租权的观点，就是因为 2001 年我国著作权法修改时将出租权从发行权中分离出来，导致了所谓的在著作权保护程度上"有退有进"的现象。即当发行行为包含出租行为时，由于发行权一次用尽理论的存在，对于经著作权人许可后复制并首次向公众提供的作品，第三人将其进行出租的行为并不侵害著作权。而将电影作品、类电作品和计算机软件单独规定出租权后，著作权人可以就这三类作品的出租行为行使排他权，因此这是在著作权保护力度上的"进"。但是对于盗版作品来说，发行权在何种情况下都不会用尽，向公众提供（不管是所有权性质还是占有性质）都构成对发行权的侵害。但是将出租权从发行权中分离出去以后，便会给人一种除了电影作品、类电作品和计算机软件这三类之外的作品出租行为都不受著作权控制的感觉。所以在这三类作品外的作品著作权保护力度反而"倒退"了。

但是这种解释论是不符合著作权法上设置发行权、出租权，以及发行权一次用尽理论的宗旨的。对于我国现行著作权法中出租权与发行权关系，一种妥当的解释论构成是：对于获得了经著作权人合法授权的作品复制件的，再次向公众提供有形载体所有权的行为，以及对于电影作品、类电作品和计算机软件这三类之外的作品进行出租行为都不再受著作权人控制；而对于电影作品、类电作品和计算机软件这三类作品进行出租行为需要就其出租行为再次取得著作权人的许可。对于所有作品类型来说，向公众提供未获得著作权人许可合法制作的复制件的行为，都构成对于发行权/出租权的侵害。

在这一法解释的指导下，未经著作权人许可，以营利为目的向公众出租盗版图书的行为在著作权法上也将会被评价为著作权侵权。因而不会出现某一行为在著作权法上评价为不侵权，却受到刑法规制现象的出现。知识产权刑法保护法益只可能从民法保护法益中抽取一部分通过刑法规制可以具有震慑侵权人，抑制侵权现象的效果的行为予以规制，而不可能出现在民事上不存在实质法益侵害性，却在刑事上评价为犯罪的现象。从这个角度上也反证了尽管是刑事领域对于盗版图书出租行为的规制，也确认了在民事领域对于盗版图书的出租行为也同样会评价为侵权的解释论。

（二）网络服务提供者的链接行为是否构成"发行"

在《最高人民法院、最高人民检察院关于办理侵犯知识产权刑事案件具体应用法律若干问题的解释》第 11 条中将"通过信息网络向公众传播作品"纳入"发行"控制范围，而在解释"通过信息网络向公众传播作品"时则需要关照著作权法中有关侵犯信息网络传播权的规范与实践。在著作权法领域，近年围绕视频聚合、加框链接、深层链接等新型商业模式，学界与司法实践就信息网络传播权中提供作品行为所采取的"服务器标准"与"实质呈现标准"进行了一系列深入的研究和探讨。其中主张"实质呈现标准"的学者认为：设链平台往往打着加框链接、聚合链接等技术幌子，实质从事诱发侵权作品传播，进而导致网络生态急剧恶化。现实中对违法初次传播信息源的打击力度并不理想，这种在比较法上不予余力打击的重点，在中国语境下却成为可以"打一枪换一个地方"，规范的震慑效果根本没有发挥，实际执法者往往叫苦不迭、望洋兴叹。因此不管是行政执法机关的实践参与者还是对中国语境了如指掌的学者都不约而同的希望能够通过修法活动将链接平台纳入著作权法规制的范围①。而主张"服务器标准"的学者则指出：作为著作权法上的法定利用行为之一的"信息网络传播行为"的本质特征就是初次向公众传播作品信息源的行为。其中特别强调了"初次"的重要性，正是因为这一特征，可以断定链接行

---

① 崔国斌：《得形忘意的服务器标准》，《知识产权》2016 年第 8 期，第 4 页。

为不是网络传播行为。①

在此背景下，针对网络链接服务提供者的刑事责任问题，有观点指出对于并非直接提供作品，而是提供深度链接性质的实质呈现作品表达的行为，不应该在刑法中评价为"通过信息网络向公众传播作品"，而仅可能在间接侵权的范畴内，也就是刑法共犯理论的框架内解决这一问题。② 对此观点我们持不同意见。

在刑法共犯理论下，在处理 P2P 型深度链接时存在两个难点③：其一就是要求必须存在一个满足犯罪构成要件的直接行为。也就是说直接上传并在服务器内存储作品的主体的行为必须满足刑法关于侵犯著作权罪的犯罪构成。但是基于 P2P 技术特点，最先将影视作品制作成"种子"置于互联网上的作品提供者可能由于上传作品的行为并未达到课予刑事责任的门槛而不能追究其刑事责任，或者由于网络的分散性与匿名性，寻找出满足刑事构成的直接上传者的成本极高，这就导致了共犯的犯罪构成难以满足；其二就是对于共同犯罪下犯意联系的认定。在较为简单的联结关系下，也就是设链者和被链者之间存在意思联络的情况下，很容易认定存在犯意联系。例如在"袁某、谭某犯侵犯著作权罪案"④ 中被告人袁某与被告人谭某商定，在被告人谭某经营的影视剧导航网站网页上添加虾滚网的链接地址，被告人袁某支付被告人谭某相应的报酬。因此谭某明知被告人袁某经营非法的影视剧网站，仍继续提供链接服务，情节特别严重，被告人谭某系被告人袁某侵犯著作权罪的共犯。但是在 P2P 技术下，最先将作品制作成"种子"置于互联网上的直接作品提供者确实存在分散性和不确定性，设链人与其并不可能存在意思联络，被链方也对于自己上传的作品被链并不知情。当然在刑法理论上存在片面共犯理论，针对的就是设链方与被链方之间在客观上的联系较之主观上的联系则相对紧密的情形。对于犯意的问题也进一步取决于刑法理论的发展。总之，在以 P2P 软件形式深度链接违法作品的情况下适用刑法共犯理论还是存在种种问题的。因此有

① 王迁：《论提供"深层链接"行为的法律定性及其规制》，《法学》2016 年第 10 期，第 23 页。
② 林清红、周舟：《深度链接行为入罪应保持克制》，《法学》2013 年第 9 期，第 152 页。
③ 更加详尽的论述请参考王冠《深度链接行为入罪化问题的最终解决》，《法学》2013 年第 9 期，第 146 页。
④ 江苏省徐州市中级人民法院刑事判决书（2015）徐知刑初字第 13 号。

观点指出有必要在正犯理论模式下讨论此种情况下的犯罪构成。[①]

事实上在"张某某侵犯著作权罪案"[②]中就认定被告的行为尽管其并非直接作品提供者，而是通过 www. 1000ys. cc 网站管理后台，链接至哈酷资源网获取影视作品种子文件的索引地址，并通过向用户提供并强制使用 QVOD 播放软件，供 www. 1000ys. cc 网站用户浏览观看影视作品，从而完成涉案影视作品在网络上的传播。但是其上述网络服务提供行为，可使公众在其个人选定的时间和地点通过 www. 1000ys. cc 网站获得作品，符合信息网络传播行为的实质性要件，属信息网络传播行为，因此符合侵犯著作权罪中"发行"（通过信息网络向公众传播）的行为性质。也就是承认了实质呈现作品形式对于违法作品的深度链接行为构成"通过信息网络向公众传播"行为。

在刑法上作出这样的判断我们持肯定见解。[③]首先，如上所述，笔者主张对于著作权法上违法作品的上传来说，在中国语境下，无法实现对"初次信息源"的违法传播进行震慑的情况下，有必要对具有"管理与收益"要件的链接主体认定为直接传播行为主体。也就是在违法上传作品的情况下，如果设链平台实质性呈现了作品的创造性表达的话，笔者认同认定链接行为就构成直接侵权行为。[④]这样的话并不会出现著作权法尚未规制的行为却被纳入刑法规制的现象出现；其次，刑法上对于实质呈现违法上传作品的链接行为的规制具有实效性，而这种行为在诱发侵权行为发生的恶性上也是远高于独立上传的单个主体。正是因为链接平台的存在导致了侵权效果的集聚，并在其对热播影视作品等以设置榜单、目录、索引、描述性段落、内容简介等方式进行推荐等行为下更加便利了他人接触侵权作品。这样将此类行为纳入刑法规制范围之内并不违反罪责刑相适应的原则。最后，尽管笔者主张将实质呈现作品形式对于违法作品的深度链接行为纳入"通过信息网络向公众传播"行为，但不意味着对于实质呈现性质链接他人合法作品初次上传的行为也应该纳入刑法规制范围之内。也就是在著作权法上对著作权人自身或许可他人实施的合法作品上传，链接平台仅仅起到了由浏览可能性到浏览现实性的中介工作，属于扩张最终用户私

[①]　凌宗亮：《网络服务提供行为侵犯著作权刑事责任探析》，《中国版权》2014 年第 4 期，第 33 页。
[②]　上海市普陀区人民法院刑事判决书（2013）普刑（知）初字第 11 号。
[③]　更加详尽的论述请参考：欧阳本祺《论网络环境下著作权侵权的刑事归责》，《法学家》2018 年第 3 期，第 154—168 页。
[④]　张鹏：《规制网络链接行为的思维与手段》，《华东政法大学学报》2018 年第 1 期，第 47 页。

人利用合法范围的行为,不应一律拟制为直接传播行为主体,而在刑法上也应该将其出罪。

（三）单独的发行行为是否构成"发行"

司法解释中的"复制"和"复制且发行"两类行为适用《刑法》第217条的规定不存在太大争议。争议的焦点就在于单独的发行行为如何适用规范。在对于"发行"的解释中包括了总发行、批发、零售、通过信息网络传播以及出租、展销等活动。其中可以划分为作品通过信息网络传播和作品有形载体流通两类。对于前者将其纳入刑罚规制的范围基本不存在争议,争议的焦点主要就集中在作品有形载体流通中的相关行为出入罪与规范适用之上。

从著作权法理论的角度看,对于违法复制品不适用发行权用尽的前提是第三人在交易时对于复制品是未经著作权人许可而制作的情形存在恶意,也就是不构成善意无过失的情形。第三人对于所交易的复制件是否为经著作权人许可制作的这一信息,如果需要花费很高成本进行调查才可以得知的话,同样将有损于作品的流通,因为流通环节的主体每次均需要调查是否交易的作品有形载体为未经著作权人许可复制的。因此尽管是发行权并不用尽的违法作品,交易方如果在交易时点是善意无过失的情况,对之后的再次交易行为可以不受发行权的控制。但是对于未经著作权人许可制作的复制件,尽管在第三人交易的时点是善意无过失的,但在再次流转的时点知晓了复制件为违法复制件的仍旧受到发行权的控制。也就是对于侵权复制品的发行行为必须存在明知其发行的作品为侵权复制品的要件,否则在著作权法上是不能被评价为侵权行为的。

在此基础上,如果回到刑法的规制不能超出民事规范所保护法益的范围限定的话,《刑法》第218条中对销售侵权复制品设置了明知的要件,在此种情况下在著作权法中同样构成侵权行为。而在《刑法》第217条的解释下,包括在发行范围之内的总发行、批发、零售、展销等广义的销售行为并没有要求对于侵权复制件的明知要件,如果将其纳入刑法规制的范畴则不符合法益侵害性的要求。因此一种体系性的解释是对于包括总发行、批发、零售、展销等广义的销售在内的转移作品有形载体复制件的所有权的行为,只有在既复制也销售的情况下才构成《刑法》第217条的侵犯复制权罪。如果仅存在单纯的销售行为,那仅在明知是侵权复制品的情况下才构成《刑法》第218条中的销售侵权复制品罪。而前者的认定标准低于后者，体现出了对于前者的规制程度严于后者。

对于第 217 条"发行"中所包含的转移作品有形载体占有的出租行为，由于不涉及和第 218 条的体系化解释，并不需要适用第 217 条必须为既复制且出租，因此单纯的出租侵权复制品的行为也可以依据第 217 条入罪。需要探讨的问题则在于是否要求出租人明知其出租的是侵权复制品才构成了侵犯著作权罪。从单纯的销售侵权复制品和单纯的出租侵权复制品的危害性比较来看，假设销售 10 本侵权复制品，对于著作权人来说损失的就是这 10 本作品可以获得的对价，但是如果将这 10 本侵权复制品进行出租的话，可以反复多次使得作品所体现创造性表达为他人所享受，因此对于著作权人来说其丧失的对价远远高于 10 本侵权复制品的对价。这样单纯的出租侵权复制品的危害性远高于单纯的销售侵权复制品，因此在犯罪构成上设定低于单纯销售侵权复制品的要件也是有一定合理性的。

四 "复制发行"之外行为的评价

除了上述通过司法解释扩大"复制发行"的概念而将出租、信息网络传播等行为纳入刑法规制范围的实践外，对于司法解释中并未提及的行为类型在刑事司法中也存在将其纳入规制范围的实践。其典型就是向公众提供破坏接触型技术措施的工具行为的刑事责任问题。依据《著作权法》第 48 条有关"技术保护措施"的规定在"构成犯罪的情况下，应依法追究刑事责任"，但是不同于"信息网络传播行为"等是通过司法解释的形式纳入《刑法》规制范围，在《刑法》及其司法解释中并不存在针对"技术保护措施"的罪状与法定刑的具体规定。这种情况下，从罪刑法定原则角度出发，学理的解释应该为认定《著作权法》第 48 条有关"技术保护措施"相关行为不应纳入刑法规制的范畴。

但是司法实践并未采取此种解释方法，在"叶某某侵犯著作权罪案"①中指出：第一，被告人叶某某的行为，不是未经著作权人许可，破坏权利人为保护著作权采取的技术措施的行为，而是以营利为目的，向公众提供破坏权利人所采取的技术措施的行为。两者的区别是显而易见的，前者是以侵犯他人权利的方式使用他人作品，影响范围小，社会危害有限；后者是以通过向公众提供该破坏措施实现营利，传播范围广，社会危害大。第

---

① 北京市石景山区人民法院刑事判决书（2012）石刑初字第 330 号。

二，被告人叶某某所售破解文件不能单独运行，需要调用《古剑奇谭》游戏中的文件才可执行。即，如果脱离《古剑奇谭》游戏软件，该破解文件没有实际用途，也不可能被出售获利，可见，该破解文件之所以能销售两千余件，最主要是因为其可以破坏《古剑奇谭》游戏软件的技术措施，实现运行游戏的目的。第三，被告人叶某某向公众提供破解文件时，明示破解文件的使用方法为：先从烛龙公司官网下载游戏客户端（复制他人作品），再按要求安装其所售的破解文件，才能实现运行游戏的目的。

　　该案中首先区分了破坏权利人为保护著作权采取的技术措施的行为与向公众提供破坏权利人所采取的技术措施的工具行为，并指出后者社会危害性更大更应该予以规制；其次是指出了被告向公众提供的工具除了用于破解著作权人技术保护措施，并没有其他实际用途；最后是被告人在向公众提供破解文件时，明示破解文件的使用方法，教唆了他人如何实施复制和运行他人计算机程序。正是因为上述三点理由，因此法院判决被告人以出售破解文件的方式，通过信息网络传播他人的作品，故应当认定为发行他人作品的行为。

　　对此问题，从著作权法的角度看，有关技术措施是在我国《著作权法》第48条第6项中规定的。从该项规定的构成来看，禁止的是他人实施的避开或者破坏的行为，针对的对象是为保护著作权或者与著作权有关的技术措施。其中对于为违法行为提供工具与手段的主体，是否仅能在共同违法行为范畴内予以规制，还是需要独立的在一定要件下将其也评价为违法行为的问题仍存在疑问。对此，在《信息网络传播权保护条例》第4条第2款中除了禁止任何组织或者个人从事的直接破坏技术措施行为，也规定了不得故意制造、进口或者向公众提供主要用于避开或者破坏技术措施的装置或者部件，不得故意为他人避开或者破坏技术措施提供技术服务。也就是将提供教唆帮助的间接行为也纳入了违法行为的规制范围之内。

　　有学者从《信息网络传播权保护条例》的该款规定反推指出：《著作权法》第47条第6项本身并没有将提供规避手段的行为定为侵权，相关规定出现在《信息网络传播权保护条例》第4条第2款。但由于《信息网络传播权保护条例》是授权立法，其对技术措施的保护不能超出《著作权法》的规定，因此《著作权法》第47条第6项中所称的提供规避手段的行为，不仅包括直接规避行为，也包括间接规避行为。[①] 在学说上有观点也指出著作权法应该放弃规制直接破解技术保护措施的行为，而仅规制向公众提供破解技术措施的工具与服务的行为。[②] 也就是脱离直接规避行为的违法性，独立的评价向公众提供破解技术措施行为的违法性。

正是因为著作权法上承认了向公众提供破解技术措施行为的违法性，且向公众提供破坏技术措施工具行为的社会危害相比于直接规避行为更具有可罚性，易于造成对于微小损害的积聚效果，而刑法则不失为针对这种行为具有实效行的规制手段。于是关键问题则在于通过何种理论构成实现刑法规制的明确性与谦抑性。从目光往返于民事规制与刑事规制之间的视角来看，在著作权法所规制的有关技术措施的相关行为中，相比于直接破坏行为，提供破坏技术措施工具的行为更加具有社会危害性。而且相比于大多数存在于私人范围内发生的直接破坏行为，以营利为目的传播破坏工具的行为更具有刑法规制的实效性。因此需要将此行为在刑法中独立评价为犯罪行为。在要件的设置上并不仅限于"权利保护"型的技术措施，也对于"接触控制"型技术措施予以保护。但是对于后者需要体现著作权人的正当利益。此外，破解技术措施的工具需要主要用于破解技术措施。在判断方法上主要考察一个装置的主要功能或目的是否就是用来从事破解行为的；或除了从事破解功能外是否只有其他有限的商业目的，而该有限商业目的难以作为市场销售时反映价值的依据。当然在主观方面要求被告人明知其工具将用于破解技术措施。

---

① 王迁：《"技术措施"概念四辨》，《华东政法大学学报》2015 年第 2 期，第 31 页。
② 王迁：《论禁止规避技术措施的范围》，《法学家》2016 年第 6 期，第 142 页。

第九章　刑法与环境法

第一节　刑法与环境法关系的宏观思考

一　环境犯罪的行政从属性

由于社会生活复杂因而不可能在一部刑法典中规定所有的犯罪，越来越成为共识，分散立法势在必行。所谓分散立法，就是仅在刑法典中保留侵害最基本利益或者最基本生活秩序的犯罪，而将其他犯罪分散至相应的法领域，以特别刑法或者行政刑法的方式加以规定。其中特别刑法中可以规定某一特定领域的犯罪，这类犯罪由于行为的复杂性，难以简洁描述，因此不宜规定在刑法典中；行政刑法中规定具有从属性质的犯罪，这部分犯罪，既可能包括因为违反法规才获得违法性的法定犯，也可能包括一部分自然犯，这部分自然犯的处罚范围并不十分明确，且处罚范围的确定需要一定的专业性和技术性，因此需要行政规定确定处罚范围，为了适用上的便利，适宜放在相应的行政法律法规的罚则部分。

环境犯罪由于具有较强的行政从属性，因此是需要进行分散立法的领域之一，但进行上述分散立法并非易事。原因在于，我国刑法分则中存在大量自然犯与法定犯混同规定的情形，[①] 类似"违反国家规定""非法"的表述也不准确和规范，有些具有实质意义，有些则没有实质意义，因此单从形式上难以区分，哪些犯罪应当放在刑法典中，哪些犯罪应当放在行政法中，以及放在行政法中的犯罪中，哪些是法定犯，哪些仍然具有自然犯的性质，这些差异直接关系法定刑轻重的确定以及故意、违法性认识可能性的判断等问题。因此，有必要结合每个犯罪的法益，从实质上判断该

---

① 参见张明楷《自然犯与法定犯一体化立法体例下的实质解释》，《法商研究》2013 年第 4 期。

犯罪行为的性质，为分散立法奠定基础。

我国《刑法》第338条规定："违反国家规定，排放、倾倒或者处置有放射性的废物、含传染病病原体的废物、有毒物质或者其他有害物质，严重污染环境的，处三年以下有期徒刑或者拘役，并处或者单处罚金；后果特别严重的，处三年以上七年以下有期徒刑，并处罚金。"学理上通常将刑法第338条中的"违反国家规定"作为污染环境罪具有从属性的标志，即违反国家规定具有划定处罚范围的实质意义。① 本书重点以此为视角，考察刑法与环境法的关系以及"违反国家规定"这类行政从属性规定的理解与适用。

在环境犯罪中采用空白罪状或者说参见罪状的规定方式，的确极为常见。例如，日本除公害罪法和刑法典中几个条文外，基本采用行政刑法的方式规制环境犯罪，即在有关大气污染、水污染等的环境行政法的罚则部分，规定违反某条行政规定应当科处的刑罚。② 德国虽在刑法典中设置专门章节规定环境犯罪，但条文中通常包含违反行政法上的义务的表述。③ 我国《刑法》第96条也规定，"违反国家规定"，是指违反全国人民代表大会及其常务委员会制定的法律和决定，国务院制定的行政法规、规定的行政措施、发布的决定和命令。由此似乎可以推知，污染环境罪中的"违反国家规定"具有划定处罚范围的实质意义。

然而，我国《刑法》分则中经常使用的"违反国家规定"等看似属于空白罪状或参见罪状的表述，并非都具有实质意义，有些不过是为了提示违法性的存在，有些不过是相关表述的同位语，即使删除也不会影响构成

---

① 例如，张苏：《环境刑法行政从属性的理论依据》，《新疆社会科学》2014年第1期；焦艳鹏：《实体法与程序法双重约束下的污染环境罪的司法证明——以2013年第15号司法解释的司法实践为切入》，《政治与法律》2015年第7期；蒋兰香：《环境犯罪基本原理研究》，知识产权出版社2008年版，第254—256页；庄乾龙：《环境刑法定性之行政从属性——兼评〈两高关于污染环境犯罪解释〉》，《中国地质大学学报》（社会科学版）2015年第4期；曾粤兴、张勇：《论我国环境刑法与环境行政法之间的协调与衔接》，《河南财经政法大学学报》2013年第6期；单民：《浅析达标排污致损刑事责任的理论可能性》，《法学杂志》2013年第5期。

② 例如，日本『大气污染防止法』33条之2第1款第1项、『水污浊防止法』31条第1款第1项、『废弃物の处理及び清扫に关する法律』25条第1款第16项等。（改为日文书名号）

③ 例如，《德国刑法》324a条第1款，325条第1款、第2款、第3款，325a条第1款、第2款等。

要件的判断。① 也就是说，条文中有"违反国家规定"的表述，并不意味着该犯罪的成立范围与删去该表述后的成立范围有所不同。

有关污染环境罪的司法实践中，也存在不指明具体违反了哪条国家规定而直接判决的情况，如最高人民法院发布的典型案例樊爱东、王圣华、蔡军污染环境案（下简称为"樊爱东案"）一审判决书②中，法院仅指出被告人排放的物质经鉴定为危险废物，多名被害人的健康受损以及一名被害人死亡系该倾倒行为所致，依据刑法第 338 条以及《最高人民法院、最高人民检察院关于办理环境污染刑事案件适用法律若干问题的解释》第 3 条的规定判决被告人成立污染环境罪，而并没有指明被告人具体违反的国家规定。

如此，《刑法》第 338 条污染环境罪中的"违反国家规定"是否具有划定处罚范围的实质意义，就需要具体判断。对此问题展开研究，直接关系司法实践中在适用该条时是否需要找寻相关的国家规定，找不到相关国家规定时还能否认定污染环境罪；同时，也能够判断，表面上看似属于空白罪状或参见罪状的犯罪规定，其成立范围是否真的受到限制，从而为刑法的分散立法奠定基础。

二 污染环境罪中"违反国家规定"之类型

如前所述，我国《刑法》分则条文中的"违反国家规定"，有些具有实质意义，有些不具有实质意义。以下将根据"违反国家规定"和其他罪状的关系，对我国《刑法》分则条文中的"违反国家规定"进行分类，并确定污染环境罪中的"违反国家规定"属于哪种类型。

第一类，当《刑法》分则条文中"违反国家规定"之外的部分没有完整地描述行为时，"违反国家规定"具有实质意义，因为此时构成要件行为必须依靠其他法律法规的规定补足。例如，《刑法》第 185 条之一第 2 款规定的违法运用资金罪，只表述了行为的主体，没有具体描述值得处罚的运用资金的行为，因此必须由相关的法律法规补足，此时"违反国家规

---

① 参见张明楷《刑法分则的解释原理（第二版）》（下），中国人民大学出版社 2011 年版，第 533—534 页。

② http：//wenshu. court. gov. cn/content/content？DocID = 9bac8857-e6ed-4f66-b151-6204858 fa4c7（2016/7/27）.

定"具有实质意义。① 也就是说，此时刑法条文的罪状是空白罪状或者说参见罪状，其规定的构成要件需要通过对其他法律法规的规定和刑法条文的规定进行组合才能确定；刑法之所以不将其他法律法规中的规定直接放到刑法条文中，是因为刑法条文难以对这些规定作简短描述，且如此处理可以避免重复。从《刑法》第 338 条的文言可以看出，污染环境罪中"违反国家规定"之外的罪状已然完整描述了行为，故而不属于此类。

第二类，《刑法》分则条文中"违反国家规定"之外的罪状完整地描述了行为，且已经将其他法律法规的内容具化其中的，认定犯罪就无须再查明被违反的国家规定的具体内容，"违反国家规定"的表述也就不具有实质意义。例如，《刑法》第 339 条第 1 款规定，违反国家规定，将境外的固体废物进境倾倒、堆放、处置的，处五年以下有期徒刑或者拘役，并处罚金。而《固体废物污染环境防治法》第 24 条规定，禁止中华人民共和国境外的固体废物进境倾倒、堆放、处置。由于《刑法》第 339 条中"违反国家规定"之外的罪状已经将《固体废物污染环境防治法》第 24 条的规定具化其中，因此这里的"违反国家规定"不具有实质意义，在适用《刑法》第 339 条第 1 款时，无须再查明"违反国家规定"具体含义。②

《刑法》第 338 条中"违反国家规定"之外的罪状，即"排放、倾倒或者处置有放射性的废物、含传染病病原体的废物、有毒物质或者其他有害物质"，并不像《刑法》第 339 条那样将其他法律法规的规定进行了具化，因此《刑法》第 338 条中的"违反国家规定"也不属于这种类型。

第三类，《刑法》分则条文中"违反国家规定"之外的罪状完整地描述了行为，但没有将其他法律法规的内容具化其中的，"违反国家规定"是否具有实质意义，还需要分为两种情况判断。第一种情况为，"违反国家规定"之外的罪状所描述的行为并非具有侵害性的行为，需要违反国家规定赋予违法性，此时"违反国家规定"显然具有划定处罚范围的实质意义；第二种情况为，"违反国家规定"之外的罪状所描述的行为本身就具有侵害性，此时就需要进一步判断，该行为是否可能被其他的法律法规部分许可而正当化。从以上分析可知，《刑法》第 338 条污染环境罪中的

---

① 参见张明楷《刑法分则的解释原理（第二版）》（下），中国人民大学出版社 2011 年版，第 544 页。
② 同上书，第 560 页。

"违反国家规定"属于第三类；同时，该条"违反国家规定"之外的罪状，即"排放、倾倒或者处置有放射性的废物、含传染病病原体的废物、有毒物质或者其他有害物质"的行为，又显然是具有侵害性的行为，因此属于第三类中的第二种情况。

如果"违反国家规定"之外的罪状描述的行为，不可能被其他法律法规所许可，即都是应当处罚的行为，则"违反国家规定"就只是在强调行为的违法性，并不具有实质意义，在确定犯罪时无须另行查明其内容，删除也不影响犯罪的成立范围。例如，刑法第 222 条虚假广告罪中"违反国家规定"之外的罪状对行为的描述为，"利用广告对商品或者服务作虚假宣传"，由于该行为就是违反广告法等法律的行为，不可能存在被广告法等法律法规所部分许可进而正当化的情况，因此在认定犯罪时无须再去找寻被违反的国家规定，"违反国家规定"在这里也没有实质意义。[①]

如果"违反国家规定"之外的罪状所描述的行为，有可能被其他法律法规所部分许可，则表明刑法分则中已经描述的行为并非都需要处罚，必须做进一步的限制，将被其他法律法规所许可的部分行为从犯罪中排除。如此，一个行为是否需要处罚，取决于其是否因为违反相关国家规定而不被"许可"。此时的"违反国家规定"对犯罪的成立范围具有实质性的影响，在认定犯罪时必须查明被违反的国家规定；如若找不到被违反的国家规定，则不能认定相应犯罪的成立。

于是，判断《刑法》第 338 条污染环境罪中的"违反国家规定"是否对犯罪的成立范围具有实质意义，就是要判断"排放、倾倒或者处置有放射性的废物、含传染病病原体的废物、有毒物质或者其他有害物质"的行为，是否存在被其他法律法规"许可"因而正当化的可能；是否具有被"许可"的可能性，与该行为是侵害何种法益的行为密切相关。因为侵害某些法益的行为不可能被其他法律法规部分许可，例如侵害人的生命、健康的行为；[②] 而侵害另一些法益的行为则可能在一定程度上被许可，科以受害方容忍义务。因此，以下将结合污染环境罪的保护法益，对污染环境罪中处罚的行为进行定性分析。

[①]　参见前引张明楷《刑法分则的解释原理（第二版）》（下），中国人民大学出版社 2011 年版，第 559 页。

[②]　这里的许可是行政管理意义上的许可实施，并不排除因为其他正当化事由的存在而允许行为实施的情况。

三　污染环境罪中处罚行为之定性

需要说明的是，《刑法》第338条虽然规定在《刑法》"妨害社会管理秩序罪"一章，但据此笼统认为污染环境罪的保护法益为国家环境管理秩序或者国家环境保护制度①，并不合理。

首先，这种法益观无法从实质上为行为定性。从形式上看，违反国家规定可以说是违反了某种行政义务，对此科处刑罚，可以促使该行政义务的实现，从而维护国家环境管理秩序或国家环境管理制度。但是，"行政法规并不仅仅在于为了强制国民服从而对国民施以命令或禁止，还在于行政主体为了维持或实现其所认定的有价值的事态或关系，从而作出命令或禁止"，② 因此行政义务的确定或行政命令的发出，不过是实现一定目的的手段。通过刑罚进行担保的，其实是该行政义务或行政命令试图实现的目的。即便认为污染环境罪保护的是国家环境管理秩序或国家环境保护制度，也必须明确怎样的秩序和制度才是值得保护的，通过秩序和制度保护的利益究竟是什么。只有如此，才能判断污染环境罪处罚的行为究竟是何性质。

其次，当《刑法》分则条文中不仅规定了行政义务的违反，也规定了其他的侵害结果时，也就是所谓的行政违反加重犯，则该犯罪完全可能是一种自然犯，例如交通肇事罪③。此时就必须确定该自然犯侵害的具体法益是什么，该法益显然不能是一种社会管理制度。如上所述，《刑法》第338条中除了"违反国家规定"外，还存在与之内容不同的侵害行为和侵害结果的描述，因此，《刑法》第338条完全可能是自然犯，必须确定其可能侵害的具体法益。

法益的实质是客体对主体的效用，体现为客体与主体的某种关联。毋

---

① 有关该法益的主张，参见高西江主编《刑法的修订与适用》，中国方正出版社1997年版，第711页；高铭暄、马克昌主编：《刑法学》第七版，北京大学出版社、高等教育出版社2016年版，第581页；冯军、李永伟等：《破坏环境资源保护罪研究》，科学出版社2012年版，第23页；王秀梅、杜澎：《破坏环境资源保护罪》，中国人民公安大学出版社1998年版，第11页；王作富：《刑法分则实务研究（第五版）》（下），中国方正出版社2013年版，第1389页；焦艳鹏：《法益解释机能的司法实现——以污染环境罪的司法判定为线索》，《现代法学》2014年第1期。

② 参见黄明儒《也论行政犯的性质及其对行政刑法定位的影响》，《现代法学》2004年第5期。

③ 参见张明楷《行政违反加重犯初探》，《中国法学》2007年第6期。

庸置疑的是，无论从修改前的《刑法》第 338 条来看，还是从上述司法解释来看，环境对人具有生命健康上的效用，即在生命健康的维持方面，环境与人存在关联。人依赖环境而生存和生活，需要呼吸空气、饮用水、摄食土壤中生长出来的作物，需要一刻不停地与环境进行物质和能量的交换。机体的正常运转需要摄入的物质达到一定的标准。空气、水体和土壤的污染，极可能导致摄入物质无法达到最低限度的要求，影响机体的正常运转，侵害人的生命健康。环境污染最早引起人类的重视，也是因为其导致了人类生命健康的重大侵害。[①] 因此，公众的生命健康是环境犯罪保护的法益，排放、倾倒、处置有害物质于环境中，触发环境与人的健康方面的关联，从而给人的生命健康造成侵害或威胁的，是需要处罚的环境污染行为，也是典型的公害行为。

然而，环境是人类生存、发展的基础，具有多种机能，因此对其的侵害未必与人的健康有关。[②] 也就是说，环境能够满足人们多方面的需求，环境的效用不限于健康方面的效用，环境也是人之为人的生活条件。[③] 无法还原为人的生命、健康的利益，即不同于"公害"的环境污染在社会生活中的确存在。[④] 也就是说，环境损害包括环境影响导致的一般损害（广义的环境损害）和人格利益、财产利益损害以外的损害（狭义的环境损害），[⑤] 后者被称为纯粹环境损害。[⑥] 民法上之所以在不法行为中讨论纯粹环境损害，就是因为这种损害无法还原为人的生命、健康侵害，因此无法

[①] 如日本 20 世纪 60 年代至 70 年代的四大公害事件。

[②] 参见北村喜宣『環境法（第 3 版）』（弘文堂、2015 年），第 3 頁；神山敏雄「環境刑法の概念」中山研一・神山敏雄・斉藤豊治・浅田和茂編著『環境刑法概説』（成文堂、2003 年），第 13 頁；米田泰邦「公害・環境侵害と刑罰—公害刑法と環境刑法」石原一彦・佐々木史朗・西原春夫・松尾浩也編『現代刑罰法大系　第 2 巻　経済活動と刑罰』（日本評論社、1983 年），第 169 頁。

[③] 参见山中敬一「環境刑法」，ジュリスト 1015 号（1993 年），第 125 頁。

[④] 参见陈君《对〈刑法修正案（八）〉关于污染环境罪规定的理解与探讨》，《北京理工大学学报》（社会科学版）2012 年第 6 期；長井圓「環境刑法の基礎・未来時代法益」神奈川法学 35 巻 2 号（2002 年），第 431 頁。

[⑤] 参见大塚直「環境訴訟における保護法益の主観性と公共性・序説」法律時報 82 巻 11 号（2010 年），第 119—120 頁。

[⑥] 参见小野寺倫子「人に帰属しない利益の侵害と民事責任（1）：純粋環境損害と損害の属人的性格をめぐるフランス法の議論からの示唆」北大法学論集 62 巻 6 号（2012 年），第 42、44 頁。

以一般的民法原理应对。① 纯粹环境损害是对环境本身的损害，所损害的利益被称为纯粹环境利益。② 海洋油污污染就是侵害这种"环境利益"的典型例子。对于这种与人的生命健康无关的环境损害，其法益性如何界定，是确定污染环境罪保护法益的关键。

一种观点认为，这种与人的生命健康无关的法益是所谓的生态法益，③即法益的主体不再是人，而是生态系本身。但这种观点存在较大疑问。

刑法上的法益必须具备"经验的实在性"与"对人的有用性"。④ 经验的实在性意在避免法益的精神化；对人的有用性，源于法是为人的利益而制定这一法的本质属性的要求。基于此，就不能因为环境犯罪保护的对象是环境，而认为环境法益是与人无关的生态法益。

法益由法益的客体和法益的主体共同构成，法益的客体多种多样，但法益的主体只能是人。因为法是人类为了人类制定的规则，只有以人类为评价基准才能计算法益侵害的大小，不以人类为主体就无法适用法律。⑤人只能为人立法，不能为非理性的生物立法，⑥ 因此所谓的与人无关的生态法益，不过是将人的世界观强加给动物，是从人的立场确定的动物的利益，而不是从动物的立场确定的动物的利益，⑦ 这使得所谓的与人无关的生态法益本身就缺乏正当性的基础。这种观点也会导致利益判断失去标准。因为利益相对于不同的主体具有相对性，当存在不同主体时，法益便无法确定。

在法益的确定上，必须区别法益的客体和法益的主体。法益的客体并不是法益本身。例如财产罪的保护法益并非财物，而是人的财产权，财物

① 参见小野寺倫子「フランス民事責任法における『純粋環境損害』の概念について」松久三四彦・藤原正則・須加憲子・池田清治編『民法学における古典と革新　藤岡康宏先生古稀記念論文集』（成文堂、2011 年），第 461—462 頁。

② 参见大塚直「環境訴訟における保護法益の主観性と公共性・序説」法律時報 82 巻 11 号（2010 年），第 121—122 頁。

③ 生态法益的主张，参见焦艳鹏《法益解释机能的司法实现——以污染环境罪的司法判定为线索》，《现代法学》2014 年第 1 期。

④ 参见松原芳博『刑法総論』（日本評論社、2013 年），第 16 頁。

⑤ 参见三枝有「環境刑法の新展開—環境保護政策と法規制のあり方」法政論叢 45 巻 1 号（2008 年）18 頁；京藤哲久「行政と環境刑法」現代刑事法 4 巻 2 号（2002 年）43 頁。

⑥ 参见高鸿钧、赵晓力主编、马剑银副主编《新编西方法律思想史（古代、中世纪、近代部分）》，清华大学出版社 2015 年版，第 111 頁［刘素民执笔］。

⑦ 参见京藤哲久「環境犯罪の構成要件」町野朔編『環境刑法の総合的研究』（信山社、2003年），第 324—325 頁。

只是财产权的载体，是法益的客体，人才是法益的主体。所谓的生态利益也是如此。环境或者生态系本身，只是法益的客体，人仍然是生态法益的主体。离开人而单独论述环境并不恰当，环境侵害只有在与人有关系时才具有意义。① 保护环境、使环境免受人的攻击，并不是为了环境本身，而恰恰是为了人自己，"保护环境的最终目的仍是保护人类利益"②。因此，确定生态利益的保护范围，仍然需要以其对人的有用性为标准。

另一种观点主张与人的生命健康无关的法益是环境权，③ 但将环境权作为法益也存在问题。

首先，环境权的性质并不明确。民法上的环境权概念，原本是为了制约与人的生命、健康、财产无关的、导致环境状态发生变化的行为，而作为个人权被提出的。但个人权以个人利用自由为理念，具有排他性，违背要求公众在利用上相互制约相互协调的环境利用原则④。也就是说，环境权论的最大的问题点，在于环境损害的集团性、扩散性与权利的个别性、限定性之间的矛盾。⑤ 为解决这一问题，不限定主体、不属于个人权的自然享受权被提出。⑥ 但自然享受权在以个人权利为基础的民事权利体系中没有位置，也欠缺创出的法律依据。⑦ 因此，环境权是个人权还是集体权，

---

① 参见佐久間修「環境刑法の役割とその限界」新美育文・松村弓彦・大塚直編『環境法大系』（商事法務、2012 年）342 頁、三枝有「環境刑法の新展開─環境保護政策と法規制のあり方」法政論叢 45 巻 1 号（2008 年），17 頁、山中敬一「環境刑法の現代的課題」奥貫清編『ジュリスト増刊〈新世紀の展望 2〉環境問題の行方』（有斐閣、1999 年）84 頁。

② 参见周光权《刑法各论》第三版，中国人民大学出版社 2016 年版，第 421 页。

③ 主张环境权的论者，如杨宁、黎宏：《论污染环境罪的罪过形式》，《人民检察》2013 年第 21 期；李希慧、董文辉、李冠煜：《环境犯罪研究》，知识产权出版社 2013 年版，第 55—67 页；李希慧、李冠煜：《环境犯罪客体研究——"环境权说"的坚持与修正》，《甘肃政法学院学报》2012 年第 120 期；吴献萍：《环境犯罪与环境刑法》，知识产权出版社 2010 年版，第 32—34 页；李卫红：《环境犯罪论》，《烟台大学学报》1996 年第 2 期；邹清平：《论危害环境罪》，《法学评论》1986 年第 3 期；曹子丹、颜九红：《关于环境犯罪若干问题的探讨》，《法制与社会发展》1998 年第 4 期；周利平：《试析破坏环境资源保护罪》，《湖南师范大学社会科学学报》1998 年第 2 期。

④ 参见北村喜宣『環境法（第 3 版）』（弘文堂、2015 年）50 頁；村田哲夫「環境権の意義と生成」人間環境問題研究会編『環境権と環境配慮義務　環境法研究　第 31 号』（有斐閣、2006 年）7 頁。

⑤ 参见小野寺倫子「人に帰属しない利益の侵害と民事責任（2）：純粋環境損害と損害の属人的性格をめぐるフランス法の議論からの示唆」北大法学論集 63 巻 1 号（2012 年）87 － 88 頁。

⑥ 参见北村喜宣『環境法（第 3 版）』（弘文堂、2015 年），第 51 頁。

⑦ 同上。

在民法上依然不明确。

　　其次，环境权的包括性也不符合刑法法益的具体性要求。民法上的环境权，是对环境包括性的权利，不区别其中各个具体利益，这种环境权的内容、范围、构成要素都不明确。刑法的保护对象必须具有明确性，因此上述意义的环境权作为刑法的保护对象并不合适。① 将内容没有限定的环境权作为法益，将导致刑法的保护范围无法限定，违反法益概念的明确性。② 即便依据不同的环境要素分别讨论人享有的权利，环境权的内容也未必明确。例如清洁空气权、清洁水权虽然是基于环境要素的分别表述，但也不能说内容明确。

　　水、大气等环境介质，对维持人之为人的生活至关重要，良好的环境是人格发展的前提条件。伴随工业的发展，人口的集中，清洁的水、干净的空气、洁净的土壤不再唾手可得，随心可享，而是逐渐具备了稀缺性和价值性。环境由"自由物"到"价值物"的变化，使得环境具备了作为利益进行保护的要件。③ "环境，正是因为其稀缺性，才使得其作为被利用时应当支付使用费的对象，具备了经济价值"。④ 环境的这种稀缺性和价值性，使得其与传统的财产在机能上近似。就如个人财产以完整的状态存在对于个人具有一定的价值一样，环境以完整状态存在本身，就对公众具有一定的价值。环境和一般的个人财产相比，只是归属主体不同。在对人的效用上，环境并不比一般个人财产低。既然承认个人对属于个人的财产的享有，就没有理由否认公众对属于公众的环境的享受。

　　因此笔者认为，这种环境与人的关联，意味着环境作为全体国民的"公共财产"意义上的有用性，本文将此称为"环境效用"。这是一种与人有关的、人的生态法益，⑤ 法益的客体突破传统局限，扩大至生态，主

---

① 参见米田泰邦「公害·環境侵害と刑罰—公害刑法と環境刑法」石原一彦·佐々木史朗·西原春夫·松尾浩也編『現代刑罰法大系　第 2 巻　経済活動と刑罰』（日本評論社、1983年），169 頁。

② 参见伊東研祐「保護法益としての『環境』」町野朔編『環境刑法の総合的研究』（信山社、2003 年）56—57 頁。

③ 参见仁藤一·池尾隆良「『環境権』の法理」大阪弁護士会環境権研究会編『環境権』（日本評論社、1973 年）50—51 頁。

④ 三枝有「環境法におけるサンクションの在り方—環境刑法を中心として—」法政論叢33 巻（1997 年）185 頁。

⑤ 参见周光权《刑法各论》第三版，中国人民大学出版社 2016 年版，第 421 页；黄锡生、张磊《生态法益与我国传统刑法的现代化》，《河北法学》2009 年第 11 期。

体仍然是人；不仅不切断环境法益与人的关联，而且扩大了人的利益的范围，不再将环境与人的关联限于人的生命健康。侵害环境的行为，即便不会对人的生命健康造成实害或危险，也可能给公众带来类似财产性质的侵害。

具有环境效用的环境介质，必须具有以下特征：第一，环境本身必须能够满足公众一定的需要，能够维持人之为人的生活。也就是说，环境本身具有一定的价值，能够提供一定的生活条件，能作为人的生活基础发挥作用，具有保护、保全的必要性。第二，人类长期生活在该环境中，对环境产生了依存。也就是说，人类建立了与环境的联系，将环境作为一种自然"设施"加以利用，而且这种利用状态是长期事实上形成的状态。因此，环境效用不是一种理念或想象，而是具备现实性的法益。此外，环境效用的主体，也不是抽象的、一般的人类，而是正在利用该环境的特定地域的公众。

综上所述，污染环境罪的保护法益为公众的生命健康和环境效用，《刑法》第338条中规定的行为是侵害公众的生命健康或者环境效用的行为。为论述上的方便，笔者将前者称之为公害型环境污染行为，将后者称之为环境效用侵害型环境污染行为。以此为依据，可以将最高人民法院、最高人民检察院《关于办理环境污染刑事案件适用法律若干问题的解释》（下称环境犯罪司法解释）第1条中列举的、能够构成污染环境罪的17种具体情形①进行归类，以便在下文分别讨论两种不同性质的污染环境行为时可以对环境犯罪司法解释进行相关评述。

第一，几乎没有争议的是，环境犯罪司法解释第1条的第15项、第16项和第17项，属于侵害了公众生命健康的行为。

第二，同样几乎不存在疑问的是，环境犯罪司法解释第1条第10项、第11项、第12项和第13项，属于给环境效用造成侵害的行为，其中既包括对生态环境整体的损害，也包括对其中资源的损害。

第三，通常有争议的是，环境犯罪司法解释第1条第1项到第5项的

---

① 这里是指环境犯罪司法解释中"严重污染环境"的情形。在该解释的第3条还规定了"后果特别严重"的情形，从某种意义上说，也属于污染环境罪处罚的行为类型。但是，由于"后果特别严重"中的行为，只是"严重污染环境"中部分行为造成更严重结果的情况，在行为形态上没有区别，因此从为处罚行为定性的角度看，没有独立讨论的必要，故本文只讨论"严重污染环境"的行为。

规定。主张将其解释为抽象的危险犯甚至行为犯的观点虽然存在①，但笔者认为，根据环境犯罪司法解释第 16 条的规定可以推知，构成污染环境罪必须有造成环境污染这一结果，因此对这些行为的处罚仍然要求污染物接触到环境介质，如此这些行为也是侵害环境效用的行为。

第四，略有模糊的是，环境犯罪司法解释第 1 条第 14 项的规定。疏散、转移群众，既可能是因为污染物威胁了公众的生命健康，也可能是因为环境本身遭到的破坏使其不再适宜居住，因此该项规定的行为既可能是侵害公众生命健康的行为，也可能是侵害环境效用的行为。

第五，值得质疑的是，环境犯罪司法解释第 1 条第 6 项、第 7 项、第 8 项和第 9 项的行为。第 6 项中规定的是受过两次行政处罚又再次污染环境的情形，其将严重污染环境理解为"多次实施，屡教不改"。但是，严重污染环境是为了限制法益侵害的程度，之前因为实施法益侵害程度轻的行为而受到过行政处罚，并不能说明此次实施的污染环境的行为的法益侵害程度一定重，因此该规定不合理。第 7 项、第 8 项和第 9 项中的违法所得，都只是表示污染环境行为存在或程度严重的间接证据，可以将其作为一种证据推定，但不宜将其作为构成犯罪的实体规定。

此外，环境犯罪司法解释第 1 条第 9 项中的公私财产，按照笔者对环境法益的理解，应当是指环境本身的价值，包括经济价值和生态价值。虽然两高在环境犯罪司法解释第 17 条第 4 款中将"公私财产损失"解释为，污染环境的行为"直接造成财产损毁、减少的实际价值，为防止污染扩大、消除污染而采取必要合理措施所产生的费用，以及处置突发环境事件的应急监测费用"，但笔者认为，司法解释第 1 条第 9 项是指造成严重环

---

① 参见陈洪兵《解释论视野下的污染环境罪》，《政治与法律》2015 年第 7 期；张洪成、苏恩明《风险社会下污染环境罪之处罚扩张问题研究》，《太原理工大学学报》（社会科学版）2015 年第 3 期；苏永生《刑法解释的限度到底是什么——由一个司法解释引发的思考》，《河南大学学报》（社会科学版）2014 年第 1 期；温建辉《污染环境罪论要》，《公民与法》2015 年第 1 期；曾粤兴、周兆进《污染环境罪危险犯研究》，《中国人民公安大学学报》（社会科学版）2015 年第 174 期；参见曾粤兴、张勇《论我国环境刑法与环境行政法之间的协调与衔接》，《河南财经政法大学学报》2013 年第 6 期；李尧《如何界定污染环境罪中的"处置"行为》，《中国检察官》2014 年第 4 期；吴伟华、李素娟《污染环境罪司法适用问题研究——以两高〈关于办理环境污染刑事案件应用法律若干问题的解释〉为视角》，《河北法学》2014 年第 6 期；林芳惠《污染环境罪立法的反思与重构》，《福建农林大学学报》（哲学社会科学版）2014 年第 6 期；参见焦艳鹏《实体法与程序法双重约束下的污染环境罪的司法证明——以 2013 年第 15 号司法解释的司法实践为切入》，《政治与法律》2015 年第 7 期。

境效用侵害的类型，因此公私财产的损失应当是表征环境效用损害程度的损失，"为防止污染扩大、消除污染而采取必要合理措施所产生的费用"自然属于此类，但对"污染环境行为直接造成财产损毁、减少的实际价值"则应当进行限定，不包括不表征环境效用损害的单纯财产损失；"处置突发环境事件的应急监测费用"并表征环境本身的损害程度，只是单纯的财产损失。①

如此，《刑法》第338条的污染环境罪中的行为可以分为公害型环境污染行为和环境效用侵害型环境污染行为；环境犯罪司法解释第1条第15项到17项属于前者，第1项到第5项、第9项中的造成公私财产损失的行为、第10项到第13项属于后者，第14项既可能属于前者，也可能属于后者。这两类行为是否具有被其他法律法规部分许可的可能性，其中的"违反国家规定"各自具有怎样的含义，以下将分别讨论。

第二节　刑法与环境法关系的微观审视

一　公害型污染环境罪中的"违反国家规定"

公害型污染环境行为是否存在被其他法律法规部分许可的可能性，存在争议。例如，日本的公害罪法虽然没有采用从属于行政的规定方式，但也有学者主张对环境污染引起不特定或多数人健康侵害的行为的规制，应当行政先行，即对公害犯罪的规制，应当设置环境基准，规定有害物质排出的容许范围。② 但是该观点遭到了批判。持批判态度的学者认为，上述观点将公害视为了伴随企业活动、产业开发的必要的恶，主张公众的生命、健康以及良好生活环境的保持应当与产业发展相协调，由于企业活动会带来经济的发展和国民生活的丰富，因此国民应当在一定程度内忍受侵害。但是，公害并非正当生产活动伴随的必要的恶。至少直接侵害公众健康的公害毫无疑问为刑事犯，不是单纯以不遵守排出基准为理由进行处罚

---

① 如果认为危害公共安全的犯罪也包括单纯造成重大公私财产损失的情况，则本解释中的公私财产损失也可以指公害型污染环境罪中的财产损失。但笔者不认为危害公共安全犯罪包括单纯造成公私重大财产损失的情况，因此认为对这里的"公私财产损失"应当限制理解为表征环境本身损害程度的损失。

② 参见垣口克彦「公害犯罪立法問題に関する一考察」阪南論集社会科学編18巻4号（1983年）47—49頁、垣口克彦「公害犯罪処罰法の問題性」阪南論集社会科学編人文・自然科学編合併17巻4号（1982年）84頁。

的法定犯或行政犯。环境基准中尚未规定的有害物质排出行为也可能成为公害犯罪的处罚对象。① 给健康带来直接危险的公害行为，是对人的身体的犯罪，其具有的刑事犯的实质不能否定。② 环境破坏行为对人的基本利益造成侵害或有侵害之虞时，无论是否违反行政规定，都成立犯罪。③

在我国，也有学者主张，环境犯罪的成立以存在环境管理和污染防止方面的行政规定违反为必要，在没有违反行政规定的场合，说明在行政法上不认为该行为是违法行为，或者说在行政法规定的标准内所实施的行为就是可容许的行为，既然该行为并不为行政法所禁止，则刑法上自然更不能作为犯罪处罚④。对此笔者难以认同。

我国侵害公众生命健康的犯罪主要被作为危害公共安全的犯罪，规定在《刑法》分则的第二章，其中与公害型污染环境罪最接近的投放危险物质罪中，并没有"违反国家规定"一类的限制处罚行为范围的规定。既然一般的投放危险物质的行为不存在被其他法律法规部分许可的情况，则向环境介质中投放危险物质的行为也没有理由可以被其他法律法规部分许可。即便排放等行为是符合标准的，在造成公众生命健康侵害时，也不能认为排放因为欠缺违法性而不构成犯罪。⑤ "与当地居民的人生健康安全相比较，排污致损行为就不能认为是《刑法》所允许的危险"⑥。

我国司法实践中也是如此处理的。最高人民法院《关于审理环境侵权责任纠纷案件适用法律若干问题的解释》第 1 条后句规定："污染者以排污符合国家或者地方污染物排放标准为由主张不承担责任的，人民法院不予支持。""行为人关于排放未纳入环境标准的物质不需要承担责任的抗

---

① 参见藤木英雄「公害処罰法の問題点」商事法務研究 544 号（1970 年）2—3 頁、藤木英雄「公害処罰法の意義と問題点」法律のひろば24 巻 1 号（1971 年）31 頁。

② 参见平野龍一「公害と刑法—刑事制裁と行政的規制との関連—」『公法の理論：田中二郎先生古稀記念. 下 2』（有斐閣、1977 年）2419 頁。

③ 参见今井猛嘉「環境犯罪」西田典之編『環境犯罪と証券犯罪—日中刑事法シンポジウム報告書—』（成文堂、2009 年）71 頁。

④ 参见焦艳鹏《实体法与程序法双重约束下的污染环境罪的司法证明——以 2013 年第 15 号司法解释的司法实践为切入》，《政治与法律》2015 年第 7 期；蒋兰香：《环境犯罪基本原理研究》，知识产权出版社 2008 年版，第 254—256 页。

⑤ 不排除因为行为人欠缺责任要件而不成立犯罪。

⑥ 单民：《浅析达标排污致损刑事责任的理论可能性》，《法学杂志》2013 年第 5 期。

辩,仅能作为免责事由予以审查。"① 在"吕金奎等 79 人与山海关船舶重工有限责任公司海上污染损害赔偿纠纷"二审民事判决书②中,虽然铁物质未被纳入评价海水水质的环境标准,但法院明确指出"无论国家或地方标准中是否规定了某类物质的排放控制要求,或排污是否符合国家或地方规定的标准,只要能够确定污染行为造成环境损害,行为人就须承担赔偿责任"。这虽是关于侵权责任的规定与侵权责任的判决,但从中可以清楚地看出,排放没有排放标准的有害物质造成损害的,行为的不法性仍然存在;并没有因为行政法律法规没有禁止,而认为该行为没有违法性。

也许有一种反对意见会认为,既然公害型污染环境行为和投放危险物质的行为类似,且两者都需要公共危险的产生,则如果不认为污染环境行为需要"违反国家规定"的限制,就会造成污染环境罪与以危险方法危害公共安全罪的高度重合,又由于以危险方法危害公共安全罪的法定刑重于污染环境罪,因此会造成污染环境罪实质上被架空。对此,笔者认为,公害型污染环境行为与投放危险物质的行为虽然类似,且都是危害公共安全的犯罪,但以危险方法危害公共安全罪至少在发生具体的危险时才会处罚,但污染环境罪,由于环境的重要性以及难以恢复性,可以认为只要具有抽象的危险即可处罚,这也是污染环境罪的法定刑低于以危险方法危害公共安全罪的法定刑的原因。在污染环境行为不只具有抽象的危险,还发生了具体的危险甚至实害结果时,就是环境犯罪司法解释第 8 条中所说的依照处罚较重的规定处罚的情况之一。

如此,既然需要具有抽象的公共危险就能成立污染环境罪,则环境犯罪司法解释第 1 条第 15 项、第 16 项以及第 17 项中所要求的造成多人中毒或数人伤亡的结果,就不合理,与其他的危害公共安全犯罪也不协调。

还有一种观点从刑法谦抑性的角度主张污染环境罪的成立必须以违反某种国家规定为前提。其认为,法律首先要确认社会关系,才能保护社会关系。法律确认是通过构建权利义务对社会关系的第一次调整,由非刑事部门法中除法律责任条款或者说制裁性规则以外的部分承担;法律保护旨在保护被确认的社会关系,在其确认的权利义务关系被破坏时才发动,发

---

① 耿小宁、李善川:《排放未纳入环境标准物质造成损害构成环境污染侵权》,《人民司法·案例》2016 年第 8 期。

② http://wenshu.court.gov.cn/content/content? DocID = a6f67d16-cc7b-4ada-ad45-32d612717a70 (2016/7/26)。

挥法律保护机能的首先为非刑事部门法中的法律责任条款或者说制裁性规则，其次才是作为其补充的刑法条款。① 因此，"'从属性'并非是诸如环境犯罪等行政犯所独具的特征"②，所有的刑事犯罪，都是"'前置法定性与刑事法定量的统一'，即犯罪的危害本质和违法实质取决于前置法的规定"。③ 于是，犯罪的认定和刑事法律的解释过程，"就是一个确定前置法，尤其是刑法所保障的前置法上的确定性法律关系的过程"，④ 而环境犯罪刑事立法所保障的前置法，就是环境行政法律法规，其所定量的内容，也必须围绕环境保护法律关系展开。⑤

诚然，规制环境犯罪的刑法规定并不会确认新的社会关系，其机能为保护已经被确认的社会关系。然而，规制环境犯罪的刑事立法所保护的前置法，在逻辑上，并不必然就是环境行政法律法规。确定规制环境犯罪的刑事立法所保护的前置法是什么，所保护的社会关系是什么，归根结底还是要根据法益进行判断。当污染环境罪所保护的法益也包括公众的生命健康时，就不能再认为其所保护的前置法只是环境行政法律法规，其所保护的前置法的范围显然已经超过了环境相关法律法规的范畴，也超过了行政管理性质的法律法规的范畴。即便认为此种情况下的污染环境犯罪的成立仍然以"违反国家规定"为前提，其"国家规定"的范围也不应只限于环境行政法律法规。

实际上，在污染环境的行为侵害了公众的生命健康时，的确可以说是侵害了某种已经被其他法律法规所确认的社会关系。但是由于侵害公众生命健康的行为不可能被其他法律法规部分允许部分禁止，也就是说，侵害公众生命健康的行为都是破坏已经被确认的社会关系的行为，不存在侵害了公众的生命健康却没有侵害某种已被确认的社会关系的情况，因此即便认为公害型环境污染行为以违反国家规定为前提，该前提也是在所有情况

①　参见田宏杰《行政犯的法律属性及其责任》，《法学家》2013 年第 3 期；庄乾龙：《环境刑法定性之行政从属性——兼评〈两高关于污染环境犯罪解释〉》，《中国地质大学学报》（社会科学版）2015 年第 4 期。
②　庄乾龙：《环境刑法定性之行政从属性——兼评〈两高关于污染环境犯罪解释〉》，《中国地质大学学报》（社会科学版）2015 年第 4 期。
③　田宏杰：《行政犯的法律属性及其责任》，《法学家》2013 年第 3 期。
④　同上。
⑤　参见庄乾龙《环境刑法定性之行政从属性——兼评〈两高关于污染环境犯罪解释〉》，《中国地质大学学报》（社会科学版）2015 年第 4 期。

下都被满足的，既然如此，删去该前提，对处罚范围不会产生任何影响，也就相当于"违反国家规定"没有实质意义。

还有一种观点从环境污染行为判定的技术性角度主张，由于新的污染物、新的环境侵害方式的出现，首先需要专业性强的环境行政法律法规作出判断，设定标准，所以刑法应当从属于环境行政法律法规。① 其实，该观点与上述谦抑性观点在底层逻辑上存在同样的问题，即都把污染环境罪预设为了只侵害环境本身的犯罪。如果要判断的只是行为是否造成了环境本身的侵害，的确需要专业性的判断，需要以排放标准等行政基准为依据。但是，当行为已然造成了作为最基本利益的人的生命健康的侵害时，并不存在需要专业判断侵害行为的问题，该行为的侵害性和其他侵害人的生命健康的行为一样明确，无须行政基准先行界定是否违法。

也有学者已经认识到，没有为行政法禁止的污染环境行为，无论从逻辑上说还是从现实上看，都仍然具有社会危害性，仍然可能成立犯罪，但是由于污染环境罪以"违反国家规定"为必要，因此该行为不符合污染环境罪的构成要件，而是可能成立过失致人死亡罪、过失致人重伤罪或过失投放危险物质罪等过失犯罪。②

如前所述，公害型污染环境罪的场合，将"违反国家规定"理解为没有实质意义是合理的，且我国《刑法》分则中"违反国家规定"没有实质意义的情形并不少见，因此没有必要将法文的表述作僵化理解，另寻其他犯罪，只要承认这种情况也为污染环境罪的处罚范围涵盖即可。当然并不排除行为也可能构成其他犯罪，出现竞合。

因此，公害型污染环境罪，即因排放、倾倒、处置有害物质而侵害了公众生命健康的场合，与其他侵害公众生命健康的犯罪一样，不存在部分行为被其他法律法规许可的情况，不应当以其他法律法规的违反为犯罪成立的必要条件。这种场合下的"违反国家规定"，不具有实质意义，即便删去，对公害型污染环境罪的处罚范围也不会产生影响。一旦出现给公众的生命健康造成抽象危险的情况，即满足公害型污染环境罪的违法构成要件，无须另行寻找被违反的国家规定。文章开头提到的"樊爱东案"，由

---

① 参见曾粤兴、张勇《论我国环境刑法与环境行政法之间的协调与衔接》，《河南财经政法大学学报》2013 年第 6 期。

② 单民：《浅析达标排污致损刑事责任的理论可能性》，《法学杂志》2013 年第 5 期。

于属于有害物质的排放、倾倒、处置侵害了人的健康而构成污染环境罪的情况，即属于公害型污染环境罪，因此无须考量具体违反了哪条国家规定，直接判决没有问题。

二　环境效用侵害型污染环境罪中的"违反国家规定"

（一）"违反国家规定"之必要

需要说明的是，环境效用虽然具有财产的性质，然而只侵害环境效用的污染环境行为，并不能作为使公私财产遭受重大损失的危害公共安全罪处理。因为重大公私财产的安全并非公共安全，《刑法》分则第 2 章危害公共安全罪中的"使公私财产遭受重大损失"，必须以危害不特定或者多数人的生命、身体安全为前提。[①] 因此，单纯侵害环境效用的行为，与侵害财产的行为性质近似，不具有危害公共安全的属性；也因此，严重侵害环境效用行为的法定刑，远低于投放危险物质罪的法定刑。

既然环境效用是一种财产性的利益，对其的保护程度、对侵害行为的处罚力度自然会弱于人格利益。诚然，给环境效用带来不良影响的行为，无论有无法律禁止规定，原本就是侵害环境介质、损害环境效用的行为。然而，既然无法完全拒绝物质文明，就不得不忍受不超过排放标准的排放行为，[②] 只要该排放行为不会给人的生命健康造成侵害或威胁。忍受的程度，由于需要结合污染物的危险性、当地人口密度、受影响的环境介质的性质，作出专业的判断，并进行统一的协调，且忍受标准可能多种多样且变动不居，因此，由行政性质的环境保护法律法规予以明确较为合适，这样既可以兼顾环境污染判断的专业性、灵活性，又可以保证刑法的稳定性、简洁性。因此，与公害型污染环境罪不同，环境效用侵害型污染环境罪需要对处罚行为设置一定的限度。此时，"违反国家规定"就具有划定处罚行为范围的实质意义，即必须是违反国家规定的侵害环境效用的行为，才可能成为刑法上污染环境罪的处罚对象；没有违反国家规定，又没有造成公众生命健康侵害或威胁的污染环境行为，即使造成环境效用的侵害，也不构成《刑法》第 338 条的污染环境罪。

环境效用侵害型污染环境罪的成立，虽然以违反国家规定为前提，但

---

① 参见张明楷《刑法学》第五版，法律出版社 2016 年版，第 688 页。

② 参见西原春夫『犯罪各論　訂補準備版』（成文堂、1991 年）59 頁。

并不能据此认为，该犯罪就是伦理色彩淡薄法定犯。[1] 如果将法定犯理解为，法规中明示了具体行为规范的犯罪类型，[2] 则环境效用侵害型污染环境罪似乎可以说是一种法定犯。然而，之所以必须明示具体的行为规范，却并非如通常所认为的，是因为该犯罪不具有反伦理性，无法在社会伦理上进行否定的评价，违法行为的内容无法自明。[3] 明示具体的违法行为的内容，与行为不具有伦理违反性因而违法内容无法自明之间，没有必然的对应关系。

"我国刑法以'行政违反＋加重要素'方式规定的犯罪，不一定是行政犯，完全可能是自然犯。"[4] 有一类犯罪，将所有的侵害行为都作为处罚对象是不可能的。[5] 由于这类侵害行为中的一部分不得不被允许，因此必须将应当处罚的行为的范围，通过法律法规的规定予以明确化。这种行为的违法性，并非由于法律法规的规定才存在，而是本来就具有伦理违反性。法律法规的规定只不过是为处罚范围划定了界限而已，或者说，法律法规的规定，是一种例外的正当化事由。环境犯罪就是这类犯罪的代表。因此，环境效用侵害型的污染环境罪，并非"法律有规定才存在"的犯罪；并不能说，向河川中排放污染物的行为，在没有侵害人的健康、只造成鱼虾类的损害时，本来就不是犯罪，只有在超过排放标准或违反行政命令时，才属于犯罪行为。[6]

故而，给环境带来不良影响的行为，并非不具有伦理违反性，其违法性并非只有在法律法规有规定时才被赋予；只是因为不可能完全禁止，才不得不忍受一定的侵害行为。即便没有达到排放标准的排放行为，也应当

---

[1] 参见近藤和哉「環境保護法制における刑事制裁の今後のあり方について」町野朔編『環境刑法の総合的研究』（信山社、2003 年）381 頁。

[2] 参见松宮孝明「環境犯罪と行政法との関係」中山研一・神山敏雄・斉藤豊治・浅田和茂編著『環境刑法概説』（成文堂、2003 年）39—40 頁；神山敏雄「『廃棄物の処理及び清掃に関する法律』における犯罪と刑罰」中山研一・神山敏雄・斉藤豊治・浅田和茂編著『環境刑法概説』（成文堂、2003 年）204 頁；美濃部達吉『行政刑法概論』（勁草書房、1949 年）6 頁。

[3] 参见松宮孝明「環境犯罪と行政法との関係」中山研一・神山敏雄・斉藤豊治・浅田和茂編著『環境刑法概説』（成文堂、2003 年）第 42 頁；神山敏雄「環境刑法の概念」中山研一・神山敏雄・斉藤豊治・浅田和茂編著『環境刑法概説』（成文堂、2003 年），第 236 頁。

[4] 张明楷：《自然犯与法定犯一体化立法体例下的实质解释》，《法商研究》2013 年第 4 期。

[5] 松宮孝明「環境犯罪と行政法との関係」中山研一・神山敏雄・斉藤豊治・浅田和茂編著『環境刑法概説』（成文堂、2003 年），第 40 頁。

[6] 同上书，第 39—40、42 頁。

衡量技术开发的可能性和产业的必要性去尽量避免，[①] 必须摒弃排放危害性不大的有害物质就可以随心所欲的观念。[②]

（二）"违反国家规定"之适用

如前所述，没有侵害公众的生命健康、仅侵害了环境效用的行为，有可能被某些国家规定部分许可，因此需要通过寻找相关的"国家规定"来明确需要处罚的行为的范围。如此，这里的国家规定，就不能是任意的规定，而必须是与污染环境罪的处罚范围有关的规定。于是，怎样的国家规定才与污染环境罪的处罚范围有关，就需要探讨。

违反国家规定犯罪中的刑罚，直接作用是保障正常的行政管理活动，维持行政秩序。这与同时保护法益并不冲突。因为行政管理活动的进行和行政秩序的确立，根本上是为了维护公民或国家的利益。例如交通秩序和交通管理活动本质上是为了保护参与交通活动主体的生命安全。实际上，"在行政职能深入社会生活的现代社会，严重违反行政法规范的行为具有不可忽视的社会危害性"[③]。因此，行政违法行为中，既有违反了行政秩序从而造成法益侵害或法益侵害危险的行为，也有单纯违反行政秩序的行为，即"行政违法行为同样可以划分成与伦理道德密切相关的部分和不太相关的部分"[④]。前者与刑事违法只是量的区别，在违法情节严重或结果重大时，完全可能科处刑罚；后者与刑事违法具有质的区别，无论违法的情节或后果多严重，都不能科处刑罚，否则就是以刑罚保障纯粹的行政秩序，不符合刑法的法益保护原则。

概言之，"行政违反加重犯的实行行为，并不是单纯的行政违反行为，而是具有引起特定犯罪结果的紧迫危险的行为"[⑤]。因此，违反行政管理性质的法律法规的行为中，可能成为刑法上"违反国家规定"的行为的，必须是本身侵害了法益或包含了法益侵害的危险的行为。在刑法规定需要造成严重后果才构成犯罪时，严重后果必须是行政违法行为本身造成的结果或包含的法益侵害危险的现实化。具体到污染环境罪，就是本身侵害了环

---

① 西原春夫『犯罪各論　訂補準備版』（成文堂、1991 年），第 59 页。

② 藤木英雄『公害犯罪　第 3 版』（東京大学出版会、1979 年）12 頁。

③ 曹菲：《刑事犯、行政犯统一化之提倡——兼论涉及行政法规范的犯罪的故意认定》，《时代法学》2009 年第 1 期。

④ 冯江菊：《行政违法与犯罪的界限——兼谈行政权与司法权的纠葛》，《行政法学研究》2009 年第 1 期。

⑤ 张明楷：《自然犯与法定犯一体化立法体例下的实质解释》，《法商研究》2013 年第 4 期。

境效用或者包含侵害环境效用的危险的行为。只是单纯违反行政秩序的行为，并不包含法益侵害的危险，并不属于污染环境罪中的"违反国家规定"。如违反《大气污染防治法》第 20 条第 2 项"篡改或伪造监测数据"逃避监管排放污染物，但没有超过排放标准的，不属于污染环境罪中违反国家规定的排放、倾倒、处置行为，① 因此环境犯罪司法解释第 1 条第 7 项的规定并不合理。

对于可能侵害环境效用的"违反国家规定"的行为，《刑法》第 338 条大致划定了范围，即与"排放、倾倒或者处置"有关的国家规定。这其中，由于排放和倾倒行为都是作用于环境介质的，都是可能造成环境被污染环境效用被侵害的行为，因此违反有关排放行为和倾倒行为的规定的，通常属于污染环境罪中的"违反国家规定"。

处置行为则比较复杂。处置只表明行为是作用于有害物质的，并不像排放、倾倒一样也蕴含了有害物质的去向，因此并不必然意味着被处置的有害物质会流向环境介质，即处置有害物质的行为不一定是内含污染环境的危险的行为。例如，行为人在未取得危险废物经营许可证的情况下，从事废旧电瓶的回收业务，为回收其中的铅块，对属于国家危险废物的废铅酸电池进行拆解的，其行为按照《危险废物经营许可证管理办法》第 31 条的规定，虽然属于"处置"行为，但《危险废物经营许可证管理办法》中的处置是一种内部利用行为，刑法中的"处置"则是与排放、倾倒并列的向外的"包含一种废弃意思的处理安排"。② 笔者对处置行为一定要包含废弃的意思持异议，③ 但污染环境罪中的处置行为必须是指向环境介质的对外的处理安排，因为只有这样的处置行为才蕴含污染环境的危险；广义的处置行为中包含这种只作为内部利用行为的处置行为，不内含污染环境的危险，不属于《刑法》第 338 条中的处置行为。环境犯罪司法解释第 16 条也规定，从危险废物中提取物质作为原料或燃料的，只有具有超标排放污染物、非法倾倒污染物等违法造成环境污染的行为时，才属于"非法处置"危险废物。

---

① 当然，在造成人的生命、健康侵害时，不排除成立公害型污染环境罪的可能性。因为如前所述，公害型污染环境罪不需要"违反国家规定"作为犯罪成立的条件。

② 参见李尧《如何界定污染环境罪中的"处置"行为》，《中国检察官》2014 年第 4 期。

③ 例如，将有害物质不当存放的，虽然没有废弃的意思，但也是一种处置行为。不按照存放标准存放，导致有害物质流入环境的，也是《刑法》第 338 条中的处置行为。

由此可知，"即使是相同的文字，如果所处的具体语境不同，所结合的具体事态不同，所实现的具体目的不同，也会具有不同的含义"①。行政违反加重犯虽然属于对违反行政义务的处罚，对其构成要件进行解释需要在一定程度上参考行政法的规定，然而，决定刑法处罚范围的，是刑法的目的，即刑法设置某罪是为了保护什么；对刑法规定的违法行为的解释，必须考虑刑法本身的目的，而不能完全照搬行政法的规定。② 因此并非所有违反行政性法律法规中有关处置行为的规定的，都属于《刑法》第338条的"违反国家规定"；只有当被处置的有害物质的去向指向环境媒介时，有关处置行为的规定才属于《刑法》第338条中的"国家规定"；与上述案例中的内部处置行为有关的"国家规定"，就不属于《刑法》第338条中的"国家规定"。

如前所述，环境犯罪司法解释中第1条第1项到第5项、第9项到第14项，可以理解为是对侵害环境效用的"严重污染环境"的行为的例示，于是成立污染环境罪不仅需要造成上述条项中的结果，还需要违反相应的国家规定。但是，由于《水污染防治法》第58条第2款规定，"禁止在饮用水水源一级保护区内从事网箱养殖、旅游、游泳、垂钓或者其他可能污染饮用水水体的活动"；《自然保护区条例》第27条规定，"禁止任何人进入自然保护区的核心区"，因此司法解释第1条第1项的规定基本是将这两条国家规定的具体化，违反司法解释第1条规定的，无须另行确定违反的国家规定；同样的，司法解释第1条第4项的规定，基本等同于《环境保护法》第42条第4款的表述，③ 此时也无须另行寻找被违反的国家规定。④

① 张明楷：《自然犯与法定犯一体化立法体例下的实质解释》，《法商研究》2013年第4期。
② 参见张明楷《自然犯与法定犯一体化立法体例下的实质解释》，《法商研究》2013年第4期；张绍谦《试论行政犯中行政法规与刑事法规的关系——从著作权犯罪的"复制发行"说起》，《政治与法律》2011年第8期。
③ 《环境保护法》第42条规定第4款规定："严禁通过暗管、渗井、渗坑、灌注或者篡改、伪造监测数据，或者不正常运行防治污染设施等逃避监管的方式违法排放污染物"；《关于办理环境污染刑事案件适用法律若干问题的解释》第1条第4项规定："私设暗管或者利用渗井、渗坑、裂隙、溶洞等排放、倾倒、处置有放射性的废物、含传染病病原体的废物、有毒物质的。"
④ 其中一些概念，例如饮用水水源一级保护区、自然保护区核心区、危险废物、有毒物质的认定，仍然需要参考其他行政性法律法规的规定，但这已经属于概念从属性的范畴，属于法律用语一致性的问题，无论有无违反国家规定的表述，都不影响对该问题的讨论。不属于本文讨论的作为处罚的前提条件的从属性的问题。

第三编
上下兼顾：上对宪法和国际公约
　　　下对治安管理处罚法

第十章　刑法与宪法

在一国法律体系之中，作为根本法与最高法，宪法是"法律的法律"，乃是刑法制定的依据。在一定意义上，刑法可以说是宪法精神的落实，是立法机关在惩治犯罪领域为贯彻落实宪法而制定的具体规范。为捍卫整体法秩序的严整与统一，对于刑法规范及其体系的妥帖理解和准确适用，自然要求遵循宪法的要求，避免出现违背宪法精神与原则的刑法规范及其理解说不。此种与宪法规范和精神的"契合性"，乃是所有刑法理论和实务的预设前提，也是检验其工作有效性的重要"试金石"。

在刑法与宪法的交叠空间中，存在着数量巨大的理论和实践课题，覆盖了从财产权到人身权、从罪刑法定原则到刑罚权的合宪性控制等诸多主题。本章从刑法明确性原则的宪法控制、刑法体系的合宪性调控以及宪法价值视域中的涉户犯罪三个方面加以展开，呈现从宪法角度观察和理解刑法问题的重要性和可能性。[①]

第一节　刑法明确性原则的宪法审视

根据一般法学理论，法律明确性原则是法律形式合法性的标准之一。[②]如果进一步追溯其原理，可以说法律明确性原则是法律安定性原则所要求，因为明确的法律能为人们提供较为确定的指引，告知民众什么是禁止的，何种行为是允许的，一般人才可以根据法律所确定的权利义务做出特定行为，从而有助于实现稳定的社会秩序。对于刑法规范体系而言，法律

---

① 当然，刑法和宪法的关系远非只有这三个视角，还有其他一些视角，如死刑与宪法等。参见刘仁文《死刑的宪法维度》，《国家检察官学院学报》2013 年第 4 期。
② 对法律明确性原则的法理学归纳，可以参见［美］富勒《法律的道德性》，郑戈译，商务印书馆 2005 年版，第 75 页。

明确性原则也是罪刑法定原则的核心内容之一。我国刑法学通说认为，明确性是刑事立法的基本要求，规定犯罪的法律条文必须清楚明确，任何部门法理论都没有像刑法理论这样强调法律的明确性。刑法明确性原则不仅可以使裁判规范明确，进而限制司法机关的权力，有利于保障公民的基本权利，而且可以使行为规范明确，从而使一般民众明确哪些行为被刑法所禁止，有利于保护法益。①

如果从法律体系合宪性控制的角度看，该原则也是一个宪法层面的规范和要求。然而问题是，该原则作为一项判断法律本身是否具有形式正当性的标准，可否在宪法上获得其正当性，进而作为一种宪法规范通过一定程序对法律是否正当进行判断？

随着违宪审查逐渐成为国家行为获得正当性的重要途径，经由宪法解释法律明确性原则已经成为一项法律是否具有合宪性的判断基准，如果法律在文面上不明确而构成模糊笼统则需作出违宪判断（Void for Vagueness）。且这一明确性原则文面判断方法②被许多国家所借鉴，比如日本、加拿大、南非等国家。③ 与美国违宪审查中"因模糊而违宪无效"的文面判断方法类似，在德国的司法实务上，如果法律条文上有"违反公共秩序"等模糊笼统的构成要件，则会因欠缺明确性而被判断违宪。④ 当然，作为一种宪法上文面判断的方法，这种理论在美国违宪审查中最为常见，相关的研究也较为成熟。在美国这种判断方法已经由最初的仅仅适用于言论自由领域扩张至其他领域，不仅仅限制言论自由的法律模糊笼统构成违宪，而且限制其他权利的法律同样不得过于模糊笼统，比

---

① 参见张明楷《明确性原则在刑事司法中的贯彻》，《吉林大学社会科学学报》2015年第4期。

② 所谓文面判断方法乃是指无须对宪法事实进行审查，而直接根据法律的文面即可判断其是否构成违宪的方法。对于文面判断而言，当事人可请求直接针对法律内容加以挑战，即使其本身所为之系争行为系属合宪管制，应属法律制裁之对象，亦得主张一般人的合法权利可能因法律字面上模糊笼统而违宪。而且无须终局性和穷尽救济手段的要求，因为其主张的乃是法令本身的存在构成违宪。这种判断方法一般适用在限制位阶较高的宪法权利或者限制程度较重的法律规范。See Michael C. Dorf, *Facial Challenges to State and Federal Statutes*, 46 Stan. L. Rev. 235（1994）。

③ See Jonathan Daniels, *Valid Despite Vagueness: The Relationship Between Vagueness and Shifting Objective*, 58 Sask. L. Rev. 101（1994）; BBusSc, *Void for Vagueness: the Layman's Contract in Court*, 102 The South African Law Journal 663（1985）.

④ Bay Verf GH 51 II 194.

如刑事诉讼中对于人身权利的限制。① 除了限制言论自由的法律之外，明确性原则适用较为典型的是刑罚领域的法律规范，作为一种对基本权利限制较强的规范，必须明确具体方能保障个人不被任意地施以刑事处罚，同时也可防止刑罚的执行过于武断恣意。后来法院还逐步扩大了明确性原则的适用领域，即从刑事处罚扩大到对学生、军人、服刑人员的非刑事处罚。② 一般而言，只要构成对个人的生命、自由和财产的限制，法律就应当是明确的。③

一　刑法明确性原则的宪法依据

一般而言法律法规是一种抽象存在的"规范"，即使其构成要件和法律效果不明确，如果不通过执法机关的执行或不在案件中适用，也不会直接侵害宪法上的基本权利。然而基本权利的行使也需要一定的"呼吸空间"，如果这种法律本身可能会导致这种空间缩小则足以构成对基本权利的威胁。所谓"畏缩效应"（chilling effect）理论④，即是基于上述这种理由而产生的。当然，适用的前提乃在于作为审查对象的不明确的法规范构成对特定基本权利的限制方可，如果是非限制性规范不明确，则并不会造成畏缩效应，故此不构成模糊笼统而违宪。如果直接限制表达自由的法律存在较多的不确定法律概念，一方面会导致人们产生恐惧心理不敢自由地发表言论。另一方面，执行机关也可以任意选择对象、恣意执行该法律限制基本权利。

在美国和日本法律明确性原则乃是从宪法的正当程序条款和法治原则所导出的。⑤ 即正当法律程序要求立法机关制定明确的法律告知一般人何种行为是受到禁止的、何种行为是允许的，模糊笼统法律本身乃是不符合正当法律程序原则的，而且法治所要求的法律本身需要明确具体，具有可理解性和预见性方能实现通过法律的社会控制。在 Papachrietou v. City of

---

① Note，*The Lawson Decision*：*A Broadness of the Vagueness Doctrine*，13 Steson L. Rev. 412（1984）.

② Jonathan daniels，*Valid Despite Vagueness*：*The Relationship Between Vagueness and Shifting Objective*，58 Sask. L. Rev. 101（1994）.

③ Stan Thomas Todd，*Vagueness Doctrine In The Federal Courts*：*A Focus on The Military*，*Prison*，*and Campus Contexts*，26 Stan. L. Rev. 855（1973）.

④ 也有学者翻译为"寒蝉效应"。

⑤ Richard H. Fallon，Making Sense of Overbreadth，100 Yale L. J. 853（1991）；佐藤幸治：《宪法诉讼与司法权》，日本评论社 1984 年版，第 171—173 页。

Jacksonville 案①中，美国最高法院指出待决法律将因模糊而无效，如果（1）法律未能合理地告知一个正常心智的人何种行为是法律所禁止的（即合理告知原则）；（2）法律给予警察过多的自由裁量权，以至于警察可以任意地逮捕和定罪（法治原则）。"一旦法律没有设立约束自由裁量权行使的标准，这不仅允许甚至是在鼓励任意歧视性的执行法律。"此后，由正当程序原则所导出的合理告知（faire notice）和对自由裁量的约束构成了禁止模糊法律的宪法规范上基础，也成为最高法院在作出判断时需要审查的两个方面。德国一般意义上的明确性原则系由宪法的法治国原则所推导出来，② 而在刑罚适用领域的明确性原则却是自宪法第 103 条第 2 款罪刑法定原则解释得来，该条款规定："某项行为实施之前法律已规定其可罚性时，对该行为方可处以刑事处罚。"这种由罪刑法定原则导出刑罚的明确性原则也是宪法学的通说。③

二　刑法明确性的宪法判断基准

在司法审查制度模式下，在作出宪法判断时形成了两个主要标准：第一，法律能否合理地告知一个正常心智的人何种行为是法律所禁止的（即合理告知原则）；第二，法律是否不够准确以至于可以任意武断或歧视性地执行法律（Arbitrary and Discriminatory Enforcement）。④ 在此标准的基础上，日本的佐藤幸治教授归纳的明确性原则内容主要有下述三点：（1）法律规范需要告知普通人何种行为是禁止的以及何种行为是允许的；（2）法律规范应当防止执法机关恣意执行法律；（3）法规范应当提供给法院裁判时适用的规范，以保障依法裁判。⑤ 根据各国宪法判断的实践，判断特定法规范是否明确的基准大致由以下几部分构成。

---

① Papachtistou v. city of Jacksonville, 405 U. S. 156 (1972).

② Erhard Denninger, *Judicial Review Revisited: The German Experience*, 59 Tul. L. Rev. 1013 (1985).

③ ［日］阿部照哉、池田政章、初宿正典、户松秀典编，周宗宪译：《宪法》（下），（台北）元照出版社 2001 年版，第 277 页。

④ See Papachrietou v. city of Jacksonville, 405 u. s. 156 (1972); Grayned v. City of Rockford, 408 U. S. 104, 109 (1972).

⑤ 佐藤幸治：《宪法诉讼与司法权》，日本评论社 1984 年版，第 171 页。与此类似，美国的明确性原则的法理基础在于形式正当程序和实质正当程序以及司法程序，see Note, *The Void-For-Vagueness Doctrine in The Supreme Court*, 109 U. Pa. L. Rev. 94 (1960)。

（一）一般理性人的判断标准

任何法律规范的文本都可能有多种解释空间，为此其确切含义可能根据不同语境而不同。质言之，任何法规范都无法避免模糊笼统之处，差别不过是程度不同罢了。究竟以何种标准判断法律规范是否构成"模糊笼统"呢？明确性原则的功能主要在于消除对基本权利的畏缩效应，为此是否构成不明确或模糊笼统可以根据一般理性人通常的判断标准。换言之，即使是法律职业者以其专业知识和法律方法可以探求出法律规范的确切含义，如果根据一般人通常的辨认判断能力仍无法了解其确切含义，则仍然构成模糊笼统。

在美国的 Connally v. General Construction Co. 案件最高法院即采取这种标准："如果一部法律对其所禁止行为的界定是如此的不清楚，以至于每个心智正常的人都得猜测其含义，不同的人对法律的适用也不同，那么该法就会因模糊而无效。①"日本的宪法判断实践也借鉴了这种判断标准作为准据。典型的案件乃是德川岛公安条例事件判决。② 该案的事实如下：在近 300 名青年及学生参加德川岛县反战青年委员会主办的集体示威游行中，被告一边与前排的数十名游行者一起游行，一边在前排附件吹着自行携带的笛子，或高举双手前后摆动。因为涉嫌违反道路交通法以及德川岛市公安条例的维持交通秩序规定，被告被依据德川岛市公安条例第 3 条第 3 项及第 5 条判处了刑罚。该条例第 3 条第 3 项规定：进行集体游行或示威活动时，为保持秩序及公共安宁，应遵守维持交通秩序等事项。违反者，依照本条例第 5 条的规定处罚。该案的主要争议在于，德川岛市公安条例第 3 条第 3 项所规定的"维持交通秩序"概念是否明确。第一审德川岛地方法院认为该条例第 3 条第 3 项的规定具有一般性、抽象性和多义性，给予合理的限定解释还有困难，因此违反了宪法第 31 条的规定。第二审维持了第一审的认定。随后检察官以法院对宪法第 31 条的解释有误为由提起上诉。最高法院在本案中明白肯认了明确性理论，同时提出了明确性理论的判断标准："某些法规究竟是否应当认定其模糊不清而有违宪法第 31 条的规定，应当以一般具有通常判断能力的人为判断标准"。其后此案例几乎成为日本宪法教科书中论及明

① Connally v. General Construction Co. , 269 U. S. 385（1926）.
② 日本最大判昭和 50 年 9 月 10 日，刑集 29 卷 8 号第 489 页。

确性理论时最经常引用的实务见解。问题是一般具有通常判断能力的标准本身如何认定有较大裁量余地，较容易被判断者所操纵，为此如何在违宪审查程序上进行弥补（比如设定通过广泛调查问卷进行取证），则又是一个需要进一步研究的课题。

（二）合理告知（faire notice）

如果从法律作为行为规范的角度看，只有明确地告知一般民众法律禁止何种行为，方能保障一种行使权利所需要的安定的法律秩序。对此Holmes 法官曾有一段精彩的论述：如果法律不是明确的，那么"当事人的命运就取决于他对法律的猜测在多大程度上与陪审团的猜测一致。如果他的猜测是错误的，那么他不但可能被罚款或短期监禁，甚至会丢掉性命。"① 据此法律是否符合明确性要求的标准是所谓的"合理告知"，它要求任何一个心智正常的人都能够从法律中得知其行为是被禁止的。否则，法律就可能由于未能提供合理的告知而坑害无辜的人。②

在美国违宪审查中，该理论来自于 19 世纪下级联邦法院作出的涉及经济管制法的判决。其中较早且较为重要的案件是 Louisville N. R. Co. v. Railroad Commission of Tennessee③ 案件。在该案中法院宣告无法为审判提供指导标准的法律违宪。法院指出"由于缺少法律标准，裁判的结果就无法统一。判决就会随着陪审团的不同偏见而改变，当事人就只能通过猜测陪审团所持的偏见来确定其行为是否为法律所禁止。这是无法忍受的。"随后的 Chicago N. W. Ry. v. Dey 案④和 Tozer v. United States 案⑤都遵循了Louisville 案的标准，强调法律应当合理地告知以满足判决统一的要求，将合理告知作为法律明确性的重要标准。在后来的 International Harvester Co. v. Kentucky 案件中，最高法院宣告未合理告知的法律因模糊笼统而违宪。⑥

（三）是否足以约束自由裁量权，防止恣意武断

如果从裁判规范的角度看，模糊笼统的法律未能够合理告知可能会导

---

① Nash v. United States, 229 U. S. 373, 377 (1913).
② Grayned v. City of Rockford, 408 U. S. 108 (1972).
③ Louisville N. R. Co. v. Railroad Commission of Tennessee, 19 f. 679 (c. c. m. d. tenn. 1884).
④ Chicago N. W. Ry. v. Dey, 35 f. 866 (c. c. s. d. iowa1888).
⑤ Tozer v. United States, 52 f. 917 (1892).
⑥ International Harvester Co. v. Kentucky, 234 U. S. 216 (1914).

致普遍的不守法，因为实施不法行为被处罚的可能性降低。[1] 然而，对法适用机关而言，可能会导致自由裁量权的滥用。而法律明确性原则要求法律构成要件明确具体，不至于被适用机关曲解或任意选择适用，从而保障个人权利。因此，是否构成明确性还要看是否有效地约束自由裁量权，实现平等保护并禁止行政部门和法院选择性地实施法律。正如 Smith v. Goguen 案的判决所写的那样："明确性原则的重要意义不仅仅在于合理地告知民众法律内容，而在于立法者能够为执行法律的官员提供明确的指引以避免法律适用的任意性和歧视性。"[2] 到了 1983 年，美国最高法院确认约束自由裁量权是法律因模糊而无效的最主要标准。只有有效约束法适用者的恣意和武断，才能有效保障个人权利，为此上述标准与正当程序对个人自由的保障不过是一体之两面。除非法律清楚明确，否则对于个人权利的保障而言，其他程序性的正当程序都是无意义的。而且，明确的法律是法院有效合理地审查政府行为所必需的。如果法律是模糊的，法院难以判断政府行为是否有法律依据。[3]

除此之外，法律明确性还要求为司法者提供明确具体的裁判依据，使得裁判者"有法可依"。该标准最早在 Louisville N. R. Co. v. Railroad Commission of Tennessee[4] 案中已有所论及。法院认为，为减少陪审团的偏见以及减少判决的分歧，法律应当为适用者提供确定的标准。到了1926 年，在 Connally V. General Construction Co. 案件[5]中，联邦法院认为刑事法律不仅应当满足合理告知的要求，还应当提供确定的标准。由此确定性理论重新被适用，并在刑事领域发挥着较之合理告知理论更重要的作用。

（四）宪法对刑事立法的明确程度要求更高

一般而言，对限制基本权利法律规范的明确性程度要求越高，则对基本权利保障程度越强。因此需保护的利益愈是重要，则明确性要求越需要严格，比如限制言论自由的法律需要求比限制一般权利的法律更加明确。

---

[1]　Richard Craswell & John E. Calfee, *Deterrence and Uncertain Legal Standards*, 2 J. L. Econ. & Organization 279, 281 (1986).

[2]　Smith v. Goguen, 415 U. S. 566 (1974).

[3]　Stan Thomastodd, *Vagueness Doctrine in The Federal Courts: A Focus on The Military, Prison, and Campus Contexts*, 26 Stan. L. Rev. 855 (1973).

[4]　Louisville N. R. Co. v. Railroad Commission of Tennessee, 19 F. 679 (C. C. M. D. Tenn. 1884).

[5]　Connally V. General Construction Co. , 269 U. S. 385 (1926).

在美国，与涉及经济实质正当程序的案件相比，法院在第一修正案案件中对法律明确性的要求更高。[1]

明确性基准的确定需要衡量模糊法律所造成的损害和政府立法利益，因此在不同领域明确性基准也有差别。当对权利限制程度较强的时候，需要更高的明确性，因此，刑事法律的明确性要求就高于一般的法律。行为人判断刑事法律内容的负担和冒险的成本比一般法律的成本高，因此刑事法律应当具有更高的明确性。[2] 比如刑法上罪行法定原则所导出的明确性原则较之于一般法律明确性原则更加严格，且惩罚越是严厉，明确性的要求越高[3]。美国最高法院一贯认为较之普通法律，刑事法律应当受到更严格的审查，[4] 而涉及言论的刑事法律比涉及其他基本权利的刑事法律应当受到更严格的审查。[5] 且随着处罚的强度不同而有所不同：刑事处罚需严格审查，[6] 准刑事处罚（Quasi-criminal penalties）适用较严格的审查，[7] 藐视法庭和经过听证的行政处罚适用较宽松的审查，[8] 以收集信息而非处罚为目的的法律适用最宽松的审查。这一明确性要求的程度大致如图 10.1 所示。

x 轴代表需要保护基本权利的权重，从左到右逐渐增加；y 轴代表限制的强度，由下到上逐渐增强。其中在 A 领域内由于对于权重较重的基本权利限制程度较强，因此明确性的程度要求也就越高（比如对于诽谤罪的构成要件）。反之，在 B 领域内，所限制的乃是权重较轻的基本权利，限制程度也较轻，为此所需明确性程度较弱。当然这只是程度的差异，并未意

---

[1] Smith V. Goguen, 415 U. S. 566（1974）.

[2] 相关的研究可参见 Louis Kaplow, *Rules Versus Standards*: *an Economic Analysis*, 42 Duke L. J. 571（1992）。

[3] See Bates v. City of Little Rock, 361 U. S. 516, 524（1960）.

[4] Village of Hoffman Estates v. Flipside, Hoffman Estates Inc. , 455 U. S. 489, 498 – 99（1982）; Nat1 Endowment for the Arts v. Finley, 524 U. S. 569, 588（1998）.

[5] Village of Hoffman Estates v. Flipside, Hoffman Estates Inc. 455 U. S. 499（1982）.

[6] See Papachristou v. City of Jacksonville, 405 U. S. 156, 162 – 63（1972）; Wright v. Georgia, 373 U. S. 284, 293（1963）; Connally v. General Constr. Co. , 269 U. S. 385, 391（1926）.

[7] Village of Hoffman Estates v. Flipside, Hoffman Estates, Inc. , 455 U. S. 489, 499（1982）. 在该案之中法院认为该法律规定的罚金乃一种准刑事处罚，对宪法权利的限制较为严厉，为此需要满足一定程度的明确性。

[8] See Raley v. Ohio, 360 U. S. 423, 438（1959）; Scull v. Virginia, 359 U. S. 344, 353（1959）; Watkins v. United States, 354 U. S. 178, 204 – 15（1957）. Barenblatt v. United States, 360 U. S. 109, 117（1959）. Zauderer v. Office of Disciplinary Counsel, 471 U. S. 626, 668 – 69（1985）; Whisenhunt v. Spradlin, 464 U. S. 965, 969 – 70（1983）.

味着适用于不同法律的明确性要求的含义不同，也不意味着只有当法律涉及重要权利时才要求法律是明确的。①

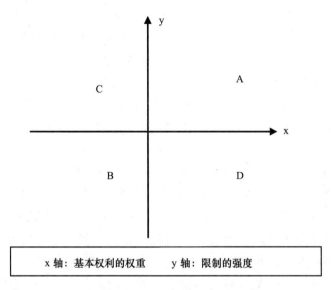

图 10.1　法律明确性的程度要求

三　法律明确性原则与"过度广泛"理论的关系

与欠缺明确性的法律类似，规范领域过度广泛（Overbreadth）的法律也可能构成违宪侵犯宪法权利。② 不明确的法律和过度广泛的法律在许多场合并不容易区分，甚至有学者认为二者已经交织在一起。③ 相应的，由于过度广泛违宪和模糊笼统违宪二者同属于文面判断方法，为此学说上往往将此二者相提并论，甚至有将其混同之势。实际上，法规范本身可能相当明确，但同时却构成过度广泛；反之法规范可能不明确但并不构成过度广泛。当然二者之间也有竞合的可能性，比如过于模糊笼统的法规范可能在适用时被采用广义解释，而对本不应当属于限制范围的对象进行限制构成过度广泛。

如果从纯粹规范逻辑的角度，我们可以在两个维度区分法律规范：确

① Note, *The Void-For-Vagueness Doctrine in the Supreme Court*, 109 U. Pa. L. Rev. 77（1960）.

② Steven L. Emanuel, *Constitutional law*, Aspen law & business（2002），p. 459.

③ Note, *TheFirst Amendment Overbreadth Doctrine*, 83 Harv. L. Rev. 844（1970）.

定性和不确定性、普遍性和特殊性。① 比如"不得说谎"，构成"确定但不具体"；而确定的规范可能并不是特殊的规范，反之亦然。但是一般来讲，二者呈共栖之势，普遍性的规范一般不确定，特殊的规范一般确定。逻辑上得出的法律四个类型：确定且特殊、确定且普遍、不确定且特殊、不确定且普遍。② 分别对应判断方法上的四种类型：明确且不过度广泛（合宪）、明确但过度广泛（违宪）、模糊笼统但不过度广泛（违宪）、模糊笼统且过度广泛（违宪）。

然而究竟是过度广泛还是模糊笼统，严格上来说很难完全区分开。判例和学说上的区分主要从以下几点加以区分：（1）法律模糊是指它不清楚、不确定，而过度广泛的法律是指法律的适用范围过大，限制了那些其无权限制的行为。（2）对当事人资格的要求不同。根据过度广泛理论，除了权利受到侵害之外的第三方也具有诉讼资格，而对于模糊的法律仍然适用一般的当事人资格（需要实际权利受到侵害）。（3）在某种程度内两个理论解决的是一个问题：如果其适用者无法确定哪些适用情形是合宪的，该法就是违宪的。区别在于，在过度广泛当中，模糊是潜在的。这是基于此，过度广泛被认为是"特定案件中的模糊问题"。③ （4）就审查顺序而言，一般认为过度广泛和模糊是对法律的两种要求，应当先检验法律是否过度广泛（模糊、明确的法律都检验），再检验法律是否模糊。④

四　必要的合宪性判断

法律规范唯有具体明确方能发挥其指引功能，一方面可使得一般民众能够充分了解法律内容，从而据以主张权利，另一方面也可有效约束国家机关依照法律行为，降低滥用职权的可能性。但完全由具体明确的法律规范构成的法律，则可能容易与社会现实脱节，为此一些概括性不确定法律概念成为必要。以使得法律在社会变迁的宏观背景下能够具有适用的弹性

---

① 这种区分乃是由佩里教授所提出，但教授亦不否认这种区分只是程度的不同而已。See Michael J. Perry, *The Constitution*, *The Courts*, *and The Question Of Minimalism*, 88 Nw. U. L. Rev. 84 (1993)。

② Michael J. Perry, *The Constitution*, *The Courts*, *and The Question Of Minimalism*, 88 Nw. U. L. Rev. 84 (1993).

③ Freund, *The Supreme Court of The United States: Its Business*, *Purposes And Performance*, World Publishing Co. (1961), p. 732.

④ Village of Hoffman Estates v. Flipside, 455 U. S. 489 (1982).

空间。而过于明确的法律将削弱执行者（包括司法和行政部门）的自由裁量空间，无法有效应对社会发展过程中出现的新情况。[①] 一般而言，法律条文之中不可避免会出现不确定性规范的原因在于：

第一，使法律明确化成本过高。由于详细辨别所有相关可能性、详细设计适用于各种情形的行为模式的成本很高，使得法律非常明确是不可能的，而模糊的法律可减少立法者的制定成本。要制定明确的法律，它必需清楚地说明是否处罚某种行为。要作此判断，立法机关又不得不在个人权利自由与公共利益之间进行精确衡量，此种衡量往往耗费成本。如果要求立法者制定非常明确的法律，很可能将解决问题的责任转移给法院和行政部门，以此来回避制定明确法律的责任，反而无法给予人民基本权利更大的保障。

第二，立法是一个利益妥协的过程，未必能够达成完全一致的观点，所以有时立法者不得不制定模糊法律，以使得法案能够获得各个利益集团的支持而通过。[②] 并且模糊法律还保留了进一步改进的空间，使法院和行政部门能够依据不同的情况适用法律，具有较强的灵活性，为将来继续进行对话提供了机会。[③] 从立法技术角度看，涉及的利益范围越是广泛就越是需要不确定法律规范。

因此，不可视不确定法律概念为洪水猛兽，完全禁止立法中不确定法律概念的采用。立法之中采纳必要的不确定法律概念不会产生违宪问题，正如马歇尔法官所言，"我们绝对不能期望所有的法律条文都如数字那般的精确（mathematical certainty）"。[④] 据此，违宪审查机关在作出宪法判断之时，必须考虑在特定情形下不明确的法律的必要性，对于那些无法明确化的法律条文而言，只要符合一定的条件即可避免被判断违宪。具体而言有如下几种情形：

（1）通过法律体系容易适用（Easy to Apply in Practice）。只要法律的语言或其上下文提供了禁止何种行为的客观标准，法院就会允许一定程度

① Stan Thomas Todd, , *VaguenessDoctrinein The Federal Courts: A Focus on The Military, Prison, and Campus Contexts*, 26 Stan. L. Rev. 855 (1973).

② Linda R. Cohen and Roger G. Noll, *Whether to Vote: Strategies for Voting and Abstaining on Congressional Roll Calls*, 13 Pol. Behav. 97 (1991).

③ Jeremy Waldron, *Void For Vagueness: Vagueness in Law and Language: Some Philosophical Issues*, 82 Calif. L. Rev. 509, (1994). Gillian Hadfield's, *Weighing the Value of Vagueness: An Economic Perspective on Precision in the Law*, 82 Calif. L. Rev. 541 (1994).

④ 190Grayned v. City of Rockford, 408 U. S. 104, 110 (1972).

的模糊或不明确。换言之，即使法律的语言有些模糊或有多种解释，但只要法律容易适用，尤其是通过上下文能够确定法律含义时，法律并不构成因模糊而违宪。[①]

（2）法律的含义可通过借鉴类似法律来确定或通过考察其他法律的用语足以明确待决法律的含义，此时不够成模糊笼统而违宪。[②]

（3）待决法律所涉及事项需要不精确的语言（Subject Matter Requires Imprecise Language）。由于客观条件所限制，对于那些立法者无法建立非常准确标准的事项，模糊是允许的。[③]

（4）通过判例体系可以获得明确性。虽然法律规范欠缺明确性，然而根据判例可以探求法律规范的明确含义，则不构成模糊笼统而违宪。[④]

五 不明确法律的合宪化处理方式

如果一部法律是如此不清楚、不确定，以至于根本无法适用或者一旦适用就会导致不公正，违宪审查机关就会宣告该法因模糊而违宪。然而除此之外，对法律进行合宪解释[⑤]以将其不确定性缩减到一个可接受的范围之内，则是可以将模糊笼统法律转化为明确的法律而回避违宪判断的一种方法。换言之，对于模糊的法律，审查机关既可以作出违宪判断，也可以作出合宪解释即通过考察法律的文字、法律适用的特殊情形、类似法律的解释、法律执行者（如警察机关）对该法的解释来推断法律的含义。如果作出合宪解释则可回避对法律作出法令违宪[⑥]的判断，但是如果适用于本案违宪，则应当作出适用违宪判断，[⑦] 具体操作如图 10.2 所示：

---

① United States v. Ragen, 314 U. S. 513 (1942); Screws v. United States, 325 U. S. 91 (1945).

② Herndon v. Lowry, 301 U. S. 242 (1937).

③ Smith v. Goguen, 415 U. S. 566 (1974).

④ United States v. Ragen, 314 U. S. 513 (1942).

⑤ 关于合宪解释的方法具体操作，参见翟国强《宪法判断的方法》，博士学位论文，浙江大学，2007 年。

⑥ 法令违宪是指法律法规本身构成违宪，此种情形违宪审查机关直接将法律规范判作违宪无效，其中又可分为法令全部违宪和部分违宪。See Michael C. Dorf, *Facial Challenges to State and Federal Statutes*, 46 Stan. L. Rev. 235 (1994).

⑦ 适用违宪是指法律法规本身并未构成违宪，而是适用在当下个案中构成违宪的情形。此种判断方法也可作为一种回避法律法规本身违宪的方法。关于适用违宪的判断形态，可参见青柳幸一《法令违宪·适用违宪》，芦部信喜编《讲座宪法诉讼》第三卷，有斐阁 1987 年版。

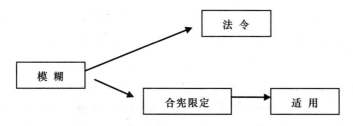

图 10.2　模糊笼统法律通过合宪解释的转化

适用这种手法的典型案例可举 Grayned v. City of Rockford 案件，在该案中当事人挑战规定"禁止任何人为了公共或私人目的在学校或课堂附近的建筑物制造干扰学校或课堂安宁和良好秩序的噪音"的反噪音法违宪。法院认为适用于学校邻近建筑的反噪音法并不是模糊的，因为州法院很可能将法律解释为只禁止已经或即将影响到学校的宁静或良好秩序的行为。① 再如，在涉及"禁止在任何大使馆、公使馆或领事馆 500 英尺内举行的集会在警察遣散之后仍然拒绝解散"的哥伦比亚地区法的 Boos v. Barry 案中，法院将该法限定解释为仅禁止那些直接针对大使馆、公使馆或领事馆的且警察有合理理由相信其即将危及大使馆等的安全或和平的集会，并认为经过限定解释之后的法律并不因模糊而违宪。这种对于不明确的刑法条款作合宪解释，以此来回避违宪判断的方法在博格法院中期经常被采用。②

这种转化方法在日本违宪审查之中被广泛采纳。比如福冈县青少年保护育成条例案③，本案的事实是：被告因与一名 16 岁的高中一年级女学生发生性交违反了青少年保护育成条例第 10 条第 1 项及第 16 条第 1 项的规定被判处罚金五百元。该条例第 10 条第 1 项规定："任何人不应当对青少年实施淫行或猥亵行为。"第 16 条第 1 项规定处以两年以下有期徒刑或十万元罚金。被告以该条例第 10 条第 1 项所规定的"淫行"范围不明确，违反宪法第 31 条为由上诉至最高法院。最高法院认为该规定即使是不合理的过度广泛，也不能认为其不明确，更不能认为其有违宪法第 31 条。最高法院解释道，不应该将该规定所指的"淫行"解释为对所有青少年实施的性行为，仅指以诱惑、胁迫青少年或使其困惑等乘其身心未成熟的不

① Grayned v. City Of Rockford, 408 U. S. 104（1972）.

② William N. Eskridge, Jr. and Philip P. Frickey, *Quasi-Constitutional Law：Clear Statement Rules as Constitutional Lawmaking*, 45 Vand. L. Rev. 599（1992）.

③ 日本最高法院大法庭昭和 60 年 10 月 23 日判决。

当手段，与之发生性交或类似性交的行为以及单纯以青少年作为满足自己性欲对象而发生的性交或类似性交的行为。所以有婚约关系的青少年或有深厚情感关系的青少年所为的性行为，依社会通常观念实在很难作为处罚对象。基于此，将淫行概念解释为单纯违反伦理或不纯的性行为，不免招到犯罪构成要件不明确的批评。但在该规定文义所允许的合理解释范围内，采取限定解释的方法，将有婚约关系的青少年之间的性行为排除在淫行概念之外是适当的。因此通过对淫行概念的合宪限定解释，即使该规定明显不当地扩大了处罚范围也不能认为它是不明确的。可见最高法院通过对淫行概念的合宪限定解释，去除了不明确而维持了该规定的合宪性。

违宪审查机关在作出合宪限定解释时必须在模糊语言对于实现重要的立法目的之必要性（即模糊语言、不确定法律概念的必要性）与模糊法律所产生的畏缩效应之间进行衡量。此种衡量涉及对立法目的和受保护权利的评价，如法律有多重要，某权利需要多大的自由空间？虽然法院否认自己在进行利益衡量，但这是不可避免的。在进行合宪限定解释时法院仍然需要衡量解释所促进的政府利益与解释对个人权利的影响。[①] 当然，此种衡量并不是完全不受到限制的，根据 Jeffries 教授的研究，这种转化性的解释仍然应当受到如下限制[②]：首先，避免侵犯立法权。虽然权力分立并不禁止法官造法，但法官应当尽可能与立法者保持一致，尤其在刑事案件中。其次，应当避免作出与法律字面意思完全不同的解释。这是因为法律应当具有合理告知的功能，法官作出与法律字面意思完全不同的解释将使人们无法预见何种行为是法律禁止的。最后，解释应当尽可能使法律具有确定性，否则可能导致职权的滥用。

此外审查机关虽可以借助外在的标准或对法律进行合宪限定解释来挽救法律，但如果运用过度则可能有违权力分立原则，因为立法者不大可能制定法律一部留待违宪审查机关对其作出限制的法律[③]。因此，一旦违宪审查机关认为法律是模糊的，它应当宣告法律因模糊而违宪，除非法律非

---

① Robert Batey, *Vaguenessandthe Construction of Criminal Statutes Balancing Acts*, 5 Va. J. Soc. Pol'y & L. 1 (1997).

② John Calvin Jeffries, *Legality, Vagueness, and the Construction of Penal Statutes*, 71 Va. L. Rev. 189 (1985).

③ Note, *Reconciliation of Conflicting Void-for-Vagueness Theories Applies by the Supreme Court*, 9 Hous. L. Rev. 82 (1971).

常重要，以至于法律无效将造成严重的法律真空，此时方可通过作出合宪解释转化。而且合宪限定解释未必能够完全消除法律的模糊之处，无法完全使任何一个心智正常的人都能够知晓其行为是否为法律所禁止，为此这种转化本身也应当有所节制。

刑法明确性原则作为判断刑事法律正当性的一项重要指标并无争议，然而问题是这种标准本身的正当性何在？如果承此项原则本身作为一项有法效力的规范，则必须返回规范体系本身来寻求其正当性。西方国家依据其宪法上的特定条款所导出的法律明确性原则，通过违宪审查程序将其具体适用于具体案件的做法对于我国自然具有启发意义。然而问题是我国宪法上并没有类似于美国或日本的正当法律程序条款，因此如何从法律规范体系本身导出具有实在法效力的"法律明确性原则"就成为一个宪法解释学上的"先决问题"。基于比较法角度的考虑，由于我国宪法第 5 条同样确认了法治原则，因此德国和日本宪法解释的实践中从法治原则解释出法律明确性原则的实践，可以为我国未来的宪法解释提供一种方法上的参考。

第二节　刑法体系的合宪性调控

"原则上讲，所有刑法问题都可以从宪法角度来解释。"[1] 我国学界对于宏观上的刑法与宪法关系，论述颇多。但此种宏观论说以价值宣告为主，对刑事立法和司法的具体实践缺乏直接意义。在微观层面，对具体的刑法教义学争议，特别是一些刑法各论问题，宪法学者也已有涉足。[2] 在具体争议中作个别权利的思考，是宪法学惯常的研究思路。这种研究是针对刑法体系输出结果的合宪性判断，对刑法一般原理脉络的把握往往不足，容易给刑法学者以无章法的"局外论事"的印象。宪法学界和刑法学

---

[1]　[德] 洛塔尔·库伦：《论刑法与宪法的关系》，蔡桂生译，《交大法学》2015 年第 2 期。

[2]　例如，白斌：《刑法的困境与宪法的解答——规范宪法学视野中的许霆案》，《法学研究》2009 年第 4 期；白斌：《宪法价值视域中的涉户犯罪——基于法教义学的体系化重构》，《法学研究》2013 年第 6 期；杜强强：《论宪法规范与刑法规范之诠释循环——以入户抢劫与住宅自由概念为例》，《法学家》2015 年第 2 期；张翔、田伟：《"副教授聚众淫乱案"判决的合宪性分析》，《判解研究》2011 年第 2 期；尹培培：《"诽谤信息转发 500 次入刑"的合宪性评析》，《华东政法大学学报》2014 年第 4 期；张千帆：《刑法适用应遵循宪法的基本精神——以"寻衅滋事"的司法解释为例》，《法学》2015 年第 4 期。

界对对方学理体系和思考框架的陌生，会造成在"限制国家、保障人权"的立宪主义目标上，难以形成合力。

笔者尝试，在中观层面上，将刑法学的重要理论置于宪法教义学的观察之下，并在刑法的规范与学理现状基础上，思考国家刑罚权的界限问题。在尊重刑法学既有学理的前提下探讨刑法体系的合宪性调适，并寻找刑法学和宪法学的沟通渠道，以形成整体法教义学的体系融贯。① 一国的法律体系应当具备融贯性，现代宪法构成法律体系的规范基础和价值基础，各部门法的规范与学理更有向宪法调整之必要。同时，宪法学也必须充分考量部门法固有体系的稳定性与科学性，并有选择地将部门法的成熟学理接受为具体化宪法的方案。这种"交互影响"（Wechselwirkung）下的调整②并不容易，例如，在德国，联邦宪法法院并未能充分接受刑法学中成熟的法益保护理论，从而在"血亲相奸"③ 等案的处理上引发了刑法学界的强烈不安。④ 对于中国法学体系的建构而言，接纳此种具有前瞻性的"整体法教义学"视角，某种意义上也是一种后发优势的体现。

本章的研究，选择以刑法体系与刑事政策的关系为切入点。一方面，"刑事一体化"，刑法教义学与刑事政策学的整合，是我国刑法学界当前的理论热点。另一方面，我国刑法体系的发展中，刑事政策的影响越来越明显。例如，2015 年出台的《刑法修正案（九）》的诸多内容都具有浓烈的刑事政策色彩，包括：死刑罪名的削减、刑罚执行制度的改革，加大对贪污受贿犯罪的打击，增设有关恐怖活动、网络安全、扰乱国家机关工作秩序等方面的罪名，增加既有罪名的构成要件要素，以及将民事行政违法纳入刑罚制裁，等等。⑤ 同时，在刑法适用中，基于特定政策性考量而对非法经营罪、寻衅滋事罪等"口袋罪"的宽泛解释，也引发了公众焦虑。刑

---

① 参见雷磊《融贯性与法律体系的建构——兼论当代中国法律体系的融贯化》，《法学家》2012年第 2 期。

② 此种融贯性有赖宪法规范与部门法规范之间的"诠释循环"和"相互动态调适"，杜强强教授指出："一国法律秩序本是一个动态的规范体系，对法律的解释需要考虑到宪法的规定，而对宪法的解释岂能无视普通法律的规定？法律解释者负有义务将宪法与下位阶法律规范互为动态调整而维持法律体系的和谐。"（杜强强：《论宪法规范与刑法规范之诠释循环——以入户抢劫与住宅自由概念为例》，《法学家》2015 年第 2 期）

③ BVerfGE 120, 224.

④ 参见［德］克劳斯·罗克辛《对批判立法之法益概念的检视》，陈璇译，《法学评论》2015 年第 1 期。

⑤ 参见齐文远《修订刑法应避免过度犯罪化倾向》，《法商研究》2016 年第 3 期。

法立法与司法中的"活性化""民粹化""应急性""被动化""压力回应型"的趋向，"国家刑罚权的扩张冲动"①，有从宪法层面予以评价的必要性和紧迫性。应如何对刑事政策引导下的国家立法进行合宪性控制，应如何对待刑事司法中的政策因素和宪法因素，是宪法教义学必须回答的问题。

本章尝试，学习和评述我国刑法学者关于刑事政策与刑法体系一般关系的观点，并探讨将刑事政策这一"法外因素"纳入宪法秩序，以控制刑事立法和刑事司法中可能出现的模糊和任意。通过法益内涵的宪法化、对刑法的合宪性解释以及对刑罚权的比例原则控制等路径，探讨宪法教义学对刑法学的可能助力，并重点回应刑九修正案的两个具体争议问题："扰乱国家机关工作秩序罪"和"终身监禁"。

一　"李斯特鸿沟"的宪法意义

刑法体系与刑事政策的关系是当下中国刑法学的重要议题，在相关讨论中，德国刑法学家罗克辛概括的"李斯特鸿沟"（Lisztsche Trennung）成为术语焦点。李斯特鸿沟是对刑法教义学与刑事政策学疏离状态的描述。在一个学科内存在"鸿沟"是难以忍受的，从而各种"沟通""跨越"的努力也就在所难免。② 即使认为跨越李斯特鸿沟是"一场误会"的学者，也同样主张："需要积极推动中国刑法学向刑法教义学转型，努力构建起一个可以接受刑事政策的引导，但同时又能对刑事政策的考量进行有效约束的刑法体系"③。然而在谋求贯通李斯特鸿沟的学科共识之下，却依然有必要追问：李斯特何以有意区隔刑事政策与刑法体系。刑法学者对此已有深入分析，但在笔者看来，李斯特鸿沟的存在有其宪法意义，而对于当下中国而言，这一宪法意义仍然值得深思并坚持。

---

① 梁根林：《法治中国刑法变迁的四个维度》，《法学研究》春季论坛·刑事法治体系与刑法修正理论研讨会论文。

② 包括但不限于：陈兴良：《刑法教义学与刑事政策的关系：从李斯特鸿沟到罗克辛贯通》，《中外法学》2013 年第 5 期；劳东燕：《刑事政策与刑法解释中的价值判断——兼论解释论上的"以刑制罪"现象》，《政法论坛》2012 年第 4 期；劳东燕：《罪刑规范的刑事政策分析——一个规范刑法学意义上的解读》，《中国法学》2011 年第 1 期；劳东燕：《刑事政策与刑法体系关系之考察》，《比较法研究》2012 年第 2 期；杜宇：《刑事政策与刑法的目的论解释》，《法学论坛》2013 年第 6 期。

③ 邹兵建：《跨越李斯特鸿沟：一场误会》，《环球法律评论》2014 年第 2 期。

　　李斯特鸿沟的命题表述为"刑法是刑事政策不可逾越的屏障"①（Das Strafrecht ist die unübersteigbare Schranke der Kriminalpolitik），或"罪刑法定是刑事政策不可逾越的藩篱"②。李斯特认为，对社会失范行为的刑法处理，必须严格依据刑法的明文规定，受司法方法的严格限制，避免刑事政策的影响。然而，作为一个刑法学家，他的论证理由却是宪法性的。李斯特指出，与刑事政策取向于实现刑法的社会任务不同，刑法的司法意义就在于："法律的平等适用和保障个体自由免受'利维坦'的干涉"。③ 正是在此意义上，刑法要为叛逆的个人提供保护，刑法典是"犯罪人的大宪章"④。刑法学的任务就是："从纯法学技术的角度，依靠刑事立法，给犯罪和刑罚下一个定义，把刑法的具体规定，乃至刑法的每一个基本概念和基本原则发展成完整的体系"⑤。这就是刑法教义学的工作，而其中刑事政策、价值判断被谨慎限制。

　　李斯特将此称为刑法的"法治国——自由"机能，⑥ 彰显的正是其宪政功能：（1）在"限制国家"的层面，李斯特这样论证："法制确定了国家权力的界限；它规定了国家意志得以实现的范围，以及国家意志干预其他法律主体的意志和范围，比如要求其做什么，不做什么。它确保自由、自愿、禁止专断"。⑦ 拉德布鲁赫也指出，"（刑法）的目的不仅在于设立国家刑罚权力，同时也要限制这一权力，它不只是可罚性的源由，也是它的界限。"⑧ （2）在"保障人权"的层面，李斯特指出："不得为了公共利益而无原则地牺牲个人自由。尽管保护个人自由因不同历史时期人民对国家和法的任务的认识不同而有所不同，但是，有一点是一致的，即在法制国家，只有当行为

---

① 转引自［德］克劳斯·罗克辛《刑事政策与刑法体系》，中国人民大学出版社 2011 年版，第 3 页。
② 陈兴良：《刑法教义学与刑事政策的关系：从李斯特鸿沟到罗克辛贯通》，《中外法学》2013 年第 5 期。
③ ［德］克劳斯·罗克辛：《刑事政策与刑法体系》，蔡桂生译，中国人民大学出版社 2011 年版，第 4 页。
④ 同上。
⑤ ［德］李斯特：《德国刑法教科书》，徐久生译，法律出版社 2006 年版，第 3 页。
⑥ ［德］克劳斯·罗克辛：《刑事政策与刑法体系》，蔡桂生译，中国人民大学出版社 2011 年版，第 4 页。
⑦ ［德］李斯特：《德国刑法教科书》，徐久生译，法律出版社 2006 年版，第 7 页。
⑧ ［德］拉德布鲁赫：《法学导论》，米健、朱林译，中国大百科全书出版社 1997 年版，第 96 页。

人的敌对思想以明文规定的行为表现出来,始可科处行为人刑罚。"① 拉德布
鲁赫也指出:"(刑法)不仅要面对犯罪人保护国家,也要面对国家保护犯
罪人,不单面对犯罪人,也要面对检察官保护市民,成为公民反对司法专横
和错误的大宪章。"② 限制国家和保障人权正是现代宪法的核心精神。也正是
在此宪法意义上,李斯特认为罪刑法定原则本身就具有刑事政策功能:"只
要我们在努力追求,对孤立的公民对抗国家权力恣意独裁的自由提供保护,
只要我们还恪守罪刑法定原则,那么,按照科学的基本原则进行法律解释的
严谨方法,也就同时贯彻了其高度的政策意义。"③ 于此,罪刑法定的"高
度的政策意义"正是宪法性的法治原则和自由原则。在德国学者看来,起源
于启蒙运动的罪刑法定原则是"维护自由的工具","在'驯化至高无上的
主权'这条唯一独特的欧洲之路上,罪刑法定原则就是它发起和保护的措施
之一"。④ 罪刑法定最早在实定法上的规定,也来自《人权宣言》等宪法文
件。可以说,现代立宪主义从来都以罪刑法定作为其最基本内容,⑤ 因为
"罪刑法定原则的核心目的就是限制司法擅断,从而限制国家权力"。⑥ 基于
此,我们甚至也可以认为,严格依据刑法典而进行的刑法教义学工作,也具
有宪政功能。这是因为,刑法教义学的体系越是严谨,越是细密,越是排除
刑法典之外的其他因素,越是能够为法官判案提供确定性指引,就越能控制
国家权力的恣意,越有利于保障自由。

　　我国刑法学者对于罪刑法定原则的宪法意义有着深刻理解。⑦ 1997 年

① [德] 李斯特:《德国刑法教科书》,徐久生译,法律出版社 2006 年版,第 23 页。

② [德] 拉德布鲁赫:《法学导论》,米健、朱林译,中国大百科全书出版社 1997 年版,第 96 页。

③ 转引自 [德] 克劳斯·罗克辛《刑事政策与刑法体系》,蔡桂生译,中国人民大学出版社 2011 年版,第 4—5 页。

④ [德] 埃里克·希尔根多夫:《德国刑法学——从传统到现代》,江溯、黄笑岩等译,北京大学出版社 2015 年版,第 198 页。

⑤ 与此类似,近代民法所确立的"私法自治"等原则也有宪法功能。参见易军《"法不禁止皆自由"的私法精义》,《中国社会科学》2014 年第 4 期;石佳友:《治理体系的完善与民法典的时代精神》,《法学研究》2016 年第 1 期。

⑥ [德] 埃里克·希尔根多夫:《德国刑法学——从传统到现代》,江溯、黄笑岩等译,北京大学出版社 2015 年版,第 217 页。

⑦ 相关文献,包括但不限于:陈兴良:《刑法的宪政基础》,北京大学法学院编《法治和良知自由》,法律出版社 2002 年版;梁根林:《刑事政策:立场与范畴》,法律出版社 2005 年版,第 180—213 页;劳东燕:《罪刑法定的宪政诉求》,《江苏社会科学》2004 年第 5 期;刘树德:《宪政维度的刑法新思考》,北京大学出版社 2005 年版,第 5 页以下;赵秉志、王鹏祥:《论我国宪法指导下刑法理念的更新》,《河北法学》2013 年第 4 期。

刑法修改最终确立罪刑法定原则，取消类推，也应该被看作是由刑法学者作为主要推动力而进行的一项宪政建设（作为罪刑法定上位原则的法治原则在宪法中的确立，反而是在略晚的 1999 年修宪）。而在此之后，刑法学界接受"法律不是嘲笑的对象"① 的观念，刑法学术的重心从立法论开始转向解释论，刑法教义学开始走向繁荣，都与具有宪政价值的罪刑法定原则的确立有直接关系。关于刑事政策与刑法体系关系的集中讨论，也出现在这一宪政建设背景下。

　　理解李斯特鸿沟的宪法意义，归根到底要基于我国法治建设的现实。李斯特强调"刑法是刑事政策不可逾越的屏障"，本质上是对形式法治的坚守。"毫无疑问，罪刑法定主义原则承担着法治国的边界坚守之任务。罪刑法定主义兼具实质理性与形式理性，旨在为实质正义的追求划定最低限度的形式正义之底线。"② 形式法治意味着：即使国家可以决定法律的内容，它也必须遵守这些由它制定的规则。国家对人民的权利和自由的限制，必须有明确的法律依据。形式法律让人们预先了解：国家在何种情况下，将采取何种行动。这种规则是公开的和具有一般性的，并不考虑特定的时空与人的因素。这种形式一致性使得法治天然具有遏制公权力专横和保障个人自由的功能。中国刑事法治仍然面临古典自由主义的命题，也就是防止"法外恣意"，限制国家刑罚权的任意发动。③ 所以，"真正的李斯特鸿沟，旨在坚守形式理性、恪守罪刑法定，不能也不应被跨越"④。

　　我国宪法第 5 条规定："中华人民共和国实行依法治国，建设社会主义法治国家"。从"社会主义法治国家"的表述来看，我国宪法中的法治原则具有实质法治的内涵，⑤ 但对此宪法条文的解释，还涉及对实质法治与形式法治关系的认识。"如果一个不纠缠伦理争议的、内容有限的、最低程度的形式法治都无法实现，实质法治的各种宏大价值诉求就更没有实现的机会。……在具体争议的解决层面，实质法治观使得法律判断承担了

---

① 张明楷：《刑法格言的展开》，法律出版社 1999 年版，第 1 页。
② 杜宇：《刑事政策与刑法的目的论解释》，《法学论坛》2013 年第 6 期。
③ 劳东燕：《刑法解释中的形式论与实质论之争》，《法学研究》2013 年第 3 期。
④ 邹兵建：《跨越李斯特鸿沟：一场误会》，《环球法律评论》2014 年第 2 期。
⑤ 宪法秩序中法治原则的内涵，对刑法体系与刑事政策的关系有直接影响，例如，罗克辛关于沟通刑事政策与刑法体系的努力，也将宪法上的"自由法治国——社会法治国"、行政法上的"干预行政——给付行政"的变迁作为背景。参见［德］克劳斯·罗克辛《刑事政策与刑法体系》，蔡桂生译，中国人民大学出版社 2011 年版，第 11—12 页。

过多政治判断、社会判断和后果裁量的负担，不仅无法完成，还影响了法律判断的可预期性、处断一致性和稳定性，最终损害了法治。"① 尽管我国宪法的规定体现的是实质法治的内涵，但却必须意识到形式法治更为基础的意义。正因为如此，我们必须认真对待李斯特鸿沟，重视其限制国家、保障人权的宪法意义，警惕轻言跨越这一鸿沟可能导致的宪法风险。特别是，刑事政策总是指向"同犯罪进行的预防性斗争"，这与刑法体系取向"宽容地保护自由"之间是存在紧张关系的。② 因此，尽管主张要在刑事政策与刑法体系之间架构桥梁，但陈兴良教授依然提醒："罪刑法定原则在刑法中确立不久，尚未深入人心，李斯特体系还是具有现实意义的"。③ 在我国，植根未深的罪刑法定还面临着诸多挑战，包括刑法明确性的不足、口袋罪的存在、刑法解释的开放性，等等。④ 此时，重视形式理性，谨慎对待政策性因素，是合乎立宪主义精神的妥当考虑。

认识到"李斯特鸿沟"的宪法意义，我们也就获得了从宪法的角度重新观察的可能。尽管在刑法学者眼中，刑事政策与刑法可能是对立而需要沟通的，但如果从宪法教义学的角度看，二者却都是被笼罩在宪法之下的，体现的是宪法的价值体系在不同阶段、不同层次上的对刑法秩序的影响。笔者认为，在此意义上，李斯特鸿沟的贯通也应当是在宪法教义学助力下的法律技术操作。

二　刑事政策：超越实证法抑或基于宪法

（一）刑事政策的"超实证法"形象

在罗克辛教授看来，李斯特体系不可避免地会导致体系正义与个案正义的冲突。李斯特强调实证主义的体系思维，谋求以一个完备封闭的刑法规范体系（基于实证法的教义学体系），保证对一切细节（通过一定程度的抽象）的预先设定，使得刑事司法不再存在偶然和专断。此种体系思维对于法治而言是必要的：以一套可靠的法律技术来使得法律所追求的价值

① 张翔：《形式法治与法教义学》，《法学研究》2012 年第 6 期。
② Claus Roxin, Strafrecht, Allgemeiner Teil. 4. Aufl, 2006, S. 228.
③ 陈兴良：《刑法教义学与刑事政策的关系：从李斯特鸿沟到罗克辛贯通》，《中外法学》2013 年第 5 期。
④ 梁根林：《法治中国刑法变迁的四个维度》，《法学研究》春季论坛·刑事法治体系与刑法修正理论研讨会论文；劳东燕：《罪刑法定的明确性困境及其出路》，《法学研究》2004 年第 6 期。

目标得以体系化地实现，对于法律问题的解决提供普适模式，并让这些模式得以长期贯彻，从而达致稳定性与可预见性的法治目标，正是法学所必须承担的社会任务。然而，罗克辛教授担心："教义学中这种体系化的精工细作是否会导致深奥的学理研究与实际收益之间产生脱节。"① "若刑事政策的课题不能够或不允许进入教义学的方法中，那么从体系中得出的正确结论虽然是明确的和稳定的，但是却无法保证合乎事实的结果。"② 于此，法学的两种基本思维模式——体系主义和个案推论主义③——的紧张也映射于刑法领域。在体系正义与个案正义之间，在保卫自由与保卫社会之间，刑法的思考纳入后果考量、实质价值考量就成为必要。因此，尽管罗克辛认为"主张放弃体系的想法是不严肃的"，但认为法律科学如果只考虑实证法律规则的概念分析和体系建构，把刑法的社会内涵和目的等刑事政策当作"不属于法律人探讨的事情"④，就是错误的。实证主义的体系思维会导致刑法学和刑事政策的对立，"在教义学上是正确的东西，在刑事政策上却是错误的，或者在刑事政策上正确的东西，在教义学上却是错误的"⑤。因此，"只有允许刑事政策的价值选择进入刑法体系中去，才是正确之道，因为只有这样，该价值选择的法律基础、明确性和可预见性、与体系之间的和谐，对细节的影响，才不会退到肇始于李斯特的形式——实证主义体系的结论那里。法律上的限制和合乎刑事政策的目的，二者之间不应该互相冲突，而应该结合到一起"。⑥ 据此，罗克辛谋求将刑事政策纳入刑法，形成体系性的统一，其方法是对犯罪论进行改造。

对于将刑事政策引入刑法教义学，中国刑法学界也有基本共识。黎宏教授认为："刑法的刑事政策化已经成为当今我国刑法学发展的大趋势"，

---

① ［德］克劳斯·罗克辛：《刑事政策与刑法体系》，蔡桂生译，中国人民大学出版社 2011 年版，第 6 页。

② 同上书，第 7 页。

③ 法学的思维模式可以分为体系主义和个案推论主义两种。后者，也就是所谓"问题探讨法"（topische Methode），是对体系思维的反思和补充。参见颜厥安《规范、论证与行动》，元照出版公司 2004 年版，第 13 页以下；舒国滢：《寻访法学的问题立场——兼谈"论题学法学"的思考方式》，《法学研究》2005 年第 3 期。

④ ［德］克劳斯·罗克辛：《刑事政策与刑法体系》，蔡桂生译，中国人民大学出版社 2011 年版，第 10 页。

⑤ 同上书，第 14 页。

⑥ 同上书，第 15 页。

"所谓'刑法的刑事政策化',就是在刑法的制定和适用过程中,考虑刑事政策,并将其作为刑法的评价标准、指引和导向。"① 劳东燕教授认为:"将刑事政策引入刑法教义学的研究之中,代表着刑法理论发展的走向。将刑事政策弃之不顾的做法,已经难以获得基本的正当性,缺乏刑事政策这一媒介,不仅刑法与社会现实之间的联系通道会全面受阻,刑法教义学的发展也会由于缺乏价值导向上的指引而变得盲目。"② 陈兴良教授认为,任何法律都不是完美无缺的,对于刑法规定的概然性与粗疏性,有必要以刑事政策进行价值补充。特别是,陈兴良教授还认为,刑法典无法——列举"超法规的违法阻却事由",从而通过"目的性限缩"以限制犯罪的范围,这种"罪刑法定原则限度内的刑事政策填补"是值得认同的。③

　　值得注意的是,刑法学者眼中的刑事政策似乎具有某种"超实证法形象"。在前面引述的论证中,我们看到了这样的表述:(刑事政策)"不属于法律人探讨的事情""超法规的阻却事由"、(刑法)"基本的正当性""价值导向"。劳东燕教授有这样的表述:"在刑法解释中,为确保刑法规范的开放性,有必要赋予其合乎时代精神与现实需要的价值判断,包括引入超越实证法范围的价值判断。教义学本质上涉及的是价值判断的规范化问题,具有将价值判断问题转化为法解释技术问题的功能。在法教义学层面,基于罪刑法定的制约,只有部分法外的价值判断能够实现向法内价值判断的转换。概括性条款与规范性构成要件要素充当着法教义学与法外价值判断之间的联结点,描述性构成要件要素也并非与法外的价值判断无涉。"④ 从加注着重号的文字中,我们不难看出,在刑法学者的眼中,刑事政策及其伴随的价值判断,都具有相对于实证法的外部性。⑤ 卢建平教授

---

① 黎宏:《论"刑法的刑事政策化"思想及其实现》,《清华大学学报》2004 年第 5 期。

② 劳东燕:《罪刑规范的刑事政策分析——一个规范刑法学意义上的解读》,《中国法学》2011年第 1 期。

③ 陈兴良:《刑法教义学与刑事政策的关系:从李斯特鸿沟到罗克辛贯通》,《中外法学》2013年第 5 期。

④ 劳东燕:《刑事政策与刑法解释中的价值判断——兼论解释论上的"以刑制罪"现象》,《政法论坛》2012 年第 4 期。

⑤ 但从最近的论文看,劳东燕教授开始更多认识到刑事政策的宪法关联性。她在最新的关于法益衡量的研究中,认为"有必要引入法治国的基础利益这样的概念,并以宪法所确立的基本价值为中心来展开对其的理解","对具体的制度利益的解读,既要超脱于对当事各方现实法益的考量,又要以法治国的基础利益(尤其是宪法基本权利)所彰显的价值作为必要的指导"。劳东燕:《法益衡量原则的法教义学检讨》,《中外法学》2016 年第 2 期。

认为："在宏观上，政策应优位于法律。不是指法律位阶，因为政策本身不是法律，所以不能置于法律效力之位阶体系的评价中"①，更是明确认为刑事政策是法外因素。

（二）宪法作为刑事政策的实质来源

然而笔者发现，尽管罗克辛教授是相关讨论的重要思想来源，但在他那里，刑事政策却并非是超越实证法的。罗克辛从犯罪论体系的改造来谋求"刑事政策和刑法之间的体系性统一"，但他认为这一任务"也同样是我们今天的法律体系在各个领域所共同面对的任务"②。他的思考显然并不局限于刑法，而是以整体法秩序为背景的。关于犯罪论体系改造的具体方案，罗克辛有这样的论述："罪刑法定原则的前提、利益对立场合时社会进行调节的利益衡量和对于刑法之目的的探求，就是我们常见的各个犯罪类型的刑事政策之基础。这其中有两个部分，亦即构成要件理论和罪责理论，被解释成是刑法中特有的规则，而违法性领域，人们则要贯彻和履行整体法秩序的任务。按照这一原则，正当化事由可以产生于任何法律的领域，这样，刑法才和其他的法律领域相衔接，并形成统一的法秩序。"③ 这里，罗克辛特别强调了违法性认定层次的刑事政策考量，④ 而此种考量是来自整体法秩序的。"（刑法）干预权是源自整个法的领域的"，"不受罪刑法定原则影响的其他法领域的发展变化可以在正当化事由方面直接影响到案件是否可罚，而不需要刑法作出同步修改"。⑤ 因此，不能一看到刑事政策，就将其作为法外因素。杜宇教授从刑法目的性解释的角度分析了刑事政策对刑法教义学的影响，认为"违法性阶层的政策性任务就在于：站

---

① 卢建平：《刑事政策与刑法关系的应然追求》，《法学论坛》2007 年第 3 期。

② ［德］克劳斯·罗克辛：《刑事政策与刑法体系》，蔡桂生译，中国人民大学出版社 2011 年版，第 16 页。

③ 同上书，第 22 页。

④ 实际上，在其他层次也存在刑事政策考量。比如，对于构成要件，其政策考量就是明确化。也就是要让构成要件尽可能清楚，具有明确的行为指导功能。这一点，体现的正是宪法层面的"法律明确性原则"（［德］克劳斯·罗克辛：《刑事政策与刑法体系》，蔡桂生译，中国人民大学出版社 2011 年版，第 28—30 页）。对于构成要件的刑事政策考量，除了此形式层面外，也有学者认为，构成要件阶层仍然可基于刑事政策而实质化，陈兴良：《刑法教义学与刑事政策的关系：从李斯特鸿沟到罗克辛贯通》，《中外法学》2013 年第 5 期。

⑤ ［德］克劳斯·罗克辛：《刑事政策与刑法体系》，蔡桂生译，中国人民大学出版社 2011 年版，第 39—40 页。

在统一的法秩序之立场，对刑法与其他法域、一般社会领域间可能的价值冲突予以协调"。① 这里的"其他法域"当然意味着民法、行政法等为刑法上的违法性判断提供标准，也意味着这些部门法为刑法上的行为提供正当化理由。②

观照整体法秩序的政策性考量，当然必须建基于宪法。宪法是一国法秩序的基础，德国联邦宪法法院指出，国家的法秩序必须是"在实质上和形式上都符合宪法的合宪法秩序"，这正是个人的"一般行为自由"之边界所在。③ 刑事政策的宪法基础也被罗克辛所强调。他认为，如果学者和法官要运用刑事政策来解释刑法并予以体系化，所根据的不能是"学者或者法官自己关于刑法目的的观念"，如果可能，应当以"宪法层面能够得出的刑法目标为基础"。④ 他还引用了另一位刑法学者梅瓦德的观点认为："在刑事政策、宪法和刑法教义学之间，并不存在确定的界限。"⑤ 我们应该认识到，刑事政策并非是超越实证法的，而是应以宪法为基础。刑事政策取向于为刑法体系提供价值判断（在立法和司法两个层次），而宪法正是一个包含各种价值目标（包括个人自由、社会正义、共同体秩序、国家安全等）的价值体系，刑事政策的价值补充，应当以宪法价值为其实质来源。

宪法作为刑事政策的实质来源，首先意味着罪刑法定原则的确立。如前所述，罪刑法定原则本身就具有刑事政策功能，也就是宪法作为权利保障书的直接要求。同时，宪法又提供其他刑事政策的基础，而由立法者在立法裁量的形成自由空间中进行调和，并表现出形式法治的外观。在刑事司法中，刑事政策的考量，应当表现为宪法价值对刑法解释和适用过程的实质影响。在笔者看来，刑事政策和作为刑法体系核心的罪刑法定原则，就是宪法价值在刑法立法和司法不同层面的贯彻。刑事政策与刑法体系的一体化，不过是宪法之下的整体法秩序中的矛盾调和和体系融贯。刑事政策与罪刑法定的冲突，就表现为两种以上宪法价值的冲突，罪刑法定原则

① 杜宇：《刑事政策与刑法的目的论解释》，《法学论坛》2013 年第 6 期。
② 罗克辛指出"绝大多数正当化依据都来自其他法领域"，"从刑法中产生出来的正当化依据却是很少的，并且通常还被其他法领域所采用"。Claus Roxin, Strafrecht, Allgemeiner Teil. 4. Aufl, 2006, S. 615。
③ BVerfGE 6, 32 (32).
④ Claus Roxin, *Strafrecht, Allgemeiner Teil*. 4. Aufl, 2006, S. 229.
⑤ Ibid..

直接代表的自由价值，在此种衡量中，应该更容易被赋予优先性。如果罪刑法定原则因为其形式上的僵硬而变成了反过来不利于自由，那么，突破罪刑法定原则，回归更为根本的自由原则，对行为人的行为作出合宪法的正当化，就具有充分的宪法教义学基础。也就是说，当出现法治优位还是自由优位的判断问题时，形式价值让位于实质价值。当基于国家任务而产生的为了保卫社会而科处刑罚的情况时，刑法规范及其适用，就直接表现为对个人权利的限制问题，就应该在基本权利教义学层面予以合宪性审查。

（三）刑事政策宪法化的规范意义

以宪法作为刑事政策的实质来源，首先是一种取向于法秩序的融贯性和正当性的价值主张。但在规范与技术的层面，以宪法作为刑事政策的实质来源，还有其更为具体的、对刑法的理论与规范体系的直接意义，分述如下：

1. 改善刑事政策抽象模糊的形象。何为刑事政策？这是刑法学上长久存在的疑问。刑事政策的内涵，总是表现为"宽严相济""整体社会意义之目的""与犯罪作斗争"等极为模糊的表达。罗克辛也曾指出："如果评价的理由仅仅是出于法感情或者选择性的目标设定，而不是在法条的评价关系中找寻可论证的支撑的话，那么，这种评价的理由就是模糊和任意的，而且缺乏学术上的说服力。"① 因此，需要为刑事政策寻找"价值选择的法律基础"。② 而将宪法价值作为其实质来源，就可以用具体的国家任务、国家基本制度以及特别重要的基本权利保护等宪法内容，使得刑事政策的内涵得以清晰化。这里，举刑法适用中的两个例子加以说明：

（1）德国施密特—明镜周刊案。③ 德国联邦高等法院院长施密特针对明镜杂志对他的批评，攻击明镜杂志是下流刊物，是政论类刊物中的色情文学。明镜杂志提起侮辱罪的自诉，法院判决构成侮辱罪。施密特因此提起宪法诉愿，并得到联邦宪法法院支持。联邦宪法法院认为，此案涉及名誉与言论自由的冲突和衡量，如果名誉优先，则构成侮辱罪，如果言论自

① ［德］克劳斯·罗克辛：《刑事政策与刑法体系》，蔡桂生译，中国人民大学出版社 2011 年版，第 14 页。
② 同上书，第 15 页。
③ BVerfGE 12, 113.

由优先，则言论自由构成侮辱罪的阻却事由。法院认为，言论自由具有公共利益取向，较之纯粹私人性的名誉具有优先性。本案中，施密特的言论与公共意见的形成具有密切联系，即使侵害了明镜杂志的名誉，但由于出版物也负有维护公共利益的义务，所以施密特的言论，因其与公共意见形成的密切联系，就应当被正当化。

（2）南京副教授聚众淫乱案。江苏省南京市秦淮区人民法院对南京某大学原副教授马某等人"聚众淫乱案"作出一审判决，22 名被告人均以聚众淫乱罪被追究刑事责任。其中，马某被判处有期徒刑三年六个月。马某对公诉机关指控其犯聚众淫乱的基本事实不持异议，但认为自己有"宪法上的性自由"，认为成年人之间自愿参加的性聚会不应构成犯罪。其辩护人辩称，马某主观上没有扰乱社会公共秩序的故意，客观上其所参加的"换妻"或性聚会具有封闭性、隐蔽性、自愿性，不涉及公共生活和公共秩序，不构成聚众淫乱罪，故不应当以刑法处罚。①

以上两个案件，如果以纯粹刑法教义学观察，普通法院的处理都无问题，但是如果以宪法的视角观察，就都存在侵犯基本权利之嫌疑。德国宪法法院在明镜周刊案中对言论自由功能的阐释，更是将民主国家所应护持的价值引入刑法体系，实际上就是一种政策判断。这在教义学上，就是以宪法的基本权利作为阻却违法、正当化行为的事由。在这两个案例中，我们会发现，刑事政策模糊的内涵，借由宪法规范特别是基本权利规范的补充，得以明确化。宪法上基本权利冲突、基本权利限制的合宪性等理论资源，就可用来改善刑事政策论证过于抽象的弊端。

2. 缓和价值判断对实证法体系的冲击。将作为"法外因素"的刑事政策内化为宪法之规范命令，有助于缓和表现为价值判断的刑事政策考量对刑法体系的冲击。如前所述，刑事政策一直被作为法外因素，因而才有与刑法体系贯通以实现"刑事一体化"之必要。然而，正如劳东燕教授指出的，"刑事政策往往成为某种偏离教义学常规做法的正当根据所在，即允许在特殊情形中，依据刑事政策上的理由来突破教义学规则"。② 这是难以接受的。主张沟通刑事政策和刑法体系的罗克辛教授也警告："若允许

---

① 对于此案的宪法学分析，参见张翔、田伟《"副教授聚众淫乱案"判决的合宪性分析》，《判解研究》2011 年第 2 期。

② 劳东燕：《刑事政策与刑法体系关系之考察》，《比较法研究》2012 年第 2 期。

通过刑事政策上的评价来打破教义学上的基本原则的话，那么这就要么会导致不平等地或者专横地适用法律——这样体系所具有的优点立马荡然无存，要么就找不到既依赖于任何体系的、可以直接进行评价的，又具有法安全性和可以对法律素材进行控制支配的案件问题的解决答案了。"① 然而，如果以整体法秩序（包括刑法秩序在内的合宪性秩序）或者整体法教义学（各部门法教义学的融贯整合）的视角来思考刑事政策，其对于实证法的体系正义的冲击就会缓和得多。这是因为，被引入刑法体系的并非某种超越实证法的价值，更非诉诸虚无缥缈的法感的主观判断，而是有着宪法基础的，可以借由宪法教义学得到论证的规范命令。尽管在罪刑法定的约束之下，以此种宪法判断来"入罪"是不可接受的，但基于宪法因素作出"出罪"判断就具备更有力的规范论证，而不会被当作恣意的价值判断。于此，形式正义与实质正义也得到了调和。

这一点，可以以更为具体的视角来分析。如前所述，陈兴良教授特别指出"超法规的违法阻却事由刑法典不能一一明文列举"，以此作为刑法教义学应当引入刑事政策的论据，并主张运用"目的手段限缩"来实现限制犯罪适用的目标。如果诉诸法学方法论，这一方案也完全可以得到宪法教义学的有力支持。这是因为："从价值取向的角度来观察法律，便必须取向于宪法。"② 部门法解释所需要的价值补充，应该首先从宪法中寻找，而不能轻易超越实证法秩序诉诸伦理观、政治哲学或者比较法。在现代法治之中，宪法具有整个法秩序的价值基础的性质。法律解释，正如其他在宪法价值笼罩下的法律活动一样，都应该以宪法作为修正法秩序的缺漏、补充漏洞的规范来源。"法还包括其他来自合宪法秩序的意义整体，对法律可以发挥补正功能的规范；发现它，并将之实现于裁判中，这正是司法的任务。"③ 对于刑法的教义学操作而言，将宪法规范作为"控制性"乃至"补充性"因素而纳入思考就是必要的。基于合宪性考量，甚至可为"合宪性的法律续造"。"假使立法者追求的影响作用超越宪法容许的范围，可以将法律限缩解释至'合宪的'范围。于此，立法者所选择的准则，在以宪法能维持的程度内，也被维持。此处涉及的不再是解释，毋宁是一种

---

① ［德］克劳斯·罗克辛：《刑事政策与刑法体系》，蔡桂生译，中国人民大学出版社 2011 年版，第 8 页。

② 黄茂荣：《法学方法与现代民法》，中国政法大学出版社 2001 年版，第 286 页。

③ ［德］Larenz：《法学方法论》，陈爱娥译，五南图书出版公司 1996 年版，第 279 页。

目的论的限缩。一种合宪的法的续造。"① 换言之，如果立法者制定的规范，超越了宪法所能允许的边界，则可以依据宪法对法律作限缩的解释。这种限缩，是以该法律外的目的考量（作为上位法的宪法）为基础的，因而是一种目的性限缩。其依据，是居于上位法、最高法地位的，作为整个法秩序价值基础的宪法。这意味着，在一般情形下，应当尊重立法者对宪法的具体化，但如果立法者逾越宪法所设定的边界而谋求某种抵触宪法的立法效果时，就可以对该当法律规范进行限缩的解释。② 所以，陈兴良教授建议的超法规的手段目的限缩，完全可以得到宪法正当化论证。

试举一例：德国联邦宪法法院 2004 年关于"辩护律师洗钱案"的判决。③ 根据德国刑法典第 261 条第 2 款第 1 项的规定，接受通过洗钱而来的财物作为报酬，也应被认定为洗钱罪。有刑事辩护律师接受通过洗钱得来的资金作为律师费，被作为洗钱罪处理。但联邦宪法法院认为：在此案中刑法第 261 条应作合宪性解释。宪法法院认为，如果不考虑宪法因素，则刑事辩护律师接受报酬的行为的确足以构成洗钱罪，但是如果考虑到基本法第 12 条第 1 款关于"职业自由"（Berufsfreiheit）的规定，应考察刑法对刑事辩护律师职业活动干预的必要性。如果对刑法第 261 条作宽泛解释，就会损害律师从事职业的自由，因此，为了使刑法第 261 条的适用不侵犯刑事辩护律师的基本权利，就应对该条作合宪性限缩，也就是：律师只有在接受报酬的时间点，明确知悉该项资金来源于刑法第 261 条所列举的违法行为，刑事辩护人接受报酬的行为才构成洗钱罪。④ 应该说，这种处理具有强烈的政策色彩，似乎具有超法规性，但如果从宪法职业自由条款出发，这种限缩处理就是宪法笼罩下的法秩序内的操作，从而对实证法体系的冲击就得以缓和。

3. 补强刑事政策的指导立法功能

刑事政策首要的功能在于指导立法，宪法正是一切立法的基础。在前宪法时代，我们可以将刑事立法的指导原则归于刑事政策，甚至归于更为

① ［德］Larenz：《法学方法论》，陈爱娥译，五南图书出版公司 1996 年版，第 243 页。
② 参见张翔《"近亲属证人免于强制出庭"之合宪性限缩》，《华东政法大学学报》2016 年第 1 期。
③ BVerfGE 110，226.
④ 参见 Lothar Kuhlen, *Verfassungskonforme Auslegung von Strafgesetzen*, 2006, S. 52ff. 关于该案的中文介绍，参见［德］斯特凡·科里奥特《对法律的合宪性解释：正当的解释规则抑或对立法者的不当监护？》，田伟译，《华东政法学院学报》2016 年第 3 期。

遥远的政治哲学和启蒙思想。但是，在现代宪法产生之后，这些"前宪法法律"却必须向着宪法的方向进行调整（我国的刑法制定于现行宪法之前，也与此形势类似）。因此，在落实"依宪治国"的目标下，刑事政策就不应该交由立法者自由裁量，相反，立法者的刑事政策判断必须受到宪法的约束。特别是，宪法的基本权利被看作是"客观价值秩序"辐射一切法领域，刑事立法者因此负有"保护义务"，有义务通过刑法规范的制订和修改，保护基本权利免受侵害。此种"刑事立法者的宪法上的保护义务"① 就应该是刑事政策的直接来源。刑事政策的指导立法功能，与宪法作为立法的基础，在此意义上是直接契合的。

（四）部门法的宪法化

宪法作为刑事政策的实质来源，还涉及"部门法的宪法化"。在许多国家，刑法典、民法典等对法律体系具有发生学上的奠基意义并塑造了法律文化传统的重要法典，往往制定于现行有效的宪法之前（如法国民法典之于法国 1958 年宪法，德国民法典、刑法典之于 1949 年《基本法》），并各自形成了相对独立的规范与学理体系。对于各部门法学科在价值、伦理层面的根本性思考，也经常会超越法律体系本身，而诉诸哲学、宗教等层面。以至于在德国这样的"精神和思想之乡"，② 刑法学家经常在为法哲学做着贡献。然而，在宪法被最终确立根本法、最高法的地位之后，特别是借由现代违宪审查制度赋予其辐射整个法律体系的程序机制后，许多原本属于法体系外的讨论，就转而表现为宪法秩序下的讨论，正如刑法学者迪亚斯所言，"刑法（'法学—哲学的'）问题，被转移成了宪法（'实定法的'）问题"，"以前属于法学—哲学的内容因而处于体系之外的学说讨论，今天进入到民主法律秩序之内，从而演变成了体系之内的问题，乃至成了实定法上的问题"。③ 在宪法规范的约束下，各部门法固有的规范和学理体系向着宪法的方向进行调整，是现代法治的基本趋势。刑事政策受到宪法控制，被作为宪法下的实证法内的因素，就是此种"部门法宪法化"的体现之一。

---

① Klaus Tiedemann, *Verfassungsrecht und Strafrecht*, 1990, S. 44ff.
② ［美］格奥尔格·伊格尔斯：《德国的历史观》，凤凰传媒出版传媒集团、译林出版社 2006 年版，第 127 页。
③ 转引自［德］洛塔尔·库伦《论刑法与宪法的关系》，蔡桂生译，《交大法学》2015 年第 2 期。

关于"部门法宪法化","二战"后意大利以宪法为价值基础形成刑事政策，进而根本性调整刑法体系的做法，具有典范意义。意大利1930年刑法是一部法西斯时代的刑法，但"二战"后并未被废除。1948年，意大利制定新宪法，在新宪法的自由民主价值笼罩下，意大利的刑法体系进行了从立法到司法的多层次调整，包括对刑法典的个别修补、宪法法院的运作，在刑法的司法适用中以宪法精神来消除专制色彩，变革刑法学的理论学说，等等。① 最终，1930年刑法中的法西斯因素被彻底排除，刑法典脱胎换骨，变得合乎自由民主的宪法秩序。宪法在刑法体系和刑事政策之间，在刑法的规范性和正当性之间架构了桥梁，完成了刑法秩序的合宪性调整，也根本性地完成了刑法体系合乎正义目标的价值再造。此种经验，不应被中国学界忽视。

三 跨越"李斯特鸿沟"：宪法关联的法益概念与比例原则

在宪法教义学助力下贯通"李斯特鸿沟"，意味着对众多刑法基础理论的新思考，其路径和联结点是全方位、多层次的。罗克辛的方案是对犯罪论体系做全面改造，宪法考量在其中具有重要地位。在刑罚论的层面，具有政策意味的刑罚目的的正当性论证、刑罚种类的调整、量刑制度的改革等问题，同样应该在合宪性（特别是人权保障）因素的控制下展开。此外，基本权利对整个法律体系的辐射作用、法律的合宪性解释、比例原则等宪法原理，也必将对刑法体系的构成、刑法解释理论、刑法的谦抑性和最后手段性等刑法基础理论产生影响。在刑法各论的层面，刑法教义学与刑事政策学的沟通会有更多合宪性因素需要被考虑。在宪法笼罩下反思重构刑法的学理体系，是一个极为宏大而细节上丰富精微的工程。

接下来，笔者尝试针对我国《刑法修正案（九）》中的两个富于政策色彩的争议性问题——"扰乱国家机关工作秩序罪"和"终身监禁"进行宪法层面的分析。这两项分析的基本预设分别是：法益概念应具有宪法关联性；刑罚的目的和手段应具有合比例性。笔者希望借此说明合宪性控制在实现刑事政策与刑法体系的沟通方面的功能，并回应和补强刑法学者对

---

① 参见陈忠林《关于我国刑法学界对意大利现行刑法的几点误解》，《中外法学》1997年第5期。［意］杜里奥·帕多瓦尼：《意大利刑法学原理》，陈忠林译评，中国人民大学出版社2004年版，第7页。

相关问题的分析论证。

（一）"扰乱国家机关工作秩序罪"与法益的宪法关联性

《刑法修正案（九）》中增加规定"扰乱国家机关工作秩序罪"。车浩教授从法益的批判立法功能角度分析认为，解决或回应涉及公民个人自由及其发展的"缠访""闹访"行为，本来就是国家机关工作秩序的一部分。"如果将其评价为对'国家机关工作秩序'的'扰乱'，则意味着将本应属于该秩序的一部分内容抽离出来，使之成为与国家机关的工作相脱离、相对立的东西，但这也抽空了国家机关存在和受到保护的理由和基础，使得国家机关变为一个由建筑物、人和权力编织而成的怪物。"[1] 进而他认为，扰乱国家机关工作秩序罪的设定，"难以经受住批判性法益概念的检验"[2]。车浩教授的分析，涉及刑法学法益理论的两个根本性问题：（1）法益从何而来；（2）法益的功能，这两个问题都与宪法密切相关。

现代刑法机能理论普遍接受：刑法是法益保护法。[3] 按照我国法益保护论的重要倡导者张明楷教授的概括，关于法益概念的首要分歧在于："法益是前实定法的概念还是实定法的概念？即在实定法将法益作为保护客体之前，是否已经存在法益或法益的内容？"[4] 这个分歧会影响到对法益功能的认识，从而直接关涉李斯特鸿沟问题。也就是，法益概念究竟只具有刑法体系内的构成要件认定、违法性评价等法解释功能，还是也兼具超越刑法体系的批判立法的刑事政策功能。在笔者看来，将法益概念与宪法直接关联，对于使其兼具法解释与批判立法功能具有重要意义，这也将有助于"李斯特鸿沟"的弥合。

"法益保护说"是基于对"权利侵害说"的批判和反思而出现的。权利侵害说是近代启蒙思想的社会契约论、自然权利观和法治主义影响的结果，核心精神是让刑法摆脱宗教和伦理的束缚，严格区分合法性和合道德

---

[1] 车浩：《刑事立法的法教义学反思——基于〈刑法修正案（九）〉的分析》，《法学》2015年第10期。

[2] 同上书，第6页。

[3] 关于刑法的机能，存在"法益侵害说"和"规范违反说"两种理论。张明楷教授指出，前者的价值观是自由主义的，而后者则具有更多全体主义或者社会连带主义因素（张明楷：《法益初论》，中国政法大学出版社2003年版，第274页）。那么，在我国宪法明确规定社会主义原则，但又容纳尊重和保障人权的自由理念的价值决定下，对我国刑法的机能应如何理解？本文接受法益保护说，但仍然认为此问题有在我国宪法之下重新思考之必要。

[4] 张明楷：《法益初论》，中国政法大学出版社2003年版，第158页。

性，拒绝将仅仅是违反宗教戒律和伦理规范的行为作为犯罪处理。法益保护说将法益作为犯罪与刑罚之间的连接点，也就是认为只有侵害了法律所保护的利益的行为才是犯罪。其基本思想是："刑法只能保护具体的法益，而不允许保护政治或者道德信仰，宗教教义和信条，世界观的意识形态或者纯粹的感情"，[①] 在控制国家的刑事暴力这一宪政目标上，法益保护说与权利侵害说并无二致。然而，法益保护说永远无法回避一个问题：法益从何而来？在刑法学斩断了刑法与宗教、伦理、意识形态、政治的纠缠之后，刑法所保护的法益是否就只服从于刑事立法者的决断？有学者认为，"应纯粹以刑法的观点来界定法益。即法益概念只能限定在刑法范围内，而不能基于政治学或经济学上的考虑来处理法益概念"[②]，按照这一观点，法益概念就是一个纯粹实定（刑）法下的概念。然而这种认识显然存在宪法正当性上的疑虑：如果法益概念是一个纯粹刑法的概念，由刑事立法者恣意决断，那么在实现形式上的民主主义和法治主义之外，宪法所保障的其他价值，特别是人权价值，却会遭受立法者的威胁。换言之，立法者对法益内涵不受限制的形成自由，使得刑法可能逾越宪法的价值决定。因此，对于法益概念，有在宪法基础上重新思考的必要。

我国刑法学界在接受法益保护说时，已经意识到了法益概念的宪法相关性。张明楷教授将"法益必须与宪法相关联"作为界定法益概念的五项原则之一，认为针对什么样的利益可以上升为法益，"立法者的选择必须具有宪法的根据"，据此，他给出的法益概念是："法益是指根据宪法的基本原则，由法所保护的、客观上受到侵害或者威胁的人的生活利益。这是一般性的法益概念，其中由刑法所保护的人的生活利益，则是刑法上的法益"。[③] 但是，张明楷教授对于法益的具体论证却有可商榷之处：（1）在对法益的宪法相关性作出一般性论断之后，张明楷教授在具体法益讨论中并没有太多回溯到宪法，例如，他对于我国刑法中非法侵入住宅罪的法益分析，并未援引《宪法》第39条及相关学理（当然，在介绍日本相关讨论时有涉及日本刑法学者依据宪法条款的研究）。[④] 在

---

① ［德］克劳斯·罗克信：《刑法的任务不是法益保护吗？》，樊文译，陈兴良主编《刑事法评论》第19卷，北京大学出版社2003年版，第147页。

② 学者陈志龙观点，转引自张明楷《法益初论》，中国政法大学出版社2003年版，第160页。

③ 张明楷：《法益初论》，中国政法大学出版社2003年版，第167页。

④ 同上书，第490页以下。

白斌看来，包括张明楷教授在内的中国刑法学者，都未能充分理解宪法住宅自由的独立价值，而错误地将非法侵入住宅罪的法益看作是"依附于住宅权利人的人身、财产、生命等其他更为重要的人格利益"的。[①]（2）张明楷教授认为"立法者的选择必须符合人民群众的意志……可见，所谓法益与宪法相关联，实际上指法益与民主主义相关联"。[②] 这种认识似乎是将法益看作民主多数决的产物，是刑事立法者基于"民意"作出的判断。如果张明楷教授的观点确乎如此，那么宪法协调民主与自由两项价值的紧张关系，在"多数决"原则下保护少数的理念就并未得到贯彻：如果法益的确立仍然只是基于民主主义的立法者决断，人权保障的宪法精义于此就未体现。（3）如果将法益仍然交给民主决断，那么法益就依然只是立法形成的结果，依然只是实定法下的概念，也就不具备法益在刑事政策层面的批判立法功能。

笔者认为，"法益的宪法关联性"应该被理解为宪法对于法益内容的控制。既包括对于立法者的形成自由设定宪法边界，也包含教义学层面对刑法中法益内容的合宪性解释。宪法对于立法者的"法益形成自由"的控制，不仅是就立法程序而言，而且是就其实质内容而言。"一个现代的立法者，即便他在民主性上是合法的，也不容许因其不喜欢某种事物而因此予以刑罚威胁"，"立法者的纯粹心愿和喜好"[③] 无法提供刑法的合法性，而能够提供此种合法性的，只能是宪法。主张贯通"李斯特鸿沟"的罗克辛，也是当代德国法益保护论最重要的倡导者，他的法益概念完全是宪法性的。罗克辛认为"对于安全自由的、保障所有个人人权和公民权的社会生活所必要的，或者对于建立在此目标上的国家制度的运转所必要的现实存在或者目的的设定就是法益"，[④] 而在《刑法总论》第 4 版中，他给出的法益概念是："所有对于个人的自由发展，其基本权利的实现和建立在这种目标观念基础上的国家制度的功能运转所必要的现实存在

---

① 白斌：《宪法价值视域中的涉户犯罪——基于法教义学的体系化重构》，《法学研究》2013年第 6 期。

② 张明楷：《法益初论》，中国政法大学出版社 2003 年版，第 167 页。

③ ［德］克劳斯·罗克信：《刑法的任务不是法益保护吗？》，樊文译，陈兴良主编《刑事法评论》第 19 卷，北京大学出版社 2003 年版，第 147 页。

④ 同上书，第 152 页。

或者目的设定。"① 罗克辛特别指出，这个法益概念是"人的"法益概念，完全是围绕个体权利的。

"个人的自由发展"这一法益概念的核心，来自德国基本法第 2 条第 1 款："人人享有人格自由发展的权利，只要其不侵害他人权利，不违反合宪性秩序与道德法则"，其价值基础是基本法第 1 条第 1 款的"人性尊严不受侵犯"。② 罗克辛认为："刑法规范只能遵循保障公民在维护人权前提下和平自由的共处目的"，一切围绕人权。刑法所保护的法益虽然不限于个人法益，而是包括公共法益在内，"但是只有在最终服务于个体国民时，这种公众法益才是合法的"③，国家制度（司法制度、货币和税收制度、廉洁的政府）之所以能够被作为法益内容，也在于其保障个人有尊严的、合于人权标准的和平生活。"从这种法益理论出发，我们可以推导出一个至关重要的、对自由起着捍卫作用的结论，即如果罪刑规定既不是为了保护个人的自由发展，也不是为了保护实现个人自由发展的社会条件（例如正常的司法和国家行政），那么该规定就不具有合法性"。④ 据此，他指出了诸多与权利保护原则要求不一致的刑法规范，"恣意的、纯粹由意识形态发动的或者违反基本权利的刑法并不保护法益"，（法益）"多数要直接回溯到宪法"⑤。

在刑法学上确立一个以宪法规范为内容的法益概念，可以促进刑事政策与刑法体系的贯通。具有宪法关联性的法益概念，可以使法益概念恢复其实质性的批判立法功能。⑥ 一个具有批判立法功能的法益概念，应当与

---

① Claus Roxin, Strafrecht, Allgemeiner Teil. 4. Aufl, 2006, S16. 译文出自 ［德］ 克劳斯·罗克信：《刑法的任务不是法益保护吗？》，樊文译，陈兴良主编《刑事法评论》第 19 卷，北京大学出版社 2003 年版，第 152 页。

② 德国联邦宪法法院在艾尔弗斯案（Elfes-Urteil, BverfGE6, 32.）中，将这一条款解释为"一般行为自由"，作为"兜底基本权利"条款。参见张翔"艾尔弗斯案"，张翔主编《德国宪法案例选释第一辑：基本权利总论》，法律出版社 2012 年版；张翔：《基本权利的体系思维》，《清华法学》2011 年第 4 期。

③ ［德］ 克劳斯·罗克信：《刑法的任务不是法益保护吗？》，樊文译，陈兴良主编《刑事法评论》第 19 卷，北京大学出版社 2003 年版，第 152 页。

④ 参见 ［德］ 克劳斯·罗克辛《对批判立法之法益概念的检视》，陈璇译，《法学评论》2015 年第 1 期。

⑤ Claus Roxin, Strafrecht, Allgemeiner Teil. 4. Aufl, 2006, S. 18.

⑥ Armin Englaender, Revitalisierung der materiellen Rechtsgutslehre durch das Verfassungsrecht, ZSTW 2015.

宪法确立的价值秩序建立勾连。① "毫无疑问，对立法者产生约束性限制作用的，不可能是教授们的观点，而只能是宪法"。② 立法者要受到宪法的约束，刑事立法者在确立法益内容时，应当意识到其内核是基本权利。完全没有基本权利内容的，或者完全不服务于基本权利保护目标的所谓利益，不应被确立为刑法的法益。当然，这里还有以下几个宪法问题需要考虑：

（1）刑法在保护以基本权利为内核的法益的时候，同时可能会对公民的基本权利作出限制，这在宪法上就表现为基本权利的冲突，立法者于此必须作出衡量。（2）在确定和保护法益上，立法者不再具有绝对的独断权，而是要受到宪法的约束。但是，宪法于此也留给立法者以形成自由。刑事立法过程也是宪法规制下的政治过程，但是，宪法对于政治而言只是一种"框架秩序"，其在为政治设定边界的同时，依然为政治保留了广阔的功能空间。立法机关基于对社会事实的评估，仍然有权决定制定怎样的规范。③ 宪法作为框架秩序而存在，只是给出消极的边界，而不直接形成刑法规范本身。刑事立法通过确定和保护法益，具体化对宪法上基本权利的保障，而立法者具体化宪法的优先权应受到尊重。"确定具体的保护方式和范围是立法者的任务，宪法将保护义务视为目的，却不提供具体的保护方案。"④（3）即使法益以基本权利为核心，但对于刑法中法益的解释，仍然主要是刑法学科的任务。但是，刑法解释要时刻回溯宪法，作合宪性考量。换言之，刑事立法所确立的具有宪法相关性的法益，仍然需要刑法教义学的进一步形成，宪法在法益的具体解释中只是一个控制性因素。"即便在将来，具体犯罪的构成要件的解释，也都主要是刑法科学和刑事法庭的问题。"⑤ 但无论如何，合宪性解释的要求已不可被刑法解释所忽略。

---

① Ivo Appel, *Rechtgueterschutz durch Strafrecht? Anmerkung aus verfassungsrechtlicher Sicht*, KritV 1999, S. 278（293）.

② ［德］克劳斯·罗克辛：《对批判立法之法益概念的检视》，陈璇译，《法学评论》2015 年第 1 期。

③ Vgl, Christian Starck, *Das Bundesverfassungsgericht in der Verfassungsordnung und Politischen Prozeß*, in: Badura/Dreier（hrsg.），Festschrift 50 Jahre Bundesverfassungsfgericht, Bd Ⅱ, 2001, S. 7f.

④ 参见陈征 "第二次堕胎判决"，张翔主编《德国宪法案例选释第一辑：基本权利总论》，法律出版社 2012 年版，第 167 页。

⑤ ［德］洛塔尔·库伦：《论刑法与宪法的关系》，蔡桂生译，《交大法学》2015 年第 2 期。

　　概括言之，借由一个具有宪法关联性的、兼具解释和批判立法功能的法益概念，刑事政策与刑法体系之间的区隔得以弥合。刑法对宪法的具体化，也就是刑事立法者基于宪法确定法益的过程。对刑法的合宪性解释，使得刑事政策和刑法教义学，都笼罩在宪法教义学的框架之下。

　　基于以上判断，让我们再回到"扰乱国家机关工作秩序罪"的刑事政策和教义学争议。车浩教授强调以"批判性法益概念"对刑事立法做教义学反思，正是试图在刑事政策和刑法体系之间架构桥梁，他的论证于此也可以得到宪法教义学的补强。车浩特别强调国家机关的存在以公民个人的自由发展为目的，他所接受的正是前述罗克辛的宪法性法益概念。从宪法的角度看，国家机关的存在本身并不是目的，人民作为国家主权者的权力行使和作为基本权利主体的权利保障才是目的。我国《宪法》第2条第1条、第2款规定："中华人民共和国的一切权力属于人民"，"人民行使国家权力的机关是全国人民代表大会和地方各级人民代表大会"，第3条第3款规定："国家行政机关、审判机关、检察机关都由人民代表大会产生，对它负责，受它监督"，充分说明设立国家机关的目的是保证人民权力的行使。《宪法》第2条第3款"人民依照法律规定，通过各种途径和形式，管理国家事务，管理经济和文化事业，管理社会事务"的规定，更是说明"国家机关秩序"的本质就是"人民管理国家事务"。与此密切相关的《宪法》第35条规定的公民的言论、出版、集会、结社、游行、示威等自由和《宪法》第41条规定的批评、建议、申诉、控告、检举等权利，都是人民参与国家事务的"途径和形式"，而"扰乱国家机关工作秩序罪"所制裁的行为，在宪法教义学上可能就构成这些基本权利的行使。如果刑法设定的"国家机关秩序"法益完全走向这些基本权利的对立面，不仅难以经受住批判性法益概念的检验，也难以经受住合宪性的审查。

　　但是，既然这一条款已经明列于刑法典，基于形式法治的要求，法院就不能拒绝适用（虽然迄今这一条款还未被适用过）。此时，对该条文作合乎宪法的限缩解释就是必要的。也就是说，刑法教义学应该对该条文作合宪性的解释，使该条文所保护的法益范围被进一步限定，从而避免对公民基本权利的过度限制。可以辐射这一条文的宪法规范，除了前述的第1条、第2条、第35条和第41条之外，还应该包括第27条第2款："一切国家机关和国家工作人员必须依靠人民的支持，经常保持同人民的密切联系，倾听人民的意见和建议，接受人民的监督，努力为人民服务。""为人民服务"的表述，甚至在措辞上都与前述车浩的"国家机关的存在服务于个人发展"的主张符合。刑法教义学的论证于此得到了宪法教义学的补强。此外，刑法教义学在解释"多次扰乱国家机关工作秩序，经行政处罚后仍不改正，造成严重后果"的构成要件时，也应在《宪法》第35条和第41条的价值笼罩之下，严格进行比例原则的衡量，慎用刑罚这一最后手段。

基于上述分析，我们不难看出，"国家机关工作秩序"这一刑事立法确定的法益，在获得宪法关联后，同时具备了刑事政策功能和刑法解释的功能。合宪性既存在于对刑事立法的评价中，也存在于对刑法规范的解释中，是实现刑事一体化思考的重要路径。

（二）"终身监禁"的比例原则审查

《刑法修正案（九）》中另外一项富于刑事政策色彩的内容是加大对腐败犯罪的惩处力度。《关于〈中华人民共和国刑法修正案（九）（草案）〉的说明》中有这样的表述："随着反腐败斗争的深入，需要进一步完善刑法的相关规定，为惩腐肃贪提供法律支持"，"按照党的十八届三中全会对加强反腐败工作，完善惩治腐败法律规定的要求，加大惩处腐败犯罪力度"，充分说明了其政策考量。在此政策目标下，对贪污贿赂犯罪相关条款进行了修改。其中，关于"终身监禁"的规定引发较多争议。按照《刑法修正案（九）》的规定，因重特大贪污受贿罪被判处死缓的犯罪分子，依法减为无期徒刑后，"终身监禁，不得减刑、假释"。车浩教授认为：这种彻底剥夺犯罪人自由的"真无期徒刑"可能超过了罪责边界，存在罪刑相适应上的疑问；同时，贪腐分子即使出狱，由于仕途已经终结，基本没有再犯贪污受贿罪的可能；实践中，这类罪犯通过减刑、假释而导致实际服刑期过短的问题，主要是狱政腐败问题，与刑罚本身无关；切断这些没有人身危险性的犯罪分子重归社会的道路，不符合刑罚的"再社会化"目的。① 车浩教授的质疑，仍然是从刑法教义学的角度，对刑事政策引导下的刑事立法的批评。这里，还有必要对"终身监禁"这一刑罚制度的重大改革作合宪性的分析。

---

① 车浩：《刑事立法的法教义学反思——基于〈刑法修正案（九）〉的分析》，《法学》2015年第10期。

"终身监禁"在宪法上的问题,不仅是其立法程序上的瑕疵,[①] 以及基于《宪法》第33条"公民在法律面前一律平等"而对刑罚适用平等性的质疑,更重要的是:作为与死刑一样根本性剥夺犯罪人权利的刑罚,其对公民人身自由等基本权利的限制是否具有合宪性。在此问题上,德国的"终身自由刑案"[②] 具有参考价值。《德国刑法典》第211条规定"谋杀者处终身自由刑"。[③] 对"终身自由刑"的合宪性质疑主要在于:长期监禁可能导致人格改变,因此侵犯基本法第1条对"人性尊严"的保障;终身自由刑完全剥夺了犯罪人的人身自由,而按照《德国基本法》第19条第2款"本质内容保障"的学理,对于基本权利的限制不能使基本权利被彻底掏空而名存实亡。[④] 但德国宪法法院经过审查认为,"终身自由刑"并不违宪。针对终身自由刑导致人格改变从而侵害人性尊严的观点,宪法法院认为其并没有经验科学上的可靠证据,因而不予接受。对于"终身自由刑"侵犯人身自由的"本质内容"的质疑,宪法法院认为,由于假释制度的存在,使得犯罪人无论如何还有可能重获自由,因此,只要完善和落实假释制度,"终身自由刑"就不会根本性否定和掏空人身自由。[⑤] 这意味着,"终身自由刑"获得合宪性评价,是以假释制度的存在为前提的。相比之下,我国《刑法修正案(九)》中的"终身监禁",恰恰是在取消了减刑、假释的可能性后达成的。可以认为,德国的终身监禁是相对的,而中国的终身监禁将是绝对的。那么,这种根本性剥夺公民人身自由的刑罚是否合宪?

对于公民基本权利的剥夺,要接受比例原则的审查。比例原则是对公权力行为的目的与手段的衡量,也就是在所欲实现的目的与所造成的损害之间进行衡量,不能为了某个目的付出过分的、不合比例的代价。比例原

① "终身监禁"是在《刑法修正案(九)》三审稿中才增加的内容,是否符合立法法规定的"三次审议后再交付表决"的规定。

② BVerfGE 45, 187.

③ 德国刑法上,谋杀者是指出于杀人嗜好、性欲的满足、贪财或者其他卑劣动机,以阴险、残暴或危害公共安全的方法,或意图实现或掩盖其他犯罪行为而杀人的人。

④ Pieroth/Schlink, Grundrechte. Staatsrecht Ⅱ, 25. Aufl, 2009, S. 73f.

⑤ 参见李忠夏"终身自由刑案",张翔主编《德国宪法案例选释第一辑:基本权利总论》,法律出版社2012年版,第184页以下。此外,德国联邦宪法法院还讨论了一般预防、特殊预防、罪刑相适应、刑罚的平等性等问题,并通过比例原则的分析,认为尽管对谋杀毫无例外地适用终身自由刑显得很僵化,但是由于可以对该罪的构成要件作出合比例性的限缩解释,因此还是可以接受的。

则要求以温和而必要的手段去实现正当的目的，以实现利益的均衡和总体最大化。比例原则起源于 19 世纪后期的普鲁士警察法，最初目的是防止警察权力扩张的危险，后来逐步成为大陆法系国家宪法、行政法的基础原理，并且其影响领域不断扩张。此种扩张不仅表现为其对英美法系中目的手段衡量的学理和实践产生影响，也表现为其对传统公法以外的法律部门产生影响。① 比例原则之所以具有如此广阔的适用性，在于其针对人类行为中无处不在的"权衡"进行了高度理性化的处理和精巧细密的思考路径设计。马克斯·韦伯指出："谁若根据目的、手段和附带后果来作为他行为的取向，而且同时既把手段与目的，也把目的与附带后果，以及最后把各种可能的目的相比较，作出合乎理性的权衡，这就是合乎目的理性的行为。"② 比例原则就是此种目的理性的凝结，在纪海龙教授看来，比例原则还是经济学上成本收益分析的另一种表达，并且可以沟通事实判断与价值判断，因而具有普适性。③

刑法（包括规范国家司法权的刑事诉讼法、民事诉讼法等）也被作为广泛意义上的公法看待，因而以约束公权力为目标的比例原则，当然也对以控制国家刑罚权为目标的刑法具有适用性。毫无疑问，刑罚权是国家干预公民自由的公权力谱系中最为严厉的，因而对其进行的比例原则论证也应该最为严格。比例原则对于刑法的一般性要求是，针对某种可能侵害法律保护的利益的行为，如果能使用国家政策、行政制裁等手段去实现，就不应该动用刑法手段。换言之，针对某种必须保护的利益，只有在其他手段都无法达到保护目的时，刑法手段才应该被考虑。过度禁止是比例原则的基本要求，刑罚权作为最严厉的国家权力当然也应受到比例原则约束。实际上，刑法学的一些固有理念，例如认为刑法应该奉行谦抑主义，刑法在调控社会生活方面相对于其他手段的辅助性，等等，④ 实际上就是从合比例性的角度将刑法作为国家权力规制社会、干预公民自由的"最后手段"。在此意义上，比例原则对于刑法也具有普适性，不仅约束刑事政策

---

① 近期，我国学者对比例原则在私法领域的适用有几种探讨，参见郑晓剑《比例原则在民法上的适用及展开》，《中国法学》2016 年第 2 期；纪海龙《比例原则在私法中的普适性及其例证》，《政法论坛》2016 年第 3 期。

② ［德］马克斯·韦伯：《经济与社会》（上卷），林荣远译，商务印书馆 1987 年版，第 57 页。

③ 参见纪海龙《比例原则在私法中的普适性及其例证》，《政法论坛》2016 年第 3 期。

④ ［德］埃里克·希尔根多夫：《德国刑法学——从传统到现代》，江溯、黄笑岩等译，北京大学出版社 2015 年版，第 28 页。

指导下的刑事立法，也约束刑法体系内的解释与适用。在此意义上，比例原则的思考也是跨越刑事政策和刑法体系的控制性因素，作为宪法原则而渗透于一体化的刑法思维的各个层面。

比例原则有着非常精细严密的思考框架，涵括了人类进行合乎理性的权衡所应该考虑的各种因素，并以步骤化、可操作化的方式呈现出来。就限制基本权利的法律而言，比例原则的分析框架大致有以下审查步骤：（1）该限制性法律是为了追求正当的目的。（2）限制的手段必须具有适当性。这要求，法律所采用的限制性手段，必须是能够促成其所追求的目的的。（3）限制的手段必须是必要的。适当的手段可能有多种，必要性原则要求必须选择最温和的手段，也就是给被限制对象的干预最小，带来的负担最少。（4）狭义比例原则。这是指，要将被立法者设为目标的利益，与基本权利主体所受损害进行衡量，如果后者大于前者，则不应采取此限制措施。针对本文要讨论的，因重特大贪污受贿罪被判处死缓的犯罪分子，依法减为无期徒刑后"终身监禁，不得减刑、假释"的刑罚制度，也应该做比例原则的审查，探究其是否合乎宪法的刑罚权行使，试分析如下。

比例原则首先要求国家行为的目的必须具有正当性，这里意味着刑罚目的应当具有正当性。我国刑法学界大体接受"报应"和"预防"综合统一的刑罚目的理论。"预防"功能又可以分为"一般预防"和"特殊预防"，前者是指预防社会上的一般人实施犯罪，后者是预防犯罪人再次犯罪。从我国《宪法》第28条国家"维护社会秩序""惩办和改造犯罪分子"等表述看，这些刑罚目的都具有宪法上的正当性。[1] 但是，具体的刑罚措施，还要与刑罚目的进行"手段—目的"衡量。确定终身监禁是否合宪，需要逐层分析其是否符合"适当性原则""必要性原则"等要求。

首先需要考察的是：终身监禁这一刑罚手段是否具有适当性，也就是终身监禁是否能够实现刑罚目的？显然，终身监禁能够实现报应和一般预防的目的，同时，由于终身监禁使犯罪人永远与社会隔绝，杜绝了其重新犯罪，特别重新犯贪污受贿罪的可能，因而也具有特殊预防的效

---

[1]　陈征教授通过"从宪法角度进行筛选与整合"，认为刑罚的剥夺、惩罚、改造、感化、教育、威慑等功能都是我国《宪法》第51条认可的目的。参见陈征《从宪法视角探讨死刑制度的存废》，《华东政法大学学报》2016年第1期。

果。① 因此，终身监禁能够通过适当性原则审查。但是，终身监禁在
"必要性"审查的层次，却存在明显问题。贪污受贿犯罪是职务犯罪，
按照我国《公务员法》第 24 条的规定，"曾因犯罪受过刑事处罚的"人
不得被录用为公务员，其他国有企业、事业单位等等，也同样不录用有
犯罪记录的人。这意味着，对于犯贪污受贿罪的人，只要被判处刑罚，
就再也没有重获公职的可能，也就没有重新犯贪污受贿罪的可能。也就
是说，对于贪污受贿犯，即使予以减刑、假释，由于已经被"消除再犯
条件"②，也完全可以实现对犯罪人的"特殊预防"效果。必要性原则要
求，在多个能实现目的的手段之中，选择最为温和的手段。不能减刑、
假释的终身监禁是一个非常严厉的手段，是对犯罪人人身自由的彻底剥
夺，取消了其重返社会的可能性。允许减刑和假释，依然保留了犯罪人
重获自由、重返社会的可能性。在特殊预防的效果上，二者没有明显差
异，而在刑罚的严厉性上，终身监禁却显然更高。由于在同样能够达到
目的的手段中，立法者选择了更为严厉的手段而非最温和的手段，因而
无法通过必要性审查。

　　刑法作为"犯罪人的大宪章"，在剥夺个人自由时必须极为慎重。从
宪法学的角度看，对根本性剥夺个人自由刑罚的合比例性审查，甚至可以
回溯到人民主权、社会契约等立宪主义的基本原理。"根据社会契约的思
想理念，只是为了达到自由与和平的共同生活必要的时候，并且这种生活
在程度上只是不能通过其他更轻的手段达到时，作为国家权力所有者的公
民才把如此之多的刑法干预权转让给了立法者。这种理念的思想背景是，
国家的干预权和公民的自由必须达到平衡，这种平衡提供个人尽可能必要
的国家保护，同时又给予尽可能多的个人自由。"③ 我国《刑法修正案
（九）》强化对腐败犯罪的惩处，目的是加大对"公职行为的廉洁性"法
益的保护力度，其政策考虑的出发点是完全正确的，其最终取向于实现公
民个人自由所必需的廉洁的国家公务秩序，从刑法法益的宪法关联性角度
也完全可以获得正当性评价。但是，目的正当性并不能轻易"圣洁化"一

---

① 参见张明楷《刑法学》第四版，法律出版社 2011 年版，第 460 页。
② 同上书，第 464 页。
③ ［德］克劳斯·罗克信：《刑法的任务不是法益保护吗?》，樊文译，陈兴良主编《刑事法评
　论》第 19 卷，北京大学出版社 2003 年版，第 150 页。

切严厉手段。① 在终身监禁问题上，刑法学从刑罚目的角度进行的反思，同样也应该建基于立宪主义和宪法教义学的基本原理。

四　刑法体系的合宪性控制：未竟话题

前文以"李斯特鸿沟"为切入点，探讨了在宪法教义学的笼罩下，刑事政策与刑法教义学的价值沟通与体系融贯，并以《刑法修正案（九）》中的两个争议问题为例，探讨了法益概念的宪法相关性和刑罚的比例原则审查等问题。"李斯特鸿沟"的贯通和刑法体系的合宪性控制，还有诸多未竟的话题，列举几点：

1. 形式解释论、实质解释论与合宪性解释。刑事解释论与实质解释论之争的关键，是构成要件解释是否应该受到刑事政策的价值影响。② 如果刑法解释本身应贯彻合宪性解释③的要求，此种分歧将会如何？④

2. "风险刑法"与国家任务。风险预防是现代国家公共政策的重要考量。风险社会背景下，人们倾向于赋予国家更多预防任务。然而，国家任务的增加，就意味着国家对个人自由干预能力的增加，"预防性控制突破法律所允许的干预范围，为国家侵入私人领地打开入口"。⑤ 风险预防，在宪法层面就意味着更为严峻的国家权力扩张的压力。是否应该让人民拥有"冒险的自由"，而反对预防刑法、安全刑法的主张？对于在反恐、环境、高科技等新领域的刑法扩张，如何用比例原则保证其应有的谦抑性？⑥

3. 构成要件、刑罚的明确性与立法机关的裁量权。罪刑法定原则要求犯罪构成应当明确，刑罚的种类与范围也有预先给定，以此给予刑事法官

① 参见［德］韦伯《学术与政治》，钱永祥译，广西师范大学出版社 2004 年版，第 262 页。

② 参见劳东燕《刑法解释中的形式论与实质论之争》，《法学研究》2013 年第 3 期。

③ Lothar Kuhlen, *Verfassungskonforme Auslegung von Strafgesetzen*, 2006. 关于中国语境下的合宪性解释，参见张翔《两种宪法案件：从合宪性解释看宪法对司法的可能影响》，《中国法学》2008 年第 3 期。对我国合宪性解释研究的综述，参见黄卉《合宪性解释及其理论检讨》，《中国法学》2014 年第 1 期。我国刑法学者对于合宪性解释也已有关注，较早的研究可参见梁根林《罪行法定视域中的刑法适用解释》，《中国法学》2004 年第 3 期，近期的研究如：时延安：《刑法规范的合宪性解释》，《国家检察官学院学报》2015 年第 1 期。

④ Vgl. Lothar Kuhlen, *Verfassungskonforme Auslegung von Strafgesetzen*, 2006.

⑤ ［德］迪特尔·格林：《宪法视野下的预防问题》，刘刚编译《风险规制：德国的理论与实践》，法律出版社 2012 年版，第 122 页。

⑥ ［德］埃里克·希尔根多夫：《德国刑法学——从传统到现代》，江溯、黄笑岩等译，北京大学出版社 2015 年版，第 32 页。

清楚的指引，保证判决的可预期性。这也是宪法上的法律明确性原则的直接要求。然而立法机关又必然拥有一定程度的裁量自由。在此种紧张关系中，针对不同种类犯罪、针对不同严厉程度的刑罚，刑事立法者的裁量空间究竟应有何差异？

以上所列，只是刑法一般理论层面的宪法问题，在刑法各论层面，还有更多具体的宪法问题。实现对国家刑罚权的有效控制，是刑法和宪法两个学科的共同目标。这在机制上，依然有赖于违宪审查制度的完善和运行，在学术上，有赖于宪法学和刑法学的相互融通。特别是，这项任务表现为法秩序的整合与融贯，对于中国法学而言是个新的课题。对此新课题，我们一时还无法摆脱比较法的影响。但无论如何，法学必须针对本国的法秩序和法律实践。在中国的法律体系和制度现实下，刑法学者和宪法学者应当相向而行，协力完成刑法体系的合宪性调适。

第三节　宪法价值视域中的涉户犯罪

2011 年 10 月 22 日晚 21 时左右，被媒体广泛报道为"深圳市宝安区联防队员"的第一被告人杨喜利，偕另两名被告人叶高峰、晏金广一道，浑身酒气，手持钢管警棍，闯入被害人王某家经营的位于深圳市宝安区西乡街道的家电修理店。对王某一家而言，该店面兼具经营与居住的双重功能。被告人等以暴力方式将店铺卷闸门踢开后，强行突入屋内；而王某身材矮小、天性懦弱的丈夫杨某则受到惊吓，下意识地躲入杂物间内避难。在一通乱砸并对王某实施殴打之后，第一被告人要求另两名被告人到店门外为其"把风"，且阻止其他人进行可能的"干扰"。叶、晏两名被告随即退至店外"把守"。第一被告随即不顾王某的反抗，强行搂抱、亲吻王某并殴打、威胁之，企图与其发生性关系。王某在反抗无力的情况下，逃入里间的卧室。第一被告则不依不休，尾随进入，最终在卧室内将王某强行奸淫。事发一小时后，躲在杂物间内目睹整个过程却没有勇气反抗的被害人杨某方才打电话报警。民警赶到现场，被告人叶高峰见状自行逃离，第一被告则被当场抓获。同年 11 月 11 日，公安机关将叶、晏两名被告抓获归案。随后，本案被媒体公开报道，引发社会广泛关注。

2012 年 9 月 7 日上午，广东省深圳市宝安区人民法院对广受社会关注的"深圳联防队员入室强奸案"作出第一审判决：被告人杨喜利因犯强奸罪，被判处有期徒刑六年，被告人叶高峰、晏金广因犯强奸罪分别被判处有期徒刑一年六个月和有期徒刑一年。① 这一判决，恰恰成为近年来中国社会集中浮现的大量涉户犯罪及其在刑法层面上轻度惩罚现象的一个缩影。②

判决宣告之后，网络上产生了大量的批评言论。社会公众之所以如此不平，原因在于大家在直觉上感知到：本案事实中相当恶劣之情节——社会公众形象地称之为"入室强奸"——与相对较轻的量刑之间存在着较为严重的不对称性。不可否认，此种公众意见在相当程度上反映了改革开放以来中国社会对于私人住宅的法价值在观念层面上地位逐步加重的历史变迁。

但令人稍感意外的是，对于公众意见及作为其基础的此种不对称性，法学界，特别是刑法学界，并未予以特别的关注。这在近年来中国社会中所发生的激发公众关注的诸多热点案件中，极为少见。③ 公众的热情与专家的集体失声所呈现出的鲜明对照，直接说明：就本案而言，与普通民众不同，法律专家满意于一审法院"依法"做出的刑事判决，并不认为本案

---

① 本案的具体案情及详细判决内容请参考《广东省深圳市宝安区人民法院（2012）深宝法刑初字第 1778 号刑事判决书》。

② 仅取 2000 年后的入室强奸犯罪裁判文书为样本，全国各地量刑标准并不统一，但处刑的低度惩罚性却是各地法院判决的共同特点，大都在 4 年有期徒刑以下，极少超过 6 年。深更半夜入室强奸未遂的，存在判处有期徒刑一年六个月的案例，参见《安徽省蚌埠市中级人民法院（2005）蚌刑终字第 83 号刑事裁定书》；深夜 22 时许，窜至被害人住宅，拨门入室，采取暴力威胁手段实施强奸既遂的，有判处有期徒刑三年的例子，参见《河南省固始县人民法院（2009）固刑初第 43 号刑事判决书》；也有凌晨 1 时许，入室盗窃、强奸，数罪并罚，判处有期徒刑二年六个月并处罚金 2000 元的情况，参见《湖南省怀化市中级人民法院（2009）怀中刑一终字第 70 号刑事裁定书》；甚至在深夜 23 时许，入户以暴力方式实施强奸，被害人择机逃跑时被摔成腰椎骨折的案例中，法院的处刑也只是 4 年有期徒刑，参见《重庆市石柱土家族自治县人民法院（2005）石刑初字第 71 号刑事判决书》；还有撬门入室行窃，被发现后，采取胁迫的手段劫取被害人极少现金，后又强奸了被害人，其抢劫罪被判处有期徒刑十一年，剥夺政治权利三年，并处罚金人民币一千元，其强奸罪被判有期徒刑四年，最终数罪并罚决定执行有期徒刑十四年，剥夺政治权利三年，并处罚金人民币一千元的刑罚的情况，参考《海南省海南中级人民法院（2004）海南刑终字第 10 号刑事裁定书》；等等。

③ 何海波教授的研究表明，法律学者有关法律改革的努力与公众的认知存在较大的落差：对于法律界热心推进的案件，公众经常性地表现出"不太关心"。（参见何海波《实质法治——寻求行政判决的合法性》，法律出版社 2009 年版，第 386—388 页。）虽然公众不太关心专家们重视、关注什么，但相反的情形却是存在的：法律专家们普遍性地重视普通民众所关注的社会热点案件，并积极地发言、热情地参与讨论。典型的如许霆案、四川泸州二奶遗赠案、佘祥林案、刘涌案、"处女嫖娼"案等，均是在经媒体报道，引发社会广泛关注后，法律专家才不约而同地热情参与的。

中存在德沃金所谓的"法的理论性争议"①，故而集体性地选择"沉默"。

基于一贯的规范主义的立场，笔者以为：一方面，法律人不应放弃专业立场、彻底屈从于公众舆论的直观判断；另一方面，亦不宜基于法律学的专业立场绝对地排斥公众对于司法裁判的评论性参与，并对公众的意见充耳不闻。② 正确的做法毋宁是：法律人应当重视公众意见，将其作为反思、矫正并完善司法裁判及其背后的教义学理论的契机，即：不再关注公众意见的赞成抑或反对的立场，而是真正地重视其赞成或反对的理由，并斟酌此种理由所可能具有的规范性意义。这样做不仅仅有助于司法者对于法律之忠实义务的履行，而且更是司法者对于法律之忠实义务本身所应当具有的内容。

就系争案件而言，法律人自应仔细识别公众情绪化的反对背后所潜藏着的深层次理由，并以规范化的学术语言将其呈现出来；进而在将其与法律人的主流立场相互对照的过程中，反思既有的刑法教义学理论可能存在的不周之处，弥补社会现实与法律规范之间的漏洞；最终跳出特定个案的局限，针对类似的问题，提出一种更具一般性的、可普遍适用的、更为健康的教义学分析模型。

一　对住宅的忽视及作为其依托的主流刑法理论

"深圳联防队员入室强奸案"的一审法院论证说："被告人杨喜利无视国家法律，违背妇女意志，使用暴力手段，强行与被害人发生性关系，其行为已构成强奸罪。被告人叶高峰、晏金广受杨喜利指使，在杨喜利实施强奸犯罪行为时为其望风，应当以强奸罪的共犯追究刑事责任，亦构成强奸罪。公诉机关的指控成立。"③ 在量刑方面，一审法院认定了"杨喜利在案发时强奸被害人的犯罪事实"，甚至考虑到了"被告人杨喜利曾因故意犯罪被判处有期徒刑，刑罚执行完毕后五年内再犯应当判处有期徒刑以上刑罚之故意犯罪，是累犯，应当从重处罚"。最终做出了判处主犯有期徒刑六年的判决。

但令人意外的是，纵览本案一审法院判决书的全文，除去在事实和证据

---

① Ronald Dworkin, *Law's Empire*, Belknap Press of Harvard University Press, 1986, pp. 4–5.
② 参见白斌《刑法的困境与宪法的解答——规范宪法学视野中的许霆案》，《法学研究》2009 年第 3 期，第 115 页。
③ 参见《广东省深圳市宝安区人民法院（2012）深宝法刑初字第 1778 号刑事判决书》。

部分提及犯罪行为发生于被害人的"住处"之外，法院在判决理由的论证过程中却对此一社会公众颇为在意的"重要因素"只字未提。在判决宣告之后，公众虽主要对较轻的量刑表达错愕之情，而此种错愕的潜在根由则无疑在于系争犯罪行为相较于普通强奸行为所具有的特殊情节——"入室"强奸。基于维护自身家宅安宁的普通的情感诉求，公众自然一边倒地认为：相较于普通强奸行为，系争犯罪行为理应受到国家刑法更为严苛的评价。

然而，考诸我国现行刑法，公众的此种立场却也并非完全无所依凭。除第 236 条第 1 款强奸罪的规定之外，现行《刑法》还在第 245 条第 1 款规定："非法搜查他人身体、住宅，或者非法侵入他人住宅的，处三年以下有期徒刑或者拘役。"据此，刑法教义学建构出"非法搜查罪"与"非法侵入住宅罪"两大范畴；其中，非法侵入住宅罪是指"未经住宅主人同意，非法强行闯入他人住宅，或者经住宅主人要求其退出仍拒不退出的行为"。[①] 在现实中，其自然表现为两种具体的行为类型：住宅侵入与不退去。前者是指没有正当的理由而侵入他人之住宅的行为；后者则指合法地或者过失进入他人住宅之后，虽经住宅权人明确要求，但行为人却拒绝退出他人住宅的行为。虽然亦有论者认为，在我国刑法没有明文规定不退去罪的情况下，将"不退去"规定为非法侵入住宅罪的行为类型，如此处理有类推解释的嫌疑，但主流刑法学界却异常坚定地捍卫着将"不退去"评价为"侵入"的理论立场。[②]

抛开非法侵入住宅罪的细节不论，有一点是可以肯定的：现行刑法除去将妇女的性自主权作为应受保护的法益之外，也明确将"住宅的平稳与安宁"作为独立法益加以保障。即，除非事先征得住宅主人明示或默示的同意，或者是司法工作人员为依法执行搜查、逮捕、拘留等任务而进入他人住宅，[③] 行为人在无权或欠缺法律上的正当理由的情形下，进入他人住宅或者经住宅主人要求其退出而拒不退出，均属"非法"，应受刑法处罚。

而就系争案件而言，犯罪行为人先有踢开店铺卷闸门、强行突入屋内

[①] 全国人大常委会法制工作委员会刑法室编：《中华人民共和国刑法：条文说明、立法理由及相关规定》，北京大学出版社 2009 年版，第 502 页。

[②] 参见高铭暄、马克昌主编《刑法学》，北京大学出版社 2011 年第五版，第 482—483 页。相关异议可参见张明楷《刑法学》，法律出版社 2011 年版，第 812 页。

[③] 全国人大常委会法制工作委员会刑法室编：《中华人民共和国刑法：条文说明、立法理由及相关规定》，北京大学出版社 2009 年版，第 502 页。除此两者之外，张明楷教授还认为，紧急避难行为亦可阻却违法性。具体可参见张明楷《刑法学》，法律出版社 2011 年版，第 812 页。

的行为，后有在卧室内将被害人王某强行奸淫的行为，两个行为同时并存，缘何一审法院的判决书仅仅评价后者，而对侵害受刑法明文保障的住宅法益的行为却视若无睹？

一个可能的理由是：系争案件发生的场所乃是被害人夫妻经营的临街的店铺，并非典型的刑法学意义上的住宅，故不宜认定为存在侵入住宅的事实。

就"何谓住宅"的问题，刑法学界的界定方案基本相似，即住宅是供人开展饮食起居等日常生活所占据的场所。"其范围，有院墙的以院墙为界，没有院墙的或公寓楼群，应以居室为界。"① 在具体认定是否住宅时，则须考量该场所是否存有一定的日常生活设备，此外则不论其建筑的结构、形式如何，也不论其是否具有通常理解之建筑物的外形；不论被害人对此场所是否具有所有权抑或仅仅是使用权，也不论他人对该场所的占有是否"合法"；不论被害人是以长久居住的意思抑或临时暂居的意思占据该场所，亦不论在侵入当时被害人是否身处其中。

考察系争案件所发生的场所，其具有当下中国人中颇为常见的"前店后屋"的物理格局，进而同时发挥如下双重功能：一方面乃是被害人一家经营的家电修理店之"营业场所"——店铺，履行向陌生客户开放的营业功能，具有相当程度的公共性；另一方面又兼具作为被害人一家住宅的性质，作为被害人一家展开日常生活的地方，配置有一定的日常生活设备。此两种功能的界限在本案所涉的场所中极不明显，其物理区隔标志（如卧室的门、门帘等）亦只具有相对的意义。然而可以肯定的是，即便该场所在营业时间内是以家电修理店的功能为主的，而且即使作为经营家电修理的营业场所具有一定的公共性、开放性，但在犯罪行为人进入的那一刻——深夜21：00左右，被害人一家已将卷闸门拉下，暂停其作为公共经营场所对外开放的功能，进而完成了前述两种功能间的自然转换，即开始将其作为单纯开展日常生活的场所——住宅——加以使用，更遑论犯罪行为人以暴力方式强行撞开卷闸门，甚至尾随被害人王某直入其中并不具有修理店功能的卧室。② 在此情境下，犯罪行为人所侵入的场所具有"住

---

① 参见高铭暄、马克昌主编《刑法学》，北京大学出版社 2011 年第五版，第 483 页。
② 类似的分析，请参看林来梵《卧室里的宪法权利——简评"延安黄碟案"》，载林来梵《剩余的断想》，中国法制出版社 2007 年版，第 78—79 页。

宅"的性质乃是殆无疑义的。[①]

既然该场所具有住宅性质，同时犯罪行为人暴力侵入该场所不具有合法的根据和正当的理由，则其行为抵触《刑法》第 245 条第 1 款、构成非法侵入住宅罪自是顺理成章。如此简单的道理，为何一审法院法官却基本无视，甚至不做丝毫的回应呢？寻根究底，其根本的原因，恐怕不得不归结于主流刑法学理论在此问题上的一项独特观点。

此种独特观点由来已久，且居于通说地位。其核心立场是："司法实践中，非法侵入他人住宅的往往是其他犯罪的手段行为，如闯入他人住宅进行盗窃、抢劫、行凶等犯罪活动。这种情况下属于牵连犯，应择一重罪处罚。"[②]

必须承认，在司法实践中，非法侵入住宅的犯罪往往是以侵害个人住宅内的财产、人的身体、生命甚或其他人格利益作为目的，如非法侵入他人住宅之后从事盗窃、强奸、抢劫、杀人等犯罪活动。那么，为何在此种情形下，要按照牵连犯处理呢？张明楷教授解释说：在此种情况下，非法侵入他人住宅"只是为了实现另一犯罪目的，也可以说是实施其他犯罪的必经步骤。因此，只应按照行为人旨在实施的主要罪行定罪量刑，不按数罪并罚处理"。[③]

如果将这一立场的逻辑贯彻到底的，倘果真如张明楷教授所言，只有"那些非法侵入他人住宅，严重妨碍了他人的居住与生活安宁，而又不构成其他犯罪的"[④]，才宜以非法侵入住宅罪论处的话，则事实上将从根本上彻底消灭了"非法侵入住宅罪"在司法实践中被适用的可能性，《刑法》第 245 条第 1 款将形同具文。因为，在实践中，行为人侵入他人之住宅，单纯只以侵入住宅为最终目的者，盖甚为稀见；即便真正存在这样的情

[①] 最高人民法院 2016 年发布的《关于审理抢劫刑事案件适用法律若干问题的指导意见》确认了这一立场，其中指出：对于部分时间从事经营、部分时间用于生活起居的场所，行为人在非营业时间强行入内抢劫或者以购物等为名骗开房门入内抢劫的，应认定为"入户抢劫"；对于部分用于经营、部分用于生活且之间有明确隔离的场所，行为人进入生活场所实施抢劫的，应认定为"入户抢劫"；如场所之间没有明确隔离，行为人在营业时间入内实施抢劫的，不认定为"入户抢劫"，但在非营业时间入内实施抢劫的，应认定为"入户抢劫"。换言之，整体上来讲，最高人民法院认可了类似的前店后屋结构场所的住宅性质。

[②] 高铭暄、马克昌主编：《刑法学》，北京大学出版社 2011 年版，第 483 页。

[③] 张明楷：《刑法学》，法律出版社 2011 年版，第 813 页。着重号为笔者所加。

[④] 张明楷：《刑法学》，法律出版社 2011 年版，第 813 页。

况，其也属于《刑法》第 13 条所谓的"情节显著轻微危害不大的，不认为是犯罪"的情况，从而最多只能根据《治安管理处罚法》第 40 条规定给予行政处罚：处 10 日以上 15 日以下拘留，并处 500 元以上 1000 元以下罚款；情节较轻的，处 5 日以上 10 日以下拘留并处 200 元以上 500 元以下罚款。换言之，因"情节并非显著轻微"而构成犯罪的绝大多数的情况，侵入住宅行为必定有其他的主观上的目的，只有进入住宅之后方能实现，在此情境下，相对于其实际的目的，住宅之侵入行为便具有了手段的意义。倘若以从一重的方式加以处罚，则除少数的非法侵入住宅实施侮辱等轻型犯罪的场合可能以非法侵入住宅罪论处之外，绝大多数情况下会按照行为人旨在实施的法定刑较重的目的性的罪行定罪量刑，当是时，手段性的侵入住宅行为作为犯罪存在于刑法中便可能成为毫无意义的摆设。

在基础价值的层面上，主流的刑法学理论在此承认了：刑法藉由非法侵入住宅罪所保护的法益本身并不具有独立的价值，而是依附于住宅主人的人身、财产、生命等其他更为重要的人格利益。而正是在这一点上，笔者认为，主流刑法学近似完美的理论体系暴露出了其致命的"阿喀琉斯之踵"。

二　住宅在现代法秩序中的独立价值

对于住宅价值的承认与保障，最早可以追溯到罗马法，其时即有法谚云："住宅是最安全的避难所。"然在昔日之专制时期，私人之住宅经常性地遭受国家官吏肆意侵犯，或遭军队盘踞驻扎，而无力加以对抗，私人居住场所之和平与安宁甚为脆弱，时刻处于被打破的危险之中。基于对此种危险的恐惧，英国法官在普通法中通过判例确立了"每个人的住宅都是其堡垒"（Everyone's home is his castle）的信念。这一信念在 1628 年的《权利请愿书》中被明确制度化，其第 6 条规定：海陆军队违背居民意志，强制驻扎于其家宅，有悖于英国之法律与习惯。

美国革命承接此种精神，且在深刻反思英国殖民者及其军队对北美人民私人住宅肆无忌惮的侵害行为的基础上，于 1791 年通过的宪法第三修正案中特别针对军队的驻扎行为规定："在和平时期，非经屋主同意，任何军士不得驻扎于人民之住宅；即在战时，非依法律所规定之方式，亦不得驻扎。"进而在第四修正案中进一步针对其他政府官吏的可能侵害行为，宣告："人民保障其人身、住宅、文件与财产免于无正当理由的搜查与拘捕的权利，不受侵犯。除非基于必要的情势，经宣誓或代誓宣言，并特别叙明搜查之地点、拘捕之人及收缴之物外，不得颁发相关令状。"自此之后，住宅即独立于人身自由、财产权，成为人民私生活的中心，其之不受侵犯亦成为一切人权宣言所保障的对象。

而1799年《法国宪法》第76条则没有特别区分军人与政府官员，而是更具一般性地规定："每个人在法国国土上的住宅均是其庇护所，不可侵犯。在夜间，除非有火灾水患或屋内有求救呼声等急迫情形，任何人无权进入住宅。白天进入住宅则须具特殊之目的，并依法为之或持有国家机关颁发之命令。"而法国宪法之所以如此看重白天与黑夜的区分，并对夜间进入住宅施加更为严格的限制，大抵根源于人类对于黑夜在精神上的恐惧，以及对犯罪行为往往在夜色的遮蔽下更容易实施，而被害人却更难加以防御的一般认识。

上述两种立法例——即区分军士与普通政府官吏、区分日间与夜间——并未为后世各国宪法所继承和发扬[1]，其后较普遍的趋势乃是直接宣告"公民之住宅不受侵犯"。其典型者有1919年《德国魏玛宪法》第115条："每个德国人的住宅均是其避难所，不得侵犯，其例外应依法律为之。"此后，就此种直接宣告而言，则又分流出两条支脉：

一种是采宪法保留的方式，即在宣告住宅不受侵犯之后，宪法具体规定对其之限制应满足的条件。如德国现行基本法第13条在第1款规定"住宅不受侵犯"之后，第2款和第3款详细规定了本项基本权利可得限制的情形与方式。

另一种则采法律保留之方式，即在宣告住宅不受侵犯之后，规定禁止非法侵入公民之住宅，进而将限制本项基本权利之条件委之于法律具体规定。典型的代表是1977年《苏联宪法》第55条："苏联公民有住宅不可侵犯的保障。没有合法理由，任何人都无权违背住户的意志进入住宅。"[2]

追随世界各文明国家宪法的成例，我国现行《宪法》在"人身自由""财产权"等之外，专门以第39条明文规定："中华人民共和国公民的住

---

[1]　《日本宪法》虽然在第35条基本上承继了《美国联邦宪法》第四修正案的规定，但却没有如美国般就军人驻扎民居的问题进行特别规定。

[2]　本条苏联宪法规定的翻译采用的是1982年中国社会科学院法学所编辑的《宪法分解资料》的译法，详见中国社会科学院法学所编辑的《宪法分解资料》，法律出版社1982年版，第188页。

宅不受侵犯。禁止非法搜查或者非法侵入公民的住宅。"学术界一般从中建构出"住宅自由"的范畴；在立法技术上，此条分明采用了上述第二种立法例，即法律保留之方式：将具体之限制条件与方式委之于法律加以具体规定。从宪法作为公法的角度观之，宪法所规定的"公民的住宅不受侵犯"指的是不受国家公权力的侵犯。即，作为基本权利的住宅不受侵犯主要被用来防御国家对公民住宅的侵犯。而根据国家保护义务理论，国家除了本身不应当侵犯公民住宅之外，还负有通过立法、行政和司法活动保护公民的住宅免于他人侵犯的义务。换言之，在此理论背景下，对公民而言，住宅不受侵犯不仅具备防御权的属性，还具有保护请求权的属性，即公民有权向国家提出请求予以保护的权利。① 据此，立法机关通过《刑法》第 245 条第 2 款禁止司法工作人员滥用职权非法搜查或非法侵入住宅的行为，并对相应违法行为从重处罚的做法，恰正契合于住宅不受侵犯作为防御国家公权力肆意侵害的防御权功能，可理解为乃是宪法上相应基本权利的具体化；第 245 条第 1 款针对不具有国家公权力性质的主体非法搜查或非法侵入住宅的行为设定刑事罚则，则属于国家通过立法方式履行其保护义务的行为。

　　与此类似，《治安管理处罚法》第 87 条第 1 款规定："公安机关对与违反治安管理行为有关的场所、物品、人身可以进行检查。检查时，人民警察不得少于二人，并应当出示工作证件和县级以上人民政府公安机关开具的检查证明文件。对确有必要立即进行检查的，人民警察经出示工作证件，可以当场检查，但检查公民住所应当出示县级以上人民政府公安机关开具的检查证明文件。"

　　此条亦属对公安机关检查公民住宅之权力从实体和程序两方面施加法律限制，契合于宪法中住宅不受侵犯的基本权利作为防御权的功能。同法第 40 条规定，"非法侵入他人住宅"的，"处十日以上十五日以下拘留，并处五百元以上一千元以下罚款；情节较轻的，处五日以上十日以下拘留，并处二百元以上五百元以下罚款"。该条款属于国家履行其保护义务的体现，即保护住宅权人在住宅中隐私生活的开展免于其他私人的干扰。

　　除此之外，《刑事诉讼法》中关于搜查、监视居住等的规定、公安部《关于公安机关办理刑事案件程序规定》中涉及公民住宅的规定，以及相

---

① 林来梵：《宪法学讲义》，法律出版社 2011 年版，第 111 页。

关司法解释中的规定等等，与《宪法》第 39 条、《刑法》第 245 条、《治安管理处罚法》第 87 条和第 40 条一道，构成了一套完整的保障住宅免于国家公权力及第三人侵犯的规范体系。

然而，宪法上的住宅不受侵犯与刑法上的住宅不受侵犯，尽管在针对的对象上有只针对国家和同时针对私人的差别，但在实体内容上却是一致的。不论是宪法还是刑法，在人身、财产等价值之外，不约而同地对住宅加以特别的、明确的保障，这绝不可能是误打误撞或是偶然为之。其只可能有一种解释，即：相对于人身、财产乃至于生命，住宅具有国法秩序值得加以保护的、独立的价值。这种价值必然是独立的、不可替代的，而不会是依附于人身、财产等的可有可无的东西。换言之，作为现代文明国家宪法和法律不可或缺的保护对象，住宅——在法教义学的解释工作中——起码应当被解释为具有与人身、财产等法益具有同等重要性的东西；否则，很难想象作为国家根本大法的宪法，本应规定国家的根本制度和根本任务等等对于国家的性质、生存与发展具有根本重要性的内容，却用独立的一个条款来宣告保障一种不具有重要性的东西。

在这个问题上，无论是陈慈阳教授将住宅理解为"个人人身之延伸，也是行动自由之基础"[①]；还是刘军宁先生认为住宅不受侵犯强调的乃是财产权的重要性和神圣性；[②] 抑或是肖泽晟教授将住宅不受侵犯视为是由人身自由所衍生出来的一种权利，认为其包含了"个人对作为住宅的房屋的财产权""人身安全权、休息权以及放置于住宅内的不愿为人所知的现金、首饰、先人唯一的照片等生活上的利益"[③]：在他们将住宅的重要性依附于人身、财产等其他法益这一点上，均没有点明住宅在现代国法秩序中真正的独立价值。

从表面上看，住宅不受侵犯保障的是公民居住、生活、憩息的场所不受非法侵入和搜查，但究其实质，住宅自由的真正精神在于保障人格的精神和身体存在于其中的私密且安宁之空间，免于公权力或他人的干扰，俾

---

① 陈慈阳：《宪法学》，元照出版公司 2005 年版，第 503 页。这种"人身自由延伸说"在学术史的脉络中最起码可以追溯到王世杰与钱端升两位教授，其所著的《比较宪法》在论及居住自由时，即有"这种自由，也可说是人身自由——即居止行动的自由——的延展"的论述。参见王世杰、钱端升《比较宪法》，商务印书馆 1999 年版，第 87 页。

② 参见刘军宁《风能进，雨能进，国王不能进!》，载《公共论丛：自由与社群》，生活·读书·新知三联书店 1998 年版，第 138 页以下，特别是第 152 页。

③ 张千帆主编：《宪法学》（第二版），法律出版社 2008 年版，第 184 页。

利于公民之私生活在其中得以无阻碍地自由展开。正如林来梵教授所言，"这种权利本身所保障的客体乃是从私自治原理下的私领域中延伸出来的。为此，该权利的保障，实际上与私生活的保障、人格自律空间的保障、隐私权的保障乃至家庭的保护息息相关。"[①] 质言之，住宅在此已然并非简简单单的一种物理性的建筑构造，而是承载了近代立宪主义精神的、个人及其家庭的一般私生活得以在其中自由展开的、实行私自治的物理空间。德国著名宪法学家黑塞曾颇为明白地指出："说到底，住宅不可侵犯的基本权属于对人格之生活方式中最私密领域的保障。"其与"通信、通邮及通讯秘密"一道共同作为"私领域不可侵犯性的本质性构成部分"，跻身于基本法所创设之共同体的客观秩序之一部"，而成为应通过主观防御权制度获得保护的一种法益。[②] 此种将住宅视为私领域之核心部分加以保障的立场，在德国居于通说地位，为学界所普遍认可。[③]

　　故而，住宅不受侵犯既区别于选择住宅地点的"居住自由"或者对于所居住之建筑物的所有权——"财产权"，也有别于身处住宅之中的人的人身、财产或者生命的权益。虽然在专制时代，国家运用公权力侵犯公民人身自由之时，往往伴随着肆意地侵入住宅的行为，故而从历史角度言之，保障住宅不受侵犯在客观上会起到起到保障住宅中的人的人身、财产甚至生命的效果；但这并不意味着：如果住宅在被侵入当时其中既没有人，也没有财产，那么该侵入行为便不构成对法益的侵害。因为即使是主流的刑法学家，也认为侵入居住者暂时不生活于其中的住宅，或者所侵入的住宅家徒四壁、一贫如洗，也并不妨碍构成非法侵入住宅罪。[④] 质言之，侵入住宅并置身于其中，这本身便意味着一种法益的侵害、一种危险状态的存在：对他人私生活最为私密的核心部分的侵入和破坏。

　　与此种私生活的侵入和破坏相伴随的，还有人的安全感的丧失。当个人在勾心斗角、危险重重且竞争激烈的外部社会中结束了一天的劳作，拖着疲惫的身躯返（退）回到在这一私自治的物理空间之中，其就变身为对

---

① 林来梵：《卧室里的宪法权利——简评"延安黄碟案"》，载林来梵《剩余的断想》，中国法制出版社 2007 年版，第 77—78 页。

② Konrad Hesse, *Grundzüge des Verfassungsrechts der Bundersrepublik Deutschland*: 20 *Auf.* Heidelberg: C. F. Müller Verlag, 1999, S. 165.

③ Volker Epping, *Grundrechte*, 4 Auf. Springer, 2010, S. 289 ff.

④ 张明楷：《刑法学》，法律出版社 2011 年版，第 811 页。

这个社会最不具有攻击性、危险性的存在，而同时也就成为最脆弱的存在。住宅在此时也就真正成为前述罗马法谚所谓的"避难所"；不论其客观上是否的确是坚固的物理堡垒，但在每个人的心里，住宅都是其最安全的"避难所"。人们躲在属于自己的真正私人性的空间，即便它位于这个世界上最不起眼的角落里，或享受自己的劳动成果，或静静地修养生息、为明天的工作养精蓄锐。在自己的住宅中，每个人都抛弃虚伪，自由地呈现出自己真实的喜怒哀乐。在立宪主义的视野下，这种自由的、真实的私人状态恰恰具有最为重要的价值，需要受到国家绝对的保护。而上述的这种对于自己私生活的心理上的安全感，自然也就成为"住宅不受侵犯"最为核心的内涵之一。住宅的那道有形或无形的"门"由此构成人们的社会安全感在心理防线上最后的一道"闸门"。而伴随着对住宅的肆意侵入，那道最后的"闸门"也会应声倒地；此后，这个社会再没有安全之地。

也正是由于住宅不受侵犯所真正保障者并非被称为"住宅"的那种物理性的建筑结构，而是后者所承载着的"公民的隐私生活得以在其中无妨碍地自由展开的物理空间"的价值，所以在认定特定空间是否属于法上的"住宅"之时，便不宜完全决定于该物理空间是否具有典型意义上的外在建筑格局，是否配备有特定的生活设施，而是要考虑该系争对象是否承担着特定个人得以在其中自由展开其隐私生活的物理空间功能。进而，在认定是否构成"对住宅的侵入"之时，也未必一定要认为只有行为人身体的全部进入住宅时才是侵入既遂。[1] 换言之，住宅之侵犯方式并不必限于身体的物理性的"进入"，在此电子化的高科技时代，以声、光、电、气或望远镜窥视、窃听、录影等方式而"实质性"地影响住宅内的私生活的私密、平稳与安宁，即为已足。[2]

总之，相对于住宅中的人身、财产、生命等等，住宅在国法秩序中具有独立价值。在此意义上，侵入住宅本身已然构成对权利严重的危害，而自不必非要等到侵入者实施其他侵害财产或人身的犯罪之后，方才认为存在了实质性的法益侵害。

住宅的此种独立价值及其重要性事实上很早以来便为各文明国家所普

---

[1] 在这个问题上，笔者并不完全赞同张明楷教授的立场。张教授的观点可参见张明楷《刑法学》，法律出版社 2011 年版，第 812 页。

[2] 陈新民：《宪法学释论》（修正五版），2005 年版，第 230 页。

遍认识，这种认识集体性地通过法所允许的对于侵入住宅行为的正当防卫的强度表现出来。倘情势紧急，受害人来不及请求公权力予以救济，各国普遍承认公民有自力救济的权利。但在不同的情势下，法所允许的自力救济的强度是不同的，从中我们可以窥见法对诸种价值及法益的重要性的阶层性评价。

在西方，早在罗马时代，对于在夜间无故私闯他人住宅者，屋主若予以击毙，便不需承担刑事责任。① 美国历史学家埃克奇研究指出："在古代，无论是《十二表法》，还是 7 世纪中叶的《罗萨尔法令》或者 1283 年《布法西法令》，早期的法典都认同如下这一基本原则：各种夜晚刑事案件中只有一种行为能得到宽大处理，即杀死闯入民宅的人。"② 及至现代，英美各国法律制度均不同程度地沿承了此种精神，在实践中最为人所熟知的当推发生于美国的两大著名案例：1925 年"史威特案"（Sweet Trials）③与 1992 年的"日本留学生服部刚丈射杀事件"（Yoshihiro Hattori Case）④。二者均确证了住宅不受侵犯以及公民对侵犯自己住宅的行为有权行使高强度防卫的法律准则，此即所谓的"堡垒法则"（Castle Doctrine, Castle Law）。该法则的内容是：针对非法侵入私人住宅和暴力攻击其中的人身的情形，所有人、租住人、受托管理人等没有退让之义务（no duty to retreat），而是有权使用致命之武力来捍卫其"堡垒"的安全。⑤ 故此法则又被称为"住居防卫法"（Defense of Habitation Law）。

对于住宅之独立价值的保护，在我国古代也很早就有立法明定。汉代《贼律》规定："无故入人室宅庐舍其时格杀之无罪。"⑥ 此条开保护私人之住宅免于侵犯的先河。另据考古学家陈公柔先生对居延汉简的研究，汉

① 陈新民：《宪法学释论》（修正五版），2005 年版，第 229 页。
② ［美］埃克奇：《黑夜史》，路旦俊、赵奇译，湖南文艺出版社 2006 年版，第 79—80 页。转引自胡文辉《传统中国的"私宅不受侵犯"观》，《南方周末》2007 年 5 月 17 日，D30 版。本节中的诸多历史资料线索受到胡文辉文章所指引，特作说明，以致谢忱。
③ The People v. Ossian Sweet, Gladys Sweet, et. al. (1925)；The People v. Henry Sweet (1926). 该系列案件因著名大律师丹诺作为辩护律师而广为人知，通俗的案情介绍请参见［美］斯通《辩护大师丹诺》，张宝钧、张浩译，北京十月文艺出版社 1999 年版，第 633—654 页。
④ State of Louisiana v. Peairs, 19th Jud. D. La. May 23, (1993). 本案之所以为中国学界所熟知，可能主要归功于旅美学者林达的介绍，较为通俗的案情介绍可参考林达《历史深处的忧虑》，生活·读书·新知三联书店 1997 年版，第 161—162 页，第 171 页以下。
⑤ See Bryan A. Garner, *Black's Law Dictionary*, 7th, West Group, 1999, p. 209, castle doctrine.
⑥ ［清］沈家本：《历代刑法考》，邓经元、骈宇骞点校，中华书局 1985 年版，第 1865 页。

代在"捕律"中甚至有"禁吏毋夜入人庐舍捕人。犯者，其室殴伤之，以毋故入人室律从事"的规定。① 这就表明，汉代法律不仅保护私人之住宅免于其他私人的侵犯，还进一步针对政府官吏，禁止其夜间闯入民宅，就这一点而言，汉律颇契合于现代立宪主义的精神。其后，唐明诸代律法均承其旨意，而有类似的规定。《唐律疏议》贼律条："诸夜无故入人家者，笞四十。主人登时杀者，勿论。"并加"疏"议曰："家者，谓当家宅院之内。"② 此后的《宋刑统》《大明律》《大清律例》均有类似的条款，在表述方面也是小异大同。

由以上陈述可知，无论东西方，相对于在具有相当公共性的场合所实施的犯罪而言，那种已然侵入至作为私人防御之最终堡垒的住宅之中的犯罪行为，具有更为严重的社会危害性，值得更为严厉的责难；进而，在各种侵入私人住宅之中的犯罪行为中，"深更半夜间"侵入住宅者无疑又是其中侵害法益最为严重者。反映到正当防卫的强度上，则体现为：对于深夜闯入住宅实施犯罪的行为而言，法所允许的正当防卫自应处于最高的强度。即便犯罪行为人已然停止其对于财产或人身、生命的侵害，因其不法处身于他人住宅之中的状态并未终止，故不能说其已然完全停止了其不法侵害，即不法状态仍在延续。在此状况下，住宅权人对其实施防卫自然不能说是不当的。

三　涉户犯罪在我国刑法中的体系化建构

1949 年中华人民共和国成立之后，以社会主义及其公有制为主导的政治经济结构得以确立。在错误的极"左"思想影响下，"兴公灭私"观念在全社会全面普及，传统的公私边界几乎被破坏殆尽。反映在人们的住宅格局上，便直接体现为筒子楼、大杂院式的群居模式。此种居住格局明显不利于清晰界分私人隐私生活的边界范围。1954 年宪法虽明文规定了"公民的住宅不受侵犯"，但却由于其整体实效性的欠缺而只具有宣示性的意义。相应地，在受刑法所保护的诸种法益之中，"住宅"也因其不太重要而长期未入刑法学界的"法眼"。一直到 1979 年我国第一部正式的刑法典

---

① 陈公柔：《居延出土汉律散简释义》，《燕京学报》第 9 期，北京大学出版社 2000 年版，第 74 页。

② 《唐律疏议》卷十八《贼盗》"夜无故入人家"条。

中，才在第 144 条规定了"非法侵入住宅罪"；除此之外，没有其他关于"户内犯罪""入户犯罪"的条款。

随着改革开放和社会主义市场经济体制的逐步建立，"私"的正当性重新建立，公与私之间的适当区分逐步恢复，筒子楼、大杂院式的居住模式慢慢退出了历史舞台，相应地，以私人所有或占有的在物理上具有封闭性和独立性的住宅为典范的居住格局占据了主流地位，隐私利益与生活安宁跻身为重要的社会利益。在此种社会背景下，在国家法律规范的层面上赋予"住宅"以独立的法地位便具有了颇为迫切的必要性。1982 年颁布的现行《宪法》第 39 条郑重宣告："中华人民共和国公民的住宅不受侵犯。禁止非法搜查或者非法侵入公民的住宅。"

承接宪法之规范精神，我国现行刑法亦在多处规定了对于"住宅"（户）的保障。除第 245 条所规定的"非法侵入住宅罪"之外，刑法还明确规定了对"入户抢劫"和"入户盗窃"的特别重处罚。而对于通过非法侵入他人住宅实施其他犯罪（其他未明定的入户犯罪）的情况，我国刑法学界通说认为属于牵连犯，应从一重处断。[①] 为表达便利计，本节将所有与"住宅"相关的犯罪统称为"涉户犯罪"。

而既有的主流刑法理论在分析评价"涉户犯罪"时明显地存在着如下两大缺陷：

其一，没有对"入户"犯罪与"户内"犯罪的定性及其规范评价作必要的区分。大家普遍认为，入户犯罪与在户内犯罪的差别只在于犯意产生的时间早晚，但这不属于本质区别，且二者的危害程度是一样的。正如论者就"入户抢劫"与"户内抢劫"所论述的，在司法实践中，"只要查明是在户内实施的抢劫行为，就应认定为'入户抢劫'，完全没有必要再用一个特定的目的对'入户'加以限定"。[②] 但这种论点存在重大瑕疵，因为很明显，实践中存在着发生在"户内"、但不构成"入户"的犯罪活动。比如在合法地进入住宅之后，临时起意实施犯罪行为的场合，显然不同于为了实施犯罪而非法侵入住宅的案件，在规范评价上自然也理应有所

[①] 高铭暄、马克昌主编：《刑法学》，北京大学出版社 2011 年版，第 483 页；少数说主张将这种情况认定为想象竞合犯，参见张明楷《刑法学》，法律出版社 2001 年版，第 439—440 页。

[②] 侯国云、么惠君：《"入户抢劫"与"在户内抢劫"区别何在?》，《人民检察》2005 年第 11 期，第 53 页。

差别。主流刑法学界似乎对此并没有进行仔细的分辨。①

其二，由于没有认识到"住宅"相对于人身、财产等法益的独立价值，一直以来，主流刑法学界在评价"涉户犯罪"的过程中，并未将相关犯罪对于"住宅"法益的侵害状况作为重要的考量因素，而是简单地将对于"住宅"法益的侵害吸纳到了"人身"、"财产"、"生命"等法益当中，"从一重罪处断"了事。此种理论立场反映到刑事司法实践中，便是法院在判决理由的论证过程中对犯罪行为发生在"住宅之中"这一在国法秩序中本来异常重要的因素毫不在意。

然而仔细审视上述两大缺陷，便会发现，二者之间实际上存在着紧密的内在联系。质言之，正是由于长期以来没有认识到住宅在国法秩序中的独立价值，才最终导致了对于"户内犯罪"从重处罚必要性的忽略，进而阻碍了学界对入户盗窃和入户抢劫之外的"入户犯罪"是否有必要加重或者从重处罚的问题开展细密筛查。

针对此种理论现状，特别是在前文阐明"住宅"在国法秩序中所具有的独立价值的基础上，笔者认为，刑法教义学实在有必要针对所有涉户犯罪作阶层式的体系化构建。

首先，有必要根据住宅作为"个人私生活得以自由展开之物理空间"的和平与安宁之价值是否受到显著影响这一基准，将"涉户犯罪"区分为"单纯形式性的涉户犯罪"和"实质性的涉户犯罪"。前者系指：在实施相关犯罪的过程中，虽然犯罪行为在表面上与"住宅"有关，但住宅作为"个人私生活得以自由展开之物理空间"的和平与安宁之价值并未受到显著影响的情况。倘如此，宜直接按照其所侵害的法益的类型和侵害的程度定罪处罚，而没有必要对"住宅"法益被影响进行单独评价。② 此类判断之关键在于需要具体视特定犯罪与住宅安宁的密切关联程度而定。如行为人在户内实施诈骗，使受害人产生错误认识，并基于此错误认识处分财产，进而遭受损害：此种犯罪与住宅之和平安宁并无直接联系，发生于户内也并不会使相应之人身与财产更具危险性，故而理应直接按照诈骗罪定

---

① 张明楷教授最近认识到了这个问题，其在一篇文章中指出，单纯的"户内抢劫"，即合法入户后实施抢劫行为的，因为没有使违法性加重，所以不能认定为"入户抢劫"。参见张明楷《论入户抢劫》，《现代法学》2013 年第 5 期，第 101—102 页。

② 在此种涉户犯罪的情形中，住宅法益的受侵害值为零，不构成犯罪，因此并不存在数罪，自然也谈不上并罚。

罪处罚。

梳理现行刑法分则中全部的罪名，可以发现，这种虽在"户内"实施但却对住宅和平安宁之法益并无侵害的犯罪，除诈骗罪之外，还有很多。其中的典型则当推分则第三章《破坏社会主义市场经济秩序罪》第一节"生产、销售伪劣商品罪"中的相关犯罪。即便到他人住宅之内销售伪劣产品、假药、劣药、不符合卫生标准的食品、有毒有害食品、不符合标准的医用器材、不符合安全标准的产品、伪劣农药兽药化肥种子、不符合卫生标准的化妆品等，其侵害的法益仍然主要是社会主义市场经济秩序乃至于特定主体的人身健康；其与住宅相关这一点并未使其对上述法益的侵害更为严重，也未显著影响到住宅之安宁与和平，因此属于"单纯形式性的涉户犯罪"，没有必要对"涉户"情节单独评价。与此相类似的，刑法分则中还规定了非法吸收公众存款罪，非法销售间谍专用器材罪，非法行医罪，非法进行节育手术罪，诱骗投资者买卖证券、期货合约罪，销售假冒注册商标的商品罪，销售侵权复制品罪，招摇撞骗罪，传授犯罪方法罪等犯罪行为，倘若其具有着在"户内"实施的情节，但未显著干扰住宅中隐私生活的和平与安宁，则均属于"单纯形式性的涉户犯罪"。

而所谓的"实质性的涉户犯罪"，则是指在实施相关犯罪的过程中，住宅作为"个人私生活得以自由展开之物理空间"的和平与安宁之价值实际上受到显著损害的情形。在此情形下，基于实践前述宪法价值的需要，"住宅"法益被侵害的情况自然应当予以特别关注，并在对整体犯罪作规范评价时体现出来。

进而，针对"实质性的涉户犯罪"，在刑法教义学体系化的层面上，则宜开展细致的类型化划分工作，即建构出从合法进入住宅之后实施其他犯罪（户内犯罪），到单纯对于住宅的非法侵入（非法侵入住宅罪），再到非法侵入住宅之前本无实施其他犯罪的意图、进入后却临时起意实施其他犯罪（非法侵入住宅 + 户内犯罪），最后到为了实施其他犯罪而侵入住宅（入户犯罪）等四个层次的实质性的涉户犯罪类型，并分别设计其各自妥当的评价方式。

第一层次的户内犯罪侧重于突出如下情况：虽然行为人进入住宅的行为经过住宅权人的同意，其本来亦欠缺实施犯罪的意图，然在合法地进入住宅之后，临时起意而实施其他犯罪。此即合法进入住宅与户内其他犯罪的结合。比如，某甲被邀请参加某乙在住宅中举办的生日聚会，期间临时起意，盗窃某乙的珍贵首饰的行为，即其适例。此种类型的犯罪行为并无非法侵入住宅的情节，故按其进入住宅后所实施的犯罪行为定罪处罚。最高人民法院 2016 年发布的《关于审理抢劫刑事案件适用法律若干问题的指导意见》即正确地秉持了这一立场，强调："认定'入户抢劫'，要注重审查行为人'入户'的目的，将'入户抢劫'与'在户内抢劫'区别开来。以侵害户内人员的人身、财产为目的，入户后实施抢劫，包括入户实施盗窃、诈骗等犯罪而转化为抢劫的，应当认定为'入户抢劫'。因访友办事等原因经户内人员允许入户后，临时起意实施抢劫，或者临时起意实施盗窃、诈骗等犯罪而转化为抢劫的，不应认定为'入户抢劫'。"

　　唯虑及该行为发生于住宅之内，权利人对其中的人身、财产等的安全性的期待较高、戒备心较低，故而相较于发生于户外的同样行为，"住宅"法益所受侵害更为显著，故宜在相应犯罪的量刑空间内从重处罚。此种处断方式亦直接契合了现行宪法对于"住宅之和平与安宁"予以特别保护的意旨。

　　第二层次的非法侵入住宅罪强调的是未经过住宅权人同意而侵入其住宅，或经要求退出而拒不退出。结合《刑法》第 13 条所谓的"情节显著轻微危害不大的，不认为是犯罪"的规定，要构成非法侵入住宅罪必须满足如下条件：行为情节和社会危害程度都应达到适宜以刑罚加以处罚的严重程度，即"严重妨碍了他人的居住与生活安宁"，但"又不构成其他犯罪"的程度。[①] 质言之，倘若非法侵入住宅的行为属于"情节显著轻微、危害不大"的情况，则不构成犯罪，最多只能根据《治安管理处罚法》第40 条之规定给予行政处罚。然而，对于究竟情节达到何种严重程度方属于严重妨碍了他人的居住与生活安宁以至于构成本罪的问题，《刑法》第245 条以及相应的司法解释均未给出明确的答案。一个有益的思路是借鉴司法解释对于同条"非法搜查罪"的立案标准的规定。最高人民检察院《关于人民检察院直接受理立案侦查案件立案标准的规定（试行）》中详细规定："国家机关工作人员涉嫌利用职权非法搜查，具有下列情形之一的，应予立案：1. 非法搜查他人身体、住宅，手段恶劣的；2. 非法搜查引起被搜查人精神失常、自杀或者造成财物严重损坏的；3. 司法工作人员对明知是与涉嫌犯罪无关的人身、场所非法搜查的；4. 3 次以上或者对 3 人（户）以上进行非法搜查的。"《最高人民检察院关于渎职侵权犯罪案件立

---

① 张明楷：《刑法学》，法律出版社 2011 年第四版，第 813 页。

案标准的规定》也对达到非法搜查罪立案程度的情形加以说明："1. 非法搜查他人身体、住宅，并实施殴打、侮辱等行为的；2. 非法搜查，情节严重，导致被搜查人或者其近亲属自杀、自残造成重伤、死亡，或者精神失常的；3. 非法搜查，造成财物严重损坏的；4. 非法搜查 3 人（户）次以上的；5. 司法工作人员对明知是与涉嫌犯罪无关的人身、住宅非法搜查的；6. 其他非法搜查应予追究刑事责任的情形。"考虑到立法者之所以将非法搜查罪与非法侵入住宅罪纳入同一条之中合并规定，自然预设了二者在犯罪类型、事实情节、社会危害程度、规范评价方面的近似性，所以在逻辑上，在认定非法侵入住宅罪的构成之时无疑可以参考上述非法搜查罪的罪与非罪的界定标准，进而以类似的方式罗列典型情节如下：1. 非法侵入他人住宅，手段恶劣的；2. 非法侵入住宅引起住宅权人精神失常、自杀或者造成财物严重损坏的；3. 3 次以上或者对 3 处以上住宅进行非法侵入的；4. 非法侵入他人住宅，并实施殴打、侮辱等行为的；5. 其他情形。

　　涉户犯罪的第三种类型相对比较简单：行为人在非法侵入住宅当时本不具有实施所谓目的性犯罪行为之犯意，而是在进入之后方才临时起意实施了其他犯罪。此即非法侵入住宅与户内其他犯罪的结合。在其中，明显存在着两个独立的直接故意的意志因素，二者在客观上并不具有手段与目的的牵连关系，理应单独评价、分别量刑，进而以数罪并罚的方式解决。惟需要特别注意者，乃在于：对其中的"户内犯罪"，由于"住宅"法益受到实质侵害，故而此时仍应比照没有户内情节的该种犯罪予以更为严苛的处罚，即"在相应犯罪的量刑空间内从重处罚"，之后再和非法侵入住宅罪并罚。如此方能保持学术逻辑上的一贯。就系争案件而言，根据被告人杨喜利的供述，其伙同两位两人一起去修理店，原本的目的是"准备去找'海婆'（被害人）要她欠我的钱"；到了那里，和被害人说了几句话之后，"我就想和她发生性关系。海婆不肯，我就将她拖进里面的房间，将她身上的衣服脱下来强奸了她"。[①] 倘此供述经确认为真，则被告的犯罪行为自然属于涉户犯罪的第三种类型——侵入住宅当时并无强奸之犯意，而是在进入住宅之后临时起意实施强奸犯罪——故理应先对非法侵入住宅的行为与强奸的行为各自分别评价，然后再数罪并罚。

---

① 参见《广东省深圳市宝安区人民法院（2012）深宝法刑初字第 1778 号刑事判决书》中"杨某在公安机关的供述和辩解"部分。

与第一、第三两种犯罪类型的临时起意不同，第四层次的入户犯罪则强调行为人有计划、有预谋地通过进入住宅实施其他犯罪，即便在外观上行为人进入住宅乃是基于权利人的同意。① 比如，嫌疑人以维修水电的名义欺骗性地诈开房门、进入屋内实施抢劫的行为，与为了实施抢劫而破门而入的行为，在犯罪论的层面上并无二致，均属于"入户抢劫"。此即非法侵入住宅作为实施其他犯罪之手段的情况。基于对住宅之独立价值的普遍肯认，世界各地均在其刑法中将"入户犯罪"视为"特别严重之情形"，相较于普通的侵害人身、财产等法益的犯罪，往往受到更为严苛的评价。如《法国刑法》除在第 226 - 4 条和第 432 - 8 条规定了妨害住宅不受侵犯的犯罪之外，亦于第 311 - 4 条第 6 项、第 322 - 3 条第 5 项等均分别将侵入住宅实施犯罪列为各相应犯罪的严重情形，加重处罚，甚至在总则部分的第 132 - 73 条、第 132 - 74 条明示"破门而入"与"翻墙越栏"将引起刑罚的加重。② 《德国刑法》除在第 123 条规定了破坏住宅安宁犯罪（Hausfriedensbruch）之外，亦在第 244 条第 1 款第 3 项将"为实施盗窃侵入、爬越他人住宅，用假钥匙或其他不属于正当开启的工具进入他人住宅或藏匿于该住宅的"，视为特别严重的情形，即便未遂，亦应处罚；第 306 a 条第 1 款第 1 项将对住宅的放火认定为比普通放火罪更为严重的犯罪加以处罚。③ 《俄罗斯刑法》在第 139 条第 2 款规定了对于使用暴力或以使用暴力相威胁违背居住人的意志非法进入住宅的行为的加重处罚，并在第 158 条第 3 款、第 161 条第 2 款、第 162 条第 3 款分别规定了对于侵入住宅盗窃、抢劫、抢夺的加重处罚。④ 我国台湾地区新《刑法》除在第 306 条规定了侵入住居罪之外，于第 321 条将"于夜间侵入住宅或有人居住之建筑物、船舰或隐匿其内而犯之者"列为"加重窃盗罪"的情形；特别需要重视的乃是其于第 222 条将"侵入住宅或有人居住之建筑物、船舰或隐匿其内犯之者"列为"加重强制性交罪"的情形之一，处七年以上有期徒刑。

---

① 实际上，究竟实施目的性犯罪行为的犯意在何时产生，在侵入住宅之前早有预谋，抑或侵入住宅之后临时起意，在行为外观上没有显著的标志；在司法实践中，大约主要依赖于犯罪行为人的供述。

② 《法国新刑法典》，罗结珍译，中国法制出版社 2005 年版，第 45、91、107、124 页以及第 150 页。

③ German Strafgesetzbuch（StGB），§123，§244，§306a.

④ 《俄罗斯联邦刑法典》，黄道秀译，中国法制出版社 2004 年版，第 78、81、82 页。

　　我国现行刑法亦沿承了类似的思路，其在第 263 条规定：普通抢劫罪，处三年以上十年以下有期徒刑，并处罚金；而入户抢劫的，则处十年以上有期徒刑、无期徒刑或者死刑，并处罚金或者没收财产。即不论抢劫之数额及其他情节如何，仅就是否存在"入户抢劫"之情形一项，在起刑点上——3 年或 10 年——即有巨大的差别。第 264 条关于盗窃罪的规定亦有类似的结构：普通的小偷小摸不构成犯罪；但如果是入户盗窃，则不论盗窃数额大小，均构成盗窃罪，处三年以下有期徒刑、拘役或者管制，并处或者单处罚金。质言之，相对于一般抢劫或盗窃犯罪，无论是入户抢劫，抑或是入户盗窃，现行刑法均明定加重处罚。

　　惟疑问在于：对于除入户抢劫与入户盗窃以外的其他"入户犯罪"，在现行刑法未予明定的情况下，刑法教义学应当作出怎样的评价呢？

图示：实质性的涉户犯罪在现行刑法中的四阶层结构[①]

涉户犯罪	进入住宅的合法性	其他犯罪行为	刑法评价	
第一层次	合法进入住宅	临时起意实施其他犯罪	以其他犯罪论，从重处罚	
第二层次	非法侵入住宅	其他行为未达到犯罪程度	非法侵入住宅罪	
第三层次	非法侵入住宅	临时起意实施其他犯罪	非法侵入住宅罪与其他犯罪数罪并罚	
第四层次	非法侵入住宅（手段行为）	有预谋地实施其他犯罪（目的行为）	入户抢劫与入户盗窃	加重处罚
			其他入户犯罪	

　　主流的刑法理论持以牵连犯从一重处断的观点。然而，遵照此一处罚原则的指引，前述宪法所确认的"住宅不受侵犯"的精神便无从体现。必须明确，住宅本身便是独立于人身、财产等的非常重要的法益，刑法绝不能漠视行为人对于住宅的非法侵犯，不能完全用对侵犯人身、财产的犯罪行为的评价代替或包容对于侵入住宅的行为的评价。刑法中对于"入户盗窃"和"入户抢劫"之所以加大处罚力度，在其正当性上，分明具有住宅不受侵犯的宪法根基。进而从体系解释的角度看，这一价值立场也理应渗透于所有以非法侵入住宅作为实现另一犯罪目的之手段或步骤的情形，亦

[①]　可以肯定的是，除这四个层次的涉户犯罪之外，在逻辑上还存在着第五种类型，即有预谋地以非法侵入住宅作为手段实施某种特定犯罪行为，之后又临时起意实施另外一种犯罪行为的情况。但实际上这并非一种独立的涉户犯罪类型，而只是前述第三层次和第四层次的结合，以数罪并罚的方式处理即可。

即必须同时关注目的性的犯罪行为与侵入住宅行为，并对后者做出相对独立的评价。日本著名刑法学家大塚仁教授也注意到了这一点，他曾指出，"以侵入住居为手段所犯的其他犯罪，应当受到另外的评价，必须看到对住居的侵害本身所具有的意义"。①

同时要注意到，在被害人方面，作为手段的侵入住宅行为与作为目的的其他犯罪行为之间也存在重大差别。质言之，二者并非必然重合，而是往往具有包含与被包含的关系。大约只有在个人独居的情况下，侵入住宅的被害人与入户后实施的其他犯罪行为的被害人才可能是同一的。而在多个人以家庭、朋友、合租等形式共同居住的多数情况下，以侵入住宅为手段而实施的目的性犯罪的被害人只是住宅自由之诸多主体中的一个或一部分，而侵入住宅则无疑侵害了所有主体的合法权益，不论在侵入当时其是否身在住宅之中。此种情况倘依主流学说按照牵连犯甚或想象竞合犯处理，则与目的性犯罪的被害人同住的主体，其权益基本上被完全忽视，无由获得救济。就"深圳联防队员入室强奸案"而言，原告和法官不约而同地均忽略了本案事实上存在两个被害人的情由。作为强奸犯罪的受害人，王某吸引了绝大多数目光；而其丈夫杨某，引人注意的方式，却是其所自称的"世界上最窝囊和最没用的丈夫"。可能即便杨某自己也没有意识到，在刑法上，其并非置身事外者，而是被害人之一。其遭受侵害的法益，便是其私人之住宅的安宁。作为住宅之居住者之一，作为丈夫的杨某对其私人住宅之安宁的法益独立于其妻子王某，即便进入住宅者获得了王某的有效承诺，也并不必然应推定为获得杨某同样的承诺。正如大塚仁教授所指出的，"各居住者处在像夫妻或成人的家庭成员一样平等的地位时，有效的承诺就需要符合其全体成员的意思及推定的意思"。② 在本案中，在杨某侵入住宅的那一刹那，不论在其意识中，王某的丈夫是否身在屋内，其并未获得——也无法推定获得——后者的承诺乃是无疑的。就其对王某丈夫杨某的侵害而言，也应以非法侵入住宅罪加以独立判断，而不宜完全被"整合"入对其妻子的法益侵害之中。

进而言之，在理论上，如若对除入户抢劫和入户盗窃之外的所有入户

---

① ［日］大塚仁：《刑法概说（各论）》（第三版），冯军译，中国人民大学出版社 2009 年版，第134 页。
② 同上书，第144—145 页。

犯罪均按照作为目的的犯罪定罪处罚，则将导致入户抢劫（或盗窃）与其他入户犯罪在处刑方面巨大的"不平衡性"。以入户强奸为例，在我国的司法实践中，大量频发的是犯罪行为人在非法侵入住宅之后同时实施抢劫和强奸的情况。依据现行刑法，该类行为构成抢劫罪和强奸罪是无疑的。然而，由于存在着《刑法》第263条第（一）项对于入户抢劫加重处罚的规定，审判机关往往对其中抢劫罪和强奸罪在量刑方面进行着严重"歧视性"的差别对待：即便犯罪行为人仅仅抢劫了价值极低的财物，但因为具有"入户"的加重情节，所以处刑都在十年以上；而随后的强奸行为，虽然也发生在户内，甚至时间在深夜凌晨，但量刑基本没有超过五年有期徒刑的例子。稍具理性和常识的人都可以判断，后者在人身危险性和社会危害性方面起码并不输于前者。即便从立法者原意的角度着眼，这一点也可以成立：《刑法》第236条规定的一般强奸罪的量刑空间是三年以上十年以下有期徒刑，这跟第263条规定的一般抢劫罪的量刑空间相比基本相同，只是少了"并处罚金"一项。质言之，在立法者眼中，强奸罪和抢劫罪在社会危害性程度方面是大体相当的。然而，这种相当性却在对"入户抢劫"和"入户强奸"的处刑巨大悬殊之际被完全抛弃了，而这也正是对入户强奸按照牵连犯处理所带来的不良后果之一。

综而言之，在作为手段行为的侵入住宅行为与作为目的行为的其他法益侵害行为之间，存在着非常复杂的勾连交错，简单的择一重罪处罚显然不能满足全面评价的需要。由刑法明确规定入户盗窃与入户抢劫应加重处罚，可以很明显地看出立法者认识到了住宅之独立价值以及侵入住宅犯罪的危险性，而此既不应被理解为除此之外的所有入户犯罪，均应抛开侵入住宅的情节而依目的性的犯罪行为定罪处罚；也不宜被扩展性地解释为所有入户犯罪均应加重一格量刑，如第263条入户抢劫般从三年一跃而以十年有期徒刑作为起刑点，倘如此则明显太过严苛，根据罪刑法定原则，亦于法无据。

在此情形下，既要保障住宅作为公民私生活自由展开的物理空间的宪法地位，突出住宅所具有的独立于人身、财产等其它法益的重要价值，又要顾全刑法的文字表述及其内涵的安定性，俾便对整体的犯罪作全面、妥帖的评价，即有必要在刑法教义学的层面上对多样化的入户犯罪作出如下区别对待：

1. 凡作为目的的犯罪在刑法中有"情节恶劣"或"情节严重"加重

处罚的规定的，且住宅作为"个人私生活得以自由展开之物理空间"的和平与安宁之价值受到显著损害者，宜将"非法侵入住宅"解释为"恶劣或严重的情节"之一，对相应的入户犯罪加重处罚。比如，现行《刑法》第236条第3款明定：强奸妇女、奸淫幼女情节恶劣的，处十年以上有期徒刑、无期徒刑或者死刑。则就"入户强奸"——即通过非法侵入住宅的手段而达到强奸目的的犯罪行为而言，非法侵入住宅构成恶劣情节，故应较普通强奸犯罪加重处罚，以十年有期徒刑为起刑点。除入户强奸之外，应作类似处理的还有入户侮辱、诽谤犯罪，入户抢夺犯罪，聚众入户哄抢犯罪（聚众哄抢罪），入户毁坏财物犯罪（故意毁坏财物罪），入户寻衅滋事罪，入户侵犯通信自由罪，入户窃取公民个人信息犯罪（非法获取公民个人信息罪）等等。

与此相对应地，如果作为目的的犯罪在刑法中有"情节较轻的"减轻、免除处罚之规定，而住宅法益又受到了显著影响，则宜将"非法侵入住宅"情节的存在解释为不属于"情节较轻的"犯罪之列，不予减轻或免除处罚。比如，现行《刑法》第232条规定："故意杀人的，处死刑、无期徒刑或者十年以上有期徒刑；情节较轻的，处三年以上十年以下有期徒刑。"据此，就"入户行凶杀人"——通过非法侵入住宅的手段而达到剥夺他人生命之目的犯罪行为而言，非法侵入住宅之情节的存在，即排除了"情节较轻的，处三年以上十年以下有期徒刑"的适用，而直接在"死刑、无期徒刑或者十年以上有期徒刑"之中择刑判断。与此相类似的犯罪则主要是入户绑架犯罪。

2. 凡在作为目的的犯罪在刑法中没有"情节恶劣或情节严重，加重处罚"的规定的，但住宅作为"个人私生活得以自由展开之物理空间"的和平与安宁之价值受到显著损害者，宜按照数罪并罚处理——即以并罚的方式实现全面评价的效果当为妥帖。这样处理，即可照顾到手段性的侵入住宅行为与目的性犯罪行为两者各自的具体情节和严重程度，分别定罪量刑，再在数刑的最高刑期以上、总和刑期以下决定执行的刑期；又可以增强司法判断的灵活性，根据案件事实，可上可下，而不必一律处以更高一格的刑罚处罚，这无疑会有助于有效落实罪责刑相适应的刑法基本原则。在此，为与前述其他层次涉户犯罪的规范评价保持理论逻辑的一致，"目的性的犯罪行为"因发生在户内，故理应与"户内犯罪"等同评价，即"在相应犯罪的量刑空间内从重处罚"；之后再和作为手段的非法侵入住宅罪并罚。如此，一方面可契合于《宪法》第 39 条的规范意旨；另一方面也有助于避免刑法学理论的内在矛盾，实现体系的条理严整和逻辑一贯。可置于此一类型中的犯罪行为包括入户故意伤害犯罪，入户强制猥亵、侮辱妇女犯罪，入户猥亵儿童犯罪，入户拐骗儿童犯罪，入户暴力取证犯罪，入户盗窃、侮辱尸体犯罪，入户强迫他人吸毒犯罪，入户放火、爆炸、投放危险物质犯罪（分别构成放火罪、爆炸罪、投放危险物质罪）等等。

四　结语

不论读者诸君是否意识到，作为宪法与刑法的交叉研究，本节所从事的乃是对刑法规范的合宪性解释，即对于刑法规范作合乎宪法规范与精神的解释。合宪性解释，不论是限定解释，还是扩大解释，其直接意图在于通过对法律条文的解释，完成对法律规范内涵的合理化，避免其落入违宪无效的境地。其一方面有助于维护现行法秩序的安定性，避免整体法秩序的频繁变动；另一方面也有助于在法律制度中贯彻宪法规范的原则与精神，从而实现整体国法秩序在精神价值层面的统一性和融贯性。

作为宪法规范的具体化，刑法规范承担着实践宪法中基本权利之核心价值的重任。故而，刑法教义学在就特定刑法规范开展解释之时，不应局限于从刑法文本与规范框架中寻找依据，也应重视从宪法教义学的高度，着眼于从宪法规范与基本价值的层面为刑法解释寻找理论资源，切不宜对后者完全视而不见，甚或作出有违于立宪主义精神的判断。此条基准无论对于刑事立法，亦或是刑事司法裁判活动，都是适用的。进而，在"注意到"相应的核心价值（法益）之时，只要是实质上的数罪的，尽管在处罪上可能按一罪处理，然相关的因素也应在判决书中一一列明，以公示思虑周全、反复衡量的苦心。

第十一章　刑法与国际公约

　　韦尔策尔教授曾经说过，就像每个有教养的人除了他的母语以外还要精通一门外语一样，每个法学家除了他的本国法以外，至少还要对外国法的基本特征有所了解。① 因为，只了解自己母语的人，实际上连自己的母语都未必了解；只了解自己本国法的法学家，事实上可能对本国法不甚了了。② 如果说学习外语是为了更好了解自己的母语，那么研究外国法就是为了更好地了解与完善本国法。准此而言，就刑法与刑法学研究而言，其必须具备域外视野。值得注意的是，在现代国际社会，随着全球化的发展，世界各国之间的经济政治文化交流日益频繁，法律不再被视为各个国家的独特文化现象，而被认为是一种跨文化的，在国际交流中日益趋近和融合的共识性表达。借此，法学研究已经超出了与某几个国家进行比较法研究的范围，开始具备全球化的视野。我国的刑法与刑法学研究，只有树立开放性的全球化观念，才能以一种"主体性"的姿态，并依据"中国理想图景"或"世界理想图景"为我国刑法在全球化进程中的方向提供认识论前提，从而在世界刑法体系中争夺应有的地位和话语权。③

　　在我国刑法与全球化接轨的过程中，国际公约占有举足轻重的地位。④ 这是因为，刑法是刑事法治规律的集中体现。刑事法治规律是人类政治文明规律在刑事领域的特殊形式，是法治文明、政治文明的体现。这就意味着，刑事法治规律是人类法治文明的经验和科学认识，这些经验和科学认

---

① Vgl. Hans Welzel, *Abhandlungen zum Strafrecht und zur Rechtsphilosophie*, Walter de Gruyter 1975, S. 1.

② 因为任何事物的评价标准都不能来自于其自身，换句话说，任何事物都是缺乏"自身反思"的。

③ 参见邓正来《谁之全球化？何种法哲学？——开放性全球化观与中国法律哲学建构论纲》，商务印书馆 2009 年版，第 1 页以下。

④ 其实，任何法治文明国家的刑法都会受到国际公约的影响。

识反映了刑事法治中自古以来的一些普遍性的、本质性的东西。这方面最重要的文献资源就是联合国与国际社会有关刑事法治的公约，它们是成员国共同努力，反复探讨，斗争妥协、逐步达成共识的结果，在相当程度上兼顾了各国国情，逐渐为越来越多的国家认同和接受，为各国的刑法以及刑事司法体制改革提供了可供参考的国际标准和导向。总而言之，国际公约是世界范围内对刑事法治规律的概括，是国际社会达成共识的普遍规律，体现了刑事法治的一般发展趋势，我国刑法只有通过与国际公约实现衔接，才能让刑法顺应世界潮流，以全球视野谋划和推动我国刑法和刑法学研究的创新发展。

第一节　我国刑法与国际公约的衔接及缺陷

一　我国刑法与国际公约的衔接状况概览

自我国恢复联合国合法地位以来，已经签署了近 300 个国际公约，其中有 24 个多边国际刑事公约和 29 个包含有附属刑事规范的多边公约。我国对这些公约所承担的国际义务，决定了这些国际公约必然会对我国刑法产生重大影响。

自 1979 年我国颁布第一部刑法以来，就对加入的国际公约予以了特别关注。自 1981 年至 1995 年，全国人大常委会通过的 24 个特别刑事法规中有将近二分之一确认了我国加入的有关刑法的国际公约的条款。① 1997 年刑法除将以上 24 个特别刑事法规对国际公约的确认全部吸收外，又新增了一些国际公约规定的典型犯罪。如关于恐怖主义组织和黑社会组织的犯罪，关于核材料的犯罪，关于侵犯民族、种族权利的犯罪等。② 这种国

---

① 例如 1981 年《中华人民共和国惩治军人违反职责暂行条例》对战争犯罪的补充确认；1988 年《关于惩治捕杀国家重点保护的珍贵濒危野生动物犯罪的补充规定》对环境犯罪的部分确认；1990 年《关于禁毒的决定》对毒品犯罪的补充确认；1991 年《关于惩治盗掘古文化遗址、古墓葬犯罪的补充规定》对文物犯罪的确认；1992 年《关于惩治劫持航空器犯罪分子的决定》对劫持民用航空器罪的补充确认；1993 年《关于惩治假冒商标犯罪的补充规定》和 1994 年《关于惩治著作权的犯罪的决定》对侵犯知识产权犯罪的补充确认等。

② 例如 2011 年《刑法修正案（三）》为回应国际反恐公约而增设资助恐怖活动组织罪；2006 年《刑法修正案（六）》回应《联合国反腐败公约》而扩大洗钱罪的上游罪名并修改和完善了商业贿赂犯罪的相关规定，2009 年《刑法修正案（七）》又增设利用影响力受贿罪；2011 年《刑法修正案（八）》对《公民权利和政治权利国际公约》《保护面临死刑者权利的保障措施的补充规定》等倡导对老年人犯罪从宽处理的国际公约，首次创建了老年人犯罪从宽制度等。

际公约与国内刑法相互渗透、互相补充的实践不仅彰显了我国履行国际公约的积极态度，树立了我国负责任的大国的形象，也实现了与国际社会主流刑事法治实践的接轨，促进了我国刑法的科学化、合理化和完备化。[①]

二　我国刑法在与国际公约的衔接方面存在的缺陷

虽说我国刑法对与国际公约的衔接给予了特别关注，但就现状而言，这一方面还存在不少缺陷：

（一）衔接不够深入，存在与国际公约的宗旨和精神不相符合的情况

以刑法中的帝王条款——罪刑法定原则来说，对国际公约中规定的罪刑法定原则的最新理解，就包括不得以法定解释肆意扩张犯罪与刑罚界限的宗旨。[②] 但是在司法实践中，有时存在对刑法解释是否逾越了必要界限的质疑。又如，《公民权利和政治权利国际公约》（以下简称为 ICCPR）第15 条第 1 款规定的罪刑法定原则，要求依据行为人犯罪后的轻法对已生效裁判确定的刑罚予以减刑，我国刑法对此项制度尚付之阙如。这是与国际公约的宗旨和精神不尽符合的。

（二）国际公约的相关规定在我国刑法中的地位不明确

我国所签署和参加的国际公约中有关刑法的规定在我国刑法体系中的地位有待明确。例如，对于我国签署和参加的国际公约中的刑法规范，是可以作为刑法的正式渊源直接加以适用，还是必须通过转化的方式将国际公约中的刑法规范转化为国内法之后再以适用？国际公约中的刑法规范与我国刑法的规定相冲突时，究竟何者优先？这方面的一个突出例子就是《联合国反腐败公约》。《联合国反腐败公约》将贿赂的范围认定为"不正当好处"，即不限于财产性利益，比如请托人为受托人亲属安排工作、晋升职位、提供家政服务乃至性服务等非财产性利益，也可以成为贿赂的非物化形式。但我国的刑法相关规定及其解释至今仍然认为贿赂犯罪所获取的不正当利益仅限于财产性利益。[③] 当行为人接受性贿赂这样的非财产性利益时，《联合国反腐败公约》与我国刑法的相关规定就会产生龃龉，这就会产生冲突时究竟适用哪一个规定的问题。由于我国宪法对国际公约的

---

① 参见王建军《国际公约对刑法修订的影响及其意义》，《刑事法评论》1999 年第 1 期。

② See Kenneth S. Gallant, *The Principle of Legality in International and Comparative Criminal Law*, Cambridge University Press 2009, p. 11.

③ 参见张明楷《刑法学》，法律出版社 2011 年版，第 1066 页。

法律地位及其适用问题没有作出明确的规定，导致理论与实务上众说纷纭，这在很大程度上影响了我国刑法与国际公约的衔接效果。

（三）我国刑法中规定的国际犯罪很不完善

我国《刑法》第 9 条规定："对于中华人民共和国缔结或者参加的国际条约所规定的罪行，中华人民共和国在所承担条约义务的范围内行使刑事管辖权的，适用本法。"根据这一规定，应当在刑法分则中规定相应的国际犯罪。问题在于，我国已经签署和参加的国际公约中规定了种族灭绝罪、反人类罪、战争罪、侵略罪、破坏和平罪以及海盗罪等国际犯罪，但我国刑法并没有将这些国际犯罪纳入刑法分则体系之中，这就导致了我国刑法与国际公约的相关规定无法协调和衔接的困境。在对这些国际犯罪行使普遍管辖权时，就会出现刑法适用的困难。[①] 或许有人会主张，我国刑法中的故意杀人罪，抢劫罪这样的规定可以涵盖以上国际犯罪。不过，以上国际犯罪的内涵并不是我国刑法中现有的罪名所能涵盖的，而且在我国刑法分则没有相应罪名的情况下，根据国际公约直接起诉和惩处犯罪嫌疑人违反罪刑法定原则，另外，基于犯罪构成利用我国刑法中现有的罪名起诉国际公约所规定的国际犯罪也违反了禁止类推的原则。[②]

第二节　我国刑法与国际公约的衔接模式选择

一　可供选择的衔接模式概述

我国宪法对国际公约的法律地位及其适用问题没有作出明确的规定，缔结条约程序法也仅仅规定了缔结条约的程序，没有明确国际公约与国内法的关系，也没有国际公约与国内法发生冲突时何者优先的效力等级的规定。从我国国内的相关实践来看，我国实施国际公约的模式主要有以下两种：

（一）直接适用

所谓国际公约的直接适用，是指将国际公约与国内法视为属于同一体

[①] 随着我国对外交流程度的日益加深，这种困难并非仅是理论上的研讨而是已经具有实践上的意义，我国海军已经在索马里海域执行护航任务，对于抓获的海盗，究竟应当根据我国刑法的哪一条处理？参见郭玉川《我国刑法该如何规定海盗罪》，《检察日报》2009 年 1 月 23 日第 3 版。

[②] 参见马呈元《论中国刑法中的普遍管辖权》，《政法论坛》2013 年第 3 期。

系，因此缔约国缔结或参加的国际公约无须该国采取进一步措施，也无须当事人的选择或法律适用规则的指引，就能直接作为确定当事人之间权利义务的依据。在我国的实践中，大量的民事法律和行政管理法律均采用了直接适用的模式。例如，《民法通则》第142条第2款规定，我国缔结或参加的国际条约同我国民事法律有不同规定的，适用国际条约的规定，但我国声明保留的条款除外。《民用航空法》第184条、《票据法》第95条、《海商法》第268条、《环境保护法》第46条都作了与之相同的规定。我国司法实践中在审理涉外案件时，对有关民商事和知识产权的国际公约都是直接加以适用的。①

（二）间接适用

所谓国际公约的间接适用，是指将国际公约与国内法视为属于不同体系，两者在效力上不具有可比性，因此缔约国缔结或参加的国际公约不能在国内立即适用，只能通过该国依据公约规定来立、改、废国内法的方式在国内间接适用。在我国的实践中，有关领土主权、国际刑事司法协助、人权条约、经济贸易等方面的国际公约在我国国内的执行需要立法机关采取立法措施。② 例如，我国的领海及毗连区法、专属经济区和大陆架法的许多条款基本上都是转化了1982年《联合国海洋法公约》的规定。我国于1975年和1979年参加了《维也纳外交关系公约》和《领事特权与豁免条例》，在转化公约主要规定的基础上于1986年和1990年制定了《外交特权与豁免条约》和《领事特权与豁免条约》。

二　我国刑法与国际公约的衔接模式选择

直接适用和间接适用两种衔接模式各有利弊，我国刑法与国际公约的衔接模式究竟应当选择哪一种呢？本章并不打算为所有的部门法提出一个普遍适用的衔接模式，而是仅为刑法与国际公约的衔接提出某种可行的模式，并主张这一模式应当以间接适用模式为基础，理由如下：

（一）间接适用模式符合我国刑事法领域的衔接实践

我国目前与国际公约的衔接实践是直接适用条约和间接适用条约模式

---

① 参见左海聪《直接适用条约问题研究》，《法学研究》2008年第3期。
② 参见赵建文《国际条约在中国法律体系中的地位》，《法学研究》2010年第6期。

并用，保持在适用方式选择上的灵活性，以满足适用不同条约的需要。① 就我国在刑事法领域的衔接实践而言，一向采取的是间接适用模式。如 1987 年 6 月 6 日国务院关于提请全国人大常委会作出《中华人民共和国对于其缔结或者参加的国际条约所规定的罪行行使刑事管辖权的决定》的议案指出："为使我国因加入或批准这类条约而承担的国际义务同国内法的规定有机地衔接起来，在我国现行刑法关于适用范围的有关规定未作调整之前，国务院认为，有必要提请全国人大常委会作出决定：中华人民共和国对于其缔结或者参加的国际条约所规定的犯罪行为，将视为国内法上的犯罪，在其承担条约义务的范围内，对上述犯罪行为行使刑事管辖权。"因此，以间接适用模式为基础是与我国刑事法领域的衔接实践一脉相承的。

（二）间接适用模式符合刑事法领域衔接实践的国际主流趋势

就世界法治发达国家的实践来看，在刑事法领域与国际公约的衔接实践中也多采取间接适用模式。以英美法系为例，美国刑法只承认普通法、制定法、条例、行政法、法庭规则、模范刑法典、宪法为刑法的正式渊源，并不承认国际公约构成刑法的正式渊源，② 英国刑法承认的刑法渊源与美国刑法极为相似，也不承认国际公约可以直接作为正式渊源加以适用。③ 以大陆法系为例，德国刑法与刑事诉讼法虽然承认《欧洲人权公约》的约束力，但是《欧洲人权公约》的相关规定只有经过国内法的转化程序才能产生效力，原因是德国宪法法院再三重申其有权以宪法权利标准审查欧盟机构的立法是否越权或者"侵犯了宪法的核心领域"。德国宪法法院的观点影响了意大利宪法法院对欧盟法的态度，意大利的实践也认为国际公约需要通过立法转化的方式才能产生法律效力。这种观点被称为"反限制理论"。这一理论也影响到了法国。法国是通过制定国内法的方式将欧盟法转化到本国法律体系之中。在 2004 年以前，法国将转化为国内法的欧盟二级法令一概推定为具有合宪性，然而在当年法国宪法委员会在 88—1082 号案件决定用宪法审查欧盟法令是否合宪，并强调欧盟法令不得损害

---

① 参见刘楠来《国际条约的适用与我国法制的完善》，中国社会科学院社会政法学部：《科学发展社会和谐——构建社会主义和谐社会的理论与实践》，社会科学文献出版社 2007 年版，第 278 页。

② See Daniel E. Hall, *Criminal Law and Procedure*, Cengage Learning 2012, pp. 33 ff.

③ 参见［英］威廉·威尔逊《刑法理论的核心问题》，谢望原、罗灿、王波译，谢望原审校，中国人民大学出版社 2015 年版，译者序第 1 页以下。

法国宪法的特性。① 由此看来，间接适用模式与刑事法领域衔接实践的国际主流趋势是相符的。

（三）间接适用模式符合罪刑法定原则

平心而论，当前的国际公约中有关刑法的规定并不十分明确和系统化，许多公约只规定犯罪的构成要件或罪名而不规定具体的刑罚。巴西奥尼教授就注意到，在国际刑法领域，罪刑法定原则中的"法无明文规定不为罪"（nullumcrimen）只发挥着非常有限的作用，而"法无明文规定不处罚"（nullapoena）在国际刑法中要么缺位要么是通过类推来适用。② 如果采用直接适用模式的话，那么部分国际公约中有关刑法的规定与实践极有可能与罪刑法定原则发生冲突，这也是为什么应当以间接适用模式为基础的原因。

三　以协调论作为我国刑法与国际公约的衔接模式

细心的读者可能发现，本文再三强调我国刑法与国际公约的衔接模式应当以间接适用模式为基础而不是直接采用间接适用模式。这是因为，间接适用模式也有其自身的缺陷。间接适用模式将国际公约构成的国际法体系与缔约国的国内法体系看作为两个不同的体系，这是本文所赞同的，但是它又主张完全依靠缔约国国内的立法机关通过立、改、废国内法的形式来实现国际公约与国内法的衔接，这就未免失于狭隘了。以我国的刑法体系为例，最高人民检察院与最高人民法院颁布的司法解释虽然在学理上并不被接受为正式的法律渊源，但是其指导刑事司法实践的巨大作用是毋庸置疑的。刑法司法解释与刑法规范之间的关系，特别是如何防止司法解释僭越刑事立法权的问题，向来是理论与实务热烈讨论的对象。③ 由此可见，我国刑法要实现与国际公约的衔接，显然不是仅仅依靠立法机关立、改、废国内法的形式就能简单实现的，而是要求我国的立法、行政和司法机关采取一切必要的行为来实现两者之间的协调。这一立场在本质上是以间接

---

① 参见范继增《三角模式下欧洲基本权利保障的冲突与融合》，《法律方法》2015 年第 2 期。

② See M. Cherif Bassiouni, *Crimes Against Humanity in International Criminal Law*, Kluwer Law International 1999, pp. 144ff.

③ 张明楷教授就曾经指出，有的司法解释不是为了解决具体案件如何适用刑法的问题，而是在发挥刑事政策的作用，且在选择路径上存在疑问；有的司法解释的内容不符合罪刑法定原则，表现为类推解释与溯及既往，参见张明楷《简评近年来的刑事司法解释》，《清华法学》2014 年第 1 期。

适用模式为基础的，但是对间接适用模式做了进一步发展，因此被称为"协调论"模式。① 本章所主张的我国刑法与国际公约的衔接模式就是协调论。

第三节　协调论的具体展开：结构耦合

一　系统论作为国际公约和国内法体系的理论基础

我国刑法与国际公约固然应当采用协调论来加以衔接，但具体应当如何协调和衔接呢？国际公约与国内法分属不同的法律系统，采用不同的运作逻辑，与卢曼的社会学系统论存在内在的契合，因此可以借用这一理论来具体阐述这一问题。

卢曼的社会学系统理论认为，全社会的结构形式是社会演化的产物，作为一个整体系统的全社会在不断地分化出它的子系统。全社会的分化经历了三个演化阶段：（1）片段式分化，即全社会系统分化为类似的或相同的子系统，比如家庭、部落和村庄等等。（2）层级式分化，即全社会系统分化为不同类的，阶层式的子系统，并将各色人等归属到不同的层级中去。（3）功能性分化，也是现代社会的分化形式，即全社会分化为具有不同功能的子系统，这些子系统均负担减少、降低全社会系统在运行过程中的复杂性，确保社会沟通有序进行的功能。②

全社会中的每个子系统内部包括了所有与该系统有关的沟通，其余与之无关的沟通形成了该子系统的环境。每个子系统都是一个在运作上封闭，在认知上开放的系统，都有其特有的运作逻辑，即凭借自己的一套"语言"即符号代码来运作，例如经济子系统的代码是：支付/不支付；政治子系统的语言是：有权/无权，每个子系统都以其特有的运作逻辑进行对世界的沟通和观察，保证了系统的再生产是按照系统自身的选择机制进行的，使得系统自身得以不断适应外部环境的复杂性而顺利运转。因此，各个子系统之间是相互独立，互为系统和环境的。换句话说，某个子系统不可能直接规定其他子系统的运作，某个子系统对其他子系统的影响，在

---

① 参见王铁崖《国际法引论》，北京大学出版社 1998 年版，第 177 页以下。

② 参见 Georg Kneer、Armin Nassehi《卢曼社会系统理论导引》，鲁贵显译，巨流图书公司 1998 年版，第 158 页以下。

受影响的子系统看来仅仅是一种来自环境的激扰和刺激，需要该子系统运用自身的运作逻辑去对这种激扰和刺激作出反应。各个子系统之间这种彼此独立，互相支持，功能互助的关系称为"结构耦合"。

国际公约构成的国际法系统与国内法系统，显然也处于这样一种结构耦合的关系。就国际公约构成的国际法系统而言，国际社会中并不存在像国家内部立法机关那样的机构，也不存在超越国家之上的强制机关来实施国际公约，国际公约只不过是缔结国共同意志的反映，国家之上无管辖者，国际公约只是国家之间的协调意志，只是国家之间的约定，是由国家自愿履行的具有国家责任的权利和义务的协定。① 因此，国际公约构成的国际法系统的运作代码是同意/不同意，其功能是约束国家的行为，确保国家之间的关系和国际社会的秩序。就国内法系统而言，立法、执法与司法权属于国家主权，国内法由立法机关制定，由国家强制力保证实施，利用法/不法这组二元符码，采取条件式的纲要进行运作，其功能就是维持社会规范性的行为期待，即使在没有实现或落空时也会得到社会肯定的行为期待。② 由此可见，这两个系统的运作逻辑是完全不同的。国际公约构成的国际法系统不可能直接干涉国内法系统的运作，国际公约所规定的义务对于国内法系统来说只是一种来自环境的激扰和刺激，国内法系统必须以自己的运作逻辑对之作出反应，将国际公约所规定的义务转化为国内法。国际公约构成的国际法系统与国内法系统就成为了一种结构耦合的关系。③ 由于国际公约是国家自我限制主权的结果，国内法是国家主权的体现，因此国际公约构成的国际法系统与国内法系统的联结点就是国家主权。由于国家主权可以区分为立法、行政和司法三个部分，④ 这就意味着，国内法与国际公约的衔接不仅仅是立法机关转化国内法的结果，而是要求立法、行政和司法机关共同协作来实现两者之间的协调，这与前面提出的协调论是一致的。

---

① 参见张晓东《也论国际条约在我国的适用》，《法学评论》2001 年第 6 期。

② 参见［德］鲁曼《社会中的法》，李君韬译，五南图书出版有限公司 2009 年版，第 5 页以下。

③ See Mathias Albert & Lena Hilkermeier（eds.），*Observing International Relations：Niklas Luhmann and World Politics*，Routledge 2004，pp. 103ff.

④ 参见［法］孟德斯鸠《论法的精神》（上册），张雁深译，商务印书馆1961 年版，第 153 页以下。

二　结构耦合的三种形式

如前所述，我国刑法与国际公约的衔接应采取协调论的立场，具体采用的是结构耦合的形式。在参酌我国刑法和国际公约相关立法和司法实践的基础上，我国刑法与国际公约的结构耦合存在三种形式：

（一）理念耦合

在国际公约中，存在一些本身属于某种理念的表述，没有或很少规定相关的具体制度的条款。《世界人权宣言》第 11 条第 2 款与 ICCPR 第 15 条第 1 款规定的罪刑法定原则便是典型。由于这些国际公约中的条款大多仅为国际社会中通行的某种理念的表达，所以从该国际公约中很难找到相应的具体制度规定。不过，这些条款属于刑事法治规律的范畴，是从世界各国的具体刑事制度中抽象出来的，是世界各国所能接受的最小公约数，是现代刑事法治的底线标准，所以建立与完善相关制度的设计只能从世界各国贯彻这些国际公约的具体实践中去寻求。将我国刑法与此类国际公约规定的耦合方式，即将这些公约确定的理念，参酌国际社会与我国刑事法治实践，引入我国刑法体系的做法，称为"理念耦合"。

（二）制度耦合

有相当一部分国际公约规定了相关的具体制度，但这些制度在我国刑法中尚未建立或完善。例如，2010 年在北京签订的《北京公约》和《北京议定书》两个国际航空安保公约，分别对 1971 年《蒙特利尔公约》及其补充议定书和 1970 年《海牙公约》进行了全面修订，将对国际航空安全的保护前置化，新增了危害国际航空安全的抽象危险犯，以有效应对恐怖主义犯罪对国际航空安全的威胁。我国刑法没有规定此类犯罪，只在《治安管理处罚法》中将威胁行为规定为一般违法行为。① 这就需要我国按照国际公约的规定，将国际公约规定的相关制度在我国刑法中加以确立和完善。将我国刑法与此类国际公约规定的耦合方式，即将这些公约所确定的具体制度与规范内容引入到我国的刑法体系之中的做法，称为"制度耦合"。

（三）技术耦合

某些国际公约仅包含一些如何完善国内法的相关制度技术性规则和规

---

① 参见杨惠、张莉琼《国际航空犯罪之威胁罪研究——兼论与我国刑法的衔接》，《河北法学》
2013 年第 1 期。

定，或某些国际公约规定了相关的具体制度，而且这些制度性建议在我国刑法中已经大部分得到采纳，尚没有得到采纳的部分就成为了技术性规定。例如，随着我国反腐败立法的不断完善，《联合国反腐败公约》的相关规定逐渐在我国刑法中基本得到落实，但仍有一些技术性规定尚没有与我国刑法实现衔接。例如，就贿赂的范围而言，《联合国反腐败公约》没有局限于财物，而是笼统地规定为"不正当好处"。这就意味着，贿赂不仅包括财产和财产性利益，还包括性、特权、优惠、便利等一切物质与非物质、财产与非财产利益。[①] 但我国的刑法相关规定及其解释至今仍然认为贿赂犯罪所获取的不正当利益仅限于财产性利益。[②] 这就需要我国按照国际公约的规定，将国际公约规定的技术性规定在我国刑法中加以确立和完善。将我国刑法与此类国际公约规定的耦合方式，即将这些公约所确定的个别技术性规定引入到我国的刑法体系之中的做法，称为"技术耦合"。

三　结构耦合的方法论

本章在具体展开叙述结构耦合的三种形式时，采用论题学的方法。即首先确定所需要讨论的主题，比如 ICCPR 所规定的罪行法定原则，然后将联合国与国际社会对这一主题的理解与实践列举出来形成一个论题目录，再根据我国具体的刑事法治实践，参酌这一论题目录去发现我国刑法体系还存在哪些与国际公约不衔接的问题并提出解决方案。这一方法的优点在于，国际公约与我国刑法借此形成了先在的理解之关联结构，也就是具体讨论的语境；具体的衔接方案可以从这一关联结构中通过体系思维与逻辑推导具体地推演出来。国际公约的相关规定当作一开始就被采纳的立足点，我国刑法中与该立足点不相一致的内容，如果没有诸如国情等方面的特别理由，就会被认为是衔接不完善的体现，这不仅决定了相关研究可以运行的限度，促进了思维经济，还可以在把握问题时有灵活性和伸展力。另外，论题学方法本质上是一种问题导向的思维方法，也便于对我国刑法与国际公约的衔接问题提出对策。[③]

---

① 参见陈泽宪主编《〈联合国反腐败公约〉与中国刑事法制的完善》，中国检察出版社 2010 年版，第 15 页。

② 参见张明楷《刑法学》，法律出版社 2011 年版，第 1066 页。

③ 参见舒国滢《走近论题学法学》，《现代法学》2011 年第 4 期。

第四节　我国刑法与国际公约的耦合

一　理念耦合

由于国际公约中的理念表述没有或很少规定相关的具体制度，我国刑法与国际公约的理念耦合，不得不借助于国际公约本身以外的制度实践。这方面的制度主要有两个：一是联合国的刑事司法准则，二是世界法治发达国家的具体实践经验。

（一）以联合国刑事司法准则作为理念耦合的依据

自二战结束以来，联合国制定、认可或倡导了一系列在刑事司法中应当遵循和贯彻的政策、标准、规则和规范。其宗旨在于促使联合国成员国在刑事司法中，一方面能够及时有效地惩罚犯罪，另一方面保证审判公正，保障人权。这些标准在联合国文件中经常表述为"United Nations Standards and Norms in Criminal Justice"或"UN Criminal Justice Standards"，中文表述为"联合国刑事司法准则"。联合国刑事司法准则主要由三部分组成：（1）联合国制定通过的国际公约；（2）联合国通过的有关宣言、决议和指导原则；（3）联合国制定并推荐的有关示范性或倡议性文书。[①]从联合国对这些文件的汇编文集来看，这些刑事司法准则涵盖人权保障、罪刑法定等方面，是成员国共同努力、反复探讨、斗争妥协、逐步达成共识的结果。它们在相当程度上兼顾了各国国情，逐渐为越来越多的国家认同和接受，为各的刑事司法体制改革提供了可供参考的国际标准和导向，体现了刑事审判发展的普遍规律。因此，在理念耦合中缺乏国际公约的具体制度规定时，应当优先参考联合国刑事司法准则的相关规定。

对以联合国的相关文件作为依据的理念耦合，可以通过下面一个例子来说明。自"二战"结束以来，特别是随着冷战结束与经济和政治全球化进程的快速发展，全球的秩序与安全主要是依靠人权价值及相应机制来加以实现与保障的，在国际事务中，人权占据了最为显要的地位。[②]《世界人

---

① See Compendium of United Nations Standards and Norms in Crime Prevention and Criminal Justice, U-nited Nations 2007, pp. vii ff.

② See Richard Ashby Wilson, "Human Rights in the 'War on Terror'", in: Richard Ashby Wilson (ed.), *Human Rights in the "War on Terror"*, Cambridge University Press 2005, p. 3.

权宣言》与 ICCPR 均将人权保障作为刑法的基础来加以规定。① 但在"9·11"事件之后，面对恐怖主义的严重威胁，各国纷纷开始调整自己的反恐怖主义政策，特别是刑事政策以积极应对，刑法开始偏离人权保障的轨道。由此导致了反恐刑事法治的有效性与人权保障之间的紧张关系，我国自然也不例外。我国在 2011 年《刑法修正案（八）》中对刑法作了修改，加重对恐怖主义犯罪的打击与惩罚。在 2015 年《刑法修正案（九）》中进一步强化了反恐怖主义措施，《反恐怖主义法》也已经于 2015 年由全国人大审议通过并公布实施。从各国的情况来看，反恐立法对公民个人自由和权利的干涉是非常严重的。我国刑法在反恐的同时如何坚守人权保障与法治原则，实现与 ICCPR 的接轨，就成为了一个至关重要的问题。

ICCPR 确立的人权标准具有灵活性，除在第 4 条第 2 款列举了不得予以克减的公民权利外，还允许基于保护国家生存的要求（典型的就是在面临恐怖袭击时），可以对人权作出某种程度的暂时性限制。但公约本身没有对这种暂时性限制作出进一步的说明，这就需要我国刑法参酌联合国刑事司法准则的相关规定。事实上，联合国大会与人权事务委员会已经通过了有关"在反恐怖主义的同时保护人权与基本自由"的决议，要求成员国"必须确保所采取的反恐怖主义措施与国际法，特别是国际人权法、难民法与人道主义法规定的义务相符。"② 联合国经社理事会于 1985 年采纳锡拉库扎的有关限制或克减国际公约中有关公民权利与政治权利的原则（简称"锡拉库扎原则"）为我国刑法实现与 ICCPR 的衔接提供了良好的教益。"锡拉库扎原则"认为，权利限制的基本原则应该包括：法定性原则、必要性与比例性原则、裁量余地原则、非歧视性原则。③

法定性原则要求我国刑法对惩治恐怖活动犯罪的刑事立法进行较大幅度的修正，包括完善刑法分则相关犯罪的和增设恐怖活动犯罪类型。与此同时，我国刑法惩治恐怖活动犯罪的规定必须具体明确。《刑法修正案

---

① 我国虽然签署但未正式批准该公约，但刑事法治的理论和实践均在努力实现与该公约的接轨，参见《2012 年中国人权事业的进展》白皮书，http://www.scio.gov.cn/zfbps/rqbps/Document/1452368/1452368.htm；莫纪宏《批准〈公民权利和政治权利国际公约〉的两种思考进路——关于法治与人权价值次序的选择标准》，《首都师范大学学报》（社会科学版）2007 年第 6 期。

② See General Assembly resolution 571219 of 18 December 2002, para. 1；Commission on Human Rights resolution 2003168 of 25 April 2003, para. 3.

③ See Alex Conte, *Human Rights in the Prevention and Punishment of Terrorism*, Springer 2010, p. 287.

（九）》新增设了 5 种涉恐犯罪，但对"恐怖主义""极端主义""非法持有"等概念没有进行明确界定，有过度扩张刑法之嫌，这就要求我国刑法、相关的立法、司法解释和司法实践对之作出明确的界定。必要性与比例性原则要求我国刑法对权利的干预与所要达到的目的成比例，而且根据案件的具体情况来看是必要的，这就要求我国刑法避免对部分涉恐行为过度犯罪化，例如《刑法修正案（九）》新增设了强制穿戴宣扬恐怖主义、极端主义服饰、标志罪，将其作为第 2 款置于刑法第 251 条第 1 款规定的非法剥夺公民宗教信仰自由罪和侵犯少数民族风俗习惯罪之下。按照刑法第 251 条第 1 款的规定，非法剥夺公民宗教信仰自由和侵犯少数民族风俗习惯的行为只有在"情节严重"情况下才构成犯罪，而强制穿戴宣扬恐怖主义、极端主义服饰、标志罪的法定刑明显高于以上两罪，刑法却并没有"情节严重"的要求，行为人一旦采用暴力、胁迫等方式强制他人佩戴宣扬恐怖主义、极端主义服饰、标志，就构成既遂，这对于打击恐怖主义而言未免有过于严厉和操之过急之嫌。① 这就要求我国刑法惩治恐怖活动犯罪的规定在面对恐怖主义活动时应当严格区分犯罪、一般违法、违反治安管理以及宗教自由行为，不加区分的高压严打于国家的反恐主义斗争有害无益。裁量余地原则要求 ICCPR 成员国在有限范围内，留给司法机关自由裁量的空间。我国刑法对这一原则的体现就是宽严相济的刑事政策。刑法对待恐怖活动犯罪应当宽严有别，对惩治恐怖活动犯罪规定的解释应当在宽严相济的精神要义下揭示和阐明刑法条文的含义，对社会危害性较重、人身危险性较大、顽固抵抗的恐怖活动犯罪人，刑法应当对其施加较重的刑罚，发挥惩罚和预防功能；对社会危害性较轻、人身危险性较小、积极悔悟，或因年龄较小、生活贫困、知识水平较而受到恐怖主义蛊惑的犯罪人，刑法应当侧重体现宽缓的一面，以发挥教育和矫正功能。② 非歧视原则是指不得包含纯粹基于种族、肤色、性别、语言、宗教或社会出身的理由的歧视，这就要求我国刑法在制定和适用惩治恐怖活动犯罪的规定时注意避免出现差别对待。

以上例子清楚地显示了，在理念耦合中缺乏国际公约的具体制度规定

① 参见王志祥、刘婷《恐怖活动犯罪刑事立法评析——以〈刑法修正案（九）〉为重点的思考》，《法治研究》2016 年第 3 期。

② 参见赵秉志《宽严相济的刑事政策与刑法解释关系论》，《河南财经政法大学学报》2008 年第 2 期。

时，应当如何参考与适用联合国刑事司法准则的相关具体规定。不过联合国刑事司法准则并非面面俱到，在联合国刑事司法准则缺乏相关具体规定或内容不确定时，就有必要诉诸世界法治发达国家的具体实践经验。

（二）以世界法治发达国家的具体实践经验作为理念耦合的依据

罪刑法定原则就是这样一种情况：虽然 ICCPR 第 15 条第 1 款的规定已经表述了"法无明文规定不为罪"和"法无明文规定不处罚"这两项罪刑法定原则的基本内容，但是 ICCPR 本身很少对罪刑法定原则作出具体的制度规定，联合国刑事司法准则对此也语焉不详，因此罪刑法定原则极度地依赖于各国对 ICCPR 的具体实践。我国刑法与 ICCPR 中罪刑法定原则的理念耦合，也就必须主要参酌世界法治发达国家的具体实践经验来进行。

我国刑法与 ICCPR 中罪刑法定原则的理念耦合技术的第一步，就是从各国比较法的资料中寻找有关罪刑法定原则共通的具体实践，形成一个论题学上的论题目录。根据比较法学者的研究，它们包括：①

1. 行为人的行为，只有在行为时适用于行为人的法律（事先颁布的立法）规定作为犯罪处罚时才能构成犯罪；

2. 行为人的行为，只有在行为时适用于行为人的法律授权时才能处罚；

3. 法律必须足够清晰，在行为人行为时向其提供该行为是被禁止的通知，否则不得处罚行为人；

4. 法律的解释与适用应当以一致的原则为基础，不得做对行为人不利的类推，也不得通过立法或司法解释创造新的罪名或不合理地扩张犯罪的界限；

5. 由犯罪人个人承担责任，不得因个人罪行而施加集体责任，禁止处罚不当罚的行为；

6. 法无禁止即为许可。

随着世界各国法治与人权保障的进步，尤其是国际刑法与国际私法实践的发展，罪行法定原则的具体内容又新包括了如下内容：

7. 任何行为不得由行为时没有管辖权的法院定罪处罚；

8. 对任何行为的处罚，不得适用与行为时更低或不同的证据标准。

---

① See Kenneth S. Gallant, *The Principle of Legality in International and Comparative Criminal Law*, Cambridge University Press 2009, p. 11.

我国刑法与 ICCPR 中罪刑法定原则的理念耦合技术的第二步，就是将我国刑法的立法和司法实践与上述内容进行比较，寻找我国刑法与的立法和司法实践中与之相比不完善之处。这些不完善之处就构成了我国刑法与 ICCPR 中罪刑法定原则的理念耦合的连接点。

自 1997 年刑法修订以来，我国已经颁布了九个刑法修正案，[①] 罪刑法定原则在我国刑法中得到了较好的贯彻。例如，1997 年刑法废除了 1979 年刑法关于类推的规定，正式确立了罪刑法定原则；施行从旧兼从轻原则，禁止不利于行为人的溯及既往；并且实现了犯罪与刑罚的法定化。但不可否认的是，由于各方面的原因，罪刑法定原则在我国的贯彻还存在种种缺陷与不足。

1. 与 ICCPR 的具体制度规定存在不协调[②]

首先，如前所述，"行为时"是罪刑法定原则的核心概念。ICCPR 特别强调"行为时"，它要求无论是依照内国法还是依照国际法将"任何人的行为或不行为"认定为犯罪或对其处以刑罚都需要以"行为时"为基点；1997 年刑法第 3 条关于罪刑法定原则的规定并没有对适用溯及力原则以"行为时"为基点作出限定。这是一个明显的立法漏洞。

其次，ICCPR 第 15 条第 1 款规定的罪刑法定原则要求依据行为人犯罪后的轻法对已生效裁判确定的刑罚予以减刑，即"如果在犯罪之后依法规定了应处以较轻的刑罚，犯罪者应予减刑"。1997 年刑法规定的罪刑法定原则缺乏"依事后轻法减刑"的规定。也就是说，对已经生效的裁判将不予减刑，即第 12 条第 2 款规定的"本法施行以前，依照当时的法律已经作出的生效判决，继续有效"。显然，两者的相关规定存在明显的冲突。

再者，1997 年刑法没有明确罪刑法定原则中"法"的外延。ICCPR 规定的罪刑法定原则中的"法"的外延既包括内国法又包括国际条约和国际习惯法等国际法。1997 年《刑法》规定的罪刑法定原则中的"法"一般认为是广义的刑法，包括刑法典、单行刑法、附属刑法等关于犯罪与刑罚的规范。从国际法在我国刑事领域的适用情况看，国际刑法规范需转化为国内刑法规范才能在我国的司法中直接适用。这就意味着，那些没有转化

---

① 本文写作时为 9 个，2017 年 11 月 4 日。

② 参见石经海《我国刑法与 ICCPR 之比较与对接——以罪刑法定原则为研究对象》，《法商研究》2010 年第 3 期。

为我国国内刑法规范的关于犯罪与刑罚的国际法规范，并不包括在我国刑法规定的罪刑法定原则中的"法"之内。

2. 与国际社会对 ICCPR 的共通实践存在不一致

首先，某些规范表述模糊，与罪刑法定原则的要求相悖。以争议极大的死刑为例，1997 年《刑法》第 48 条第 1 款规定"死刑只适用于罪行极其严重的犯罪分子"，但这一规定过于原则和抽象，又缺乏实质的内核，导致其限制死刑功能的阙如，这显然是与罪刑法定原则的要求相悖的。

其次，犯罪与刑罚的规定还存在缺陷。就犯罪而言，1997 年《刑法》中存在大量空白罪状，如在分则第三章破坏社会主义市场经济秩序罪第八节扰乱市场秩序罪中就充斥着"违反国家规定"这样的表述，按照第 96 条的解释，"违反国家规定"是指"违反全国人民代表大会及其常务委员会制定的法律和决定，国务院制定的行政法规、规定的行政措施、发布的决定和命令。"由于国务院制定的行政法规、规定的行政措施、发布的决定和命令较之刑法而言相对不稳定，刑法的明确性就会打折扣。[①] 在有关刑罚的方面，也存在同样的问题，法定刑幅度过大的矛盾比较突出，自管制、拘役起一直攀升到无期徒刑、死刑的法定刑配置模式十分常见。而法定刑跨度过大，刑法明确性势必减弱，司法标准必然不统一，这无疑将使罪刑法定原则司法化的顺畅实现受到极大冲击。[②]

我国刑法与 ICCPR 中罪刑法定原则的理念耦合技术的第三步，就是根据发现的连接点提出完善建议，实现我国刑法与 ICCPR 中罪刑法定原则的衔接。

（1）实现与 ICCPR 的具体制度规定的衔接

首先，鉴于"行为时"是适用刑法溯及力原则最重要的立足点和衡量基准，建议适时修改刑法并增加适用刑法溯及力原则以"行为时"为基点的规定，具体表述为："犯罪行为实施时的法律没有规定为犯罪行为的，不得定罪处罚"。

其次，借鉴 ICCPR 第 15 条第 1 款的相关规定，将那些由于新旧刑法之更替而导致刑罚轻重变化的情形纳入减刑的事由，可以考虑将 1997 年刑法

---

① 兜底条款也存在类似问题，关于 1997 年刑法的空白罪状与兜底条款问题，参见陈兴良《刑法的明确性问题：以〈刑法〉第 225 条第 4 项为例的分析》，《中国法学》2011 年第 4 期。

② 参见周光权《罪刑法定司法化的观念障碍与立法缺陷》，《学习与探索》2000 年第 2 期。

12 条第 2 款"本法施行以前，依照当时的法律已经作出的生效判决，继续有效"的规定修改为"本法施行以前，依照当时的法律已经作出的生效判决，继续有效；如果法律在犯罪之后规定了较轻的刑罚的，犯罪者应予减刑"。

再次，应明确规定罪刑法定原则中"法"的外延，对于那些尚没有转化为我国国内刑法关于犯罪与刑罚的国际法规范，可适时通过立法程序使之转化为我国国内法规范。①

（2）与国际社会对 ICCPR 的共通实践实现协调

首先，立法机关必须做好立法解释工作，一方面要对需要进一步加以明确或补充的刑法条文进行解释或者作出相关的补充规定，做到充分阐明法律条文含义，明确罪刑界限；另一方面还必须对最高人民检察院或最高人民法院所作出的司法解释中错误、分歧、超出权限、违反罪刑法定原则之处进行监督和补正。②

其次，立法机关应当进一步完善 1997 年刑法，在适应社会发展和实际情况的基础上，根据修正的必要性和前瞻性，不断地完善对犯罪和刑罚的规定。这些完善规定应当符合刑法的形式合理性与实质合理性的要求，尽量明确适用范围，在不妨碍法官合理的自由裁量权的限度内限制法官自由裁量的任意性。对于空白罪状，应当将"违反国家规定"的范围限制在违反全国人民代表大会及其常务委员会制定的法律和决定上，也可以考虑纳入国务院制定的行政法规。但国务院规定的行政措施、发布的决定和命令由于变动性较大，有损国民的预测可能性，不应纳入"违反国家规定"的范围。

最后，司法机关必须做好司法解释工作。罪刑法定原则是刑法司法解释不可逾越的界限。因此司法机关在作出刑法司法解释时必须接受罪刑法

① 但本文对许多学者所主张的将种族灭绝罪、反人类罪、战争罪、侵略罪、破坏和平罪等国际犯罪纳入我国刑法分则的观点持怀疑态度。理由在于，对这些犯罪的起诉审判更多地属于政治考量而非法律问题。以德国为例，德国刑法就规定了灭绝种族、反人类罪和战争罪。在2003 年伊拉克战争期间，就有人以德国刑法第 80 条的预备战争罪为由要求德国检察机构起诉美国时任总统乔治·W. 布什。最终德国检察机构以缩限该罪的构成要件的形式回避了这一问题，Vgl. Roxin/Schünemann, *Strafverfahrensrecht*, Verlag C. H. Beck oHG 2014, S. 26. 我国刑法分则若规定这些犯罪，在有人借此追诉外国领导人时，也会产生类似问题。

② 参见李翔《刑法修订、立法解释与司法解释界限之厘定》，《上海大学学报》（社会科学版）2014 年第 3 期。

定原则的限制和制约。具体而言，司法解释必须遵循两个原则：自律原则和可预测性原则。自律原则是指司法机关在制定司法解释时，必须要遵从刑法条文本身所蕴含的内容，解释结论必须是刑法条文所涵盖的，不得有超出刑法条文的解释。可预测性原则是指对于司法解释并不感到意外，解释在意料之中，情理之内。① 唯有如此，才能确保司法解释不会僭越立法权，超出罪刑法定的范围之外盲目飞行。

二　制度耦合

有一部分国际公约虽然规定了相关的具体制度，但这些制度在我国刑法中尚未建立或完善。这就需要重新设计我国刑法的相关条款，通过增、改、删的方式将这些制度性规定在我国刑法中加以落实。遗憾的是，我国刑法当前与国际公约的制度耦合尚存在不足和缺陷。下面，以我国刑法与2010 年《北京公约》和《北京议定书》两个国际航空安保公约（以下简称为 2010 年国际航空安保公约）的衔接为例，说明我国刑法与国际公约的制度耦合存在的不足以及完善的具体方式。

（一）我国刑法与国际公约的制度耦合中存在的不足与缺陷

国际犯罪的进化过程始终受到两个截然不同的利益的引导，一是原则，二是政策。② 当前的国际刑事政策领域掀起了新社会防卫论的浪潮，即一方面强调防卫社会的国际协作，一方面强调预防和控制犯罪。2010 年国际民航组织在北京举行的航空安保外交会议通过的《北京公约》和《北京议定书》两个国际航空安保公约就是这种新社会防卫论刑事政策的反映。

2010 年国际航空安保公约分别对 1971 年《蒙特利尔公约》及其补充议定书和 1970 年《海牙公约》进行了全面的修订，使公约能应对那些利用航空器、生物武器、化学武器、核武器，以及以电子和以计算机为基础的恐怖犯罪行为。公约开宗明义地认为发生在民用航空领域的犯罪严重威胁了航空安全、世界安全，有必要采取适当的措施，防止和制止这些已经出现和正在出现的犯罪。所谓"防止和制止"就是打击和预防。2010 年

① 参见毛莉姝《论塑造罪刑法定的刑事司法品格》，《四川理工学院学报》2005 年第 12 期。
② 参见赵秉志主编《国际刑法总论问题》，中国人民公安大学出版社 2007 年版，第 98 页。

国际航空安保公约具体内容的论题目录，包括以下几项：①

1. 增加了新的犯罪行为类型

2010 年国际航空安保公约在 1971 年《蒙特利尔公约》与 1988 年《蒙特利尔议定书》所规定的七种犯罪行为类型的基础上，增设了五种新的犯罪行为类型，这些新增的类型主要是用来应对"新的和正在出现的威胁"，涵括了诸如"滥用航空器作为武器"进行恐怖袭击，利用生化核武器进行恐怖袭击，在航空器上运输生化核武器及采用"威胁"手段进行恐怖犯罪等新的犯罪行为类型，严密了打击恐怖犯罪的刑事法网。

2. 细化共同犯罪内容，增强打击力度

2010 年国际航空安保公约针对共同犯罪这一恐怖主义犯罪的重要组织形式，将现实中可能出现的共同犯罪形式细化规定为危害民用航空安全共同犯罪的内容，具体包括首次将组织或指挥他人实施犯罪者，非法和有意协助他人逃避调查、起诉或惩罚者纳入了公约的制裁范围，并将与他人共谋实施国际航空犯罪，或者协助团伙实施犯罪等共同犯罪形式纳入制裁范围。

3. 首次规定了法人犯罪

1971 年《蒙特利尔公约》和 1988 年《蒙特利尔公约补充议定书》秉承了国际法自然人犯罪主体的传统，没有将法人列入国际航空安保犯罪的主体。2010 年国际航空安保公约在吸纳国际刑法的最新发展趋势的基础上，增加规定了法人犯罪主体。

4. 确定惩罚方式及标准

《海牙公约》和《蒙特利尔公约》对于公约所确定的犯罪没有规定刑罚的具体内容，而 2010 年国际航空安保公约对这些立法空白作了补充。除了对自然人的责任加以追究外，两项文件都规定了可以对设在其领土内或根据法律设立的法人追究责任，并且法人承担责任"不影响实施犯罪的个人的刑事责任"。②

纵观整个 2010 年国际航空安保公约，可以发现，公约并非仅是某种

---

① 参见杨惠、张莉琼《国际航空保安公约的新发展——以〈北京公约〉和〈北京议定书〉为视角》，《中国民用航空》2012 年第 8 期。

② 参见李斌、萨楚拉《论国际航空保安法制的新发展——评 2010 年〈北京公约〉和〈北京议定书〉》，《中国民用航空》2012 年第 8 期。

刑事理念的表达，而是包含了大量的制度性建议和规定。① 因此在航空安保领域，我国刑法与相关国际公约衔接采取的是制度耦合的方式。明确了2010 年国际航空安保公约的立法背景、指导思想与增设或修改的犯罪构成要件，不难发现我国刑法与之存在的不协调之处。一直以来，我国刑法对规制民用航空领域犯罪的直接规定很少且内容较分散；我国刑法与 2010 年国际航空安保公约的罪名衔接也不协调，我国没有专门规定民用航空领域犯罪的单行刑法，在我国航空犯罪的刑事立法中，2010 年国际航空安保公约规定的犯罪，一部分散见于刑法分则各个章节，另一部分，比如威胁罪，在刑法分则中根本找不到相应的规定。由此看来，在航空安保领域，我国刑法与相关国际公约的制度耦合存在缺陷和不足。有必要通过在立法中增、改、删相关条文，在司法中完善相应的解释机制，实现我国刑法与相关国际公约的制度耦合。

（二）我国刑法与国际公约制度耦合的具体方式

2010 年国际航空安保公约新增设了一系列新的犯罪行为类型并将法人列为犯罪主体，表明国际社会已从注重打击传统的对法益造成物质性损害的犯罪行为转向同时注重打击那些仅对法益形成抽象危险的危害行为类型。但这些制度在我国刑法中不是尚不完善，就是付之阙如。因此就需要根据 2010 年国际航空安保公约规定的具体制度及其在我国刑法中的转化等问题形成的论题目录，为这些公约在我国的适用提出政策建议。

1. 通过刑事立法，将公约规定的罪行转化为刑法中的罪名

2010 年国际航空安保公约是国际航空组织第一次在我国签订并以我国城市命名的国际航空安保公约，我国已经签署了该公约，自然应该为公约在我国的适用做好准备。实践也证明了，在国际社会还没有完善的直接执行机制的现实条件下，没有国内法的配合，就无法切实有效地追究危害国际航空安全犯罪的刑事责任。2010 年国际航空安保公约在国内的适用方式是将公约内容转化为国内法的规定，特别是其中刑事法的部分。因此，公约中规定的犯罪必须在我国刑法中有对应的罪刑规范。在将 2010 年国际航空安保公约中列举的犯罪行为转化为国内法中具体的罪名时，由于公约已经详细规定了相关犯罪的构成要件，因此转化在立法技术上是相对比较容易的。

---

① 例如，2010 年国际航空安保公约全面列举了威胁罪的构成要件。

　　以 2010 年国际航空安保公约中新增设的威胁罪为例，公约全面列举了威胁的内容。① 根据公约的规定，行为人必须以实施《北京公约》所规定的九种国际航空犯罪行为相威胁，或者以实施《北京议定书》所规定的劫持航空器罪相威胁，才可能构成公约规定的威胁罪。公约除对威胁内容作了规定外，还对威胁行为的程度作了限定。即只有"当情况显示做出的威胁可信时"，威胁行为才构成犯罪，这一条件相当于我国刑法分则中所规定的"情节严重"。以上两个方面就构成了威胁罪的构成要件。② 由此看来，我国若增设 2010 年国际航空安保公约中新增设的犯罪，在犯罪构成要件的描述上并不存在技术性问题，在刑事立法上所要考虑的问题主要有两个：一是我国刑法中相关犯罪的构成要件是否要完全与 2010 年国际航空安保公约的规定相一致，二是这些犯罪在我国刑法分则中的体系定位。国际公约是缔约国所能接受的最小公约数，规定的是最低标准，因此我国刑法在增设相关犯罪时，与 2010 年国际航空安保公约中规定的犯罪实行行为保持一致便可，罪名及处罚范围不必与公约规定完全一致。这与我国的《引渡法》第 7 条第 1 项"外国向中华人民共和国提出的引渡请求所指的行为，依照中华人民共和国法律和请求国法律均构成犯罪"的规定是一致的。但是为有效履行公约义务，我国刑法规定的对应犯罪的处罚范围至少应大于或等于公约规定而不得小于公约规定。至于这些犯罪在我国刑法分则体系中的定位问题，2010 年国际航空安保公约所强调的就是对公共安全法益的抽象保护，亦即在公共安全尚未被侵害时就进行保护，这种将法益保护前置化的做法能够保证对恐怖活动犯罪打击的有效性，做到防患于未然。因此将这些犯罪规定在危害公共安全罪一章是适宜的。③

　　2. 通过对刑法的修正，实现与国际公约的一致

　　我国刑法中现有的规定与 2010 年国际航空安保公约的规定存在不一

---

① 《北京公约》第 1 条第 3 款明确规定了威胁罪的实行行为：当情况显示做出的威胁可信时，任何人也构成犯罪，如果该人做出这种威胁实施公约中的任何犯罪；或非法和有意地造成任何人收到这种威胁。《北京议定书》第 1 条第 2 款也规定：当情况显示做出的威胁可信时，任何人也构成犯罪，如果该人做出此种威胁实施劫持航空器罪；或非法和有意地造成任何人收到这种威胁。上述"威胁"和"散布威胁"行为就是威胁罪的实行行为，只要行为人实施其中一种行为，就可能构成威胁罪。

② 值得注意的是，从 2010 年国际航空安保公约相关规定的精神来看，威胁罪属于抽象危险犯。

③ 参见杨惠、张莉琼《国际航空犯罪之威胁罪研究——兼论与我国刑法的衔接》，《河北法学》2013 年第 1 期。

致之处。例如，我国刑法分则规定的危害航空安全犯罪的犯罪主体过于狭窄，几乎都限定为自然人，这与前述的公约将法人列入犯罪主体的规定不符。我国刑法分则关于危害航空安全犯罪的规定过于分散，处罚也不严密，没有规定财产刑这样的附加刑。这就需要通过刑法修正案，扩大危害航空安全犯罪的犯罪主体，实现由单一的自然人主体向二元的自然人—法人主体转变；同时考虑调整刑法分则现有的立法结构，在刑法分则中单设一章"危害航空安全罪"，这样做一方面可确保 2010 年国际航空安保公约所界定的犯罪与我国刑法规定的罪名相符，减少构成要件之间的差异；另一方面可将其与一般性质的犯罪相区别，以实现航空安全犯罪的刑罚目的；[①] 再者，应严密刑罚体系，增加附加刑尤其是财产刑的适用，从各国经验来看，这一做法对于预防危害航空安全犯罪是不无裨益的。[②]

　　3. 通过司法解释，实现与国际公约的灵活协调

　　语言在法律（刑法）之适应性机制的建构过程中也发挥着重要的作用。语言既塑造刑法的确定性，也赋予刑法以某种灵活性，正是在语言构筑的确定性与灵活性之间，刑法的各种价值得以兼顾，规范与事实之间的距离得以拉近。[③] 由于刑事立法的条文表述是非常简练的，有时甚至是生硬的，就可能产生不能与国际公约灵活协调的现象，这时司法解释就要承担起具体指导刑法适用的重任，实际上，我国国内航空领域犯罪就是以司法解释为主的。司法解释具有联系刑事政策与刑法适用的功能，把握国际航空领域犯罪刑事政策的时代精神，将其作为一种解释论工具指导对罪刑规范的解释具有重要的意义。2010 年国际航空安保公约强调航空安保刑事措施必须遵循人权保障原则，航空安保刑事措施的有效性往往与之存在龃龉。必须承认，刑事措施有效性与人权保障之间存在一定的权衡取舍，刑事政策的制定者可以根据我国的实际情况，在航空安保措施的有效性与人权保障之间作出某种程度的选择，例如，在涉及反恐时刑事政策的制定者就可以更多地考虑航空安保反恐措施的有效性，但无论如何都不得逾越前

---

① 参见孙运梁《危害航空安全犯罪的惩治与立法完善》，《北京航空航天大学学报》（社会科学版）2010 年第 1 期。
② 参见刘晓山、夏娜《〈国际航空安保公约〉中界定的犯罪及其与我国刑法之衔接》，《江西科技师范大学学报》2015 年第 4 期。
③ 参见周少华《立法技术与刑法之适应性》，《国家检察官学院学报》2011 年第 3 期。

述的人权保障的底线标准。① 在这一刑事政策基础上制定航空领域犯罪的司法解释，为犯罪构成要件的扩大或缩小解释，犯罪的既未遂标准等问题提供指示，能够为我国刑法在全面考量国际公约的有关规定和犯罪演变形势的基础上实现相关犯罪与国际公约精神的灵活协调提供有效的指导。

三　技术耦合

在我国刑法与国际公约的制度耦合与技术耦合之间并不存在非常明显的界限。技术耦合往往体现为制度耦合的"剩余物"，即在制度耦合的过程中，由于种种因素而没有被吸纳入我国刑法的部分。例如，就我国刑法与《联合国反腐败公约》的制度耦合而言，我国按照《联合国反腐败公约》的要求，对刑法中贿赂犯罪的相关条款进行了一系列的修改和完善：首先在《刑法修正案（六）》中对商业贿赂行为的规制进一步明确化；其次，在《刑法修正案（七）》中增设了"利用影响力受贿罪"，从而将国家工作人员的近亲属或者其他关系密切的人以及离职的国家工作人员及其近亲属或者关系密切的人也纳入刑法的视野；再次，《刑法修正案（八）》又将向外国公职人员、国际公共组织官员行贿的行为规定为犯罪，增设了专门的罪名。这一系列的修改较好地实现了国际公约向国内刑法的转化。② 但是，在很多技术性规定和规则方面，我国刑法仍然没有完全实现与《联合国反腐败公约》的衔接。例如，国际社会对《联合国反腐败公约》的通行观点是腐败犯罪所获取的"不正当好处"并不限于财产性利益，比如请托人为受托人亲属安排工作、晋升职位、提供家政服务乃至性服务等非财产性利益，也可以成为贿赂的非物化形式。但我国的刑法相关规定及其解释至今仍然认为贿赂犯罪所获取的不正当好处仅限于财产性利益。又如，《联合国反腐败公约》将受贿罪的犯罪主体明确为"公职人员"，而我国的刑法及其解释关于"国家工作人员"的规定种类繁杂，歧义丛生，司法认定疑难不断，不利于准确、及时、有效地惩治腐败犯罪。③ 如何将这些国际公约中的技术性规定和规则整合进我国刑法，以实现我国刑法与国际

---

① 参见陈泽宪、周维明《反恐、法治、人权：国际公约视角的考察》，《刑事法前沿》第九卷，社会科学文献出版社 2016 年版，第 1 页以下。

② 参见邢爱芬《履行〈联合国反腐败公约〉的国内立法研究》，《河南大学学报》（社会科学版）2011 年第 1 期。

③ 参见张明楷《刑法学》，法律出版社 2011 年版，第 1066 页。

公约制度耦合的进一步完善，就成为了技术耦合需要研究的问题。

（一）我国刑法与国际公约技术耦合中存在的问题

将我国刑法与国际公约的技术耦合可以进一步理解为，填补我国刑法中与国际公约的相关规定有关的立法漏洞。仔细盘点一下，这类漏洞不胜枚举，大体上可以分为以下两类：

1. 入罪范围的漏洞

除前文所提到的不正当好处的例子外，又例如，根据《联合国打击跨国有组织犯罪公约》第 6 条，各缔约国均应寻求范围最为广泛的洗钱罪的上游犯罪。1997 年《刑法》在第 191 条中创设了洗钱罪，并规定毒品犯罪、黑社会性质的组织犯罪和走私犯罪为其上游犯罪，2006 年《刑法修正案（六）》将洗钱罪的上游犯罪扩展为毒品犯罪、黑社会性质的组织犯罪、恐怖活动犯罪、走私犯罪、贪污贿赂犯罪、破坏金融管理秩序犯罪、金融诈骗犯罪七类，但这还是与公约要求的上游犯罪范围具有很大差距。[①] 再如，《TRIPS 协定》在版权犯罪的主观方面要求的故意应当是没有犯罪目的的间接故意就足够了，绝大多数国家和地区对版权犯罪也规定了没有犯罪目的要求的犯罪故意，但是我国刑法规定的侵犯著作权犯罪仍然规定"以营利为目的"。[②]《联合国打击跨国有组织犯罪公约关于预防、禁止和惩治贩运人口特别是妇女和儿童行为的补充议定书》第 3 条（a）项，人口贩运行为的界定包括行为内容与行为手段（方式）两个方面，包括招募、运送、转移、窝藏、接收共五种，而我国刑法的规定与《议定书》并不一致，我国刑法并未区分拐卖妇女儿童的行为方式与行为内容，只是笼统地规定了行为类型，我国刑法中拐卖妇女儿童罪所规定的拐骗、绑架、收买、贩卖、接送、中转六种拐卖行为类型和《议定书》规定的七种行为手段与五种行为内容并不完全对应。[③] 中国刑法与国际公约规定的犯罪入罪范围不一致，意味着有相当一部分行为按照国际公约构成犯罪，而按照我国刑法无法追究刑事责任。这样，一旦有相关行为发生并应该由我国行使管辖权时，我国则很难根据自己的法律行使刑事管辖权，这无疑蕴含着国家主权受侵犯的危险。再者，根据《联合国打击跨国有组织犯罪公约》

---

① 参见《联合国反腐败公约》第 23 条的规定。

② 参见王世洲《塑造世界水平和世界标准的中国版权刑法》，《中外法学》2008 年第 5 期。

③ 参见张苏《我国拐卖妇女儿童犯罪立法与国际公约的衔接》，《中国青年政治学院学报》2014 年第 3 期。

第 34 条第 3 款，为预防和打击跨国有组织犯罪，各缔约国均可采取比本公约的规定更为严格或严厉的措施。我国刑法规定的相关犯罪的入罪范围小于公约，必然会影响到我国对公约义务的履行，不利于我国在国际刑事司法中的地位和形象。①

2. 入罪标准的漏洞

我国刑法在实现与国际公约的制度耦合时，必须保持与公约一致的入罪标准。但从我国的刑事立法来说，某些犯罪的入罪标准较之国际公约的标准偏低。例如，根据《联合国反腐败公约》第 15 条的规定，只要行贿人明知是公职人员而故意直接或间接向公职人员许诺给予、提议给予或者实际给予不正当好处，以使该公职人员在执行公务时作为或者不作为，即可以成立犯罪。而在我国《刑法》第 389 条却规定："为谋取不正当利益，给予国家工作人员以财物的，是行贿罪。"这一规定表明，我国刑法规定的行贿罪是以行为人"谋取不正当利益"为成立条件的，缺少这个条件，行贿罪就不能成立。这样，相当一部分按照公约构成行贿罪的行为按照我国刑法规定就无法受到追究。② 再如，《刑法修正案（七）》增设了"利用影响力受贿罪"，该罪的增设无疑进一步实现了《联合国反腐败公约》的制度耦合。然而，我国刑法将该罪的主体规定为"国家工作人员的近亲属或者其他与该国家工作人员关系密切的人"，这一限定不仅造成我国刑法规定利用影响力受贿罪的入罪标准明显小于《联合国反腐败公约》的规定，而且，"关系密切"如何把握也引起很多争议，实践中确实难以界定。③ 另外，我国刑法中关于受贿罪成立需要以"为他人谋取利益"为成立条件、外国公职人员或国际公共组织官员在中国境内受贿的行为没有加以规定等方面，与《联合国反腐败公约》的规定也有明显的出入。入罪标准的不一致，放纵了相当数量的贿赂犯罪行为，在整体上影响反腐败的力度。同时，入罪标准的不同，也为反腐败的国际合作带来了一定困难。④

① 参见张旭《国际刑法视野下的中国刑法之评判》，《吉林大学社会科学学报》2014 年第 1 期。
② 《刑法修正案（八）》新增的对外国公职人员、国际公共组织官员行贿罪仍要求以"为谋取不正当商业利益"为必要条件。
③ 参见张旭《国际刑法视野下的中国刑法之评判》，《吉林大学社会科学学报》2014 年第 1 期。
④ 世界各国在实践中遵行"双重犯罪"原则，即在国际刑事司法协助领域，作为请求事由的行为必须是请求国和被请求国法律都认为是犯罪，我国刑法的入罪标准低于国际公约的规定，就很难得到入罪标准等于或高于国际公约的规定的国家的认同，我国与这些国家的刑事司法协助就会陷入困境。

（二）我国刑法与国际公约技术耦合的完善

我国刑法在与国际公约的技术耦合方面不尽完善，可能与我国刑事立法一向秉持"宜粗不宜细"的立法观有关，1997 年刑法与其后的九个刑法修正案，都带有回应现实要求的应答性，技术层面的考量可能无暇顾及而被忽略。① 这显然会对我国刑法贯彻落实国际公约以及国际刑事合作带来不利影响。今后在我国刑法的立法与颁布司法解释过程中，进一步完善与国际公约的技术耦合就成为了重要课题。

平心而言，由于国际公约大都已有完备的制度性规定，我国刑法与国际公约的技术耦合至少在立法与司法解释的技术上并不存在太大困难。如前所述，我国刑法与国际公约在技术耦合方面的问题主要体现在入罪范围和入罪标准上与国际公约的标准不一致上。这就需要利用论题学的方法，首先仔细梳理我国加入的有关刑事的国际公约中规定的相关犯罪的种类、罪名和构成要件，然后再与我国刑法的相关条款进行对比，找出存在的差异并形成一个论题目录，然后再根据这一论题目录修订和完善我国刑法。以我国刑法与《联合国反腐败公约》的技术耦合为例，包括进一步扩大洗钱罪上游犯罪的范围，以与《联合国反腐败公约》第 23 条的规定保持一致，将"不正当好处"规定为一切物质利益和非物质利益，以与国际社会对《联合国反腐败公约》中"不正当好处"的理解保持一致；取消行贿罪"为谋取不正当利益"的不当限制，以与《联合国反腐败公约》第 23 条的规定保持一致；将外国公职人员和公共组织人员在中国境内的受贿行为也纳入刑法调整范围，以与《联合国反腐败公约》第 16 条的规定保持一致等等。这对于立法技术水平的要求相对而言并不高。

我国刑法与国际公约的技术耦合的核心问题在于对修订刑法的整体性和前瞻性的考虑。从九个刑法修正案来看，我国刑法与国际公约的技术耦合表现为对刑法的频繁修改，每次修正案的出台，基本都是被动立法的结果，"头痛医头，脚痛医脚"。② 如果我国刑法在修订时有整体考虑，在着手修订某一方面条款时就全面考量国际刑法的有关规定和犯罪演变形势，选择相对弹性或一步到位的立法方式，就能收到既不必对同一内容频繁修改，又能收到严密刑事法网的效果。

---

① 参见张旭《国际刑法视野下的中国刑法之评判》，《吉林大学社会科学学报》2014 年第 1 期。
② 参见郭泽强《从立法技术层面看刑法修正案》，《法学》2011 年第 4 期。

　　当然，在我国刑法与国际公约的技术耦合中，鉴于我国国情，对国际公约的技术性内容也不应当兼收并蓄，照单全收，而是应当立足本土情况，合理利用与借鉴。①

　　1. 注意吸收国际公约的核心成分，而不是照搬公约用语

　　以《联合国打击跨国有组织犯罪公约关于预防、禁止和惩治贩运人口特别是妇女和儿童行为的补充议定书》为例，日本的做法就很值得借鉴。日本在加入《议定书》后对刑法典进行了修改，但并没有照搬《议定书》中的"人口"和"儿童"等用语，而是分别采用了"他人""未成年人"两种表述。② 这种做法既同公约的精神相协调，又没有照搬公约的用语，照顾到了本国的国情。需要注意的是，国际公约所规定的，是缔约各国所能接受的最小公约数，所以在根据本国国情吸收公约规定时，在罪名的设计和犯罪成立条件的表述上不能低于公约的规定。例如，按照《联合国打击跨国有组织犯罪公约关于预防、禁止和惩治贩运人口特别是妇女和儿童行为的补充议定书》第3条（d）项规定，儿童系指任何十八周岁以下者，而我国刑法中拐卖妇女儿童罪中的"儿童"仅指十四周岁以下的未成年人，这就需要调整相关立法确保我国刑法的相应入罪标准不低于国际公约的规定。当然，在吸收公约内容时，要注意结合我国的刑法体系与刑事司法实践，避免引起混乱。

　　2. 注意我国刑法与国际公约立法精神方面的差异

　　《联合国打击跨国有组织犯罪公约关于预防、禁止和惩治贩运人口特别是妇女和儿童行为的补充议定书》第3条（a）项规定，人口贩运中的"剥削目的"的"至少"包括各种性剥削，劳动、服务、劳役等剥削以及器官切除。《议定书》的此规定是与《禁止和立即行动消除最恶劣形式的童工劳动公约》《消除对妇女一切形式歧视公约》《禁止贩卖人口及取缔意图赢利使人卖淫的公约》《儿童权利公约关于买卖儿童、儿童卖淫和儿童色情制品问题的任择议定书》《儿童权利公约》等国际公约的精神是一脉相承的，即不仅仅打击剥削前的"贩运"行为，而且打击剥削人的犯罪。而我国刑法中拐卖妇女儿童罪的犯罪目的是"出卖目的"，这与《议

---

① 参见张苏《我国拐卖妇女儿童犯罪立法与国际公约的衔接》，《中国青年政治学院学报》2014年第3期。

② 《日本刑法典》第225条规定："以营利、猥亵、结婚或者对生命、身体的加害为目的，掠取或者诱拐他人的，处一年以上十年以下惩役。"

定书》的处罚重点并不在于把人当作商品进行买卖的行为，而是在于把人当作牟利的工具进行剥削的行为是不相符的。因此在通过刑法修正案进行修法时，要发现并注意这种差异，避免出现形式上的修改、实质上的背离的现象。

3. 注意利用司法解释灵活协调

以《联合国打击跨国有组织犯罪公约关于预防、禁止和惩治贩运人口特别是妇女和儿童行为的补充议定书》为例，我国刑法中拐卖妇女儿童罪的行为类型与《议定书》规定的七种行为手段与五种行为内容虽不完全对应，但大致可以包含《议定书》的内容。由于成文法的修改程序比较严格、修法成本较高、修法周期较长，在暂时不能修改刑法相关法条的情况下，通过颁布司法解释来指导刑法适用，实现与公约的对接，未尝不是实现同公约的技术耦合的一条捷径。[①] 再以前述我国刑法中拐卖妇女儿童罪中"儿童"的认定标准与《联合国打击跨国有组织犯罪公约关于预防、禁止和惩治贩运人口特别是妇女和儿童行为的补充议定书》的认定标准不一致的情况为例，实际上，我国刑法中拐卖妇女儿童罪中的"儿童"仅指十四岁以下的未成年人并非刑法明文规定，而是司法解释的规定[②]，我国刑法在这方面与国际公约的协调，其实可以简单地通过修改相关司法解释来实现。

第五节　我国刑法与国际公约衔接的范式转换

从我国 1997 年刑法颁行以来二十多年的刑法修改的实践来看，我国刑法在顺应国际刑法发展趋势，回应我国缔结或参加的国际公约的要求，

[①] 对于我国《刑法》第 240 条拐卖妇女儿童罪规定的六种行为类型，可以通过解释使之符合公约的要求，具体体现如下：（1）公约中的"招募"可解释为我国刑法中贩运、接送的预备行为；（2）公约中的"运送"等同于我国刑法中的贩卖加接送（以贩卖为目的的接送）；（3）公约中的"转移"属于我国刑法中的运送或中转行为；（4）公约中的"窝藏"属于收买、接送之后的行为延续状态，事前通谋的，认定为贩卖的共犯行为；（5）公约中的"接收"即收买或者接送行为，参见张苏《我国拐卖妇女儿童犯罪立法与国际公约的衔接》，《中国青年政治学院学报》2014 年第 3 期。

[②] 1992 年"两高"印发的《关于执行〈全国人民代表大会常务委员会关于严惩拐卖、绑架妇女、儿童的犯罪分子的决定〉的若干问题的解答》明确规定："儿童"是指不满十四周岁的人。

注意国际刑法的国内化方面做出了相当的努力。但就总体而言，正如某些学者所指出的那样，"立足于中国国内新的历史时期经济社会发展过程中出现的新情况和新问题，对危害经济社会发展的犯罪行为的法律遏制和回应"是刑法修改和发展的主基调，九个刑法修正案对国内因素的考量远远多于对相关国际公约的回应。因此，我国刑法修改的实践从国际公约角度来看是比较匮乏的，国际公约转化为国内刑法的进程较慢，而且不够彻底。从国际形势来看，犯罪的国际化趋势增强，日益彰显出与国际公约实现衔接的重要性。犯罪的国际性和跨国化使得个别国家的局部打击和单一防范变得无能为力。面对新形势、多元化的国际性犯罪和跨国性犯罪，我国必须在超国家的层次上作出反应，与其他国家联手对付犯罪，要与其他国家开展国际刑事司法合作，就必须遵从国际公约的基本原则，实现中国刑法与国际刑法的有效对接。[①] 因此，顺应国际公约的发展趋势，充分关注我国刑法与国际公约的有效衔接，是中国刑法发展和完善的必然要求。[②] 针对我国刑法对国际公约层面的关注不足，对国际公约的转化和回应乏力的局面，应当在强调国际公约的视角上，实现我国刑法与国际公约在理念、制度、技术上的耦合。

值得注意的是，我国刑法与国际公约的衔接，开始出现了"范式转换"的情况。[③] "范式转换"，是指我国刑法在与国际公约的衔接中，不再仅仅体现为我国刑法与国际公约的直接衔接，即通过修、改、废国内刑法的方式将国际公约的相关规定吸纳入我国刑法中，也包含了我国刑法与国际公约的间接衔接，即我国的刑法以外的部门法与国际公约实现衔接，然后我国刑法再通过与这些部门法衔接的形式，实现与国际公约的衔接。借此，我国刑法与国际公约的衔接范式由单维变成了立体，这与"立体刑法

[①] 例如，我国现行刑法第383、386条在贪污罪、受贿罪的法定刑上均设置了死刑，对于个人贪污、受贿数额在十万元以上、情节特别严重的犯罪人，则可能被判处死刑。外逃贪官在国内贪污、受贿所得往往以上百万甚至上亿元计，一旦被引渡、遣返回国，他们均有可能被判处死刑。国际上通行的"死刑犯不引渡"原则要求，出于人道主义的考虑，被请求国很可能会拒绝对于可能被判死刑的人进行引渡。

[②] 参见张旭《国际刑法视野下的中国刑法之评判》，《吉林大学社会科学学报》2014 年第 1 期。

[③] 哲学家托马斯·库恩在其《科学革命的结构》一书中，提出了"范式转换"的概念。他认为，所谓范式，就是指特定的科学共同体从事某一类科学活动所必须遵循的那些得到该共同体承认的模型或模式。某个研究领域获得了范式，获得了范式所容许的那种深奥的研究，就是这个领域中的科学已经成熟的标志。范式转换，即新的范式取代旧的范式，属于科学革命的实质，它将从根本上改变该领域科学研究的世界图景。

学"的思路是不谋而合的。

例如，ICCPR 中罪刑法定原则的最新实践包括了任何行为不得由行为时没有管辖权的法院定罪处罚；对任何行为的处罚，不得适用与行为时更低或不同的证据标准两项，这两项并非刑事实体法规定而是刑事程序法规定。由此看来，很多在传统意义上被理解为属于刑事实体法领域的理念、原则和制度开始向刑事程序法的领域扩展。我国刑法若要接纳这两项规定，当然不可能在刑法中直接规定这种刑事程序法的内容，而是应当首先在刑事诉讼法中规定这两项原则，然后在刑法中以设置新的罪名或扩大原有罪名的构成要件（例如渎职犯罪）的形式，将违反这两项原则的行为入罪化，借此实现与 ICCPR 中罪刑法定原则的间接衔接。又例如，《保护人人不受酷刑和其他残忍、不人道或有辱人格待遇或处罚宣言》第 12 条明确要求："如经证实是因为受酷刑或其他残忍、不人道或有辱人格的待遇或处罚而作的供词，不得在任何诉讼中援引为指控有关的人或任何其他人的证据。"《禁止酷刑和其他残忍、不人道或有辱人格的待遇或处罚公约》附录第 15 条明确规定："每一缔约国应确保在任何诉讼程序中不得援引任何确属酷刑逼供作出的陈述为证据，但这类陈述可引作对被控施用酷刑逼供者起诉的证据。"这就要求，一方面要在刑事诉讼法中建立因刑讯逼供而排除非法证据的规则，一方面需要在我国刑法中将刑讯逼供的行为与使用因刑讯逼供获得的证据的行为入罪化。我国刑法已经规定了刑讯逼供罪，但与刑事诉讼法的衔接显然不足。刑事诉讼法应当参照禁止酷刑的有关国际公约的要求，明确刑讯逼供与非法证据排除的要件，我国刑法再根据这些要件，具体确定刑讯逼供的行为与使用因刑讯逼供而获得证据的行为的构成要件，实现直接与刑事诉讼法，间接与反酷刑的国际公约的衔接。当然，这种间接衔接不是单向的，刑法通过其他部门法与国际公约实现衔接，其他部门法也在通过刑法与国际公约实现衔接。例如，ICCPR 第15 条第 1 款规定的罪刑法定原则要求依据行为人犯罪后的轻法对已生效裁判确定的刑罚予以减刑。如果我国刑法引入了这一规定，那么必然要在刑事诉讼法中规定减刑的具体程序，刑事诉讼法借此通过我国刑法与 ICCPR 实现了衔接。更加复杂的是，间接衔接可能同时涉及数个部门法之间与国际公约的衔接。例如，《联合国反腐败公约》第 54 条第 3 款规定必须通过请求国的生效判决来实现腐败犯罪资产的返还，外逃贪官绝大多数都是在刑事判决作出前就闻风外逃至他国，造成追逃追赃困难的事实，刑事案件的缺席审判很难被大多数国家认同，因此，仅仅根据刑事定罪程序来没收腐败犯罪资产既不利于我国追回外逃的腐败犯罪资产，也难以为《联合国反腐败公约》的缔约国提供此类刑事司法协助。因此，我国不仅要在刑事诉讼法中设立独立的特别没收程序，而且要建立可操作性强的民事法上的配套制度，以便在腐败犯罪分子死亡、潜逃或缺席无法对其起诉的情况下，法院能够通过便捷的法定程序对其作出查封、冻结、扣押、没收、返还腐败犯罪资产的裁判，从而有利于获得相关国家的有效司法协助，挽回国家与人民的损失。在这种情况下，间接衔接涉及我国刑法通过刑事诉讼法和民法与国际公约的衔接。[①]

由于这种间接衔接牵涉到与其他部门法之间错综复杂的关系，因此比直接衔接显得更为困难，但从国际公约及其实践的发展趋势来看，这种间接衔接是难以避免的。我国刑法乃至刑法学者与实务人士应当关注这种我国刑法与国际公约衔接的范式转换，做好应对新的理论与实践挑战的准备。或许，这正如老子所说的那样："千里之行，始于足下。"

[①] 参见陈泽宪、周维明《追逃追赃与刑事司法协助体系构建》，《北京师范大学学报》（社会科学版）2015 年第 5 期。

第十二章　刑法与治安管理处罚法

　　刑法与治安管理处罚法的关系是我国法律衔接机制中的一个重要问题，也是实践中存在争议较多的一个领域。本章重点研究三个方面的问题：一是刑法与治安管理处罚法的基本关系，及其相关的冲突表现与协调方式；二是如何看待《刑法修正案（九）》对若干治安违法行为的犯罪化，以及在立法上应进行哪些前瞻性的思考；三是在《刑法》与《治安管理处罚法》存在法规竞合的情形下，如何对犯罪与治安违法行为进行合理的界分。

第一节　刑法与治安管理处罚法的关系

　　《刑法》与《治安管理处罚法》是我国两部重要法律，二者有着不同的调整对象和调整方法，但也存在着一定的法律冲突。所谓法律冲突，是指两个或两个以上不同法律同时调整一个相同的法律关系，在这些法律之间产生矛盾的社会现象。一般来说，只要各法律对同一问题作了不同规定，而当某种事实又将这些不同的法律规定联系在一起时，法律冲突便会发生。① 法律冲突是法治的一种消极因素，它的存在会极大地损害法律的尊严，造成法律实施过程中的混乱，削弱法律实施的效果。在《治安管理处罚法》出台之后，刑法与治安管理处罚法的冲突问题很快成为理论界和实务界关注的焦点之一。本章从刑法与治安管理处罚法的关系入手，对二者的冲突表现进行具体梳理，进而提出协调二者的若干建议，寄望于能对这一问题的解决有所助益。

---

① 　参见赵震江主编《法律社会学》，北京大学出版社 1998 年版，第 366 页。

一 刑法与治安管理处罚法的关系定位

刑法与治安管理处罚法虽然隶属于不同的法律部门，有着不同的调整对象和调整方法，但由刑法保障法的地位所决定，二者之间也必然会存在紧密的联系。当运用治安管理处罚手段不足以保护法益时，刑法作为社会惩罚违法行为的最后一道防线就会走向前台，以其严厉的制裁手段发挥保障法的作用。从刑法的发展史来看，随着 20 世纪人类步入行政法时代，行政法在整个法律体系中日益占据重要地位，刑法与行政法逐渐产生了更多的关联。刑法中除了规定那些天然具有严重的社会危害性和伦理违反性的自然犯之外，也出现了大量违反行政管理法规但不具有明显的伦理道德违反色彩的行政犯。对于这些违反行政管理法规的行为，一般首先通过行政处罚手段予以规制，对其中社会危害性比较严重，运用行政处罚手段不足以抑制的行为则会予以犯罪化，动用刑罚手段进行制裁。对于现代社会而言，刑法的发展变化在很大程度上体现为行政犯的不断增加，而自然犯则处于较为稳定的核心刑法的领域。刑法的保障法特征以及刑法的发展史决定了刑法与行政法之间必然存在相互影响和紧密联系，特别是刑法与治安管理处罚在调整的领域方面存在较大范围的重合，由此也导致二者存在递进式的关联关系。对于行政犯而言，首先违反的是前置的行政法律规范，在此基础上又进一步违反了刑法规范，即具有行政违法和刑事违法的双重违法性。

我国刑法确立的犯罪概念是一个定性与定量相结合的概念，刑法只处罚社会危害程度严重的不法行为，大量社会危害程度较轻的行为则让位于治安管理处罚法处罚。从而，我国对社会治安管理采取的是以社会危害程度为轴划分的二级制裁体系——刑罚和治安处罚，这种立法模式决定了在我国治安管理处罚法和刑法之间在很大程度上存在一种层进互补的关系，二者互相结合共同编织了一张维护社会治安秩序的法网，轻微的违反社会治安管理秩序的行为交给治安管理处罚法去处理，危害性较大的违反社会治安秩序的行为则交给刑法加以规制。这样一种层进互补的关系决定了两部法律除了部分各自专属于自身的行为构成要件之外，还存在着大量重合的行为类型，区分两部法律重合部分的行为类型则依赖于定量因素。但这仅仅是一种应然的刑法与治安管理处罚法的关系定位状态，从实然的角度去审视我国刑法与治安管理处罚法的关联关系，就会发现二者之间不仅仅是简单的递进和互补的关系，由于立法主体的多元化、新法与旧法的冲突等原因，二者之间的关系还呈现出相互冲突的一面。

二　刑法与治安管理处罚法的冲突表现

长期以来，受传统法律文化观念的影响，我国非常重视制定大而全的法典，而忽视了不同法律之间的互相协调、衔接与配合，如刑法与行政法之间就出现了一些矛盾、交错与混乱，刑法与治安管理处罚法之间的冲突协调问题尤其引人关注。二者作为全面调整社会关系的综合性大法，在法律调整范围上不可避免地存在诸多交叉与冲突的地方，特别是违反治安管理行为和犯罪行为的界限不清，给司法实践带来了一定的困惑。

《治安管理处罚法》第 2 条规定："扰乱公共秩序，妨害公共安全，侵犯人身权利、财产权利，妨害社会管理，具有社会危害性，依照《中华人民共和国刑法》的规定构成犯罪的，依法追究刑事责任；尚不够刑事处罚的，由公安机关依照本法给予治安管理处罚。"《刑法》第 13 条规定："……以及其他危害社会的行为，依照法律应当受刑罚处罚的，都是犯罪，但是情节显著轻微危害不大的，不认为是犯罪。"这一"但书"规定被认为是确立了我国刑事立法"定性＋定量"的立法模式。犯罪不仅是危害社会的行为，而且其危害性必须达到相当严重的程度，在我国《刑法》分则中常见的表述为"数额较大、巨大、特别巨大""情节严重、特别严重""造成其他严重后果"等。由此可见，在我国，刑事违法和行政违法之间的差别是通过量的差别来体现的，同样的行为模式，因危害程度的不同而分属于刑事犯罪和行政违法行为，危害程度轻微的，属于违反治安管理处罚法，由行政处罚规制，危害程度严重的，由刑罚规制。这种试图以量的差异来实现行政处罚和刑罚资源分配的做法必然要求刑法规定的行为类型和治安管理处罚法规定的行为类型必须相同，同时，二者在构成要件的表述上也必须尽可能地明确具体，如此才能实现无缝对接。

在《治安管理处罚法》起草、审议的过程中，立法者已经意识到了治安管理处罚法和刑法衔接和协调的重要性，将治安管理处罚法律与刑法的衔接作为草案的指导思想之一，并作出了积极的努力。但是，仔细研究治安管理处罚法与刑法的具体规定，可以发现二者仍然存在为数不少的冲突之处。根据有些学者的统计，在《治安管理处罚法》第三章"违反治安管理的行为和处罚"共计四节 54 个条款中，有 42 个条款与刑法的 70 个条款存在重合与冲突，占该章条文总数的 77.8%。① 数量如此之多的条款存在着不同程度的重合与冲突现象，导致了法律适用上的困惑和无奈。审视我国《刑法》和《治安管理处罚法》的规定，可以发现二者存在许多断层，某些规定存在自说自话的问题，无法衔接起来，甚至出现抵牾之处。具体表现在如下几个方面。

第一，《刑法》与《治安管理处罚法》规定了完全或基本相同的行为，却适用不同的处罚，但如何区分罪与非罪的界限二者却并未明示，导致法律适用的不明确。据笔者粗略统计，《治安管理处罚法》有 11 个条文，涉及 14 种行为与刑法分则的有关条文在对行为特征的描述上基本相同。比如《刑法》第 359 条规定了引诱、容留、介绍卖淫罪："引诱、容留、介绍他人卖淫的，处五年以下有期徒刑、拘役或者管制，并处罚金；情节严重的，处五年以上有期徒刑，并处罚金。"《治安管理处罚法》第 67 条也规定了对引诱、容留、介绍卖淫行为的处罚："引诱、容留、介绍他人卖淫的，处十日以上十五日以下拘留，可以并处五千元以下罚款；情节较轻的，处五日以下拘留或者五百元以下罚款。"可以看到，尽管二者规定的行为表现毫无二致，处罚却大相径庭，这就产生了法律适用上的疑惑，行为人实施了引诱、容留、介绍卖淫的行为的，究竟应该适用《刑法》还是《治安管理处罚法》对其进行处罚？如果认为情节严重的才依刑法处理，那么什么样的行为才算得上严重，无论是《刑法》还是《治安管理处罚法》都未作出明确的说明。此外，《治安管理处罚法》第 69 条关于组织播放淫秽音像、组织淫秽表演的规定与《刑法》第 364、365 条关于组织播放淫秽音像制品、组织淫秽表演罪的规定，《治安管理处罚法》第 73 条关于教唆、引诱、欺骗他人吸食、注射毒品的规定与《刑法》第 352 条关于引诱、教唆、欺骗他人吸毒罪的规定等都存在类似的问题。这种冲突是比较明显的冲突，在条文表述上看不出两部法律对行为类型描述的差异，导致了公安机关在面对此类行为时，尺度难以把握，难免出现执法不一的情况，从全国范围来看，执法的地区差异性更为明显。这里所列举的是部分行为类型相同或基本相同的规定，综观《治安管理处罚法》和《刑法》的

① 参见庄伟、曾静音《刑法与治安管理处罚法的条款冲突及协调——以海淀检察院公诉二处办理案件为样本》，戴玉忠、刘明祥主编《犯罪与行政违法行为的界限及惩罚机制的协调》，北京大学出版社 2008 年版，第 227 页。

规定，还有大量的条款虽然在条文表述上并不一致，但在实质内涵上却很难看出两部法律规定的差异来，这种冲突是一种隐形冲突。比如，《治安管理处罚法》第30条规定："违反国家规定，制造、买卖、储存、运输、邮寄、携带、使用、提供、处置爆炸性、毒害性、放射性、腐蚀性物质或者传染病病原体等危险物质的，处十日以上十五日以下拘留；情节较轻的，处五日以上十日以下拘留。"而《刑法》第125条第二款规定了非法制造、买卖、运输、储存危险物质罪："非法制造、买卖、运输、储存毒害性、放射性、传染病病原体等物质，危害公共安全的，依照前款的规定处罚。"从二者的条文表述上看，都包含有制造、买卖、运输、储存毒害性、放射性、传染病病原体等危险物质的行为，只是刑法同时要求具备"危害公共安全"的要件，但问题是这里的"危害公共安全"是仅指客观上发生了危害公共安全的实害结果，还是也包括发生危害公共安全结果的"危险"。如果认为包括"危险"的话，就很难对行为的罪与非罪作出区分，因为上述行为本身的性质决定了它们或多或少都会具有危害公共安全的危险。

第二，《刑法》针对某些行为规定了罪名，《治安管理处罚法》并未对这种行为作出相应的规定，当出现符合刑法规定犯罪的行为类型，但因没有达到"量"的要素而不构成犯罪的情况时，会出现法律适用上的盲区，导致"两不管"现象的产生。例如，以窃取、骗取等手段实施的职务侵占行为，如果未达到数额较大的标准，不够刑事处罚的，此时能否依照《治安管理处罚法》第49条的规定来处理？职务侵占罪，是指公司、企业或者其他单位的人员，利用职务上的便利，将本单位财物非法占为己有，数额较大的行为。职务侵占罪的客观方面表现为行为人利用职务上所具有的主管或者管理、经手本单位财务的方便条件，采取侵吞、窃取、骗取等各种手段，非法占有本单位财物，数额较大的行为。在行为方式上，行为人可以采取窃取、骗取等手段。职务侵占罪的罪名最早规定在全国人大常委会《关于惩治违反公司法的犯罪的决定》（1995年2月28日通过），在此之前，对于非国有公司、企业或者其他单位人员（不包括国有公司、企业或者其他国有单位委派到非国有公司、企业以及其他单位从事公务的人员），利用职务上的便利，窃取单位财物的，则按盗窃罪处理；如果采用诈骗方式的，则按诈骗罪处理。那么，在目前的法律规定下，如果行为人实施职务侵占行为，但尚未达到职务侵占罪入罪标准的，由于《治安管理处罚法》没有规定对职务侵占行为的处理，只规定了对盗窃、诈骗行为的处理，此时能否依照该规定论处呢？实务界对此看法不一。有观点持否定态度，理由是：《治安管理处罚法》既然没有对此作出明确规定，就不能给予治安管理处罚，既然刑法上盗窃罪、诈骗罪与职务侵占罪是有区别的，在治安管理处罚上也应当有所区别。① 这里涉及一个深层次的问题：治安管理处罚法和刑法规定的行为类型有无必要一一对应？刑事立法基于保护法益的不同、行为对象和行为方式的不同，② 从不同的角度对具有相似的行为类型的行为作出了不同的规定，导致了错综复杂的法条形态。问题是，《治安管理处罚法》是否也要对这些行为分别作出类似的规定呢？有观点认为，对于某些行为，在刑法上基于法条之间错综复杂的关系，根据行为对象、行为方式的不同而将其规定为不同的罪名，《治安管理处罚法》并不要求对这些行为也要作分别类似的规定，二者之间并不要求一一对应。关键是在构成要件的范围内，能否解释得通。③ 这种观点在解释论上不存在较大困难，但要将尚不够刑事处罚的职务侵占行为按《治安管理处罚法》规定的盗窃、诈骗行为予以定性，也存在问题。如果职务侵占行为的数额高于刑法上盗窃罪、诈骗罪的立案标准，则又构成盗窃罪、诈骗罪，显然陷入了两难的困境。此时，若按盗窃罪、诈骗罪处理，则对同一种行为，仅因数额的不同而导致此罪与彼罪的区别显然是不具有正当性的；若按《治安管理处罚法》第 49 条的盗窃、诈骗行为处理，显然又过于宽纵行为人，试想行为人实施普通的盗窃、诈骗行为获取相同数额的财物尚构成犯罪，利用职务便利，采取窃取、骗取手段获得相同数额的财物却按一般的违法行为处理，明显轻重失衡。因而，无论按盗窃罪、诈骗罪处罚，还是按照《治安管理处罚法》第 49 条的规定处理，都不具有合

① 参见许成磊《刍议刑事不法与行政不法的界限——以〈治安管理处罚法〉为视角》，戴玉忠、刘明祥主编《犯罪与行政违法行为的界限及惩罚机制的协调》，北京大学出版社 2008 年版，第 212 页。
② 这里涉及刑法的类型化标准问题，刑法的类型化是指对具有严重的法益侵害性有必要用刑法加以规制的行为按照一定的标准加以类型化，将其纳入到犯罪圈中。刑事法网的编织要做到严密而有条理，不致盘根错节，因而类型化的标准至关重要。笔者以为，刑法的类型化，首要的标准是行为所侵犯的保护法益，这是类型化的最基本的标准；其次，刑法的类型化还应符合相似行为相似处理的规则，这是检验类型化是否合理的标准。
③ 参见许成磊《刍议刑事不法与行政不法的界限——以〈治安管理处罚法〉为视角》，戴玉忠、刘明祥主编《犯罪与行政违法行为的界限及惩罚机制的协调》，北京大学出版社 2008 年版，第 212 页。

理性。

　　第三，《治安管理处罚法》的某些用语模糊，导致《治安管理处罚法》和《刑法》的调整范围不明确，界限不明朗。例如，《治安管理处罚法》第 32 条规定的非法携带枪支、弹药行为与《刑法》第 128 条规定的非法持有枪支、弹药罪。"携带"和"持有"的区别仅在于"持有"的范围要广于"携带"，持有不仅指携带在手中或身上，也包括藏在住所或其他地方等，"携带"应当是"持有"的一种方式。这里，法条没有明确二者的界限何在，导致在适用时无所适从。

　　第四，《治安管理处罚法》的某些规定和《刑法》规定存在交叉现象。例如，《治安管理处罚法》第 52 条第 1 项规定的伪造、变造或者买卖国家机关、人民团体、企业、事业单位或者其他组织的公文、证件、证明文件、印章的行为，与《刑法》第 280 条规定的伪造、变造、买卖国家机关公文、证件、印章罪以及伪造公司、企业、事业单位、人民团体印章罪，二者的规定存在交叉，在条文表述上存在无法对应的现象。具体来说：第一，《治安管理处罚法》规定处罚伪造、变造、买卖国家机关公文、证件、证明文件、印章的行为，而《刑法》规定只处罚伪造、变造、买卖国家机关公文、证件、印章的行为，对证明文件则未作规定。公文和证明文件显然是两个不同的概念，公文作为一种特定体式的文体，在国家政治生活、经济建设和社会管理活动中起着十分重要的作用，有着严格的规范要求，而证明文件的格式要求则不如公文严格。1997 年刑法典在制定之时，并未将证明文件包括在内，但事实上实践中发生了大量的伪造、变造、买卖国家机关证明文件的行为，其社会危害性和伪造、变造、买卖公文、证件、印章的行为相当，应当作为犯罪处理。1998 年 5 月 8 日，最高人民法院、最高人民检察院、公安部、国家工商行政管理局联合出台了《关于依法查处盗窃、抢劫机动车案件的规定》，其中第 7 条规定，伪造、变造、买卖机动车牌证及机动车入户、过户、验证的有关证明文件的，依照《刑法》第 280 条第 1 款的规定处罚，即按照伪造、变造、买卖国家机关公文、证件、印章罪处罚。从这一司法解释来看，解释者为了处罚伪造、变造、买卖机动车入户、过户、验证的有关证明文件的行为，只好将其解释为包含在《刑法》第 280 条规定的"公文"含义之内，这显然是一种无奈的权宜之计。之后出台的《治安管理处罚法》将证明文件纳入到了规制范围之内是适当的，只是《刑法》的规定有待修改。第二，《治安管理处罚法》规定了处罚伪造、变造或者买卖人民团体、企业、事业单位或者其他组织的公文、证件、证明文件、印章的行为，对照《刑法》第 280 条第 2 款的规定，缺少了"公司"，公司显然不同于企业，这恐怕是《治安管理处罚法》的一个疏漏。

上述所指出的刑法与治安管理处罚法的冲突主要是体现在法律规范、法律条文在规定上的不一致、不衔接，这是一种静态的法律冲突，属于法律规范、技术层面的冲突。刑法和治安管理处罚法之间还存在着一种动态冲突，表现在两部法律在法律适用过程中产生的行政执法与刑事司法的冲突，在深层次上体现了行政权和司法权的冲突，集中表现为实践中"以罚代刑"和"以刑代罚"两种现象的存在。当然，这里的动态冲突根源于静态冲突。

三　刑法与治安管理处罚法的协调路径

刑法与治安管理处罚法的协调问题，既是一个立法问题，也是一个执法问题。因而，二者相协调的途径也应当从立法层面和执法层面分别加以考虑。

（一）刑法与治安管理处罚法的立法协调

实现刑法与治安管理处罚法的立法协调，应重点做好两个方面的工作；一是要坚持合理的立法原则；二是要在具体的法律规定上实现二者的合理衔接。

1. 坚持合理的立法原则

立法原则主要解决治安管理处罚法和刑法的调控边界问题。具体来说就是，要明确治安违法行为与犯罪的界限何在，哪些治安违法行为可以入罪，哪些治安违法行为只适宜作为一般行政违法行为予以处置？笔者认为，对此应主要坚持以下三项原则。

首先，坚持刑法的谦抑性原则。对于治安管理处罚法和刑法的调控边界问题，需要从对犯罪的认识着手加以把握。犯罪观直接涉及刑事政策的走向和刑法追求的价值目标，而且犯罪本身是一种非常复杂的社会、法律现象，这无疑增加了对犯罪作出科学界定的困难性。有学者主张对行政犯犯罪圈的划定和刑罚的设置要贯彻"积极介入"和"适度介入"相结合的原则。[①] 笔者赞同这种看法。行政法规对一个国家的政治、经济、文化以

---

① 参见游伟、肖晚祥《论行政犯的相对性及其立法问题》，《法学家》2008 年第 6 期。

及社会等各个领域的调整具有的广度与深度是其他法律难以企及的。在形式法治国向实质法治国的变迁过程中，要求以自律自主的市民社会为本位的自由国家转换为行政主导的福利国家，福利国家希望国家和行政权扮演积极促进和保护个人生活的角色。这种新型社会福利型国家行政的产生，使得增加国民生活安全与幸福，保护国民整体利益的思想在社会中逐渐占据了主导地位。公共福祉作为刑法保护对象的观念也日益受到人们的重视。但是也应当看到，随着当今社会国家行政管理任务和行政目的的日益扩张和增多，立法上不知不觉地扩大刑事不法应有的界限，把一些本该赋予行政罚或秩序罚（Ordnundsstrafe）等法律效果的行政不法行为，轻易地赋予刑事刑罚（Kriminalstrafe）的法律效果，使为数不少的行政法规，因其所附刑罚的罚则规定，变成为附属刑法，造成所谓的刑法的膨胀（Inflation des Strafrechts）现象，也即德国法学家拉德布鲁赫所称的刑法肥大症（Hypertrophie von Strafgesetz）。① 在这种状况下，不少行政不法行为被当作刑事不法行为处理。在刑罚的膨胀状态下，使刑事司法机构的工作负担直线上升，滋生许多弊端，不利于法秩序的维持。这种刑法的过度膨胀也有违刑法的谦抑原则。刑法是把双刃剑，构建和谐社会，必须把刑法的负面影响限制在最小范围，这也是提高执政能力的要求。也就是说，要坚持刑法的谦抑原则，将刑法作为调整社会关系的最后选项，防止动辄主张动刑的泛刑法化倾向。

对行政犯的立法也是一样，如果能认定某种行政违法行为只要科以行政罚或秩序罚即能有效加以制止时，那就应将其规定为一般行政违法行为。假如立法上的不当，将过多的行政违法行为犯罪化，轻易将本来由行政机关处理即为已足的行政违法行为规定为犯罪行为，则将使刑事司法超量负载，分散其司法力量，不但减低其审判重大犯罪的能力，而且也有损司法形象。我国现行法制是在重刑法律文化影响下形成的，刑罚法规有患肥大症、重刑症的倾向，其中存在很多应当除罪化与轻刑化的行政违法行为。因此，在考虑行政犯的立法时，应遵循谦抑性与慎刑原则，适度地修正已根深蒂固并有被不断强化趋势的重刑法律文化观念。在刑法介入社会生活时，应当尽可能地控制其介入的广度和深度，合理限制刑事处罚的范

---

① 参见林山田《刑事法论丛》（二），（台北）兴丰印刷厂有限公司1997年版，第32—33页。

围与程度。①

其次，坚持比例原则。当国家治安目的与人权保障目的相冲突时，对手段则应善加斟酌，若未就"手段与目的相当原则"审酌，径以立法方式，对轻微秩序违反行为，给予人身自由之处罚，纵然该处罚是经由法院之手，也不合立法比例原则。比例原则是现代行政法的一项基本原则，它的基本含义是行政制裁的目的是用以维持行政秩序，或确保行政目的的达成，因此其处罚手段与目的间应符合比例原则。台湾"行政程序法"第7条规定："行政行为应依下列原则为之：（一）采取之方法应有助于目的之达成。（二）有多种同样能达成目的之方法时，应选择对人民权益损害最少者。（三）采取之方法所造成之损害不得与欲达成目的之利益显失均衡。"② 笔者认为，比例原则虽然起源于行政法领域，但其蕴涵的精神实质应当成为法治国家公法上的一项基本原则，在立法上同样应当对比例原则予以充分的重视。刑法学者林山田认为，在立法或修法过程中，应兼就行为的质、行为的量、行政管理政策、刑事政策四个方面出发作总和考量，以决定该不法行为究竟应规定为犯罪行为抑或是秩序违反行为。③ 这种立法上的考量对我们确定一种秩序违反行为究竟是交由治安管理处罚法处罚还是交由刑法来处罚具有重要的参考价值。

最后，坚持从侵害法益的类型出发区分刑事不法与行政不法的原则。我国刑事不法与行政不法在如此广泛的领域存在着重合，必然造成行政法对刑法所保护的价值的冲淡。诚如有学者所言："只有在实体法上理顺行政不法与刑事不法之间的关系，降低行政违法行为与犯罪行为之间交叉的可能性，才能最终解决行政执法权与司法权之间的冲突，减少'以罚代刑'等形式的行政权对司法权的侵蚀。"④ 从实体上清晰界定刑事不法和行政不法行为的界限，必然要求尽可能地限制定量因素的存在，因为定量因素在评价行为的社会危害程度时是一个极为复杂的过程，我们现有的认识水平不可能做到精确地量化这些复杂的因素，而且数量因素在很多场合并不是决定行为的社会危害程度的唯一或者主要的因素。台湾刑法学者林山

---

① 参见李震山《行政法导论》，（台北）三民书局2006年版，第373—375页。
② 参见李建良、陈爱娥等《行政法入门》，（台北）元照出版公司2005年版，第412页。
③ 参见林山田《刑事法论丛》（二），（台北）兴丰印刷厂有限公司1997年版，第73—76页。
④ 王莹：《论行政不法与刑事不法的分野及对我国行政处罚法与刑事立法界限混淆的反思》，《河北法学》2008年第10期。

田对我国大陆刑法中定量因素的规定作出了如下评述：刑事司法以量差规定作为区别罪与非罪之准据，因欠缺客观之认定标准，容易形成主观擅断式之用法，致严重破坏罪刑法定原则，特别是在分则之规定尚有为数不少之构成要件，系以程度上的量差作为构成要素者，如情节严重或情节特别严重、情节轻微或者情节较轻、情节恶劣或特别恶劣、数额巨大或数额较大、严重损失或重大损失、严重后果或后果特别严重或危害特别严重、罪恶重大等，更使刑法丧失其确实安定性，了无保障功能而言，即使在总则设有犯罪定义之规定，亦无法弥补此等违背构成要件明确性原则所形成之弊。因此，虽说该种规定固能达到微罪非罪之结果，但其可能破坏刑法保障功能之弊，则千百倍于解决微罪之功能。① 这一评价虽有言过其实之嫌，但其中蕴涵的对定量因素不利面的分析的确需要引起我们的重视。

从宏观层面来讲，限制乃至取消定量因素需要同时改变我国"厉而不严"的刑法结构，使其走向"严而不厉"。这里的"严"是指严密刑事法网，严格刑事责任；"厉"主要指刑罚苛厉，刑罚过重。② 长期以来，由于社会转型期带来的犯罪大量增加，为了适应同犯罪作斗争的需要，我国的刑事立法注重提高犯罪的法定刑，由于犯罪数量的激增，为了缩小打击面，又提高了部分犯罪的起刑点，导致我国的刑法在整体上呈现出"厉而不严"的结构性特征。这种"厉而不严"刑法模式运作的实际结果是：使得我国的社会治安状况陷入犯罪量和刑罚量交替上升的怪圈。实践证明，法网严密，刑法提高定罪率（扩大犯罪圈）比单纯增加刑罚量（提高法定刑）更能有效地控制犯罪的发生。③ 实践中，行政处罚在很多情况下侵入了刑罚的领地，导致我国刑法中重刑比率偏高，而且管制刑和单处罚金的适用比率都很低。这种局面的造成在很大程度上根源于我国"定性＋定量"的犯罪构成模式和"厉而不严"刑罚结构。只有从根本上改变此种模式和结构，才能走出这一理论和现实面临的双重困境。

2. 具体法律规定的合理衔接

刑法与治安管理处罚法的衔接主要可以从以下两个方面来实现：一是实体上处罚行为的衔接，如行政犯罪与一般违反治安管理处罚法的行政违

---

① 参见林山田《刑事法论丛》（二），（台北）兴丰印刷厂有限公司1997年版，第22页。

② 参见储槐植《刑事一体化与关系刑法论》，北京大学出版社1997年版，第305页。

③ 参见《犯罪原因的经济理论——贝克尔模型》，《犯罪与司法全书》，纽约1983年英文版，第318页。

法行为的衔接、行政犯罪与普通刑事犯罪的衔接，这是解决刑法与治安管理处罚法衔接问题的关键。二是行政法责任与刑法责任的衔接。传统的刑罚和行政处罚衔接的公法责任实现形式已不能满足现代法制发展的需要，刑罚与行政处罚的关系需要进一步作出界定，公法责任实现形式应当朝着多元化的方向发展。在多元化的责任体系中，强调的是责任实现形式应与行为的社会危害性和行为人的人身危险性相对应，责任实现形式的设定应当有利于惩罚、预防、矫治目的的实现，做到罚责相当。同时，要注意各种责任实现形式之间的协调，不能重复设定和重复处罚违法犯罪行为，做到一事不再罚，避免行政权和司法权的界限不明。

具体来讲，刑法与治安管理处罚的衔接与协调可以从以下两个方面着手：

第一，犯罪行为类型和行政违法行为类型的合理衔接。考察我国《刑法》规定的犯罪行为类型和《治安管理处罚法》规定的违反治安管理的行为类型，大体可以划分为三种类型：第一种类型是从行为的"质"即行为的严重法益侵害性来看，只能作为犯罪行为加以规定，如故意杀人、抢劫、绑架、强奸、放火、爆炸、投放危险物质等行为，由于其严重的法益侵害性，必须借由刑法来加以调整，只能将其规定为犯罪以加大打击力度。第二种类型中的行为本身的法益侵害性较小或侵害法益模糊不明，没有必要将其纳入刑法的调控范围，但行为对社会秩序造成了一定的冲击，因而立法将其规定为一种违反治安管理的行为。第三种类型则体现了犯罪行为和违反治安管理行为的交叉，即二者在行为类型上具有一致性或者基本相似性，只是根据行为的危害法益程度的不同而分别由刑法和治安管理处罚法作出了规定，其中危害法益严重的行为被规定为犯罪，而危害程度较轻，不构成犯罪的，由治安管理处罚法规定为违反治安管理的行为。[①]其中，第一种类型多为自然犯，由于其严重的法益侵害性，行为性质较为稳定，在很长一段时期内不存在非犯罪化的问题；第二种类型由于行为的法益侵害性不大，不为刑法所关注，因而也不在刑法与治安管理处罚法交叉范围内；第三种类型涉及二者的交叉，是我们在处理二者衔接和协调问

---

① 关于对这三种类型的划分，参见许成磊《刍议刑事不法与行政不法的界限——以〈治安管理处罚法〉为视角》，戴玉忠、刘明祥主编《犯罪与行政违法行为的界限及惩罚机制的协调》，北京大学出版社 2008 年版，第 213 页。

题时需要重点关注的对象，其中，既要关注静态意义上的交叉关系的存在，也要关注动态意义上的双向互动关系。动态意义上的衔接关系涉及行政违法行为和行政犯罪行为的界分问题，上文已有论述，下面重点关注静态上应如何处理好犯罪行为和治安管理违法行为交叉部分的衔接问题。

长期以来，学界提出的建议和实践中采取的协调行政处罚和刑罚关系的措施多集中在程序法的层面，并未触及问题的根源——在实体法上，行政违法行为和犯罪行为之间在行为类型上存在大量重叠，这是导致我国在处理行政处罚与刑罚关系时在程序上纠结不清的原因。因此，在立法中应特别注意做好行政犯罪与行政违法行为之间罪与非罪的衔接与协调（通常以数额、情节、方法、手段、地点等来区分罪与非罪），同时尽量减少重叠的行为类型的数量，减少行政不法和刑事不法之间行为类型上的交叉。目前，我国立法上的衔接主要表现在将二者写在同一条款中，并原则规定"构成犯罪的，依法追究刑事责任"。而刑法条文出于简洁性、包容性等因素的考虑，对罪状常常缺乏具体、明确的描述，导致了治安管理处罚法和刑法规定的行为类型相似或基本相同的情况下难以区分二者的界限。这就要求立法机关在立法时要更加注重相关法律之间的协调，在用语上不能出现含糊、矛盾的现象，对罪与非罪的界限要作出较为清晰的界分并尽可能在立法上有所表达。在我国当前立法既定性又定量的模式下，不能不说意图在立法上对罪量因素作出准确的表达存在较大的困难，同时意图在法典上对"量"的因素进行描述也会造成法律的烦琐复杂；将"量"的因素的考察完全交由行政机关自由裁量必然会存在滥用自由裁量权，出现以罚代刑或者以刑代罚的现象；而将其交由司法解释去处理是当前我国最为普遍采用的一种做法，这种做法虽然能在一定程度上解决法律适用问题，但依赖司法解释解决罪与非罪的界限问题存在司法权侵夺立法权的嫌疑，有违法治国家的分权原则。因此，从长远来看，我国应当限制乃至取消立法中的定量因素，这是解决目前困境的治本之策。

在具体操作上，首先，在涉及个人生命、身体健康、财产法益的区域，应当设立刑罚处罚的一元处罚体系，避免设置直接侵害这些法益的治安违法行为，对这类行为予以彻底的犯罪化。因为在这些领域保护的是对于社会共同体的存在至关重要的价值，这些价值保护应是刑法排他性的任务。如果将对这些价值的侵害，哪怕是程度较轻的侵害，交由行政法规进行处罚，也会损害犯罪构成要件作为不法类型的呼吁功能（Appelfunktion des Tatbestandes)。① 数量因素不应成为影响罪与非罪的决定因素，偷 10 块钱和偷 1000 块钱在行为的性质上不应有所差别，它们同样都是对不得盗窃的禁止性规范的违反，数量因素只应当作为衡量行为人责任量大小时考量的因素。与此相适应，必须改变我国当前的定罪模式和刑罚结构，调低罪量要求，降低刑事追诉的起刑点，减少配刑量，实现刑罚的轻缓化。当前我国刑法中重刑比率偏高，而且管制刑和单处罚金的适用比率都很低，这些都是我们需要加以改变的。我国的刑罚结构调整应当做到轻者更轻，朝向轻刑化、非刑罚化、非监禁化的方向发展，用刑罚以外比较轻的制裁替代刑罚，或减轻、缓和刑罚，以处罚犯罪。对判处较短有期自由刑的罪犯尽量采取非监禁化的替代措施，这些替代措施包括罚款、缓刑、保护观察令、社区服务等。同时，要探索和完善我国的刑事诉讼程序分流制度，使相当比例的案件能够通过微罪不举、附条件不起诉、简易程序等更为廉价、快捷的程序得以解决，从而节约司法资源，减轻司法机关的负担，避免因取消定量因素带来案件数量激增、司法机关负担过重的不利影响。其次，在现代福利国家中，行政法规在社会中的作用也日益受到立法者的重视，大量虽未直接侵害具体的个人法益的行为，因为其可能损害到国家的经济利益、公共秩序、公共卫生、环境安全等抽象的法益被纳入了行政法的调整范围甚至刑法的调整范围。于是，这些领域成为刑法与治安管理处罚法交界的边缘区域。对此，根据法益的性质难以对行政不法和刑事不法作出恰当的界分，唯有借助对行为罪量的考察实现二者的区分。在这一方面，可以考虑从行为的非难性程度、危险的程度、法益的侵害、发生的频率与数量、制裁制度的特性、权力分立之理念等方面进行综合评价，进而考虑立法的选择。② 我国当前对罪量因素的研究过于简单化，今后应当努力探索对罪量进行具体量化的标准，针对不同的犯罪类型（如实害犯、危险犯等）提出相应的罪量标准。

第二，治安管理处罚和刑罚在罚则上的合理衔接。治安管理处罚和刑罚是适用前提和运作机制各不相同的两种处罚措施，但二者均为公法责任的实现形式，必须有机衔接，否则就会造成行为性质的认定、责任承担的

---

① 参见王莹《论行政不法与刑事不法的分野及对我国行政处罚法与刑事立法界限混淆的反思》，《河北法学》2008 年第 10 期。

② 参见黄明儒、金泽刚《行政犯立法构想新论》，《政治与法律》2005 年第 6 期。

混淆。具体来说，治安管理处罚和刑罚处罚在罚则上的衔接主要涉及以下几个问题：一是治安管理处罚和刑罚竞合时是选择适用、附条件并科还是并行适用；二是处罚内容相近的罚金与罚款的衔接、短期自由刑与行政拘留的衔接。针对第一个问题，理论上主要有选择适用、附条件并科和并行适用三种观点。[①] 笔者认为，对同时违反治安管理处罚法和刑法的行为既追究刑事法律责任又追究行政法律责任并不违反一事不再罚的原则。治安管理处罚和刑罚具有异质性，是两种在性质、形式和功能上均不尽相同的责任承担形式，二者的适用不发生是否违反一事不再罚的问题，也不存在依照"重罚吸收轻罚"原则进行吸收的问题，因为一事不再罚和重罚吸收轻罚均是针对同一性质的法律责任而言的。同时，这两种责任在形式和功能上的差异性又决定了两者的合并适用可以相互弥补各自的不足，更好地消除犯罪行为带来的不利后果。因而，刑罚和治安管理处罚二者可以并合适用。当然，并合适用并非无原则的并合，在具体适用时要遵照以下原则：一是内容相类似的处罚不应重复适用。如人民法院已处罚金后，公安机关不能再处罚款；人民法院已经适用了拘役或者有期徒刑后，公安机关也不得再适用目的和内容相同的行政拘留等限制人身自由的行政处罚。二是不同内容的罚则可予以合并适用。主要体现在治安管理处罚规定有责令停产停业、吊销证照等能力罚。这些恰好是刑罚所不具备的，在特定情况下，只有对犯罪人施以能力罚才能更好地惩治犯罪。对法人或其他组织有违法犯罪行为的，如果人民法院只依法追究直接责任人员的刑事责任，行政机关还可以对该法人或其他组织依法适用行政处罚，包括财产罚和能力罚。

（二）刑法与治安管理处罚法的执法协调

1. 我国治安管理执法和刑事执法衔接机制存在的问题

对于行政执法和刑事执法衔接的问题，立法机关和相关执法机关并非没有关注。我国《行政处罚法》第61条规定："行政机关为牟取本单位私利，对应当依法移交司法机关追究刑事责任的不移交，以行政处罚代替刑罚，由上级行政机关或者有关部门责令纠正；拒不纠正的，对直接负责的主管人员给予行政处分；徇私舞弊、包庇纵容违法行为的，依照刑法有关

---

① 　参见周佑勇、刘艳红《论行政处罚与刑罚处罚的适用衔接》，《法律科学》1997 年第 2 期。

规定①追究刑事责任。"为了规范行政执法和刑事执法，确保行政执法机关依法向司法机关移送涉嫌犯罪的案件，国务院于 2001 年 7 月发布了《行政执法机关移送涉嫌犯罪案件的规定》。最高人民检察院根据《刑事诉讼法》的有关规定，结合国务院《行政执法机关移送涉嫌犯罪案件的规定》，于 2002 年 1 月发布了《人民检察院办理行政执法机关移送涉嫌犯罪案件的规定》。检察机关作为法律监督机关，对行政执法机关查处、移送涉嫌犯罪案件的情况不了解，知情渠道不畅通，就难以开展有效的监督。因此，建立行政执法与刑事执法相衔接的工作机制就成为极为迫切的任务。基于此，最高人民检察院牵头起草了《关于加强行政执法机关与公安机关、人民检察院工作联系的意见》（以下简称《意见》）。这一文件是迄今为止有关建立行政执法与刑事执法相衔接工作机制方面一个较为成熟又具有可操作性的文件。上述文件的出台，表明各级各类国家机关已经对行政执法与刑事执法衔接的重要性有了充分的认识，并初步提出了一系列有实效的改革措施。比如，《意见》要求建立信息通报制度，逐步实现各行政执法机关、公安机关和人民检察院的信息联网；提出建立联席会议制度，等等。这些制度上的探索对于完善我国行政执法和刑事执法的衔接机制具有重要的实践意义。

　　但是，这些规定的局限性也是非常明显的。具体体现在：第一，这些规定没有触动行政执法与刑事执法衔接机制中存在的深层次问题，更多的是一种口号性、倡导性、原则性的规定，而缺乏刚性的约束。第二，这些规定把注意力主要投向了公安机关以外的行政机关对涉嫌犯罪刑事案件的移送，而对公安机关办理治安违法案件中存在的问题缺乏关注，刑事诉讼法和上述文件虽然规定了人民检察院对公安机关的立案监督权，但由于检察机关对案件往往缺乏了解，立案监督在很多时候无从谈起。第三，这些规定中的内容大多是一种想当然的规定，是对理想状态的描述，其中不乏"应当如何"之类的规定，似乎只要有了这些规定，一切都水到渠成，就会实现各个机关相互配合、相互制约的目的。诚如有学者批评的那样，这些规定大多是改革成功后的效应，而对目前如何改革以达到这种效应却回

---

① 即《刑法》第 402 条规定的徇私舞弊不移交刑事案件罪。

避了。① 例如，一味地强调公安机关应该立案，应该移送，而不去积极构建不这样做的法律责任，那基本上等于说教，而说教已经被现实反复证明在涉及利益问题时是苍白无力的，就像一把没有开刃的刀，一只没有牙齿的老虎。第四，上述三个文件的效力等级太低，对各个机关缺乏约束力，各个机关部门之间难以实现真正意义上的制衡，行政机关是否严格执行这些规定全凭自觉和思想觉悟，无疑会使这些规定的效力大打折扣。基于上述原因，我国行政执法与刑事执法相衔接的工作机制目前还不够完善，工作中还存在信息沟通不畅、案件移送不及时、协作配合不规范等问题，以罚代刑等现象依然比较严重。

2. 我国治安管理执法和刑事执法衔接机制的改革建言

治安管理处罚作为行政处罚的一种，它的实施要遵循行政处罚程序，而刑事执法则要遵循刑事诉讼程序。行政处罚程序是一种约束行政机关的程序，而刑事诉讼程序是一种司法程序；行政处罚程序是一种自我约束，而刑事诉讼程序是一种来自第三方的外部约束。二者内在性质的不同决定了程序上的差异性和实施的效果，刑事诉讼程序较之行政处罚程序显然更为复杂严格，更能保证程序的中立和公正。在我国，行政处罚和刑罚在程序上存在着一道不易逾越的"鸿沟"，即简易、宽松的行政处罚程序与复杂、严格的刑事诉讼程序之间缺乏过渡，大多数违反行政管理秩序的行为依照罪刑相当的原则，适合用轻刑处理。然而，以十分严格的刑事诉讼程序达到适用轻刑的目的，投入的人力、物力较大，耗时又长，既不能满足行政机关希望司法机关及时、正确、合法处理已构成犯罪的违法行为的需要，又增加了司法机关的负担，使之实际上处于无力过问的状态。因此，行政机关与司法机关双方对于追究行政违法人的轻刑责任都不会有太大的兴趣，除非行为人违反行政法产生严重后果，社会危害性很大，需要判处较重的刑罚，才会引起行政机关和司法机关双方的重视。

上述问题是我国构建治安管理执法与刑事执法衔接机制时必须着重加以解决的问题，未来治安管理执法和刑事执法衔接机制的改革应构建一种有别于行政处罚程序和刑事诉讼程序的"过渡程序"，以尽可能地减少两种程序之间罅隙过大，进而从制度上保证二者之间的顺利衔接。有学者建

---

① 参见刘远、王大海主编《行政执法与刑事执法衔接机制论要》，中国检察出版社 2006 年版，第 25 页。

议，只有允许并扩大司法机关的介入，才能使行政处罚制度走出困境。必须考虑对我国行政处罚机制由行政机关独揽处罚权的基本格局予以适当的变革，在管理权和处罚权相分离，以及部分重要处罚权由法院实施方面做一些文章。① 这一建议是富有建设性的。只有深入问题的根源，对症下药，在制度构建上下功夫，而不是仅仅停留在无关痛痒的细枝末节上，才能真正实现治安管理处罚执法和刑事执法的衔接。笔者认为，对此可从以下两个方面着手：

第一，推进治安管理处罚程序的司法化。在我国，治安管理处罚本质上属于一种行政处罚，在程序上适用的是行政程序。但是，由于我国《治安管理处罚法》中规定了拘留这种人身自由罚，而人身自由罚具有一种刑罚惩罚的性质，依据现代法治原则，应当由法院依法审判裁处，而不应交由行政机关裁处。法制保障的完整含义应当包括两个方面：对违反法律的行为进行有效的惩罚与遏制和防止滥用法律手段侵犯公民的基本权利。② 以往我们过分强调了治安管理处罚法打击治安违法、维护社会治安的一面，忽视了权利保障的一面，在一定程度上导致了行政处罚权的滥用。在我国现有的法律体系下，治安管理处罚法和刑法分立，废除治安拘留在目前又是不现实的，因而，如何依据正当程序原则从程序上保障被处罚人的权利，是我们在设计治安管理处罚程序时应当重点加以考虑的问题。

从世界范围来看，各个国家和地区都面临着如何处理轻微的危害社会治安行为的问题。域外在对这一问题的处理上大体上有三种模式：一种是德国模式，对秩序违反行为的处罚种类只有罚款，原则上由行政机关予以追究并处罚，只有在违反秩序行为与犯罪行为相关的情况下才由检察院负责追究，并由法院适用刑事诉讼程序处罚；一种是日本、法国、英美模式，即将秩序违反行为看作犯罪，适用刑事诉讼程序，只是在程序上予以简化；一种是我国台湾地区模式，即秩序违反行为由警察机关负责调查，通常亦由其裁处，但对可能判处拘留和勒令歇业的案件则于讯问后移送该管法院简易庭裁定。从上述三种做法来看，前两种模式和我国当前治安管理处罚法和刑法分立的立法现状难以契合，借鉴起来困难重重，相较而

① 参见冯军《行政处罚法新论》，中国检察出版社 2003 年版，第 237—238 页。
② 参见王世洲《罪与非罪之间的理论与实践——关于德国违反秩序法的几点考察》，《比较法研究》2000 年第 2 期。

言，我国台湾地区的做法兼顾了效率与公正，既充分发挥了行政程序处理案件的高效，又保证了在处理涉及公民重大权利问题时程序的正当，因而值得我们加以借鉴。据此，我国可以考虑建立"处罚双轨制"，即对大部分治安管理处罚由公安机关依据行政处罚程序作出即为已足，而对治安拘留则适用司法程序。在具体操作上，可考虑在基层法院设立治安法庭，由法官适用简易程序独任审判，以裁定①方式作出处罚；同时，在程序上保障当事人享有和刑事被告人基本相同的诉讼权利，当事人不服治安法庭所作的裁定，可以向同级人民法院的普通法庭提起上诉，普通法庭所作的裁定是终局裁定。

第二，完善治安管理执法和刑事司法相衔接的检察监督机制，强化检察机关对案件侦查的监督权。在治安管理执法和刑事司法的衔接机制中，检察机关扮演着一个衔接中心的角色。同时，在我国，检察机关又承担着重要的法律监督职能。根据现行《宪法》和《刑事诉讼法》的有关规定，检察机关与公安机关之间的关系是分工负责、互相配合、互相制约，这一规定使得审前追诉程序中侦查机关与检察机关是一种无主次的平等关系，使检察机关对侦查活动缺乏直接有效的制衡，甚至造成以侦查为中心的实际格局。同时，基于公检法三机关"分工负责、相互配合、相互制约"的制度结构，公安机关行使绝大部分刑事案件的侦查权，检察机关则主要负责审查起诉，这使得侦查程序和起诉程序成为分别操作、前后相继的两个程序，程序上的割裂造成了侦查机关和公诉机关缺乏配合，难以形成合力。一旦各自为战，便会造成司法效率低下，甚至严重影响案件的公正处理。诚如有学者所言，"（分工负责、互相配合、互相制约原则）在理论上具有理想色彩，果能实现当属完美，但是因为太理想并缺乏诉讼体制上的合理性，使得实践中很难实现，乃至痼疾丛生。"② 问题的根源就在于我国现行的侦检体制缺乏制度上的安排，分工负责、相互配合、相互制约是一种理想的状态，主要依赖各机关各司其职、尽职敬业，一旦做不到这一点，由于缺乏制度约束，就会导致问题泛滥。我国现有的权力关系没有捋顺，检察机关在国家机关中的政治地位偏低，导致检察权的行使相对被

---

① 本处所说的"裁定"是目前我国刑事诉讼法无法涵盖的裁定。刑事诉讼法中规定的裁定是指人民法院在审理案件的过程中，对诉讼中的程序问题和部分实体问题所作的处理。本处所谓的"裁定"不是在严格意义上使用的。

② 陈卫东：《侦检一体化与刑事审前程序的重构》，《国家检察官学院学报》2002 年第 1 期。

动，检察监督权沦为一种消极权力，法律监督功能发挥得不够，作为其重要监督对象的行政机关权力却过于庞大，以弱制强要实现制衡的目标是不现实的。仔细研究对检察机关的监督权规定就会发现，检察机关的监督主要体现为立案监督、审查批捕监督、审查起诉等，监督方式基本依赖卷宗，脱离实际侦查活动，对侦查过程中出现的以权谋私、以罚代刑等非法行为难以知悉，因而是不可能起到实质监督作用的。

另外，检察机关对侦查机关的监督也主要限于提出纠正意见、建议等，没有强制性。笔者注意到，前述国务院发布的《行政执法机关移送涉嫌犯罪案件的规定》第 17 条规定："公安机关违反本规定，不接受行政执法机关移送的涉嫌犯罪案件，或者逾期不作出立案或者不予立案的决定的，除由人民检察院依法实施立案监督外，由本级或者上级人民政府责令改正，对其正职负责人根据情节轻重，给予记过以上的行政处分；构成犯罪的，依法追究刑事责任。对前款所列行为直接负责的主管人员和其他直接责任人员，比照前款的规定给予行政处分；构成犯罪的，依法追究刑事责任。"据此可以看出，在我国当前的权力位阶和运行逻辑下，对于公安机关违法不接受涉嫌犯罪案件的行为，倘若不构成犯罪，检察机关是无权予以追究相关人员的责任的，唯有借助本级或者上级人民政府对相关人员予以处罚。由此可见，检察机关的监督权在面对强大的行政权时无疑处于相对弱势的地位，对公安机关的制衡作用自然无法得到有效的发挥。如果法律中仅仅规定"行政执法机关移送涉嫌犯罪案件，应当接受人民检察院依法实施的监督"，而没有规定配套的措施和手段，是远远不够的。

综上所述，在当前，我国检警关系存在的一个较大问题就是检察机关的法律监督名不副实，警察的行为不能受到检察官有效的法律控制，侦查权的行使过于随意化。这也是导致实践中治安管理执法和刑事司法衔接不畅、以罚代刑现象较多的重要原因。从长远来看，解决这一问题的根本出路就在于提高检察权相对于行政权的地位，强化检察机关对案件侦查的监督权，真正实现互相制衡。

第二节　治安违法行为犯罪化的理论解析与立法前瞻

在对社会危害行为的制裁方面，我国一直实行的是刑事制裁和行政制裁相结合的"双层次"制裁体系。刑事制裁以犯罪为主要对象，以刑罚为主要方法；行政制裁的对象则是那些在社会危害程度上达不到犯罪要求的行政违法行为，制裁方法主要就是行政处罚。这也是我国在犯罪成立标准上采取"定性＋定量"的模式形成的必然结果。治安违法行为就是一类重要的行政违法行为，对其一般只能处以最高为十五日的行政拘留（治安拘留）。① 然而，2015 年的《刑法修正案（九）》则在犯罪与治安违法行为的范围方面作出了重要调整，主要表现就是对许多治安违法行为进行了犯罪化处理。那么，我们在理论上应如何来看待这一立法举措？在刑事立法上又应采取哪些后续措施来积极适应这一立法趋势？这些问题在当下和今后都应当引起我们的深层次思考。本节对这些问题展开探讨。

一　《刑法修正案（九）》对若干治安违法行为的犯罪化处理

所谓治安违法行为，一般即是指扰乱公共秩序，妨害公共安全，侵犯人身权利、财产权利，妨害社会管理，具有社会危害性，尚不够刑事处罚的违法行为。在我国，治安违法行为主要由《治安管理处罚法》进行规制，相应的制裁方式就是治安处罚。然而，《刑法修正案（九）》的一部分重要内容就是对若干治安违法行为进行了犯罪化处理，即将其纳入了刑法的规制范围，并通过刑罚加以制裁。具体来讲，这一立法举措大致包括以下两个方面的内容：

一方面，对侵犯公民人身权利和财产权利的若干治安违法行为进行了犯罪化处理。主要包括如下两种行为的犯罪化。

（1）强制猥亵男性（男童之外）行为的犯罪化。《刑法修正案（九）》第 12 条将《刑法》原第 237 条修改为："以暴力、胁迫或者其他方法强制猥亵他人或者侮辱妇女的，处五年以下有期徒刑或者拘役。"这里的"他人"显然包括了儿童之外的男性和女性。而在之前，强制猥亵男童之外的男性的行为是并不构成犯罪的。对相关行为人，一般只能依照《治安管理处罚法》第 44 条的规定进行治安处罚。可见，《刑法修正案（九）》显然是对这一行为作了犯罪化处理。

（2）多次抢夺行为（未达数额较大标准）的犯罪化。《刑法修正案（九）》第 20 条将《刑法》原第 267 条第 1 款修改为："抢夺公私财物，

---

① 在劳教制度废除之前，对一些治安违法行为，在必要时还可进行劳动教养，期限可长达三至四年。

数额较大的，或者多次抢夺的，处三年以下有期徒刑、拘役或者管制，并处或者单处罚金……"而在此之前，尽管实施了多次抢夺的行为，但只要尚未达到数额较大的标准，是不作为犯罪处理的。对相关行为人，一般都是依照《治安管理处罚法》第49条的规定进行治安处罚，或者在必要时予以劳动教养。可见，《刑法修正案（九）》对这一行为同样进行了犯罪化处理。

另一方面，对妨害社会管理秩序的若干治安违法行为进行了犯罪化处理。主要包括如下五种行为的犯罪化。

（1）买卖居民身份证和伪造、变造、买卖护照、社会保障卡、驾驶证等身份证件行为的犯罪化。《刑法修正案（九）》第22条将《刑法》原第280条第3款修改为："伪造、变造、买卖居民身份证、护照、社会保障卡、驾驶证等依法可以用于证明身份的证件，处三年以下有期徒刑、拘役、管制或者剥夺政治权利，并处罚金……"实际上就是补充规定了，买卖居民身份证和伪造、变造、买卖护照、社会保障卡、驾驶证等依法可以用于证明身份的证件的行为也构成犯罪。而在此之前，对这类行为主要是依照《治安管理处罚法》第52条的规定进行治安处罚。

（2）使用伪造、变造的或者盗用他人的居民身份证等身份证件行为的犯罪化。《刑法修正案（九）》第23条在《刑法》第280条后增加了一条作为第280条之一："在依照国家规定应当提供身份证明的活动中，使用伪造、变造的或者盗用他人的居民身份证、护照、社会保障卡、驾驶证等依法可以用于证明身份的证件，情节严重的，处拘役或者管制，并处或者单处罚金……"在此之前，对这类行为也主要是依照《治安管理处罚法》第52条的规定进行治安处罚。

（3）多次扰乱国家机关工作秩序和多次组织、资助他人非法聚集，扰乱社会秩序行为的犯罪化。《刑法修正案（九）》第31条在《刑法》原第290条中增加了两款作为第三款和第四款："多次扰乱国家机关工作秩序，经行政处罚后仍不改正，造成严重后果的，处三年以下有期徒刑、拘役或者管制"；"多次组织、资助他人非法聚集，扰乱社会秩序，情节严重的，依照前款的规定处罚"。对于这些行为，在此之前一般都是依照《治安管理处罚法》第23条的规定进行治安处罚，在必要时也可进行劳动教养。

（4）编造和传播虚假的险情、疫情、灾情、警情信息行为的犯罪化。《刑法修正案（九）》第32条在《刑法》原第291条之一中增加了一款作为

第二款:"编造虚假的险情、疫情、灾情、警情,在信息网络或者其他媒体上传播,或者明知是上述虚假信息,故意在信息网络或者其他媒体上传播,严重扰乱社会秩序的,处三年以下有期徒刑、拘役或者管制;……"而在此之前,对这类行为一般都是依照《治安管理处罚法》第 25 条的规定进行治安处罚。

(5)盗窃、侮辱尸骨、骨灰和故意毁坏尸体、尸骨、骨灰行为的犯罪化。《刑法修正案(九)》第 31 条将《刑法》原第 302 条修改为:"盗窃、侮辱、故意毁坏尸体、尸骨、骨灰的,处三年以下有期徒刑、拘役或者管制。"而在此之前,只有盗窃、侮辱尸体的行为才属于犯罪。对其他的行为,一般都是依照《治安管理处罚法》第 65 条的规定进行治安处罚。

此外,还需要注意的是,除对以上治安违法行为进行犯罪化处理外,《刑法修正案(九)》还将一些《治安管理处罚法》中未明确规定的破坏社会治安秩序的行为,直接进行了犯罪化处理。例如,《刑法修正案(九)》第 7 条中规定的宣扬恐怖主义、极端主义或者煽动实施恐怖活动的行为,强制他人在公共场所穿着、佩戴宣扬恐怖主义、极端主义服饰、标志的行为,持有宣扬恐怖主义、极端主义的图书、音频视频资料或者其他物品的行为;第 28 条规定的网络服务提供者不履行信息网络安全管理义务,经监管部门责令采取改正措施而拒不改正,从而造成严重后果的行为;第 29 条规定的利用信息网络实施的一些违法行为,等等。这些行为原本都具有治安违法的性质,但是由于近年来出现的一些新情况或新问题,相关的治安或行政性法律还并未明确规定罚则。考虑到这些行为的社会危害程度相对较高,《刑法修正案(九)》直接对其进行了犯罪化处理。

二 对治安违法行为犯罪化的理论解析

关于将相关的治安或行政违法行为予以犯罪化的问题,曾经在第八次刑法修正过程中引起了广泛的争议。例如,对于《刑法修正案(八)》中的"醉驾入刑"和"扒窃入罪"等问题,在当时都曾引起了广泛的讨论。然而,对于《刑法修正案(九)》将上述治安违法行为予以犯罪化的问题,舆论层面却一直较为平静。这无疑说明,不论是理论界,还是社会公众,对这一立法举措大体上都已形成了基本的认同。笔者也同样认为,这一立法举措是值得肯定的,因为它同时满足了多种不同的法律和价值诉求。以下从三个层面加以说明。

（一）这一立法举措是严密刑事法网的必然要求

在我国刑法学界，储槐植教授很早就指出，我国刑法结构的总体特征就是"厉而不严"。其中，"厉"主要表现为刑罚苛厉，"不严"则主要就是指法网不严。法网不严有两层含义：一是整体刑事法网（整体犯罪圈）不严密；二是个罪法网（罪状）不严密。二者的共同点就是该入罪的没有（未能）入罪。① 这种刑法结构的形成，在很大程度上就是由于我国治安处罚和劳动教养制度的长期存在，以致许多较轻的违法行为都未能纳入刑法的规制范围。

尽管这种制度安排存在有效利用刑事司法资源等方面的考虑，但在实践中所造成的诸多负面效果也是非常明显的。一方面，"由于刑事法网不严密，犯罪概念、犯罪构成有一个定量限制，达不到规定的量，那么就不构成罪，导致道德底线失守，这是个重大的问题。"② 在实践中，许多人就认为，轻微的违法不是犯罪，是"无所谓"的事。比如，盗窃或抢夺他人的少量财物，对他人实施轻微的殴打，许多人就认为这根本不算什么事，抓住了无非就是批评教育或"罚几个钱"。由此也就导致，"大错不犯、小错不断"的人在我国社会中普遍存在。那么，长此以往，这种情况就必然会导致我国民族道德底线的失守，进而导致法律的失守。另一方面，由于刑事法网的粗疏，还进一步导致了司法实践中的执法混乱现象。例如，在我国"定性＋定量"的犯罪界定模式之下，刑法分则往往是通过规定"情节严重""情节恶劣""造成严重后果"等"量"的标准来界分犯罪与行政违法行为。但是，在立法不明确的前提下，由于我国各地的经济社会发展水平不一致以及司法人员认识上的差异，这种作为区分违法与犯罪的"量"往往会被赋予不同的内涵和外延，同一行为在不同的地区完全可能被界定为不同的性质，从而难免就会造成司法适用上的混乱。③ 更何况，刑法分则对有些犯罪的规定，甚至连这种"量"的标准的都不存在，在内容上与《治安管理处罚法》的相关规定基本一致，无疑更加剧了实际执法

---

① 参见储槐植《刑事一体化论要》，北京大学出版社 2007 年版，第 54—56 页。
② 储槐植《走向刑法的现代化》，《井冈山大学学报》（社会科学版）2014 年第 4 期。
③ 参见陆岸《犯罪的边界——我国轻罪制度的立法思考》，《河北法学》2012 年第 7 期。

中的混乱。①

鉴于此，储槐植教授指出，我国刑法的现代化进路就是从"厉而不严"走向"严而不厉"。"道理很简单，刑事法网严密就意味着善恶分明，善恶分明是一个民族公德水平提高的相当重要的基础，也就是说，刑事法网严密就意味着公德水平有一个提高的基础。刑罚不重、不厉害则意味着社会的进步，意味着社会由野蛮走向了文明。"② 笔者对此深表赞同，认为只有进一步严密刑事法网，才能有效解决执法实践中的各种混乱现象。严密刑事法网，一个重要的途径就是将那些危害较为严重的治安违法行为（特别是与犯罪行为性质相同或相似的）进行犯罪化处理，从而既提升制裁效力，又可减少执法混乱。另外，在劳教制度废止之后，对原属劳教制裁范围内的违法行为，在很大程度上就需要进行犯罪化处理。因为，之所以设立劳教制度，主要就是缘于对劳教规制范围内的违法行为仅靠治安处罚不足以实现相应的制裁效果。所以，劳教废止之后，其相应的制度功能显然在很大程度上就需要由刑事制裁来承担。《刑法修正案（九）》对那些"多次违法行为"进行的犯罪化处理，实际上已经体现了这一趋势。总之，从进一步严密刑事法网的角度来讲，《刑法修正案（九）》将若干治安违法行为进行犯罪化处理是非常必要和合理的。

（二）这一立法举措是强化法益保护的理性选择

从某种意义上讲，所有法律都是以保护法益为其重要任务的。但是，"刑法在使用以剥夺生命或自由为内容的刑罚这种强有力的手段来实现对法益保护的一点上，具有和其他法律不同的独特的保护法益的机能"。③ 也就是说，由刑罚的严厉性所决定，刑法在保护法益方面要比其他法律更加强劲有力。然而，也正是由于刑罚是一种最为严厉的制裁手段，适用不当可能会产生一些严重的负面后果，所以刑法在其规制范围上又必须要保持一定的谦抑或克制，即只有在使用其他法律不足以对法益进行有效保护的

---

① 例如，根据《刑法》第245条的规定，"非法搜查他人身体、住宅，或者非法侵入他人住宅的"，构成"非法搜查罪"和"非法侵入住宅罪"；而根据《治安管理处罚法》第40条规定，"非法侵入他人住宅或者非法搜查他人身体的"，属于"侵犯他人人身权利"的治安违法行为之一。这两个条文规定的行为内容基本一致，但却具有不同的法律后果，这无疑会为实践中的选择性执法埋下隐患。

② 储槐植：《走向刑法的现代化》，《井冈山大学学报》（社会科学版）2014年第4期。

③ ［日］大谷实：《刑法讲义总论》新版第2版，黎宏译，中国人民大学出版社2008年版，第7页。

场合，才能运用刑法进行规制和保护。我国对刑法的运用，就在很大程度上保持了刑法的谦抑性，即只有具有严重社会危害性的侵犯法益行为，才会被纳入刑法的规制范围，其他具有较轻社会危害性的侵犯法益行为，则多由《治安管理处罚法》等行政性法律加以规制。由此也就导致我国的犯罪圈比其他国家要小得多。在其他国家，对于一些在我国属于治安违法范围的侵犯法益行为，多被作为轻罪或违警罪处理。

　　尽管保持刑法的谦抑性在出发点上是合理的，但这种过度收缩犯罪圈的做法无疑也会导致对法益的保护出现"疲软化"的现象。对此，张明楷教授曾做过如下深刻的总结："我国刑法的处罚范围小，在某种意义上说，非犯罪化远远走在世界各国的前列。但是，这并不意味着刑法的进步，更不等于法治的进步。其一，大量的轻微犯罪行为，常常严重扰乱社会秩序，成为构建和谐社会的严重障碍。如果不认真对待，习惯于'抓大放小'，必然导致'由小变大'，从而妨碍国民生活与社会稳定。同西方国家相比，我国的犯罪率似乎并不高，但国民的体感治安很差。其中的重要原因之一是许多轻微的犯罪行为没有得到依法处理。其二，由行政机关直接处罚轻微犯罪，导致'在实际效果上远甚于刑罚的行政制裁相当严重，将这种行政制裁不是交由法院，而是交由行政机关裁量的话，就会违反保障程序公正的宪法精神。'换言之，我们一直习惯于注重打击严重犯罪，但没有考虑对所谓'非严重犯罪行为'的处罚是否符合法治要求。其三，相当多的危害行为，也不一定由行政机关依照行政法处理，而是采取了其他一些非法律的途径，这便更加违反了法治原则。"[1] 这实际上说明了，我国将大量在其他国家属于轻微犯罪的违法行为交由行政机关进行行政处罚，一方面难以起到相应的警示和预防效果，另一方面也由于对行政机关的权力行使缺乏有效的监督和制约，从而导致了对违法行为的枉纵现象。由此，这一做法不仅未能有效满足保护法益的现实需求，而且也是不符合法治的基本原则和精神的。

　　在此情况下，尽管我们必须要考虑刑法的谦抑性问题，但是这种谦抑性必须要适度，必须要能够满足通过法治手段来有效保护法益的基本需求。对于《刑法修正案（八）》中的"醉驾"入刑，许多人就认为该立法举措违反了刑法的谦抑主义。但是，从实践效果来看，这一立法举措却在

---

[1]　张明楷：《刑事立法的发展方向》，《中国法学》2006 年第 4 期。

很大程度上实现了对法益的有效维护。例如，公安部 2014 年的统计数据显示，"醉驾"入刑三年来（2011 年 5 月 1 日至 2014 年 4 月 30 日）累计查处"酒驾"127.4 万起，"醉驾"22.2 万起，同比分别下降了 18.7% 和 42.7%。① 另据公安部 2014 年的统计，"醉驾"入刑三年来，全国因"酒驾""醉驾"导致的交通事故数和死亡人数较法律实施前分别下降了 25% 和 39.3%，取得了良好的社会效果。② 在"醉驾"入刑之前，尽管公安机关在一定时期内也加强了对"酒驾"行为的查处和打击力度，但是效果并不理想。例如，在 2009 年的八九月份，全国公安交管系统全面开展了严厉打击酒后驾驶行为的专项整治活动，掀起了一场猛烈的治"酒驾"风暴。然而，在如此大的打击力度和舆论声势下，仍有不少驾车人漠视法律法规，顶风作案。据公安部交管局统计，在 2009 年 8 月 15 日至 9 月 15 日，全国共查处酒后驾驶违法行为 65397 起，其中，醉酒驾驶 10711 起，分别比上年同期上升了 86% 和 90.5%。因酒后驾车发生的交通事故达到 320 起，死亡 118 人。③ 这说明，由于行政处罚的违法成本较低，因而即便加大查处和打击力度，并不足以对相关驾驶人员形成有效的震慑，进而也就难以实现对法益的良好保护。

当前，大量的治安违法行为不断发生和恶化，仅仅依靠治安处罚不仅已明显感觉"疲软"，而且还难以避免权力的滥用。所以，此时刑事立法不想跟上也得跟上，否则社会治安形势将会变得更加严峻。也正是基于此，《刑法修正案（九）》才将上述一些多发性的侵犯公民人身权利、财产权利和妨害社会管理秩序的治安违法行为进行了犯罪化处理。应当说，这一立法举措是在强化法益保护和保持刑法谦抑之间作出的一种理性选择。④

（三）这一立法举措是有效保障人权的现实需要

随着国际人权思想和运动的不断发展，人权已经成为当今各国在政治、经济、文化等领域对话和交流的热点，人权保障水平已经成为衡量各

---

① 参见张洋《醉驾入刑有效果 法治入心显力量》，《人民日报》2014 年 10 月 20 日第 11 版。
② 参见白阳、邹伟《公安部："醉驾入刑"三年，酒驾事故数下降 25%》，《新华每日电讯》2014 年 10 月 20 日第 5 版。
③ 参见王清波、黄夏《"酒驾"入刑，时代的呼声？》，《人民公安报》2009 年 9 月 25 日第 3 版。
④ 事实上，我国近年来对危险驾驶罪的增设，对盗窃罪成立范围的调整，以及通过相关司法解释对敲诈勒索、寻衅滋事等犯罪成立标准的降低等做法，无疑都体现了这一倾向。

国法治发展程度的风向标，人权问题甚至还成为一些国家用以对其他国家进行政治攻击的手段。① 在此背景下，我国近年来对人权保障的重视程度已明显提高。例如，2004 年的"人权入宪"、2012 年的刑事诉讼法修正等，都体现了这一倾向。

那么，在对违法行为的制裁过程中如何有效实现对行为人的人权保障呢？对此，尽管存在着多种不同的见解，但是，"通过法律来实现对权力的有效制约"，无疑是其核心内容。事实上也正是法治的基本精神所在，"法治究其本质而言，是要树立法律在社会中的最高权威，实现对权力的有效驯服，切实保障公民的自由和权利"。② 然而，我国在对治安违法行为的处罚上，显然还未通过法律形成有效的权力制约机制。目前，公安机关对治安违法行为的处罚，事实上是"既当运动员，又当裁判员"。严格来讲，对行政违法行为的处罚实际上应属于司法权的范畴，"只是因为如果都由法院裁处则法院将被大量的行政领域的案件淹没，所以基于法院的容纳力和行政机关便宜处置的实际需要，行政机关才被允许行使这些与司法性质相同的权力"。③ 也就是说，司法机关分割部分司法权给行政机关，实际上是为了满足制裁效率的现实需要。但是，由于对行政处罚毕竟缺乏有效的权力制约，而且行政处罚的证明标准又较低，因此从"错误成本"的角度出发，对哪些处罚权力可以让渡给行政机关，必须要作出谨慎的限制。

从实践层面来看，对于财产性和资格性的处罚，一旦发生错误，事后一般可以通过进行赔偿或补偿加以弥补。然而，对于剥夺人身自由的处罚，一旦发生处罚错误，则事后将很难弥补，因为人身自由是难以用金钱来衡量的。由此，从有效保障人权的角度出发，对于剥夺人身自由的处罚，原则上都应纳入刑法的规制范围，通过严格的司法程序来进行裁处。这在国际上也是一种普遍的做法。我国一直以来却并未对此形成足够的重视，不仅将行政拘留这种短期剥夺人身自由的处罚措施交由行政机关裁处，而且还将劳动教养这种较长时间剥夺人身自由的制裁措施也交由行政机关（公安机关）裁处。以至于劳动教养制度在人权保障方面产生了诸多

---

① 参见谢川豫《危害社会行为的制裁体系研究》，法律出版社 2013 年版，第 246 页。
② 梁迎修：《理解法治的中国之道》，《法学研究》2012 年第 6 期。
③ 张建伟：《监禁权专属原则与劳动教养的制度困境》，《法学研究》2008 年第 3 期。

的负面后果，2013 年 12 月，全国人大常委会不得不将这一制度予以废止。在劳动教养制度废止之后，行政拘留的问题自然也就浮现了出来。当然，我国在现阶段并不可能立即废除行政拘留制度，但是，通过将一些较为严重的多发性治安违法行为进行犯罪化处理，逐步实现剥夺人身自由罚适用的司法化，却是在强化人权保障方面的一种可行性路径选择。从这一角度来讲，《刑法修正案（九）》将一些多发性的治安违法行为予以犯罪化，以及跨越《治安管理处罚法》将其他一些破坏社会治安秩序的行为直接规定为犯罪，无疑都是在有效实现社会防卫的基础上充分考虑到了保障人权的需要。

三　治安违法行为犯罪化的立法前瞻

全国人大常委会法制工作委员会在《关于〈中华人民共和国刑法修正案（九）（草案）〉的说明》中指出，本次修改刑法的指导思想之一就是："坚持创新刑事立法理念，进一步发挥刑法在维护社会主义核心价值观、规范社会生活方面的引领和推动作用。"① 实际上也就是要通过对刑法的修改和完善，进一步发挥刑法在维持公众的道德水平、规范社会秩序等方面的作用和功能。这一方面作用和功能的实现，一个重要的途径就是要坚持上文提到的"严而不厉"的刑事立法走向。《刑法修正案（九）》对许多治安违法行为的犯罪化事实上便是这一立法走向的集中体现。在这一刑事立法思想的指导下，刑事制裁范围的不断扩张就是一个必然的发展趋势。那么，今后的刑事立法应当如何设计和安排才能有效适应这一发展趋势呢？对此，我们必须要进行前瞻性的思考。从宏观层面而言，笔者认为，在这一刑法发展趋势之下，我国今后应重点做好下述五个方面的刑事立法工作。

（一）对犯罪与行政违法行为进行合理界分

刑事制裁范围的扩张，一个主要的表现就是向治安违法或其他行政违法领域的拓展。为了满足对违法犯罪制裁效率的需要，行政处罚制度又必须要存在，由此就必然会涉及对犯罪与行政违法行为的合理界分问题。然

---

① 全国人大常委会法制工作委员会：《关于〈中华人民共和国刑法修正案（九）（草案）〉的说明》，2017 年 11 月 20 日，中国人大网（http：//www.npc.gov.cn/wxzl/gongbao/2015 - 11/06/content_ 1951884.htm），http：//www.npc.gov.cn/npc/xinwen/lfgz/flca/2014 - 11/03/content_ 1885029.htm。

而，不论是国内还是国外，对犯罪与行政违法行为的范围划分都是一个非常困难的问题。原因就在于，人们总是试图从行为的性质或特征方面来二者进行界分，比如，认为犯罪是具有伦理可责性的违法行为，而行政违法行为则是单纯违反行政秩序的违法行为。但是，随着大量违反行政秩序的违法行为被纳入犯罪范围，犯罪与行政违法行为在伦理可责性方面的界限已基本泯灭，所以，以此为标准来界分二者也就越来越难以实现。

在此情况下，人们不得不将判断重心后移，即从处罚方法层面来合理划定二者的范围。在这一层面，对某种危害行为是否有必要适用人身自由罚（包括剥夺自由和限制自由）为界分标准，则是一种较为普遍的选择。也就是说，如果对某种危害行为有必要适用人身自由罚进行制裁，则应将其划入犯罪范围，由法院通过司法程序予以裁处；反之，则可将其划入行政违法范围，由行政机关通过行政程序予以裁处。例如，《欧洲人权公约》第5条中就明确规定了人身自由罚只能由法院以有罪判决的形式作出。在这一公约之下，欧洲国家普遍采取了这一界分标准。比如，德国也存在类似于我国《治安管理处罚法》的《违反秩序法》，但其处罚方式主要就是罚款，并不存在人身自由罚。① 之所以采取这一做法，主要就是因为：由人身自由的价值重要性所决定，人身自由罚作为一种处罚方法，只有用于对犯罪的刑事制裁才能具有相当性和合理性。对此，正如博登海默所指出，"人们赋予自由的那种价值为这样一个事实所证实，即监禁在任何地方都是作为一种刑事制裁手段加以使用的。"② 也正是基于此，人们才在日常生活中形成了这样一种普遍的认知，即刑罚的首要特征就是，"一种限制自由的强制行为"。③ 所以，在犯罪与行政违法行为的范围划定问题上，正如帕克所言，"如果我们从定罪转向刑罚实施，我们可利用剥夺自由这一实际的或潜在的监禁判决所固有的天然标准。……某种行为可以被视为值得受到此种程度的刑罚，这远远不是将该行为作为犯罪处理的充分条件，但显然它应当是必要条件。"④ 另外，根据《公民权利和政治权利国际

---

① 参见王世洲《罪与非罪之间的理论与实践——关于德国违反秩序法的几点考察》，《比较法研究》2000年第2期。

② ［美］E. 博登海默：《法理学：法律哲学与法律方法》，邓正来译，中国政法大学出版社1999年版，第279页。

③ ［德］米夏埃尔·帕夫利克：《人格体主体公民：刑罚的合法性研究》，谭淦译，中国人民大学出版社2011年版，第15—16页。

④ ［美］哈伯特 L. 帕克：《刑事制裁的界限》，梁根林等译，法律出版社2008年版，第270页。

公约》的相关规定，剥夺人身自由的强制措施和处罚，必须要通过司法程序决定或判处。目前，绝大多数签署该公约的国家，都已经实现了这类措施在适用上的司法化。① 我国也已经签署了该公约，虽然尚未经全国人大批准，但随着我国法治进程的推进，这些游离于刑法之外的剥夺或限制公民人身自由的措施都应当逐步纳入司法体系。

由此，在犯罪与行政违法行为的界分问题上，合理的解决办法就是以是否值得适用人身自由罚为标准对二者进行区分。在我国，具体的实现方式就是将那些有必要运用行政拘留这种人身自由罚进行制裁的行政违法行为均纳入犯罪范围，从而在制裁方法层面实现对二者的合理划分。至于这一做法可能会带来的司法压力增加和前科效应扩大等问题，也完全可以通过采取增设治安法院（或法庭）、完善刑事简易程序、建立前科消灭制度等措施加以解决。当然，这一目标的实现并不可能一蹴而就，但是，显然应当成为我国刑事立法的重要发展方向。

（二）对全部犯罪进行轻重分层

在立法上对全部犯罪进行轻重分层，是国外的一种普遍做法。例如，《德国刑法典》将全部犯罪划分为重罪与轻罪两个层次；② 《法国刑法典》将全部犯罪划分为重罪、轻罪和违警罪三个层次；③ 《俄罗斯联邦刑法典》将全部犯罪划分为特别严重的犯罪、严重犯罪、中等严重的犯罪和轻罪四个层次；④ 美国的《模范刑法典》将全部犯罪划分为一级重罪、二级重罪、三级重罪、轻罪、微罪和违警罪六个层次。⑤ 对犯罪进行轻重分层的目的是为了在制裁方法和制裁程序等方面予以区别对待，以合理分配司法资源，实现刑罚效益最大化。

在我国，关于对犯罪进行轻重分层的问题，学界也早有探讨，但在立法层面一直未能实现。随着众多治安和行政违法行为纳入犯罪范围，我国的犯罪圈迅速扩大，司法机关的工作负担也愈加沉重，在此情况下，对犯罪进行轻重分层以实现区别对待的必要性已显著提高。基于此，笔者认

---

① 参见敦宁《刑事处罚与行政处罚的方法界限——兼论犯罪与行政违法的范围划定问题》，赵秉志主编《刑法论丛》（2015 年第 1 卷），法律出版社 2015 年版，第 181—182 页。

② 参见《德国刑法典》，徐久生、庄敬华译，中国法制出版社 2000 年版，第 45—46 页。

③ 参见《法国刑法典》，罗结珍译，中国法制出版社 2005 年版，第 3 页。

④ 参见《俄罗斯联邦刑法典》，黄道秀译，北京大学出版社 2008 年版，第 5 页。

⑤ 参见《美国模范刑法典及其评注》，刘仁文等译，法律出版社 2005 年版，第 8、88 页。

为，我国可考虑在立法层面将法定最高刑或应当适用的法定刑幅度的最高刑在三年有期徒刑以下的犯罪划为轻罪，将其他犯罪划为重罪，并在制裁方法和制裁程序等方面予以区别对待。采取这一划分标准的主要理由就是，不论是我国《刑法》中规定的属人管辖和保护管辖的追责条件、缓刑适用条件，还是《刑事诉讼法》中规定的刑事和解适用条件等，事实上都包含了三年有期徒刑这一标准。这无疑体现了我国在看待犯罪轻重上的立法态度，因而更加便于操作实施。另外，由于我国当前的犯罪圈仍然较小，对犯罪的法定刑幅度设计并不十分细致，因此暂时还并不适宜在立法上对犯罪进行多层次的划分，目前只需将全部犯罪划分为轻、重两个层次即可。当然，在轻罪与重罪内部进行适当地区别对待也是允许的。

（三）实现轻罪制裁方法的非监禁化

在治安或行政违法行为不断被犯罪化的趋势下，其所导致的直接结果就是轻罪的大量增加。由于轻罪的社会危害性毕竟相对较小，所以在制裁方法上必须要采取一些有别于重罪的轻缓化措施。从国外的情况来看，各国大都为轻罪配置了较短的监禁刑以及罚金刑、资格刑、社区服务等不同种类的非监禁刑。同时，在欧美国家"轻轻重重"的"两极化"刑事政策之下，各国还致力于改变对轻罪的刑罚反应方式和反应强度，主要表现就是限制短期监禁刑的适用，扩大罚金刑、社区服务以及缓刑等非监禁刑的适用范围，甚至将监禁刑作为专门适用于严重犯罪和累犯、惯犯的最后手段加以定位，[1] 也就是力求实现对轻罪制裁的非监禁化。

近几十年来，短期监禁刑（短期自由刑）因存在改造无力和易导致交叉感染等弊端，已经受到了普遍的诟病，以至于还引发了短期监禁刑的存废之争。尽管这一争议并未导致短期监禁刑的废除，但是，积极采取各种措施来限制短期监禁刑的适用，却是一种普遍的趋势。鉴于此，在轻罪的制裁方法方面尽可能实现非监禁化，无疑是一种理性的选择。然而，我国当前对于轻罪制裁的非监禁化还实现得不够理想，主要表现就是非监禁刑的种类还比较少，且配置范围也比较狭窄；同时，司法实践中对轻罪的非监禁刑适用率并不高。近年来，除缓刑的适用率略有提升外，管制和单处附加刑的适用率都还处于极低的局面。[2] 所以，今后必须要在立法层面积

---

① 参见梁根林《刑事制裁：方式与选择》，法律出版社 2006 年版，第 41 页。
② 参见敦宁《自由刑改革的中国路径》，人民出版社 2014 年版，第 60—68 页。

极采取有效措施大力推动和实现轻罪制裁的非监禁化。

笔者认为，在这一方面，近期可重点采取如下措施：（1）扩大单处罚金刑的配置范围。在最高刑为三年有期徒刑以下的法定刑幅度内，原则上都应配置单处罚金刑。（2）增加资格刑的种类，并将其有针对性地配置于较轻犯罪的法定刑幅度内。（3）增设社区服务刑。社区服务刑在国外也称为社会服务、社区劳役和公益劳动等，是指一种判处犯罪人在社区从事一定时数的无偿劳动或服务的刑罚。① 社区服务刑可主要针对那些罪行较轻且无力缴纳罚金的犯罪人适用。（4）增设劳动矫治刑。劳动矫治刑是一种判处犯罪人在一定期限内于工作时间到固定的劳动场所参加劳动的刑罚。劳动矫治刑并不剥夺犯罪人的人身自由，但犯罪人需要在工作时间到固定的劳动场所参加劳动。② 劳动矫治刑主要适用于那些虽然罪行较轻但生活懒惰、奢侈或具有某种不良习惯的犯罪人。（5）改进缓刑制度，切实提高缓刑适用率。（6）制定完善的《社区矫正法》，规范社区矫正执行、提高社区矫正质量。（7）建构完善的保安处分制度，有效弥补轻罪刑罚的非监禁化在特殊预防方面的不足。

（四）实现轻罪制裁程序的简易化

从刑事政策的角度来讲，通过程序繁简、刑罚轻重的不同安排，合理配置资源，以快速简易程序轻缓处理大量轻微犯罪，将有限资源集中处理少数严重犯罪，是科学治理犯罪的基本要求。③ 从域外的情况来看，许多国家和地区不仅已经实现了轻罪制裁程序的简易化，而且还进一步实现了简易程序的多样化。例如，美国的简易程序有司法官审理轻罪程序和辩诉交易程序；德国的简易程序有处罚令程序和快速审判程序；日本的简易程序有简易命令程序、简易公审程序、即决审判程序和交通案件即决裁判程

---

① 参见周国强《国外社区服务刑述评及借鉴》，《国家检察官学院学报》2004 年第 2 期。

② 在国外，与劳动矫治刑相类似的就是俄罗斯刑法中的劳动改造，但后者实际上是一种变相的剥夺自由刑，犯罪人未经执行机关书面批准，是不能离开其工作场所的（参见［俄］JI. B. 伊诺加莫娃－海格主编《俄罗斯联邦刑法（总论）》第 2 版，黄芳等译，中国人民大学出版社2010 年版，第 195 页）。笔者认为，这种刑罚实际上与我国的拘役或有期徒刑并无多大差异，因此需要对其进行一定的非监禁化改造。在可能的情况下，可以考虑将我国的拘役刑改造为劳动矫治刑。

③ 参见卢建平《法国违警罪制度对我国劳教制度改革的借鉴意义》，《清华法学》2013 年第 3 期。

序；我国台湾地区的简易程序有简易判决、简式审判程序和协商程序，等等。①

在我国，尽管现行《刑事诉讼法》中也规定了简易程序，但简化的对象主要限于审判程序，而且，由于适用范围较广（可以适用于基层人民法院管辖的所有符合条件的案件），所以简化的程度也相对有限。在轻罪大量增加的趋势下，仅靠这种简易程序显然无法满足轻罪制裁效率的需要。为此，全国人大常委会于 2014 年 6 月 27 日表决通过了《关于授权最高人民法院、最高人民检察院在部分地区开展刑事案件速裁程序试点工作的决定》，主要内容就是授权"两高"对事实清楚，证据充分，被告人自愿认罪，当事人对适用法律没有争议的危险驾驶、交通肇事、盗窃、诈骗、抢夺、伤害、寻衅滋事等情节较轻，依法可能判处一年以下有期徒刑、拘役、管制的案件，或者依法单处罚金的案件，进一步简化刑事诉讼法规定的相关诉讼程序。就当前来看，此种做法对有效提高轻微犯罪的制裁效率无疑具有一定的实际意义。但是，从长远来看，在刑事诉讼法中为轻罪设置多样化的简易程序才是根本举措。

具体来讲，我国可考虑为轻罪设置如下三种简易程序：（1）普通简易程序。这种简易程序可大致按照现行《刑事诉讼法》中规定的简易程序模式来设计，但对审前程序还需进行适当的简缩，如缩短检察机关的审查起诉时间等。其主要的适用范围是可能判处一年以上有期徒刑的被告人认罪案件。（2）快速裁决程序。快速裁决程序是指目前正在进行试点工作的刑事案件速裁程序。据最高人民法院有关负责人介绍，截至 2015 年 12 月 31 日，全国 212 个试点基层人民法院适用速裁程序审结刑事案件共 31086 件 32188 人，当庭宣判率达 95.9%，附带民事诉讼原告人上诉率为 0，被告人上诉率仅为 2.13%。② 可见，这一程序的试行效果是良好的，可以将其确立在刑事诉讼法中。（3）处罚令程序。处罚令程序的基本模式是：依检察官的书面申请，法官可以不经审判而直接以书面处罚令的形式确定对被告人的处罚。处罚令程序在大陆法系国家采用较多。我国在引入这一程序后，一般只能将其适用于仅需判处罚金刑的案件。

---

① 参见郑丽萍《域外简易程序考察和评析》，《社会科学战线》2014 年第 3 期。

② 参见《最高法：2013—2015 年纠正重大刑事冤假错案 23 起》，2017 年 11 月 20 日，中国新闻网（http://www.chinanews.com/gn/2016/02 - 29/7777026. shtml）。

（五）建立轻罪前科消灭制度

"所谓前科消灭制度，是指具有前科的人经过法定程序被宣告注销犯罪记录，恢复正常法律地位的一种制度。"[①] 通过前科消灭制度消灭的是一个人因犯罪前科而产生的不利后果。这种不利后果既包括法律上的不利后果，也包括社会评价上的不利后果。前者主要表现为由犯罪前科带来法律上的不利负担或某种资格的丧失；后者则主要表现为社会公众对有犯罪前科者的负面评价。设置前科制度的出发点是为了控制或消除社会危险，但其所造成直接后果就是犯罪前科的"标签效应"。由于轻罪犯的人身危险性并不大，前科效果的持续存在不但不必要，反而会导致"标签效应"的恶化。鉴于此，随着轻罪立法的推进，我国应当及时建立轻罪前科消灭制度，以尽可能地降低增设此类犯罪可能带来的负面效果。

在具体的制度建构上，可考虑为轻罪犯的前科消灭设立较短时间的考验期，只要当事人在此期间内没有再犯罪或者实施其他比较严重的违法行为，其犯罪前科便可归于消灭。前科消灭，也就意味着当事人不再被认为是一个曾经犯过罪的人。因此，应当产生如下法律效力：（1）公安、司法机关应封存当事人的犯罪记录，非经法律授权，任何单位和个人不得查询；（2）户籍管理部门及其他相关单位应在当事人的户籍档案、学籍档案或人事档案中注销其犯罪记录；（3）当事人不再承担前科汇报义务；（4）当事人因前科而被限制的各项权利应予恢复；（5）当事人再犯罪时不得因前科而从重处罚；（6）任何单位和个人不得以当事人曾有过前科为由，在就业、就学、经营等方面对其进行限制或给予其不公正的待遇。

第三节 法规竞合情形下犯罪与治安违法行为的界分

一 问题的提出

在我国，犯罪与治安违法行为是两种不同性质的违法行为，前者属于刑事违法行为，由《刑法》规制，并适用刑罚处罚；后者属于行政违法行为，由《治安管理处罚法》规制，只适用行政处罚（治安处罚）。二者不仅在处罚轻重上存在差异，而且还在是否产生前科效果方面存在异同。因犯罪受到刑罚处罚的，会附带性地产生前科效果；因治安违法行为受到治

[①] 于志刚：《简论前科消灭的定义及其内涵》，《云南大学学报》（法学版）2002年第4期。

安处罚的，则并不会产生前科效果。考虑到二者在法律后果方面的较大差别，《刑法》和《治安管理处罚法》理应在行为方式和危害后果等方面对二者作出不同的规定，以便保证法律的准确适用。然而，这两部法律对许多违法行为的规定却并未体现出此种差异，而是规定了相同或基本相同的行为表现，由此也就出现了法规竞合的情形。①

例如，《刑法》第245条第1款规定："非法搜查他人身体、住宅，或者非法侵入他人住宅的，处三年以下有期徒刑或者拘役。"而《治安管理处罚法》第40条规定："有下列行为之一的，处十日以上十五日以下拘留，并处五百元以上一千元以下罚款；情节较轻的，处五日以上十日以下拘留，并处二百元以上五百元以下罚款：……（三）非法限制他人人身自由、非法侵入他人住宅或者非法搜查他人身体的。"又如，《刑法》第359条第1款规定："引诱、容留、介绍他人卖淫的，处五年以下有期徒刑、拘役或者管制，并处罚金；情节严重的，处五年以上有期徒刑，并处罚金。"而《治安管理处罚法》第67条规定："引诱、容留、介绍他人卖淫的，处十日以上十五日以下拘留，可以并处五千元以下罚款；情节较轻的，处五日以下拘留或者五百元以下罚款。"再如，《刑法》第353条第1款规定："引诱、教唆、欺骗他人吸食、注射毒品的，处三年以下有期徒刑、拘役或者管制，并处罚金；情节严重的，处三年以上七年以下有期徒刑，并处罚金。"而《治安管理处罚法》第73条规定："教唆、引诱、欺骗他人吸食、注射毒品的，处十日以上十五日以下拘留，并处五百元以上二千元以下罚款。"这类情形在上述两部法律中还有很多，在此不再一一列举。

此类法规竞合导致的直接后果就是执法机关在法律适用上的无所适从或左右摇摆，从而造成执法不统一的现象。特别是在对相关违法行为的入罪标准欠缺司法解释，或有关的司法解释并不科学或严密的情况下，这一现象更加难以避免。比如，对上述非法侵入住宅行为的入罪标准，目前就欠缺相关的司法解释。而对于引诱、教唆、欺骗他人吸食、注射毒品的行为，最高人民检察院、公安部于2012年发布的《关于公安机关管辖的刑事案件立案追诉标准的规定（三）》第9条规定："引诱、教唆、欺骗他人

---

① 当然，这种所谓的"法规竞合"，只是一种形式上或文字表达上的法规竞合，而并不意味着出现"竞合"的行为在实质内涵上具有相同的意蕴。

吸食、注射毒品的，应予立案追诉。"根据这一规定，对以上行为，不论情节轻重，都应作为刑事案件立案追诉。那么，在何种情况下才能予以治安处罚，便不无疑问。①

在理论层面，对此类法规竞合现象如何处理，存在着不同的认识。有论者认为，在这一问题上应坚持基本法律高于法律的原则。"刑法是全国人民代表大会通过的基本法律，而治安管理处罚法则是全国人大常委会通过的法律，前者的效力应当高于后者"；所以，"当刑法与治安管理处罚法发生法条竞合时，首先应当适用刑法的规定。"② 也就是说，对此类法规竞合现象，应首先考虑适用《刑法》，将相关违法行为作为犯罪处理。有论者则明确反对这一主张，认为其会导致《治安管理处罚法》的规定完全虚置化，这是不符合立法意图的。该论者指出，"我国《刑法》'但书'第13条规定，'情节显著轻微危害不大的，不认为是犯罪'。这表明，刑法所禁止的行为不包括情节显著轻微危害不大的行为。也就是说刑法只是将那些情节严重、危害严重的行为规定为犯罪。这就要求解释者应当对构成要件进行实质解释，即使分则条文没有将'情节严重'规定为构成要件，也要考虑对构成要件的解释是否达到了值得科处刑罚的程度。""如果只注重所谓的法律形式，而不重视法律形式背后的实质内容，必然导致将不值得科处刑罚的非法侵入住宅、非法搜查等行为解释为符合犯罪构成要件的行为。"③ 实际上也就是主张，要以《刑法》第13条中的"但书"规定为依托，根据相关违法行为的情节和危害程度，对其进行分别处理，对于那些不值得科处刑罚的，不应该认定为构成犯罪，对其可进行治安处罚。

上述前一种观点显然没有认识到犯罪与治安违法行为在实质内涵上的差异，也没有注意到《刑法》与《治安管理处罚法》的合理衔接问题，而且，首先考虑适用《刑法》，也不符合《刑法》作为保障法的体系定位。因此，赞同者较少。在当前，后一种观点获得了普遍的支持，也是一种通常性的认识。但是，在其具体运用方面也仍然存在着广泛的争议。例如，

---

① 最高人民法院于2016年发布的《关于审理毒品犯罪案件适用法律若干问题的解释》第11条，也只是对属于《刑法》第353条第1款规定的"情节严重"的情形作出了解释，而并未对该罪基本犯的入罪标准进行说明。

② 杨新京：《刑法与治安管理处罚法竞合问题研究》，《人民检察》2007年第5期。

③ 许成磊：《刍议刑事不法与行政不法的界限——以〈治安管理处罚法〉为视角》，戴玉忠、刘明祥主编《犯罪与行政违法行为的界限及惩罚机制的协调》，北京大学出版社2008年版，第215—216页。

对于"但书"的性质和内涵问题、"但书"与犯罪构成的关系问题、"情节显著轻微危害不大"的判断依据和标准问题等，学界目前都还存在着各种不同的认识。在司法实践中，运用"但书"来界分犯罪与一般违法（包括治安违法）或者罪与非罪，具体适用上也非常混乱，对于能否适用"但书"、适用的基本方法、适用的范围等问题，都缺少基本的共识。①

应当说，在我国"刑罚＋行政处罚"的双层次制裁体系和"定性＋定量"的犯罪成立模式之下，如何合理地界分犯罪与行政违法行为，是一个全局性的问题。但是，由于我国《刑法》为大多数犯罪都设置了"数额较大""情节严重""情节恶劣""造成严重后果"等定量因素，因此，对于此类犯罪，这一问题并不明显（并不是没有问题）。而对于那些未明确设置定量因素的犯罪，特别是与相关治安违法行为存在法规竞合的犯罪而言，这一问题表现得较为突出。鉴于此，在立法未作相关修正的前提下，为了尽可能实现法律的公平、公正，以及有效保障行为人的正当权益，我们必须要在理论和实践层面深入探讨此种情形下犯罪与治安违法行为的合理界分问题。②

二　犯罪与治安违法行为的界限：一个基本的前提

对犯罪与治安违法行为进行合理界分，一个基本的前提就是明确二者的界限。如果在这一问题上出现认识错误，则必然导致实践中的执法失误。在此需要注意的是，这里所谓二者的界限，并不是指二者在实然的法律性质或法律后果方面的差别，而是从行为本体层面来讲，犯罪与治安违法行为的区别究竟是什么？

（一）犯罪与治安违法行为的理论界限

在我国，犯罪属于刑事不法行为，治安违法行为属于行政不法行为。从世界范围来看，对于这两类行为之间的界限，理论上一直存在着三种观点，即量的差异理论、质的差异理论和质量的差异理论。量的差异理论认为，刑事不法与行政不法在行为的质上并不存在差异，只是在行为危害程度上具有量的差异；质的差异理论认为，刑事不法与行政不法的区别在于

---

① 参见王华伟《中国刑法第 13 条但书实证研究——基于 120 份判决书的理论反思》，《法学家》2015 年第 6 期。

② 即使刑法通过设立"情节严重""情节恶劣"等定量因素对其加以界分，在缺乏明确的司法解释的情况下，如何具体区分二者，还是一个理论和实践难题。

质的差异，即二者在质上的价值差异；质量的差异理论认为，二者在行为的质与量上均有所不同。① 在上述三种观点中，质量的差异理论似乎较为周严，支持者也相对较多。但是，问题在于，刑事不法与行政不法之质的差异到底是什么，却一直未能形成一个明确的答案。在这一方面，理论上存在着自体恶与禁止恶说、文化规范说、社会伦理的价值判断说、法律所保护的客体说等多种观点，至今也未能形成定论。对此，正如19世纪的德国立法者所指出，"从中世纪至今的各种法学学派，在寻找刑罚惩罚和警察处罚之间界限的努力中都毫无结果。现在，对于法学家们在无奈中制定的区别，也不能可靠地执行。"② 实际情况也确实如此。例如，受1810年《法国刑法典》的影响，德国刑法原来也将全部犯罪划分为重罪、轻罪和违警罪三类。其中的违警罪就类似于我国的治安或行政违法行为。③ 但1975年的《德国刑法典》取消了违警罪，原来刑法规定的违警行为及其他违反秩序的行为被统一规定于《违反秩序法》中，对这些行为主要是由行政机关进行处罚（罚款），也就是将其作为行政违法行为来看待。而在法国、意大利等国，此类秩序违反行为依然被作为违警罪规定在刑法典中。这说明，在犯罪与行政违法行为之间，实际上并不存在一个被普遍认可的"质"的差别。

从实践层面来看，事实上，随着大量的行政违法行为被纳入犯罪范围，刑事不法与行政不法在质的方面的界限已基本泯灭，以此来界分二者也就越来越难以实现。由此，我们不得不承认这样一个现实：刑事不法（犯罪）与行政不法（行政违法行为）之间并不存在质的差异，二者的界限仅仅在于行为的危害程度不同，即量的差异性。也就是说，犯罪与行政违法行为在质上都是具有社会危害性的行为，而其差别或界限就是社会危害程度的不同，即前者的社会危害程度要高于后者。④ 从这一层面来讲，也可以说，正是由于"量"（社会危害程度）的变化，最终导致具有同一

---

① 关于上述三种观点的具体内容，可参见林山田《刑事法论丛》（二），台湾大学法律系发行，1997年版，第34—45页。

② 转引自王世洲《罪与非罪之间的理论与实践——关于德国违反秩序法的几点考察》，《比较法研究》2000年第2期。

③ 由于德国刑法并不为犯罪设置定量因素，所以，除违警罪外，相当一部分轻罪也与我国的治安或行政违法行为相类似。

④ 犯罪与行政违法行为都是对稳定的社会秩序的破坏，因而都具有社会危害性，在这一点上，二者均不同于仅仅破坏基于行为人之间的意思自治而达成的契约的民事违约行为。

"质"的行为被界定为两种不同法律性质的行为，即犯罪与行政违法行为（或治安违法行为）。如果从权力的视角分析，这实际上是通过量上的区分而形成两种不同权力的作用范围，由此说，量的递增而形成质的变化，不是行为本身的性质发生了变化，而是由此带来的权力干预出现了质的变化。[①] 这也就意味着，对犯罪与治安违法行为的范围划分，在很大程度上是一个国家根据其实际情况，为了同时满足制裁的公正性和效率性的需要作出的选择，并不是基于二者之间"质"的不同而进行的范围圈定。否则，由于立法修正而导致的犯罪与治安违法行为范围的不断变动，便无法得到合理的说明。

（二）我国对犯罪与治安违法行为的划分

我国对犯罪与治安违法行为的划分，是在上述维度之下展开的。不论是 1979 年刑法典，还是 1997 年刑法典，我国都在刑法总则犯罪概念的条款中设置了"但书"规定，即"……但是情节显著轻微危害不大的，不认为是犯罪。"[②] "我国《刑法》中的但书规定对于刑法分则的制定具有总括性的指导意义，这是由刑法总则与分则的逻辑关系决定的。《刑法》第 13 条的但书规定表明，我国《刑法》中的犯罪存在定量要素，因此在《刑法》分则中关于具体犯罪的规定也必然贯彻这一原则。"[③] 从现行《刑法》分则的规定来看，将"数额较大""情节严重""情节恶劣""造成严重后果"等定量因素作为犯罪成立条件的犯罪比比皆是，这些定量因素都是对行为社会危害程度的限定。其他一些在罪状中未规定此类因素的犯罪，并不意味着该罪的成立不受定量因素的限制，因为其同样要遵循总则中的"但书"规定。[④] 对此，在相关的司法解释或立案追诉标准中已经得到了体现。例如，最高人民检察院、公安部于 2008 年发布的《关于公安机关管辖的刑事案件立案追诉标准的规定（一）》第 78 条规定："引诱、容留、

---

① 参见时延安《权力作用范围的交叉，还是规范评价的重叠？——论行政处罚权与刑罚权纠葛之理清》，戴玉忠、刘明祥主编《犯罪与行政违法行为的界限及惩罚机制的协调》，北京大学出版社 2008 年版，第 377 页。

② 1979 年《刑法》第 10 条和 1997 年《刑法》第 13 条，分别对犯罪概念及"但书"作出了规定。

③ 陈兴良：《但书规定的规范考察》，《法学杂志》2015 年第 8 期。

④ 有学者将这类定量因素称为"涵摄的罪量要素"，即"虽然不在表述罪状的语言文字的通常字面文义之内，但可以根据但书以及表述罪状的分则条文的规范保护目的予以涵摄"。参见梁根林《但书、罪量与扒窃入罪》，《法学研究》2013 年第 2 期。

介绍他人卖淫，涉嫌下列情形之一的，应予立案追诉：（一）引诱、容留、介绍二人次以上卖淫的；（二）引诱、容留、介绍已满十四周岁未满十八周岁的未成年人卖淫的；（三）被引诱、容留、介绍卖淫的人患有艾滋病或者患有梅毒、淋病等严重性病的；（四）其他引诱、容留、介绍卖淫应予追究刑事责任的情形。"① 也就是说，并不是所有引诱、容留、介绍他人卖淫的行为都会被追究刑事责任，只有其中情节严重的，才会被作为犯罪立案追诉，达不到这种程度的，只属于治安违法行为。

　　这种以"但书"规定为依托的犯罪成立标准，理论上一般将其称为"定性＋定量"的犯罪成立模式。这里的"性"，就是指行为具有社会危害性，而"量"则是指社会危害程度。在这一模式之下，众多具备某种犯罪的行为性质，而在"量"上达不到刑事处罚要求的违法行为，都被排除在了犯罪圈之外。对于这些违法行为，一般只能予以治安处罚或行政处罚。在这一方面，我国的《治安管理处罚法》也作出了对应性的规定。《治安管理处罚法》第2条规定："扰乱公共秩序，妨害公共安全，侵犯人身权利、财产权利，妨害社会管理，具有社会危害性，依照《中华人民共和国刑法》的规定构成犯罪的，依法追究刑事责任；尚不够刑事处罚的，由公安机关依照本法给予治安管理处罚。"此处的"尚不够刑事处罚"，无疑就是指在所造成的社会危害的程度上还尚未达到进行刑事处罚的要求。② 当然，在《治安管理处罚法》中也存在一些不属于《刑法》规制范围的违法类型，如吸毒、卖淫、嫖娼等。这些违法行为并不是不具有社会危害性，而是其本身的社会危害程度较低，还不足以将其上升为犯罪。从根本

① 最高人民法院、最高人民检察院于2017年发布的《关于办理组织、强迫、引诱、容留、介绍卖淫刑事案件适用法律若干问题的解释》第8条对上述内容进行了部分修正，但总体上仍区分了犯罪与治安违法。需要注意的是，根据该条的规定，"引诱他人卖淫的"，应一律定罪处刑。这显然架空了《治安管理处罚法》第67条对引诱卖淫行为的治安处罚规定，因而是存在一定问题的。

② 对这里的"尚不够刑事处罚"，不能理解为还包括已达到犯罪所要求的社会危害程度，但因不满十六周岁而不予刑事处罚的情况。因为《刑法》第17条第4款对此种情况已明确规定了处理方式，即"因不满十六周岁不予刑事处罚的，责令他的家长或者监护人加以管教；在必要的时候，也可以由政府收容教养。"由于《治安管理处罚法》第12条规定："已满十四周岁不满十八周岁的人违反治安管理的，从轻或者减轻处罚；不满十四周岁的人违反治安管理的，不予处罚，但是应当责令其监护人严加管教。"这就意味着，对已满十四周岁不满十六周岁的人，也可以进行治安处罚。但是，这里应仅限于此类人员实施治安违法行为的情况，而不能包括实施已达到应受刑罚处罚程度的社会危害行为的情况，否则就会与《刑法》第17条第4款的规定发生冲突。

上讲，这些治安违法行为与犯罪的差别，同样是社会危害程度的不同。我国之所以采取这种制裁模式，主要就是为了满足制裁效率的需要。正如储槐植教授所指出，"定量的犯罪概念把那些没有达到一定数量要求的违法行为排除在犯罪圈之外，交由行政机关处理，这样既可以避免刑事司法资源不必要的浪费，又可利用行政机关处理问题便捷迅速的特点，及时化解矛盾，维护社会稳定"。①

由此，我们便可以得出结论，犯罪与治安违法行为都具有社会危害性，二者并不存在质的差别，界限仅在于社会危害程度的不同，犯罪一般都具有严重的社会危害性，而治安违法行为的社会危害性不大。换句话说，"违反《治安管理处罚法》的行为与犯罪行为的本质区别，是通过量的区别反映出来的，应当追究刑事责任程度的危害社会行为是犯罪行为，应当予以行政处罚的危害社会行为是违反《治安管理处罚法》的行为。"②基于此，在《刑法》与《治安管理处罚法》对某些违法行为的规定出现竞合时，就应当根据这些违法行为在实践中所表现出的社会危害程度对其进行合理界分，以决定适用哪一法律进行处罚，而不是以法律效力的高低为适用标准，更不是任意适用哪一法律皆可。

三　犯罪与治安违法行为的界分标准：指导规范与学理范式

（一）犯罪与治安违法行为界分标准的指导规范

社会危害程度的不同，只是犯罪与治安违法行为的实质差异，在实践中，对二者的界分还需要以一定的法律规范为依托。如果说对于那些在构成要件中明确设置了定量因素的犯罪，可主要依据行为是否满足了这些定量因素来界分犯罪与治安违法行为；③那么，对于法规竞合情形下犯罪与治安违法行为的界分，只能依据《刑法》与《治安管理处罚法》的一般规

---

① 储槐植：《刑事一体化论要》，北京大学出版社 2007 年版，第 119 页。
② 黎宏：《刑法学》，法律出版社 2012 年版，第 44—45 页。
③ 当然，对于满足了这些定量因素的违法行为，也不一定会作为犯罪处理。例如，最高人民法院于 2006 年发布的《关于审理未成年人刑事案件具体应用法律若干问题的解释》第 9 条中规定："已满十六周岁不满十八周岁的人实施盗窃行为未超过三次，盗窃数额虽已达到'数额较大'标准，但案发后能如实供述全部盗窃事实并积极退赃，且具有下列情形之一的，可以认定为'情节显著轻微危害不大'，不认为是犯罪：（一）系又聋又哑的人或者盲人；（二）在共同盗窃中起次要或者辅助作用，或者被胁迫；（三）具有其他轻微情节的。"这说明，在犯罪与一般违法的界分上，除这些明确的定量因素外，有时也需要结合其他因素进行综合判断。

定。这些一般规定，主要就是《刑法》对犯罪概念的规定，以及《治安管理处罚法》对治安违法行为的概括性规定。

我国《刑法》第 13 条规定："一切危害国家主权、领土完整和安全，……以及其他危害社会的行为，依照法律应当受刑罚处罚的，都是犯罪，但是情节显著轻微危害不大的，不认为是犯罪。"一般认为，这是从正反两个方面对我国的犯罪概念作出了规定。"如果说刑法第 13 条的本文（即但书前的内容）从正面规定了什么是犯罪，那么，但书则从反面说明了什么不是犯罪；正反两个方面的结合，使人们能够更加准确地理解犯罪概念。"① 根据这一规定，"情节显著轻微危害不大"的行为虽然具有社会危害性，但并不属于"依照法律应当受刑罚处罚"的行为，因而不属于犯罪的范畴。这些行为如果符合了《治安管理处罚法》的规定，则属于治安违法行为，应当予以治安处罚。我国《治安管理处罚法》第 2 条大体采取了类似的方式来界定治安违法行为。本条先从行为性质上圈定了治安违法行为存在的范围，然后从正反（准确地说是"反正"）两个方面界定了何谓治安违法行为。根据该规定，"扰乱公共秩序，妨害公共安全，侵犯人身权利、财产权利，妨害社会管理，具有社会危害性"的行为，只有"尚不够刑事处罚"的，才属于治安违法行为；如果依照《刑法》的规定构成犯罪（即应当受刑事处罚），则不再属于治安违法行为的范畴，只能属于犯罪。那么，何谓"尚不够刑事处罚"？从行为本体层面来讲，显然就是指那些行为"情节显著轻微危害不大"，因而尚未达到"应当受刑罚处罚"的程度。

由此可见，在犯罪与治安违法行为的界分标准上，《刑法》与《治安管理处罚法》实际上同时指向了同一个指导规范，即《刑法》第 13 条的"但书"规定。也就是说，一个违反社会治安秩序的行为，如果符合了"但书"的规定，即属于治安违法行为；如果不符合"但书"的规定，则应当成立犯罪。当然，前提是，此一行为类型必须同时处于《治安管理处罚法》和《刑法》的规制范围之内。这也是根据现行法律规范直接推导出的逻辑结论。在学界，多数学者对此表示赞同，但也有持不同意见的，主要就是认为"但书"只是一种提示性或注意性的规定，不能过于夸大"但书"的出罪功能。例如，有论者指出，"只要坚持罪刑法定原则，形成正

---

① 张明楷：《刑法学（上）》第五版，法律出版社 2016 年版，第 90 页。

确的构成要件观念，即使取消《刑法》第 13 条关于'但书'的规定，对于排除某些行为的犯罪性，在司法实务中也不会造成任何困惑，更不会扩大打击面。片面夸大'但书'功能的观点，实际上是一些想当然的主张，同时没有考虑到'但书'规定和犯罪成立条件的协调，因而是不妥当的。"① 对此，笔者并不否认"但书"在法律规范上是一种提示性或注意性的规定，也承认"但书"应当与犯罪成立条件协调适用；但是，"但书"毕竟是立法者在规范层面对犯罪与一般违法行为界限的明确"提示"，特别是在法规竞合的情形下，其也是司法者合理界分二者唯一的（较为明确的）规范依托，"存而不用"，并不是一种正确的法治观，也很难说是对立法者的尊重。在这一方面，正如有论者所指出，"'但书'条款作为立法的规定，其本身就表明了立法者将这一部分的判断权交给了司法者，所以司法者根据'但书'条款再对行为的社会危害性程度作一次判断，从而将'情节显著轻微危害不大'的行为排除在犯罪之外，显然就是对立法者的尊重。相反，如果在立法中已明确规定了'但书'条款的情况下，司法者在司法实践中仍然将其'束之高阁'，并排斥在具体适用之外，这恐怕才是对立法者最大的不尊重。"② 此外，从当前的司法实践来看，即便是在有"但书"明确规定的情况下，具体的"出罪"和"入罪"把握仍然存在着诸多乱象；③ 如果没有这一规定，则何谓"应当受刑罚处罚"或"不应当受刑罚处罚"，恐怕就更加难以避免"百人百见、处断不一"的现象。这在当前的司法环境和司法水平之下，无疑是一个必须要予以正视的问题。

基于此，将"但书"作为界分犯罪与治安违法行为（及其他一般违法行为）的指导规范，必须要予以肯定。在实践中，关键的问题实际上并不在于此，而是如何去合理地运用这一指导规范的问题。

（二）"但书"运用的学理范式

如何运用"但书"来界分罪与非罪或者犯罪与治安违法行为，理论上存在着不同的见解，其核心就是如何定位"但书"与犯罪构成的关系问

---

① 周光权：《刑法总论》第三版，中国人民大学出版社 2016 年版，第 5 页。

② 刘宪权、周舟：《〈刑法〉第 13 条"但书"条款司法适用相关问题研究——兼论醉驾应否一律入罪》，《现代法学》2011 年第 6 期。

③ 关于这一方面的乱象，可参见王华伟《中国刑法第 13 条但书实证研究——基于 120 份判决书的理论反思》，《法学家》2015 年第 6 期；储陈诚：《"但书"出罪适用的基础和规范》，《当代法学》2017 年第 1 期。

题，进而形成了不同的学理范式。总体来看，在这一问题上存在"出罪标准说"和"入罪限制条件说"两种不同的学说。

"出罪标准说"将"但书"的功能定位于"出罪"，认为犯罪的本质特征是严重的社会危害性或应受刑罚处罚的社会危害性，对于一些不含定量因素的犯罪，行为仅符合犯罪构成还不足以说明其社会危害性达到了严重程度，因而需要运用"但书"将那些"情节显著轻微危害不大的行为"排除出犯罪之外。例如，有论者指出，在因"但书"形成罪刑法定原则制约的社会危害性格局（双重制约格局）之下，对犯罪的认定可以分为两步："第一步，看是否符合犯罪构成，如果不符合，则直接排除其犯罪性（形式判断）；第二步，如果符合犯罪构成，再看是否情节显著轻微危害不大，如果是则不认为犯罪；如果不是才认为犯罪（实质判断）。"① 或者认为，"在犯罪构成（实定法）之外认定有罪不符合罪刑法定主义，但在犯罪构成（实定法）之外认定无罪并不违反罪刑法定主义；因此，《刑法》第13条的但书作为否定犯罪成立的事由可以直接在司法中适用"。② 以及，"'但书'条款与犯罪构成实际上是判断行为能否排除犯罪过程中的相互独立而又相互联系的两个有机组成部分，它们从一正一反两个不同的角度共同承担着判断行为能否排除犯罪的功能"。③ 这些观点的共同点就是将"但书"作为犯罪构成之外的一种独立的出罪条件加以看待，即割裂"但书"与犯罪构成的统一性。

"入罪限制条件说"则将"但书"的功能定位于对入罪的限制，主张在判断行为是否符合构成要件时，应同时以"但书"的限制性规定为指导；据此，符合"但书"规定的行为原本就不符合犯罪的构成要件，只能以行为不符合构成要件或者不具备其他犯罪成立条件为由宣告无罪，而不能直接根据"但书"宣告无罪。④ "入罪限制条件说"的核心是主张犯罪构成是认定犯罪的唯一标准，既承担着入罪功能，也承担着出罪功能，"但书"规定本身就应当在犯罪构成之内进行解释，而不是独立于犯罪构

---

① 储槐植、张永红：《善待社会危害性观念——从我国刑法第13条但书说起》，《法学研究》2002年第3期。

② 张波：《刑法学的若干基本理论探讨——对张明楷教授的若干观点的商榷》，《现代法学》2004年第6期。

③ 刘宪权、周舟：《〈刑法〉第13条"但书"条款司法适用相关问题研究——兼论醉驾应否一律入罪》，《现代法学》2011年第6期。

④ 参见张明楷《刑法学（上）》第五版，法律出版社2016年版，第91页。

成之外的出罪条件。因为，"第 13 条本文已经对符合犯罪构成的行为在'量'上提出了明确要求——'应受刑罚处罚性'，因而符合犯罪构成的行为不是'情节显著轻微危害不大'的行为。逆言之，'情节显著轻微危害不大'的行为根本就不是符合犯罪构成、'依照法律应当受刑罚处罚'的行为，也正因为如此，此类行为才能'不认为是犯罪'。"①

应当说，上述两种学说在司法实践中都产生了广泛的影响。例如，一般认为，陕西省汉中市法院对"中国安乐死第一案"的裁判，遵循的就是"出罪标准说"的逻辑。在该案中，法院判决一方面认定，被告人王明成和蒲连升的行为属于故意剥夺公民生命权利的行为（即符合故意杀人罪的犯罪构成），另一方面又指出，二被告人的行为属于情节显著轻微，危害不大，因而不构成犯罪。在犯罪认定上显然采取的是上述的"两步判断法"。② 也有论者指出，《刑法修正案（八）》生效后最高法院下发的《关于正确适用〈刑法修正案（八）〉依法追究醉酒驾车犯罪案件的紧急通知》强调，《刑法》第 133 条之一规定在道路上醉酒驾驶机动车予以追究刑事责任，虽然没有规定情节严重或情节恶劣的前提条件，但根据《刑法》第 13 条的规定，危害社会行为情节显著轻微危害不大的，不认为是犯罪。这里所遵循的也是"出罪标准说"的逻辑。③ 同时，在司法判决中坚持"入罪限制条件说"的案件也为数不少。不过，由于"出罪标准说"在逻辑上违反了"犯罪构成是认定犯罪的唯一根据"这一原则，因此司法实践中（至少在司法判决中）已基本不再存在"某某行为符合某罪的犯罪构成，但情节显著轻微危害不大，因而不认为是犯罪"这样的提法。相应地，在理论上，"入罪限制条件说"也获得了更加广泛的支持。

然而，在"入罪限制条件说"内部，对于如何在犯罪构成中融入"但书"的判断，仍然存在着多种不同的认识和做法。在这一方面，又因各论者所主张或坚持的犯罪构成体系不同，可大致分为两类情形。

一类是在坚持传统的"四要件"犯罪构成体系的论者内部的不同认

---

① 王昭武：《犯罪的本质特征与但书的机能及其适用》，《法学家》2014 年第 4 期。
② 参见储槐植、张永红《善待社会危害性观念——从我国刑法第 13 条但书说起》，《法学研究》2002 年第 3 期；梁根林《但书、罪量与扒窃入罪》，《法学研究》2013 年第 2 期；阎二鹏《论但书规制下的罪量要素的体系性定位——以扒窃型盗窃罪的规范解释为例》，《政治与法律》2013 年第 4 期。
③ 参见梁根林《但书、罪量与扒窃入罪》，《法学研究》2013 年第 2 期。

识。该类论者一般认为，犯罪构成可以同时说明行为的社会危害性及其程度，而社会危害性的程度又是由行为侵犯的客体、行为的手段、后果、时间、地点以及行为人的情况及其主观内容等主客观因素所综合决定的；①因此，作为同样反映行为社会危害性程度的"但书"，其"情节显著轻微危害不大"的内容必然也同时包含上列因素，所以可将其分解到各构成要件中加以综合判断。例如，有论者认为，"但书"中的"情节"侧重于说明行为僭越社会相当性的程度（主要包括行为目的、行为手段等影响行为无价值的因素，还包括行为人的主观恶性），而"危害"则侧重于说明行为的法益侵害程度（主要包括客观后果等影响结果无价值的因素），二者共同构成了社会危害性的内涵，在实际适用中也较为合理。②

但也有论者对社会危害性的内涵持不同理解。例如，黎宏教授认为，社会危害性的内涵不应包括行为人的主观要素，在对社会危害性的判断中考虑行为人的主观要素，会导致客观属性的主观化。"如果说'社会危害性'是指行为对刑法所保护的社会关系或者合法权益的'实际侵害或者现实威胁'的话，那么，其判断的对象和基础当然应当是行为造成的实际损害或者现实威胁，行为人的主观要素不得考虑在内。因为，主观意思在没有转化为外部行为或者结果的时候，是不得看作为'实际损害或者现实威胁'的。"③据此，对"但书"中"情节显著轻微危害不大"的判断，当然不能考虑行为人的主观要素，只能在犯罪构成的客观要件中，根据行为的手段、方法、对象、后果等客观要素来判断行为的社会危害程度。

另一类就是在坚持德日"阶层式"犯罪构成体系论者内部的不同认识。坚持"三阶层"或"二阶层"犯罪构成体系的论者④，一般在总体上将犯罪的成立条件划分为"违法"与"责任"两个部分，二者呈递进关系。其中，"违法"是客观的，主要体现行为的法益侵害性；"责任"是主观的，主要反映行为人的可非难性，即行为人是否要对其违法行为承担

---

① 参见高铭暄、马克昌主编《刑法学》第七版，北京大学出版社、高等教育出版社 2016 年版，第 46 页。

② 参见王昭武《犯罪的本质特征与但书的机能及其适用》，《法学家》2014 年第 4 期。

③ 参见黎宏《刑法总论问题思考》，中国人民大学出版社 2007 年版，第 73—74 页。

④ 这里的"三阶层"犯罪构成体系，是指将犯罪的成立条件划分为构成要件该当性（符合性）、违法性和有责性三个层次；"二阶层"犯罪构成体系是指将构成要件该当性与违法性加以合并，形成一个"不法"（或"违法"）阶层，进而与有责性组成两个层次，即"不法"与"责任"。

责任。由于我国采取"定性＋定量"的犯罪成立模式，所以阶层式的犯罪构成体系同样要体现出危害"量"的要求。对此，阶层式犯罪构成体系一般是通过对构成要件该当性进行实质解释（即坚持实质违法性理论），将那些符合"但书"规定的、不值得刑罚处罚的违法行为排除在犯罪之外。例如，梁根林教授指出，"区分值得刑事处罚的该当犯罪构成要件的行为与仅需科处行政罚的该当行政不法构成要件的行为，必须以但书为规范根据。对该当行政不法构成要件，综合案件全部情况认为尚属'情节显著轻微危害不大'的，仅认定为行政不法，科处行政罚；对排除'情节显著轻微危害不大'、符合不法构成要件定性描述的行为，则因涵摄罪量要素的存在，升高其不法程度，具有刑事可罚性，认定为该当犯罪构成要件。"①由于在阶层式犯罪构成体系中，构成要件一般被认为是客观的违法类型，所以在其内部对"但书"规定的考量，不可能包括行为人的主观因素。

但也有论者认为，在阶层式犯罪构成体系之下，通过可罚的违法性理论认可犯罪概念的"但书"，并继续赋予其出罪功能具有积极意义；不过，仅此还不够，犯罪概念的"但书"也可以与"可罚的责任"相联系。"在目的二阶层体系下责任构成要件该当性判断至为关键的是有无责任要素（故意与过失）的判断，而是否存在责任阻却事由则是可罚的责任判断过程。因此，责任能力固然是可罚的责任判断不可或缺的内容，违法性认识可能性、期待可能性等也是可罚的责任必不可少的内容。"由此，"在目的论二阶层体系下犯罪概念'但书'能够在可罚的违法性与可罚的责任意义上发挥出罪功能。"② 这一观点实际上是将违法性认识可能性、期待可能性等主观责任要素纳入了"但书"的判断范围，使"违法"与"责任"两个层次都可以发挥"但书"的出罪功能。

还有论者认为，"犯罪概念中但书应当包括所有基于实质理性考量的犯罪阻却事由，而不仅仅是情节显著轻微行为的阻却犯罪。相当于三阶层体系中阻却构成要件符合性、阻却违法和阻却责任的全部内容。"认为，"用'情节显著轻微危害不大'来概括正当行为、期待可能性等阻却事由也并无不妥。"③ 与上一种见解相比，这一观点进一步扩大了"但书"出

① 梁根林：《但书、罪量与扒窃入罪》，《法学研究》2013 年第 2 期。
② 参见刘艳红《目的二阶层体系与"但书"出罪功能的自洽性》，《法学评论》2012 年第 6 期。
③ 王强：《我国〈刑法〉第 13 条但书规定新解——兼论但书在犯罪构成理论中的展开》，《法律科学》2011 年第 5 期。

罪的考量因素，即不仅包括构成要件该当性阻却事由，也包括期待可能性等责任阻却事由，还包括正当防卫、紧急避险等违法性阻却事由。也就是说，在三阶层的犯罪构成体系中，每个层次都存在"但书"的考量因素，每个层次都存在运用"但书"出罪的可能性。

四　犯罪与治安违法行为的"但书"界分：理论上的正本清源

学界在"但书"运用方面可谓众说纷纭，不一而足。如果将其适用于对犯罪与治安违法行为的界分，可能基于不同的范式会得出不同的结论，法律的严肃性和稳定性无法得到保障。因此，对其必须要在理论上予以正本清源，进而形成一种科学的、稳定的、规范的学理范式。笔者认为，在这一方面，需要重点明确以下问题。

（一）"但书"不能在犯罪构成之外判断

所谓犯罪构成，是指依照刑法规定，决定某一行为的社会危害性及其程度，而为该行为成立犯罪所必需的一切客观和主观要件的有机统一。[1]犯罪构成的依据是刑法的规定，没有超越刑法规定的犯罪构成，否则无异于在刑法之外认定犯罪，这是不符合罪刑法定原则的。理论上对各种犯罪构成体系的建构，所依据的同样是刑法的规定，只不过是将刑法规定的、决定犯罪成立的共同要素进行不同的排列组合而已。在我国，犯罪概念也是由刑法规定的，因此，决定犯罪成立的犯罪构成必然不可能脱离犯罪概念而展开。一般认为，"犯罪概念是犯罪构成的基础，犯罪构成是犯罪概念的具体化。犯罪概念回答的问题是：什么是犯罪？犯罪有哪些基本属性？犯罪构成则进一步回答：犯罪是怎样成立的？它的成立需要具备哪些法定条件？也就是说，它所要解决的是成立犯罪的具体标准、规格问题。通过犯罪构成一系列主客观要件的综合，具体说明什么样的行为是危害社会的、触犯刑律的，因而是应受刑罚处罚的。"[2]"但书"作为犯罪概念的组成部分，是从反面说明"情节显著轻微危害不大"的行为并不具备应受刑罚处罚的社会危害性，因而"不认为是犯罪"。据此，就不能认为此类行为符合"具体说明什么样的行为是危害社会的、触犯刑律的，因而是应

---

① 参见高铭暄、马克昌主编《刑法学》第七版，北京大学出版社、高等教育出版社 2016 年版，第 50 页。

② 同上。

受刑罚处罚的"犯罪构成，而不是在认为此类行为符合犯罪构成的基础上，再以其未达到相应的社会危害程度为由，将其排除出犯罪之外。如果采取后一种做法，则无疑等于赋予了司法者超越罪刑法定、法外寻"法"的权力，其后果必然是对法治的严重破坏，也不利于对人权的保障。"一方面，具有刑事违法性的行为就既可能成立犯罪也可能不成立犯罪，另一方面，对于那些只是在'文字上'符合犯罪构成而社会危害性未达到应受刑罚处罚的程度、本属于行政罚对象的行为，也存在通过社会危害性这种实质判断而入罪的风险，这两种情形都有违刑法第3条规定的罪刑法定原则。"①

应当说，在犯罪构成之外运用"但书"出罪的做法，在实践中已经产生了一定的不良后果。例如，对于上文所讲的"中国安乐死第一案"，在我国目前还未将"安乐死"明确作为违法性阻却事由的情况下，无论如何都是应当作为犯罪处理的。因为，对于故意杀人罪这样一种可以判处死刑的重罪，行为人采取药物注射的方式非法剥夺他人的生命，并造成了死亡结果，显然不能将其解释为"情节显著轻微危害不大"。即便存在着其他的致死因素，行为人的主观动机也并不卑劣，但这些只能是降低责任程度、可予以从宽处罚的事由，而不能据此认定该行为不具有应受刑罚处罚的社会危害性。由此看来，该案对"但书"的运用显然是考虑了"法外"因素。此外，有论者对司法实践中的120份"但书"出罪判决进行梳理后发现，将行为人的罪前、罪后表现等影响刑罚裁量的因素作为"出罪"事由的约占23.33%。② 但是，"情节显著轻微危害不大"说明的是行为本身的社会危害程度不高，行为人的罪前和罪后表现等量刑因素与行为本身无关，因而也不在犯罪构成的评价范围之内。有些司法解释同样存在这样的问题，例如，最高人民法院于1998年发布的《关于审理盗窃案件具体应用法律若干问题的解释》第6条第2项规定："盗窃公私财物虽已达到'数额较大'的起点，但情节轻微，并具有下列情形之一的，可不作为犯罪处理：……2. 全部退赃、退赔的；3. 主动投案的……"③ 该规定并未采取"情节显著轻微危害不大"的表述，显然是将"情节轻微"与全部退

---

① 王昭武：《犯罪的本质特征与但书的机能及其适用》，《法学家》2014年第4期。
② 参见王华伟《中国刑法第13条但书实证研究——基于120份判决书的理论反思》，《法学家》2015年第6期。
③ 该司法解释现已失效。

赃、退赔、主动投案等共同作为了"但书"的评价因素，因而同样超越了犯罪构成。

近年来，越来越多的学者对我国传统的"四要件"犯罪构成体系提出了质疑，认为应当引入德日"三阶层"或"二阶层"的犯罪构成体系，但仍然是建立在"犯罪构成是认定犯罪的唯一根据"这一原则之上的，讨论的内容仅限于犯罪构成体系应当如何构建，而不是在犯罪构成之外再设置其他出罪条件。由此，运用"但书"来界分犯罪与治安违法行为，特别是存在法规竞合的情形，必须要在相关犯罪构成评价的行为事实之内展开，以确定这一行为事实在社会危害性上是否达到了应受刑罚惩罚的程度，而不能将与这一行为事实无关的情况纳入考量范围。例如，对于"引诱、容留、介绍他人卖淫"的行为，是属于犯罪还是治安违法，只能从引诱、容留、介绍卖淫的次数、人数、对象等与构成要件相关的行为事实层面进行评价，而不能将行为人之前的一贯表现、之后是否认罪、坦白、退赃等与量刑有关的因素也纳入评价范围。① 另外，值得欣慰的是，最高人民法院、最高人民检察院于 2013 年发布的《关于办理盗窃刑事案件适用法律若干问题的解释》第 7 条已经不再沿用上述"不作为犯罪处理"的规定，而是改为："盗窃公私财物数额较大，行为人认罪、悔罪，退赃、退赔，且具有下列情形之一，情节轻微的，可以不起诉或者免予刑事处罚；必要时，由有关部门予以行政处罚：1. 具有法定从宽处罚情节的；2. 没有参与分赃或者获赃较少且不是主犯的；3. 被害人谅解的；4. 其他情节轻微、危害不大的。"也就是说，行为人认罪、悔罪、退赃、退赔以及被害人谅解等与犯罪构成无关的因素，已经不再属于出罪条件，而只是刑罚裁量或决定不起诉的参考因素。这说明，司法机关事实上已经认识到了在犯罪构成之外运用"但书"出罪所存在的问题，因而纠正了之前的做法，这一司法趋向是值得肯定的。

（二）"但书"运用不应考虑行为人的主观因素

我国传统刑法理论一般认为，决定社会危害性轻重的因素既包括行为的客观因素，如行为侵犯的客体、行为的手段、后果、时间、地点等；也包括行为人的情况及其主观因素，如成年人还是未成年人、故意还是过

---

① 最高人民检察院、公安部于 2008 年发布的《关于公安机关管辖的刑事案件立案追诉标准（一）》，在引诱、容留、介绍卖淫案的追诉标准上所坚持的也是这一原则。

失、有预谋或没预谋、动机、目的的卑劣程度、偶尔犯罪还是累犯、惯犯等。① 而"但书"作为对社会危害性轻微的说明，其所考量的因素自然也同时包括行为的客观因素和行为人的主观因素。比如，认为"但书"中的"情节"就是指除客观损害结果外影响行为社会危害程度的各种情况（包括犯罪构成要件），如行为的方法、手段、时间、地点，行为人的动机、目的、一贯表现等。② 上述坚持阶层式犯罪构成体系的论者，也有在"但书"运用中考量主观责任因素的情况。

　　但是，这种认识在法律逻辑上是存在问题的。我国《刑法》第 13 条规定："一切危害国家主权、领土完整和安全，……以及其他危害社会的行为，依照法律应当受刑罚处罚的，都是犯罪，但是情节显著轻微危害不大的，不认为是犯罪。"其中，"依照法律应当受刑罚处罚"之前的内容可以认为是对社会危害性的揭示，而"依照法律应当受刑罚处罚"则重点说明这种社会危害性必须达到了严重的程度，以及行为人必须具有刑事责任能力和罪过。也就是说，"依照法律应当受刑罚处罚"实际上是对危害社会的客观事实的法律评价，而不能认为这一事实已经包含了行为人的责任能力和罪过等主观要素。③ 否则，精神病人和不满十四周岁的未成年人实施的杀人、抢劫行为，在不具有故意和过失的情况下将国家绝密泄露给境外敌对组织的行为等，都会被认为不具有社会危害性，这是难以理解的。事实上，"刑法不处罚这种行为，不是因为该行为没有社会危害性，而是行为人不具有非难可能性。"④ 同时，对于具有限制责任能力的精神病人和未成年人实施的符合犯罪客观要件（或者具有构成要件该当性）的行为，刑法也没有排除其犯罪性，而只是规定了应当或可以从轻或者减轻处罚。至于行为人的（非构成要件的）目的和动机等主观因素，与行为本身的社会危害性也无直接关系，与责任能力的高低一样，都是在行为人具有责任（可非难性）的基础上，对责任程度高低的反映，进而影响到刑罚的轻重。行为人是偶犯还是累犯、惯犯等，只是对行为人人身危险性的反映，与行

---

① 参见高铭暄、马克昌主编《刑法学》第七版，北京大学出版社、高等教育出版社 2016 年版，第 46 页。

② 参见储槐植、张永红《善待社会危害性观念——从我国刑法第 13 条但书说起》，《法学研究》2002 年第 3 期。

③ 笔者在此处对主观要素采广义理解，即同时包括主体和主观方面的要素。这种理解来源于阶层式犯罪构成体系中"违法是客观的，责任是主观的"这一观念。

④ 张明楷：《刑法学（上）》第五版，法律出版社 2016 年版，第 88 页。

为本身的社会危害性更无关系，与责任程度的高低也无关系，充其量只会影响到预防刑的轻重。

此外，讨论社会危害性及"但书"适用中是否考虑行为人主观因素的问题，不可避免地会涉及德日刑法中"主观的违法要素"问题。德日刑法理论一般坚持"违法是客观的，责任是主观的"这一原则，并认为法益侵害及其程度主要是由违法来体现，主观的要素侧重于在责任层面说明行为人是否具有可非难性及其程度，因而在违法层面一般不考虑主观要素。但是，随着主观的违法要素被发现，也在一部分学者中得到了认同。所谓主观的违法要素，也称主观的构成要件要素，是指作为构成要件要素的行为人的内心态度。① 一般认为，主观的违法要素包括故意、过失、目的犯的目的、倾向犯的内心倾向、表现犯的心理过程等。② 通常的认识是，承认主观的违法要素，反映了行为无价值论的一种理论倾向。

然而，笔者在此需要指出的是，这些主观的违法要素可能只对划分和确定违法类型有意义，并不能说明行为对法益的侵害程度（或行为的社会危害程度）。首先，故意和过失只对划分行为是故意犯罪还是过失犯罪有意义，并不能说明行为在客观上对法益的侵害程度。当然，故意和过失的责任程度不同，这只属于责任范畴的问题。其次，目的犯中的目的也只对确定违法类型有意义。例如，不是以出卖为目的而拐走妇女、儿童，就不属于拐卖妇女、儿童这种违法类型，自然也就不可能说明其违法程度。最后，倾向犯的内心倾向和表现犯的心理过程，也同样只具有确定违法类型的意义。例如，只有在刺激或满足行为人性冲动的倾向下对他人实施强制猥亵，才属于强制猥亵罪的违法类型（倾向犯）；只有在行为人违反其记忆做了虚假的证言时，才属于伪证罪的违法类型（表现犯）。③ 只有确定了这类违法类型，才谈得上违法程度或法益侵害程度的问题。所以，这些主观的违法要素只具有"定性"或"定型"的意义，和违法的"量"无关。在这一方面，正如德国刑法学者罗克辛所指出，"人们不能直截了当地把

---

① 参见［日］大谷实《刑法讲义总论》新版第 2 版，黎宏译，中国人民大学出版社 2008 年版，第 116 页。

② 参见［日］大塚仁《刑法概说（总论）》第三版，冯军译，中国人民大学出版社 2003 年版，第 139—142 页。

③ 同上书，第 142 页。但也有论者不承认所谓"倾向犯"和"表现犯"中包含主观违法要素；认为，除目的犯之外，没有必要承认其他的主观违法要素。参见［日］西田典之《日本刑法总论》第 2 版，王昭武、刘明祥译，法律出版社 2013 年版，第 75 页。

主观的特征直接安排给行为构成，并使用这样的理由：即这些特征'对构成行为的社会无价值评价提供了基础或者加强了这种评价'。……更准确地说，在划定界限中的主导思想必须是这种情况，即它对于主观因素归属于不法的体系性安排是决定性的：与犯罪类型的关系。……相反，在一个不是与犯罪类型有关，而仅仅是限制性地规定了依赖于犯罪类型的（通常是加重刑罚的）动机、情感和态度之处，就涉及了罪责的特征。"① 也就是说，只有在对确定犯罪类型或违法类型有意义时，某种主观因素才能被作为主观的违法要素，除此之外，其他的主观因素一般只和责任有关。在法规竞合的情形下，犯罪行为与治安违法行为的违法类型是相同的，即便需要考虑主观因素以确定违法类型，也已经前置性地进行了考虑，其后只需要判断这种违法类型造成的社会危害是否达到了应受刑罚惩罚的程度，显然不再需要考虑主观因素。易言之，对是否属于"但书"规定的"情节显著轻微危害不大"，只需要考虑客观因素即可。

事实上，"社会危害性的概念之所以受到学者们的批判，最主要的原因是在判断对象上加入了主观要素，它是导致社会危害性'内涵含混、伦理色彩浓厚，外延模糊、缺乏可操作性'的主要原因。"② 正是基于此，许多学者都主张要引入法益或法益侵害性的概念，以替代社会危害性。但是，如果从客观层面来理解社会危害性，其与法益侵害性并无显著差别，甚至更加深刻地揭示了法益或法益侵害的内涵。"犯罪是对社会的危害"，这一观念来源于启蒙思想家的倡导。例如，贝卡里亚就明确指出，"什么是衡量犯罪的真正标尺，即犯罪对社会的危害。"③ 也就是说，只有那些真正冲击或破坏了社会共同生活秩序、触犯了集体情感的行为才属于犯罪。这一观念的重要意义在于，其不仅明确区分了犯罪与仅仅涉及主观评价的反道德行为，而且也划分了犯罪与单纯的民事违约行为的界限。对于"法益"这个概念，尽管目前还存在着不同的理解，但有一点是肯定的，即"法益"不是泛指法律所保护的所有利益，只能限定在与社会的共同生活秩序密切相关的利益范围之内。正如德国刑法学者耶赛克和魏根特所指出，"刑法中的要求和禁止规定，只有当刑罚这一国家最为严厉的制裁方

① ［德］克劳斯·罗克辛：《德国刑法学总论》第 1 卷，王世洲译，法律出版社 2005 年版，第 205 页。
② 黎宏：《刑法总论问题思考》，中国人民大学出版社 2007 年版，第 73 页。
③ ［意］切萨雷·贝卡里亚：《论犯罪与刑罚》，黄风译，中国法制出版社 2005 年版，第 82 页。

式，是在保障人类社会的共同生活的权利所必需时，始可提出（实体的犯罪概念）。"因此，"'法益的价值'不能等同于行为人造成的实际损害的价值，而是与对社会共同生活有影响的利益的价值有关。""例如，不履行合同的人即使给对方当事人造成百万元的损失，也不受刑罚处罚，而最小的诈骗行为也会受到刑罚的威慑，因为遵守合同的利益可通过非刑罚的方式（如损害赔偿义务，违约金等）予以有效的保护"。① 由此可见，"法益"与社会的整体秩序直接相关，所谓的"法益侵害性"，无疑就是指"社会危害性"。同时，"法益侵害性"是一种客观判断，故"社会危害性"也只有坚持一种客观的立场，才能与其协调一致。这样也就在一定程度上弥合了我国传统的"四要件"犯罪构成体系与德日阶层式犯罪构成体系的实质冲突。

上述理解与认为犯罪与治安违法行为均具有社会危害性也不冲突。暂不论西方国家的"违警罪"本就属于犯罪体系之内，即便是德国的违反秩序行为也不例外。德国学者认为，"违反秩序行为也侵害法益，因为它给个人带来了损害（扰乱安宁的嘈声！）或者对公共福利（并且由此间接地对于公民）是有害的。"② 在法规竞合情形下，犯罪与治安违法行为在实质上就只具有社会危害程度的不同，或者法益侵害程度的不同，这种不同，只能在客观层面加以区分。

（三）"但书"只能是一种可罚的违法性阻却事由

通过上文对"但书"运用学理范式的梳理可以发现，对于"但书"在阶层式犯罪构成体系内部的定位，学者们持不同见解：有的将其置于构成要件该当性或违法层面，运用可罚的违法性理论加以判断；有的将其置于违法和责任两个层面，同时运用可罚的违法性和可罚的责任加以判断；还有的将其置于构成要件该当性、违法性和有责性三个层面，认为任何一个层面的阻却事由都属于"但书"的判断因素。笔者认为，违法性阻却事由、责任阻却或降低事由不是"但书"的判断内容，"但书"只能定位于一种可罚的违法性阻却事由。

首先，违法性阻却事由不是"但书"的判断内容。按照德日三阶层

---

① ［德］汉斯·海因里希·耶赛克、托马斯·魏根特：《德国刑法教科书》，徐久生译，中国法制出版社2001年版，第64—65、66页。

② ［德］克劳斯·罗克辛：《德国刑法学总论》第1卷，王世洲译，法律出版社2005年版，第16页。

的犯罪构成体系，行为只要具备构成要件该当性，一般可直接推导出行为具有违法性，除非具有违法性阻却事由，才可以排除构成要件该当行为的违法性。在此意义上，所谓违法性阻却事由，就是指能够排除构成要件该当行为之违法性的事由，故也可称其为正当化事由。一般认为，违法性阻却事由可以分为法定的违法性阻却事由和超法规的违法性阻却事由两类，前者如正当防卫和紧急避险，后者如法令行为、正当业务行为、义务冲突、被害人承诺等。在违法性阻却事由的理论根据上，有目的说、优越利益说、社会相当性说等多种学说，现多认为，仅靠其中的一种学说难以全面说明违法性阻却事由的正当性，因而主张采取综合说。① 但是，不论采取何种学说，均应当承认，"正当化事由规定了（例外地）容许符合构成要件举止的各种情形。因此，正当化事由乃是'不法阻却事由'；如果其起到的是取消禁令的作用，那么，人们将之称为容许规范，若其起到的是免除遵守命令的义务的作用，那么，人们称之为豁免规范"。同时，"在满足正当化情形的前提条件下，行为人有权利采取某一实现构成要件的行为，与这个权利相对应的是受害人的容忍义务（Duldungspflicht）。"② 也就是说，违法性阻却事由是一种法律所允许的合法行为，行为人本身就有权利采取，对其造成的结果，被害人也应当予以容忍。这一点与可罚的违法性阻却事由是有所区别的。在可罚的违法性理论的立场下，行为人所实施的行为本身是具有违法性的（即不被法律所允许），只不过因其较为轻微，还没有达到值得动用刑罚处罚的程度，因而可不认为其成立犯罪，但这并不意味着行为人可以不承担其他的法律责任。亦即，可罚的违法性阻却事由只阻却犯罪的成立，但不阻却违法。在这个意义上，可以说，可罚的违法性理论与我国《刑法》中"但书"规定的内在精神是一致的，即都否定行为的犯罪性，但不否定其违法性。

在我国，有论者认为，正当行为（违法性阻却事由）在客观上也可能给合法权益造成一定损害，但因其社会危害性未达到应受刑罚惩罚的

---

① 参见［日］大塚仁《刑法概说（总论）》第三版，冯军译，中国人民大学出版社 2003 年版，第 368—369 页。
② ［德］乌尔斯·金德霍伊泽尔：《刑法总论教科书》第六版，蔡桂生译，北京大学出版社 2015 年版，第 152 页。

程度，故可以通过"但书"出罪。① 这一观点显然是混淆了违法性阻却事由与可罚的违法性阻却事由的界限，将法律所允许的合法行为与不具有刑事可罚性的违法行为予以同等看待。按照这一观点，对于正当防卫行为（法定的违法性阻却事由）和得到被害人承诺的财物破坏行为（超法规的违法性阻却事由），在不成立犯罪的前提下，还依然存在着进行行政处罚的可能性，这是没有道理的。在法规竞合的情形下，以此来界分犯罪与治安违法行为，恐怕也只会得出荒唐的结论。例如，警察甲依照公安机关的命令强行进入犯罪嫌疑人乙家中搜查，且没有实施违法行为，这种正当的法令行为无疑可以阻却非法搜查罪的成立，但对甲却依然可以进行治安处罚或纪律处分，这无论如何都是难以接受的。所以，违法性阻却事由属于合法行为，其并不属于"但书"的判断内容，这一点必须要予以肯定。

其次，责任阻却或降低事由也不属于"但书"的判断内容。所谓责任，是指由于实施了符合构成要件的违法行为，而能够对该行为人进行道义上的谴责，即谴责可能性。② 这里的"谴责可能性"，也可称为"非难可能性"。广义上的责任要素一般包括责任能力、故意和过失（罪过）、违法性意识、期待可能性等。通常来讲，责任是德日阶层式犯罪构成体系的最后一个层次，即"有责性"。关于责任的本质，理论上存在道义责任论、社会责任论、行为责任论、人格责任论等多种学说。但归根结底，有责性所要解决的问题是，行为人对其所实施的符合构成要件的违法行为是否应当承担责任，即用刑罚去谴责或非难行为人是否符合道义，是否能够收到应有的效果。一般认为，只有在行为人齐备责任要素的情况下，用刑罚去谴责或非难行为人，才能够收到应有的效果。如果行为人不具有责任能力或者没有故意和过失，不能合理期待其去实施适法行为，则就不能进行责任谴责。"本不能进行责任谴责却予以处罚，这称为结果责任或者严格责任，即便这种处罚能暂时对公民产生威吓效果、一般预防效果，但最终反而只会降低国民的守法意识，因而并不妥当。这种'无责任不处罚'原

---

① 参见王强《我国〈刑法〉第 13 条但书规定新解——兼论但书在犯罪构成理论中的展开》，《法律科学》2011 年第 5 期。

② 参见［日］大谷实《刑法讲义总论》新版第 2 版，黎宏译，中国人民大学出版社 2008 年版，第 281 页。

则，称为责任主义。"① 据此，在行为人欠缺相关责任要素的情况下，是不能令其对符合构成要件的违法行为承担责任的，这种情况就是所谓的责任阻却事由。

由此可见，责任与违法及其程度并无直接关系，责任阻却事由所阻却的也只是责任本身，而不是"无责任即无违法"。我国《刑法》中的"但书"规定所诠释的只是违法行为的社会危害程度或法益侵害程度轻微，尚不值得进行刑罚处罚，而不是因行为人存在责任阻却事由才不予以刑罚处罚，所以，责任阻却事由本就不是"但书"的判断内容。有的学者将责任阻却事由也作为"但书"的判断内容，显然是混淆了违法与责任的界限。有的学者尽管使用了"可罚的责任"这一称谓，实际上仍然是将违法性认识可能性、期待可能性乃至责任能力等责任要素的有无，作为判断是否具有"可罚的责任"的依据。② 但是，如果行为人不具有这些责任要素，就难以说具有值得谴责或非难的"责任"，而不是不具有"可罚的责任"。如果说行为人的责任能力、违法性认识可能性或者期待可能性较低，也只是可非难性或责任程度较低，并不能说不具有责任。同理，那些值得宽宥或同情的非构成要件性目的和动机，也只属于导致责任程度降低的因素，而不能从根本上排除责任。对于这些因素，完全可以在刑罚裁量时予以考虑，如果违法本身也较为轻微，我国《刑事诉讼法》还提供了酌定不起诉、未成年人附条件不起诉等程序性"出罪"途径，完全可以做到恰如其分的处理。将这些主观的责任要素也纳入"但书"的判断范围，只会模糊违法与责任的界限，导致"但书"适用的不稳定性，其结果是得不偿失的。

最后，"但书"只能定位于可罚的违法性阻却事由。运用日本可罚的违法性理论来阐释我国《刑法》中的"但书"规定，是学界一种较为多见

---

① 参见［日］西田典之《日本刑法总论》第 2 版，王昭武、刘明祥译，法律出版社 2013 年版，第 176—177 页。由此我们也可以进一步反思，《治安管理处罚法》第 12 条的规定实际上是有问题的。因为，对于已满十四周岁不满十六周岁的人，即便是实施严重的违法行为（已达犯罪所要求的社会危害程度），一般也不认为其具有适当的辨认和控制能力而产生可谴责性（故意杀人等 8 种犯罪除外），但实施轻微的治安违法行为，却认为其具有适当的辨认和控制能力，因而可进行治安处罚，这在逻辑上是矛盾的。事实上，对于此类人员，由于其一般不具有相应的责任能力，因而难以产生可谴责性或可非难性，所以最好的办法就是对其进行教育或教养处分，而不是进行惩罚。

② 参见刘艳红《目的二阶层体系与"但书"出罪功能的自洽性》，《法学评论》2012 年第 6 期。

的做法，笔者也赞同这一理论定位，但对可罚的违法性及其阻却事由必须要予以正确认识。可罚的违法性理论由日本刑法学者宫本英修首倡，佐伯千仞加以展开。这一理论从法益侵害说的立场出发，主张某一行为即便符合构成要件，由于刑罚法规中预定了一定程度的违法性，因此，在被害法益轻微没有达到该种程度的场合，或者从性质上看不宜采用刑罚干涉的场合，就不认为具有违法性。① 可罚的违法性主要是从违法的"量"上来辨别是否达到了应受刑罚处罚的违法程度。其中的"量"，又可分为绝对轻微型与相对轻微型两种类型。前者一般是指仅以违法的轻微性来否定可罚性的情况；后者则是指仅以违法的轻微性还不够，而必须要同时考虑其他因素才能否定可罚性的情况。②

可罚的违法性理论的提出，目的在于限缩刑事处罚范围和减轻司法负担，但是，这一理论在日本的司法实践中却并未得到广泛运用。其原因在于：一方面，由于日本的犯罪并不存在定量因素，某一符合构成要件的行为同时具有了违法性和有责性，却不成立犯罪，这在犯罪构成理论上是存在障碍的；另一方面，对于大量轻微的犯罪行为，日本一般都通过侦查程序中的"转处"和起诉程序中的"缓期起诉"，使其免于被实际定罪处刑，因而对可罚的违法性理论的需求并不高。我国的犯罪却存在定量因素，某种违法行为如果尚未达到相应的"量"的要求，就不能认为其具有可罚的违法性（即应受刑罚处罚的违法性），一般只能进行行政处罚或处分。由此，可罚的违法性理论与我国《刑法》中"但书"的精神具有某种程度上的一致性，在我国反而具有广泛的应用空间。在这一理论立场下，某种违法行为如果符合"但书"的规定，就不能认为其具有可罚的违法性，从而构成犯罪，所以，"但书"无疑是一种法定的、普遍性的可罚的违法性阻却事由。

不过，在实践中需要注意，将"但书"定位为一种可罚的违法性阻却事由，是在行为符合某种违法类型的前提下，对其违法程度或社会危害程度的考虑，而不是对违法行为成立条件本身的考量。也就是说，对于那些在成立条件上就不符合构成要件（违法类型）的行为，不能认为其不具有

---

① 参见［日］大谷实《刑法讲义总论》新版第 2 版，黎宏译，中国人民大学出版社 2008 年版，第 222 页。

② 参见陈家林《外国刑法：基础理论与研究动向》，华中科技大学出版社 2013 年版，第 121 页。

可罚的违法性，进而运用"但书"出罪。在我国司法实践中，就存在因行为类型不符合构成要件而运用"但书"出罪的情况。[①] 在学界，也有论者认为，在三阶层体系中，阻却构成要件符合性的行为，也属于"但书"规定的"情节显著轻微危害不大"的行为。[②] 但问题在于，这里的"阻却构成要件符合性"，其范围既包括在成立条件上就不符合构成要件的行为，也包括因"情节显著轻微危害不大"而不符合构成要件的行为。对于后者，认为其不具有可罚的违法性，进而通过"但书"出罪，自然无问题。对于前者，则不能这样认为。我国《刑法》中的"但书"是对犯罪概念的一种反向规定，必须要受到《刑法》所规定的犯罪行为类型的约束，只有在形式上符合某种犯罪行为类型，才谈得上是否"情节显著轻微危害不大"的问题，否则是无法进行此种评价的。例如，像通奸这样的行为，《刑法》中本就不存在相应的犯罪类型，《治安管理处罚法》等行政法律中也未予规定，运用"但书"出罪又从何谈起呢？当然，对于那些虽不符合此种犯罪行为类型、但符合彼种的情况，也可以运用"但书"出罪。不过，这就是在彼种犯罪行为类型中的可罚性评价问题了。同时，对可罚的违法性的评价，同样不应考虑行为人的主观因素，进而运用"但书"出罪。对此，笔者已在上文中进行了全面的阐述，在此就不再赘述。

五　犯罪与治安违法行为界分标准的实践展开：以非法侵入住宅为例

在对法规竞合情形下犯罪与治安违法行为的界分标准进行系统说明之后，下一步就是在实践中的具体运用问题。由于此类法规竞合的情形较多，笔者不可能一一展开说明。考虑到近年来随着我国公众权利意识的增强，越来越多的非法侵入住宅案进入了执法和司法领域，我国目前对非法侵入住宅行为违法性质的界分欠缺相应的司法解释作指导，笔者以非法侵入住宅罪为例对此展开说明。

（一）非法侵入住宅罪的犯罪构成

之所以要先探讨非法侵入住宅罪的犯罪构成，主要就是为了将那些在形式上就不符合非法侵入住宅罪构成要件的行为以及阻却违法和责任的事

---

① 参见王华伟《中国刑法第 13 条但书实证研究——基于 120 份判决书的理论反思》，《法学家》2015 年第 6 期。
② 参见王强《我国〈刑法〉第 13 条但书规定新解——兼论但书在犯罪构成理论中的展开》，《法律科学》2011 年第 5 期。

由，先排除在"但书"的考量范围之外。因此，在本罪的构成要件方面，这一部分先从形式上分析其行为特征，下一部分再探讨其违法程度的判断问题。为了保证体系上的明确性，笔者以三阶层的犯罪构成体系为范式展开分析。

一般认为，非法侵入住宅罪是指非法强行闯入他人的住宅，或者经要求退出仍拒绝退出，影响他人正常生活和居住安宁的行为。[①] 本罪侵犯的法益是他人在住宅内的居住安宁权。因为本罪规定在《刑法》"侵犯公民人身权利、民主权利罪"一章中，所以，那些仅仅侵犯"住宅权"，而并未对他人的居住安宁造成实质危害的行为，不属于本罪的规制范围（也不属于治安违法行为）。例如，甲外出但未锁门，同村村民乙未经甲的允许进入其家中找寻自己的宠物狗，发现没有后退出。对此，可以认为是民事上的侵犯住宅权行为，但并不属于刑法或行政法意义上的非法侵入住宅行为。

本罪在构成要件上表现为非法侵入住宅的行为。其中，所谓"住宅"，就是供人们日常生活使用的、与外界相对隔离的场所。对于"住宅"的范围，可参照现有司法解释对"户"的说明来加以界定。例如，根据最高人民法院于2000年发布的《关于审理抢劫案件具体应用法律若干问题的解释》第1条的规定，封闭的院落、牧民的帐篷、渔民作为家庭生活场所的渔船、为生活租用的房屋等，都属于入户抢劫中的"户"，即"住宅"。又如，根据最高人民法院于2016年发布的《关于审理抢劫刑事案件适用法律若干问题的指导意见》第2条的规定，对于部分时间从事经营、部分时间用于生活起居的场所，在非营业时间内属于"户"，即"住宅"；对于部分用于经营、部分用于生活且之间有明确隔离的场所，其中的生活场所应认定为"户"，即"住宅"。基于此，如果行为人非法进入办公场所、饭店、无人居住的空房以及处于营业时间内的"半居半用"场所（有明确隔离的生活场所除外），都不属于非法侵入住宅，对此不能以"情节显著轻微危害不大"为由而认定为不构成非法侵入住宅罪。至于这里的"侵入"，通说认为应当包括两种情况，即未经权利人允许而进入和虽得允许

---

① 参见张明楷《刑法学（下）》第五版，法律出版社2016年版，第905页。

进入但经权利人要求退出而拒不退出。① 但也有论者认为，后一种情况有类推解释之嫌，因为难以将"不退去"本身评价为"侵入"。② 笔者认为，对这里的"侵入"应作实质解释，即未经允许而停留在他人的住宅内。否则，只要找任何一个理由而得允许进入他人的住宅，之后拒不退出，无论如何扰乱他人的居住安宁，都不能评价为"侵入住宅"或"非法侵入住宅"。这显然是不符合非法侵入住宅罪设立的初衷及其所要保护的法益的。因此，在"侵入"上，应当坚持通说的理解。

　　另外，本罪的构成要件中还有一个限制条件，即"非法"性。所谓"非法"，即不被法律所允许。可以说，这一限制条件的设置，直接将那些违法性阻却事由排除在构成要件之外了。亦即，对构成要件该当性与违法性进行了合并评价。由此，紧急避险、法令行为、自救行为等情况，都不符合该罪的构成要件。例如，行为人为了躲避洪水而强行进入他人的住宅，警察基于法令而进入他人的住宅进行扣押或搜查，被害人为了追回自己被抢的财物而跟在加害人之后强行进入其住宅，等等。这些情况都不具有非法性，因而不符合非法侵入住宅罪的构成要件，对其不能以"情节显著轻微危害不大"为由通过"但书"出罪。

　　本罪的责任形式为故意，即行为人明知自己非法侵入的是他人的住宅。当然，对这里的"住宅"，不要求行为人形成准确认识，只要能够认识到自己所侵入的是他人的生活场所即可。对于行为人误以为是自己的住宅或者自己有权进入的住宅而侵入的，不能认为行为人具有主观故意。例如，行为人在外地读书，父母已搬家而其并不知情，归来后不顾新住户的阻拦仍进入原住宅的，不能认为属于故意。此外，未达刑事责任年龄的未成年人和精神病人非法侵入他人住宅的，不承担刑事责任。行为人在无期待可能性的情况下非法侵入他人住宅的，也不承担刑事责任。例如，甲在乙持枪威胁下，强行进入丙的住宅替乙找寻重要资料，甲即因无期待可能性而不需承担刑事责任。③ 上述情况均属于阻却责任的事由，应直接宣告无罪，不能以"情节显著轻微危害不大"为由，通过"但书"出罪。

---

① 参见高铭暄、马克昌主编《刑法学》第七版，北京大学出版社、高等教育出版社 2016 年版，第 477 页。

② 参见张明楷《刑法学（下）》第五版，法律出版社 2016 年版，第 907 页。

③ 当然，对此或许也可以解释为不可抗力或紧急避险，但对一般人来讲，在此情况下，无疑是不能合理地期待其去实施适法行为的。

（二）非法侵入住宅行为违法性质的界分

在满足非法侵入住宅行为的成立条件并具有责任的基础上，这一行为究竟是属于犯罪还是治安违法，需要对其构成要件行为展开实质评价，评价的规范依据就是看这一行为是否满足"但书"的规定。通常认为，"但书"规定的"情节显著轻微危害不大"包括"情节显著轻微"和"危害不大"两个条件，只有同时满足这两个条件才能适用"但书"。其中，"危害不大"一般是指客观的危害后果不大，这一点并无明显分歧。对"情节显著轻微"的判断，则在是否要考虑目的、动机等主观因素上存在差别，有的认为只需要考虑客观因素，有的认为需要同时考虑客观因素与主观因素。对于"但书"适用需要同时满足"情节显著轻微"和"危害不大"两个条件，笔者并无异议。因为，在许多未遂犯或中止犯的场合，行为并未造成现实的危害后果，但显然不能直接适用"但书"出罪，必须要考虑其行为是否属于"情节显著轻微"。

基于此，对"情节显著轻微"和"危害不大"都必须在客观层面加以考察。其中的"情节显著轻微"，"是指行为本身的微不足道，应当以构成要件的行为所具有的轻微性为标准进行考察"。[1] 具体的考察因素包括行为的方法、手段、对象、次数、时间、地点等。因为这些客观因素或多或少地会对行为的违法程度产生影响，进而影响到其社会危害程度。对"危害不大"的判断，则不仅需要考察行为所造成的构成要件结果，而且还需要考察由行为直接造成的其他危害后果。因为，对于行为犯来讲，其成立犯罪并不要求产生实害结果，但并不意味着该种犯罪不会产生任何实害后果。就以非法侵入住宅罪而言，行为人在非法侵入他人住宅的过程中，完全可能伴随着"打砸抢"行为，由此就不可避免地会造成财产损坏或人身伤害等后果，不将这些实害后果纳入"危害不大"的判断范围，显然是不妥当的。当然，对行为犯和结果犯，在判断的侧重点上应有所不同，行为犯应侧重判断"情节显著轻微"，结果犯应侧重判断"危害不大"。但是，不论是何种犯罪类型，只有在同时满足这两个条件的情况下，才能认为属于"情节显著轻微危害不大"。

具体到非法侵入住宅行为来讲，笔者认为，是否属于"情节显著轻微"，应重点考察如下几个方面的情节表现：（1）非法侵入他人住宅采取

---

① 陈兴良：《但书规定的法理考察》，《法学家》2014 年第 4 期。

的方法或手段；（2）非法侵入他人住宅后停留时间的长短；（3）非法侵入他人住宅行为的发生次数；（4）非法侵入他人住宅的人数。是否属于"危害不大"，则应重点考察如下几个方面的内容：（1）是否损害了他人的房屋或财物及损害的程度；（2）是否造成了他人的人身伤害及伤害的程度；（3）是否造成了其他的危害后果。上述因素都会对侵犯他人居住安宁权的实际程度产生较大影响，因此，如果非法侵入住宅的行为在上述任何一个方面表现得较为严重，一般就不能认为属于"情节显著轻微危害不大"。[①] 以下通过两个案例来进行具体说明：

案例一：雷某某非法侵入住宅案

雷某某与陈某某系同村村民，两家曾有民事纠纷，且一直未能解决。2009 年 6 月 28 日，雷某某与其子雷某 1 未经陈某某允许进入陈某某家，雷某某欲将陈某某家的一袋油菜籽背走，遭到陈某某阻止，雷某某背着油菜籽走出陈某某家时，陈某某用扁担将雷某某头部打伤，经法医鉴定，构成轻微伤。2009 年 7 月，河南省确山县公安局分别对陈某某和雷某某作出行政处罚决定：以殴打他人，决定对陈某某行政拘留 10 日，并处罚款 500 元人民币；以非法侵入住宅，决定对雷某某行政拘留 10 日，并处罚款 500 元人民币。雷某某不服，向法院提起行政诉讼。一审法院驳回了雷某某的诉讼请求。雷某某不服，又提起了上诉。二审法院审理后，以情节较轻为由，将确山县公安局的处罚决定变更为：对雷某某行政拘留 5 日，并处罚款 200 元人民币。[②]

在本案中，雷某某未经允许进入陈某某家，应属于非法侵入他人住宅的行为。从情节表现来看，雷某某侵入他人住宅的手段平和，且持续时间较短，仅携其子雷某 1 侵入，也不能认为是人数众多，而背走陈某某家的油菜籽，则是事出有因（民事纠纷），是否属于侵犯财产权益尚不确定。因此，显然属于"情节显著轻微"。即便雷某某确属侵犯财产权，仅仅背走一袋油菜籽，也难以认为是危害较大，更何况雷某某还在刚走出陈某某

---

① 因发生严重结果而构成其他犯罪的，或者非法侵入住宅后又实施其他犯罪的，应视情况进行数罪并罚或择一重罪处理。

② 参见《中华人民共和国治安管理处罚法配套解读与案例注释》，中国法制出版社 2013 年版，第 112—113 页。

家时，即被陈某某阻止并打伤。由此，在本案中，雷某某非法侵入他人住宅的行为，无疑属于"情节显著轻微危害不大"，因而并不构成非法侵入住宅罪。当地公安局将其认定为治安违法行为是正确的，二审法院以情节较轻为由所做的处罚变更也是基本适当的。①

案例二：程某非法侵入住宅案

程某与高某本是一对恩爱夫妻。2001 年起，妻子高某与赵某合伙做生意，关系越来越密切，渐渐疏远了丈夫程某。程某咽不下气，便与高某离了婚。离婚后，程某觉得生活变得很乏味，便想与高某复婚。2004 年 10 月 21 日晚，程某几次到高某的住处叫门，高某都不开。为了达到与高某复婚的目的，凌晨一时许，程某抱来儿子再次到高某的住处叫门，高某怕儿子受冻，打开房门，抱过儿子去睡觉，让程某离开。但程某不但没有走，还跟着进了高某的卧室。眼看时间越来越晚，程某还没有离开的意思，高某便打电话给赵某让其帮助报警。110 接警后赶到现场，因程某称是家庭内部矛盾，警察将程某拉到高某卧室外并规劝程某几句后撤离。凌晨四时许，程某在外屋找来一把菜刀，劈开高某卧室门，强行进入高某的卧室，并用菜刀敲碎卧室电线插座的外壳，持菜刀及通电的电线威胁高某，后又称要先找赵某算账，让高某打电话叫赵某来。赵某接到电话后，打了电话报警。后程某被公安民警及高某的家属制服。2004 年 10 月 21日，福建省建瓯市公安局以涉嫌非法侵入住宅罪将程某刑事拘留。2005 年1 月 15 日，建瓯市法院以非法侵入住宅罪判处程某拘役四个月。②

在本案中，程某与其妻高某离婚后，抱儿子进入高某的住宅，在高某令其离开的情况下拒不离开，已侵犯了他人的居住安宁权，属于非法侵入住宅的行为。从本案的具体情况来看，程某深夜侵入高某的住宅，且停留时间较长，在经警察规劝后仍不退出，反而还持菜刀劈开高某的卧室门，强行进入高某的卧室，并用菜刀敲碎电线插座的外壳，持菜刀及通电的电

---

① 在此需要注意的是，由于《治安管理处罚法》第 40 条对非法侵入他人住宅的行为还区分了情节一般和情节较轻两种情况，因此，对"情节显著轻微危害不大"的认定就不应过于严格，以便为治安处罚中的情节区分留出适当的空间。

② 参见魏积满《为复婚他闯入前妻住宅因构成非法侵入他人住宅罪无赖男子被判拘役四月》，《检察日报》2005 年 2 月 22 日第 12 版。

线威胁高某。在情节上显然已不属于"显著轻微"；在危害后果上，不仅造成了他人的财产损失，而且还严重威胁到了他人的人身权益，因而也难言是"危害不大"。所以，本案并不属于"但书"规定的"情节显著轻微危害不大"的情况。也许有人会认为，在本案中，程某和高某毕竟曾是夫妻，且在导致婚姻解体方面，高某也确实存在着一定的过错；程某侵入高某的住宅，目的是为了与其商谈复婚事宜，主观恶性并不大。在此情况下，本案究竟是作为治安违法行为处理，还是将其认定为非法侵入住宅罪，便在某种程度上存在着商讨的余地。但笔者认为，不论被害人高某是否存在过错，还是程某的目的和动机是否具有某种"正当性"，都只是在责任层面考量的因素，其与程某非法侵入住宅行为本身的社会危害程度并无直接关系，因此也不属于"但书"的考察范围。事实上，法院之所以会在认定程某构成非法侵入住宅罪的基础上，仅判处其四个月的拘役刑①，可能在很大程度上已经注意到了高某的过错以及程某的目的和动机具有可宽宥性等责任降低因素。因此，不论是裁判逻辑，还是裁判结果，本案都是较为适当的。

---

① 非法侵入住宅罪的法定最高刑是三年有期徒刑。

第四编
内外结合：对内加强对刑法的解释
##　　　　　对外重视刑法的运作环境

第十三章　对内加强对刑法的解释

由于完美的刑法典永远只能存在于理想之中，加上刑法典不可能（至少是不宜）过于频繁地修改，由此决定了刑法解释的必要性。刑法的适用时刻要求司法者对法条甚至文字作出解释，学者的使命除了发现和指出法典的缺陷并提出改进意见，还要在既有情形下合理地解释法律，为法律的适用找出适当的路径。国外的经验表明，即使是不太理想的法典，在高质量的解释机制下，仍可能保持较好的稳定性。①

当前，我们一方面存在法律解释功能发挥不够、言必称修改法律的倾向，另一方面又对司法实践中一些滥用法律解释权的现象缺乏应有的制约，如非法经营罪、以危险方法危害公共安全罪、黑社会性质组织罪、聚众扰乱社会秩序罪等罪名的日益口袋化，已经威胁到了罪刑法定原则的贯彻，破坏了法治社会的可预期性。②造成这种局面的一个重要原因是我国还没有完全建立起一个良性的刑法适用解释机制，没有形成一套科学的刑法解释的方法、规则和理论，以致司法实践中出现"一统就死，一放就乱"的困境。

不同于传统教义学范畴内刑法解释仍然聚焦主观解释与客观解释、形式解释与实质解释之争，立体刑法学明确提出刑法解释应内外结合，在对内加强刑法解释的同时重视刑法的外部运作环境，重视将刑法解释的视野扩展至刑法规范之外的影响因子。刘仁文明确指出，从立法解释和司法解释这类有权解释以及法官在具体法律适用中的解释来看，也许解释者会在不同的刑事政策和价值观的指引下选择不同的解释立场，如在某类犯罪严

---

① 参见张明楷《日本刑法典》，法律出版社1998年版，译者序。

② 日本刑法学者西原春夫指出："不应当以国家维持治安秩序的必要性作为刑法解释的基准，而应当求诸国民的预测可能性。"参见［日］西原春夫主编《日本刑事法的形成与特色》，李海东等译，法律出版社1994年版，第126页。

重或社会治安压力大的时候，更可能选择入罪的解释，在社会治安相对较好、人权保障成为强调重点的时候，更可能选择出罪的解释。由此看来，持形式解释立场还是实质解释立场，本身也是动态的，如果能从刑事政策的角度来考察形式解释和实质解释的交替使用，并从应然上给这种交替使用的正当性设置一些规则，可以视为刑法解释的第三条道路。[①]

从逻辑上判断，规范处于以概念方式规定的当为领域，事实则处于现实的社会中，刑法解释使得刑法的规范与现实的生活事实相互对应、相互调适，并且实现二者的同化，在这一过程中，必须既坚持罪刑法定原则，又努力以刑事政策为基点确定刑法的规范保护目的，如此才能实现刑法解释的内外结合：一方面根据刑法规范调整生活事实，另一方面基于生活事实解释刑法规范。

第一节 内外结合的刑法解释道路

一 刑法的刑事政策解释之提倡

（一）作为刑法运作本体的刑法解释

刑法解释是整个规范刑法学的核心命题。刑法解释作为一个范畴，在规范刑法学中处于最基础、最重要的地位，可谓刑法理论的细胞。没有刑法解释原理指引和制约的刑法理论，必然出现方向不定、立场含糊、结论矛盾的局面；不考虑刑法解释原理的刑事立法，必然遭遇脱离实际、背离逻辑、体系混乱的尴尬。刑法解释作为一项活动，在刑事司法实践中起着最关键、最普遍的作用，可谓刑法适用的引擎。没有刑法解释，刑法规范便会失去生命的养分、毫无活力。

最狭义的刑事法学，也就是所谓的刑法解释学，虽然会受到其他刑事法学领域研究的影响，但相对而论，其在刑法运作中出于本体地位，至少可以暂时地确保自己的特色。在封闭系统内根据自身暂时性真理而产生的语言逻辑运作表明，只有经过刑法解释学规范判断过的事实，才是犯罪事实，同时也对外开放接受任何的刺激，而任何刺激都会影响到具有内在封闭性的刑法解释学的系统运作，该运作都会产生刑法解释学的结果，虽然这些结果在内容上会有一些差异，但是就系统而言，这些结果都是刑法自

---

① 刘仁文：《从刑法注释到刑法解释学》，《环球法律评论》2010 年第 5 期。

身系统的产物。总而言之，就刑法解释学的本体地位而言，若没有其他的刑事学领域作为环境，它不会成为一个封闭的系统，没有环境当然就无法理解系统的境界，不过，作为必要存在的环境，也不会直接成为刑法解释学系统的内部纲要，刑法解释学的机能有其独立、独特的存在特性，受到其他刑事学领域诸机能的影响，但仍旧是独立运作。具体而论，刑事学诸种机能间，根本不存在着合作或矛盾的现象，其间的关系仅是系统与环境间封闭与开放的关系而已。重点在于现今的解释学系统，其内部的、暂时性的、值得在现在予以绝对尊重的目的何在？在外界环境（外部系统）的刺激日渐激烈，直接企图侵入解释学系统内时，解释学应该更加确认自己的目的，维护住自己的境界，不然将会导致系统的灭失，正是因为如此，作为刑法运作本体的刑法解释必须建立在对刑法性质、规范保护任务与目的正确理解的基础之上。

　　刑法的规范性质应当与刑法的规范保护目的联系起来进行理解，刑法的规范目的则是由刑法的任务决定的。刑法的规范保护任务是，通过表现为文本形式的立法规范描述，借助一般性的法律阐释，对法实践活动的结果进行提前设定，从而发挥刑法维护社会和平秩序与保障公民权利自由的特定功能。在我国，刑法作为国家的基本法律规范体系，是规定什么行为是犯罪以及对犯罪行为处以何种刑罚的法律，因此，应当首先在总则中明确规定通过执行这部法律要保护什么，即要明确刑法的任务，根据刑法提出的任务，刑法分则才能针对各种犯罪行为作出具体规定，有效落实刑法的任务。我国刑法的任务在其第 2 条中作了明确规定，具体而言主要有以下几个方面：一是保卫国家安全、保卫人民民主专政的政权和社会主义制度是刑法的首要任务；二是保护国有财产和劳动群众集体所有的财产，保护公民私人所有的财产；三是保护公民的人身权利、民主权利和其他权利；四是维护社会秩序、经济秩序。那么，刑法的任务在规范意义上究竟应当如何理解？笔者认为，刑法的任务在于确证一种保护个人重要的法益和共同体社会赖以存在的法益的规范存在，个人的重要法益是个人自由在刑法上的现实化，共同体社会赖以存在的法益是个人法益的派生利益。社会共同体赖以存在的法益被刑法加以保护的理由在于，作为个人成员组成的社会共同体，其存在是国民生活和发展的根本保障。在这里需要指出，国家在刑法意义上是社会共同体的执行者。基于笔者的这种限定，那么刑法的规范保护目的就存在形式目的和实质目的之分，形式目的是规范不允许被违反，实质目的则在于通过规范确证保护对于人的自由发展具有价值的基本性法益。正因为如此，在进行规范适用的过程中，就不能只是在形式上判断是否违反了刑法的诫命（禁止性规范和命令性规范），还必须要考虑是否侵害了形式规范之后所意欲保护的那些法益。

在理解刑法解释的本体地位时，必须明确，所有的刑法解释都与刑法规范的保护目的密切相关，在这个意义上，根据目的论的观点解释刑法规范本身并不存在任何质疑。问题在于，刑法规范在进行解释时，其具体的规范目的应如何理解？刑法规范创设之后以静态文本的形式存在，但其规范内容并非完全静态，规范内容中所保持静态的只是其背后的法规保护目的和决定性的基本价值，正是这种基本价值的存在决定了该文本所承载的法规范生命力的强弱以及存在必要。需要特别考虑的是，即使并非总是在各个领域或者某个领域进行急剧变迁，刑法规范适用的社会环境也往往体现为动态，那么一个相对静态的文本规范要在变动不居的社会生活之中被准确加以适用，就必须对社会生活进行正确理解。笔者认为，社会生活总是变动不居，体现出明显的动态特征，但并不意味着刑法无法对其进行规范，社会生活的各种形态背后总是有着该社会赖以存在及前进发展的基本价值，正是这些价值决定了某些利益应当由具有最严厉属性的刑法规范体系加以保护。因此，作为社会生活规范的刑法规制与保护总是基于社会生活的基本价值考量而进行的，在基本价值经过立法抉择被设定为刑法的法规保护目的之后，规范与社会生活之间就建立了特定的互动平衡关系。

我国制定刑法的目的是惩罚犯罪，保护人民，这是由《宪法》第1条的规定直接决定的。其中"惩罚犯罪"，就是通过刑法，规定什么是犯罪，哪些行为是犯罪，犯什么罪应当受到什么样的惩罚的方式，对任何触犯刑法规定的犯罪分子，依照刑法的规定追究刑事责任。为惩罚犯罪提供法律武器，这是制定刑法的目的之一。"保护人民"则是制定刑法的根本目的，这里所说的"保护人民"，不仅是指保护公民个人的人身权利、民主权利、财产权利等合法权利不受侵犯，也包括代表人民根本利益的国家安全、社会主义政治制度、社会主义经济基础不遭到破坏。但是这样的描述，也只是告诉我们，刑法的目的在于保护何种类型的法益，对于如何确定符合具体类型的法益并无实质帮助。

刑法的规范目的在于法益保护，笔者赞同此种见解。近代以来，刑法主要是被理解为行为法，这在我国现行的犯罪判断体系之内并不妥，刑法作为规范的价值判断主要是就行为进行评价，即判断行为是否符合构成要件从而有无必要对行为人进行责任归属，与此同时，行为是否能够被评价为符合构成要件的客观危害行为，还要求其必须对刑法所保护的法益存在现实侵害结果或危险，也即认为，只有对法益存在侵害结果或危险的才有可能成为刑法规范规制的对象。法益应当被这样理解，其相对于其他权益或其他部门法所保护的利益，是指值得经由刑法加以保护的有价值的社会权益；刑法的命令规范或禁止规范的本质核心，是在于选择有价值的利益进行保护，刑法的构成要件作为类型化的架构，本身就是以法益作为基础，从而彰显法益的位阶。因此刑法通说上的法益概念，是指个人或全体的价值与利益，对其所可能存在的侵害或危险，是构成要件所要加以防止的，此即法价值或法利益，法益在犯罪论体系中的地位与行为刑法正好呼应，因为行为刑法评价的对象，正是以法益侵害引起外界变动结果为重点。

刑法规范的目的是为了能够阻止损害的发生，而且规范的适当性不能只表现在个别案例的避免上，也应该被表达在一般性的思考层面，如果因为存在此种规范可以使损害发生频率明显降低时，那么这个规范的存在就有其妥适性；至于规范是否确实具备保护目的，则应该从具体的个案来着手检验，因为只有透过具体的案例我们才能确定，遵循规范是否可以适当地阻止结果发生。因此，确定是否属于刑法规范保护的具体内容，并不是仅仅考虑法益就可以，还必须满足以下三个条件：其一，犯罪行为所侵害的法益必须是该刑法规范所保护的法益。其二，受害人必须处于该刑法规范保护的主体范围之内。关于这一点在此作简单说明，比如根据包庇罪的刑法构成要件，其所保护的只有前行为的受害人，不包括在前行为人后面因犯罪人其他犯罪行为受害的人，那么某个人包庇了抢劫罪的犯罪人，并不因为这种包庇而对抢劫犯在之后所实施的其他犯罪成立帮助犯。其三，导致法益损害发生的具体类型，应当是该刑法规范所理应规制的。也即，如果这种法益损害的发生已经超出了规范的具体保护射程，那么该种行为就不能根据该刑法规范进行责任承担，在解释论上就不能进行规范适用。

（二）刑法的刑事政策解释

问题是，如何确定刑法的规范保护目的？即使严格遵从传统的刑法解释理论，还是容易出现刑法解释的现实困境。基于此，学者们开始将解释的目光投往刑法规范之外，注意刑法解释的外部机制影响，继而再回到刑法规范之内分析研讨，尝试自刑事政策视角构建刑法解释的第三条道路。①

　　正如有学者所分析指出，随着社会生活的复杂化以及价值判断的多元化，法条主义存在着明显的解释困境，只有融入刑事政策的考虑，重视刑事政策的社会效果，才能保障刑法解释的客观性与有效性，这就带来了刑法解释的刑事政策化，并引发了刑法解释立场与方法的深层突变。"② 按照他的理解，刑法解释背后往往是对社会后果的政策考量，"当刑事政策发生变化后，刑法解释的模式也随之改变，这便是刑事政策对刑法解释的制约特性，它直接决定刑法解释的方法与意义，影响着它的规范实践及其效果。"③ 这恰与刘仁文教授提出的立体刑法学的理念不谋而合。④

　　李斯特曾经指出："刑事政策给予我们评价现行法律的标准，它向我们阐明应当适用的法律；它也教导我们从它的目的出发来理解现行法律，并按照它的目的具体适用法律。"⑤ 不难理解，李斯特的这一论断说明了刑事政策对刑法制定、刑法适用乃至刑法解释的决定性意义。刑法学以研究刑法立法、刑法适用和刑法解释为基本内容，所以无须赘言，刑法理论当然会受到刑事政策的深刻且决定性影响。⑥ 我国当前的宽严相济刑事政策对刑事研究诸领域均产生了深远影响，虽然目前还无法确定其最终会导致刑法理论发展出现何种具有导向性的重大改变，但是其对于刑法解释的影响不能不予以特别关注。一般而言，在理论上，刑事政策分为广义和狭义两种，西方近现代刑事法则以"刑法的刑事政策化"为追求目标，认为刑事政策观念就是刑法定罪科刑的基础政策，刑事立法和司法均应从刑事政策观点出发，合乎刑事政策精神，否则就是不良立法和司法。⑦ 我国有学

①　参见王海桥在《刑法解释的第三条道路》一章中的阐释，刘仁文主编：《刑法学的新发展》，中国社会科学出版社 2014 年版。

②　姜涛：《刑法解释的刑事政策化》，陈兴良主编《刑事法评论》第 30 卷，北京大学出版社 2012 年版，第 411 页。

③　同上书，第 422 页。

④　刘仁文教授所提倡的立体刑法学，主张：刑法学研究要瞻前望后，左看右盼，上下兼顾，内外结合。他认为刑法学研究不仅要关注和协调与宪法、犯罪学、行刑学、刑事诉讼法、其他部门法、国际公约以及治安处罚和劳动教养的关系，同时还应对内加强对刑法的解释，对外要重视刑法的运作环境。具体参见刘仁文《构建我国立体刑法学的思考》，《东方法学》2009 年第 5 期。

⑤　[德] 弗兰茨·冯·李斯特：《德国刑法教科书》，徐久生译，法律出版社 2000 年版，第 2 页。

⑥　谢望原：《论刑事政策对刑法理论的影响》，《中国法学》2009 年第 3 期。

⑦　参见肖扬主编《中国刑事政策和策略问题》，法律出版社 1996 年版，第 3 页。

者更是认为，刑法解释的一个重要原则就是以政策为指导的原则，要求在阐明刑法规定的含义时，必须充分考虑党和国家的政策，不能予以背离，这既是由党和国家政策在我们国家政治、经济、法律生活中的地位以及我国刑法立法的特点所决定的，也是保持法律的稳定性和生命力所必需的，进一步分析认为，"为了协调刑法的稳定性与生命力之间的矛盾，在刑法立法技术上总是采用一些弹性规定，在对这些弹性规定进行合乎现实需要的解释时，有时党和国家的政策起着具有决定性的作用，所以，坚持以政策为指导解释刑法是保持刑法的稳定性和生命力所必不可少的"。①

笔者认为，当前的宽严相济刑事政策整体上为刑法规范适用提供了具有价值导向性的原则指导。在刑法规范没有经立法机关变更之时，这种政策的导向就促使法官在刑法解释过程中有所倾向，事实上使得犯罪圈扩大或者缩小，这种由于实际处罚导致的刑法规范实质性变更与罪刑法定之间的关系至少在目前还没有被认真对待。正如有学者所指出的，笔者赞同在刑法解释中，为确保刑法规范的开放性，有必要赋予其合乎时代精神与现实需要的价值判断，包括引入超越实证法范围的价值判断。在刑法解释中，解释者应当优先以刑事政策所代表的价值取向来填充其间的价值判断内容。正是通过为价值判断提供实体内容，刑事政策为教义学体系的演进提供方向性指导，防止后者蜕变为封闭、僵化的存在。刑事政策不仅时常作为衡量某个解释结论是否较好、是否合理的判断标准，而且还能为确定解释的目的提供合理的支持，从而在很大程度上解决解释学上的恶循环问题。通过对危害性评价的支点产生作用，刑事政策在影响对行为的应受刑罚处罚必要性及其程度的判断的同时，反过来对犯罪成立要件的解释构成制约。②

在刑事政策的视野之下，刑法是以目的与价值为基础的规范。当出现问题时，法官应该去发现适当的决定规范，如果实证法并没有提供可适用的规范，就是存在漏洞，因此唯有法官创造性的法发现才能达到这个目标，至于实证法已经表明的法律规定内容，必须依据它的内在价值与意义去理解与解释。总体而言，在刑法漏洞需要填补价值性构成要件，甚至纯

---

① 具体参见李希慧《刑法解释论》，中国人民公安大学出版社 1995 年版，第 85 页以下。
② 参见劳东燕《刑事政策与刑法解释中的价值判断——兼论解释论上的"以刑制罪"现象》，《政法论坛》2012 年第 4 期；劳东燕：《罪刑规范的刑事政策分析——一个规范刑法学意义上的解读》，《中国法学》2011 年第 1 期。

粹性描述构成要件等本身没有提供足够适用基础的情形时，规范性价值标准的方法可以被法官用来进行法规范发现。规范性价值标准的方法对刑法解释的影响在于，透过价值评价与目的观点，不确定的构成要件可以予以确定；另一方面影响所谓目的解释，依据刑法规范内在的特定价值与目的，尝试解决特定的个案。个别的刑法规定通常不能完全表达刑法规定的价值与目的，人们将制定法理解为意思决定的结果，制定法可以以合意义的方式被解释，因此，在刑法适用有疑义的情形下，具有决定性的不是刑法条文规定的文字意义，而是法官根据刑事政策确定的规范目的。

二　对内加强对刑法的解释核心在于法官解释

实现刑事司法的公正高效是刑法适用的主要任务，刑法适用的核心在于对刑法相关法条的理解与解释。按照我国学界的通常划分，刑法的解释可以分为：其一，私人解释，也就是学理解释；其二，官方解释，包括立法者解释和司法解释。在此，我们仅探讨司法者适用刑法规范进行的广义上的司法解释，即法官进行的解释，这种解释虽然不具有普遍的约束力，但是对于个案的处理却具有决定意义，因此，对内加强对刑法的解释应当明确，法官解释是整个刑法规范适用的核心。按照罪刑法定的要求，所有情形下，在作出判决或者宣告无罪之前，法官被限制决定法律的含义和范围，以及只能提交与他结合各种内外因素能够清楚判断的犯罪行为相适应的判决，正是这种探求法律含义的行为构成了解释。

法官解释必须遵循下面的一个原则：其一，保护个人原则，此原则为传统法学所支持。当法律有疑义时，应当作出对被告人有利的解释，在有疑义时，个人自由必须在社会利益（通过镇压罪犯）之上，我们称之为严格的解释方法。其二，现代原则。当法律规定的范围有疑义时，以社会利益优先，正是这个原则在某些情况下，赋予了法官根据刑事政策引导进行创造的权利。

与民法有所不同，刑事法官直接受到刑法规定的严格约束，在一定程度上，这种约束限制了法官针对事实进行自由评价。在严格实施罪刑法定原则的情况下，刑法解释甚至倾向于消除法官适用法律的能力，以及将法官的功能还原为自动地适用刑法，因为根据刑法的基本要求，当犯罪的构成要件成立时，法官应当干预并根据法律规定对之处以刑罚，如果其中任何一个要件缺乏，法官就必须宣告犯罪嫌疑人无罪。然而，法官的这种机械和自动的角色仅仅是一种理论上的设想，实践中会碰到很多困难，因为负责适用刑法的法官首先必须明辨法律规定的含义及其所包摄的范围，他不可能实施自己不明白的刑法法规。但是，如同前田雅英指出的，"如果单从形式上去解释条文语句，断然地说倘若不符合规范要件就不应该处罚是非常简单的。但是如果仅以既然有罪刑法定主义的规定，就应该等待立法来加以制定处罚，这种原则理论能够成立的话，那根本就不需要任何解释了。"① 如果刑法文本明晰并且没有任何模糊区域，法官就必须予以实施，但实际上刑法文本很少能够立即对案例提供直接有效的解决，疑问经常存在于刑法所规定的范畴。它可能首先来自于文本的不清晰，文本的不清晰可能是因为立法者没有完全地表达自己的意图，或者是因为在起草时就存在某种技术错误。比如法国刑法第 388 条规定：任何人如果盗窃马匹（复数）将受到惩罚，② 那么当某人偷了一匹马时，而该匹马属于名贵品种价值不菲，该如何处置呢？

在此试想一下，实践中严格地执行刑法会是什么样的结果？某些违法行为完成了，但因为刑法起草得不好，那些行为者将被宣告无罪，法官没有权利去补救刑法起草的不足，刑法的制定本来是为了保护社会的利益，但是在这种情况下却变成了保护法益的障碍；同样，我们可以得知立法者列出了应受惩罚的行为，但是对于他们的构成要件却以非常模糊或简短的术语去进行界定。在这样的情形下，就必须考虑，适用这些刑法规范的法官究竟处于何种地位。

刑法的目的是建立社会秩序和社会安全，通过规范适用实现真正的正义，法官原则上应该追随立法者的步伐，在实施和解释刑法时，他必须达到前述目的；为了达到此目的，法官必须惩罚那些在刑法精神或框架下的不法行为。因此，法官不能仅仅试图管理形式上的正义，仅仅是简单地、准确地适用法律，而是应当同时根据刑事政策的引导实现真正的实质正义，与保护社会利益的刑法目的相一致。

但是，有时有一些特别的情形并未能由刑法明确规定。如果立法者通过立法描述已经设置了刑罚规范去对应那些司法机构应当予以处罚的行

① 前田雅英：《日本刑法各论》第二版，董璠舆译，刘俊麟校订，（台北）五南图书出版公司 1995 年印行，序论。
② 我国台湾地区司法行政主管部门：《各国刑法汇编》（下），台湾"司法"通讯社 1980 年版，第 1238 页。

为，法官必然已经根据实证有效的法律规定进行处罚了；如果这些行为没有在刑法中出现，并不意味着立法者希望对行为人免于处罚，仅仅是因为在法律制定的时候，不可能预见到社会中的所有情形，毕竟现实生活总是比预计的要复杂，那么，根据刑法的规范保护目的去推定立法者的意图，进而对刑法规范内容进行弥补和和改正的权利就归属法官了。法官必须根据刑法的最高目的，进而弥补在字面意义和目的意义之间所存在的真空，在这种情况下，法官应当自问他是否能够在恪守立法者希望达到的立法目的的同时，为了处理特殊案例，通过审判的方式基于刑事政策去扩展刑法的调整范围，这就是我们称之为通过法律自由探求目的的解释方法。在这种自由探求过程中，法官能动性地理解刑法规范，使得规范内容在一定的界限内动态性地发展，法官的所有目的都是为了给每一个案例找到合适的解决方法，并且他是以正义作为依据。具体而言，法官首先需要自问哪个正义的具体规则是属于恰当地处理该案例的规则，然后发现这个具体规则，使得自己能够根据刑事政策在刑法中寻找支撑点并使决定合理化。

三 刑事政策指引下的法官解释

法官作为刑事司法的终极裁判者，不仅要考虑刑法适用的法律效果，还必须考虑政治效果和社会效果，考虑刑事政策与刑法解释之间内在的互动关系，在刑法适用过程中遵循刑事政策的指导。刑事政策代表了国家在特定时期对总体或者某些种类刑事犯罪的态度，也体现出国家对处理这些犯罪的刑事法律理念。刑法的适用属于规范价值判断，法律价值观念往往只能通过相对具体的刑法原则、刑事政策等予以实现，对于刑事司法人员来说，刑事政策显得更为直观、具体，方向性明确，可操作性强。这就意味着，无论是否赞同，刑事政策在司法实践中都会对刑法解释活动起到具体的指导作用。在刑事政策的指引下，法官通过适用刑法规范，将国家体制保障、党和政府的决策以及具体的社会现实需求有机结合起来，才能够更好地实现刑法的社会机能。

（一）法官解释自由探求的合理性

在刑法的规范适用过程中，法官不能机械地理解和执行刑法的规定，必须结合刑事政策对刑法的规范保护目的进行探求。这种探求建立在何种基础之上呢？对法律自由探索的规则来自于民法，但是根据该理论，同样可以适用于刑法领域。如同在民法领域，刑法领域的法官必须以法律的最终目的作为他解释和探求的指南，刑法规范的创设和适用均是有目的的活动，对于法律用语不能进行日常理解，而应根据规范目的进行解读。①

Gény 支持对法律自由的科学探索，在《实在私法的渊源和解释方法》中他表达了这种观点，他试图对法国 19 世纪注释学派过度的形式主义进行回应。注释学派否认法律漏洞的存在，他们主张通过法律文本的字面意义的解读，试图找到所有案件的解决方法，而 Gény 则认为法律有时是不完备的，宣称法官可以通过自由的科学探索来弥补实在法的漏洞。②

M. Germann，Bâle 大学的刑法教授，在他的著作《方法的问题》中，同样提倡对法律的自由探索。根据他的观点，我们应当精通对法律创造性的探索，通过法律的自由探索（libre découverte du droit）来弥补规范的缺憾。在教授看来，自由这个词绝不意味着任意性，相反，意味着负有更加重大的独立责任，对法律的自由探索不应当导致司法任意和武断；法律探索的自由是指方法上的自由，它并不以实在法的法律规范为基础，并不直接地寻找实在法中的支撑点，这种探求是创造性的，因为法官必须负责任地去探求某条规则，而这个规则在任何一个法律文本中都不存在。在进行探求过程中，法官或多或少有意识地受到人民的司法情感（Rechtsempfinden des volkes）的激励，因为他生活、行动在人民之中，从某种意义上说人民是法律的源泉，同样，法官需要特别地考虑社会和政治中占主导地位的思想，必须遵循社会上主流的价值观，以及那些得到支持的文化传统和原则。事实上，这些基本因素就是法律制定的条件。③ 因此，我们可以得出结论，立法者和法官的目的是类似的，他们制定和发现法律都是为了更好地实现正义和社会利益的保护。

（二）刑法解释中的法官功能

尽管立法者和法官的目的相同，他们的功能是不同的，立法者主要是从事抽象的工作，发布的行为规则不针对特定的人；相反，法官仅仅是参与到具体的案例中，他知道有关案情的所有信息，并且要就具体的、特定的个人行为作出裁决，这个过程实际上就是从刑法立法的类型化描述走向刑事司法的定型化处理的过程。

---

① 参见张明楷《刑法的基本立场》，中国法制出版社 2002 年版，第 128—129 页。
② ［英］哈特（H. L. A. Hart）：《法律的概念》，张文显、郑成良等译，中国大百科全书出版社 1996 年版，第 157 页。
③ 同上书，第 135 页。

如同 Roxin 教授所指出的，立法者只能在法条文字中表达自己的规定，在立法者的文字中没有给出的，就是没有规定的和不能适用的。① 立法者追求的目的就是刑法的理由，毫无疑问，这个目的应当指导法官对刑法进行解释，这仅仅是考虑到法官能够实际决定刑法文本的意义和范畴，这个意义和范畴是立法者意图赋予刑法的。但是，在现实生活中，法院的使命是在强制性惩罚的威慑下，运用刑法规范至社会关系之中，以满足人们内心对刑法正义的感受。刑法保护的这些社会关系孕育着社会状态，在社会安全的情况下，能够保持各种利益之间的和谐，只有通过这样的方式，刑法才能够实现真正的正义。因此，法律的自由探索建立在两个要素上：一方面审查理由和良心，以期在我们个人内在本质的基础上发现正义的基础；另一方面，面向诸多社会现象，以期明确和谐的法律和他们追求的秩序所实际遵循的原则。因此，那种认为在法律中存在着不依赖于立法者在刑事政策方面作出价值决定"客观含义"的看法，在逻辑上是令人无法理解的。这种看法掩盖了，在这样一种被刑法原来的目标所取消的"客观含义"中，涉及由法官设定的主观性目的，这种目的的设定是不尊重法治原则的。

事实上，每种社会利益和社会现象都有自身平衡的条件，也就是说我们能够发现那些管理这些现象和利益的刑法规则，根据这些规则，法官必须适用刑法。因此，根据这种方法，法官必须在刑法没有明确规定的情况下，在构成要件涵摄的范围内去加工、塑造刑法规范，这样的刑法能够包含公平的规则，这种公平的规则激励着正义的法律决定，并且这样的刑法规范必须在法官清楚的情况下加以适用。为了确认这些立法文本是否符合刑法追求的法规保护目的，法官必须首先对文本的字词进行研究。② 他不能仅仅检测他所设想的规范是否能给予所考虑的事实一个适当的解决方法，相反，他应当确保这个规范能够对所有他所涉及的情况，都能够给予一个合适的解决方案。通过这种检测，法官能够评价在何种程度上，该规范可以真正确保社会利益。

---

① 参见［德］克劳斯·罗克辛《德国刑法学总论》第 1 卷，王世洲译，法律出版社 2005 年版，第 86 页。

② 应当予以明确的是，刑法文本是法官进行刑法解释的根据，文义解释应当作为刑法解释首先考虑的方法。

第二节　对内加强对刑法的解释之原理

在刑法教义学范畴内，刑法解释是对现行有效的刑法规范进行的解释，其对象为刑法文本，但是解释的内容则是文本承载的具体刑法规范。整个刑法解释的过程就是在基本解释理念的支配下，选择正确的解释方法，就刑法规范内容加以确定并合乎运作规则进行司法适用，实现立法规范类型化走向具体个案的适用定型化，最终妥善实现静态文本规范与动态社会生活规范需要之间的理性协调。因此，就法实践活动角度而言，刑法解释的基本原理就包括刑法解释的理念、刑法解释的基本方法以及刑法解释的运用规则三个有机组成部分。就对内加强对刑法的解释而言，其依然应当遵循刑法解释的基本原理，即注重解释理念、解释方法及其运作规则，但是如前文所指出，其应当注重刑法外部运作环境的影响，在刑事政策的指导下进行刑法规范适用。

一　刑法解释的理念变革

在就刑法解释理念进行理解时，很多学者认为，刑法解释和其他一般部门法律解释之间的主要区别在于，刑法由于罪刑法定的需要，禁止类推解释，并且这种禁止是一种不那么严格的禁止，因为扩大解释本身是合乎罪刑法定的。这就意味着，只要刑法不进行类推适用，那么就不违反罪刑法定，其他方面刑法和非刑事部门法律规范的解释原理保持一致。笔者认为，法律解释肯定存在着一般原理，并且就解释方法而言，其由于中性的工具属性，因此也不应当存在区别，但是基于不同的部门法规范体系有着不同的规范属性和规范目的，是以就决定了解释的基本理念和方法选择出现不一致，表现出各自领域的特殊性。法律解释的一般原理和部门法领域解释的特殊性并不矛盾，纯粹就理论上而言，法规范应当具有同一性，对于违法性的理解与判断最好也能够在本质上保持一致，这样也才能够符合国民的法感情信赖和行为预期，然而那种因此进而主张进行无差异理解的看法却是无视了部门法各自具有的规范品格。刑法应当是严厉属性的行为规制法，以实现正义为第一目的，正因如此，刑法解释既不可能为了所谓的社会效果、为了效率等考量将罪刑法定原则弃之不顾，将人仅仅作为工具手段去对待。与此同时，对应当保护的法益视若无睹，经过简单的法条分析就决定放弃刑法的某种利益保护，这本身毫无疑问也是一种虽经济但错误的做法。法官必须在符合罪刑法定原则的前提下，基于刑事政策进行规范保护目的的分析，准确实现刑法适用。

刑法基本理念要求保持刑法规范本身的安定性、合乎目的性以及正义性，要求必须根据刑法的性质与规范保护目的进行刑法解释。在刑法解释的过程中，要真正贯彻刑法基本理念，在刑事政策的指引下实现内外结合，应当在强调严格解释的同时，特别重视独立解释和现实解释。

（一）严格解释

法实践活动实际上是一种规范适用的具体化过程，由于规范解释存在多种可能性，这种可能性使得解释本身具有可选择性，因此在解释方法运用过程中难以避免会掺杂进解释者的主观选择或判断。与此同时，刑法规范体系在性质上进行判断，它属于关系国家刑罚权是否有必要动用的实体法，从近代刑法发展的背景而言，它虽然同时具有对于人民的行为规制以及对于法官的裁判规范两种性质，但是深究其发展的脉络和根源，其实还是偏向于规范法官的裁判，防止法官恣意利用国家权力侵害人民的基本权利。基于上述因素考虑，刑法无论是在解释还是具体适用刑罚法规时，均须受到罪刑法定原则的限制。正因如此，在民法上蓬勃发展的类推解释方法就被严格禁止，并且在进行扩大解释、限缩解释时，刑法的解释范畴和其他法规范体系相比较而言要更小，解释文字也要求更具有明确性，此外，通常要求进行对被告人有利的解释考量。由于刑法具有最严厉的属性，因此应进行严格解释。具体而言，严格解释要求在进行刑法解释时，形式解释优先，并且坚持事实存疑时有利于被告人解释，这里有必要就事实存疑和法律存疑进行区分，对于事实存疑应当适用存疑有利于被告人的原则，而在法律存疑的情形下，则应对刑法规范进行严格解释。另外，要坚持出罪、罪轻解释优先，在概念性要素不确定时刑法不予评价，否定刑法规范的适用可能性。

最近的问题是，随着我国政治经济社会日益发达，社会结构日益复杂多变，非正式社会规制方式的机能日渐衰微，诸如环境公害犯罪、交通犯罪、少年犯罪等问题层出不穷，生活中开始充满了各种不确定的风险，为弥补此种不足发挥法律规范的社会规制机能，所以风险刑法的理念应运而生，出现了大量运用刑法进行扩大处罚的趋势，比如，为了维护性道德秩序，保护少年儿童的成长环境，借用少年、少女健全性观念的保护，不断扩张对传递性交易讯息的行为处罚；此外，还有交通事故中的逃逸、逃逸致人死亡与自我毁灭证据罪的关系，实际上是对交通肇事罪规范结构的错误设置。在一个刑法机能不断被非理性扩大、刑法规制日益开始泛化的时代，我们更应该注重制约刑法法益保护机能以上诸种刑法特质，在刑法规范适用过程中谨慎从事刑法解释，以免社会中普通民众的人权受到公权力的不法侵害。

基于刑法的规范性质，刑法解释应当是严格解释，这种特殊性表明刑法解释在功能上更多是消极面，那么，是否意味着刑法解释无法发挥出更积极的功能？刑法既然是法规范之一，其本质就同样属于社会规范的一种特殊类型，在解释方法上就不能忽视解释后规范适用对于社会可能产生的影响。也就是说，在对于规范文本使用立法语言解释时，在文义可能的范围内，对于复数解释进行抉择，应当基于刑事政策分析，预见其对于社会生活所产生的积极影响，促进刑法规范与社会现实面的有效协调，继而实现刑法规范的社会现实化，这是刑法规范保护任务与目的的应有之义。

（二）独立解释

刑法具有自己的特质和保护目的，在进行解释时，要妥善理解刑法的规范属性。具体而言，在考虑其在整个部门法规范体系中具有的二次违法性、补充性特色之外，刑法规范适用时应根据规范保护目的进行独立性的价值判断，也即当刑法与部门法衔接过程中，二者的规范保护目的一致，只是存在违法程度的差异时，刑法解释应当充分体现二次违法性判断规则，但是，当刑法与相关部门法的规范保护目的存在不一致甚或冲突时，刑法应当以刑事政策为引导和基点，根据自己的规范性质和保护目的进行独立判断，那种认为其他部门法的违法性判断能够直接决定刑法规范适用与否的观点，其实是否认了刑法规范的独立价值。在法规范体系之外，考虑中国实践进行独立解释，在法规范体系之内，根据刑法规范性质与目的就是否构成犯罪、构成何种犯罪进行独立判断。

这里需要特别指出，具有最严厉属性的刑法规范体系主要是作为一种补充法、后盾法以及二次法而存在的，因此，在刑法和其他部门法的关系理解上就容易得出如下结论，即刑法的规范保护具有附属性，其关于是否属于刑事违法的判断在本质上不具有独立性。在这种见解的影响下，刑法的规范适用总是要以其他部门法的判断为前提，比如此前我国学界和司法实务界关于许霆案的大量争议。① 这是一个听起来很正确的说法，因为这样，刑法就会变得很谦抑，刑罚权也不会那么恣意地被行使。问题在于，这样一种整体上的泛化判断并不是基于对刑法本质属性的正确理解而进行的，也从来没有学者向我们细致而有说服力地论证了该结论。笔者认为，刑法作为位于宪法之下其他部门法之后的基本法律规范保障体系，对其他诸部门法肯定具有后盾作用。但这种后盾作用体现为，当社会中存在现实的重大法益保护需要，并且其他部门法规范无法对相关行为进行有效规制的时候，只要以刑事政策为基点在刑法文义的范围内存在解释的可能性，刑罚权就有必要启动，并且这种启动必须符合刑法规范的保护目的，必须能够在刑法罪刑规范的范畴之内。

（三）现实解释

刑法作为社会行为规范之一种，必须能够适应社会的发展需要。刑法的实践属性决定了对于刑法规范的适用，理应随着社会发展的变化实现规范的现实化，不断完善法益的保护。但是由于刑法安定性的需要，不可能总是通过立法变更刑法规范，因此应该特别强调基于刑事政策探求立法保护目的，继而进行现实解释，对规范的理解应当现实化，并且其解释结论应当符合社会现实化的要求。

在进行现实解释的过程中，要正确理解刑事政策与法益之间的关联性。刑法立法总体上具有滞后性，但是其规范构成要件本身存在较大的弹性空间，根据刑事政策探求刑法的规范保护目的，进而明确需要保护的法益，正是现实解释的应有之义。"法益的构想是规范性的，但并不是静态的，而是在符合宪法的目的设定范围内，向历史的变化和经验性知识的进步开放的"②，法益概念本身"并没有提供使人能够依此得出最后结论的定义"，"更准确地说，这种法益概念提供的仅仅是一种为了对法律材料进行详细说明的评价准则，一种立法者和法律适用者在制定和解释各种具体条文时都必须引用的评价准则。"③ 实际上，正是在利益法学的基础上发展的价值法学，将价值因素引入刑法规范适用过程，并作为法益衡量的基准，才使得刑法的刑事政策解释更加具有实际操作性。因此，对于刑法的刑事

① 可参阅相关资料，本文在此不予赘述，鉴于可获取资料众多，观点各异，也不再加以列举。
② ［德］克劳斯·罗克辛：《德国刑法学总论》第 1 卷，王世洲译，法律出版社 2005 年版，第 16 页。
③ 同上书，第 17 页。

政策解释而言，建立在刑法机能主义之上进行思考的利益衡量确实具有重要意义，但是这种利益衡量必须以价值判断为基准，在现实社会中的基本价值已经发生改变的时候，刑法解释应当在刑事政策的引导下对规范文本基于法益保护的需要进行重新诠释。

与此同时，法律规范可分为认证规范、冲突规范和变革规范，在社会变迁时期变革规范的功能更加明显，此时要考虑到刑法和民法等其他法规范的性质区别，对于刑法创设变革规范要谨慎，严格控制脱离社会现实的超前性立法，刑法的刑事政策解释在运用上也要坚守这一点，不应该出现超前性解释，使得司法解释权侵入刑事立法权限。

二　刑法解释方法的选择及其运用规则

（一）价值、目的与刑法解释方法

刑法解释方法与对刑法解释的理解分不开。所谓的刑法解释在操作层面上是指，在文本范围内对立法描述的行为类型，利用文义、历史、体系与目的等解释的方法将能够适用于某个特定案件的规范内容予以确定。当根据刑法的刑事政策解释进行基本解释方法的选择时，笔者认为需要特别考虑以下几个因素：

首先，确定刑法解释方法时，必须考虑到各种刑法价值的具体体现。语义解释方法有利于尊重立法原意（主观目的）和维护刑法的安定性，刑法的安定性能够实现公民对于刑法的正当期待和合理信赖，从而遵守行为准则；不足之处则体现为容易使人忽视法律文字背后隐含的价值，导致规范适用僵化，从而产生合法但不合理的结果。历史解释方法的背后蕴藏着民主的价值优位，但会忽略历史情境的变迁给法律带来适应社会能力的问题。目的解释注重结果的公正，但容易破坏法律的安定性以及偏离立法权优位。体系解释注重法律文本的协调和无矛盾，以及法律制度的融贯性和一致性，但容易忽视具体制度的形成历史背景。比较法解释注重吸收外国比较成熟和合理的法律制度，但必须考虑到制度在本国的实用性和内在融洽性问题。

其次，刑法解释方法的选择必须考虑刑法的规范性质。在公法领域，就法律规范适用进行解释时，应当对国家权力持一种谨慎的怀疑态度，注重公民的人权保护。具体到刑法而言，应当以对公民的个人法益保护为优先，进而实现社会秩序维护与人权保障机能的有效协调，应当特别注重罪刑法定原则和无罪推定原则，进行严格解释，防止出现对犯罪人不利的解释结论，在规范适用过程中，定罪存疑时侧重出罪，量刑存疑时侧重从轻、减轻量刑。

再次，在具体解释方法的选择过程中，必须基于刑事政策考虑刑法外部具体制度层面的理念和价值。比如对于经济犯罪，原则上要充分考虑当前社会经法发展现实，注重突出经济效率和兼顾刑法适用的社会效果，不能过分考虑犯罪人的人权保障。

基于上述因素考虑，刑法的刑事政策解释，应当特别注重文义解释的边界和目的解释方法的理解。在今天，无论是基于何种解释立场，都必须以文本作为解释的出发点，也都承认必须以文义的可能范围为解释界限。那么，语义的可能性范围究竟何在？文字语义主要有以下几个层次：其一，该文字的当然文义，该当然文义是确定的；其二，该文字的可能文义，此种文义是相对确定的；其三，该文字的应有文义，此种文义是根据规范目的能够确定和相对确定的；其四，该文字的变迁文义，此种文义是经过社会文化纵向比较能够发现的。此四种文义并非均属于刑法可解释的范畴，只有前三种范围内才可以进行刑法解释，对于第四种的解释在很多情形下属于法官造法，违背了笔者关于法官应受制定法拘束的基本论断。刑法规范的解释，应当是法官为了在文义的多种含义中依据一定的标准进行选择、判定，发现最适合个案解决的规范含义，作为个案裁判的依据，使得抽象的类型化立法在个案中实现定型化，同时保证这种实现是从抽象的正义走向具体的正义。法律解释目标在这个意义上，就是要保持法的安定性，合目的性以及实现正义性，与此同时，刑法在规范性质判断上，是属于公法和司法法，司法法的规范属性决定了不是合乎目的而是保持法律的安定性才是其首要目标，正是基于此等考虑，立法描述所选择的语言如果没有被实践证明是必须完全加以抛弃的，就是解释的文本依据，如果已经被证实应当完全抛弃，那么此时就根本不存在解释的空间和合理性，而是应当经由立法机关再次就该规范进行重新表述，因为此时即使规范保护目的并无变化，但由于语义变迁所导致的规范无法适用，就需要经过立法明确。正是在上述意义上，即使是主张刑法的刑事政策解释，刑法解释在以下几种情形下是难以想象的：其一，刑法任务不再需要，立法保护目的已经丧失；其二，语义变迁使得立法语言在今天的社会生活中已经完全丧失了原有之意；其三，立法目的和立法语言虽未发生变迁，但是规范解释适用导致众人根本无法信服。

刑法目的解释是根据规范目的进行的一种最后使用的补充性解释，是一种独立的解释方法，在对刑法进行刑事政策解释过程中，应当作为主要的解释方法加以理解。需要注意的是，按照刑法的刑事政策解释要求，任何一种解释都要求符合刑法的规范保护目的，即根据法益保护的观念去实现刑法的规范保护任务，但是这并不能意味目的解释和规范保护目的是同一含义，进而推论认为目的解释在所有解释方法中具有支配作用。正确的理解是，目的解释是在其他方法适用仍然存在疑问的状态下，以刑事政策为基点作为补充的解释方法而最后被加以运用的，最后运用具有终局性，但是并非具有支配性。一般理解，目的解释存在主观目的说、客观目的说以及折中目的说三种不同见解，在笔者看来，实际上主观目的解释是历史解释的一种下位类型，其主张以立法者制定规范时所欲实现的立法规范目的作为依据进行刑法解释解释方法，而客观目的解释则强调，要以刑法法条本身内在的客观规范目的作为解释的根据，折中说是对二者的一种调和。对于此三种学说由于和前文关于主观性解释、客观性解释以及折中性解释的论述多有重复，在此不予展开分析。需要说明的是，规范目的包括主观目的和客观目的，前者创设了规范目的，使得规范目的客观存在，客观目的又不断地在社会现实中被赋予新的内涵，从而引导刑法的规范适用，实现刑法解释的最终目的。刑法的规范目的无疑是为了保护法益，正因为此刑法的规范目的和任务不同，保护法益这样一种规范目的本身是不断变化发展的，是立法者和司法者根据社会现实的需要创设出来并且不断追求实现的目标，但是，如果目的解释与立法者的主观目的完全无关，那么就只能是一种具有客观含义的目的，问题在于，这种客观目的的确定本身只是对某种规范适用目标的追求，那么就会出现以预设的结果来解释事先的事件了，这并非没有疑问。因此，正如前文所述，在今天看来，建立在主观目的基础上的修正的客观目的解释更能符合社会规范保护的现实需要，基于此，刑法的刑事政策解释在使用目的解释方法过程中，也应当对立法目的与法条的客观目的作一致性理解。

（二）解释方法运用规则中的刑事政策分析

在整体上，刑法解释方法毫无疑问具有一定的顺序，但是按照刑法的刑事政策解释，这样的顺序在具体的规范判断过程中需要进行相应的调整。关于刑法解释方法的位阶，文义解释最为优先，历史解释、体系解释在存疑时被使用，当上述解释方法均无法就规范内容准确说明时，此时就应当在最后考虑使用目的解释方法，也就是认为，文义解释是刑法解释最基本的解释方法，文义应当作为解释的出发点和基本依据，而目的解释只能在最后被加以使用，因为目的解释方法的适用，虽然有助于实现刑法规范的安定性、合乎目的性以及现实性，但是如果使用不当，很容易导致违反罪刑法定原则的明确性要求，出现法官造法而非解释法律的结果。但是，其他的方法如何排列则要考虑不同的情况，比如在就某一类型犯罪中的个罪进行解释时，体系解释方法就应处于优先位阶；但在对与文化伦理密切相关的自然犯罪进行解释时，就应当以历史解释为优先；在就完全空白和部分空白的刑法规范要件进行解释时，则应侧重体系解释和目的解释。

有学者专门就此问题进行了研究分析，认为刑法解释方法之间存在一定的位阶关系，指出刑法解释方法的位阶应当在三个层面展开：刑法解释应以维护刑法安定性优先，兼顾促进刑法正义性为价值目标，这是刑法解释方法位阶的价值维度；刑法解释应遵循文义解释→体系解释→历史解释→目的解释→合宪性解释的运用顺序，这是刑法解释方法位阶的序列维度；在可能文义之界限点上，文义因素绝对优先，在可能文义的界限内，目的解释居解释之冠，合宪性解释是对其他解释方法结论的最后检验，这是刑法解释方法位阶的效力维度。解释刑法时应运用与遵循这种位阶关系。①

笔者基本赞同上述见解，当刑法解释出现疑义或多数解释的可能时，文义解释和历史解释这两种解释方法主要的功能在于能够确定解释的具体范围，而体系解释和目的解释主要的功能则在于确定解释的具体内容。刑法的刑事政策解释方法的具体运用规则可以表述如下：文义解释作为解释的起点，具有初步的优先性，当解释结果确定，即只有一种解释可能时，除非有重大理由，否则不得偏离文义解释，当解释结论不确定，即有多种解释可能时，此时考虑其他解释方法；如果根据立法史、立法数据能探求清楚立法理由是什么，就应该运用历史解释方法；如果体系或上下文的脉络可确定概念的意义时，则运用体系解释方法；当上述解释方法均不能得出解释结论时，此时需要考虑法律的规范意旨是什么，进行立法客观目的

---

① 参见苏彩霞《刑法解释方法的位阶与运用》，《中国法学》2008 年第 5 期。

的解释。解释方法的优先级可以表示为：文义解释＞历史解释/主观目的解释/体系解释＞客观目的解释。与传统刑法解释方法运用规则存在显著差异的是，各种解释方法的运用均需以刑事政策为基点进行刑法的内外结合，也即认为，刑法文义的确定应当考虑社会中的道德伦理以及语义变化等刑法外部因素，历史解释必须结合当时的刑事政策与其他的社会公开政策，体系解释应当区分刑法内部和外部体系并实现二者的协调一致，而客观目的本身即应当以刑事政策为基点结合刑法所处的现实社会予以确定。

笔者认为，在刑法的刑事政策解释适用过程中，制度性、权威性的论据相较于实质性的论据依然具有初步的优先性。具体而言，制度性的解释方法，包括文义解释方法、历史解释方法以及体系解释方法为何具有优先性？其依据在于权力分立和民主原则。根据这两个原则，法官应受立法者所制定的法律拘束，法律拘束的要求主要体现为：（1）无重大理由不得偏离法律文义；（2）解释法律应尊重立法者意思。之所以文义解释最为优先的理由则是法安定性的要求，根据法安定性可以肯定，成文法律比起立法理由具有较高的公开性，因此法律文义也具有更高的可信赖性。那么，历史解释又为何初步优先于客观目的解释？这主要是基于主观目的解释和客观目的解释的根据不同。主观目的解释背后的根据在于，解释者应致力实现立法者意思，客观目的解释背后的根据是，刑法规范保护目的之实质正确性或合理性，这里的关键就是背后是否有立法者权威的支持。

有必要指出，这种具体运用规则的排列并不是绝对、固定的，在很多时候，刑法规范结构、性质、适用领域等不同均导致具体的运用规则呈现出不同的形态。比如基于总则和分则罪状立法表述不同，解释方法的运用规则就不相同。从法典结构上看，刑法典总论部分给出了有关犯罪和刑罚的具体概念，这本身是一定刑事政策的体现和反映，原则上总则性的规定可以适用于不同的场合，但是因为其过于概括，因此要想较好地解决问题，就必须结合分则的具体规范进行解释，也即，总论部分的规则必须运用于刑法分则之中，随之而来的"结论"又被运用于特定的行为环境中。①具体而言，刑法解释的对象是刑法规范中的具体要素，这些要素经立法类型化语言描述寓于某个特定的构成要件之中，但是对于每个要件类型立法

---

① 参见［斯］卜思天·M. 儒攀基奇《刑法理念的批判》，丁后盾译，中国政法大学出版社2000年版，第39页。

并不需要将所有具体要素均描述出来，在总则中已经有明确的或能够通过总则规定直接确定的那些要素就可以在规范适用时通过刑法解释予以进一步明确。因此，在总则和分则的解释时，规范的内容存在某些区别，但是，由于总则的某些内容必须在分则规范之中根据具体保护法益的不同予以具体明确，是以有时这种区别并不存在，刑法的总则规范和分则规范的解释既有区别性，也有一致性。正是在上述意义上理解，对于总则性规范的解释，主要是受到刑事政策所指向的刑法规范任务影响，其内容的明确在解释方法上较多应该运用文义解释方法和历史解释方法来实现，而对于分则性规范的解释明确，受到具体保护法益和特定构成要件的影响，应该主要运用体系解释方法和目的解释方法来加以实现。与此同时，在具体构成要件范畴之内进行的构成要素解释因为其类型不同也有所区别。一般而言，构成要素可以分为描述性构成要素和规范性构成要素，对于描述性构成要素，往往因为不涉及规范价值判断，所以其解释较为容易，该种构成要素的使用有助于实现刑法的安定性，但是由于现代社会变迁的复杂化，立法者对欲加以规范的行为事实难以精确地掌握，势必会较多运用规范构成要素，而此类构成要素的内容确定需要法官根据刑事政策，以个案处理的方式根据规范价值予以完成，因此在某种程度上易使刑法的构成要件明确性和法规范的安定性受到影响，在进行解释时需要特别注意解释方法的选择运用。

第三节　对内加强对刑法的解释之具体应用

强调对内加强对刑法的解释，决不意味着刑法解释可以漫无边际。恰恰相反，刑法解释必须受到必要制约。在笔者看来，这种制约至少可以表现为以下几个方面：（1）刑法解释不能侵犯立法权，侵犯立法权的解释应当被宣布无效，应当有适当的机构和工作机制来接受和处理此种投诉；（2）最高立法机关和最高司法机关对于那些明显超出日常含义的解释，不能溯及既往，也不宜发布当日立即生效；（3）法律解释的过程应当公开、透明，那种以司法机关内部发文的形式不公开地解释刑法的做法应当废弃；（4）法律解释不应当破坏司法规律，如内部请示使得当事人的上诉权被变相剥夺，因此应当予以废除；（5）应鼓励亲自适用刑法的司法官员大胆作出解释，但其解释应当通过判决书说理和判决书公开等渠道接受社会的监督；（6）要发挥宪法和刑法基本原则对刑法解释的制约作用；（7）在具体的法律适用中，应有良好的沟通机制保证辩方意见的充分表达并被认真考虑。例如，司法实践中，有的法院擅自变更检察机关起诉的罪名又不给辩方辩论的机会，这种做法就成问题。刑法解释的具体应用，需要作为法律适用主体的法官，立足我国实际，在遵循刑法解释基本原理的前提下，合理运用具体解释方法，实现刑法立法类型化到司法个案定型化的转变，确保刑事司法正义。

（一）刑法解释应当考虑我国的文化内涵

文义解释是刑法中最为基本的解释方法，具体包括通常文义解释、可能文义解释和模糊文义解释，需要说明的是，可能文义解释往往属于扩大解释，而模糊文义解释则属于类推解释，实际上是在进行法律漏洞补充。在解释的结果上，视其与以前的判断或日常用语的意义差异，解释有扩张以及限缩的可能。通常以社会共同感情和国民预测可能性为判断标准，在超过日常用语范围时为扩张解释，例如，摩托车包含电动脚踏车、文书包含复印的文件、捕获包含射杀等，但假若超越语言的可能意义时则为法律漏洞补充（该漏洞是因刑法的断片性、鳞片性而产生的），此时已经不再是法条解释，而是属于类推适用。也即是以法规中所未包含的事实为前提来适用法律，例如花柳、麻风的与艾滋病之间的类推认定，这种类推通常是因为对象外的行为于社会秩序的恶害上具有同等性，而予以类推。至于限缩解释是否可以限缩到比日常用语更狭隘的范围一事，则存在争议，一般而言不应作出此种限缩，因为这会破坏法的安定性，也就是说，普通国民会产生明明就是这件事，为何会认为不符合犯罪构成的疑问。不过从法益内容的解释出发，则并非不能进行此类限缩解释，例如侵入住宅罪的侵入与入侵计算机罪的入侵行为都应基于行为对象加以限缩。

文义原则上应当以通常语意进行理解，但是如果存在特定含义的状况则例外，比如对于前一段时间引起极大关注的"于欢案"，充分说明法官不能仅仅是根据通常语意形式理解刑法条文规定，还必须充分考虑刑法之外我国传统的人伦孝道因素对正当防卫进行阐释，确保实现法律效果与社会效果的有机统一。有时立法则已经就此用语含义进行了特别说明或者有权解释已经进行了特别阐释，比如我国关于信用卡的刑法立法解释，将并不具有透支功能的银行借记卡解释为信用卡。与此同时，文义解释还应当符合文化内涵的特定性，文义解释很多时候需要考虑语言本身所具有的特定文化内涵，不能脱离特定的民族文化进行解释。比如关于婚内强奸问题，我国学界近年来争论较大，但是学界和实务部门目前的主流立场还是否定其能够成立。实际上，婚内强奸问题主要不是一个刑法问题，而是妇女运动不断发展的结果，是一种对妇女遭受性家庭暴力的特别保护在刑法上的体现。虽然承认婚内强奸具有其合理性，但是其社会效果究竟会怎样仍有待未来确证，笔者在此想要结合刑事政策讨论的是，在我国特有的文化背景之下，刑法是否应该过度介入家庭关系生活领域，并且对于"强奸"应当作出符合我国文化内涵的特定解释。比如在我国的文化传统中，通常认为抢劫或盗窃等财产犯罪均是针对他人的财产实施的，在普通人的理解中，用不正当的方式取回自己的财产被认定为"偷"或"抢"是难以接受的，一般将父母对子女的管教和责打原则上也不能解释为"伤害"，那样明显违背我国的传统文化精神；同理，对于强奸，我国的传统文化也从来不认为和自己的妻子之间强行发生性关系是违背道德或者违法的事，认定丈夫可以成为婚内强奸的主体也就不容易为通常人所理解和接受。如果认为在对盗窃和抢劫犯罪构成进行解释时，有必要考虑侵害的法益到底是什么，这种对法益的界定是否合乎特定的文化内涵，那么在是否承认婚内强奸问题上，也同样要对"强奸"进行符合文化内涵的解释。笔者认为，丈夫和妻子之间的强行性交一般还是不宜解释为"奸"，虽强而非奸，只应构成相应的其他犯罪，比如造成身体伤害的以故意或过失伤害罪论处。

与民族文化观念密切相关的还有"卖淫"的文义之确定，此处以南京发生过的李宁组织卖淫案予以简单展开。[①] 本案的关键问题是，组织男性从事同性卖淫，是否构成我国现行《刑法》第 385 条规定的组织卖淫罪？这就要看如何解释"卖淫"的含义。根据传统观点，卖淫主要是指异性之间的有偿性交行为，不包括同性之间的有偿性交行为，一般意义上主要是指由女性向男性提供有偿性服务，对卖淫进行文义解释就应当限定在这个范畴内理解。但是今天看来，卖淫已经突破和超出了这个界限，男性作为卖淫主体向女性、男性提供有偿性服务已经不再是孤立现象，因此，正如

---

① 具体案情参见最高人民法院刑一庭、刑二庭编《刑事审判参考》2004 年第 3 集，法律出版社 2004 年版，第 137—142 页。

《刑事审判参考》中所进行的分析，[①] 在立法用语并未就卖淫主体进行明确限定的情形下，根据社会的发展，结合现实语境，对"卖淫"一词应当作出符合时代一般观念和刑法精神的解释，根据法益保护的实质需要进行刑法规制理论上是妥当的，因此可以认为法院的判决并无不当。笔者认为，我国的历史传统上并非不存在同性卖淫的事例，对于卖淫所进行的此种解释合乎文化的特定内涵。今天随着信息的发达，普通民众就这一问题也早有认识，该解释结论不会破坏民众对于法规范的信赖，整体上并无不当。[②]问题在于，就同为该条所规定的强迫卖淫罪中的"强奸后迫使卖淫"这一加重条款应当如何适用？即男性对男性进行强奸后迫使其向男性提供有偿性服务的，能否根据司法解释的相关规定作为法定的加重情节予以处理？如果男性对男性强奸，并迫使其向同性提供有偿性服务，但二者之间并无联系，又能否作为强奸罪和强迫卖淫罪数罪并罚？很显然，如果认为可以在同性之间组织卖淫，那么强迫同性卖淫不能认定为强迫卖淫罪就是难以理解的，而强迫卖淫罪能够成立的话，否定"强奸后迫使卖淫"的加重情节无法适用也于理不通，但是要认定同性之间的强奸行为能够成立犯罪这就涉及更多的问题，这里实际上涉及体系解释方法的运用。在这个意义上，单独就本案而言，其处理似乎并无不妥，但是在体系之内进行考虑却并非恰当，因此笔者认为，文义解释虽然有时能够直接根据规范保护目的的需要得以完成，但还是有必要进行体系协调性的权衡，那种为了个案处理就直接导致刑法规范内体系冲突的解释结论肯定不是最好的解释结论。就本质而言，对于涉及性自由的法益保护应当在立法上进行一种整体的衡量，这才是正确的解决路径。

再比如，我国现行《刑法》第 263 条抢劫罪规定了八种加重情节，学界在对"冒充军警人员抢劫"的认定上存在较大分歧。有学者认为，"冒充军警人员抢劫的"，不仅包括非军警人员冒充军警人员，也包括军警人员本身抢劫，理由主要在于军警人员抢劫的比非军警人员冒充军警人员抢劫的对法益的侵害性更大，理应作为抢劫罪的加重情节进行升格量刑处罚，[③] 对此笔

① 具体案情参见最高人民法院刑一庭、刑二庭编《刑事审判参考》2004 年第 3 集，法律出版社 2004 年版，第 137—142 页。

② 关于本案的分析另可参见张军、姜伟、郎胜、陈兴良《刑法纵横谈（总则部分）》（增订版），北京大学出版社 2008 年版，第 66—68 页。

③ 张明楷：《刑法分则的解释原理》（上），中国人民大学出版社 2011 年第 2 版，第 67 页以下。

者认为该解释结论不具有合理性，已经超出了"冒充"一语的通常文义范围，在立法和司法未就该用语含义进行特别说明的情形下，这种超出文义可能范围的解读难以令人难以接受。如果进行目的扩大解释，就必须考虑此规定的法规保护目的何在。显然，冒充军警人员抢劫的，比起一般人而言，更容易对被害人产生威慑，同时实际上是在利用具有特定国家职权的公职人员的身份为实施抢劫犯罪提供便利，属于招摇撞骗，在侵犯合法财产权益的同时，会损害政府公权力的公信度和国民对于特定职务的信赖，但是由于其本来不属于军警人员，无法给予开除公职等行政处罚，因此法规保护目的予以特别加重处罚，认为军警人员本身抢劫比冒充军警人员抢劫危害更大，因此需要加重处罚的解释本身虽然具有合理之处，但是无法直接适用本项具体规定，因为军警人员不存在冒充军警人员的问题，按照我们的文化内涵认知，即使其穿上便装声称是警察也无法改变其法定职务身份。妥当的结论是，即使不适用本项具体规定，对军警人员进行加重处罚也不违反我国刑法的量刑规定，因而没有必要硬性解释进本项具体规定，理由在于：在军警人员持枪抢劫的情形下，应当适用"持枪抢劫"的法定加重情节进行处罚；对于未持枪抢劫，只是身着警服借助警察身份实施抢劫的，其客观上对财产和公民人身法益的侵害强度不可能超过非军警人员，但是其同样严重破坏了职务的廉洁性和公信力，因此在给予行政处罚（开除公职等）的同时，完全应当作为酌定从重、加重情节进行处罚。

（二）空白刑法规范解释要注重行刑衔接

空白刑法也称空白罪状、不完备刑法，对于其构成要件中的禁止内容事项，刑法条文本身并无直接规定，必须援引其他相关部门法规进行判断，方能实现构成要件上的完整性。① 虽然空白刑法这种立法表达模式属于刑法分则上的不典型形态，但是随着社会经济的变革发展，行政经济犯罪日益增多，空白刑法在各国刑法典中比重不断增加，我国现行刑法中关于空白刑法的规定也明显体现了这一趋势。空白刑法与完备刑法相比较而言，最显著特征表现为存在较大的规范弹性，如何准确加以理解，直接关系到理论阐释的科学性和司法实践适用的准确性。

---

① 需要特别指出，空白刑法虽然属于不完备刑法，需要援引其他相关部门法规进行判断，但是其与构成要件的空白并非同一概念。构成要件的空白是指在刑法条文上，某些构成要件存在空白，需要通过解释方能补充完整的构成要件类型，比如不纯正不作为犯的作为义务如何判断即属于构成要件的空白。

相对于刑法而言，空白刑法补足构成要件所需援引的部门法规存在易变性和片面性，直接导致空白刑法出现未计划性，行政权力的刑法实质化使得空白刑法规范具有巨大的弹性空间，一定程度上偏离立法原意。部门法规的易变性表现在立法程序没有刑法严格，根据社会政治经济生活的需要经常进行变更，对涉及刑事责任的相关前置规范也予以相应调整；片面性表现在部门法规进行变更时，基于部门法的视角和利益驱动，往往无视其调整内容的普适性以及规范内容与刑法具体条文的科学协调，并且不考虑刑法整个刑法分则规定的内在体系和谐。直接出现的结果是，虽然有利于空白刑法进行必要的社会现实化，但是也存在可议之处：第一，行政权力在实质上刑事化，某种意义上行使了刑事司法解释权，甚至逾越了刑法立法权；第二，部门法规的变更有时偏离立法原意，导致空白刑法规范呈现出未计划性，不利于刑法分则体系的协调和刑法体系内的规范同一性。

空白刑法规范的构成要件的"犯罪类型"，基本上来源于民事、经济、行政法律法规中的不法行为类型，因而其最为明显地体现了刑法的补充性和保障性，然而，刑法的补充性并非意味着其具有规范从属性。刑法作为唯一规制犯罪与刑罚的部门法，具有独立的规制对象和范围，具有相对于其他法律而言独立的价值观念和评价机制，在空白刑法的规范诠释以完备构成要件时，必须强调以下几个方面：第一，空白刑法构成要件的用语即使与非刑事法律法规用语相同，也应进行独立评价，不能直接简单援引，刑法内容的规范判断未必与非刑事法律法规的具体规定一致。第二，空白罪状在构成要件上的说明虽然必须借助非刑事法律法规的规定，但是根本条件在于刑法的罪刑规范规定，因此在非刑事法律法规涉及人民权利、义务等事项的具体标准时，即使并不存在"追究刑事责任"这样的规定，依然存有空白刑法规范的适用余地；相反，虽然规定"追究刑事责任"，但是如果不符合刑法的独立评价就不具有构成要件的明确性。第三，我国的刑法当犯罪构成齐备时，其罪责也相应确定，空白刑法的构成要件在援引非刑事法律法规进行补足时，不能以经济、行政违法行为的危害性程度增加就得出必然的结论。[1] 上述方面在考虑治安管理处罚法与刑法的衔接时

---

[1]　关于"刑法的独立判断"具体请参见肖中华《经济犯罪的规范解释》一文的相关阐释，《法学研究》2006 年第 5 期。

尤其要特别注意。

以非法经营罪为例，在理解"违反国家规定""其他严重扰乱市场秩序的非法经营行为"的具体内涵时，就必须明确立法的保护目的在于保护市场秩序的正常运转，同时确信，即使违反国家规定，如果不存在相对应的合法经营，就不能认为特定的犯罪构成要件可以完备，此时当然不能成立非法经营罪。以"日商在华买卖脏器事件"为例①，日本人长濑博之被以非法经营罪批准逮捕，其主要理由在于超出其注册公司经营范围，并且违反了中国卫生部《人体器官移植条例》关于人体脏器不允许买卖的相关规定，问题在于，我国本身并不允许人体器官移植的合法经营，医院开展此项业务均不属于经营项目，非法经营罪的成立不无疑问。

再比如，在天津摆射击摊的摊贩赵春华，近来因"非法持有枪支"获罪，被判刑三年半。② 这些司空见惯的玩具枪、仿真枪，究竟是不是刑法所处罚的枪支，再次引起社会广泛讨论。我国对于枪支的认定标准几经变化。2010 年 12 月，公安部对《公安机关涉案枪支弹药性能鉴定工作规定》进行了修订，这也成为现行的枪支认定标准：当所发射弹丸的枪口比动能大于等于 1.8 焦耳/平方厘米时，一律认定为枪支。根据《国家玩具安全技术规范》规定：蓄能弹射玩具，按弹射物动能测试时，弹射物动能不超过 0.08 焦耳，弹射物应有用弹性材料制成的保护端部，以保证单位接触面积的动能不超过 0.16 焦耳/平方厘米。而根据《仿真枪认定标准》，枪形物"所发射金属弹丸或其他物质的枪口比动能小于 1.8 焦耳/平方厘米，大于 0.16 焦耳/平方厘米"，则被认定为仿真枪。也就是说，枪口比动能小于等于 0.16 焦耳/平方厘米的，是"玩具枪"；介于 0.16 与 1.8 焦耳/平方厘米之间的，是"仿真枪"；大于等于 1.8 焦耳/平方厘米的，是"枪支"。问题在于，对于普通人来说，要分清玩具枪、仿真枪、枪支是比

---

① 中国外交部发言人刘建超 2007 年 10 月 16 日在例行记者招待会上证实了一名日本人因涉嫌从事违法脏器买卖行为在沈阳被捕的消息。刘建超表示，被捕的日本人名叫长濑博之，是沈阳市日本独资企业 IPC 信息咨询有限公司法人代表。经查，该公司自 2004 年起，以"中国国际脏器移植支援中心"的名义，在互联网上发布信息，为日本患者提供器官移植服务，超出其注册的经营范围，同时违反了中国卫生部关于人体脏器不允许买卖的相关规定。因涉嫌非法经营罪，长濑博之已被沈阳市人民检察院依法批准逮捕，此案正在进一步审理中。详细内容参见《环球时报》2007 年 8 月 23 日《日媒体关注日商在华买卖脏器》报道。
② 关于该案二审判决书细节可参见《南方都市报》相关报道，2017 年 6 月 17 日（http：//www.oeeee.com/mp/a/BAAFRD00002017020626460.html）。

较困难的，在此情形下，刑法规范的行为规制机能就无法发挥作用，普通人也无法根据刑法的规范内容对自己的行为后果进行预测，因此，简单直接援引公安部关于枪支的认定标准对刑法罪名进行适用，并不符合社会的现实发展需要，也不符合刑法的任务和规范保护目的，应当在考虑刑法与行政法衔接的基础上，进行刑事违法性的独立判断。

（三）信息时代应抑制刑法解释的过度扩张

现代社会已经进入信息社会，网络与公众的联系日益密切，网络在人们的生活中扮演重要角色，已成为人们生活中密不可分的一部分。然而，与之而来的是越来越多的利用网络实施的犯罪，为了打击犯罪，保护法益，刑事立法对网络犯罪予以还击，以《刑法修正案（九）》为例，增加拒不履行信息网络安全管理义务罪、非法利用信息网络罪、帮助信息网络犯罪活动罪三个有关信息网络犯罪的罪名。与此同时，为了经济社会发展稳定的大局，国家通常会有一些政策性规定。作为刑事司法，也要贯彻体现政策精神，因此，为了有效打击此类危害性严重的犯罪，往往需要对刑法作出较为灵活自由的解释，维护社会稳定。但是如前文所述，刑法的性质决定，这些政策性规定本身不应成为刑法解释的规范内容，不能直接作为入罪的依据，在信息时代，要坚持严格解释的理念，抑制过度扩张解释刑法这一危险趋势。以下以2013年两高通过的《关于办理利用信息网络实施诽谤等刑事案件适用法律若干问题的解释》第5条第2款为例予以展开。

2013年两高通过的《关于办理利用信息网络实施诽谤等刑事案件适用法律若干问题的解释》第5条第2款规定："编造虚假信息，或者明知是编造的虚假信息，在信息网络上散布，或者组织、指使人员在信息网络上散布，起哄闹事，造成公共秩序严重混乱的，依照刑法第293条第1款第4项的规定，以寻衅滋事罪定罪处罚。"根据该司法解释，在信息网络上散布，起哄闹事的，属于在公共场所起哄闹事。由此规定可知，司法解释认为信息网络属于刑法中的"公共场所"。主要原因在于：第一，信息网络中有许多公共空间，如各类门户网站、主页、留言板等网络公共空间，对不特定人员开放，满足公众的各种需求，具有很强的"公共性"。第二，在信息网络实施的某些非法行为容易造成社会秩序的混乱，侵害了正常的社会秩序，基于处罚的必要性而将网络空间认定为刑法中的"公共场所"。

对于信息网络中网络公共空间的性质如何理解，其是否属于刑法中的

"公共场所"？理论界和司法实务界莫衷一是，争议较大。有学者认为，在"双层社会"全新背景下，人类社会的"公共秩序"包括网络公共秩序和现实公共秩序两个部分，网络公共空间可以等同于现实社会的"公共场所"，但是应当通过合理的方式对"公共场所"的法律含义进行解释，从而达成共识；① 另有学者认为，信息社会中，对"公共场所"概念作符合信息社会变化的解释是可以接受的，网络秩序属于社会秩序的一部分，② 网络公共空间属于刑法中的"公共场所"，此种解释方法是在《刑法》第293条第4项规定范围内的类比推理，不是类推解释，没有违反罪刑法定原则。③ 与之相对立，有学者明确表示网络公共空间不属于刑法中的"公共场所"，因为根据刑法涉及公共场所的7个罪名的具体犯罪构成④，网络公共空间均无法为现行刑法规范所涵摄，不具有行为实现的可能性，所以网络公共空间不属于刑法中的"公共场所"。⑤

明确的范围是探讨特定问题的前提，网络公共空间的"网络"指何种网络？信息社会中信息的传播具有多种方式，最为重要的是电信网、广播电视网和计算机通信网（主要是互联网）三大网络。目前，通过技术改造，三大网络呈现融合趋势，此种融合使得三大网络互通互联、资源共享，为用户提供各种综合性的多媒体服务和生活服务。⑥ 因此，笔者所探讨的网络公共空间中的"网络"指电信网、广播电视网和计算机通信网以及三网融合中产生的各种新型网络（如移动互联网），其中计算机通信网居于核心地位。笔者还认为，立法文本始终难以跟上社会的快速变化，对刑法中"公共场所"的概念作一个准确定义，一劳永逸地解决刑事司法实践中的疑难问题并不现实。对于刑法中公共场所的规范含义，应根据特征描述对其基本内涵予以确认。刑法中的"公共场所"应具备以下三个

---

① 参见于志刚《双层社会中传统刑法的适用空间——以"两高"网络诽谤解释的发布为背景》，《法学》2013年第10期。

② 参见曲新久《刑法解释的若干问题》，《国家检察官学院学报》2014年第1期。

③ 参见曲新久《一个较为科学合理的刑法解释》，《法制日报》2013年9月12日。

④ 《刑法修正案（九）》在第120条增加了五款规定，其中第5款规定的"强制穿戴宣扬恐怖主义、极端主义服饰、标志罪"中明确包含了"公共场所"这一概念，这使得我国刑法在罪状中明确涉及公共场所这一概念的罪名达到7个，分别为：强制穿戴宣扬恐怖主义、极端主义服饰、标志罪，非法携带枪支、弹药、管制刀具、危险物品危及公共安全罪，强奸罪，强制猥亵、侮辱妇女罪，聚众扰乱公共场所秩序、交通秩序罪，聚众斗殴罪，寻衅滋事罪。

⑤ 参见张明楷《简评近年来的刑事司法解释》，《清华法学》2014年第1期。

⑥ 参见于志刚《三网融合视野下刑事立法的调整方向》，《法学论坛》2012年第4期。

特征：

第一，行为的公共性，即在此场所内实施的侵害行为具有为不特定或者特定多数人感知的可能性。非行为不是犯罪，[1] 对"公共场所"的界定需要结合我国刑法 7 个具体的罪名加以理解，要求所实施的行为应具有"公然性"。"公然性"是指不特定或多数人所能共同认识的状态。为他人所感知是指看到、听到等能够为人体器官所感受到的综合感觉。为特定的多数人所感知侧重于为一个团体、组织的成员或者特定活动的参与者所感知，比如公司内部的只为公司内部人员开放的场所，其进入主体是特定多数人，在该场所内实施的行为具有为特定多数人所感知的可能性。

第二，人员的流动性，即该场所能够为不特定或者特定多数人自由出入，且不以登记为限。此处的自由出入是指不特定或者特定多数人可以根据其意志决定是否进入该场所，进入该场所后可以根据其意志决定是否离开该场所。此处应当注意，有些场所有特定的规章纪律要求人员不能自由走动，比如影剧院，在表演或者电影开始后，不允许随意离开走动，这些场所的规章纪律要求是为了保障公共场所的功能，在本质上并没有影响人员的自由出入。不以登记为限是指进入有些公共场所需要履行一定的登记手续，登记完即可进入，不需要他人审批或者准许，例如某些免费参观的博物馆、网吧。然而有些场所即使履行了登记手续也不能随便出入，例如国家机关，履行完登记手续还需要经过批准才能进入，因此，国家机关等其他需要履行批准手续才能进入的场所不属于刑法中"公共场所"。

现代社会的快速发展使得建筑物格局和功能逐渐细化、复杂化，有些建筑物的部分空间允许公众自由进入，如宾馆的大堂和走廊。有些部分空间在有人员进入之后则必然限制了他人的自由进入，则该空间不属于刑法中的公共场所，比如酒店的房间，商场的试衣间。对于此类建筑物的性质应当分别认定，允许公众自由进入的部分空间，在满足其他条件的情形下属于刑法中的"公共场所"，禁止公众自由进入的部分空间则不属于刑法中的"公共场所"。因此，2015 年 7 月 15 日在网上迅速传播的"北京三里屯优衣库门事件"，当事男女的性行为并不属于在公共场所发生的性行为。

---

① 参见［日］西田典之《日本刑法总论》，刘明祥、王昭武译，中国人民大学出版社 2008 年版，第 59 页。

　　第三，场所的固定性，即场所具有相对确定的、不可移动的特征。此处的相对确定是指与一定的参照物相比具有相对确定的物理空间位置，不可移动性是指场所物理空间上的不可移动，也不具有移动的可能性，比如在运营状态中的公共交通工具有时处于静止状态下，但却具有随时移动的可能性从而不属于刑法中的"公共场所"。本特征主要是为了区分公共场所与公共交通工具。

　　社会化网络媒体的兴起使得公众可以更加容易获取和传播各种信息，网络公共空间中"行为的公共性"要求行为能够为不特定或者特定多数人所感知，如在百度贴吧、微博等各种门户网站发布的信息可以被他人获取感知。网络空间的虚拟性特征，使得人们难以观察到该空间的存在，更勿论进入该空间。因此"人员的流动性"特征指公众"身份"的流动。移动互联网时代，生活服务成为人们对互联网的基本诉求，电子商务、在线教育等在线服务在很大程度上重塑互联网。① 在网络公共空间中公众以自己虚拟的身份进行各种活动以满足各种需求，可以聊天、购物、娱乐等等，公众的虚拟身份可以自由进入这些网络公共空间，例如自由进入各种网上论坛、贴吧、微博或者微信朋友圈等空间；物理空间的"场所固定性"是为了区分公共场所与公共交通工具而归纳的一个特征，具体到网络公共空间，"场所的固定性"指特定网络公共空间的稳定性，此种稳定性要求公众可以在一定时间内通过特定不变的搜索途径进入该空间，例如公众可以通过固定的链接登录各种社区、论坛以及各大门户网站等信息平台。此外，场所的固定性还包括服务器不可移动，因为在网络公共空间中流动的是虚拟身份，难以确定网络公共空间的范围，因此只要能通过技术手段确定发出网络信号的服务器位置，即可认定网络公共空间的固定性。由此可见，应然层面，网络公共空间具备刑法中"公共场所"的三个特征，属于刑法中的"公共场所"。

　　但是，实然层面上，将信息网络以司法解释的形式规定为刑法中"公共场所"属于类推解释，超过社会一般人的预测可能性，属于司法解释的立法化。通常而言，社会一般人不会认为网络公共空间属于刑法中的"公共场所"。如何确定此种解释违背了社会一般人的预测可能性？以 2010 年

---

① 参见彭兰《从老三网融合到新三网融合：新技术推动下三网融合的重定向》，《国际新闻界》2014 年第 12 期。

两高联合公安部发布的《关于办理网络赌博犯罪案件适用法律若干问题的意见》为例，该司法解释第 1 条规定："利用互联网、移动通讯终端等传输赌博视频、数据，组织赌博活动，具有下列情形之一的，属于《刑法》第 303 条第 2 款规定的'开设赌场'行为，建立赌博网站并接受投注的，建立赌博网站并提供给他人组织赌博的，为赌博网站担任代理并接受投注的，参与赌博网站利润分成的。"通过该司法解释可知，在网络空间中建立赌博网站的可构成开设赌场罪。网络空间可以成为"赌场"，原因在于其与现实生活中的赌场并无实质区别，两者都可为不特定或特定多数人的"虚拟身份"进入其中进行赌博。《刑法》第 303 条规定的开设赌场罪中的"赌场"主要功能是能够为他人参与投注，赌博网站具备此功能，所以，该解释易于为公众所理解，没有超出公众的预测可能性。反之，公共场所的主要功能是能够为他人进入并进行社会活动，主要是各种物理空间场所。

当利用网络公共空间实施犯罪行为成为一种普遍现象，同时危害程度又比较高时，全国人大常委会应对网络公共空间的性质进行立法解释或者在出台相应修正案时予以规定。此举是立法机构通过立法拟制的方式将网络公共空间规定为刑法中的"公共场所"，立法拟制将性质不同的事物或行为规定为同一性质的事物或行为，也是被刑事立法允许的立法方式。

第十四章　对外重视刑法的运作环境

歌德曾经说过，只了解自己的母语的人，实际上连自己的母语都未必真正理解。刑法学研究也是如此。刑法学并不是荒岛上的鲁滨孙，而是与其他部门法学一起构成了"日常共同生活中的期待结构的多样化交织式构造"。[①] 因此，刑法学要想真正认识自己的话，就不能固步自封地将自己局限在自己的"围城"之内，而是要关注和协调刑法学与其他部门法学之间的关系。由此可见，刑法学不是孤立片面的，而是普遍联系的；不是平面的，而是立体的。一门立体化的刑法学可以克服刑法学研究目前的"碎片化"倾向，实现刑法学研究的方法革命与内容革新。因此，刑法学研究实现从"平面刑法学"向"立体刑法学"的范式转换实有必要。但是目前学界对立体刑法学的关注还不够，尤其对刑法运作方式的研究更是欠缺。本章尝试对立体刑法学的概貌尤其是运作方式作一研究。

第一节　从"平面刑法学"到"立体刑法学"

一　立体刑法学的时代背景

众所周知，新中国的刑法学发展虽然几经坎坷，但经过几代人的共同努力，一个相对成熟的刑法学科得以成型。但是在新的历史时期下，刑法学面临着新的问题与挑战，亟需以新的研究范式予以回应。

由于职业分化与对各个部门法的功能的不同期盼，各个部门法在各自的通用领域划定了界限，法律的发展日趋分裂。[②] 这种"法学为天下裂"

---

① Vgl. Niklas Luhmann, Rechtssoziologie, Westdeutscher Verlag 1987, S. 35.
② 参见［德］马克斯·韦伯《法律社会学》，康乐、简惠美译，广西师范大学出版社 2005 年版，第 317 页以下。

所造成的后果就是，各个部门法研究都构筑起了足以令外行止步的自身独有的"专业槽"，部门法研究不再关注作为一个整体的法律，而是局限在自己逼仄的专业领域范围内，沦为一种碎片化的研究，这就导致各个部门法的立法、司法、学术研究之间不可避免地产生了一系列矛盾和冲突。这一点体现在刑法学上，那就是刑法学研究遵循了"平面刑法学"的研究范式，即构筑起自身独有的"专业槽"，不再将刑法作为整体法秩序的部门法来进行研究，而是局限在自己的"专业槽"内，罔顾刑法运作的外部环境，埋头于刑法内部运作的思维方式和视野，导致刑法学研究之应然的"整体性"要求与现实的"碎片化"倾向之间的张力变得越来越严重。这种张力所造成的刑法学研究的面向单一化和刑法学研究专业性的绝对化，不可避免地会带来一系列负面的影响。

二　立体刑法学的必要性

当前我国面临着改革进入深水区，社会面临重大转型的历史背景，一个完备、协调的法律体系将能发挥重要的引领推动和保障作用。如果刑法学研究仍然局限在自己的"围城"内，惯于自己圈内的思维方式和视野，不轻易地对外张望，对其他部门法学有意无意地加以排斥，那么由此带来的刑法学的"碎片化"势必会割裂刑法学与其他部门法研究之间的联系，使刑法学自绝于完备、协调的法律体系之外。因此，刑法学研究需要普遍联系而不是自说自话。刑法学与其他部门法学乃至其他学科的联系越是紧密，刑法学研究所揭示的刑法的规律就越具有客观性、普遍性和全面性。[1]陈兴良教授对此曾经大声疾呼，应当积极寻求刑法学研究的知识转型，使刑法知识呈现多维走向，即刑法学研究不仅应当在刑法之中研究刑法，而且应当在刑法之上研究刑法、在刑法之外研究刑法和在刑法之下研究刑法。[2]立体刑法学，就是回应陈兴良教授的呼吁的一种努力。立体刑法学着力于拓展研究视野和学术空间，把刑法现象与整个社会、整个时代的特征联系起来，综合运用规范解释、实证研究和哲学思辩等方法，研究刑法现象的社会制约性、刑法运行的内部关系和外部关系，以更好地解决法治化进程中的中国问题。

---

[1]　参见姚建宗《法学研究及其思维方式的思想变革》，《中国社会科学》2012 年第 1 期。
[2]　参见陈兴良《刑法学：向死而生》，《法律科学》2010 年第 1 期。

首先，立体刑法学摒弃了过去的平面刑法学用孤立、静止、片面的观点，在割裂刑法与其他部门法乃至社会环境的基础上观察刑法的研究模式，运用马克思主义的世界观、方法论和认识论，即唯物辩证法的事物普遍联系原理和系统论，基于局部与全体的辩证统一的原理，在整个法律体系乃至社会环境的框架内开展对刑法的研究，因此克服了平面刑法学的"碎片化"倾向，实现了刑法学研究之应然的"整体性"要求。

其次，立体刑法学打破了平面刑法学的专业槽，回应了中国刑法学发展的时代需求。在1979年刑法颁布时，由于我国刑法学百废待兴，当时的刑法学所致力的是专业槽的建立和刑法学知识的自身发展，因此平面刑法学有其当时的合理性。但在近40年的发展后，在我国社会主义法律体系已经基本建立的时代背景下，打破学科壁垒、树立系统思维就成为了现实问题。立体刑法学研究能够摆脱平面刑法学因过分注重专业性而带来的封闭与自我循环，将自身置于刑法专业性之外，并在刑法专业性之外的广阔空间去猎取刑法学的各种资源与营养。一言以蔽之，立体刑法学置身于刑法专业性之外的距离能够产生对刑法学的真知灼见，反映刑法运行的实际状况，从而真正回应中国刑法学发展的新时代需求。①

综上所述，我国当前的刑法学研究只有转向立体刑法学，才能从单维变为多维，从静态转为动态、从平面化为立体，从而在与其他部门法学的交织与互动中实现从平面刑法学到立体刑法学的范式转换，最终成就刑法学研究的方法革命与研究内容的革新。

第二节　刑法子系统的运作结构

从立体刑法学的角度来观察，刑法的运作结构可以分为两个部分：一部分是刑法的内部运作，涉及对刑法的解释，体现的是对刑法的一阶观察；另一部分是刑法的外部运作，涉及刑法与他部门法乃至非法律的领域的交互并在这种交互的基础上形成某种统一协调的体系化运作，体现的是对刑法的二阶观察。

---

① 参见马荣春《"专业槽"：刑法学知识转型中的一个原本、扭曲与回归》，《中国政法大学学报》2014年第3期。

一　刑法子系统的基本结构

立体刑法学的理论基础之一是系统论。系统论强调刑法的各对范畴之间存在相互联系和相互作用的关系，它们共同结合成一个系统，这个系统的功能要大于各部分的简单相加。[①] 结合以上两点，我们可以发现，在社会语境中利用系统论来研究刑法的运作方式是最为适宜的。目前在这一方面中较为突出的是德国社会学家尼克拉斯·卢曼的社会系统论，因此本章将在卢曼的理论框架内描述立体刑法学的基本运作结构。

（一）沟通作为刑法子系统的基本单元

传统的社会理论家将社会视为个人的聚合。不过，人的意义脉络在数量和复杂性方面都相当程度地被匿名化的现代社会，对社会构成方式的观察视角就可能发生某种范式转换、在系统理论看来，社会作为一个系统是由一系列沟通组成的：某人在超市购买巧克力，会被视为一种经济沟通；某人看电视，会被视为一种媒体沟通；某人参与投票。会被视为一种政治沟通。社会系统借助这些沟通，降低了社会的复杂性，从而使社会得以存在。[②] 刑法作为社会系统中的一个子系统，理所当然地也由沟通组成。

（二）系统与环境的区分作为刑法子系统的基本架构

社会包括一系列根据其功能分化出来的系统，这些系统使沟通产生某种效果。例如，经济系统使沟通产生某种经济的效果，政治系统使沟通产生政治效果，法律系统使得沟通产生法律效果。所有这些系统都具有一个独有的二元符码，对于经济系统来说，二元符码是支付/不支付；对政治系统来说，二元符码是掌权/在野；对于法律系统来说，二元符码是法/不法。系统通过这些二元符码，识别自己所能处理的沟通，并借此建立了系统的边界以有效地将与本系统无关的沟通排除在外。某个系统边界之外的所有不能为该系统的二元符码所识别的沟通就构成了该系统的环境。考虑到所有的沟通都能被归属到社会的某个系统中，因此，实际上是某个系统与其他系统构成了系统—环境的关系：一个系统将其他系统视为环境，其他系统也同时将该系统视为环境。这种系统之间互为系统和环境的现象被

[①]　参见刘仁文《构建我国立体刑法学的思考》，《东方法学》2009 年第 5 期。

[②]　See Hans-Georg Moeller, *Luhmann Explained: From Souls to Systems*, Open Court Publishing Company 2006, p. 6.

称为"结构耦合"。①

社会诸多系统中的法律系统持续性地对其他社会系统的运作及其事件进行评判。法律系统内部包括了所有与法律有关的沟通，其余与法律无关的沟通形成了法律子系统的环境。法律系统具有自创生性，自我指涉性，利用法/不法这组二元符码，采取条件式的纲要进行运作，其功能就是维持社会规范性的行为期待，即使在没有实现或落空时也会得到社会肯定的行为期待。如此一来，人们就能知道社会提出并维持了哪些期待，并可以根据这一期待预测他人的举动，调整自己的行动，以确保社会沟通的有序进行。②

就像社会功能分化为若干系统一样，由于法律领域的多元化利益诉求所导致的法律子领域的目的与法律效果的不同，法律系统会进一步功能分化为刑法子系统、民法子系统、行政法子系统等等。这些子系统根据自身的运作机制来调整和维持其所处的法律领域内的规范性的行为期待。例如，民法子系统的二元符码仍然是法/不法，其纲要则是民事法律法规、司法解释、判决、契约等。按照系统理论的观点，二元符码的分配是根据纲要进行的。这就意味着，民法子系统只能处理民事领域的沟通，以实现维护社会对平等主体之间的人身关系与财产关系的规范性期待。凡是民法子系统的纲要所不能处理的，也就不能为该系统所识别，也就不属于民法子系统所要维护的规范性的行为期待的调整范围。由此可以推论出，由于各个部门法领域的纲要不同，各个部门法所形成的子系统对于法/不法可能存在不同的分配方式。对于刑法子系统来说，其纲要是刑事法律、司法解释、判决等，其二元符码体现为法益/非法益，其所要维持的是社会不得不以刑罚作为最后手段加以保卫的规范性的行为期待，即社会根本秩序。在刑法子系统看来，其他的像民法、行政法、诉讼法这样的子系统都是其环境，而与此同时，刑法子系统也被其他部门法子系统视为环境。由此可见，刑法子系统也与其他部门法系统构成了一种"结构耦合"的关系。

二 刑法子系统的内部与外部运作

从系统理论的视角来观察，封闭性与开放性是法学和法律系统所关注

---

① See Michael King & Chris Thornhill, *Niklas Luhmann's Theory of Politics and Law*, PALGRAVE MAC-MILLAN 2003, pp. 12ff.

② 参见［德］鲁曼《社会中的法》，李君韬译，（台北）五南图书出版有限公司 2009 年版。

的中心问题。因为，刑法子系统既要通过某种封闭性的边界才能将自身与所有不属于这个部门的事件区隔开，又要始终对环境的变化保持开放性的关注而维系自身的活力。① 封闭性与开放性并不是刑法子系统的两种互不相关的运作，而是通过前述的"结构耦合"加以联系的。

（一）刑法解释作为刑法子系统的内部运作方式

刑法子系统的封闭性首先体现为，刑法子系统使用了一套刑事法益/非法益的二元符码。刑法子系统借助这种形式将自己与环境区分开，并组织起其自身的运作封闭性。② 这种封闭性体现为，其是采用一种条件式的纲要来分配刑事法益/非法益的二元符码的。③ 纲要体现为一种"如果……那么"的结构，为如何向事件分配刑事法益/非法益的二元符码规定了条件。法律系统纲要的内容包括立法、判决和法学理论等，其中最重要的就是刑法解释。正如维特根斯坦所说的那样："在命令与其执行之间有着一条鸿沟。只有理解活动才能把这沟填平。仅仅在理解活动中它才意味着我们应当做这个。"④

从系统论的角度观察，刑法解释可能是刑法子系统最重要的内部运作方式了，因为就刑法子系统内部运作的核心要素即纲要而言，抽象的刑事立法依赖于刑法解释，而刑法学理论的大部分内容又是关于刑法解释的。刑法解释其实就是一个根据纲要不断地以刑事法益/非法益的二元符码对事件进行标注的过程，只有经过刑法解释规范判断过的事实，才是对刑法而言有意义的事实。由此看来，刑法子系统的内部运作方式基本上就可以看作是刑法解释。刑法解释按照刑法子系统自身独有的一套运作逻辑，不断地产生新的刑法知识，这个过程在运作上是封闭性的，即不受其他任何不属于刑法的因素直接决定的。

（二）学习作为刑法子系统的外部运作方式

如果刑法子系统仅仅具备在运作上的封闭性这一特征，那么立体刑法学与平面刑法学别无二致。实际上，刑法子系统还具备开放性这一关键特征，即刑法子系统始终对环境内的事件保持认识和学习，不断地根据其他

---

① See Richard Nobles & David Schiff, *A Sociology of Jurisprudence*, Hart Publishing 2006, p. 19.

② See Niklas Luhmann, *Risk: A Sociological Theory*, Aldine de Gruyter 1993, p. 78.

③ See Michael King & Chris Thornhill, *Niklas Luhmann's Theory of Politics and Law*, PALGRAVE MAC-MILLAN 2003, p. 10.

④ ［奥］维特根斯坦：《哲学研究》，李步楼译、陈维杭校，商务印书馆 1996 年版，第 192 页。

子系统的变化来调整自身的运作结构。

刑法子系统在认知上的开放性体现为一种向环境学习的能力。当环境中发生的事件与刑法子系统所要维持的规范性行为期待不一致时，就产生了刑法子系统是否因此调整自己运作结构的问题，这个过程称为"学习"。这种学习分为两种，一种是认知上的，一种是规范上的。

认知性学习依赖于根据环境中发生的事件持续不断地调整原有的期待，也就是说，在原有的规范性期待落空的场合，认知性学习确定必须通过"学习"来调整原有的运作结构，亦即对立法、司法判决和法律规范本身作出改变。[①]

规范性学习倾向于维护既有的规范性期待。在刑法规范被违反时，规范性学习并不认为其就失去了效力。在规范性期待落空时，刑法子系统拒绝通过认知性学习来改变既有的规范性期待，不对纲要作出改变，而是使用刑罚来强化期待。

三 刑法子系统的内部与外部运作的关系

刑法子系统的内部与外部运作，即刑法解释与向环境的学习并不是孤立和割裂的。确切地说，两者在刑法子系统与环境的结构耦合过程中是相辅相成的关系。如果把刑法子系统比作一枚硬币，那么两者就是正面反面的关系。正如刘仁文教授指出的那样，立体刑法学特别重视将刑法解释的视野扩展至刑法规范之外的影响因子。[②] 也就是说，刑法解释作为刑法子系统的内部运作方式，必须时刻关注刑法的外部运作环境，针对环境的变化根据自身的运作机制作出反应。这是因为，刑法解释本身不过是基于自身解释原理对外部运作环境变化的一维解释，只要坚持解释方法的一贯性并做到逻辑自洽，就具有自身的合理性。但刑法解释本身并不是一劳永逸似地对刑法外部运作环境穷尽无遗的把握。谁能做到洞见刑法外部运作环境的全部变化呢？"它们藏身于无尽多变的生活海洋中，何曾有一次被全部冲上沙滩？"[③] 因为刑法文本自身始终保持着面向外部运作环境的开放性，所以环境中不断涌现的新变化不断地扩充着刑法解释自身的内涵和视域，刑法文本由此获得了持

---

① See NiklasLuhmann, "The Unity of the Legal System", in G. Teubner (ed.), *Autopoietic Law: A New Approach to Law and Society*. de Gruyter 1988, p. 18.

② 参见刘仁文《立体刑法学：回顾与展望》，《北京工业大学学报》（社会科学版）2017年第5期。

③ 参见［德］拉德布鲁赫《法学导论》，米健译，中国大百科全书出版社1997年版，第106页。

久的生命力。只有在刑法解释与外部运作环境彼此交织，互相对应时，刑法自身才能真正隽永。任何一种解释如果试图用最终的、权威性的解释取代刑法文本的开放性，都会过早地吞噬刑法的生命。①

　　既然刑法子系统的内部运作即刑法解释与外部运作即学习是一体两面的关系，那么以之为研究内容的立体刑法学自然要关注刑法解释与外部运作环境的内外结合。这是因为，刑法解释学固然为刑法自身的问题视域与研究领域划定了必要的界限，但是刑法解释如果局限在平面刑法学的狭隘视野之内，不能对外部运作环境的变化有所回应的话，刑法解释自身就会失去方向感，变成了无源之水；而对刑法外部运作环境虽然保持关注，但迟迟不能在刑法解释的层面上予以落实的话，对刑法外部运作环境的关注就会失去意义性，也就成了无本之木。总而言之，不关注刑法外部运作环境的刑法解释是盲目的，不落实为刑法解释的对刑法外部运作环境的关注是空洞的。立体刑法学如果试图突破平面刑法学的专业槽，真正地实现对刑法的整个社会运作过程的理解，就必须内外结合，里外兼修，实现刑法解释与外部运作环境的相互协同与对应。

第三节　关注刑法的外部运作

　　本章的重心在于关注刑法的外部运作。在此有必要先澄清一下"外部运作"的含义。从刑法子系统与其他部门法子系统的结构耦合的意义来看，其他部门法子系统构成了刑法子系统的外部运作环境，关注刑法的外部运作等同于关注刑法与其他部门法的衔接与协调问题。民刑交叉案件就是典型例子。以轰动一时的"帅英骗保案"为例，根据案发当时的《保险法》（1995 年《保险法》）第 54 条的规定，投保人虚构被保险人投保年龄的行为并不具有民事违法性，那么行为人的行为是否还能成立保险诈骗罪呢？换句话说，刑事违法性的成立是否要以民事违法性为前提？② 对这个问题的回答必须诉诸刑法和民商法在具体运作过程（立法、司法、解释、理论）的衔接与协调问题。

　　本章所关注的是另外一种意义上的外部运作。人类历史演变发展的过

①　参见［英］韦恩·莫里森《法理学》，李桂林等译，武汉大学出版社 2003 年版，第 555 页。
②　参见何海宁《难倒法官的骗保案》，《南方周末》2005 年 4 月 14 日 A6 版。

程告诉我们，刑法是随着家庭、私有制和国家产生而诞生，[①] 它其实是一种游走在个人私权与社会公益之间的"社会法"，根本目的在于维护社会秩序，确保人类交往行为的顺利进行。因此，对刑法的理解，包括对立体刑法学的研究，就不能脱离一定的社会语境。因此，本章所指的刑法外部运作是指刑法所赖以运作的社会环境对刑法的影响。对刑法外部运作的研究在很大程度上是一种法律社会学的研究。

一 国家权力对刑法运作的影响

从社会学系统论的角度来看，法律子系统与政治子系统向来存在着密切联系，刑法的运作过程受到国家权力的影响，这一点并不存在任何争议。事实上，从古至今，在社会治安形势较好，犯罪率较低时，国家的刑事司法往往会比较宽缓；在社会治安形势恶化，犯罪率节节攀升时，国家的刑事司法就会变得非常严厉，刑法中的某些资源又可能会被国家充分利用起来，以便对某些需要压制的行为作犯罪化处理或处理得更重。《吕刑》的"刑罚世轻世重，惟齐非齐，有伦有要"的表述可谓是对刑法与其社会适用环境之间关系的精妙表述。

国家权力首先体现在国家制定的政策包括刑事政策，刑法子系统与国家权力之间是通过刑事政策这一联结点实现交流的。2006 年党的十六届六中全会通过的《中共中央关于构建社会主义和谐社会若干重大问题的决定》正式提出了宽严相济的刑事政策。自此以后，该政策成为刑事法治的重要政策指南。按照通说的理解，宽严相济的刑事政策被视为我国现阶段惩治和预防犯罪的基本政策；其目的不仅在于通过贯彻这一政策来维持社会治安，还要保持社会的稳定与良性运行，以利于和谐社会的构建。[②] 由此可见，就我国当前的语境而言，刑法与其社会适用环境之间的互动是通过宽严相济的刑事政策来进行的。

国家权力是以通过刑事政策影响刑法解释的形式来实现与刑法的互动的。如前所述，刑法子系统的内部运作机制主要体现为刑法解释，外部运作机制主要体现为从环境中学习。这两种机制是一体两面的关系，即刑法

---

① 参见［德］恩格斯《家庭、私有制和国家的起源》，《马克思恩格斯全集》第 21 卷，人民出版社 1965 年版，第 27 页以下。

② 参见孙万怀《宽严相济刑事政策应回归为司法政策》，《法学研究》2014 年第 4 期。

子系统通过刑法解释对外部环境的变化作出反应。具体而言，国家权力所制定的政策的变化决定了刑事政策的宽严，而刑事政策又将这种宽严标准传导到刑法子系统，促使其以刑法解释的形式作出反应。刑事政策就是通过刑法解释得到合法化的。

由此看来，刑法与国家权力的关系其实就是刑法与刑事政策的关系，而刑法与刑事政策的关系其实就是刑法解释与刑事政策的关系，这种关系体现为：刑事政策对具体的刑法解释原则发挥着指导性作用。

首先，刑事政策影响刑法解释活动的价值指导原则。刑法规范若要保持开放性，具备一定程度的规范弹性，就需要在刑法解释过程中填充法外的价值判断。基于罪刑法定的要求，刑法解释中作为解释者的法官必须服从法律的意志所规定的价值判断，不然就是在篡夺立法权，是以自己的意志取代法律的意志。刑法是国家意志的体现，刑事政策代表了国家在特定时期对总体或者某些种类的刑事犯罪的态度，也体现出国家对处理这些犯罪的刑事法律理念。因此，在刑法解释中，解释者应当优先以刑事政策所代表的价值取向来填充其间的价值判断内容。通过为价值判断提供实体内容，刑事政策为刑法解释活动提供方向性指导，以防止刑法规范本身蜕变为封闭、僵化的存在。①

其次，刑法解释将刑事政策予以具体化，成为刑事政策得以实现的重要途径。纵观我国的司法解释，有相当一部分司法解释是我国最高司法机关根据当时国家所提出和推行的具体刑事政策作出的。例如，自1999年起，我国开始严厉打击邪教组织犯罪活动，最高人民法院、最高人民检察院于1999年10月30日联合发布了《关于办理组织和利用邪教组织犯罪案件具体应用法律若干问题的解释》，于2001年6月11日联合发布了《关于办理组织和利用邪教组织犯罪案件具体应用法律若干问题的解释（二）》，于2002年5月20日联合发布了《关于办理组织和利用邪教组织犯罪案件具体应用法律若干问题的解答》。由此可见，正是通过刑法的司法解释，国家针对特定违法犯罪现象作出的政治决策在刑事司法领域中得到了贯彻执行。②

① 参见劳东燕《刑事政策与刑法解释中的价值判断——兼论解释论上的"以刑制罪"现象》，《政法论坛》2012年第4期。

② 参见赵秉志《宽严相济的刑事政策与刑法解释关系论》，《河南省政法管理干部学院学报》2008年第2期。

二　刑法的适用过程对刑法运作的影响

刑法运作中另一个值得关注的方面就是刑法的适用过程，包括从案件侦查、起诉、审判到刑罚执行乃至申诉、审判监督程序等阶段。限于篇幅，不可能对该过程中存在的问题作一番面面俱到的分析，只能就若干突出问题做浅尝辄止的探析。

（一）检察解释

检察官起诉标准就是一个影响刑法适用的突出问题。如果对检察官起诉标准的要求较低的话，起诉到法院的定罪率也相对较低；对检察官起诉标准的要求较高的话，则定罪率也会较高。由于定罪率的高低影响到刑法的实现，说检察官起诉标准能够影响刑法的适用并不过分。

检察官起诉标准的高低涉及刑法解释的一个疑难问题，即是否承认检察解释的问题。如果授予检察官法律解释权，那么检察官就可以对起诉标准有较为灵活的把握。检察官能否享有法律解释权，学术界历来存在争议。主流理论对检察解释的性质和效力基本采取否定态度。其理由在于，作为国家的审判机关，法院在法律适用上具有最终的选择判断权，检察机关对法律的解释并不能最终决定案件。因此，最高人民检察院行使法律解释权的法律依据不足，也不符合法律解释学原理，在实践中会阻碍司法公正的实现。[①]

学界围绕检察解释的争议实际上是司法解释问题上检法冲突的反映。第一届人大常委会 1955 年 6 月通过的《关于解释法律问题的决议》规定，只有最高人民法院审判委员会拥有司法解释权。但第五届人大常委会 1981 年 6 月通过的《关于加强法律解释工作的决议》又规定，最高人民检察院在检察工作中也有司法解释权。据此，我国形成了刑事司法解释的二元化体制，由此埋下了司法解释问题上检、法冲突的隐患。早在 1993 年，最高人民检察院和最高人民法院在关于经济犯罪中"违法所得数额"的解释上就发生过冲突。1997 年刑法颁布后，最高人民检察院和最高人民法院的司法解释发生冲突的现象更为频繁。例如，1997 年刑法刚颁布，最高人民检察院和最高人民法院分别发布的司法解释就对刑法分则规定的罪名作出

---

① 参见魏胜强《检察机关的法律解释权证伪——基于检察权定性的分析》，《河南社会科学》
2010 年第 3 期。

了不同的规定;[①] 又例如，最高人民检察院公布《关于渎职侵权案件立案标准的规定》时，最高人民法院公布了《关于审理环境污染刑事案件具体应用法律若干问题的意见》，这两个司法解释对《刑法》第 405 条规定的"公私财产遭受巨大损失"作出了不同解释。尽管全国人大常委会在《关于加强法律解释工作的决议》中规定，如果最高人民检察院和最高人民法院对司法解释的问题不能达成一致，可以报请全国人大常委会决定，但全国人大常委会事实上不可能对每一个分歧都及时作出统一的规定，这就造成我国司法实践中审判机关与检察机关法律理解不相协调的尴尬局面，给刑法的适用造成了困难。

从法理和现实来看，不能排斥检察解释。首先，检察官在履行职务过程中不可避免地要对法律作出解释。以《刑事诉讼法》第 173 条第二款为例，该款规定："对于犯罪情节轻微，依照刑法规定不需要判处刑罚或者免除刑罚的，人民检察院可以作出不起诉决定。"但对于什么是"犯罪情节轻微"，很显然依赖于检察官而非法官的理解和判断。实际上，刑事诉讼法中充斥着大量需要检察官作出价值判断和解释的条款。这就意味着，对于检察官而言，作为承担侦查、控诉等职能的司法机关，检察官在刑事司法程序中同样面临着运用刑法和刑事诉讼法处理具体个案的任务。这样一来，对刑法和刑事诉讼法的理解、解释和适用就成为了其履行职务的前提和基础。其次，检察官拥有独立的法律解释权是检察官的基本角色定位以及控审分离原则的必然要求。第一，检察官在历史上是以法官的对抗方出场的，担负着监督、制约法官的任务，如果检察官不具备独立的法律解释权，而是受制于法官的法律见解，那么，检察官就将丧失自身地位的主动性和独立性，难以发挥法律监督作用。第二，现代刑事诉讼中的控审分离原则要求检察官与法官分别独立行使控诉权与审判权。如果检察官受制于法官对法律的解释，那控诉权就变成了审判权的预演，控诉权与审判权就不是相互独立的关系而是一体两面的关系，毫无疑问这将架空控审分离原则的基础。[②]

---

① 例如，最高人民法院的司法解释确定的罪名为 413 个，而最高人民检察院的解释确定的罪名为 414 个。

② 参见万毅《检察官法律解释权研究》，《东方法学》2009 年第 3 期。

综上所述，在当前的司法实践中，仍然要尊重检察解释的独立性。①不可否认，承认检察解释存在合理性的最大难题就在于现实中最高人民检察院的司法解释与最高人民法院司法解释所存在的冲突。但对这种冲突做仔细分析就会发现，司法解释中存在分歧与司法解释的二元化体制有密切关联。从理论上说，在解释权上不形成垄断，就难以解决法律解释问题上的纷争，难以形成统一的意见。基于对个案的法律理解与适用不同，检察官与法官对同一法律的解释会存在差异，而两者都拥有法律解释权，那么分别作出各行其是，甚至是相互矛盾的司法解释也就不足为奇了。当然，这一冲突并不难得到解决，最高人民检察院与最高人民法院联合发布司法解释就是一条解决之道，而且也有成功的实践。以前述的最高人民检察院和最高人民法院分别发布的司法解释在罪名上的冲突为例，这一冲突通过最高人民法院和最高人民检察院联合发布的《关于执行刑法确定罪名的补充规定》得到了完善的解决。由此可见，即便是在司法解释的二元化体制中，最高人民检察院与最高人民法院在司法解释上也不存在根本性的冲突，很多冲突是高人民检察院与最高人民法院联合发布司法解释机制的缺失造成的。②

（二）特赦

影响刑法适用的另一个突出问题是特赦。新中国建立后，从 1959 年到 1975 年一共进行了七次特赦，但实际上获得特赦的大多为国民党、伪满、伪蒙战犯人员，绝少涉及普通刑事罪犯。1982 年宪法虽然规定了特赦制度，但实际上在很长一段时间内特赦制度都被束之高阁存而不论。法学界在讨论特赦制度时也往往将以往的特赦视为法制史上的资料，对现存的特赦制度仅做理论上的探讨。实务界对于特赦制度更是感到陌生。2015 年8 月 29 日，国家主席习近平签署主席特赦令，根据十二届全国人大常委会第十六次会议表决通过的关于特赦部分服刑罪犯的决定，对依据 2015 年 1月 1 日前人民法院作出生效判决正在服刑，释放后不具有现实社会危险性

---

① 德国就明确承认检察解释的必要性与合理性。德国著名刑事法学者托马斯·魏根特就指出："德国的刑法和刑事诉讼法是由适用和执行法律的机关解释的——它们是警察、检察官和法院"，参见［德］托马斯·魏根特《德国刑事诉讼程序》，岳礼玲、温小洁译，中国政法大学出版社 2004 年版，第 9 页。

② 参见彭志刚、张峰《刑事司法立场下的检察解释权研究》，《江淮论坛》2012 年第 5 期。

的四类罪犯实行特赦。① 此次特赦（我国历史上第八次特赦）激活了我国虚置多年的特赦制度，对于弘扬依法治国的理念，彰显国家德政，体恤民情民意，增进社会和谐，体现宽严相济的刑事司法政策具有重要的理论和现实意义。但我们也同时也要注意到，由于特赦制度搁置已久，理论界与实务界对其实务运作较为陌生，因此产生了一些疑难问题。为合理界定特赦范围、充分发挥特赦制度的价值功能，刑法需要以解释的形式加以回应。

举例而言，第八次特赦令对于特赦的实质条件放弃了过去的"确实改恶从善"的表述，采用了"不具有现实社会危险性"的表达，由于特赦令本身没有说明"不具有现实社会危险性"的含义，因此在一定程度上引起了争议。有学者认为，所谓"不具有现实社会危险性"是指结合犯罪人的行为性质、所判刑罚、认罪悔罪表现、服刑改造情况等，可以判定服刑罪犯在被释放后不致再危害社会，给社会的稳定与安宁造成威胁；也有学者认为是指不存在拒不认罪、拒不改悔的罪犯受到特赦以后继续犯罪的情况。② 议论纷纷，迄无定论。

上述观点均有一定道理，但是并没有认识到问题的复杂性。其实，"不具有现实社会危险性"作为特赦实质条件是刑法适用过程影响刑法解释的典型例子。刑法的适用要经过侦查、起诉、审判、执行诸阶段，因此在不同的阶段，"不具有现实社会危险性"可能会具有不同的含义。例如，在侦查、起诉阶段，"社会危险性"主要体现在逮捕措施的适用上，指犯罪嫌疑人的罪行危险性和人身危险性，除此之外还要考虑犯罪嫌疑人可能存在的打击报复证人等妨碍诉讼的情况；在审判阶段，"社会危险性"又成为量刑的一个酌定情节，指行为人将要违法或想要违

---

① 这四类罪犯分别是：一、参加过中国人民抗日战争、中国人民解放战争的；二、中华人民共和国成立以后，参加过保卫国家主权、安全和领土完整对外作战的，但犯贪污受贿犯罪，故意杀人、强奸、抢劫、绑架、放火、爆炸、投放危险物质或者有组织的暴力性犯罪，黑社会性质的组织犯罪，危害国家安全犯罪，恐怖活动犯罪的，有组织犯罪的主犯以及累犯除外；三、年满七十五周岁、身体严重残疾且生活不能自理的；四、犯罪的时候不满十八周岁，被判处三年以下有期徒刑或者剩余刑期在一年以下的，但犯故意杀人、强奸等严重暴力性犯罪，恐怖活动犯罪，贩卖毒品犯罪的除外。

② 参见赵秉志、阴建峰《我国新时期特赦的法理研读》，《法制日报》2015 年 9 月 2 日；蒋安杰：《具有鲜明和突出时代特点的一次特赦——专访最高人民法院审委会专职委员胡云腾》，《法制日报》2015 年 9 月 2 日。

法，但尚未实施违法行为的一种状况；在执行阶段，"社会危险性"又体现出刑罚执行的效果，刑罚的一个重要功能在于预防再犯，所以"社会危险性"在这里等同于具有再犯可能性。由此可见，在不同的语境与不同的诉讼阶段中，对"社会危险性"的判断具有特殊性。① 对特赦中的"不具有现实社会危险性"这一实质条件的理解，需要根据特赦所针对的对象处于刑法适用的哪一个过程来确定。第八次特赦针对的对象是正在服刑的罪犯，因此对"社会危险性"的判断应当根据刑罚执行阶段的语境来理解。

刑法适用过程影响刑法解释的另一个典型例子就是被特赦者再次犯罪是否构成累犯的问题。刑法的适用过程可以划分为判处刑罚前与判处刑罚后，不同的阶段会对被特赦者再次犯罪是否构成累犯产生不同的解释。我国《刑事诉讼法》第 15 条规定："经特赦令免除刑罚的，不追究刑事责任，已经追究的，应当撤销案件，或者不起诉，或者终止审理，或者宣告无罪。"这意味着对尚未判处刑罚的犯罪嫌疑人的特赦既赦免罪又赦免刑，因此被特赦者的再犯不构成累犯。根据我国《刑法》第 65 条规定，被法院判处有期徒刑以上的犯罪分子，在刑罚执行完毕或者赦免以后，在五年以内再犯应当判处有期徒刑以上刑罚之罪的构成累犯。因此，对已经判处有期徒刑罪犯的赦免，其效力应规定仅限于剩余刑罚，不溯及已执行刑罚，不具有除罪效力。被赦免者的再犯构成累犯。

三　刑法的运作主体对刑法运作的影响

刑法运作得以进行的各司法机构之内以及机构与机构之间的关系也会对刑法的运作本身产生影响。举例而言，长期以来，我国刑事诉讼奉行的是"侦查中心主义"，本来仅仅带有公诉预备性质的侦查程序视为刑事诉讼的中心，而审查起诉和审判都变成对侦查结论的审查和确认过程。具体而言，侦查机关所收集的犯罪证据，经过检察机关的移送，最终大都被法院采纳为定案的根据；侦查机关所认定的犯罪事实，经过检察机关的确认，最终被法院采纳为最终的裁判事实；侦查机关所查获的犯罪嫌疑人，经过检察机关的提起公诉，最终被法院认定为犯罪人。十八届四中全会以

---

① 参见卢建平、赵康《作为特赦实质条件的"不具有现实社会危险性"》，《国家检察官学院学报》2017 年第 3 期。

后，"以审判为中心"的诉讼制度改革成为我国司法体制改革框架的组成部分。所谓"以审判为中心"，主要意图在于突出审判程序在刑事诉讼中的中心地位，强调所有定罪的证据和事实都要经过法庭上的举证、质证和辩论，裁判理由形成于法庭上，将侦查、审查起诉的证据标准统一到法院裁判的标准上，确保侦查和审查起诉的案件事实证据经得起法律的检验。[①]显而易见，在"侦查中心主义"与"以审判为中心"的不同模式中，刑法运作得以进行的各司法机构之间的关系也是不同的，这些不同的关系不仅影响着刑事诉讼法的运作，在某种程度上甚至也影响着刑法解释。这是因为，如果侦查过程真的要想控制刑事诉讼各阶段尤其是审判阶段的话，仅仅依靠收集犯罪证据、认定犯罪事实、查获犯罪嫌疑人是远远不够的，如果对刑法条文的解释不偏向于侦查机关的话，那很可能侦查机关之前的努力都会变成无用功。因此，在"侦查中心主义"模式中，刑法解释很可能首先偏向侦查机关，其次偏向法院。但是，在"以审判为中心"模式中，如果认为法院将会控制诉讼进程，那么刑法解释很可能首先偏向法院，其次偏向侦查机关。例如，事实上无罪的人在被侦查机关采取强制措施后逃跑的，能否成立脱逃罪？在"侦查中心主义"模式中，刑法解释可能会偏向于将这种情况解释为脱逃罪以保护侦查机关顺利进行侦查活动；但在"以审判为中心"模式中，由于法院不一定有这种动机，而是更多地考虑别的比如人权保障之类的因素，则完全有可能会作出相反的解释。毫无疑问，后一种解释对于被告人而言是有利的。[②]当然，也不能一概认为"以审判为中心"模式下的刑法解释就一律比"侦查中心主义"模式下的刑法解释更有利于被告人。例如，对于刑事诉讼中证人故意作伪证，但是其证言偶然碰巧符合客观真实的情况，在"以审判为中心"模式中，法院为了确保庭审的正常进行，很可能倾向于将其解释为伪证罪；但是在"侦查中心主义"模式中，侦查机关则可能会审查犯罪嫌疑人的行为是否真正地妨害了司法活动。[③]值得注意的是，按照权威观点，"以审判为中心"并不是简单地意味着以法院为中心，而是仍然强调公安、检察、法院三机关之间

---

① 参见陈瑞华《论侦查中心主义》，《政法论坛》2017 年第 2 期。
② 参见张明楷《刑法学》，法律出版社 211 年版，第 974 页。
③ 参见周光权《刑法各论》，中国人民大学出版社 2016 年版，第 386 页。

的分工负责、互相配合和互相制约的关系。① 这样看来，"以审判为中心"模式下的刑法解释并不会单纯偏向法院，而会在公安、检察、法院三机关之间维持动态平衡关系。

四 刑法的外部运作环境对刑法运作的影响

刑法的运作过程受到其所适用的外部运作环境的影响。如前所述，刑法子系统有其自身的运作机制，不受环境因素的直接影响，刑法子系统及其环境的结构耦合是通过某种共同的联结点来实现的。借助这种联结点，刑法子系统的运作就能或多或少地持续关注其外部运作环境的变化，这样就能在不影响系统运作封闭性的情况下借助自身的运作机制回应环境的变化。刑法的外部运作环境并不单指社会中某个系统，而是对一系列子系统的统称，其中最重要的就是舆论。舆论与刑法之间是通过媒体这一联结点实现交流的。

讨论刑法与舆论之间互动的文章可谓汗牛充栋，所以在此仅对刑法与舆论之间的互动如何影响刑法内部运作即刑法解释作一番论述。平心而论，互联网时代的舆论，由于盲目的网络"群聚效应"，常常充斥着非理性的情绪发泄和戾气释放，往往会对司法过程和裁判结果产生严重的不良影响。② 但不可否认的是，舆论同时也承载了民意，这一民意是社会道德倾向和时代价值观的体现，而且舆论对司法的影响并不全然是负面的。法谚有云，法律之内，应有天理人情在。即便是最极端的法律实证主义者，也不得不承认法律是以公众公认的道德为基础的，体现社会道德取向。这种道德取向往往通过舆论来影响刑法解释。以轰动一时的于欢案为例，一审结果公布后，社会舆论哗然，这种外部环境的刺激引起了刑法子系统对正当防卫条款的再次解释。从二审结果公布后社会舆论的反应来看，这次再翻译显然是一个更高层次的，实现了法律效果与社会效果统一的解释。③

---

① 这是因为，审判是在法庭主持下，由控辩双方和其他诉讼参与人共同参与的诉讼活动，每一个案件的审判都是独立存在的。从某种意义上讲，没有起诉指控就没有法庭和审判。案件裁判的结果虽然是由法庭作出，但裁判的基础取决于控辩双方的质证和辩论情况。因此，把以审判为中心简单地理解为以法院为中心，是对相关改革措施的一种误读。参见沈德咏《论以审判为中心的诉讼制度改革》，《中国法学》2015 年第 3 期。

② 药家鑫故意杀人案就是一例，该案在网上引发了巨大的民愤浪潮。

③ 参见刘仁文《立体刑法学：回顾与展望》，《北京工业大学学报》（社会科学版）2017 年第 5 期。

我国的司法机关既然要贯彻"司法为民"的理念，那就要倾听人民的呼声，包括案件舆情反映出来的民意，而不能无视民意的存在。现在舆论干扰刑事司法的乱象，原因不在于舆论本身，而在于刑事司法与舆论之间并没有制度性、常规性的"隔离墙"机制，大量庞杂的公共舆论会以"舆情民意""良知正义"之名，对司法机关形成巨大压力。当案件舆情高涨到一定程度，不少法院迫于压力就会迁就所谓的"主流舆论"，由此形成缺乏充足法律支撑和难以起到行为导向引领作用的问题裁决。加之舆论倾向不同，甚至难免受到非常态因素的影响甚至操控，同案不能获得同判的司法现象屡见不鲜。因此，需要确立舆论与刑法运作过程的良性互动机制，让舆论回归理性，让刑法的运作恢复其应有功能，从而实现司法公信力的重建。①

刑法子系统对舆论激扰的反应主要有两种：一种是通过刑事立法来回应，《刑法修正案（九）》废除嫖宿幼女罪就是典型例子。但是由于立法程序的烦琐与缓慢，刑事立法往往不能及时回应舆论和民意。前述的嫖宿幼女罪，自出台以来在争议中施行了18年才终告废除就是一个极端例子。另一种回应，也是最重要和最常见的回应，就是刑法解释。刑法解释能够增强刑法的灵活性与适应性，最大限度地抹平刑法条文本身的僵硬性与不断变化的舆论之间的鸿沟。

长期以来，我国的刑法解释接受的是规则主义的范式，这是一种"平面刑法学"的思维模式：刑法预设了一套客观标准以及逻辑推理技术作为刑法解释和适用的依据，解释者只需要运用逻辑和技术方法就可以获致刑法条文的正确意义与公正判决。在这种解释范式中是没有民意的地位的。这虽然有助于法治建设，但是忽视了公众的意见表达与情理，导致公众的认同度偏低，降低了司法的权威性。因此，我国的刑法解释必须走向以"立体刑法学"为基础的人本主义的解释范式，具体包括：第一，要更新刑法理念，当严格遵守规则导致判决不合情理时，应当以以人为本的理念进行纠正；第二，要调整刑法解释的视角，刑法解释必须从理解人本身而不是从对象本身出发，关注刑法解释中的天理人情；第三，要重新确定刑法解释的主体角色，承认刑法解释主体的多元性，承认公众在刑法解释中的主体地位；第

① 参见马长山《公共舆论的"道德叙事"及其对司法过程的影响》，《浙江社会科学》2015年第4期。

四，要拓展刑法解释的框架，刑法解释不仅应当关注刑法条文本身，还要将社会价值等因素纳入考量范围；第五，要确认刑法解释的新标准，刑法解释的限制标准应当是多元主体间良性沟通互动达成的共识。① 唯有做到以上几点，方能实现舆论、民意与刑法运作的良性互动，提高刑法解释的公众认同度，这既有利于社会和谐，又符合司法为民的理念。

总而言之，刑法的社会适用环境决定了刑法的基本价值取向，刑法子系统的外部运作机制将这一取向，通过媒体等联结点传导到刑法子系统的内部运作机制即刑法解释上，刑法解释本质上涉及的是价值判断的规范化问题，通过将价值判断问题转化为法解释技术问题，刑法解释实现了与刑法社会适用环境的耦合。刑法对外部适用环境的关注就是通过这一过程实现的。

针对我国刑法的"专业槽"导致刑法学研究视野狭窄，方法单一，知识重复生产，理论层次不高的局面，陈兴良教授曾经大声疾呼，应当积极寻求刑法学研究的知识转型，使刑法知识呈现多维走向，即刑法学研究不仅应当在刑法之中研究刑法，而且应当在刑法之上研究刑法、在刑法之外研究刑法和在刑法之下研究刑法。② 立体刑法学，就是回应陈兴良教授的呼吁的一种努力。以社会学的系统理论为基础的刑法学，通过刑法子系统在运作上的封闭性实现了刑法解释学的独立性，通过在认知上的开放性，特别是通过若干联结点与其他社会子系统的结构耦合实现了与其运作环境的衔接，从而完成了从"平面刑法学"到"立体刑法学"的范式转换。当然，对立体刑法学而言，仅有这些是远远不够的。正如贝卡利亚所说的那样："一个广阔的大网联结着所有真理，这些真理越是狭隘，越受局限，就越是易于变化，越不确定，越是混乱；而当它扩展到一个较为广阔的领域并上升到较高的着眼点时，真理就越简明、越伟大、越确定。"③ 因此，立体刑法学要真正实现刑法学研究的多维化，还必须进一步实现与经济学、社会学、哲学、生物学、心理学等人文社科以及自然科学的衔接。通过本章所介绍的立体刑法学的运作方式，立体刑法学也可以较容易地实现与这些学科的衔接。这方面的研究将会成为立体刑法学未来的研究方向。

---

① 参见袁林《公众认同与刑法解释范式的择向》，《法学》2011 年第 5 期。
② 参见陈兴良《刑法学：向死而生》，《法律科学》2010 年第 1 期。
③ ［意］贝卡利亚：《论犯罪和刑罚》，黄风译，中国大百科全书出版社 1993 年版，第 133 页。

立体刑法学：观察与评析＊（代跋）

"提倡'立体刑法学'"是刘仁文教授的一个重要学术主张，其核心内涵是倡导刑法学研究要前瞻后望，左看右盼，上下兼顾，内外结合；具体而言，他倡导刑法学研究应前瞻犯罪学、后望行刑学，左看刑事诉讼法、右盼其他部门法，上对宪法和国际公约、下对治安处罚和劳动教养，对内加强对刑法解释、对外重视刑法运作。①提倡立体刑法学，"既涉及刑法学研究的方法革命，也涉及刑法学研究的内容革新"，②对于刑法学发展回归问题本身、打破学科壁垒具有十分重要的指导意义。

立法刑法学的问题意识是明确而富有针对性的，诚如刘仁文教授指出的那样："随着学科分工越来越细，学科间日渐形成壁垒，学术研究'碎片化'的现象越来越严重"。这样埋头于本学科之中深耕细作的努力，容易忽略相关其他学科知识与本学科的关联，刑法学的知识由此就可能有失偏颇。作为一门规范学科，刑法学以规定犯罪与刑罚的刑法制度为研究对象，而刑法本身又总处于一定的法律体系之中，那么刑法与其他法律之间的关系，理应纳入刑法学研究的范畴，以其他法律制度为研究对象的学科知识，也应成为刑法学研究必须借助的重要智识资源。在广义上的刑法学内部，犯罪学、刑事政策学、刑法立法学、刑法解释学、刑事执行法学之间，同样应打破分支学科间的壁垒，而不能闭目塞听、向隅而思。

在笔者看来，作为方法的立体刑法学之意义要远远超出作为观点的立法刑法学——因为就后者而言，无论观点有多高妙，言说毕竟有限度，不可能就所有相关具体论题逐一讨论；但是，就前者而言，方法的运用却可

＊ 本文原为焦旭鹏副研究员在 2017 年 4 月 8 日中国社会科学院法学研究所主办的"立体刑法学的回顾与展望"学术研讨会上的发言，后经补充整理形成此文，以代跋形式收入本书。

① 刘仁文：《刑法的结构与视野》，北京大学出版社 2010 年版，第 1 页。

② 同上书，第 2 页。

以是无穷的，无论具体的论题如何广博，时间的跨度如何久远，这一方法总能给研究者以某种指导，成为刑法学研究内容更新的源头活水。从方法论意义上去审视、反思、完善"立体刑法学"思想，由此就显得更为重要。

应当指出的是，当代中国社会正处于一个加速发展、复杂变迁的社会转型期，中国刑法的立法、司法实践也发生着深刻变化，中国的刑法学研究也呈现出重大变貌，构成了我们今天认识提倡"立体刑法学"这一重要主张的当下时代语境。刘仁文教授的这一主张最早见于 2003 年，当时提出这样的主张有其特殊的时代条件，在这一主张提出的十多年后，在新的语境下重新检讨作为方法的立体刑法学之意义也颇有必要。

一　立体刑法学的产生条件

立体刑法学思想的提出并非横空出世，它的产生与中国刑法学所植根其中的学科条件、制度条件、社会条件密切相关，与首倡者刘仁文教授个人的学术倾向、研究经历与背景大有关联。

1. 学科条件

刘仁文教授在 2003 年开始提倡立体刑法学之时，中国刑法学的发展已经进入到了规范化、专业化发展时期，这为立体刑法学思想的产生提供了基本的学科条件。

如果把"学科"一词作为学问分支来理解，现代学科体系应溯源至 18—19 世纪，[①] 广义的刑法学之诞生，则以 1764 年意大利人贝卡里亚《论犯罪与刑罚》一书的发表为标志。[②] 刑事古典学派和刑事人类学派的思想论争，使刑法学经历了一个与犯罪学不加区分的历史阶段，这种状况在 1801 年德国刑法学家费尔巴哈发表《德国刑法教科书》之后得以改变，该书标志着作为一门规范学科刑法学的确立。在中国，清末变法修律使律学传统为之断绝，走上了一条归依大陆法系法律传统的法制近代化道路，日本刑法学家冈田朝太郎襄助讲习刑法、起草刑律，影响颇深。[③] 虽然清王朝迅即覆灭新法未施，民国肇建后大体仍沿袭了这一传统。中华人民共和国成立后废止民

---

① 鲍嵘：《学科制度的源起及走向初探》，《高等教育研究》2002 年第 4 期。
② 陈兴良：《刑法的知识转型（学术史）》，中国人民大学出版社 2012 年版，第 1 页。
③ 陈子平：《刑法总论》，中国人民大学出版社 2009 年版，第 26 页。

国"六法全书"转而师法苏联，以四要件的犯罪构成理论为核心的刑法知识形态得以引入，同时也把犯罪对策学以及大量刑法立法资料介绍至中国，[①]但在 1957 年下半年以后政治运动频仍，外来的苏联刑法知识未被消化利用，更遑论学科建设了。

1978 年中国实施改革开放以后，"解放思想、实事求是"成为社会上的主流观念，中国刑法学劫后余生恢复重建，首先恢复的是我们在 20 世纪 50 年代学自苏联的刑法知识传统。随着 1979 年刑法典的颁布，中国刑法学迎来了时代赋予的发展机遇，进入了大致以解释法条含义为中心的注释刑法学发展阶段。但这个时期的刑法学，还很难说形成了专门的学科知识，一方面刑法解释论与刑法立法论研究不加区分，另一方面注释刑法学缺少独立的学科知识逻辑，沦为刑法立法的附庸：刑法的规范化、专业化发展付之阙如。针对这种状况，陈兴良教授于 1991 年指出："作为一门严谨的学科，刑法学应当具有自己的'专业槽'。非经严格的学术训练，不能随便伸进头来吃上一嘴。这既是维护刑法学学术性的需要，更是维护刑法学的科学性的需要。"[②] 陈兴良教授当时出版的《刑法哲学》一书，就是立足于当时中国刑法学的研究状态，旨在"从体系到内容突破既存的刑法理论，完成从注释刑法学到理论刑法学的转变"。[③] 20 世纪 90 年代以后，以赵秉志、陈兴良、张明楷等为代表的一大批刑法学者共同努力，使中国刑法学走上了规范化、专业化的学科发展之路，刘仁文教授于 2000 年出版的《严格责任论》[④] 一书也是这种意义上的努力，借助较多英美刑法学知识是其特色所在。

2000 年以后，中国刑法学的学科发展步入到进一步深化的阶段。在刑法教义学领域，正在发生从苏联四要件犯罪构成理论为核心的刑法知识形态向德日三阶层犯罪论体系为核心的刑法知识形态的转型，这使刑法学研究的精确化、体系化程度大为提高。与此同时，广义刑法学下次一级学科的分化发展也达到相当高的程度。有学者于 2003 年指出，就刑事科学的学科构成来看"学界较一致地认为，刑法学、犯罪学、监狱学、刑事诉讼法学、刑法史学、刑事政策学、刑事侦查学、物证技术学、司法鉴定学等学科，已经成为

---

① 焦旭鹏：《苏俄刑法知识引进及其反思》，陈兴良主编《刑法知识论研究》，清华大学出版社 2009 年版，第 199 页。

② 陈兴良：《刑法哲学》，中国政法大学出版社 2000 年版，第 855 页。

③ 同上书，第 1 页。

④ 刘仁文：《严格责任论》，中国政法大学出版社 2000 年版。

刑事科学中的独立学科"。① 从实体刑法学的角度看，当时在广义刑法学之下区分出刑法学、犯罪学、监狱学、刑事政策学已经十分明确。尽管在笔者看来刑法教义学和刑法立法学的界分还大有深究的必要，但刑法学学科化程度得到进一步深化和提高在当时已是显而易见的事实，这使立体刑法学的提出具有可能性和必要性。

2. 制度条件

在立体刑法学思想提出之时中国刑法典已经相对较为稳定，这是该主张得以提出的一个重要制度条件。从我国刑法制度及刑法学发展的历程来看，刑法制度与刑法学的发展存在紧密关联。在刑法变动频仍缺少基本的稳定性时，刑法学科的专业化断无可能，立体刑法学自然无从谈起。应当指出，在广义的刑法学中，刑法教义学（或狭义的刑法学）因为有犯罪论体系这一核心理论范畴，其体系性、专业性最强，这与犯罪学、刑事政策学、刑事执行法学等存在较大差异，刑法教义学似乎最应率先走上学科化、专业化发展之路。以 1949 年之后我国刑法教义学的发展为例加以考察，或可在相当程度上展示刑法制度对刑法学发展的影响，由此有益于深化我们对立体刑法学产生条件的认识。

从 1949 年中华人民共和国成立到 1978 年，我国没有统一的刑法典，除颁布个别单行刑法外，办案主要靠政策。这一时期我国刑法知识主要在师法苏联，基本上还没有刑法制度可作为系统研究的对象。针对这一状况，陈兴良教授指出："没有刑法的刑法学研究，不可能达到较高的理论水平。可以说，当时的刑法学体系基本上是苏联刑法学体系的翻版。"②

新中国的第一部刑法典颁行于 1979 年，由于缺少立法经验等原因，在当时"宜粗不宜细"的立法指导思想下，该法典较为粗疏，一共也只有 192 个条文，不能很好回应社会的需要，立法者不得不在此后颁行大量单行刑法以弥补法典之不足。高铭暄教授指出："1981 年以来，最高立法机关先后通过了 24 个单行刑法，并在 107 个非刑事法律中设置了附属刑法规范，对1979 年刑法典作了一系列的补充和修改。"③ 刑法立法的频繁变动，使刑法学研究将大量注意力集中在立法建议和刑法注释上，不能构建刑法学独立

① 张文、马家福：《我国刑事科学的学科结构研究》，《北京大学学报》（哲学社会科学版）2003 年第 5 期。
② 陈兴良：《刑法的知识转型（学术史）》，中国人民大学出版社 2012 年版，第 10 页。
③ 高铭暄：《中华人民共和国刑法的孕育诞生和发展完善》，北京大学出版社 2012 年版，第 3 页。

的学科体系逻辑，而沦为制度的附庸。1997 年刑法全面修订，此后出台一部单行刑法，主要采取刑法修正案的方式来进行刑法完善，保证了刑法典总体上相对稳定，刑法条文增加到 452 条，系统化程度也大为提高，为刑法学的学科化、专业化发展提供了较好的制度条件。

3. 社会条件

中国社会的发展变迁，逐渐形成了立体刑法学思想得以提出的社会土壤。立体刑法学是刑法学学科化、专业化发展达到一定程度后在方法论意义上的再反思，只有刑法学在学术逻辑上有了较为长足的发展，谈立体刑法学才有意义。在一个政治开放、经济繁荣、文化昌盛的社会，人们的生产、生活空间非常广阔，社会关系十分丰富和复杂，就能为法律（包括刑法）提供强大的社会实践动力和厚重的域外学术资源助益，刑法学才可能在学术逻辑之内深入发展、理性反思；而在政治话语泛滥压迫学术逻辑的社会，立体刑法学就没有容身之所。

1949 年至 1978 年的三十年间，中国社会处于从革命时期走向建设时期的过渡阶段。中华人民共和国成立之初，由于国际上"冷战"思维如火如荼、国内阶级斗争问题仍然突出，中国社会大体是一个在"继续革命"思想指导下的高度政治化的社会。特别是 1957 年下半年以后，政治运动频仍，法律虚无主义盛行，法制荡然无存，法学无处栖身。1978 年实施改革开放以后，社会氛围逐渐宽松、健康，在 20 世纪 90 年代以后国家又开始推行市场经济，大大解放了社会生产力，社会生活也变得丰富、复杂而更有活力，这些都要求有较为完善的法制和法学理论才可能应对社会变迁的需要。1997 年刑法的出台及刑法学研究"专业槽"的构建，无疑都因应了当时深层的社会需要。与之相随的是，政治话语渐次退出刑法的专业空间，学术话语日渐昌盛，立体刑法学的提出可以说正是社会开放程度提高的产物。

4. 个人条件

立体刑法学的提出，与刘仁文教授个人的学术倾向、研究经历和学术背景密切相关。刘仁文教授治学，表现出鲜明的"学以致用"的学术倾向，与"为知识而知识"的学术意趣大不相同。他乐于从中国实际中的具体问题出发，研析制度的发生逻辑、辨思背后的法理基础、比照国际公约要求、参酌他国规范，在一个开阔的学术视野中，审慎地提出"接地气"的制度改革建议。我们可在作为其学术标签之一的死刑研究中，清楚地发现这一学术特色，① 也能在他有关"大刑法典改革"的构想中感受到这种学术风格。② 在展开立体刑法学具体论述时，他同样把犯罪学、行刑学与刑法学的疏离以及刑法与其他部门法的龃龉以典型现象或生动实例加以说明，通过问题思考推进体系思考，使立论有据可凭，真切可信。立体刑法学的提出可谓是刘仁文教授在长期坚持"学以致用"的研究风格，进行了大量具体问题研究之后对自己学术心得与中国刑法学研究状况的总体反思和提炼；于他自己而言，从以往所长的问题研究，走向超越自我的体系研究，无疑是一种学术升华，颇有画龙点睛、纲举目张的意蕴。

立体刑法学的提出与刘仁文教授的研究经历、学术背景密切相关。2003 年，他在一个学术笔谈中简要阐述了立体刑法学的思想，2009 年则以学术论文的形式系统地进行了论述。他的研究主题从来没有局限于大刑法学下的某一领域，而是涉及犯罪学、刑事政策学、刑法学、行刑学等各个分支学科；他组织翻译、频频访学海外一流大学，保持了开阔的国际视野；他于中国政法大学获得博士学位之后，先后在中国社会科学院取得经济学博士后、北京大学取得社会学博士后经历，这些研究经历和学术背景，成为他一以贯之地提出、践行立体刑法学的动力源泉。

二　立体刑法学的学术特色

立体刑法学思想的提出不是偶然的，它既运用了科学的世界观和方法论，又借鉴了既有的学术研究传统和智识资源，表现出鲜明的学术特色。

1. 研究方法

立体刑法学在研究方法上，贯彻了马克思主义哲学系统论、普遍联系的思想方法。马克思主义哲学是科学的世界观和方法论，对于刑法学这样一门具体科学的研究具有指导意义。在本书的研究中，论者把广义上的刑法学作为系统来看待，以刑法立法为主轴，把犯罪学、刑法解释、刑事执行，民法、行政法、商法、知识产权法、宪法、国际公约等都当作系统中的要素来对待，较为深入地研究了刑法与其他各要素之间的关系，具体展

① 刘仁文：《死刑的全球视野与中国语境》，中国社会科学出版社 2013 年版；刘仁文：《死刑的温度》，生活·读书·新知三联书店 2014 年版。
② 刘仁文：《调整我国刑法结构的一点思考》，《法学研究》2008 年第 3 期。

示了各要素之间的特殊联系，实践了立体刑法学的思想方法，丰富和充实了立体刑法学的理论内容。需要指出的是，在本研究中并没有简单套用马克思主义哲学的具体主张，没有把系统论、普遍联系的思想下降到具体科学层面直接作为学术观点，而是面对问题本身、实事求是地展开讨论了刑法学专业逻辑意义上的特殊问题，对此应予肯定。

2. 研究重心

立体刑法学在研究重心上，突出了刑法的主体性。立体刑法学思想并非横空出世，它与德国刑法学大师弗兰茨·冯·李斯特的"整体刑法学"思想、储槐植教授的"刑事一体化"思想存在学术渊源，但又表现出独有的学术个性。在储槐植教授看来，李斯特于近百年前提出"整体刑法学"的理念，基本思想框架是"犯罪—刑事政策—刑法"，主张依据犯罪态势形成刑事政策，刑事政策又引导刑法的制定和实施，这样刑法才能够有效地惩治犯罪；李斯特更为倚重的是刑事政策。[1] 储槐植教授自己的"刑事一体化"思想，强调的是治理犯罪的相关事项深度融通形成和谐整体，要求刑法内部结构合理（内部协调）与刑法运作前后制约（外部协调），并区分作为研究方法的刑事一体化和作为刑法运作的刑法一体化。[2] 刘仁文教授的"立体刑法学"思想尽管也强调了"对内加强刑法解释"，但从整体布局来看，仍然偏重于以刑法立法为立足点的观察，这与李斯特偏重刑事政策的思想格局、储槐植"刑事一体化"的命题表述均有所不同。陈兴良教授认为"立体刑法学"与"刑事一体化"有异曲同工之妙，但同时指出"刑法学的主体性地位更为明确"。[3]

需要特别指出的是，刘仁文教授的主张比较而言更突出了刑法研究中的规范体系性，把刑法放在法律体系中去考察。当储槐植教授强调刑法学研究中的"立体思维"时，把"刑法之上"的研究扩展到社会意识形态、政治体制、法文化、精神文明等，把"刑法之下"的研究延伸至经济体制、生产力水平、物质文明等，而刘仁文教授在"立体刑法学"中则提出刑法学研究要"左看刑事诉讼法，右盼其他部门法"，"上对宪法与国际公约，下对治安管理处罚与劳教"，从而更加完整地展示了刑法在整个法律

---

① 储槐植：《刑事一体化论要》，北京大学出版社 2007 年版，第 25 页。

② 同上书，第 21 页。

③ 刘仁文：《刑法的结构与视野》，北京大学出版社 2010 年版，第 3 页。

体系中的规范关联。

3. 研究范畴

立体刑法学在研究范畴上，实现了从刑法研究到刑法知识论研究的转换。立体刑法学思想的研究对象与通常的刑法学研究对象有所不同，后者的研究对象主要是刑法制度，是针对刑法的研究，形成关于刑法本身的知识；而前者的研究对象其实已扩展到了刑法学本身，这些关于刑法的知识成了探究和批判的对象，形成的是关于刑法学的知识，这就进入刑法知识论的范畴。立体刑法学的问题意识其实源自对刑法学壁垒森严的知识状态之不满，同时包含了对理论与实践不能有效沟通之刑法知识风格的批判，因此立体刑法学的内容强调学科间、制度间的关系，注重静态的刑法研究与动态刑法运作的结合，意味着它能够包容、肯定规范研究与实证研究的价值。应当指出，正是因为立体刑法学在针对刑法学知识的检讨上兼具批判性与开放性，其作为方法论的价值才更具生命力。

4. 研究目标

立体刑法学在研究目标上，突出了经济学角度的刑法效益考量。如前所言，立体刑法学思想并非为知识而知识的理论言说，而具有明确的学以致用的学术旨趣。刘仁文教授把"刑法效益的经济学基础"作为立法刑法学的理论基础之一，他认为："立体刑法学有助于建立一个良好的刑法机制，其理念的贯彻必将节省刑法成本、提高刑法收益，增强立法、司法和研究中的协调性，减少因内耗而产生的资源浪费。"① 国家能够调动的刑事司法资源总是有限的，而大致晚近二十年以来，随着社会的发展以及国家政治、经济改革的不断深入，网络犯罪、职务犯罪、环境犯罪、毒品犯罪等案件快速增加，这对如何妥善利用有限刑事司法资源以实现更好的犯罪惩治效果提出了新的要求。立体刑法学强调要优化刑法机制，把静态的刑法制度安排和动态的刑法运作实况联系起来，把理论与实践的智识资源整合起来，致力于降低刑法成本、提高刑法收益，其实践参考价值自不待言。

三　立体刑法学的未来发展

立体刑法学思想的提出为刑法学研究提供了一种颇有参考价值的方法

---

① 刘仁文：《刑法的结构与视野》，北京大学出版社 2010 年版，第 18 页。

指南，在体系研究和问题研究两个方面勾画了基本的理论蓝图，其学术价值和实践意义应予肯定；与此同时，在新的社会语境、制度语境下对"立体刑法学"进行完善，将更加有利于其实践运用和学术传承，从而助益于其未来发展。至少可以从立体刑法学的基本架构、理论层次、时空界域、社会基础四个方面进行探讨，这一论题对所有感兴趣的研究者将始终是开放的。

1. 基本构造

前已述及，立体刑法学的核心内涵是倡导刑法学研究要前瞻后望，左看右盼，上下兼顾，内外结合；具体而言，是倡导刑法学研究应前瞻犯罪学、后望行刑学，左看刑事诉讼法、右盼其他部门法，上对宪法和国际公约、下对治安处罚和劳动教养，对内加强刑法解释、对外重视刑法运作。在这一思想里，"前后左右、上下内外"都成为刑法学研究的理论观察视角，由此生动展现了刑法学研究的"立体性"体系框架的基本构造，并内在地包含了学科间、制度间的勾连关系。但是，从制度间关系去检讨，刑事政策的体系性地位似乎隐而不彰，立体刑法学的体系基本构造由此留下了一个应予弥补的缺憾。虽然文中在某些具体论述时也曾提及刑事政策，但在理论基本构造的第一层级上没有明确刑事政策的地位，使刑事政策的地位矮化，刑事政策学相应地在其中也无立足之地。

刑事政策之于刑法的构建和运作具有十分重大的意义，完全应该，也能够在立体刑法学体系基本构造的第一层级上予以考量。在德国刑法学大师李斯特的"整体刑法学"思想中，"犯罪态势—刑事政策—刑罚"是其基本结构，刑事政策具有贯穿前后的灵魂导引作用。李斯特在广义上界定了"刑事政策"："所谓刑事政策，是指国家借助于刑罚以及与之相关的机构来与犯罪作斗争的、建立在以对犯罪的原因以及刑罚效果进行科学研究基础上的原则的整体（总称）。"[1] 这与李斯特的刑法目的思想密切相关，他立足于 1820 年代德意志邦联的立法、司法实际，试图摒弃并超越康德、黑格尔等开辟的报应刑论传统，更加重视行为人的主观情况，提出了以特殊预防为特色的目的刑理论，刑事政策成了联结犯罪态势、刑罚执行以应

---

[1] ［德］弗兰茨·冯·李斯特：《论犯罪、刑罚与刑事政策》，徐久生译，北京大学出版社 2016 年版，第 212 页。

对犯罪的精神机枢。① 尽管今天我们更倾向于接受兼顾报应与预防的刑罚目的二元论，但李斯特对刑事政策的高度重视仍具重要参考价值，在考察犯罪态势、刑罚效果的基础上形成科学的刑事政策以指导刑法立法和司法是我们应该坚持的立场。还应指出，主张在刑法学研究中要高度重视刑事政策，这在中国语境下也有充分的实践依据。1983 年以后中国长期实行"严打"的刑事政策，2006 年中央决定实行"宽严相济"的刑事政策，这对我国的刑事法治发生并继续发生着深远影响。那么，在立体刑法学体系的基本构造上，在"前瞻后望、左看右盼、上下兼顾、内外结合"之后，似有必要再加上"察势悟中、戚戚相关"。所谓"察势悟中"，意指要在考察犯罪态势、刑罚效果、宪法及国际公约要求等多重事实、规范情势的基础上体悟其中应予确立的刑事政策；"戚戚相关"，意指刑事政策作为刑法的精神与灵魂，不仅与刑法立法休戚相关，而且指引刑法解释、刑法运作等各个方面。在具体的体系内容表述上，原有的是"前瞻犯罪学、后望行刑学，左看刑事诉讼法、右盼其他部门法，上对宪法和国际公约、下对治安处罚和劳动教养，对内加强对刑法的解释、对外重视刑法运作"，似可再加上"居中体悟刑事政策，戚戚相关不废一端"。当然，这样的补充远非最佳，但其价值在于能够把问题展示出来，并由此引发更进一步的思考。

还要指出的是，"下对治安处罚和劳动教养"这一表述似宜改为"下对治安处罚法"。一个重要的理由在于国家已于 2013 年废止了劳动教养制度，继续保留"劳动教养"显然已没有必要。至于把"下对治安处罚"改为"下对治安处罚法"，也有学理上的考虑。从 2009 年刘仁文教授的相关论述来看，之所以把"下对治安处罚和劳动教养"纳入立体刑法学体系架构，是因为从刑法结构上看我国与西方国家存在着重大不同，在某些西方国家属于违警罪和部分轻罪范畴的行为，在我国以治安处罚和劳动教养方式来处理，因此在考虑把某一行为犯罪化时应当注意这种差异，在刑事法治改革中对此也应通盘考虑。笔者以为，这一思想是非常正确的，但是刑法结构不仅包括刑罚、保安处分等刑事责任承担方式的配置，也包括罪名体系的安排，因此这里不仅存在着"刑罚、保安处分"与"治安处罚"的关系问题，还包括危害程度不同的行为之体系结构关系，若改用"治安管理处罚法"来表述，足以涵盖行为与法律责任两个方面的内容。这对立体

---

① 刘仁文：《立体刑法学：回顾与展望》，《北京工业大学学报》（社会科学版）2017 年第 5 期。

刑法学的整体结构安排之标准而言也显得更为简明、纯粹，它仅包括从学科间关系和法律制度间关系两个维度上的考量，不再特别地把刑罚和行政处罚等法律责任方式直接相提并论。需要注意的是，这种改变仍然给刑法结构意义上的观察必要性予以充分肯定。治安管理处罚法属于行政法的范畴，在"右盼其他部分法"这一安排中涵盖了刑法与行政法之间的关系，容易形成"右盼"和"下对"两个体系安排中存在交叉的印象。应该指出，行政法所包括的具体法律非常繁多，远远不限于治安管理处罚法，但从刑法结构角度来观察，治安管理处罚法与刑法之间的关系颇有专门讨论的价值，在与某些西方法治发达国家作比较时尤其如此。那么，把刑法与治安管理处罚法单独加以考察并列入"下对"之安排中是必要的，也是有意义的。

2. 理论层次

立体刑法学作为一种刑法学研究的方法论，如果期待给人以启迪，就应该在理论层次的不同层面都提供有效的理论指引。现有的立体刑法学结合刑法原理与中国实际，为刑法学进行多维立体研究提供了一个具方法论价值的体系结构框架，但仍有具方法论价值的理论议题未及深入展开。在宏观层面，有关"法秩序统一原理"的问题还应深入探讨。刑法立法和刑法解释相对于其他法律，其不法内涵是应当相对独立地进行判断，还是要以其他法律上的不法判断为前提？这是关涉刑法立法、刑法解释与其他法律的关系，影响基本刑法立场如何确立的大问题，应予以深入研究并作出系统回答，并以此为立场贯彻到具体问题的研究上去。在中观层面，对于立体刑法学内也许仅具有局部意义但又不同于具体问题研究的论题也应当加以讨论，并提炼出富有个性的学术命题，这将具有更为确切的方法论价值。在储槐植教授"刑事一体化"思想中，关系刑法论、关系犯罪学、"严而不厉"的刑法结构改革理念，都对相关问题的研究提供非常确切的理论指引，有效地避免了"刑事一体化"思想流于空泛，提供了强大的学术驱动力。那么，立体刑法学在突出刑法主体性的特色体系安排下，如何提炼更为确切的中观学术命题并强化自身的理论个性，这也是值得深入研究的问题。比如，在德日精细的刑法教义学理论日益兴盛的背景下，有学者主张刑法教义学具有对刑事立法的指导、批判功能，[①] 那么，刑法立法与刑法解释的理论界限到底应如何把握？

---

① 车浩：《刑事立法的法教义学反思》，《法学》2015 年第 10 期。

这就是很有价值的中观理论问题。在微观层面，立体刑法学展开体系建构的论说时非常成功地借助大量的具体问题论证了自己的观点，但还有必要在立体刑法学思想的进一步运用中，解释、解决更多的具体问题，这是立体刑法学的方法论价值所在，同时也是立法刑法学源源不竭的动力源泉。那些暂时看似不好解决的新问题，或许正是理论创新的宝贵契机。我们理应期待在立体刑法学思想的宏观、中观、微观层面能够实现互动互补，不断促进理论发展，推动实践进步。

3. 时空界域

立体刑法学不仅仅是一个依循理论逻辑形成的具方法论价值的思想框架，它完全应该也当然可以，从时间和空间两个维度进行理论拓展，从而进一步增加其理论涵摄能力，同时推动刑法研究的内容革新。

从时间维度来说，对犯罪态势的历史考察，有助于揭示犯罪的原因、把握犯罪规律，为刑事政策提供事实支撑，进而有助于使刑法制度的形成建基于对民族精神的体察之上；对犯罪发展趋势的估量，对于前瞻性的刑事立法非常富有参考价值。就刑法制度本身而言，刑法的立法沿革、刑法解释的发展变化对于正确地进行刑法制度构建、妥当地把握刑法条文含义都有重要价值。概而言之，在对刑法以及与其他相关学科、制度的立体研究中，借鉴过去、审视当下、探究未来，都是不可或缺的观察维度。立体刑法学不仅是今日之刑法学，而且包含了对刑法史学的尊重，对刑法未来学[①]的包容。

从空间维度来说，立体刑法学思想尽管具有某种中国风格，但其研究视野并不以中国的地域范围为其边界，对国际刑法规范、他国法律制度与文化的考较也完全可以容纳在内。这不仅表现为其对国际公约的吸纳，也见之于对他国法律制度的借鉴。由此，立足于中国刑法问题，尊重国际行为规则的国际刑法学以及借鉴外国制度的比较刑法学也在立体刑法学的理论视野之内。

4. 社会基础

立体刑法学的发展与刑法置身其中的社会基础存在紧密联系，社会的

---

① ［德］乌尔里希·齐白：《全球风险社会与信息社会中的刑法》，周遵友、江溯等译，中国法制出版社 2012 年版。陈兴良序、梁根林序；陈兴良教授在推荐该书译本的序言中，把齐白教授有关世界刑法未来图景的讨论称为"带有未来学的味道"，梁根林教授则称之为"未来刑法学"。

发展变化不断提出新的问题、新的素材，正是丰富、充实立体刑法学的时代契机。20 世纪 90 年代以后中国推行市场经济，大大加速了中国社会的现代化进程，个人生存不再像传统的农业社会那样，更多地被编织进社会分工的职业链条上参与社会化的生产经营。在这样的现代社会中，由于社会分工的分化使人们的生活领域不断拓展，集体意识很难覆盖不同的专业、行业领域之内，"法定犯时代的到来"① 就是不可避免的事。于是，作为法定犯前置法的行政法等部门法和刑法之间的关系就成为新的社会语境中的焦点问题，立体刑法学由此也体现出其时代价值。

近二十年来，中国社会的发展日渐表现出风险社会的面向，这对立体刑法学的发展提出了新的要求。"三聚氰胺"奶粉事件、雾霾灾害天气、"疆独"恐怖主义、网络诈骗等问题在公共舆论中不时被聚焦讨论，国家以刑法修正案方式对食品药品安全、环境污染、恐怖主义、网络犯罪等作出了新的规定，刑法立法在社会需求推动下呈现出十分活跃的状态。这些社会新问题也造成在刑事司法中不得不把在农业社会、工业社会语境下制定的刑法规范，尽可能去解释得能够解决风险社会中的问题，刑法教义学的解释边界遂成为理论上难点所在。概言之，现有的刑法制度、刑法理论在很大程度上是从个人本位立场上出发去思考问题的，以个人自由的保障为旨趣；而风险社会则把社会整体安全作为首要问题提了出来，要求做出预防性的制度安排以避免毁灭性的巨灾，这在很大程度上是从社会本位立场上出发去思考问题，以社会安全的保障为旨趣。怎样妥当确定自由与安全的界限？这是中国刑法学研究中不容回避的时代难题。

应当指出的是，从人类文明史上社会形态的变迁之角度看，立体刑法学的社会基础其实并没有在现有的讨论中得到清楚说明，这对于其学术发展而言是有局限的。它不能够使自己的见解从明晰、严谨的社会学理论基础上获取营养，并借助社会学的理论穿透力去丰富刑法学理论的体系完善与问题应对，这应当成为其进一步发展的一个重要的努力方向——把立体刑法学的研究在社会基础的论说上导引进社会学的知识传统。

在德国社会学家乌尔里希·贝克看来，当代社会已进入到世界风险社

---

① 储槐植：《要正视法定犯时代的到来》，《检察日报》2007 年 6 月 1 日第 4 版。

会时代，① 他对社会的解读超越了埃米尔·涂尔干那样的古典社会学家的论述。风险社会中的风险不像工业社会（现代社会）中的危险那样具有确定性，而是（从工业社会的逻辑看）不可预知、不可测量的，并源于人的决策。这就意味着为了应对风险社会中的风险，对于违反法律所设置的行为标准的行为，在其他法律介入力不逮时可能会作为犯罪来处理。犯罪的类型和特点发生了重大变化，刑事政策的妥当性、刑法的任务、刑罚的目的或许都需要重新检讨。当下中国社会的复杂性在于它同时具有前现代社会、工业社会和风险社会的侧面，不同社会语境下的问题以同时在场的方式出现并要求一部刑法典同时应对。立体刑法学在这种复调式社会语境下具体理论内涵的展开存在重要的发展空间，它还有待我们继续思考和探索。

---

① 乌尔里希·贝克：《世界风险社会》，吴英姿、孙淑敏译，南京大学出版社 2004 年版，第 3 页。

后 记

在《立体刑法学》一书统稿接近尾声时，我又接到《中国社会科学报》的约稿，让我组一版"立体刑法学"的稿子。于是，我又写了篇短文，题目就叫《立体刑法学再出发》，现将其主要内容收录于此。同时，将本书的相关说明与致谢也在这里作一交代。

一　立体刑法学再出发

在翻译《立体刑法学》一书的书名时，我有意将这里的"立体"由Three-dimensional 改为 Multidimensional，意在强调从多元视角来观察和研究刑法。作为一种研究方法，"立体刑法学"对于打通刑法教义学和社科刑法学的隔阂，回应本土刑法问题、使中国刑法学在国际上成为"有声的刑法学"等方面，都有其积极意义，并能给人以想象空间。

"立体刑法学"立足系统论，把刑法看作是整个法治系统的一个子系统，这里至少包含四重含义：其一，刑法是一个拥有自己边界的子系统，它有自己的结构和功能；其二，刑法这个子系统与民法、行政法等其他子系统存在一个相互衔接、结构耦合的问题；其三，刑法的运作不是封闭的，它受到外部环境的"刺激"，并要做出反应；其四，无论是刑法内部各要素，还是刑法与其他子系统和环境的互动，都需要借助沟通这个工具，而且这种沟通是双向的。

就刑法自身这个子系统而言，为了顺利实现其功能，首先需要各要素达到最佳组合，以实现结构优化，这方面涉及对立法语言、立法逻辑的深刻把握和法典形式美的追求。其次需要在犯罪学—刑法学—刑罚执行学的刑事一体化的视野中构建刑法子系统，刑事立法的科学化必须建立在发达的犯罪学基础上，一种行为要不要犯罪化或除罪化、在多大程度上犯罪化或除罪化，如果犯罪化，其刑罚设置应当为何种刑罚、轻重如何，刑法修改对某种犯罪刑罚幅度的调整（提高或降低），都需要以可靠的犯罪学研究成果来作为支撑，这也可以使刑事立法尽可能摆脱因偶然性事件所引发的不理性民意等非科学因素的干扰。而刑罚执行的效果如何，不仅事关刑法的目的能否实现，也能成为检测和反思刑法质量、推动刑法相关制度改革的一个重要窗口。在刑罚执行领域，过去我们叫"劳改法"（强调劳动改造），后来叫"监狱法"（监狱的职能重在教育改造犯人），十八届三中全会提出"整合刑罚执行资源"、四中全会又提出"完善刑罚执行制度"，现在的趋势是把《监狱法》改为《刑罚执行法》（刑罚执行不光是在监狱这样的封闭性场所，社区矫正等开放性场所也应成为刑罚执行的重要场所）。可以预见，统一的《刑罚执行法》将大大推动我国刑罚制度的改革，即根据国际上"轻轻重重"的刑事政策趋势，对大量的没有人身危险性的轻罪实行更轻更开放的处遇制度，而对少数有人身危险性的重罪实行更严格的处遇制度，如《反恐法》对恐怖主义犯罪增设刑满后的人身危险性评估，若仍然有人身危险性，就不能直接释放回社会，而要实行安置教育，这是一项重大的带有保安处分性质的措施，值得高度重视。

就刑法这个子系统与民法、行政法等其他子系统的互动与耦合而言，总的思路当然是刑法应当接受宪法的指导与制约，同时刑法应当成为其他部门法的保障法（即刑法的最后手段性），但具体到每个领域，则有许多复杂而细致的问题需要研究。例如，刑法中的术语含义究竟可以有别于其他法还是应当与其他法保持一致？从现实情况看，无论立法还是法律解释和学说，都是可以不一致的，如我国刑法对"信用卡"的定义就不仅包括了民法、经济法上的"信用卡"，还包括了民法、经济法上的"借记卡"；我国刑法中的"证人"概念、"近亲属"概念也与刑事诉讼法、民法中的相关概念不一致。尽管如此，我还是认为，从维护法秩序统一的角度看，法律上的概念应当尽可能含义一致，这对减少法律认知上的分歧、推动法治共同体的建设都是有益的。当然，这里也存在一个双向沟通的问题，即为了尽可能地统一法律术语的含义，有的可能是刑法需要向别的法借鉴，有的则可能是别的法需要向刑法借鉴。在法律术语的含义短期内还不能统一时，有关刑事立法和法律解释最好能明确相关术语的含义，以免造成混乱，如正在起草的《刑事司法国际协助法》，应明确本法的"证人"含义，否则将来就会在执法中因"证人"的国内外含义不一致而造成刑事司法国际协助的不畅（国外偏重人证，所以被害人等也是证人）。这方面过去已有过一些教训，如最高人民法院《关于审理掩饰、隐瞒犯罪所得、犯罪所得收益刑事案件适用法律若干问题的解释》规定，如果是为近亲属掩饰、隐瞒犯罪所得及其收益，且系初犯、偶犯的，可以免于刑事处罚，但由于我国相关法律对"近亲属"的范围规定并不一致，因此造成司法实践中的困扰。

在刑法与相关法的关系上，需要展开深入研究的问题很多。如近年来很多刑法学者喜欢使用的一个概念"法益"，仿佛一谈到"法益"就是刑法专用术语（所谓犯罪就是侵害法益的行为），但问题是，民法也有民法保护的法益，反垄断法也有反垄断法保护的法益，我们刑法上的法益到底是什么呢？连诞生"法益"这一概念的母国德国也未必说得清楚，而且他们的刑法中也包含有非法持有毒品罪、煽动纳粹罪等与法益通说不一致的例外条款，所以有的德国刑法学者就干脆到宪法上去找犯罪化与非犯罪化的正当性根据。我不是说"法益"一词不能用，但刑法上的"法益"肯定不是一个不言自明的概念，也不是一个一成不变的概念，它既涉及与其他法所保护的法益的衔接，也涉及宪法上的基本权利之界定，同时，它还是一个随着社会形势的变化而带有一定动态色彩的概念。

至于说刑法的运作受环境的"刺激"并做出反应，我想最明显的例子莫过于近年来一系列引起社会关注后得以改判的案件，如天津的"大妈卖气枪案"、内蒙古的"农民收购玉米案"、山东的"于欢刺死辱母者案"等，这些案件在一审后，通过媒体报道出来，引起众声喧哗，这一"刺激"通过一定的作用机理，使得司法机关重新做出反应，将这些案件改判无罪或者从轻处理。总的来看，由于改判结果更加符合天理国法人情的综合考量，因而收到了较好的法律效果和社会效果。在这里，我们看到了刑法教义学和社科法学的融合，正是外部环境的刺激，引发司法机关对刑法条文的重新解释，吸收人情与社会认知，对法律的形式性和严峻性进行调和，再把这些用法律的语言和程序表现出来，填充不完善的法条。如果把解释比喻为翻译，显然后者是更为高明的翻译。顺便回应一下，曾有论者认为在立体刑法学的语境中，似乎矮化了刑事政策的地位，我想说的是，在刑法的运作中，无论是对内的解释，还是对外的环境反应，刑事政策在这里都发挥着重要的作用。当然，如何使刑事政策不要逾越法治的藩篱，这又涉及刑法与宪法的沟通。

可见，沟通实乃"立体刑法学"的一个关键词，正是沟通强化了"立体刑法学"的生命力，使刑法（学）成为封闭与开放的结合体。如果说封闭赋予了刑法（学）的自我地位，那么开放则赋予了刑法（学）的超我地位。过去几十年来，刑法学在发展自我、建立专业槽方面取得了很大的成绩，当然，我们在开放方面也取得了很多的成绩，如有关国际公约直接刺激并促进了我国刑法对国际犯罪的补充规定。但从当前刑法学发展以及刑事立法和刑事司法所面临的瓶颈性问题来看，我们还需要继续在加强与相关学科的沟通上下功夫，像近年来刑事诉讼法领域所发展起来的刑事和解、认罪认罚从宽处理、强制医疗的司法化程序等，就对我们的刑法制度和学说提供了"刺激"和启发，我早就指出过，与其静态探讨刑法上犯罪圈的大小，不如结合刑事诉讼法建立起动态的刑事诉讼"过滤"机制，同时，强制医疗的司法化程序及其对刑法中强制医疗制度的激活，应当为我们改革收容教养、收容教育等制度提供方向和启迪。

沟通是双向的，甚至是多向的。以刑法与宪法的关系为例，正如德国学者库伦所言："原则上讲，所有刑法问题都可以从宪法角度来解释"，可喜的是，我国也有越来越多的宪法学者深入到刑法具体问题的讨论，如入户抢劫与侵犯住宅自由、对刑法相关制度的比例性原则审查、"扰乱国家机关工作秩序罪"如何从宪法上进行限缩解释等，他们的意见对我们刑法学者颇有启发。需要指出的是，我国 1979 年的刑法典颁行于现行宪法（1982 年）前，1997 年的新刑法典又颁行于"依法治国"写入宪法（1999 年）前，因此，刑法秩序的合宪性调整应当成为一个重大的学术命题，为此需要进一步加深刑法与宪法、理论与制度的对话和沟通。

二　说明与致谢

本书是同名国家社科基金项目"立体刑法学"的最终研究成果。在此，首先要感谢国家社科规划办及各位匿名评审专家在本课题申报和结项时所给予我们的无私帮助与鼓励。

本书荣幸入选"中国社会科学院文库"，由衷感谢各位评委对我们这一成果的青睐。也借此机会，感谢中国社会科学院法学研究所科研处张锦贵副处长以及中国社会科学院科研局相关领导和同事对我们这项工作的大力支持和关心。

作为课题主持人，我衷心感谢课题组全体成员的辛勤付出。

全书由我设计研究框架，并负责最终统稿。有的章节在征得作者同意后，由我作了较大的调整和补充。

本书的作者简介及写作分工如下（以撰写章节先后为序）：

刘仁文（中国社会科学院法学研究所研究员、刑法研究室主任、博士生导师）：代序、导论、后记；

蔡曦蕾（北京交通大学法学院副教授、法学博士）：第一章；

金磊（中国社会科学院研究生院刑法学博士生）：第二章；

陈妍茹（北京科技大学讲师、法学博士）：第三章

王栋（北京市丰台区人民检察院检察官、法学博士）：第四章

窦海阳（中国社会科学院法学研究所副研究员、法学博士）：第五章

金善明（中国社会科学院法学研究所副研究员、法学博士）：第六章第一节（与王海桥合著）、第二节；

王海桥（北方工业大学法律系主任、副教授、法学博士）：第六章第一节（与金善明合著）、第三节，第十三章；

夏小雄（中国社会科学院法学研究所副研究员、法学博士）、赵希（中国社会科学院法学研究所助理研究员、博士后研究人员）：第七章；

邵彦铭（北京联合大学法律系副教授、法学博士）、李菊丹（中国社会科学院法学研究所副研究员、法学博士）：第八章第一、二、三节；

张鹏（中国社会科学院法学研究所助理研究员、法学博士）：第八章第四节；

石亚淙（中国社会科学院法学研究所助理研究员、博士后研究人员）：第九章；

翟国强（中国社会科学院法学研究所宪法行政法研究室副主任、研究员、法学博士）：第十章第一节；

张翔（中国人民大学法学院副院长、教授、博士生导师）：第十章第二节；

白斌（中央财经大学法学院副教授、法学博士）：第十章第三节；

周维明（最高人民法院中国应用法学研究所助理研究员、法学博士）：第十一章，第十四章；

郝艳兵（浙江财经大学法学院副教授、法学博士）：第十二章第一节；

敦宁（河北大学政法学院副教授、法学博士）：第十二章第二节、第

三节;

焦旭鹏（中国社会科学院法学研究所副研究员、法学博士）：代跋

在统稿过程中，我还请中国政法大学刑事司法学院的王平教授就第二章提出过完善意见，请华中师范大学法学院的杨彩霞副教授就第八章提出过完善意见，请中国社会科学院法学研究所的卢超副研究员就第四章提出过完善意见。此外，万亚平博士就第五章的写作提供过部分资料。刘海年研究员、莫纪宏研究员等对我们的这项研究多次给予关注和鼓励。谨在此一并致谢。

还要特别感谢中国社会科学出版社的许琳副编审，她作为本书的责任编辑，为本书的出版付出了辛勤的劳动。

最后要说明的是，本书的写作，重在运用立体刑法学的思维和研究方法来研究问题，并不强求各个作者的每个具体观点都要与我保持完全一致，这也是我在统稿时所遵循的基本立场和原则。

由于时间仓促，本书肯定会有不少瑕疵甚至错讹，恳请学界同仁批评指正。

刘仁文

2017 年 12 月于北京